国家出版基金项目
NATIONAL PUBLICATION FOUNDATION

中国网络安全战略法治保障丛书
马民虎 ◎ 总主编

COMPREHENSIVE LAWS AND REGULATIONS OF CYBER SECURITY

网络安全法律一本通

主编 /
黄道丽
——公安部第三研究所副研究员、公安部第三研究所网络安全法律研究中心主任、中国信息安全法律大会专家委员会秘书长

中国民主法制出版社
全国百佳图书出版单位

图书在版编目(CIP)数据

网络安全法律一本通/黄道丽主编. —北京:中国民主法制出版社,2018.12
(中国网络安全战略法治保障丛书)
ISBN 978-7-5162-1938-6

Ⅰ.①网… Ⅱ.①马… Ⅲ.①计算机网络—网络安全—科学技术管理法规—中国 Ⅳ.①D922.17

中国版本图书馆 CIP 数据核字(2018)第 287274 号

图书出品人:刘海涛
文案统筹:乔先彪
责任编辑:逯卫光 贾萌萌

书名/网络安全法律一本通
WANGLUOANQUANFALÜYIBENTONG
作者/黄道丽 主编

出版·发行/中国民主法制出版社
地址/北京市丰台区右安门外玉林里 7 号(100069)
电话/(010)63055259(总编室) 63057714(发行部)
传真/(010)63056975 63056983
http:// www.npcpub.com
E-mail:mzfz@ npcpub.com
经销/新华书店
开本/16 开 787 毫米 ×960 毫米
印张/30.75 **字数**/603 千字
版本/2019 年 5 月第 1 版 2019 年 5 月第 1 次印刷
印刷/北京中兴印刷有限公司

书号/ISBN 978-7-5162-1938-6
定价/98.00 元

总序

网络社会治理创新属于国家治理能力的战略议题。网络虚假信息和网络勒索已经发展为当前人类社会的公害，“泄密”攻击已经从一般事件逐步演变成为影响国家安全的重大事件，溯源和态势感知的需求已经远远超出舆情分析的传统议题。我国新时代网络社会治理应当在国际观察的基础上进一步思考“中国方案”，要重视以大数据、自媒体为代表的数据处理方式或信息传播模式对个人信息保护和网络信息监管所带来的新挑战，进一步剖析由个人信息保护引发的“被遗忘权”争论，关注未成年人网络保护这一事关国家未来和文化传承的问题等。

党和国家高度重视网络安全和网络社会治理。2014 年，习近平总书记在中央国家安全委员会第一次会议上提出总体国家安全观，强调要构建集政治安全、国土安全、军事安全、经济安全、文化安全、社会安全、科技安全、信息安全、生态安全、资源安全、核安全等于一体的国家安全体系。2015 年，习近平总书记在第二届世界互联网大会开幕式上的讲话提出推进全球互联网治理体系变革的“四项原则”和“五点主张”。2016 年，习近平总书记在网络安全和信息化工作座谈会上的讲话中提出，要加快网络立法进程，完善依法监管措施，化解网络风险。

中国要实现从网络大国向网络强国的转变，网络空间法治化建设至关重要，近年来中国网络治理政策法律体系不断完善。2016 年和 2017 年相继发布《国家网络空间安全战略》和《网络空间国际合作战略》。在《全国人民代表大会常务委员会关于维护互联网安全的决定》《全国人民代表大会常务委员会关于加强网络信息保护的决定》的基础上，不断完善网络治理法律体系：一是修改完善刑法、消费者权益保护法等关于个人信息保护的相关规定；二是制定网络安全法、电子商务法等法律，加强对网络安全和个人信息的保护力度。目前，个人信息保护法、数据安全法已经列入十三届全国人大常委会立法规划，这些法律的制定将进一步完善我国网络安全法律体系。

技术进步和社会发展不断对网络社会治理带来新问题和新挑战,网络社会治理已经成为各领域理论界和实务界关注的热点,这对网络社会治理法治体系的完善具有积极意义。中国民主法制出版社推出的国家出版基金项目《中国网络安全战略法治保障丛书》,体现了对加强和创新网络社会治理的使命感和责任感。应中国民主法制出版社的邀请,我担任本系列作品的总主编,本系列作品包括《网络安全法适用指南》《网络法典型案例评析》《网络安全法律一本通》《网络众筹法律风险防控》《网络犯罪识别与防控》,希望能够对促进网络社会治理的学习和研究有所裨益。

马民虎

(中国法学会网络与信息法学研究会副会长、
中国网络空间安全协会副会长、
西安交通大学苏州信息安全法律研究中心主任)

序　言

数字经济时代，移动互联网、云计算、大数据、物联网、人工智能等新技术得到更深层次的运用，成为推动全球经济发展和社会变革的重要力量。然而，信息化带来的网络安全威胁范围和内容也不断扩大和演化，全球网络安全形势与挑战日益严峻。世界各国纷纷将网络安全提升到国家战略高度，目前有70多个国家制定了网络安全方面的国家战略。国际网络安全相关政策立法也呈爆发趋势，纷纷建立全方位、更立体、更具弹性与前瞻性的网络安全立法体系，不断推动在关键信息基础设施保护、个人信息保护、网络内容与平台治理、网络安全审查、反恐与情报、网络监控和执法、物联网安全、密码管理、犯罪和刑罚等"行动域"的立法进程。

党的十八大以来，以习近平同志为核心的党中央坚持从发展中国特色社会主义、实现中华民族伟大复兴中国梦的战略高度，系统部署和全面推进网络安全和信息化工作，提出了总体国家安全观和网络强国战略思想，我国网络发展和治理不断开创新局面，走出了一条既与国际接轨，又不乏中国特色的网络安全法治之路。从1994年《中华人民共和国计算机信息系统安全保护条例》(2011年修订)到2000年《全国人民代表大会常务委员会关于维护互联网安全的决定》(2009年修正)再到2016年《中华人民共和国网络安全法》及其配套法规的不断优化，我国网络安全法治建设取得了良好成效，关键信息基础设施、网络安全等级保护、个人信息保护、数据出境评估、网络安全审查等重要制度基本建立，整体上实现了网络安全立法从无到有，从碎片式到体系化，从粗放式到精细化的转变，为我国互联网健康、有序的发展奠定了基础。

本书依据网络安全管理、网络信息内容安全、个人信息保护、电子商务交易安全、网络著作权保护与管理以及互联网金融、网络游戏等特定领域安全保护6类板块对我国庞杂、分散的网络安全相关法律法规进行了全面、系统、有序的梳理,从中可概览我国网络安全法治建设40年来的立法进程和成果,为网络安全相关学习者、从业者提供了良好的工具书。

是为序。

黄道丽
(公安部第三研究所副研究员、
公安部第三研究所网络安全法律研究中心主任、
中国信息安全法律大会专家委员会秘书长)

目录 CONTENTS

第一章
网络安全管理

一、法律

中华人民共和国刑法(节录)

(1979年7月1日第五届全国人民代表大会第二次会议通过　1997年3月14日第八届全国人民代表大会第五次会议修订通过 自1997年10月1日起施行

根据1998年12月29日第八届全国人民代表大会常务委员会第六次会议通过的《关于惩治骗购外汇、逃汇和非法买卖外汇犯罪的决定》、1999年12月25日第九届全国人民代表大会常务委员会第十三次会议通过的《中华人民共和国刑法修正案》、2001年8月31日第九届全国人民代表大会常务委员会第二十三次会议通过的《中华人民共和国刑法修正案(二)》、2001年12月29日第九届全国人民代表大会常务委员会第二十五次会议通过的《中华人民共和国刑法修正案(三)》、2002年12月28日第九届全国人民代表大会常务委员会第三十一次会议通过的《中华人民共和国刑法修正案(四)》、2005年2月28日第十届全国人民代表大会常务委员会第十四次会议通过的《中华人民共和国刑法修正案(五)》、2006年6月29日第十届全国人民代表大会常务委员会第二十二次会议通过的《中华人民共和国刑法修正案(六)》、2009年2月28日第十一届全国人民代表大会常务委员会第七次会议通过的《中华人民共和国刑法修正案(七)》、2009年8月27日《全国人民代表大会常务委员会关于修改部分法律的决定》、2011年2月25日第十一届全国人民代表大会常务委员会第十九次会议通过的《中华人民共和国刑法修正案(八)》、2015年8月29日第十二届全国人民代表大会常务委员会第十六次会议通过的《中华人民共和国刑法修正案(九)》、2017年11月4日第十二届全国人民代表大会常务委员会第三十次会议通过的《中华人民共和国刑法修正案(十)》修正)

第一百二十四条　破坏广播电视设施、公用电信设施,危害公共安全的,处三年以上七年以下有期徒刑;造成严重后果的,处七年以上有期徒刑。

过失犯前款罪的,处三年以上七年以下有期徒刑;情节较轻的,处三年以下有期徒刑或者拘役。

第二百一十七条　以营利为目的,有下列侵犯著作权情形之一,违法所得数额较大或者有其他严重情节的,处三年以下有期徒刑或者拘役,并处或者单处罚金;违法所得数额巨大或者有其他特别严重情节的,处三年以上七年以下有期徒刑,并处罚金:

(一)未经著作权人许可,复制发行其文字作品、音乐、电影、电视、录像作品、计算机软件及其他作品的;

(二)出版他人享有专有出版权的图书的;

(三)未经录音录像制作者许可,复制发行其制作的录音录像的;

(四)制作、出售假冒他人署名的美术作品的。

第二百一十八条 以营利为目的,销售明知是本法第二百一十七条规定的侵权复制品,违法所得数额巨大的,处三年以下有期徒刑或者拘役,并处或者单处罚金。

第二百四十六条 以暴力或者其他方法公然侮辱他人或者捏造事实诽谤他人,情节严重的,处三年以下有期徒刑、拘役、管制或者剥夺政治权利。

前款罪,告诉的才处理,但是严重危害社会秩序和国家利益的除外。

通过信息网络实施第一款规定的行为,被害人向人民法院告诉,但提供证据确有困难的,人民法院可以要求公安机关提供协助。

第二百五十三条之一 违反国家有关规定,向他人出售或者提供公民个人信息,情节严重的,处三年以下有期徒刑或者拘役,并处或者单处罚金;情节特别严重的,处三年以上七年以下有期徒刑,并处罚金。

违反国家有关规定,将在履行职责或者提供服务过程中获得的公民个人信息,出售或者提供给他人的,依照前款的规定从重处罚。

窃取或者以其他方法非法获取公民个人信息的,依照第一款的规定处罚。

单位犯前三款罪的,对单位判处罚金,并对其直接负责的主管人员和其他直接责任人员,依照各该款的规定处罚。

第二百六十四条 盗窃公私财物,数额较大的,或者多次盗窃、入户盗窃、携带凶器盗窃、扒窃的,处三年以下有期徒刑、拘役或者管制,并处或者单处罚金;数额巨大或者有其他严重情节的,处三年以上十年以下有期徒刑,并处罚金;数额特别巨大或者有其他特别严重情节的,处十年以上有期徒刑或者无期徒刑,并处罚金或者没收财产。

第二百六十五条 以牟利为目的,盗接他人通信线路、复制他人电信码号或者明知是盗接、复制的电信设备、设施而使用的,依照本法第二百六十四条的规定定罪处罚。

第二百六十六条 诈骗公私财物,数额较大的,处三年以下有期徒刑、拘役或者管制,并处或者单处罚金;数额巨大或者有其他严重情节的,处三年以上十年以下有期徒刑,并处罚金;数额特别巨大或者有其他特别严重情节的,处十年以上有期徒刑或者无期徒刑,并处罚金或者没收财产。本法另有规定的,依照规定。

第二百八十二条 以窃取、刺探、收买方法,非法获取国家秘密的,处三年以下有期徒刑、拘役、管制或者剥夺政治权利;情节严重的,处三年以上七年以下有期徒刑。

非法持有属于国家绝密、机密的文件、资料或者其他物品,拒不说明来源与用途的,处三年以下有期徒刑、拘役或者管制。

第二百八十三条 非法生产、销售专用间谍器材或者窃听、窃照专用器材的,处三年以下有期徒刑、拘役或者管制,并处或者单处罚金;情节严重的,处三年以上七年以下有期徒刑,并处罚金。

单位犯前款罪的,对单位判处罚金,并对其直接负责的主管人员和其他直接责任人员,依照前款的规定处罚。

第二百八十四条 非法使用窃听、窃照专用器材,造成严重后果的,处二年以下有期徒刑、拘役或者管制。

第二百八十四条之一 在法律规定的国家考试中,组织作弊的,处三年以下有期徒刑或者拘役，并处或者单处罚金；情节严重的，处三年以上七年以下有期徒刑，并处罚金。

为他人实施前款犯罪提供作弊器材或者其他帮助的，依照前款的规定处罚。

为实施考试作弊行为，向他人非法出售或者提供第一款规定的考试的试题、答案的，依照第一款的规定处罚。

代替他人或者让他人代替自己参加第一款规定的考试的，处拘役或者管制，并处或者单处罚金。

第二百八十五条　违反国家规定，侵入国家事务、国防建设、尖端科学技术领域的计算机信息系统的，处三年以下有期徒刑或者拘役。

违反国家规定，侵入前款规定以外的计算机信息系统或者采用其他技术手段，获取该计算机信息系统中存储、处理或者传输的数据，或者对该计算机信息系统实施非法控制，情节严重的，处三年以下有期徒刑或者拘役，并处或者单处罚金；情节特别严重的，处三年以上七年以下有期徒刑，并处罚金。

提供专门用于侵入、非法控制计算机信息系统的程序、工具，或者明知他人实施侵入、非法控制计算机信息系统的违法犯罪行为而为其提供程序、工具，情节严重的，依照前款的规定处罚。

单位犯前三款罪的，对单位判处罚金，并对其直接负责的主管人员和其他直接责任人员，依照各该款的规定处罚。

第二百八十六条　违反国家规定，对计算机信息系统功能进行删除、修改、增加、干扰，造成计算机信息系统不能正常运行，后果严重的，处五年以下有期徒刑或者拘役；后果特别严重的，处五年以上有期徒刑。

违反国家规定，对计算机信息系统中存储、处理或者传输的数据和应用程序进行删除、修改、增加的操作，后果严重的，依照前款的规定处罚。

故意制作、传播计算机病毒等破坏性程序，影响计算机系统正常运行，后果严重的，依照第一款的规定处罚。

单位犯前三款罪的，对单位判处罚金，并对其直接负责的主管人员和其他直接责任人员，依照第一款的规定处罚。

第二百八十六条之一　网络服务提供者不履行法律、行政法规规定的信息网络安全管理义务，经监管部门责令采取改正措施而拒不改正，有下列情形之一的，处三年以下有期徒刑、拘役或者管制，并处或者单处罚金：

（一）致使违法信息大量传播的；

（二）致使用户信息泄露，造成严重后果的；

（三）致使刑事案件证据灭失，情节严重的；

（四）有其他严重情节的。

单位犯前款罪的，对单位判处罚金，并对其直接负责的主管人员和其他直接责任人员，依照前款的规定处罚。

有前两款行为，同时构成其他犯罪的，依照处罚较重的规定定罪处罚。

第二百八十七条　利用计算机实施金融诈骗、盗窃、贪污、挪用公款、窃取国家秘密或者其他犯罪的，依照本法有关规定定罪处罚。

第二百八十七条之一 利用信息网络实施下列行为之一,情节严重的,处三年以下有期徒刑或者拘役,并处或者单处罚金:

(一)设立用于实施诈骗、传授犯罪方法、制作或者销售违禁物品、管制物品等违法犯罪活动的网站、通讯群组的;

(二)发布有关制作或者销售毒品、枪支、淫秽物品等违禁物品、管制物品或者其他违法犯罪信息的;

(三)为实施诈骗等违法犯罪活动发布信息的。

单位犯前款罪的,对单位判处罚金,并对其直接负责的主管人员和其他直接责任人员,依照第一款的规定处罚。

有前两款行为,同时构成其他犯罪的,依照处罚较重的规定定罪处罚。

第二百八十七条之二 明知他人利用信息网络实施犯罪,为其犯罪提供互联网接入、服务器托管、网络存储、通讯传输等技术支持,或者提供广告推广、支付结算等帮助,情节严重的,处三年以下有期徒刑或者拘役,并处或者单处罚金。

单位犯前款罪的,对单位判处罚金,并对其直接负责的主管人员和其他直接责任人员,依照第一款的规定处罚。

有前两款行为,同时构成其他犯罪的,依照处罚较重的规定定罪处罚。

第二百八十八条 违反国家规定,擅自设置、使用无线电台(站),或者擅自使用无线电频率,干扰无线电通讯秩序,情节严重的,处三年以下有期徒刑、拘役或者管制,并处或者单处罚金;情节特别严重的,处三年以上七年以下有期徒刑,并处罚金。

单位犯前款罪的,对单位判处罚金,并对其直接负责的主管人员和其他直接责任人员,依照前款的规定处罚。

第三百零三条 以营利为目的,聚众赌博或者以赌博为业的,处三年以下有期徒刑、拘役或者管制,并处罚金。

开设赌场的,处三年以下有期徒刑、拘役或者管制,并处罚金;情节严重的,处三年以上十年以下有期徒刑,并处罚金。

第三百六十三条 以牟利为目的,制作、复制、出版、贩卖、传播淫秽物品的,处三年以下有期徒刑、拘役或者管制,并处罚金;情节严重的,处三年以上十年以下有期徒刑,并处罚金;情节特别严重的,处十年以上有期徒刑或者无期徒刑,并处罚金或者没收财产。

……

第三百六十四条 传播淫秽的书刊、影片、音像、图片或者其他淫秽物品,情节严重的,处二年以下有期徒刑、拘役或者管制。

……

向不满十八周岁的未成年人传播淫秽物品的,从重处罚。

第三百六十五条 组织进行淫秽表演的,处三年以下有期徒刑、拘役或者管制,并处罚金;情节严重的,处三年以上十年以下有期徒刑,并处罚金。

第三百六十六条 单位犯本节第三百六十三条、第三百六十四条、第三百六十五条规定之罪的,对单位判处罚金,并对其直接负责的主管人员和其他直接责任人员,依照各该条的规定处罚。

中华人民共和国保守国家秘密法(节录)

(1988年9月5日第七届全国人民代表大会常务委员会第三次会议通过 2010年4月29日第十一届全国人民代表大会常务委员会第十四次会议修订)

第五条　国家保密行政管理部门主管全国的保密工作。县级以上地方各级保密行政管理部门主管本行政区域的保密工作。

第十七条　机关、单位对承载国家秘密的纸介质、光介质、电磁介质等载体(以下简称国家秘密载体)以及属于国家秘密的设备、产品,应当做出国家秘密标志。

不属于国家秘密的,不应当做出国家秘密标志。

第二十三条　存储、处理国家秘密的计算机信息系统(以下简称涉密信息系统)按照涉密程度实行分级保护。

涉密信息系统应当按照国家保密标准配备保密设施、设备。保密设施、设备应当与涉密信息系统同步规划,同步建设,同步运行。

涉密信息系统应当按照规定,经检查合格后,方可投入使用。

第二十四条　机关、单位应当加强对涉密信息系统的管理,任何组织和个人不得有下列行为:

(一)将涉密计算机、涉密存储设备接入互联网及其他公共信息网络;

(二)在未采取防护措施的情况下,在涉密信息系统与互联网及其他公共信息网络之间进行信息交换;

(三)使用非涉密计算机、非涉密存储设备存储、处理国家秘密信息;

(四)擅自卸载、修改涉密信息系统的安全技术程序、管理程序;

(五)将未经安全技术处理的退出使用的涉密计算机、涉密存储设备赠送、出售、丢弃或者改作其他用途。

第二十六条　禁止非法复制、记录、存储国家秘密。

禁止在互联网及其他公共信息网络或者未采取保密措施的有线和无线通信中传递国家秘密。

禁止在私人交往和通信中涉及国家秘密。

第二十七条　报刊、图书、音像制品、电子出版物的编辑、出版、印制、发行,广播节目、电视节目、电影的制作和播放,互联网、移动通信网等公共信息网络及其他传媒的信息编辑、发布,应当遵守有关保密规定。

第二十八条　互联网及其他公共信息网络运营商、服务商应当配合公安机关、国家安全机关、检察机关对泄密案件进行调查;发现利用互联网及其他公共信息网络发布的信息涉及泄露国家秘密的,应当立即停止传输,保存有关记录,向公安机关、国家安全机关或者保密行政管理部门报告;应当根据公安机关、国家安全机关或者保密行政管理部门的要求,删除涉及泄露国家秘密的信息。

第三十四条　从事国家秘密载体制作、复制、维修、销毁,涉密信息系统集成,或者武器装备科研生产等涉及国家秘密业务的企业事业单位,应当经过保密审查,具体办法由国务院规定。

机关、单位委托企业事业单位从事前款规定的业务,应当与其签订保密协议,提出保密要求,采取保密措施。

第四十八条 违反本法规定,有下列行为之一的,依法给予处分;构成犯罪的,依法追究刑事责任:

(一)非法获取、持有国家秘密载体的;

(二)买卖、转送或者私自销毁国家秘密载体的;

(三)通过普通邮政、快递等无保密措施的渠道传递国家秘密载体的;

(四)邮寄、托运国家秘密载体出境,或者未经有关主管部门批准,携带、传递国家秘密载体出境的;

(五)非法复制、记录、存储国家秘密的;

(六)在私人交往和通信中涉及国家秘密的;

(七)在互联网及其他公共信息网络或者未采取保密措施的有线和无线通信中传递国家秘密的;

(八)将涉密计算机、涉密存储设备接入互联网及其他公共信息网络的;

(九)在未采取防护措施的情况下,在涉密信息系统与互联网及其他公共信息网络之间进行信息交换的;

(十)使用非涉密计算机、非涉密存储设备存储、处理国家秘密信息的;

(十一)擅自卸载、修改涉密信息系统的安全技术程序、管理程序的;

(十二)将未经安全技术处理的退出使用的涉密计算机、涉密存储设备赠送、出售、丢弃或者改作其他用途的。

有前款行为尚不构成犯罪,且不适用处分的人员,由保密行政管理部门督促其所在机关、单位予以处理。

第五十条 互联网及其他公共信息网络运营商、服务商违反本法第二十八条规定的,由公安机关或者国家安全机关、信息产业主管部门按照各自职责分工依法予以处罚。

中华人民共和国国家安全法(节录)

(2015年7月1日第十二届全国人民代表大会常务委员会第十五次会议通过)

第二十五条 国家建设网络与信息安全保障体系,提升网络与信息安全保护能力,加强网络和信息技术的创新研究和开发应用,实现网络和信息核心技术、关键基础设施和重要领域信息系统及数据的安全可控;加强网络管理,防范、制止和依法惩治网络攻击、网络入侵、网络窃密、散布违法有害信息等网络违法犯罪行为,维护国家网络空间主权、安全和发展利益。

第五十九条 国家建立国家安全审查和监管的制度和机制,对影响或者可能影响国家安全的外商投资、特定物项和关键技术、网络信息技术产品和服务、涉及国家安全事项的建设项目,以及其他重大事项和活动,进行国家安全审查,有效预防和化解国家安全风险。

第七十五条　国家安全机关、公安机关、有关军事机关开展国家安全专门工作,可以依法采取必要手段和方式,有关部门和地方应当在职责范围内提供支持和配合。

中华人民共和国人民警察法(节录)

(1995年2月28日第八届全国人民代表大会常务委员会第十二次会议通过　根据2012年10月26日第十一届全国人民代表大会常务委员会第二十九次会议《关于修改〈中华人民共和国人民警察法〉的决定》修正)

第二条　人民警察的任务是维护国家安全,维护社会治安秩序,保护公民的人身安全、人身自由和合法财产,保护公共财产,预防、制止和惩治违法犯罪活动。

人民警察包括公安机关、国家安全机关、监狱、劳动教养管理机关的人民警察和人民法院、人民检察院的司法警察。

第六条　公安机关的人民警察按照职责分工,依法履行下列职责:

(一)预防、制止和侦查违法犯罪活动;

(二)维护社会治安秩序,制止危害社会治安秩序的行为;

(三)维护交通安全和交通秩序,处理交通事故;

(四)组织、实施消防工作,实行消防监督;

(五)管理枪支弹药、管制刀具和易燃易爆、剧毒、放射性等危险物品;

(六)对法律、法规规定的特种行业进行管理;

(七)警卫国家规定的特定人员,守卫重要的场所和设施;

(八)管理集会、游行、示威活动;

(九)管理户政、国籍、入境出境事务和外国人在中国境内居留、旅行的有关事务;

(十)维护国(边)境地区的治安秩序;

(十一)对被判处拘役、剥夺政治权利的罪犯执行刑罚;

(十二)监督管理计算机信息系统的安全保护工作;

(十三)指导和监督国家机关、社会团体、企业事业组织和重点建设工程的治安保卫工作,指导治安保卫委员会等群众性组织的治安防范工作;

(十四)法律、法规规定的其他职责。

第十六条　公安机关因侦查犯罪的需要,根据国家有关规定,经过严格的批准手续,可以采取技术侦察措施。

全国人民代表大会常务委员会关于维护互联网安全的决定

(2000年12月28日第九届全国人民代表大会常务委员会第十九次会议通过　根据2009年8月27日第十一届全国人民代表大会常务委员会第十次会议《关

于修改部分法律的决定》修正）

我国的互联网，在国家大力倡导和积极推动下，在经济建设和各项事业中得到日益广泛的应用，使人们的生产、工作、学习和生活方式已经开始并将继续发生深刻的变化，对于加快我国国民经济、科学技术的发展和社会服务信息化进程具有重要作用。同时，如何保障互联网的运行安全和信息安全问题已经引起全社会的普遍关注。为了兴利除弊，促进我国互联网的健康发展，维护国家安全和社会公共利益，保护个人、法人和其他组织的合法权益，特作如下决定：

一、为了保障互联网的运行安全，对有下列行为之一，构成犯罪的，依照刑法有关规定追究刑事责任：

（一）侵入国家事务、国防建设、尖端科学技术领域的计算机信息系统；

（二）故意制作、传播计算机病毒等破坏性程序，攻击计算机系统及通信网络，致使计算机系统及通信网络遭受损害；

（三）违反国家规定，擅自中断计算机网络或者通信服务，造成计算机网络或者通信系统不能正常运行。

二、为了维护国家安全和社会稳定，对有下列行为之一，构成犯罪的，依照刑法有关规定追究刑事责任：

（一）利用互联网造谣、诽谤或者发表、传播其他有害信息，煽动颠覆国家政权、推翻社会主义制度，或者煽动分裂国家、破坏国家统一；

（二）通过互联网窃取、泄露国家秘密、情报或者军事秘密；

（三）利用互联网煽动民族仇恨、民族歧视，破坏民族团结；

（四）利用互联网组织邪教组织、联络邪教组织成员，破坏国家法律、行政法规实施。

三、为了维护社会主义市场经济秩序和社会管理秩序，对有下列行为之一，构成犯罪的，依照刑法有关规定追究刑事责任：

（一）利用互联网销售伪劣产品或者对商品、服务作虚假宣传；

（二）利用互联网损害他人商业信誉和商品声誉；

（三）利用互联网侵犯他人知识产权；

（四）利用互联网编造并传播影响证券、期货交易或者其他扰乱金融秩序的虚假信息；

（五）在互联网上建立淫秽网站、网页，提供淫秽站点链接服务，或者传播淫秽书刊、影片、音像、图片。

四、为了保护个人、法人和其他组织的人身、财产等合法权利，对有下列行为之一，构成犯罪的，依照刑法有关规定追究刑事责任：

（一）利用互联网侮辱他人或者捏造事实诽谤他人；

（二）非法截获、篡改、删除他人电子邮件或者其他数据资料，侵犯公民通信自由和通信秘密；

（三）利用互联网进行盗窃、诈骗、敲诈勒索。

五、利用互联网实施本决定第一条、第二条、第三条、第四条所列行为以外的其他行为，构成犯罪的，依照刑法有关规定追究刑事责任。

六、利用互联网实施违法行为，违反社会治安管理，尚不构成犯罪的，由公安机关依照《治安管理处罚法》予以处罚；违反其他法律、行政法规，尚不构成犯罪的，由有关行政管理部门依法给予行政处罚；对直接负责的主管人员和其他直接责任人员，依法给予行政处分或者纪律处分。

利用互联网侵犯他人合法权益，构成民事侵权的，依法承担民事责任。

七、各级人民政府及有关部门要采取积极措施，在促进互联网的应用和网络技术的普及过程中，重视和支持对网络安全技术的研究和开发，增强网络的安全防护能力。有关主管部门要加强对互联网的运行安全和信息安全的宣传教育，依法实施有效的监督管理，防范和制止利用互联网进行的各种违法活动，为互联网的健康发展创造良好的社会环境。从事互联网业务的单位要依法开展活动，发现互联网上出现违法犯罪行为和有害信息时，要采取措施，停止传输有害信息，并及时向有关机关报告。任何单位和个人在利用互联网时，都要遵纪守法，抵制各种违法犯罪行为和有害信息。人民法院、人民检察院、公安机关、国家安全机关要各司其职，密切配合，依法严厉打击利用互联网实施的各种犯罪活动。要动员全社会的力量，依靠全社会的共同努力，保障互联网的运行安全与信息安全，促进社会主义精神文明和物质文明建设。

中华人民共和国治安管理处罚法（节录）

（2005 年 8 月 28 日第十届全国人民代表大会常务委员会第十七次会议通过 根据 2012 年 10 月 26 日第十一届全国人民代表大会常务委员会第二十九次会议《关于修改〈中华人民共和国治安管理处罚法〉的决定》修正）

第二条 扰乱公共秩序，妨害公共安全，侵犯人身权利、财产权利，妨害社会管理，具有社会危害性，依照《中华人民共和国刑法》的规定构成犯罪的，依法追究刑事责任；尚不够刑事处罚的，由公安机关依照本法给予治安管理处罚。

第七条 国务院公安部门负责全国的治安管理工作。县级以上地方各级人民政府公安机关负责本行政区域内的治安管理工作。

治安案件的管辖由国务院公安部门规定。

第二十八条 违反国家规定，故意干扰无线电业务正常进行的，或者对正常运行的无线电台（站）产生有害干扰，经有关主管部门指出后，拒不采取有效措施消除的，处五日以上十日以下拘留；情节严重的，处十日以上十五日以下拘留。

第二十九条 有下列行为之一的，处五日以下拘留；情节较重的，处五日以上十日以下拘留：

（一）违反国家规定，侵入计算机信息系统，造成危害的；

（二）违反国家规定，对计算机信息系统功能进行删除、修改、增加、干扰，造成计算机信息系统不能正常运行的；

（三）违反国家规定，对计算机信息系统中存储、处理、传输的数据和应用程序进行删除、修改、增加的；

（四）故意制作、传播计算机病毒等破坏性程序，影响计算机信息系统正常运行的。

第三十三条 有下列行为之一的，处十日以上十五日以下拘留：

（一）盗窃、损毁油气管道设施、电力电信设施、广播电视设施、水利防汛工程设施或者水文监测、测量、气象测报、环境监测、地质监测、地震监测等公共设施的；

（二）移动、损毁国家边境的界碑、界桩以及其他边境标志、边境设施或者领土、领海标志设施的；

（三）非法进行影响国（边）界线走向的活动或者修建有碍国（边）境管理的设施的。

第四十二条 有下列行为之一的，处五日以下拘留或者五百元以下罚款；情节较重的，处五日以上十日以下拘留，可以并处五百元以下罚款：

（一）写恐吓信或者以其他方法威胁他人人身安全的；

（二）公然侮辱他人或者捏造事实诽谤他人的；

（三）捏造事实诬告陷害他人，企图使他人受到刑事追究或者受到治安管理处罚的；

（四）对证人及其近亲属进行威胁、侮辱、殴打或者打击报复的；

（五）多次发送淫秽、侮辱、恐吓或者其他信息，干扰他人正常生活的；

（六）偷窥、偷拍、窃听、散布他人隐私的。

第四十七条 煽动民族仇恨、民族歧视，或者在出版物、计算机信息网络中刊载民族歧视、侮辱内容的，处十日以上十五日以下拘留，可以并处一千元以下罚款。

第四十八条 冒领、隐匿、毁弃、私自开拆或者非法检查他人邮件的，处五日以下拘留或者五百元以下罚款。

第四十九条 盗窃、诈骗、哄抢、抢夺、敲诈勒索或者故意损毁公私财物的，处五日以上十日以下拘留，可以并处五百元以下罚款；情节较重的，处十日以上十五日以下拘留，可以并处一千元以下罚款。

第六十八条 制作、运输、复制、出售、出租淫秽的书刊、图片、影片、音像制品等淫秽物品或者利用计算机信息网络、电话以及其他通讯工具传播淫秽信息的，处十日以上十五日以下拘留，可以并处三千元以下罚款；情节较轻的，处五日以下拘留或者五百元以下罚款。

中华人民共和国反间谍法（节录）

（2014年11月1日第十二届全国人民代表大会常务委员会第十一次会议通过）

第十一条 国家安全机关的工作人员在依法执行紧急任务的情况下，经出示相应证件，可以优先乘坐公共交通工具，遇交通阻碍时，优先通行。

国家安全机关因反间谍工作需要，按照国家有关规定，可以优先使用或者依法征用机关、团体、企业事业组织和个人的交通工具、通信工具、场地和建筑物，必要时，可以设置相关工作场所和设备、设施，任务完成后应当及时归还或者恢复原状，并依照规定支付相应费用；造成损失的，应当补偿。

第十二条　国家安全机关因侦察间谍行为的需要，根据国家有关规定，经过严格的批准手续，可以采取技术侦察措施。

第十三条　国家安全机关因反间谍工作需要，可以依照规定查验有关组织和个人的电子通信工具、器材等设备、设施。查验中发现存在危害国家安全情形的，国家安全机关应当责令其整改；拒绝整改或者整改后仍不符合要求的，可以予以查封、扣押。

对依照前款规定查封、扣押的设备、设施，在危害国家安全的情形消除后，国家安全机关应当及时解除查封、扣押。

中华人民共和国电子签名法（节录）

（2004年8月28日第十届全国人民代表大会常务委员会第十一次会议通过　根据2015年4月24日第十二届全国人民代表大会常务委员会第十四次会议《关于修改〈中华人民共和国电力法〉等六部法律的决定》修正）

第四条　能够有形地表现所载内容，并可以随时调取查用的数据电文，视为符合法律、法规要求的书面形式。

第七条　数据电文不得仅因为其是以电子、光学、磁或者类似手段生成、发送、接收或者储存的而被拒绝作为证据使用。

第十九条　电子认证服务提供者应当制定、公布符合国家有关规定的电子认证业务规则，并向国务院信息产业主管部门备案。

电子认证业务规则应当包括责任范围、作业操作规范、信息安全保障措施等事项。

中华人民共和国反恐怖主义法（节录）

（2015年12月27日第十二届全国人民代表大会常务委员会第十八次会议通过　根据2018年4月27日第十三届全国人民代表大会常务委员会第二次会议《关于修改〈中华人民共和国国境卫生检疫法〉等六部法律的决定》修正）

第八条　公安机关、国家安全机关和人民检察院、人民法院、司法行政机关以及其他有关国家机关，应当根据分工，实行工作责任制，依法做好反恐怖主义工作。

中国人民解放军、中国人民武装警察部队和民兵组织依照本法和其他有关法律、行政法规、军事法规以及国务院、中央军事委员会的命令，并根据反恐怖主义工作领导机构的部署，防范和处置恐怖活动。

有关部门应当建立联动配合机制，依靠、动员村民委员会、居民委员会、企业事业单位、社会组织,共同开展反恐怖主义工作。

第十一条 对在中华人民共和国领域外对中华人民共和国国家、公民或者机构实施的恐怖活动犯罪,或者实施的中华人民共和国缔结、参加的国际条约所规定的恐怖活动犯罪,中华人民共和国行使刑事管辖权,依法追究刑事责任。

第十八条 电信业务经营者、互联网服务提供者应当为公安机关、国家安全机关依法进行防范、调查恐怖活动提供技术接口和解密等技术支持和协助。

第十九条 电信业务经营者、互联网服务提供者应当依照法律、行政法规规定,落实网络安全、信息内容监督制度和安全技术防范措施,防止含有恐怖主义、极端主义内容的信息传播;发现含有恐怖主义、极端主义内容的信息的,应当立即停止传输,保存相关记录,删除相关信息,并向公安机关或者有关部门报告。

网信、电信、公安、国家安全等主管部门对含有恐怖主义、极端主义内容的信息,应当按照职责分工,及时责令有关单位停止传输、删除相关信息,或者关闭相关网站、关停相关服务。有关单位应当立即执行,并保存相关记录,协助进行调查。对互联网上跨境传输的含有恐怖主义、极端主义内容的信息,电信主管部门应当采取技术措施,阻断传播。

第二十一条 电信、互联网、金融、住宿、长途客运、机动车租赁等业务经营者、服务提供者,应当对客户身份进行查验。对身份不明或者拒绝身份查验的,不得提供服务。

第四十五条 公安机关、国家安全机关、军事机关在其职责范围内,因反恐怖主义情报信息工作的需要,根据国家有关规定,经过严格的批准手续,可以采取技术侦察措施。

依照前款规定获取的材料,只能用于反恐怖主义应对处置和对恐怖活动犯罪、极端主义犯罪的侦查、起诉和审判,不得用于其他用途。

第五十一条 公安机关调查恐怖活动嫌疑,有权向有关单位和个人收集、调取相关信息和材料。有关单位和个人应当如实提供。

第六十一条 恐怖事件发生后,负责应对处置的反恐怖主义工作领导机构可以决定由有关部门和单位采取下列一项或者多项应对处置措施:

(一)组织营救和救治受害人员,疏散、撤离并妥善安置受到威胁的人员以及采取其他救助措施;

(二)封锁现场和周边道路,查验现场人员的身份证件,在有关场所附近设置临时警戒线;

(三)在特定区域内实施空域、海(水)域管制,对特定区域内的交通运输工具进行检查;

(四)在特定区域内实施互联网、无线电、通讯管制;

(五)在特定区域内或者针对特定人员实施出境入境管制;

(六)禁止或者限制使用有关设备、设施,关闭或者限制使用有关场所,中止人员密集的活动或者可能导致危害扩大的生产经营活动;

（七）抢修被损坏的交通、电信、互联网、广播电视、供水、排水、供电、供气、供热等公共设施；

（八）组织志愿人员参加反恐怖主义救援工作，要求具有特定专长的人员提供服务；

（九）其他必要的应对处置措施。

采取前款第三项至第五项规定的应对处置措施，由省级以上反恐怖主义工作领导机构决定或者批准；采取前款第六项规定的应对处置措施，由设区的市级以上反恐怖主义工作领导机构决定。应对处置措施应当明确适用的时间和空间范围，并向社会公布。

第六十三条　恐怖事件发生、发展和应对处置信息，由恐怖事件发生地的省级反恐怖主义工作领导机构统一发布；跨省、自治区、直辖市发生的恐怖事件，由指定的省级反恐怖主义工作领导机构统一发布。

任何单位和个人不得编造、传播虚假恐怖事件信息；不得报道、传播可能引起模仿的恐怖活动的实施细节；不得发布恐怖事件中残忍、不人道的场景；在恐怖事件的应对处置过程中，除新闻媒体经负责发布信息的反恐怖主义工作领导机构批准外，不得报道、传播现场应对处置的工作人员、人质身份信息和应对处置行动情况。

第八十四条　电信业务经营者、互联网服务提供者有下列情形之一的，由主管部门处二十万元以上五十万元以下罚款，并对其直接负责的主管人员和其他直接责任人员处十万元以下罚款；情节严重的，处五十万元以上罚款，并对其直接负责的主管人员和其他直接责任人员，处十万元以上五十万元以下罚款，可以由公安机关对其直接负责的主管人员和其他直接责任人员，处五日以上十五日以下拘留：

（一）未依照规定为公安机关、国家安全机关依法进行防范、调查恐怖活动提供技术接口和解密等技术支持和协助的；

（二）未按照主管部门的要求，停止传输、删除含有恐怖主义、极端主义内容的信息，保存相关记录，关闭相关网站或者关停相关服务的；

（三）未落实网络安全、信息内容监督制度和安全技术防范措施，造成含有恐怖主义、极端主义内容的信息传播，情节严重的。

第八十六条　电信、互联网、金融业务经营者、服务提供者未按规定对客户身份进行查验，或者对身份不明、拒绝身份查验的客户提供服务的，主管部门应当责令改正；拒不改正的，处二十万元以上五十万元以下罚款，并对其直接负责的主管人员和其他直接责任人员处十万元以下罚款；情节严重的，处五十万元以上罚款，并对其直接负责的主管人员和其他直接责任人员，处十万元以上五十万元以下罚款。

住宿、长途客运、机动车租赁等业务经营者、服务提供者有前款规定情形的，由主管部门处十万元以上五十万元以下罚款，并对其直接负责的主管人员和其他直接责任人员处十万元以下罚款。

第九十条　新闻媒体等单位编造、传播虚假恐怖事件信息，报道、传播可能引起模仿的恐怖活动的实施细节，发布恐怖事件中残忍、不人道的场景，或者未经批准，报道、传播现场应对处置的工作人员、人质身份信息和应对处置行动情况的，由公安机关处二十万元以下罚款，并对其直接负责的主管人员和其他直接责任人员，处五日以上十五日以下拘留，可以并处五万元以下罚款。

个人有前款规定行为的，由公安机关处五日以上十五日以下拘留，可以并处一万元以下罚款。

中华人民共和国网络安全法

（2016年11月7日第十二届全国人民代表大会常务委员会第二十四次会议通过）

目　录

第一章　总　　则

第一条　为了保障网络安全，维护网络空间主权和国家安全、社会公共利益，保护公民、法人和其他组织的合法权益，促进经济社会信息化健康发展，制定本法。

第二条　在中华人民共和国境内建设、运营、维护和使用网络，以及网络安全的监督管理，适用本法。

第三条　国家坚持网络安全与信息化发展并重，遵循积极利用、科学发展、依法管理、确保安全的方针，推进网络基础设施建设和互联互通，鼓励网络技术创新和应用，支持培养网络安全人才，建立健全网络安全保障体系，提高网络安全保护能力。

第四条　国家制定并不断完善网络安全战略，明确保障网络安全的基本要求和主要目标，提出重点领域的网络安全政策、工作任务和措施。

第五条　国家采取措施，监测、防御、处置来源于中华人民共和国境内外的网络安全风险和威胁，保护关键信息基础设施免受攻击、侵入、干扰和破坏，依法惩治网络违法犯罪活动，维护网络空间安全和秩序。

第六条　国家倡导诚实守信、健康文明的网络行为，推动传播社会主义核心价值观，采取措施提高全社会的网络安全意识和水平，形成全社会共同参与促进网络安全的良好环境。

第七条　国家积极开展网络空间治理、网络技术研发和标准制定、打击网络违法犯罪等方面的国际交流与合作，推动构建和平、安全、开放、合作的网络空间，建立多边、民主、透明的网络治理体系。

第八条　国家网信部门负责统筹协调网络安全工作和相关监督管理工作。国务院电信主管部门、公安部门和其他有关机关依照本法和有关法律、行政法规的规定，在各自职责范围内负责网络安全保护和监督管理工作。

县级以上地方人民政府有关部门的网络安全保护和监督管理职责，按照国家有关规定确定。

第九条　网络运营者开展经营和服务活动，必须遵守法律、行政法规，尊重社会公德，遵守商业道德，诚实信用，履行网络安全保护义务，接受政府和社会的监督，承担社会责任。

第十条　建设、运营网络或者通过网络提供服务，应当依照法律、行政法规的规定和国家标准的强制性要求，采取技术措施和其他必要措施，保障网络安全、稳定运行，有效应对网络安全事件，防范网络违法犯罪活动，维护网络数据的完整性、保密性和可用性。

第十一条　网络相关行业组织按照章程，加强行业自律，制定网络安全行为规范，指导会员加强网络安全保护，提高网络安全保护水平，促进行业健康发展。

第十二条　国家保护公民、法人和其他组织依法使用网络的权利，促进网络接入普及，提升网络服务水平，为社会提供安全、便利的网络服务，保障网络信息依法有序自由流动。

任何个人和组织使用网络应当遵守宪法法律，遵守公共秩序，尊重社会公德，不得危害网络安全，不得利用网络从事危害国家安全、荣誉和利益，煽动颠覆国家政权、推翻社会主义制度，煽动分裂国家、破坏国家统一，宣扬恐怖主义、极端主义，宣扬民族仇恨、民族歧视，传播暴力、淫秽色情信息，编造、传播虚假信息扰乱经济秩序和社会秩序，以及侵害他人名誉、隐私、知识产权和其他合法权益等活动。

第十三条　国家支持研究开发有利于未成年人健康成长的网络产品和服务，依法惩治利用网络从事危害未成年人身心健康的活动，为未成年人提供安全、健康的网络环境。

第十四条　任何个人和组织有权对危害网络安全的行为向网信、电信、公安等部门举报。收到举报的部门应当及时依法作出处理；不属于本部门职责的，应当及时移送有权处理的部门。

有关部门应当对举报人的相关信息予以保密，保护举报人的合法权益。

第二章　网络安全支持与促进

第十五条　国家建立和完善网络安全标准体系。国务院标准化行政主管部门和国务院其他有关部门根据各自的职责，组织制定并适时修订有关网络安全管理以及网络产品、服务和运行安全的国家标准、行业标准。

国家支持企业、研究机构、高等学校、网络相关行业组织参与网络安全国家标准、行业标准的制定。

第十六条 国务院和省、自治区、直辖市人民政府应当统筹规划，加大投入，扶持重点网络安全技术产业和项目，支持网络安全技术的研究开发和应用，推广安全可信的网络产品和服务，保护网络技术知识产权，支持企业、研究机构和高等学校等参与国家网络安全技术创新项目。

第十七条 国家推进网络安全社会化服务体系建设，鼓励有关企业、机构开展网络安全认证、检测和风险评估等安全服务。

第十八条 国家鼓励开发网络数据安全保护和利用技术，促进公共数据资源开放，推动技术创新和经济社会发展。

国家支持创新网络安全管理方式，运用网络新技术，提升网络安全保护水平。

第十九条 各级人民政府及其有关部门应当组织开展经常性的网络安全宣传教育，并指导、督促有关单位做好网络安全宣传教育工作。

大众传播媒介应当有针对性地面向社会进行网络安全宣传教育。

第二十条 国家支持企业和高等学校、职业学校等教育培训机构开展网络安全相关教育与培训，采取多种方式培养网络安全人才，促进网络安全人才交流。

第三章 网络运行安全

第一节 一般规定

第二十一条 国家实行网络安全等级保护制度。网络运营者应当按照网络安全等级保护制度的要求，履行下列安全保护义务，保障网络免受干扰、破坏或者未经授权的访问，防止网络数据泄露或者被窃取、篡改：

（一）制定内部安全管理制度和操作规程，确定网络安全负责人，落实网络安全保护责任；

（二）采取防范计算机病毒和网络攻击、网络侵入等危害网络安全行为的技术措施；

（三）采取监测、记录网络运行状态、网络安全事件的技术措施，并按照规定留存相关的网络日志不少于六个月；

（四）采取数据分类、重要数据备份和加密等措施；

（五）法律、行政法规规定的其他义务。

第二十二条 网络产品、服务应当符合相关国家标准的强制性要求。网络产品、服务的提供者不得设置恶意程序；发现其网络产品、服务存在安全缺陷、漏洞等风险时，应当立即采取补救措施，按照规定及时告知用户并向有关主管部门报告。

网络产品、服务的提供者应当为其产品、服务持续提供安全维护；在规定或者当事人约定的期限内，不得终止提供安全维护。

网络产品、服务具有收集用户信息功能的，其提供者应当向用户明示并取得同意；涉及用户个人信息的，还应当遵守本法和有关法律、行政法规关于个人信息保护的规定。

第二十三条　网络关键设备和网络安全专用产品应当按照相关国家标准的强制性要求，由具备资格的机构安全认证合格或者安全检测符合要求后，方可销售或者提供。国家网信部门会同国务院有关部门制定、公布网络关键设备和网络安全专用产品目录，并推动安全认证和安全检测结果互认，避免重复认证、检测。

第二十四条　网络运营者为用户办理网络接入、域名注册服务，办理固定电话、移动电话等入网手续，或者为用户提供信息发布、即时通讯等服务，在与用户签订协议或者确认提供服务时，应当要求用户提供真实身份信息。用户不提供真实身份信息的，网络运营者不得为其提供相关服务。

国家实施网络可信身份战略，支持研究开发安全、方便的电子身份认证技术，推动不同电子身份认证之间的互认。

第二十五条　网络运营者应当制定网络安全事件应急预案，及时处置系统漏洞、计算机病毒、网络攻击、网络侵入等安全风险；在发生危害网络安全的事件时，立即启动应急预案，采取相应的补救措施，并按照规定向有关主管部门报告。

第二十六条　开展网络安全认证、检测、风险评估等活动，向社会发布系统漏洞、计算机病毒、网络攻击、网络侵入等网络安全信息，应当遵守国家有关规定。

第二十七条　任何个人和组织不得从事非法侵入他人网络、干扰他人网络正常功能、窃取网络数据等危害网络安全的活动；不得提供专门用于从事侵入网络、干扰网络正常功能及防护措施、窃取网络数据等危害网络安全活动的程序、工具；明知他人从事危害网络安全的活动的，不得为其提供技术支持、广告推广、支付结算等帮助。

第二十八条　网络运营者应当为公安机关、国家安全机关依法维护国家安全和侦查犯罪的活动提供技术支持和协助。

第二十九条　国家支持网络运营者之间在网络安全信息收集、分析、通报和应急处置等方面进行合作，提高网络运营者的安全保障能力。

有关行业组织建立健全本行业的网络安全保护规范和协作机制，加强对网络安全风险的分析评估，定期向会员进行风险警示，支持、协助会员应对网络安全风险。

第三十条　网信部门和有关部门在履行网络安全保护职责中获取的信息，只能用于维护网络安全的需要，不得用于其他用途。

第二节　关键信息基础设施的运行安全

第三十一条　国家对公共通信和信息服务、能源、交通、水利、金融、公共服务、电子政务等重要行业和领域，以及其他一旦遭到破坏、丧失功能或者数据泄露，可能严重危害国家安全、国计民生、公共利益的关键信息基础设施，在网络安全等级保护制度的基础上，实行重点保护。关键信息基础设施的具体范围和安全保护办法由国务院制定。

国家鼓励关键信息基础设施以外的网络运营者自愿参与关键信息基础设施保护体系。

第三十二条 按照国务院规定的职责分工，负责关键信息基础设施安全保护工作的部门分别编制并组织实施本行业、本领域的关键信息基础设施安全规划，指导和监督关键信息基础设施运行安全保护工作。

第三十三条 建设关键信息基础设施应当确保其具有支持业务稳定、持续运行的性能，并保证安全技术措施同步规划、同步建设、同步使用。

第三十四条 除本法第二十一条的规定外，关键信息基础设施的运营者还应当履行下列安全保护义务：

（一）设置专门安全管理机构和安全管理负责人，并对该负责人和关键岗位的人员进行安全背景审查；

（二）定期对从业人员进行网络安全教育、技术培训和技能考核；

（三）对重要系统和数据库进行容灾备份；

（四）制定网络安全事件应急预案，并定期进行演练；

（五）法律、行政法规规定的其他义务。

第三十五条 关键信息基础设施的运营者采购网络产品和服务，可能影响国家安全的，应当通过国家网信部门会同国务院有关部门组织的国家安全审查。

第三十六条 关键信息基础设施的运营者采购网络产品和服务，应当按照规定与提供者签订安全保密协议，明确安全和保密义务与责任。

第三十七条 关键信息基础设施的运营者在中华人民共和国境内运营中收集和产生的个人信息和重要数据应当在境内存储。因业务需要，确需向境外提供的，应当按照国家网信部门会同国务院有关部门制定的办法进行安全评估；法律、行政法规另有规定的，依照其规定。

第三十八条 关键信息基础设施的运营者应当自行或者委托网络安全服务机构对其网络的安全性和可能存在的风险每年至少进行一次检测评估，并将检测评估情况和改进措施报送相关负责关键信息基础设施安全保护工作的部门。

第三十九条 国家网信部门应当统筹协调有关部门对关键信息基础设施的安全保护采取下列措施：

（一）对关键信息基础设施的安全风险进行抽查检测，提出改进措施，必要时可以委托网络安全服务机构对网络存在的安全风险进行检测评估；

（二）定期组织关键信息基础设施的运营者进行网络安全应急演练，提高应对网络安全事件的水平和协同配合能力；

（三）促进有关部门、关键信息基础设施的运营者以及有关研究机构、网络安全服务机构等之间的网络安全信息共享；

（四）对网络安全事件的应急处置与网络功能的恢复等，提供技术支持和协助。

第四章 网络信息安全

第四十条 网络运营者应当对其收集的用户信息严格保密，并建立健全用户信息保护制度。

第四十一条　网络运营者收集、使用个人信息，应当遵循合法、正当、必要的原则，公开收集、使用规则，明示收集、使用信息的目的、方式和范围，并经被收集者同意。

网络运营者不得收集与其提供的服务无关的个人信息，不得违反法律、行政法规的规定和双方的约定收集、使用个人信息，并应当依照法律、行政法规的规定和与用户的约定，处理其保存的个人信息。

第四十二条　网络运营者不得泄露、篡改、毁损其收集的个人信息；未经被收集者同意，不得向他人提供个人信息。但是，经过处理无法识别特定个人且不能复原的除外。

网络运营者应当采取技术措施和其他必要措施，确保其收集的个人信息安全，防止信息泄露、毁损、丢失。在发生或者可能发生个人信息泄露、毁损、丢失的情况时，应当立即采取补救措施，按照规定及时告知用户并向有关主管部门报告。

第四十三条　个人发现网络运营者违反法律、行政法规的规定或者双方的约定收集、使用其个人信息的，有权要求网络运营者删除其个人信息；发现网络运营者收集、存储的其个人信息有错误的，有权要求网络运营者予以更正。网络运营者应当采取措施予以删除或者更正。

第四十四条　任何个人和组织不得窃取或者以其他非法方式获取个人信息，不得非法出售或者非法向他人提供个人信息。

第四十五条　依法负有网络安全监督管理职责的部门及其工作人员，必须对在履行职责中知悉的个人信息、隐私和商业秘密严格保密，不得泄露、出售或者非法向他人提供。

第四十六条　任何个人和组织应当对其使用网络的行为负责，不得设立用于实施诈骗，传授犯罪方法，制作或者销售违禁物品、管制物品等违法犯罪活动的网站、通讯群组，不得利用网络发布涉及实施诈骗，制作或者销售违禁物品、管制物品以及其他违法犯罪活动的信息。

第四十七条　网络运营者应当加强对其用户发布的信息的管理，发现法律、行政法规禁止发布或者传输的信息的，应当立即停止传输该信息，采取消除等处置措施，防止信息扩散，保存有关记录，并向有关主管部门报告。

第四十八条　任何个人和组织发送的电子信息、提供的应用软件，不得设置恶意程序，不得含有法律、行政法规禁止发布或者传输的信息。

电子信息发送服务提供者和应用软件下载服务提供者，应当履行安全管理义务，知道其用户有前款规定行为的，应当停止提供服务，采取消除等处置措施，保存有关记录，并向有关主管部门报告。

第四十九条　网络运营者应当建立网络信息安全投诉、举报制度，公布投诉、举报方式等信息，及时受理并处理有关网络信息安全的投诉和举报。

网络运营者对网信部门和有关部门依法实施的监督检查，应当予以配合。

第五十条　国家网信部门和有关部门依法履行网络信息安全监督管理职责，

发现法律、行政法规禁止发布或者传输的信息的，应当要求网络运营者停止传输，采取消除等处置措施，保存有关记录；对来源于中华人民共和国境外的上述信息，应当通知有关机构采取技术措施和其他必要措施阻断传播。

第五章　监测预警与应急处置

第五十一条　国家建立网络安全监测预警和信息通报制度。国家网信部门应当统筹协调有关部门加强网络安全信息收集、分析和通报工作，按照规定统一发布网络安全监测预警信息。

第五十二条　负责关键信息基础设施安全保护工作的部门，应当建立健全本行业、本领域的网络安全监测预警和信息通报制度，并按照规定报送网络安全监测预警信息。

第五十三条　国家网信部门协调有关部门建立健全网络安全风险评估和应急工作机制，制定网络安全事件应急预案，并定期组织演练。

负责关键信息基础设施安全保护工作的部门应当制定本行业、本领域的网络安全事件应急预案，并定期组织演练。

网络安全事件应急预案应当按照事件发生后的危害程度、影响范围等因素对网络安全事件进行分级，并规定相应的应急处置措施。

第五十四条　网络安全事件发生的风险增大时，省级以上人民政府有关部门应当按照规定的权限和程序，并根据网络安全风险的特点和可能造成的危害，采取下列措施：

（一）要求有关部门、机构和人员及时收集、报告有关信息，加强对网络安全风险的监测；

（二）组织有关部门、机构和专业人员，对网络安全风险信息进行分析评估，预测事件发生的可能性、影响范围和危害程度；

（三）向社会发布网络安全风险预警，发布避免、减轻危害的措施。

第五十五条　发生网络安全事件，应当立即启动网络安全事件应急预案，对网络安全事件进行调查和评估，要求网络运营者采取技术措施和其他必要措施，消除安全隐患，防止危害扩大，并及时向社会发布与公众有关的警示信息。

第五十六条　省级以上人民政府有关部门在履行网络安全监督管理职责中，发现网络存在较大安全风险或者发生安全事件的，可以按照规定的权限和程序对该网络的运营者的法定代表人或者主要负责人进行约谈。网络运营者应当按照要求采取措施，进行整改，消除隐患。

第五十七条　因网络安全事件，发生突发事件或者生产安全事故的，应当依照《中华人民共和国突发事件应对法》、《中华人民共和国安全生产法》等有关法律、行政法规的规定处置。

第五十八条　因维护国家安全和社会公共秩序，处置重大突发社会安全事件的需要，经国务院决定或者批准，可以在特定区域对网络通信采取限制等临时措施。

第六章 法律责任

第五十九条 网络运营者不履行本法第二十一条、第二十五条规定的网络安全保护义务的，由有关主管部门责令改正，给予警告；拒不改正或者导致危害网络安全等后果的，处一万元以上十万元以下罚款，对直接负责的主管人员处五千元以上五万元以下罚款。

关键信息基础设施的运营者不履行本法第三十三条、第三十四条、第三十六条、第三十八条规定的网络安全保护义务的，由有关主管部门责令改正，给予警告；拒不改正或者导致危害网络安全等后果的，处十万元以上一百万元以下罚款，对直接负责的主管人员处一万元以上十万元以下罚款。

第六十条 违反本法第二十二条第一款、第二款和第四十八条第一款规定，有下列行为之一的，由有关主管部门责令改正，给予警告；拒不改正或者导致危害网络安全等后果的，处五万元以上五十万元以下罚款，对直接负责的主管人员处一万元以上十万元以下罚款：

（一）设置恶意程序的；

（二）对其产品、服务存在的安全缺陷、漏洞等风险未立即采取补救措施，或者未按照规定及时告知用户并向有关主管部门报告的；

（三）擅自终止为其产品、服务提供安全维护的。

第六十一条 网络运营者违反本法第二十四条第一款规定，未要求用户提供真实身份信息，或者对不提供真实身份信息的用户提供相关服务的，由有关主管部门责令改正；拒不改正或者情节严重的，处五万元以上五十万元以下罚款，并可以由有关主管部门责令暂停相关业务、停业整顿、关闭网站、吊销相关业务许可证或者吊销营业执照，对直接负责的主管人员和其他直接责任人员处一万元以上十万元以下罚款。

第六十二条 违反本法第二十六条规定，开展网络安全认证、检测、风险评估等活动，或者向社会发布系统漏洞、计算机病毒、网络攻击、网络侵入等网络安全信息的，由有关主管部门责令改正，给予警告；拒不改正或者情节严重的，处一万元以上十万元以下罚款，并可以由有关主管部门责令暂停相关业务、停业整顿、关闭网站、吊销相关业务许可证或者吊销营业执照，对直接负责的主管人员和其他直接责任人员处五千元以上五万元以下罚款。

第六十三条 违反本法第二十七条规定，从事危害网络安全的活动，或者提供专门用于从事危害网络安全活动的程序、工具，或者为他人从事危害网络安全的活动提供技术支持、广告推广、支付结算等帮助，尚不构成犯罪的，由公安机关没收违法所得，处五日以下拘留，可以并处五万元以上五十万元以下罚款；情节较重的，处五日以上十五日以下拘留，可以并处十万元以上一百万元以下罚款。

单位有前款行为的，由公安机关没收违法所得，处十万元以上一百万元以下罚款，并对直接负责的主管人员和其他直接责任人员依照前款规定处罚。

违反本法第二十七条规定，受到治安管理处罚的人员，五年内不得从事网络安全管理和网络运营关键岗位的工作；受到刑事处罚的人员，终身不得从事网络安全管理和网络运营关键岗位的工作。

第六十四条 网络运营者、网络产品或者服务的提供者违反本法第二十二条第三款、第四十一条至第四十三条规定，侵害个人信息依法得到保护的权利的，由有关主管部门责令改正，可以根据情节单处或者并处警告、没收违法所得、处违法所得一倍以上十倍以下罚款，没有违法所得的，处一百万元以下罚款，对直接负责的主管人员和其他直接责任人员处一万元以上十万元以下罚款；情节严重的，并可以责令暂停相关业务、停业整顿、关闭网站、吊销相关业务许可证或者吊销营业执照。

违反本法第四十四条规定，窃取或者以其他非法方式获取、非法出售或者非法向他人提供个人信息，尚不构成犯罪的，由公安机关没收违法所得，并处违法所得一倍以上十倍以下罚款，没有违法所得的，处一百万元以下罚款。

第六十五条 关键信息基础设施的运营者违反本法第三十五条规定，使用未经安全审查或者安全审查未通过的网络产品或者服务的，由有关主管部门责令停止使用，处采购金额一倍以上十倍以下罚款；对直接负责的主管人员和其他直接责任人员处一万元以上十万元以下罚款。

第六十六条 关键信息基础设施的运营者违反本法第三十七条规定，在境外存储网络数据，或者向境外提供网络数据的，由有关主管部门责令改正，给予警告，没收违法所得，处五万元以上五十万元以下罚款，并可以责令暂停相关业务、停业整顿、关闭网站、吊销相关业务许可证或者吊销营业执照；对直接负责的主管人员和其他直接责任人员处一万元以上十万元以下罚款。

第六十七条 违反本法第四十六条规定，设立用于实施违法犯罪活动的网站、通讯群组，或者利用网络发布涉及实施违法犯罪活动的信息，尚不构成犯罪的，由公安机关处五日以下拘留，可以并处一万元以上十万元以下罚款；情节较重的，处五日以上十五日以下拘留，可以并处五万元以上五十万元以下罚款。关闭用于实施违法犯罪活动的网站、通讯群组。

单位有前款行为的，由公安机关处十万元以上五十万元以下罚款，并对直接负责的主管人员和其他直接责任人员依照前款规定处罚。

第六十八条 网络运营者违反本法第四十七条规定，对法律、行政法规禁止发布或者传输的信息未停止传输、采取消除等处置措施、保存有关记录的，由有关主管部门责令改正，给予警告，没收违法所得；拒不改正或者情节严重的，处十万元以上五十万元以下罚款，并可以责令暂停相关业务、停业整顿、关闭网站、吊销相关业务许可证或者吊销营业执照，对直接负责的主管人员和其他直接责任人员处一万元以上十万元以下罚款。

电子信息发送服务提供者、应用软件下载服务提供者，不履行本法第四十八条第二款规定的安全管理义务的，依照前款规定处罚。

第六十九条 网络运营者违反本法规定，有下列行为之一的，由有关主管部门责令改正；拒不改正或者情节严重的，处五万元以上五十万元以下罚款，对直接负责的主管人员和其他直接责任人员，处一万元以上十万元以下罚款：

（一）不按照有关部门的要求对法律、行政法规禁止发布或者传输的信息，采取停止传输、消除等处置措施的；

（二）拒绝、阻碍有关部门依法实施的监督检查的；

（三）拒不向公安机关、国家安全机关提供技术支持和协助的。

第七十条 发布或者传输本法第十二条第二款和其他法律、行政法规禁止发布或者传输的信息的，依照有关法律、行政法规的规定处罚。

第七十一条 有本法规定的违法行为的，依照有关法律、行政法规的规定记入信用档案，并予以公示。

第七十二条 国家机关政务网络的运营者不履行本法规定的网络安全保护义务的，由其上级机关或者有关机关责令改正；对直接负责的主管人员和其他直接责任人员依法给予处分。

第七十三条 网信部门和有关部门违反本法第三十条规定，将在履行网络安全保护职责中获取的信息用于其他用途的，对直接负责的主管人员和其他直接责任人员依法给予处分。

网信部门和有关部门的工作人员玩忽职守、滥用职权、徇私舞弊，尚不构成犯罪的，依法给予处分。

第七十四条 违反本法规定，给他人造成损害的，依法承担民事责任。

违反本法规定，构成违反治安管理行为的，依法给予治安管理处罚；构成犯罪的，依法追究刑事责任。

第七十五条 境外的机构、组织、个人从事攻击、侵入、干扰、破坏等危害中华人民共和国的关键信息基础设施的活动，造成严重后果的，依法追究法律责任；国务院公安部门和有关部门并可以决定对该机构、组织、个人采取冻结财产或者其他必要的制裁措施。

第七章 附 则

第七十六条 本法下列用语的含义：

（一）网络，是指由计算机或者其他信息终端及相关设备组成的按照一定的规则和程序对信息进行收集、存储、传输、交换、处理的系统。

（二）网络安全，是指通过采取必要措施，防范对网络的攻击、侵入、干扰、破坏和非法使用以及意外事故，使网络处于稳定可靠运行的状态，以及保障网络数据的完整性、保密性、可用性的能力。

（三）网络运营者，是指网络的所有者、管理者和网络服务提供者。

（四）网络数据，是指通过网络收集、存储、传输、处理和产生的各种电子数据。

（五）个人信息，是指以电子或者其他方式记录的能够单独或者与其他信息结合识别自然人个人身份的各种信息，包括但不限于自然人的姓名、出生日期、身份证件号码、个人生物识别信息、住址、电话号码等。

第七十七条 存储、处理涉及国家秘密信息的网络的运行安全保护，除应当遵守本法外，还应当遵守保密法律、行政法规的规定。

第七十八条 军事网络的安全保护，由中央军事委员会另行规定。

第七十九条 本法自2017年6月1日起施行。

中华人民共和国国家情报法（节录）

（2017年6月27日第十二届全国人民代表大会常务委员会第二十八次会议通过 根据2018年4月27日第十三届全国人民代表大会常务委员会第二次会议《关于修改〈中华人民共和国国境卫生检疫法〉等六部法律的决定》修正）

第五条 国家安全机关和公安机关情报机构、军队情报机构（以下统称国家情报工作机构）按照职责分工，相互配合，做好情报工作、开展情报行动。

各有关国家机关应当根据各自职能和任务分工，与国家情报工作机构密切配合。

第七条 任何组织和公民都应当依法支持、协助和配合国家情报工作，保守所知悉的国家情报工作秘密。

国家对支持、协助和配合国家情报工作的个人和组织给予保护。

第十条 国家情报工作机构根据工作需要，依法使用必要的方式、手段和渠道，在境内外开展情报工作。

第十一条 国家情报工作机构应当依法搜集和处理境外机构、组织、个人实施或者指使、资助他人实施的，或者境内外机构、组织、个人相勾结实施的危害中华人民共和国国家安全和利益行为的相关情报，为防范、制止和惩治上述行为提供情报依据或者参考。

第十四条 国家情报工作机构依法开展情报工作，可以要求有关机关、组织和公民提供必要的支持、协助和配合。

第十五条 国家情报工作机构根据工作需要，按照国家有关规定，经过严格的批准手续，可以采取技术侦察措施和身份保护措施。

二、行政法规

中华人民共和国无线电管理条例

（1993年9月11日国务院、中央军事委员会令第128号发布 2016年11月11日国务院、中央军事委员会令第672号修订）

第一章 总 则

第一条 为了加强无线电管理，维护空中电波秩序，有效开发、利用无线电频谱资源，保证各种无线电业务的正常进行，制定本条例。

第二条　在中华人民共和国境内使用无线电频率，设置、使用无线电台（站），研制、生产、进口、销售和维修无线电发射设备，以及使用辐射无线电波的非无线电设备，应当遵守本条例。

第三条　无线电频谱资源属于国家所有。国家对无线电频谱资源实行统一规划、合理开发、有偿使用的原则。

第四条　无线电管理工作在国务院、中央军事委员会的统一领导下分工管理、分级负责，贯彻科学管理、保护资源、保障安全、促进发展的方针。

第五条　国家鼓励、支持对无线电频谱资源的科学技术研究和先进技术的推广应用，提高无线电频谱资源的利用效率。

第六条　任何单位或者个人不得擅自使用无线电频率，不得对依法开展的无线电业务造成有害干扰，不得利用无线电台（站）进行违法犯罪活动。

第七条　根据维护国家安全、保障国家重大任务、处置重大突发事件等需要，国家可以实施无线电管制。

第二章　管理机构及其职责

第八条　国家无线电管理机构负责全国无线电管理工作，依据职责拟订无线电管理的方针、政策，统一管理无线电频率和无线电台（站），负责无线电监测、干扰查处和涉外无线电管理等工作，协调处理无线电管理相关事宜。

第九条　中国人民解放军电磁频谱管理机构负责军事系统的无线电管理工作，参与拟订国家有关无线电管理的方针、政策。

第十条　省、自治区、直辖市无线电管理机构在国家无线电管理机构和省、自治区、直辖市人民政府领导下，负责本行政区域除军事系统外的无线电管理工作，根据审批权限实施无线电频率使用许可，审查无线电台（站）的建设布局和台址，核发无线电台执照及无线电台识别码（含呼号，下同），负责本行政区域无线电监测和干扰查处，协调处理本行政区域无线电管理相关事宜。

省、自治区无线电管理机构根据工作需要可以在本行政区域内设立派出机构。派出机构在省、自治区无线电管理机构的授权范围内履行职责。

第十一条　军地建立无线电管理协调机制，共同划分无线电频率，协商处理涉及军事系统与非军事系统间的无线电管理事宜。无线电管理重大问题报国务院、中央军事委员会决定。

第十二条　国务院有关部门的无线电管理机构在国家无线电管理机构的业务指导下，负责本系统（行业）的无线电管理工作，贯彻执行国家无线电管理的方针、政策和法律、行政法规、规章，依照本条例规定和国务院规定的部门职权，管理国家无线电管理机构分配给本系统（行业）使用的航空、水上无线电专用频率，规划本系统（行业）无线电台（站）的建设布局和台址，核发制式无线电台执照及无线电台识别码。

第三章　频率管理

第十三条　国家无线电管理机构负责制定无线电频率划分规定，并向社会公布。

制定无线电频率划分规定应当征求国务院有关部门和军队有关单位的意见，充分考虑国家安全和经济社会、科学技术发展以及频谱资源有效利用的需要。

第十四条　使用无线电频率应当取得许可，但下列频率除外：

（一）业余无线电台、公众对讲机、制式无线电台使用的频率；

（二）国际安全与遇险系统，用于航空、水上移动业务和无线电导航业务的国际固定频率；

（三）国家无线电管理机构规定的微功率短距离无线电发射设备使用的频率。

第十五条　取得无线电频率使用许可，应当符合下列条件：

（一）所申请的无线电频率符合无线电频率划分和使用规定，有明确具体的用途；

（二）使用无线电频率的技术方案可行；

（三）有相应的专业技术人员；

（四）对依法使用的其他无线电频率不会产生有害干扰。

第十六条　无线电管理机构应当自受理无线电频率使用许可申请之日起20个工作日内审查完毕，依照本条例第十五条规定的条件，并综合考虑国家安全需要和可用频率的情况，作出许可或者不予许可的决定。予以许可的，颁发无线电频率使用许可证；不予许可的，书面通知申请人并说明理由。

无线电频率使用许可证应当载明无线电频率的用途、使用范围、使用率要求、使用期限等事项。

第十七条　地面公众移动通信使用频率等商用无线电频率的使用许可，可以依照有关法律、行政法规的规定采取招标、拍卖的方式。

无线电管理机构采取招标、拍卖的方式确定中标人、买受人后，应当作出许可的决定，并依法向中标人、买受人颁发无线电频率使用许可证。

第十八条　无线电频率使用许可由国家无线电管理机构实施。国家无线电管理机构确定范围内的无线电频率使用许可，由省、自治区、直辖市无线电管理机构实施。

国家无线电管理机构分配给交通运输、渔业、海洋系统（行业）使用的水上无线电专用频率，由所在地省、自治区、直辖市无线电管理机构分别会同相关主管部门实施许可；国家无线电管理机构分配给民用航空系统使用的航空无线电专用频率，由国务院民用航空主管部门实施许可。

第十九条　无线电频率使用许可的期限不得超过10年。

无线电频率使用期限届满后需要继续使用的，应当在期限届满30个工作日前向作出许可决定的无线电管理机构提出延续申请。受理申请的无线电管理机构应当依照本条例第十五条、第十六条的规定进行审查并作出决定。

无线电频率使用期限届满前拟终止使用无线电频率的，应当及时向作出许可决定的无线电管理机构办理注销手续。

第二十条　转让无线电频率使用权的，受让人应当符合本条例第十五条规定的条件，并提交双方转让协议，依照本条例第十六条规定的程序报请无线电管理机构批准。

第二十一条　使用无线电频率应当按照国家有关规定缴纳无线电频率占用费。

无线电频率占用费的项目、标准，由国务院财政部门、价格主管部门制定。

第二十二条　国际电信联盟依照国际规则规划给我国使用的卫星无线电频率，由国家无线电管理机构统一分配给使用单位。

申请使用国际电信联盟非规划的卫星无线电频率，应当通过国家无线电管理机构统一提出申请。国家无线电管理机构应当及时组织有关单位进行必要的国内协调，并依照国际规则开展国际申报、协调、登记工作。

第二十三条　组建卫星通信网需要使用卫星无线电频率的，除应当符合本条例第十五条规定的条件外，还应当提供拟使用的空间无线电台、卫星轨道位置和卫星覆盖范围等信息，以及完成国内协调并开展必要国际协调的证明材料等。

第二十四条　使用其他国家、地区的卫星无线电频率开展业务，应当遵守我国卫星无线电频率管理的规定，并完成与我国申报的卫星无线电频率的协调。

第二十五条　建设卫星工程，应当在项目规划阶段对拟使用的卫星无线电频率进行可行性论证；建设须经国务院、中央军事委员会批准的卫星工程，应当在项目规划阶段与国家无线电管理机构协商确定拟使用的卫星无线电频率。

第二十六条　除因不可抗力外，取得无线电频率使用许可后超过2年不使用或者使用率达不到许可证规定要求的，作出许可决定的无线电管理机构有权撤销无线电频率使用许可，收回无线电频率。

第四章　无线电台（站）管理

第二十七条　设置、使用无线电台（站）应当向无线电管理机构申请取得无线电台执照，但设置、使用下列无线电台（站）的除外：

（一）地面公众移动通信终端；

（二）单收无线电台（站）；

（三）国家无线电管理机构规定的微功率短距离无线电台（站）。

第二十八条　除本条例第二十九条规定的业余无线电台外，设置、使用无线电台（站），应当符合下列条件：

（一）有可用的无线电频率；

（二）所使用的无线电发射设备依法取得无线电发射设备型号核准证且符合国家规定的产品质量要求；

（三）有熟悉无线电管理规定、具备相关业务技能的人员；

（四）有明确具体的用途，且技术方案可行；

（五）有能够保证无线电台（站）正常使用的电磁环境，拟设置的无线电台（站）对依法使用的其他无线电台（站）不会产生有害干扰。

申请设置、使用空间无线电台，除应当符合前款规定的条件外，还应当有可利用的卫星无线电频率和卫星轨道资源。

第二十九条 申请设置、使用业余无线电台的，应当熟悉无线电管理规定，具有相应的操作技术能力，所使用的无线电发射设备应当符合国家标准和国家无线电管理的有关规定。

第三十条 设置、使用有固定台址的无线电台（站），由无线电台（站）所在地的省、自治区、直辖市无线电管理机构实施许可。设置、使用没有固定台址的无线电台，由申请人住所地的省、自治区、直辖市无线电管理机构实施许可。

设置、使用空间无线电台、卫星测控（导航）站、卫星关口站、卫星国际专线地球站、15 瓦以上的短波无线电台（站）以及涉及国家主权、安全的其他重要无线电台（站），由国家无线电管理机构实施许可。

第三十一条 无线电管理机构应当自受理申请之日起 30 个工作日内审查完毕，依照本条例第二十八条、第二十九条规定的条件，作出许可或者不予许可的决定。予以许可的，颁发无线电台执照，需要使用无线电台识别码的，同时核发无线电台识别码；不予许可的，书面通知申请人并说明理由。

无线电台（站）需要变更、增加无线电台识别码的，由无线电管理机构核发。

第三十二条 无线电台执照应当载明无线电台（站）的台址、使用频率、发射功率、有效期、使用要求等事项。

无线电台执照的样式由国家无线电管理机构统一规定。

第三十三条 无线电台（站）使用的无线电频率需要取得无线电频率使用许可的，其无线电台执照有效期不得超过无线电频率使用许可证规定的期限；依照本条例第十四条规定不需要取得无线电频率使用许可的，其无线电台执照有效期不得超过 5 年。

无线电台执照有效期届满后需要继续使用无线电台（站）的，应当在期限届满 30 个工作日前向作出许可决定的无线电管理机构申请更换无线电台执照。受理申请的无线电管理机构应当依照本条例第三十一条的规定作出决定。

第三十四条 国家无线电管理机构向国际电信联盟统一申请无线电台识别码序列，并对无线电台识别码进行编制和分配。

第三十五条 建设固定台址的无线电台（站）的选址，应当符合城乡规划的要求，避开影响其功能发挥的建筑物、设施等。地方人民政府制定、修改城乡规划，安排可能影响大型无线电台（站）功能发挥的建设项目的，应当考虑其功能发挥的需要，并征求所在地无线电管理机构和军队电磁频谱管理机构的意见。

设置大型无线电台（站）、地面公众移动通信基站，其台址布局规划应当符合资源共享和电磁环境保护的要求。

第三十六条　船舶、航空器、铁路机车(含动车组列车,下同)设置、使用制式无线电台应当符合国家有关规定,由国务院有关部门的无线电管理机构颁发无线电台执照;需要使用无线电台识别码的,同时核发无线电台识别码。国务院有关部门应当将制式无线电台执照及无线电台识别码的核发情况定期通报国家无线电管理机构。

船舶、航空器、铁路机车设置、使用非制式无线电台的管理办法,由国家无线电管理机构会同国务院有关部门制定。

第三十七条　遇有危及国家安全、公共安全、生命财产安全的紧急情况或者为了保障重大社会活动的特殊需要,可以不经批准临时设置、使用无线电台(站),但是应当及时向无线电台(站)所在地无线电管理机构报告,并在紧急情况消除或者重大社会活动结束后及时关闭。

第三十八条　无线电台(站)应当按照无线电台执照规定的许可事项和条件设置、使用;变更许可事项的,应当向作出许可决定的无线电管理机构办理变更手续。

无线电台(站)终止使用的,应当及时向作出许可决定的无线电管理机构办理注销手续,交回无线电台执照,拆除无线电台(站)及天线等附属设备。

第三十九条　使用无线电台(站)的单位或者个人应当对无线电台(站)进行定期维护,保证其性能指标符合国家标准和国家无线电管理的有关规定,避免对其他依法设置、使用的无线电台(站)产生有害干扰。

第四十条　使用无线电台(站)的单位或者个人应当遵守国家环境保护的规定,采取必要措施防止无线电波发射产生的电磁辐射污染环境。

第四十一条　使用无线电台(站)的单位或者个人不得故意收发无线电台执照许可事项之外的无线电信号,不得传播、公布或者利用无意接收的信息。

业余无线电台只能用于相互通信、技术研究和自我训练,并在业余业务或者卫星业余业务专用频率范围内收发信号,但是参与重大自然灾害等突发事件应急处置的除外。

第五章　无线电发射设备管理

第四十二条　研制无线电发射设备使用的无线电频率,应当符合国家无线电频率划分规定。

第四十三条　生产或者进口在国内销售、使用的无线电发射设备,应当符合产品质量等法律法规、国家标准和国家无线电管理的有关规定。

第四十四条　除微功率短距离无线电发射设备外,生产或者进口在国内销售、使用的其他无线电发射设备,应当向国家无线电管理机构申请型号核准。无线电发射设备型号核准目录由国家无线电管理机构公布。

生产或者进口应当取得型号核准的无线电发射设备,除应当符合本条例第四十三条的规定外，还应当符合无线电发射设备型号核准证核定的技术指标，并在设备上标注型号核准代码。

第四十五条 取得无线电发射设备型号核准，应当符合下列条件：

（一）申请人有相应的生产能力、技术力量、质量保证体系；

（二）无线电发射设备的工作频率、功率等技术指标符合国家标准和国家无线电管理的有关规定。

第四十六条 国家无线电管理机构应当依法对申请型号核准的无线电发射设备是否符合本条例第四十五条规定的条件进行审查，自受理申请之日起30个工作日内作出核准或者不予核准的决定。予以核准的，颁发无线电发射设备型号核准证；不予核准的，书面通知申请人并说明理由。

国家无线电管理机构应当定期将无线电发射设备型号核准的情况向社会公布。

第四十七条 进口依照本条例第四十四条的规定应当取得型号核准的无线电发射设备，进口货物收货人、携带无线电发射设备入境的人员、寄递无线电发射设备的收件人，应当主动向海关申报，凭无线电发射设备型号核准证办理通关手续。

进行体育比赛、科学实验等活动，需要携带、寄递依照本条例第四十四条的规定应当取得型号核准而未取得型号核准的无线电发射设备临时进关的，应当经无线电管理机构批准，凭批准文件办理通关手续。

第四十八条 销售依照本条例第四十四条的规定应当取得型号核准的无线电发射设备，应当向省、自治区、直辖市无线电管理机构办理销售备案。不得销售未依照本条例规定标注型号核准代码的无线电发射设备。

第四十九条 维修无线电发射设备，不得改变无线电发射设备型号核准证核定的技术指标。

第五十条 研制、生产、销售和维修大功率无线电发射设备，应当采取措施有效抑制电波发射，不得对依法设置、使用的无线电台（站）产生有害干扰。进行实效发射试验的，应当依照本条例第三十条的规定向省、自治区、直辖市无线电管理机构申请办理临时设置、使用无线电台（站）手续。

第六章 涉外无线电管理

第五十一条 无线电频率协调的涉外事宜，以及我国境内电台与境外电台的相互有害干扰，由国家无线电管理机构会同有关单位与有关的国际组织或者国家、地区协调处理。

需要向国际电信联盟或者其他国家、地区提供无线电管理相关资料的，由国家无线电管理机构统一办理。

第五十二条 在边境地区设置、使用无线电台（站），应当遵守我国与相关国家、地区签订的无线电频率协调协议。

第五十三条 外国领导人访华、各国驻华使领馆和享有外交特权与豁免的国际组织驻华代表机构需要设置、使用无线电台(站)的,应当通过外交途径经国家无线电管理机构批准。

除使用外交邮袋装运外,外国领导人访华、各国驻华使领馆和享有外交特权与豁免的国际组织驻华代表机构携带、寄递或者以其他方式运输依照本条例第四十四条的规定应当取得型号核准而未取得型号核准的无线电发射设备入境的,应当通过外交途径经国家无线电管理机构批准后办理通关手续。

其他境外组织或者个人在我国境内设置、使用无线电台(站)的,应当按照我国有关规定经相关业务主管部门报请无线电管理机构批准;携带、寄递或者以其他方式运输依照本条例第四十四条的规定应当取得型号核准而未取得型号核准的无线电发射设备入境的,应当按照我国有关规定经相关业务主管部门报无线电管理机构批准后,到海关办理无线电发射设备入境手续,但国家无线电管理机构规定不需要批准的除外。

第五十四条　外国船舶(含海上平台)、航空器、铁路机车、车辆等设置的无线电台在我国境内使用,应当遵守我国的法律、法规和我国缔结或者参加的国际条约。

第五十五条　境外组织或者个人不得在我国境内进行电波参数测试或者电波监测。

任何单位或者个人不得向境外组织或者个人提供涉及国家安全的境内电波参数资料。

第七章　无线电监测和电波秩序维护

第五十六条　无线电管理机构应当定期对无线电频率的使用情况和在用的无线电台(站)进行检查和检测,保障无线电台(站)的正常使用,维护正常的无线电波秩序。

第五十七条　国家无线电监测中心和省、自治区、直辖市无线电监测站作为无线电管理技术机构,分别在国家无线电管理机构和省、自治区、直辖市无线电管理机构领导下,对无线电信号实施监测,查找无线电干扰源和未经许可设置、使用的无线电台(站)。

第五十八条　国务院有关部门的无线电监测站负责对本系统(行业)的无线电信号实施监测。

第五十九条　工业、科学、医疗设备,电气化运输系统、高压电力线和其他电器装置产生的无线电波辐射,应当符合国家标准和国家无线电管理的有关规定。

制定辐射无线电波的非无线电设备的国家标准和技术规范,应当征求国家无线电管理机构的意见。

第六十条　辐射无线电波的非无线电设备对已依法设置、使用的无线电台(站)产生有害干扰的,设备所有者或者使用者应当采取措施予以消除。

第六十一条　经无线电管理机构确定的产生无线电波辐射的工程设施,可能对已依法设置、使用的无线电台(站)造成有害干扰的,其选址定点由地方人民政府城乡规划主管部门和省、自治区、直辖市无线电管理机构协商确定。

第六十二条 建设射电天文台、气象雷达站、卫星测控(导航)站、机场等需要电磁环境特殊保护的项目,项目建设单位应当在确定工程选址前对其选址进行电磁兼容分析和论证,并征求无线电管理机构的意见;未进行电磁兼容分析和论证,或者未征求、采纳无线电管理机构的意见的,不得向无线电管理机构提出排除有害干扰的要求。

第六十三条 在已建射电天文台、气象雷达站、卫星测控(导航)站、机场的周边区域,不得新建阻断无线电信号传输的高大建筑、设施,不得设置、使用干扰其正常使用的设施、设备。无线电管理机构应当会同城乡规划主管部门和其他有关部门制定具体的保护措施并向社会公布。

第六十四条 国家对船舶、航天器、航空器、铁路机车专用的无线电导航、遇险救助和安全通信等涉及人身安全的无线电频率予以特别保护。任何无线电发射设备和辐射无线电波的非无线电设备对其产生有害干扰的,应当立即消除有害干扰。

第六十五条 依法设置、使用的无线电台(站)受到有害干扰的,可以向无线电管理机构投诉。受理投诉的无线电管理机构应当及时处理,并将处理情况告知投诉人。

处理无线电频率相互有害干扰,应当遵循频带外让频带内、次要业务让主要业务、后用让先用、无规划让有规划的原则。

第六十六条 无线电管理机构可以要求产生有害干扰的无线电台(站)采取维修无线电发射设备、校准发射频率或者降低功率等措施消除有害干扰;无法消除有害干扰的,可以责令产生有害干扰的无线电台(站)暂停发射。

第六十七条 对非法的无线电发射活动,无线电管理机构可以暂扣无线电发射设备或者查封无线电台(站),必要时可以采取技术性阻断措施;无线电管理机构在无线电监测、检查工作中发现涉嫌违法犯罪活动的,应当及时通报公安机关并配合调查处理。

第六十八条 省、自治区、直辖市无线电管理机构应当加强对生产、销售无线电发射设备的监督检查,依法查处违法行为。县级以上地方人民政府产品质量监督部门、工商行政管理部门应当配合监督检查,并及时向无线电管理机构通报其在产品质量监督、市场监管执法过程中发现的违法生产、销售无线电发射设备的行为。

第六十九条 无线电管理机构和无线电监测中心(站)的工作人员应当对履行职责过程中知悉的通信秘密和无线电信号保密。

第八章 法律责任

第七十条 违反本条例规定,未经许可擅自使用无线电频率,或者擅自设置、使用无线电台(站)的,由无线电管理机构责令改正,没收从事违法活动的设备和违法所得，可以并处5万元以下的罚款；拒不改正的，并处5万元以上20万元以下的罚款；擅自设置、使用无线电台（站）从事诈骗等违法活动，尚不构成犯罪的，并处20万元以上50万元以下的罚款。

第七十一条 违反本条例规定，擅自转让无线电频率的，由无线电管理机构责令改正，没收违法所得；拒不改正的，并处违法所得1倍以上3倍以下的罚款；没有违法所得或者违法所得不足10万元的，处1万元以上10万元以下的罚款；造成严重后果的，吊销无线电频率使用许可证。

第七十二条 违反本条例规定，有下列行为之一的，由无线电管理机构责令改正，没收违法所得，可以并处3万元以下的罚款；造成严重后果的，吊销无线电台执照，并处3万元以上10万元以下的罚款：

（一）不按照无线电台执照规定的许可事项和要求设置、使用无线电台（站）；

（二）故意收发无线电台执照许可事项之外的无线电信号，传播、公布或者利用无意接收的信息；

（三）擅自编制、使用无线电台识别码。

第七十三条 违反本条例规定，使用无线电发射设备、辐射无线电波的非无线电设备干扰无线电业务正常进行的，由无线电管理机构责令改正，拒不改正的，没收产生有害干扰的设备，并处5万元以上20万元以下的罚款，吊销无线电台执照；对船舶、航天器、航空器、铁路机车专用无线电导航、遇险救助和安全通信等涉及人身安全的无线电频率产生有害干扰的，并处20万元以上50万元以下的罚款。

第七十四条 未按照国家有关规定缴纳无线电频率占用费的，由无线电管理机构责令限期缴纳；逾期不缴纳的，自滞纳之日起按日加收0.05%的滞纳金。

第七十五条 违反本条例规定，有下列行为之一的，由无线电管理机构责令改正；拒不改正的，没收从事违法活动的设备，并处3万元以上10万元以下的罚款；造成严重后果的，并处10万元以上30万元以下的罚款：

（一）研制、生产、销售和维修大功率无线电发射设备，未采取有效措施抑制电波发射；

（二）境外组织或者个人在我国境内进行电波参数测试或者电波监测；

（三）向境外组织或者个人提供涉及国家安全的境内电波参数资料。

第七十六条 违反本条例规定，生产或者进口在国内销售、使用的无线电发射设备未取得型号核准的，由无线电管理机构责令改正，处5万元以上20万元以下的罚款；拒不改正的，没收未取得型号核准的无线电发射设备，并处20万元以上100万元以下的罚款。

第七十七条 销售依照本条例第四十四条的规定应当取得型号核准的无线电发射设备未向无线电管理机构办理销售备案的，由无线电管理机构责令改正；拒不改正的，处1万元以上3万元以下的罚款。

第七十八条 销售依照本条例第四十四条的规定应当取得型号核准而未取得型号核准的无线电发射设备的，由无线电管理机构责令改正，没收违法销售的无线电发射设备和违法所得，可以并处违法销售的设备货值 10% 以下的罚款；拒不改正的，并处违法销售的设备货值 10% 以上 30% 以下的罚款。

第七十九条 维修无线电发射设备改变无线电发射设备型号核准证核定的技术指标的，由无线电管理机构责令改正；拒不改正的，处 1 万元以上 3 万元以下的罚款。

第八十条 生产、销售无线电发射设备违反产品质量管理法律法规的，由产品质量监督部门依法处罚。

进口无线电发射设备，携带、寄递或者以其他方式运输无线电发射设备入境，违反海关监管法律法规的，由海关依法处罚。

第八十一条 违反本条例规定，构成违反治安管理行为的，依法给予治安管理处罚；构成犯罪的，依法追究刑事责任。

第八十二条 无线电管理机构及其工作人员不依照本条例规定履行职责的，对负有责任的领导人员和其他直接责任人员依法给予处分。

第九章 附 则

第八十三条 实施本条例规定的许可需要完成有关国内、国际协调或者履行国际规则规定程序的，进行协调以及履行程序的时间不计算在许可审查期限内。

第八十四条 军事系统无线电管理，按照军队有关规定执行。

涉及广播电视的无线电管理，法律、行政法规另有规定的，依照其规定执行。

第八十五条 本条例自 2016 年 12 月 1 日起施行。

中华人民共和国计算机信息系统安全保护条例

（1994 年 2 月 18 日国务院令第 147 号发布 根据 2011 年 1 月 8 日《国务院关于废止和修改部分行政法规的决定》修订）

第一章 总 则

第一条 为了保护计算机信息系统的安全，促进计算机的应用和发展，保障社会主义现代化建设的顺利进行，制定本条例。

第二条 本条例所称的计算机信息系统，是指由计算机及其相关的和配套的设备、设施（含网络）构成的，按照一定的应用目标和规则对信息进行采集、加工、存储、传输、检索等处理的人机系统。

第三条 计算机信息系统的安全保护，应当保障计算机及其相关的和配套的设备、设施（含网络）的安全，运行环境的安全，保障信息的安全，保障计算机功能的正常发挥，以维护计算机信息系统的安全运行。

第四条 计算机信息系统的安全保护工作，重点维护国家事务、经济建设、国防建设、尖端科学技术等重要领域的计算机信息系统的安全。

第五条 中华人民共和国境内的计算机信息系统的安全保护，适用本条例。

未联网的微型计算机的安全保护办法，另行制定。

第六条　公安部主管全国计算机信息系统安全保护工作。

国家安全部、国家保密局和国务院其他有关部门，在国务院规定的职责范围内做好计算机信息系统安全保护的有关工作。

第七条　任何组织或者个人，不得利用计算机信息系统从事危害国家利益、集体利益和公民合法利益的活动，不得危害计算机信息系统的安全。

第二章　安全保护制度

第八条　计算机信息系统的建设和应用，应当遵守法律、行政法规和国家其他有关规定。

第九条　计算机信息系统实行安全等级保护。安全等级的划分标准和安全等级保护的具体办法，由公安部会同有关部门制定。

第十条　计算机机房应当符合国家标准和国家有关规定。

在计算机机房附近施工，不得危害计算机信息系统的安全。

第十一条　进行国际联网的计算机信息系统，由计算机信息系统的使用单位报省级以上人民政府公安机关备案。

第十二条　运输、携带、邮寄计算机信息媒体进出境的，应当如实向海关申报。

第十三条　计算机信息系统的使用单位应当建立健全安全管理制度，负责本单位计算机信息系统的安全保护工作。

第十四条　对计算机信息系统中发生的案件，有关使用单位应当在24小时内向当地县级以上人民政府公安机关报告。

第十五条　对计算机病毒和危害社会公共安全的其他有害数据的防治研究工作，由公安部归口管理。

第十六条　国家对计算机信息系统安全专用产品的销售实行许可证制度。具体办法由公安部会同有关部门制定。

第三章　安全监督

第十七条　公安机关对计算机信息系统安全保护工作行使下列监督职权：

（一）监督、检查、指导计算机信息系统安全保护工作；

（二）查处危害计算机信息系统安全的违法犯罪案件；

（三）履行计算机信息系统安全保护工作的其他监督职责。

第十八条　公安机关发现影响计算机信息系统安全的隐患时，应当及时通知使用单位采取安全保护措施。

第十九条　公安部在紧急情况下，可以就涉及计算机信息系统安全的特定事项发布专项通令。

第四章　法律责任

第二十条　违反本条例的规定，有下列行为之一的，由公安机关处以警告或者停机整顿：

(一)违反计算机信息系统安全等级保护制度，危害计算机信息系统安全的；

(二)违反计算机信息系统国际联网备案制度的；

(三)不按照规定时间报告计算机信息系统中发生的案件的；

(四)接到公安机关要求改进安全状况的通知后，在限期内拒不改进的；

(五)有危害计算机信息系统安全的其他行为的。

第二十一条 计算机机房不符合国家标准和国家其他有关规定的，或者在计算机机房附近施工危害计算机信息系统安全的，由公安机关会同有关单位进行处理。

第二十二条 运输、携带、邮寄计算机信息媒体进出境，不如实向海关申报的，由海关依照《中华人民共和国海关法》和本条例以及其他有关法律、法规的规定处理。

第二十三条 故意输入计算机病毒以及其他有害数据危害计算机信息系统安全的，或者未经许可出售计算机信息系统安全专用产品的，由公安机关处以警告或者对个人处以5000元以下的罚款、对单位处以1.5万元以下的罚款；有违法所得的，除予以没收外，可以处以违法所得1至3倍的罚款。

第二十四条 违反本条例的规定，构成违反治安管理行为的，依照《中华人民共和国治安管理处罚法》的有关规定处罚；构成犯罪的，依法追究刑事责任。

第二十五条 任何组织或者个人违反本条例的规定，给国家、集体或者他人财产造成损失的，应当依法承担民事责任。

第二十六条 当事人对公安机关依照本条例所作出的具体行政行为不服的，可以依法申请行政复议或者提起行政诉讼。

第二十七条 执行本条例的国家公务员利用职权，索取、收受贿赂或者有其他违法、失职行为，构成犯罪的，依法追究刑事责任；尚不构成犯罪的，给予行政处分。

第五章 附 则

第二十八条 本条例下列用语的含义：

计算机病毒，是指编制或者在计算机程序中插入的破坏计算机功能或者毁坏数据，影响计算机使用，并能自我复制的一组计算机指令或者程序代码。

计算机信息系统安全专用产品，是指用于保护计算机信息系统安全的专用硬件和软件产品。

第二十九条 军队的计算机信息系统安全保护工作，按照军队的有关法规执行。

第三十条 公安部可以根据本条例制定实施办法。

第三十一条 本条例自发布之日起施行。

中华人民共和国计算机信息网络国际联网管理暂行规定

（1996 年 2 月 1 日国务院令第 195 号发布　根据 1997 年 5 月 20 日《国务院关于修改〈中华人民共和国计算机信息网络国际联网管理暂行规定〉的决定》修正）

第一条　为了加强对计算机信息网络国际联网的管理，保障国际计算机信息交流的健康发展，制定本规定。

第二条　中华人民共和国境内的计算机信息网络进行国际联网，应当依照本规定办理。

第三条　本规定下列用语的含义是：

（一）计算机信息网络国际联网（以下简称国际联网），是指中华人民共和国境内的计算机信息网络为实现信息的国际交流，同外国的计算机信息网络相联接。

（二）互联网络，是指直接进行国际联网的计算机信息网络；互联单位，是指负责互联网络运行的单位。

（三）接入网络，是指通过接入互联网络进行国际联网的计算机信息网络；接入单位，是指负责接入网络运行的单位。

第四条　国家对国际联网实行统筹规划、统一标准、分级管理、促进发展的原则。

第五条　国务院信息化工作领导小组（以下简称领导小组），负责协调、解决有关国际联网工作中的重大问题。

领导小组办公室按照本规定制定具体管理办法，明确国际出入口信道提供单位、互联单位、接入单位和用户的权利、义务和责任，并负责对国际联网工作的检查监督。

第六条　计算机信息网络直接进行国际联网，必须使用邮电部国家公用电信网提供的国际出入口信道。

任何单位和个人不得自行建立或者使用其他信道进行国际联网。

第七条　已经建立的互联网络，根据国务院有关规定调整后，分别由邮电部、电子工业部、国家教育委员会和中国科学院管理。

新建互联网络，必须报经国务院批准。

第八条　接入网络必须通过互联网络进行国际联网。

接入单位拟从事国际联网经营活动的，应当向有权受理从事国际联网经营活动申请的互联单位主管部门或者主管单位申请领取国际联网经营许可证；未取得国际联网经营许可证的，不得从事国际联网经营业务。

接入单位拟从事非经营活动的，应当报经有权受理从事非经营活动申请的互联单位主管部门或者主管单位审批；未经批准的，不得接入互联网络进行国际联网。

申请领取国际联网经营许可证或者办理审批手续时，应当提供其计算机信息网络的性质、应用范围和主机地址等资料。

国际联网经营许可证的格式，由领导小组统一制定。

第九条　从事国际联网经营活动的和从事非经营活动的接入单位都必须具备

下列条件：

（一）是依法设立的企业法人或者事业法人；

（二）具有相应的计算机信息网络、装备以及相应的技术人员和管理人员；

（三）具有健全的安全保密管理制度和技术保护措施；

（四）符合法律和国务院规定的其他条件。

接入单位从事国际联网经营活动的，除必须具备本条前款规定条件外，还应当具备为用户提供长期服务的能力。

从事国际联网经营活动的接入单位的情况发生变化，不再符合本条第一款、第二款规定条件的，其国际联网经营许可证由发证机构予以吊销；从事非经营活动的接入单位的情况发生变化，不再符合本条第一款规定条件的，其国际联网资格由审批机构予以取消。

第十条 个人、法人和其他组织（以下统称用户）使用的计算机或者计算机信息网络，需要进行国际联网的，必须通过接入网络进行国际联网。

前款规定的计算机或者计算机信息网络，需要接入接入网络的，应当征得接入单位的同意，并办理登记手续。

第十一条 国际出入口信道提供单位、互联单位和接入单位，应当建立相应的网络管理中心，依照法律和国家有关规定加强对本单位及其用户的管理，做好网络信息安全管理工作，确保为用户提供良好、安全的服务。

第十二条 互联单位与接入单位，应当负责本单位及其用户有关国际联网的技术培训和管理教育工作。

第十三条 从事国际联网业务的单位和个人，应当遵守国家有关法律、行政法规，严格执行安全保密制度，不得利用国际联网从事危害国家安全、泄露国家秘密等违法犯罪活动，不得制作、查阅、复制和传播妨碍社会治安的信息和淫秽色情等信息。

第十四条 违反本规定第六条、第八条和第十条的规定的，由公安机关责令停止联网，给予警告，可以并处15000元以下的罚款；有违法所得的，没收违法所得。

第十五条 违反本规定，同时触犯其他有关法律、行政法规的，依照有关法律、行政法规的规定予以处罚；构成犯罪的，依法追究刑事责任。

第十六条 与台湾、香港、澳门地区的计算机信息网络的联网，参照本规定执行。

第十七条 本规定自发布之日起施行。

相关链接：

中华人民共和国计算机信息网络国际联网管理暂行规定实施办法

（1998年2月13日国务院信息化工作领导小组发布并施行）

第一条 为了加强对计算机信息网络国际联网的管理，保障国际计算机信息交流的健康发展，根据《中华人民共和国计算机信息网络国际联网管理暂行规定》

(以下简称《暂行规定》),制定本办法。

第二条　中华人民共和国境内的计算机信息网络进行国际联网,依照本办法办理。

第三条　本办法下列用语的含义是:

(一)国际联网,是指中华人民共和国境内的计算机互联网络、专业计算机信息网络、企业计算机信息网络,以及其他通过专线进行国际联网的计算机信息网络同外国的计算机信息网络相联接。

(二)接入网络,是指通过接入互联网络进行国际联网的计算机信息网络;接入网络可以是多级联接的网络。

(三)国际出入口信道,是指国际联网所使用的物理信道。

(四)用户,是指通过接入网络进行国际联网的个人、法人和其他组织;个人用户是指具有联网账号的个人。

(五)专业计算机信息网络,是指为行业服务的专用计算机信息网络。

(六)企业计算机信息网络,是指企业内部自用的计算机信息网络。

第四条　国家对国际联网的建设布局、资源利用进行统筹规划。国际联网采用国家统一制定的技术标准、安全标准、资费政策,以利于提高服务质量和水平。国际联网实行分级管理,即:对互联单位、接入单位、用户实行逐级管理;对国际出入口信道统一管理。国家鼓励在国际联网服务中公平、有序地竞争,提倡资源共享,促进健康发展。

第五条　国务院信息化工作领导小组办公室负责组织、协调有关部门制定国际联网的安全、经营、资费、服务等规定和标准的工作,并对执行情况进行检查监督。

第六条　中国互联网络信息中心提供互联网络地址、域名、网络资源目录管理和有关的信息服务。

第七条　我国境内的计算机信息网络直接进行国际联网,必须使用邮电部国家公用电信网提供的国际出入口信道。

任何单位和个人不得自行建立或者使用其他信道进行国际联网。

第八条　已经建立的中国公用计算机互联网、中国金桥信息网、中国教育和科研计算机网、中国科学技术网等四个互联网络,分别由邮电部、电子工业部、国家教育委员会和中国科学院管理。中国公用计算机互联网、中国金桥信息网为经营性互联网络;中国教育和科研计算机网、中国科学技术网为公益性互联网络。

经营性互联网络应当享受同等的资费政策和技术支撑条件。

公益性互联网络是指为社会提供公益服务的,不以盈利为目的的互联网络。

公益性互联网络所使用信道的资费应当享受优惠政策。

第九条　新建互联网络,必须经部(委)级行政主管部门批准后,向国务院信息化工作领导小组提交互联单位申请书和互联网络可行性报告,由国务院信息化工作领导小组审议提出意见并报国务院批准。

互联网络可行性报告的主要内容应当包括:网络服务性质和范围、网络技术方案、经济分析、管理办法和安全措施等。

第十条 接入网络必须通过互联网络进行国际联网，不得以其他方式进行国际联网。

接入单位必须具备《暂行规定》第九条规定的条件，并向互联单位主管部门或者主管单位提交接入单位申请书和接入网络可行性报告。互联单位主管部门或者主管单位应当在收到接入单位申请书后20个工作日内，将审批意见以书面形式通知申请单位。

接入网络可行性报告的主要内容应当包括：网络服务性质和范围、网络技术方案、经济分析、管理制度和安全措施等。

第十一条 对从事国际联网经营活动的接入单位（以下简称经营性接入单位）实行国际联网经营许可证（以下简称经营许可证）制度。经营许可证的格式由国务院信息化工作领导小组统一制定。

经营许可证由经营性互联单位主管部门颁发，报国务院信息化工作领导小组办公室备案。互联单位主管部门对经营性接入单位实行年检制度。

跨省（区）、市经营的接入单位应当向经营性互联单位主管部门申请领取国际联网经营许可证。在本省（区）、市内经营的接入单位应当向经营性互联单位主管部门或者经其授权的省级主管部门申请领取国际联网经营许可证。

经营性接入单位凭经营许可证到国家工商行政管理机关办理登记注册手续，向提供电信服务的企业办理所需通信线路手续。提供电信服务的企业应当在30个工作日内为接入单位提供通信线路和相关服务。

第十二条 个人、法人和其他组织用户使用的计算机或者计算机信息网络必须通过接入网络进行国际联网，不得以其他方式进行国际联网。

第十三条 用户向接入单位申请国际联网时，应当提供有效身份证明或者其他证明文件，并填写用户登记表。

接入单位应当在收到用户申请后5个工作日内，以书面形式答复用户。

第十四条 邮电部根据《暂行规定》和本办法制定国际联网出入口信道管理办法，报国务院信息化工作领导小组备案。

各互联单位主管部门或者主管单位根据《暂行规定》和本办法制定互联网络管理办法，报国务院信息化工作领导小组备案。

第十五条 接入单位申请书、用户登记表的格式由互联单位主管部门按照本办法的要求统一制定。

第十六条 国际出入口信道提供单位有责任向互联单位提供所需的国际出入口信道和公平、优质、安全的服务，并定期收取信道使用费。

互联单位开通或扩充国际出入口信道，应当到国际出入口信道提供单位办理有关信道开通或扩充手续，并报国务院信息化工作领导小组办公室备案。国际出入口信道提供单位在接到互联单位的申请后，应当在100个工作日内为互联单位开通所需的国际出入口信道。

国际出入口信道提供单位与互联单位应当签订相应的协议，严格履行各自的责任和义务。

第十七条　国际出入口信道提供单位、互联单位和接入单位必须建立网络管理中心，健全管理制度，做好网络信息安全管理工作。

互联单位应当与接入单位签订协议，加强对本网络和接入网络的管理；负责接入单位有关国际联网的技术培训和管理教育工作；为接入单位提供公平、优质、安全的服务；按照国家有关规定向接入单位收取联网接入费用。

接入单位应当服从互联单位和上级接入单位的管理；与下级接入单位签订协议，与用户签订用户守则，加强对下级接入单位和用户的管理；负责下级接入单位和用户的管理教育、技术咨询和培训工作；为下级接入单位和用户提供公平、优质、安全的服务；按照国家有关规定向下级接入单位和用户收取费用。

第十八条　用户应当服从接入单位的管理，遵守用户守则；不得擅自进入未经许可的计算机系统，篡改他人信息；不得在网络上散发恶意信息，冒用他人名义发出信息，侵犯他人隐私；不得制造、传播计算机病毒及从事其它侵犯网络和他人合法权益的活动。

用户有权获得接入单位提供的各项服务；有义务交纳费用。

第十九条　国际出入口信道提供单位、互联单位和接入单位应当保存与其服务相关的所有信息资料；在国务院信息化工作领导小组办公室和有关主管部门进行检查时，应当及时提供有关信息资料。

国际出入口信道提供单位、互联单位每年二月份向国务院信息化工作领导小组办公室提交上一年度有关网络运行、业务发展、组织管理的报告。

第二十条　互联单位、接入单位和用户应当遵守国家有关法律、行政法规，严格执行国家安全保密制度；不得利用国际联网从事危害国家安全、泄露国家秘密等违法犯罪活动，不得制作、查阅、复制和传播妨碍社会治安和淫秽色情等有害信息；发现有害信息应当及时向有关主管部门报告，并采取有效措施，不得使其扩散。

第二十一条　进行国际联网的专业计算机信息网络不得经营国际互联网络业务。企业计算机信息网络和其他通过专线进行国际联网的计算机信息网络，只限于内部使用。负责专业计算机信息网络、企业计算机信息网络和其他通过专线进行国际联网的计算机信息网络运行的单位，应当参照本办法建立网络管理中心，健全管理制度，做好网络信息安全管理工作。

第二十二条　违反本办法第七条和第十条第一款规定的，由公安机关责令停止联网，可以并处15000元以下罚款；有违法所得的，没收违法所得。

违反本办法第十一条规定的，未领取国际联网经营许可证从事国际联网经营活动的，由公安机关给予警告，限期办理经营许可证；在限期内不办理经营许可证的，责令停止联网；有违法所得的，没收违法所得。

违反本办法第十二条规定的，对个人由公安机关处5000元以下的罚款；对法人和其他组织用户由公安机关给予警告，可以并处15000元以下的罚款。

违反本办法第十八条第一款规定的，由公安机关根据有关法规予以处罚。

违反本办法第二十一条第一款规定的，由公安机关给予警告，可以并处15000元以下的罚款；有违法所得的，没收违法所得。违反本办法第二十一条第二款规定的，由公安机关给予警告，可以并处15000元以下的罚款；有违法所得的，没收违法所得。

第二十三条 违反《暂行规定》及本办法，同时触犯其他有关法律、行政法规的，依照有关法律、行政法规的规定予以处罚；构成犯罪的，依法追究刑事责任。

第二十四条 与香港特别行政区和台湾、澳门地区的计算机信息网络的联网，参照本办法执行。

第二十五条 本办法自颁布之日起施行。

计算机信息网络国际联网安全保护管理办法

（1997年12月11日国务院批准 1997年12月16日公安部令第33号发布 根据2011年1月8日《国务院关于废止和修改部分行政法规的决定》修订）

第一章 总 则

第一条 为了加强对计算机信息网络国际联网的安全保护，维护公共秩序和社会稳定，根据《中华人民共和国计算机信息系统安全保护条例》、《中华人民共和国计算机信息网络国际联网管理暂行规定》和其他法律、行政法规的规定，制定本办法。

第二条 中华人民共和国境内的计算机信息网络国际联网安全保护管理，适用本办法。

第三条 公安部计算机管理监察机构负责计算机信息网络国际联网的安全保护管理工作。

公安机关计算机管理监察机构应当保护计算机信息网络国际联网的公共安全，维护从事国际联网业务的单位和个人的合法权益和公众利益。

第四条 任何单位和个人不得利用国际联网危害国家安全、泄露国家秘密，不得侵犯国家的、社会的、集体的利益和公民的合法权益，不得从事违法犯罪活动。

第五条 任何单位和个人不得利用国际联网制作、复制、查阅和传播下列信息：

（一）煽动抗拒、破坏宪法和法律、行政法规实施的；

（二）煽动颠覆国家政权，推翻社会主义制度的；

（三）煽动分裂国家、破坏国家统一的；

（四）煽动民族仇恨、民族歧视，破坏民族团结的；

（五）捏造或者歪曲事实，散布谣言，扰乱社会秩序的；

（六）宣扬封建迷信、淫秽、色情、赌博、暴力、凶杀、恐怖，教唆犯罪的；

（七）公然侮辱他人或者捏造事实诽谤他人的；

（八）损害国家机关信誉的；

（九）其他违反宪法和法律、行政法规的。

第六条 任何单位和个人不得从事下列危害计算机信息网络安全的活动：

（一）未经允许，进入计算机信息网络或者使用计算机信息网络资源的；

（二）未经允许，对计算机信息网络功能进行删除、修改或者增加的；

（三）未经允许，对计算机信息网络中存储、处理或者传输的数据和应用程序进行删除、修改或者增加的；

（四）故意制作、传播计算机病毒等破坏性程序的；

（五）其他危害计算机信息网络安全的。

第七条　用户的通信自由和通信秘密受法律保护。任何单位和个人不得违反法律规定，利用国际联网侵犯用户的通信自由和通信秘密。

第二章　安全保护责任

第八条　从事国际联网业务的单位和个人应当接受公安机关的安全监督、检查和指导，如实向公安机关提供有关安全保护的信息、资料及数据文件，协助公安机关查处通过国际联网的计算机信息网络的违法犯罪行为。

第九条　国际出入口信道提供单位、互联单位的主管部门或者主管单位，应当依照法律和国家有关规定负责国际出入口信道、所属互联网络的安全保护管理工作。

第十条　互联单位、接入单位及使用计算机信息网络国际联网的法人和其他组织应当履行下列安全保护职责：

（一）负责本网络的安全保护管理工作，建立健全安全保护管理制度；

（二）落实安全保护技术措施，保障本网络的运行安全和信息安全；

（三）负责对本网络用户的安全教育和培训；

（四）对委托发布信息的单位和个人进行登记，并对所提供的信息内容按照本办法第五条进行审核；

（五）建立计算机信息网络电子公告系统的用户登记和信息管理制度；

（六）发现有本办法第四条、第五条、第六条、第七条所列情形之一的，应当保留有关原始记录，并在 24 小时内向当地公安机关报告；

（七）按照国家有关规定，删除本网络中含有本办法第五条内容的地址、目录或者关闭服务器。

第十一条　用户在接入单位办理入网手续时，应当填写用户备案表。备案表由公安部监制。

第十二条　互联单位、接入单位、使用计算机信息网络国际联网的法人和其他组织（包括跨省、自治区、直辖市联网的单位和所属的分支机构），应当自网络正式联通之日起 30 日内，到所在地的省、自治区、直辖市人民政府公安机关指定的受理机关办理备案手续。

前款所列单位应当负责将接入本网络的接入单位和用户情况报当地公安机关备案，并及时报告本网络中接入单位和用户的变更情况。

第十三条　使用公用账号的注册者应当加强对公用账号的管理，建立账号使用登记制度。用户账号不得转借、转让。

第十四条 涉及国家事务、经济建设、国防建设、尖端科学技术等重要领域的单位办理备案手续时,应当出具其行政主管部门的审批证明。

前款所列单位的计算机信息网络与国际联网,应当采取相应的安全保护措施。

第三章 安全监督

第十五条 省、自治区、直辖市公安厅(局),地(市)、县(市)公安局,应当有相应机构负责国际联网的安全保护管理工作。

第十六条 公安机关计算机管理监察机构应当掌握互联单位、接入单位和用户的备案情况,建立备案档案,进行备案统计,并按照国家有关规定逐级上报。

第十七条 公安机关计算机管理监察机构应当督促互联单位、接入单位及有关用户建立健全安全保护管理制度。监督、检查网络安全保护管理以及技术措施的落实情况。

公安机关计算机管理监察机构在组织安全检查时,有关单位应当派人参加。公安机关计算机管理监察机构对安全检查发现的问题,应当提出改进意见,作出详细记录,存档备查。

第十八条 公安机关计算机管理监察机构发现含有本办法第五条所列内容的地址、目录或者服务器时,应当通知有关单位关闭或者删除。

第十九条 公安机关计算机管理监察机构应当负责追踪和查处通过计算机信息网络的违法行为和针对计算机信息网络的犯罪案件,对违反本办法第四条、第七条规定的违法犯罪行为,应当按照国家有关规定移送有关部门或者司法机关处理。

第四章 法律责任

第二十条 违反法律、行政法规,有本办法第五条、第六条所列行为之一的,由公安机关给予警告,有违法所得的,没收违法所得,对个人可以并处5000元以下的罚款,对单位可以并处1.5万元以下的罚款;情节严重的,并可以给予6个月以内停止联网、停机整顿的处罚,必要时可以建议原发证、审批机构吊销经营许可证或者取消联网资格;构成违反治安管理行为的,依照治安管理处罚法的规定处罚;构成犯罪的,依法追究刑事责任。

第二十一条 有下列行为之一的,由公安机关责令限期改正,给予警告,有违法所得的,没收违法所得;在规定的限期内未改正的,对单位的主管负责人员和其他直接责任人员可以并处5000元以下的罚款,对单位可以并处1.5万元以下的罚款;情节严重的,并可以给予6个月以内的停止联网、停机整顿的处罚,必要时可以建议原发证、审批机构吊销经营许可证或者取消联网资格。

(一)未建立安全保护管理制度的;

(二)未采取安全技术保护措施的;

(三)未对网络用户进行安全教育和培训的;

(四)未提供安全保护管理所需信息、资料及数据文件,或者所提供内容不真实的;

(五)对委托其发布的信息内容未进行审核或者对委托单位和个人未进行登记的;

(六)未建立电子公告系统的用户登记和信息管理制度的;

(七)未按照国家有关规定,删除网络地址、目录或者关闭服务器的;

(八)未建立公用账号使用登记制度的;

(九)转借、转让用户账号的。

第二十二条　违反本办法第四条、第七条规定的,依照有关法律、法规予以处罚。

第二十三条　违反本办法第十一条、第十二条规定,不履行备案职责的,由公安机关给予警告或者停机整顿不超过6个月的处罚。

第五章　附　　则

第二十四条　与香港特别行政区和台湾、澳门地区联网的计算机信息网络的安全保护管理,参照本办法执行。

第二十五条　本办法自1997年12月30日起施行。

商用密码管理条例

(1999年10月7日国务院令第273号发布)

第一章　总　　则

第一条　为了加强商用密码管理,保护信息安全,保护公民和组织的合法权益,维护国家的安全和利益,制定本条例。

第二条　本条例所称商用密码,是指对不涉及国家秘密内容的信息进行加密保护或者安全认证所使用的密码技术和密码产品。

第三条　商用密码技术属于国家秘密。国家对商用密码产品的科研、生产、销售和使用实行专控管理。

第四条　国家密码管理委员会及其办公室(以下简称国家密码管理机构)主管全国的商用密码管理工作。

省、自治区、直辖市负责密码管理的机构根据国家密码管理机构的委托,承担商用密码的有关管理工作。

第二章　科研、生产管理

第五条　商用密码的科研任务由国家密码管理机构指定的单位承担。

商用密码指定科研单位必须具有相应的技术力量和设备,能够采用先进的编码理论和技术,编制的商用密码算法具有较高的保密强度和抗攻击能力。

第六条　商用密码的科研成果,由国家密码管理机构组织专家按照商用密码技术标准和技术规范审查、鉴定。

第七条　商用密码产品由国家密码管理机构指定的单位生产。未经指定,任何单位或者个人不得生产商用密码产品。

商用密码产品指定生产单位必须具有与生产商用密码产品相适应的技术力量以及确保商用密码产品质量的设备、生产工艺和质量保证体系。

第八条 商用密码产品指定生产单位生产的商用密码产品的品种和型号，必须经国家密码管理机构批准，并不得超过批准范围生产商用密码产品。

第九条 商用密码产品，必须经国家密码管理机构指定的产品质量检测机构检测合格。

第三章 销售管理

第十条 商用密码产品由国家密码管理机构许可的单位销售。未经许可，任何单位或者个人不得销售商用密码产品。

第十一条 销售商用密码产品，应当向国家密码管理机构提出申请，并应当具备下列条件：

（一）有熟悉商用密码产品知识和承担售后服务的人员；

（二）有完善的销售服务和安全管理规章制度；

（三）有独立的法人资格。

经审查合格的单位，由国家密码管理机构发给《商用密码产品销售许可证》。

第十二条 销售商用密码产品，必须如实登记直接使用商用密码产品的用户的名称（姓名）、地址（住址）、组织机构代码（居民身份证号码）以及每台商用密码产品的用途，并将登记情况报国家密码管理机构备案。

第十三条 进口密码产品以及含有密码技术的设备或者出口商用密码产品，必须报经国家密码管理机构批准。任何单位或者个人不得销售境外的密码产品。

第四章 使用管理

第十四条 任何单位或者个人只能使用经国家密码管理机构认可的商用密码产品，不得使用自行研制的或者境外生产的密码产品。

第十五条 境外组织或者个人在中国境内使用密码产品或者含有密码技术的设备，必须报经国家密码管理机构批准；但是，外国驻华外交代表机构、领事机构除外。

第十六条 商用密码产品的用户不得转让其使用的商用密码产品。商用密码产品发生故障，必须由国家密码管理机构指定的单位维修。报废、销毁商用密码产品，应当向国家密码管理机构备案。

第五章 安全、保密管理

第十七条 商用密码产品的科研、生产，应当在符合安全、保密要求的环境中进行。销售、运输、保管商用密码产品，应当采取相应的安全措施。

从事商用密码产品的科研、生产和销售以及使用商用密码产品的单位和人员，必须对所接触和掌握的商用密码技术承担保密义务。

第十八条 宣传、公开展览商用密码产品，必须事先报国家密码管理机构批准。

第十九条 任何单位和个人不得非法攻击商用密码，不得利用商用密码危害国家的安全和利益、危害社会治安或者进行其他违法犯罪活动。

第六章 罚 则

第二十条 有下列行为之一的，由国家密码管理机构根据不同情况分别会同工商行政管理、海关等部门没收密码产品，有违法所得的，没收违法所得；情节严重的，可以并处违法所得1至3倍的罚款：

（一）未经指定，擅自生产商用密码产品的，或者商用密码产品指定生产单位超过批准范围生产商用密码产品的；

（二）未经许可，擅自销售商用密码产品的；

（三）未经批准，擅自进口密码产品以及含有密码技术的设备、出口商用密码产品或者销售境外的密码产品的。

经许可销售商用密码产品的单位未按照规定销售商用密码产品的，由国家密码管理机构会同工商行政管理部门给予警告，责令改正。

第二十一条 有下列行为之一的，由国家密码管理机构根据不同情况分别会同公安、国家安全机关给予警告，责令立即改正：

（一）在商用密码产品的科研、生产过程中违反安全、保密规定的；

（二）销售、运输、保管商用密码产品，未采取相应的安全措施的；

（三）未经批准，宣传、公开展览商用密码产品的；

（四）擅自转让商用密码产品或者不到国家密码管理机构指定的单位维修商用密码产品的。

使用自行研制的或者境外生产的密码产品，转让商用密码产品，或者不到国家密码管理机构指定的单位维修商用密码产品，情节严重的，由国家密码管理机构根据不同情况分别会同公安、国家安全机关没收其密码产品。

第二十二条 商用密码产品的科研、生产、销售单位有本条例第二十条、第二十一条第一款第（一）、（二）、（三）项所列行为，造成严重后果的，由国家密码管理机构撤销其指定科研、生产单位资格，吊销《商用密码产品销售许可证》。

第二十三条 泄露商用密码技术秘密、非法攻击商用密码或者利用商用密码从事危害国家的安全和利益的活动，情节严重，构成犯罪的，依法追究刑事责任。

有前款所列行为尚不构成犯罪的，由国家密码管理机构根据不同情况分别会同国家安全机关或者保密部门没收其使用的商用密码产品，对有危害国家安全行为的，由国家安全机关依法处以行政拘留；属于国家工作人员的，并依法给予行政处分。

第二十四条 境外组织或者个人未经批准，擅自使用密码产品或者含有密码技术的设备的，由国家密码管理机构会同公安机关给予警告，责令改正，可以并处没收密码产品或者含有密码技术的设备。

第二十五条 商用密码管理机构的工作人员滥用职权、玩忽职守、徇私舞弊，构成犯罪的，依法追究刑事责任；尚不构成犯罪的，依法给予行政处分。

第七章 附 则

第二十六条 国家密码管理委员会可以依据本条例制定有关的管理规定。

第二十七条 本条例自发布之日起施行。

中华人民共和国电信条例

(2000年9月25日国务院令第291号公布 根据2014年7月29日《国务院关于修改部分行政法规的决定》(国务院令第653号)第一次修订 根据2016年2月6日《国务院关于修改部分行政法规的决定》(国务院令第666号)第二次修订)

第一章 总 则

第一条 为了规范电信市场秩序,维护电信用户和电信业务经营者的合法权益,保障电信网络和信息的安全,促进电信业的健康发展,制定本条例。

第二条 在中华人民共和国境内从事电信活动或者与电信有关的活动,必须遵守本条例。

本条例所称电信,是指利用有线、无线的电磁系统或者光电系统,传送、发射或者接收语音、文字、数据、图像以及其他任何形式信息的活动。

第三条 国务院信息产业主管部门依照本条例的规定对全国电信业实施监督管理。

省、自治区、直辖市电信管理机构在国务院信息产业主管部门的领导下,依照本条例的规定对本行政区域内的电信业实施监督管理。

第四条 电信监督管理遵循政企分开、破除垄断、鼓励竞争、促进发展和公开、公平、公正的原则。

电信业务经营者应当依法经营,遵守商业道德,接受依法实施的监督检查。

第五条 电信业务经营者应当为电信用户提供迅速、准确、安全、方便和价格合理的电信服务。

第六条 电信网络和信息的安全受法律保护。任何组织或者个人不得利用电信网络从事危害国家安全、社会公共利益或者他人合法权益的活动。

第二章 电信市场

第一节 电信业务许可

第七条 国家对电信业务经营按照电信业务分类,实行许可制度。

经营电信业务,必须依照本条例的规定取得国务院信息产业主管部门或者省、自治区、直辖市电信管理机构颁发的电信业务经营许可证。

未取得电信业务经营许可证,任何组织或者个人不得从事电信业务经营活动。

第八条 电信业务分为基础电信业务和增值电信业务。

基础电信业务,是指提供公共网络基础设施、公共数据传送和基本话音通信服务的业务。增值电信业务，是指利用公共网络基础设施提供的电信与信息服务的业务。

电信业务分类的具体划分在本条例所附的《电信业务分类目录》中列出。国务院信息产业主管部门根据实际情况，可以对目录所列电信业务分类项目作局部调整，重新公布。

第九条　经营基础电信业务，须经国务院信息产业主管部门审查批准，取得《基础电信业务经营许可证》。

经营增值电信业务，业务覆盖范围在两个以上省、自治区、直辖市的，须经国务院信息产业主管部门审查批准，取得《跨地区增值电信业务经营许可证》；业务覆盖范围在一个省、自治区、直辖市行政区域内的，须经省、自治区、直辖市电信管理机构审查批准，取得《增值电信业务经营许可证》。

运用新技术试办《电信业务分类目录》未列出的新型电信业务的，应当向省、自治区、直辖市电信管理机构备案。

第十条　经营基础电信业务，应当具备下列条件：

（一）经营者为依法设立的专门从事基础电信业务的公司，且公司中国有股权或者股份不少于51%；

（二）有可行性研究报告和组网技术方案；

（三）有与从事经营活动相适应的资金和专业人员；

（四）有从事经营活动的场地及相应的资源；

（五）有为用户提供长期服务的信誉或者能力；

（六）国家规定的其他条件。

第十一条　申请经营基础电信业务，应当向国务院信息产业主管部门提出申请，并提交本条例第十条规定的相关文件。国务院信息产业主管部门应当自受理申请之日起180日内审查完毕，作出批准或者不予批准的决定。予以批准的，颁发《基础电信业务经营许可证》；不予批准的，应当书面通知申请人并说明理由。

第十二条　国务院信息产业主管部门审查经营基础电信业务的申请时，应当考虑国家安全、电信网络安全、电信资源可持续利用、环境保护和电信市场的竞争状况等因素。

颁发《基础电信业务经营许可证》，应当按照国家有关规定采用招标方式。

第十三条　经营增值电信业务，应当具备下列条件：

（一）经营者为依法设立的公司；

（二）有与开展经营活动相适应的资金和专业人员；

（三）有为用户提供长期服务的信誉或者能力；

（四）国家规定的其他条件。

第十四条　申请经营增值电信业务，应当根据本条例第九条第二款的规定，向国务院信息产业主管部门或者省、自治区、直辖市电信管理机构提出申请，并提交本条例第十三条规定的相关文件。申请经营的增值电信业务，按照国家有关规定须经有关主管部门审批的，还应当提交有关主管部门审核同意的文件。国务院信息产业主管部门或者省、自治区、直辖市电信管理机构应当自收到申请之日起60日内审查完毕，作出批准或者不予批准的决定。予以批准的，颁发《跨地区增值电信业务经营许可证》或者《增值电信业务经营许可证》；不予批准的，应当书面通知申请人并说明理由。

第十五条 电信业务经营者在经营过程中，变更经营主体、业务范围或者停止经营的，应当提前90日向原颁发许可证的机关提出申请，并办理相应手续；停止经营的，还应当按照国家有关规定做好善后工作。

第十六条 专用电信网运营单位在所在地区经营电信业务的，应当依照本条例规定的条件和程序提出申请，经批准，取得电信业务经营许可证。

第二节 电信网间互联

第十七条 电信网之间应当按照技术可行、经济合理、公平公正、相互配合的原则，实现互联互通。

主导的电信业务经营者不得拒绝其他电信业务经营者和专用网运营单位提出的互联互通要求。

前款所称主导的电信业务经营者，是指控制必要的基础电信设施并且在电信业务市场中占有较大份额，能够对其他电信业务经营者进入电信业务市场构成实质性影响的经营者。

主导的电信业务经营者由国务院信息产业主管部门确定。

第十八条 主导的电信业务经营者应当按照非歧视和透明化的原则，制定包括网间互联的程序、时限、非捆绑网络元素目录等内容的互联规程。互联规程应当报国务院信息产业主管部门审查同意。该互联规程对主导的电信业务经营者的互联互通活动具有约束力。

第十九条 公用电信网之间、公用电信网与专用电信网之间的网间互联，由网间互联双方按照国务院信息产业主管部门的网间互联管理规定进行互联协商，并订立网间互联协议。

第二十条 网间互联双方经协商未能达成网间互联协议的，自一方提出互联要求之日起60日内，任何一方均可以按照网间互联覆盖范围向国务院信息产业主管部门或者省、自治区、直辖市电信管理机构申请协调；收到申请的机关应当依照本条例第十七条第一款规定的原则进行协调，促使网间互联双方达成协议；自网间互联一方或者双方申请协调之日起45日内经协调仍不能达成协议的，由协调机关随机邀请电信技术专家和其他有关方面专家进行公开论证并提出网间互联方案。协调机关应当根据专家论证结论和提出的网间互联方案作出决定，强制实现互联互通。

第二十一条 网间互联双方必须在协议约定或者决定规定的时限内实现互联互通。遵守网间互联协议和国务院信息产业主管部门的相关规定，保障网间通信畅通，任何一方不得擅自中断互联互通。网间互联遇有通信技术障碍的，双方应当立即采取有效措施予以消除。网间互联双方在互联互通中发生争议的，依照本条例第二十条规定的程序和办法处理。

网间互联的通信质量应当符合国家有关标准。主导的电信业务经营者向其他电信业务经营者提供网间互联，服务质量不得低于本网内的同类业务及向其子公司或者分支机构提供的同类业务质量。

第二十二条　网间互联的费用结算与分摊应当执行国家有关规定，不得在规定标准之外加收费用。

网间互联的技术标准、费用结算办法和具体管理规定，由国务院信息产业主管部门制定。

第三节　电信资费

第二十三条　电信资费实行市场调节价。电信业务经营者应当统筹考虑生产经营成本、电信市场供求状况等因素，合理确定电信业务资费标准。

第二十四条　国家依法加强对电信业务经营者资费行为的监管，建立健全监管规则，维护消费者合法权益。

第二十五条　电信业务经营者应当根据国务院信息产业主管部门和省、自治区、直辖市电信管理机构的要求，提供准确、完备的业务成本数据及其他有关资料。

第四节　电信资源

第二十六条　国家对电信资源统一规划、集中管理、合理分配，实行有偿使用制度。

前款所称电信资源，是指无线电频率、卫星轨道位置、电信网码号等用于实现电信功能且有限的资源。

第二十七条　电信业务经营者占有、使用电信资源，应当缴纳电信资源费。具体收费办法由国务院信息产业主管部门会同国务院财政部门、价格主管部门制定，报国务院批准后公布施行。

第二十八条　电信资源的分配，应当考虑电信资源规划、用途和预期服务能力。

分配电信资源，可以采取指配的方式，也可以采用拍卖的方式。

取得电信资源使用权的，应当在规定的时限内启用所分配的资源，并达到规定的最低使用规模。未经国务院信息产业主管部门或者省、自治区、直辖市电信管理机构批准，不得擅自使用、转让、出租电信资源或者改变电信资源的用途。

第二十九条　电信资源使用者依法取得电信网码号资源后，主导的电信业务经营者和其他有关单位有义务采取必要的技术措施，配合电信资源使用者实现其电信网码号资源的功能。

法律、行政法规对电信资源管理另有特别规定的，从其规定。

第三章　电信服务

第三十条　电信业务经营者应当按照国家规定的电信服务标准向电信用户提供服务。电信业务经营者提供服务的种类、范围、资费标准和时限，应当向社会公布，并报省、自治区、直辖市电信管理机构备案。

电信用户有权自主选择使用依法开办的各类电信业务。

第三十一条 电信用户申请安装、移装电信终端设备的，电信业务经营者应当在其公布的时限内保证装机开通；由于电信业务经营者的原因逾期未能装机开通的，应当每日按照收取的安装费、移装费或者其他费用数额1%的比例，向电信用户支付违约金。

第三十二条 电信用户申告电信服务障碍的，电信业务经营者应当自接到申告之日起，城镇48小时、农村72小时内修复或者调通；不能按期修复或者调通的，应当及时通知电信用户，并免收障碍期间的月租费用。但是，属于电信终端设备的原因造成电信服务障碍的除外。

第三十三条 电信业务经营者应当为电信用户交费和查询提供方便。电信用户要求提供国内长途通信、国际通信、移动通信和信息服务等收费清单的，电信业务经营者应当免费提供。

电信用户出现异常的巨额电信费用时，电信业务经营者一经发现，应当尽可能迅速告知电信用户，并采取相应的措施。

前款所称巨额电信费用，是指突然出现超过电信用户此前3个月平均电信费用5倍以上的费用。

第三十四条 电信用户应当按照约定的时间和方式及时、足额地向电信业务经营者交纳电信费用；电信用户逾期不交纳电信费用的，电信业务经营者有权要求补交电信费用，并可以按照所欠费用每日加收3‰的违约金。

对超过收费约定期限30日仍不交纳电信费用的电信用户，电信业务经营者可以暂停向其提供电信服务。电信用户在电信业务经营者暂停服务60日内仍未补交电信费用和违约金的，电信业务经营者可以终止提供服务，并可以依法追缴欠费和违约金。

经营移动电信业务的经营者可以与电信用户约定交纳电信费用的期限、方式，不受前款规定期限的限制。

电信业务经营者应当在迟延交纳电信费用的电信用户补足电信费用、违约金后的48小时内，恢复暂停的电信服务。

第三十五条 电信业务经营者因工程施工、网络建设等原因，影响或者可能影响正常电信服务的，必须按照规定的时限及时告知用户，并向省、自治区、直辖市电信管理机构报告。

因前款原因中断电信服务的，电信业务经营者应当相应减免用户在电信服务中断期间的相关费用。

出现本条第一款规定的情形，电信业务经营者未及时告知用户的，应当赔偿由此给用户造成的损失。

第三十六条 经营本地电话业务和移动电话业务的电信业务经营者，应当免费向用户提供火警、匪警、医疗急救、交通事故报警等公益性电信服务并保障通信线路畅通。

第三十七条 电信业务经营者应当及时为需要通过中继线接入其电信网的集

团用户,提供平等、合理的接入服务。

未经批准,电信业务经营者不得擅自中断接入服务。

第三十八条 电信业务经营者应当建立健全内部服务质量管理制度,并可以制定并公布施行高于国家规定的电信服务标准的企业标准。

电信业务经营者应当采取各种形式广泛听取电信用户意见,接受社会监督,不断提高电信服务质量。

第三十九条 电信业务经营者提供的电信服务达不到国家规定的电信服务标准或者其公布的企业标准的,或者电信用户对交纳电信费用持有异议的,电信用户有权要求电信业务经营者予以解决;电信业务经营者拒不解决或者电信用户对解决结果不满意的,电信用户有权向国务院信息产业主管部门或者省、自治区、直辖市电信管理机构或者其他有关部门申诉。收到申诉的机关必须对申诉及时处理,并自收到申诉之日起30日内向申诉者作出答复。

电信用户对交纳本地电话费用有异议的,电信业务经营者还应当应电信用户的要求免费提供本地电话收费依据,并有义务采取必要措施协助电信用户查找原因。

第四十条 电信业务经营者在电信服务中,不得有下列行为:

(一)以任何方式限定电信用户使用其指定的业务;

(二)限定电信用户购买其指定的电信终端设备或者拒绝电信用户使用自备的已经取得入网许可的电信终端设备;

(三)无正当理由拒绝、拖延或者中止对电信用户的电信服务;

(四)对电信用户不履行公开作出的承诺或者作容易引起误解的虚假宣传;

(五)以不正当手段刁难电信用户或者对投诉的电信用户打击报复。

第四十一条 电信业务经营者在电信业务经营活动中,不得有下列行为:

(一)以任何方式限制电信用户选择其他电信业务经营者依法开办的电信服务;

(二)对其经营的不同业务进行不合理的交叉补贴;

(三)以排挤竞争对手为目的,低于成本提供电信业务或者服务,进行不正当竞争。

第四十二条 国务院信息产业主管部门或者省、自治区、直辖市电信管理机构应当依据职权对电信业务经营者的电信服务质量和经营活动进行监督检查,并向社会公布监督抽查结果。

第四十三条 电信业务经营者必须按照国家有关规定履行相应的电信普遍服务义务。

国务院信息产业主管部门可以采取指定的或者招标的方式确定电信业务经营者具体承担电信普遍服务的义务。

电信普遍服务成本补偿管理办法,由国务院信息产业主管部门会同国务院财政部门、价格主管部门制定,报国务院批准后公布施行。

第四章　电信建设

第一节　电信设施建设

第四十四条　公用电信网、专用电信网、广播电视传输网的建设应当接受国务院信息产业主管部门的统筹规划和行业管理。

属于全国性信息网络工程或者国家规定限额以上建设项目的公用电信网、专用电信网、广播电视传输网建设，在按照国家基本建设项目审批程序报批前，应当征得国务院信息产业主管部门同意。

基础电信建设项目应当纳入地方各级人民政府城市建设总体规划和村镇、集镇建设总体规划。

第四十五条　城市建设和村镇、集镇建设应当配套设置电信设施。建筑物内的电信管线和配线设施以及建设项目用地范围内的电信管道，应当纳入建设项目的设计文件，并随建设项目同时施工与验收。所需经费应当纳入建设项目概算。

有关单位或者部门规划、建设道路、桥梁、隧道或者地下铁道等，应当事先通知省、自治区、直辖市电信管理机构和电信业务经营者，协商预留电信管线等事宜。

第四十六条　基础电信业务经营者可以在民用建筑物上附挂电信线路或者设置小型天线、移动通信基站等公用电信设施，但是应当事先通知建筑物产权人或者使用人，并按照省、自治区、直辖市人民政府规定的标准向该建筑物的产权人或者其他权利人支付使用费。

第四十七条　建设地下、水底等隐蔽电信设施和高空电信设施，应当按照国家有关规定设置标志。

基础电信业务经营者建设海底电信缆线，应当征得国务院信息产业主管部门同意，并征求有关部门意见后，依法办理有关手续。海底电信缆线由国务院有关部门在海图上标出。

第四十八条　任何单位或者个人不得擅自改动或者迁移他人的电信线路及其他电信设施；遇有特殊情况必须改动或者迁移的，应当征得该电信设施产权人同意，由提出改动或者迁移要求的单位或者个人承担改动或者迁移所需费用，并赔偿由此造成的经济损失。

第四十九条　从事施工、生产、种植树木等活动，不得危及电信线路或者其他电信设施的安全或者妨碍线路畅通；可能危及电信安全时，应当事先通知有关电信业务经营者，并由从事该活动的单位或者个人负责采取必要的安全防护措施。

违反前款规定，损害电信线路或者其他电信设施或者妨碍线路畅通的，应当恢复原状或者予以修复，并赔偿由此造成的经济损失。

第五十条　从事电信线路建设，应当与已建的电信线路保持必要的安全距离；难以避开或者必须穿越，或者需要使用已建电信管道的，应当与已建电信线路的产权人协商，并签订协议；经协商不能达成协议的，根据不同情况，由国务院信息产业主管部门或者省、自治区、直辖市电信管理机构协调解决。

第五十一条　任何组织或者个人不得阻止或者妨碍基础电信业务经营者依法从事电信设施建设和向电信用户提供公共电信服务；但是，国家规定禁止或者限制进入的区域除外。

第五十二条　执行特殊通信、应急通信和抢修、抢险任务的电信车辆，经公安交通管理机关批准，在保障交通安全畅通的前提下可以不受各种禁止机动车通行标志的限制。

第二节　电信设备进网

第五十三条　国家对电信终端设备、无线电通信设备和涉及网间互联的设备实行进网许可制度。

接入公用电信网的电信终端设备、无线电通信设备和涉及网间互联的设备，必须符合国家规定的标准并取得进网许可证。

实行进网许可制度的电信设备目录，由国务院信息产业主管部门会同国务院产品质量监督部门制定并公布施行。

第五十四条　办理电信设备进网许可证的，应当向国务院信息产业主管部门提出申请，并附送经国务院产品质量监督部门认可的电信设备检测机构出具的检测报告或者认证机构出具的产品质量认证证书。

国务院信息产业主管部门应当自收到电信设备进网许可申请之日起60日内，对申请及电信设备检测报告或者产品质量认证证书审查完毕。经审查合格的，颁发进网许可证；经审查不合格的，应当书面答复并说明理由。

第五十五条　电信设备生产企业必须保证获得进网许可的电信设备的质量稳定、可靠，不得降低产品质量和性能。

电信设备生产企业应当在其生产的获得进网许可的电信设备上粘贴进网许可标志。

国务院产品质量监督部门应当会同国务院信息产业主管部门对获得进网许可证的电信设备进行质量跟踪和监督抽查，公布抽查结果。

第五章　电信安全

第五十六条　任何组织或者个人不得利用电信网络制作、复制、发布、传播含有下列内容的信息：

（一）反对宪法所确定的基本原则的；

（二）危害国家安全，泄露国家秘密，颠覆国家政权，破坏国家统一的；

（三）损害国家荣誉和利益的；

（四）煽动民族仇恨、民族歧视，破坏民族团结的；

（五）破坏国家宗教政策，宣扬邪教和封建迷信的；

（六）散布谣言，扰乱社会秩序，破坏社会稳定的；

（七）散布淫秽、色情、赌博、暴力、凶杀、恐怖或者教唆犯罪的；

（八）侮辱或者诽谤他人，侵害他人合法权益的；

(九)含有法律、行政法规禁止的其他内容的。

第五十七条 任何组织或者个人不得有下列危害电信网络安全和信息安全的行为:

(一)对电信网的功能或者存储、处理、传输的数据和应用程序进行删除或者修改;

(二)利用电信网从事窃取或者破坏他人信息、损害他人合法权益的活动;

(三)故意制作、复制、传播计算机病毒或者以其他方式攻击他人电信网络等电信设施;

(四)危害电信网络安全和信息安全的其他行为。

第五十八条 任何组织或者个人不得有下列扰乱电信市场秩序的行为:

(一)采取租用电信国际专线、私设转接设备或者其他方法,擅自经营国际或者香港特别行政区、澳门特别行政区和台湾地区电信业务;

(二)盗接他人电信线路,复制他人电信码号,使用明知是盗接、复制的电信设施或者码号;

(三)伪造、变造电话卡及其他各种电信服务有价凭证;

(四)以虚假、冒用的身份证件办理入网手续并使用移动电话。

第五十九条 电信业务经营者应当按照国家有关电信安全的规定,建立健全内部安全保障制度,实行安全保障责任制。

第六十条 电信业务经营者在电信网络的设计、建设和运行中,应当做到与国家安全和电信网络安全的需求同步规划,同步建设,同步运行。

第六十一条 在公共信息服务中,电信业务经营者发现电信网络中传输的信息明显属于本条例第五十六条所列内容的,应当立即停止传输,保存有关记录,并向国家有关机关报告。

第六十二条 使用电信网络传输信息的内容及其后果由电信用户负责。

电信用户使用电信网络传输的信息属于国家秘密信息的,必须依照保守国家秘密法的规定采取保密措施。

第六十三条 在发生重大自然灾害等紧急情况下,经国务院批准,国务院信息产业主管部门可以调用各种电信设施,确保重要通信畅通。

第六十四条 在中华人民共和国境内从事国际通信业务,必须通过国务院信息产业主管部门批准设立的国际通信出入口局进行。

我国内地与香港特别行政区、澳门特别行政区和台湾地区之间的通信,参照前款规定办理。

第六十五条 电信用户依法使用电信的自由和通信秘密受法律保护。除因国家安全或者追查刑事犯罪的需要,由公安机关、国家安全机关或者人民检察院依照法律规定的程序对电信内容进行检查外,任何组织或者个人不得以任何理由对电信内容进行检查。

电信业务经营者及其工作人员不得擅自向他人提供电信用户使用电信网络所传输信息的内容。

第六章　罚　　则

第六十六条　违反本条例第五十六条、第五十七条的规定，构成犯罪的，依法追究刑事责任；尚不构成犯罪的，由公安机关、国家安全机关依照有关法律、行政法规的规定予以处罚。

第六十七条　有本条例第五十八条第（二）、（三）、（四）项所列行为之一，扰乱电信市场秩序，构成犯罪的，依法追究刑事责任；尚不构成犯罪的，由国务院信息产业主管部门或者省、自治区、直辖市电信管理机构依据职权责令改正，没收违法所得，处违法所得3倍以上5倍以下罚款；没有违法所得或者违法所得不足1万元的，处1万元以上10万元以下罚款。

第六十八条　违反本条例的规定，伪造、冒用、转让电信业务经营许可证、电信设备进网许可证或者编造在电信设备上标注的进网许可证编号的，由国务院信息产业主管部门或者省、自治区、直辖市电信管理机构依据职权没收违法所得，处违法所得3倍以上5倍以下罚款；没有违法所得或者违法所得不足1万元的，处1万元以上10万元以下罚款。

第六十九条　违反本条例规定，有下列行为之一的，由国务院信息产业主管部门或者省、自治区、直辖市电信管理机构依据职权责令改正，没收违法所得，处违法所得3倍以上5倍以下罚款；没有违法所得或者违法所得不足5万元的，处10万元以上100万元以下罚款；情节严重的，责令停业整顿：

（一）违反本条例第七条第三款的规定或者有本条例第五十八条第（一）项所列行为，擅自经营电信业务的，或者超范围经营电信业务的；

（二）未通过国务院信息产业主管部门批准，设立国际通信出入口进行国际通信的；

（三）擅自使用、转让、出租电信资源或者改变电信资源用途的；

（四）擅自中断网间互联互通或者接入服务的；

（五）拒不履行普遍服务义务的。

第七十条　违反本条例的规定，有下列行为之一的，由国务院信息产业主管部门或者省、自治区、直辖市电信管理机构依据职权责令改正，没收违法所得，处违法所得1倍以上3倍以下罚款；没有违法所得或者违法所得不足1万元的，处1万元以上10万元以下罚款；情节严重的，责令停业整顿：

（一）在电信网间互联中违反规定加收费用的；

（二）遇有网间通信技术障碍，不采取有效措施予以消除的；

（三）擅自向他人提供电信用户使用电信网络所传输信息的内容的；

（四）拒不按照规定缴纳电信资源使用费的。

第七十一条　违反本条例第四十一条的规定，在电信业务经营活动中进行不正当竞争的，由国务院信息产业主管部门或者省、自治区、直辖市电信管理机构依据职权责令改正，处10万元以上100万元以下罚款；情节严重的，责令停业整顿。

第七十二条 违反本条例的规定，有下列行为之一的，由国务院信息产业主管部门或者省、自治区、直辖市电信管理机构依据职权责令改正，处5万元以上50万元以下罚款；情节严重的，责令停业整顿：

（一）拒绝其他电信业务经营者提出的互联互通要求的；

（二）拒不执行国务院信息产业主管部门或者省、自治区、直辖市电信管理机构依法作出的互联互通决定的；

（三）向其他电信业务经营者提供网间互联的服务质量低于本网及其子公司或者分支机构的。

第七十三条 违反本条例第三十三条第一款、第三十九条第二款的规定，电信业务经营者拒绝免费为电信用户提供国内长途通信、国际通信、移动通信和信息服务等收费清单，或者电信用户对交纳本地电话费用有异议并提出要求时，拒绝为电信用户免费提供本地电话收费依据的，由省、自治区、直辖市电信管理机构责令改正，并向电信用户赔礼道歉；拒不改正并赔礼道歉的，处以警告，并处5000元以上5万元以下的罚款。

第七十四条 违反本条例第四十条的规定，由省、自治区、直辖市电信管理机构责令改正，并向电信用户赔礼道歉，赔偿电信用户损失；拒不改正并赔礼道歉、赔偿损失的，处以警告，并处1万元以上10万元以下的罚款；情节严重的，责令停业整顿。

第七十五条 违反本条例的规定，有下列行为之一的，由省、自治区、直辖市电信管理机构责令改正，处1万元以上10万元以下的罚款：

（一）销售未取得进网许可的电信终端设备的；

（二）非法阻止或者妨碍电信业务经营者向电信用户提供公共电信服务的；

（三）擅自改动或者迁移他人的电信线路及其他电信设施的。

第七十六条 违反本条例的规定，获得电信设备进网许可证后降低产品质量和性能的，由产品质量监督部门依照有关法律、行政法规的规定予以处罚。

第七十七条 有本条例第五十六条、第五十七条和第五十八条所列禁止行为之一，情节严重的，由原发证机关吊销电信业务经营许可证。

国务院信息产业主管部门或者省、自治区、直辖市电信管理机构吊销电信业务经营许可证后，应当通知企业登记机关。

第七十八条 国务院信息产业主管部门或者省、自治区、直辖市电信管理机构工作人员玩忽职守、滥用职权、徇私舞弊，构成犯罪的，依法追究刑事责任；尚不构成犯罪的，依法给予行政处分。

第七章 附 则

第七十九条 外国的组织或者个人在中华人民共和国境内投资与经营电信业务和香港特别行政区、澳门特别行政区与台湾地区的组织或者个人在内地投资与经营电信业务的具体办法，由国务院另行制定。

第八十条 本条例自公布之日起施行。

附：电信业务分类目录（略）

互联网上网服务营业场所管理条例

（2002年9月29日国务院令第363号公布　根据2011年1月8日《国务院关于废止和修改部分行政法规的决定》第一次修订　根据2016年2月6日《国务院关于修改部分行政法规的决定》第二次修订）

第一章　总　　则

第一条　为了加强对互联网上网服务营业场所的管理，规范经营者的经营行为，维护公众和经营者的合法权益，保障互联网上网服务经营活动健康发展，促进社会主义精神文明建设，制定本条例。

第二条　本条例所称互联网上网服务营业场所，是指通过计算机等装置向公众提供互联网上网服务的网吧、电脑休闲室等营业性场所。

学校、图书馆等单位内部附设的为特定对象获取资料、信息提供上网服务的场所，应当遵守有关法律、法规，不适用本条例。

第三条　互联网上网服务营业场所经营单位应当遵守有关法律、法规的规定，加强行业自律，自觉接受政府有关部门依法实施的监督管理，为上网消费者提供良好的服务。

互联网上网服务营业场所的上网消费者，应当遵守有关法律、法规的规定，遵守社会公德，开展文明、健康的上网活动。

第四条　县级以上人民政府文化行政部门负责互联网上网服务营业场所经营单位的设立审批，并负责对依法设立的互联网上网服务营业场所经营单位经营活动的监督管理；公安机关负责对互联网上网服务营业场所经营单位的信息网络安全、治安及消防安全的监督管理；工商行政管理部门负责对互联网上网服务营业场所经营单位登记注册和营业执照的管理，并依法查处无照经营活动；电信管理等其他有关部门在各自职责范围内，依照本条例和有关法律、行政法规的规定，对互联网上网服务营业场所经营单位分别实施有关监督管理。

第五条　文化行政部门、公安机关、工商行政管理部门和其他有关部门及其工作人员不得从事或者变相从事互联网上网服务经营活动，也不得参与或者变相参与互联网上网服务营业场所经营单位的经营活动。

第六条　国家鼓励公民、法人和其他组织对互联网上网服务营业场所经营单位的经营活动进行监督，并对有突出贡献的给予奖励。

第二章　设　　立

第七条　国家对互联网上网服务营业场所经营单位的经营活动实行许可制度。未经许可，任何组织和个人不得从事互联网上网服务经营活动。

第八条　互联网上网服务营业场所经营单位从事互联网上网服务经营活动，

应当具备下列条件：

（一）有企业的名称、住所、组织机构和章程；

（二）有与其经营活动相适应的资金；

（三）有与其经营活动相适应并符合国家规定的消防安全条件的营业场所；

（四）有健全、完善的信息网络安全管理制度和安全技术措施；

（五）有固定的网络地址和与其经营活动相适应的计算机等装置及附属设备；

（六）有与其经营活动相适应并取得从业资格的安全管理人员、经营管理人员、专业技术人员；

（七）法律、行政法规和国务院有关部门规定的其他条件。

互联网上网服务营业场所的最低营业面积、计算机等装置及附属设备数量、单机面积的标准，由国务院文化行政部门规定。

审批从事互联网上网服务经营活动，除依照本条第一款、第二款规定的条件外，还应当符合国务院文化行政部门和省、自治区、直辖市人民政府文化行政部门规定的互联网上网服务营业场所经营单位的总量和布局要求。

第九条 中学、小学校园周围200米范围内和居民住宅楼（院）内不得设立互联网上网服务营业场所。

第十条 互联网上网服务营业场所经营单位申请从事互联网上网服务经营活动，应当向县级以上地方人民政府文化行政部门提出申请，并提交下列文件：

（一）企业营业执照和章程；

（二）法定代表人或者主要负责人的身份证明材料；

（三）资金信用证明；

（四）营业场所产权证明或者租赁意向书；

（五）依法需要提交的其他文件。

第十一条 文化行政部门应当自收到申请之日起20个工作日内作出决定；经审查，符合条件的，发给同意筹建的批准文件。

申请人完成筹建后，持同意筹建的批准文件到同级公安机关申请信息网络安全和消防安全审核。公安机关应当自收到申请之日起20个工作日内作出决定；经实地检查并审核合格的，发给批准文件。

申请人持公安机关批准文件向文化行政部门申请最终审核。文化行政部门应当自收到申请之日起15个工作日内依据本条例第八条的规定作出决定；经实地检查并审核合格的，发给《网络文化经营许可证》。

对申请人的申请，文化行政部门经审查不符合条件的，或者公安机关经审核不合格的，应当分别向申请人书面说明理由。

第十二条 互联网上网服务营业场所经营单位不得涂改、出租、出借或者以其他方式转让《网络文化经营许可证》。

第十三条 互联网上网服务营业场所经营单位变更营业场所地址或者对营业场所进行改建、扩建，变更计算机数量或者其他重要事项的，应当经原审核机关同意。

互联网上网服务营业场所经营单位变更名称、住所、法定代表人或者主要负责人、注册资本、网络地址或者终止经营活动的，应当依法到工商行政管理部门办理变更登记或者注销登记，并到文化行政部门、公安机关办理有关手续或者备案。

第三章　经　　营

第十四条　互联网上网服务营业场所经营单位和上网消费者不得利用互联网上网服务营业场所制作、下载、复制、查阅、发布、传播或者以其他方式使用含有下列内容的信息：

(一)反对宪法确定的基本原则的；

(二)危害国家统一、主权和领土完整的；

(三)泄露国家秘密，危害国家安全或者损害国家荣誉和利益的；

(四)煽动民族仇恨、民族歧视，破坏民族团结，或者侵害民族风俗、习惯的；

(五)破坏国家宗教政策，宣扬邪教、迷信的；

(六)散布谣言，扰乱社会秩序，破坏社会稳定的；

(七)宣传淫秽、赌博、暴力或者教唆犯罪的；

(八)侮辱或者诽谤他人，侵害他人合法权益的；

(九)危害社会公德或者民族优秀文化传统的；

(十)含有法律、行政法规禁止的其他内容的。

第十五条　互联网上网服务营业场所经营单位和上网消费者不得进行下列危害信息网络安全的活动：

(一)故意制作或者传播计算机病毒以及其他破坏性程序的；

(二)非法侵入计算机信息系统或者破坏计算机信息系统功能、数据和应用程序的；

(三)进行法律、行政法规禁止的其他活动的。

第十六条　互联网上网服务营业场所经营单位应当通过依法取得经营许可证的互联网接入服务提供者接入互联网，不得采取其他方式接入互联网。

互联网上网服务营业场所经营单位提供上网消费者使用的计算机必须通过局域网的方式接入互联网，不得直接接入互联网。

第十七条　互联网上网服务营业场所经营单位不得经营非网络游戏。

第十八条　互联网上网服务营业场所经营单位和上网消费者不得利用网络游戏或者其他方式进行赌博或者变相赌博活动。

第十九条　互联网上网服务营业场所经营单位应当实施经营管理技术措施，建立场内巡查制度，发现上网消费者有本条例第十四条、第十五条、第十八条所列行为或者有其他违法行为的，应当立即予以制止并向文化行政部门、公安机关举报。

第二十条　互联网上网服务营业场所经营单位应当在营业场所的显著位置悬挂《网络文化经营许可证》和营业执照。

第二十一条　互联网上网服务营业场所经营单位不得接纳未成年人进入营业

场所。

互联网上网服务营业场所经营单位应当在营业场所入口处的显著位置悬挂未成年人禁入标志。

第二十二条 互联网上网服务营业场所每日营业时间限于8时至24时。

第二十三条 互联网上网服务营业场所经营单位应当对上网消费者的身份证等有效证件进行核对、登记，并记录有关上网信息。登记内容和记录备份保存时间不得少于60日，并在文化行政部门、公安机关依法查询时予以提供。登记内容和记录备份在保存期内不得修改或者删除。

第二十四条 互联网上网服务营业场所经营单位应当依法履行信息网络安全、治安和消防安全职责，并遵守下列规定：

（一）禁止明火照明和吸烟并悬挂禁止吸烟标志；

（二）禁止带入和存放易燃、易爆物品；

（三）不得安装固定的封闭门窗栅栏；

（四）营业期间禁止封堵或者锁闭门窗、安全疏散通道和安全出口；

（五）不得擅自停止实施安全技术措施。

第四章 罚　　则

第二十五条 文化行政部门、公安机关、工商行政管理部门或者其他有关部门及其工作人员，利用职务上的便利收受他人财物或者其他好处，违法批准不符合法定设立条件的互联网上网服务营业场所经营单位，或者不依法履行监督职责，或者发现违法行为不予依法查处，触犯刑律的，对直接负责的主管人员和其他直接责任人员依照刑法关于受贿罪、滥用职权罪、玩忽职守罪或者其他罪的规定，依法追究刑事责任；尚不够刑事处罚的，依法给予降级、撤职或者开除的行政处分。

第二十六条 文化行政部门、公安机关、工商行政管理部门或者其他有关部门的工作人员，从事或者变相从事互联网上网服务经营活动的，参与或者变相参与互联网上网服务营业场所经营单位的经营活动的，依法给予降级、撤职或者开除的行政处分。

文化行政部门、公安机关、工商行政管理部门或者其他有关部门有前款所列行为的，对直接负责的主管人员和其他直接责任人员依照前款规定依法给予行政处分。

第二十七条 违反本条例的规定，擅自从事互联网上网服务经营活动的，由文化行政部门或者由文化行政部门会同公安机关依法予以取缔，查封其从事违法经营活动的场所，扣押从事违法经营活动的专用工具、设备；触犯刑律的，依照刑法关于非法经营罪的规定，依法追究刑事责任；尚不够刑事处罚的，由文化行政部门没收违法所得及其从事违法经营活动的专用工具、设备；违法经营额1万元以上的，并处违法经营额5倍以上10倍以下的罚款；违法经营额不足1万元的，并处1万元以上5万元以下的罚款。

第二十八条 文化行政部门应当建立互联网上网服务营业场所经营单位的经营活动信用监管制度，建立健全信用约束机制，并及时公布行政处罚信息。

第二十九条　互联网上网服务营业场所经营单位违反本条例的规定，涂改、出租、出借或者以其他方式转让《网络文化经营许可证》，触犯刑律的，依照刑法关于伪造、变造、买卖国家机关公文、证件、印章罪的规定，依法追究刑事责任；尚不够刑事处罚的，由文化行政部门吊销《网络文化经营许可证》，没收违法所得；违法经营额5000元以上的，并处违法经营额2倍以上5倍以下的罚款；违法经营额不足5000元的，并处5000元以上1万元以下的罚款。

第三十条　互联网上网服务营业场所经营单位违反本条例的规定，利用营业场所制作、下载、复制、查阅、发布、传播或者以其他方式使用含有本条例第十四条规定禁止含有的内容的信息，触犯刑律的，依法追究刑事责任；尚不够刑事处罚的，由公安机关给予警告，没收违法所得；违法经营额1万元以上的，并处违法经营额2倍以上5倍以下的罚款；违法经营额不足1万元的，并处1万元以上2万元以下的罚款；情节严重的，责令停业整顿，直至由文化行政部门吊销《网络文化经营许可证》。

上网消费者有前款违法行为，触犯刑律的，依法追究刑事责任；尚不够刑事处罚的，由公安机关依照治安管理处罚条例的规定给予处罚。

第三十一条　互联网上网服务营业场所经营单位违反本条例的规定，有下列行为之一的，由文化行政部门给予警告，可以并处15000元以下的罚款；情节严重的，责令停业整顿，直至吊销《网络文化经营许可证》：

（一）在规定的营业时间以外营业的；

（二）接纳未成年人进入营业场所的；

（三）经营非网络游戏的；

（四）擅自停止实施经营管理技术措施的；

（五）未悬挂《网络文化经营许可证》或者未成年人禁入标志的。

第三十二条　互联网上网服务营业场所经营单位违反本条例的规定，有下列行为之一的，由文化行政部门、公安机关依据各自职权给予警告，可以并处15000元以下的罚款；情节严重的，责令停业整顿，直至由文化行政部门吊销《网络文化经营许可证》：

（一）向上网消费者提供的计算机未通过局域网的方式接入互联网的；

（二）未建立场内巡查制度，或者发现上网消费者的违法行为未予制止并向文化行政部门、公安机关举报的；

（三）未按规定核对、登记上网消费者的有效身份证件或者记录有关上网信息的；

（四）未按规定时间保存登记内容、记录备份，或者在保存期内修改、删除登记内容、记录备份的；

（五）变更名称、住所、法定代表人或者主要负责人、注册资本、网络地址或者终止经营活动，未向文化行政部门、公安机关办理有关手续或者备案的。

第三十三条　互联网上网服务营业场所经营单位违反本条例的规定，有下列行为之一的，由公安机关给予警告，可以并处15000元以下的罚款；情节严重的，责令停业整顿，直至由文化行政部门吊销《网络文化经营许可证》：

（一）利用明火照明或者发现吸烟不予制止，或者未悬挂禁止吸烟标志的；

（二）允许带入或者存放易燃、易爆物品的；

（三）在营业场所安装固定的封闭门窗栅栏的；

（四）营业期间封堵或者锁闭门窗、安全疏散通道或者安全出口的；

（五）擅自停止实施安全技术措施的。

第三十四条 违反国家有关信息网络安全、治安管理、消防管理、工商行政管理、电信管理等规定，触犯刑律的，依法追究刑事责任；尚不够刑事处罚的，由公安机关、工商行政管理部门、电信管理机构依法给予处罚；情节严重的，由原发证机关吊销许可证件。

第三十五条 互联网上网服务营业场所经营单位违反本条例的规定，被吊销《网络文化经营许可证》的，自被吊销《网络文化经营许可证》之日起 5 年内，其法定代表人或者主要负责人不得担任互联网上网服务营业场所经营单位的法定代表人或者主要负责人。

擅自设立的互联网上网服务营业场所经营单位被依法取缔的，自被取缔之日起 5 年内，其主要负责人不得担任互联网上网服务营业场所经营单位的法定代表人或者主要负责人。

第三十六条 依照本条例的规定实施罚款的行政处罚，应当依照有关法律、行政法规的规定，实行罚款决定与罚款收缴分离；收缴的罚款和违法所得必须全部上缴国库。

第五章 附 则

第三十七条 本条例自 2002 年 11 月 15 日起施行。2001 年 4 月 3 日信息产业部、公安部、文化部、国家工商行政管理局发布的《互联网上网服务营业场所管理办法》同时废止。

三、部门规章

全国劳动管理信息计算机系统病毒防治规定

（1991 年 1 月 11 日劳动部发布）

第一条 为了加强对计算机病毒在预防和治理方面的管理，保障全国劳动管理信息计算机系统（以下称计算机系统）的安全运行，制定本规定。

第二条 本规定中，计算机病毒系指隐藏在计算机系统的数据资源中，利用系统数据资源进行繁殖并生存，影响计算机系统正常运行的并通过系统数据共享的途径进行传染的程序。

第三条 计算机系统病毒防治工作实行预防为主，防治结合的原则。

第四条　本规定适用于县级以上劳动行政部门及其所管的劳动管理信息系统范围内的计算机系统。

第五条　计算机系统病毒防治工作实行统一领导,分级管理,专人负责的制度。

劳动部信息中心负责全国劳动部门计算机系统病毒防治工作;县级以上地方劳动行政部门负责本级计算机系统病毒防治工作;计算机系统应有专门人员进行管理。

第六条　计算机系统病毒防治专门管理人员的职责是:

(一)制定计算机系统病毒防治工作制度,并做好对有关人员的宣传教育工作,同有关部门一起检查执行情况;

(二)负责本单位计算机系统病毒的技术防范工作,并负责对下级单位计算机系统病毒防治人员的指导、培训工作;

(三)及时发现和处理计算机病毒,负责向上级主管部门报告计算机病毒疫情和计算机安全管理方面的违法案件。

第七条　各级劳动行政部门在下发各种计算机软件(盘)或上报载有数据的磁介质时,必须经本部门计算机系统病毒防治管理人员检测,确认母盘无病毒后,方可在指定机器上批量拷贝,贴上"写保护签"下发。

第八条　下级部门上报载有数据的磁介质和上级部门验收数据时,应进行计算机病毒检测,确认无毒后可上报或验收。

第九条　计算机系统及病毒防治专门管理人员应当建立健全机房管理、软件管理、网络系统管理、磁介质管理和计算机系统病毒防治工作需要建立的其他制度。

第十条　计算机系统应当使用通过正式渠道购买或得到的软件。对于新的或来历不明的软件(盘),须先通过专用机检测试运行后正式启用。

严禁个人私自进行软件(包括各种游戏盘)的拷贝、传播和使用。

第十一条　计算机系统专门管理人员应当对所有的系统和文件盘进行"写保护",不需要再次写入的数据盘都应贴上"写保护"。

第十二条　各种计算机系统软件、应用软件、专用程序盘,必须由专人保管;

计算机系统及所用软盘要定期检测、登录,发现有计算机病毒时,应立即封机停止使用;

对于感染病毒的计算机系统,应当由专门人员清除病毒后,进行系统、软件和专用程序的重装。

第十三条　计算机系统重要数据、程序文件和专用软件,应定期做备份。计算机系统遭到病毒侵袭,应当用备份来修复系统,恢复有关数据和程序。

第十四条　计算机系统应当采取必要的计算机硬件和软件技术措施,防止病毒感染。专人专用的计算机,在人员离开或停机时,应当对计算机加锁。

第十五条　计算机系统应当定期进行病毒检测,并将计算机病毒检测软件(如 SCAN)放入自动批处理文件。

第十六条　不得把用户数据或程序写到系统软盘上,除原始的计算机系统软件外,不得用其他软盘启动计算机系统。在计算机系统硬盘工作正常的情况下,禁止使用软盘启动。

严禁通过网络或通讯私自进行软件的拷贝复制。

第十七条 在进行软件评优会、应用软件交流会、软件演示会、计算机培训班和其他活动时,应防止造成计算机病毒的大面积传播。主管部门下发程序或软件,不得带系统下达。

第十八条 从事信息系统和重大调查项目数据处理和数据录入的计算机,应当专机、专人、专用,并与日常工作使用的计算机隔离。

第十九条 本规定由劳动部负责解释。

第二十条 本规定自发布之日起施行。

中国公用计算机互联网国际联网管理办法

(1996年4月8日第84次邮电部部长办公会议审议通过)

第一条 为加强对中国公用计算机互联网国际联网的管理,促进国际信息交流的健康发展,根据《中华人民共和国计算机信息网络国际联网管理暂行规定》,制定本办法。

第二条 中国公用计算机互联网(即Chinanet,以下简称中国公用互联网),是指由中国邮电电信总局(以下简称电信总局)负责建设、运营和管理,面向公众提供计算机国际联网服务,并承担普遍服务义务的互联网络。

第三条 中国公用互联网根据需要分级建立网络管理中心、信息服务中心。

第四条 接入中国公用互联网的接入单位应具备下列条件:

(一)依法设立的企业、事业单位或机关、团体;

(二)具有由计算机主机和在线信息终端组成的局域网络及相应的联网装备;

(三)具有相应的技术人员和管理人员;

(四)具有健全的安全保密管理制度和技术保护措施;

(五)符合国家法律、法规和邮电部规定的其他条件。

第五条 要求接入中国公用互联网的接入单位,应经其主管部门或主管单位的审核同意,到电信总局办理接入手续。办理接入手续时,接入单位应报送接入网络的系统构成、应用范围、联网主机数量、域名地址及终端用户数据等资料。接入运行后,上述事项发生变更时,应及时向电信总局申报。

第六条 个人、法人和其他组织(以下简称用户)的计算机和其他通信终端进行国际联网,必须通过接入网络进行。用户可以通过专线或通过公用电信交换网进入接入网络。

第七条 电信总局作为中国公用互联网的互联单位,负责互联网内接入单位和用户的联网管理,并为其提供性能良好、安全可靠的服务。

第八条 接入单位负责对其接入网内用户的管理,并按规定与用户签订协议,明确双方的权利、义务和责任。

第九条　接入单位和用户应遵守国家法律、法规,加强信息安全教育,严格执行国家保密制度,并对所提供的信息内容负责。

第十条　任何组织或个人,不得利用计算机国际联网从事危害国家安全、泄露国家秘密等犯罪活动;不得利用计算机国际联网查阅、复制、制造和传播危害国家安全、妨碍社会治安和淫秽色情的信息;发现上述违法犯罪行为和有害信息,应及时向有关主管机关报告。

第十一条　任何组织或个人,不得利用计算机国际联网从事危害他人信息系统和网络安全、侵犯他人合法权益的活动。

第十二条　互联单位、接入单位和用户对国家有关部门依法进行国际联网信息安全的监督检查,应予配合,并提供必要的资料和条件。

第十三条　凡利用国际互联网络信息资源,在国内经营计算机信息服务的,按放开经营电信业务的有关规定审批。

第十四条　接入单位和用户违反本办法第五条、第六条规定,未经批准,擅自接入中国公用互联网进行国际联网的,由电信总局停止接入服务;情节严重的,提请公安机关依法予以处罚。

第十五条　违反本办法第九条和第十条、第十一条规定的,由邮电部或邮电管理局给予警告、撤销批准文件并通知公用电信企业停止其联网接续的处罚。情节严重的,由公安机关依法予以处罚;构成犯罪的,提请由司法机关依法追究刑事责任。

第十六条　违反第十三条规定的,由邮电部或邮电管理局按有关规定予以处罚。

第十七条　本办法自发布之日起施行。

专用网与公用网联网的暂行规定

(1996年7月24日邮电部发布)

第一章　总　则

第一条　为了维护国家公用通信网的完整性、统一性、先进性,保证专用网与公用网的通信畅通,充分发挥公用网和专用网的能力,根据国家有关规定,特制定本规定。

第二条　邮电部电信政务司负责本规定的组织实施和监督检查;省、自治区、直辖市邮电管理局通信行业管理机构负责辖区内本规定的具体实施、协调和监督检查。

第三条　本规定的专用网是指区域性专用电话网。

区域性专用网定义是:一个单位自建的,供本单位以指挥调度为主内部使用的,具有两个(含两个)交换点以上内部相联的在一个或若干个相邻地市行政区内组成的电话网。

省、自治区、直辖市范围内的区域性专用网的设立由省、自治区、直辖市邮电管理局通信行业管理机构审批;跨省、自治区、直辖市的区域性专用网的设立由邮电部电信政务司审批。

第四条　本规定所称的专用网与公用网联网是指相互实现全自动接续,即采用 DID + DOD1 的方式联网。

第五条 专用网与公用网联网后，在网路结构上是公用网的组成部分，专用网单位应依据邮电部有关规定，进行技术、业务及网路运行管理。

第二章 联网原则

第六条 贯彻“统筹规划、条块结合、分层负责、联合建设”的方针，发挥社会多方面积极性、互惠互利、协调发展，提倡专用网以全自动方式与公用网联网。

第七条 根据自动电话网的技术体制和实际情况来确定专用网与公用网的联接方式。在市或县行政区内的专用网可以汇接为一点进网；具备一定条件的也可以几点进网，根据业务量或通信安全的需要可以对公用网的几个局向相联。

第八条 专用网的交换点应在其所在的公用本地电话网范围内与公用网相联。若条件不具备，可以打破本地电话网范围的限制，就近与邻近的公用本地电话网相联。跨省、自治区、协调范围相联的要与相关省、自治区、直辖市邮电管理局协商，经电信总局审查后报部电信政务司批准。

第九条 专用网单位内部的专用长途电路不得旁路公众长途业务，专用网单位要做好专用长途电路与公用网的隔离工作并接受通信行业管理机构的监督检查。

第十条 专用网所使用的交换、传输、终端等设备均应符合邮电部的有关技术规范，必须是经邮电部批准进网的设备。联网开通前当地邮电通信企业应参加检查验收，合格后方可联网运行。

第十一条 联网所需中继线数量按话务量大小、呼损标准的原则来配备。当中继线的业务负荷超出规定的要求时，双方应及时调整中继线的数量。

采用 DID 方式联网占用本地电话网编号应本着合理节约使用编号资源的原则，按专网交换机容量核配并随专网交换机的扩容予以增配。

第十二条 联网的有关费用

（一）占用市话网编号费按照现行规定的收费标准减半收取；每月占用编号费按交换机容量（不含其所带的用户交换机）计收。

（二）出、入中继线路和相应的接口设备由专用网单位投资建设的免收初装费。

（三）进入专用网的入中继线免收月租费，出中继线仍按现行标准收费。

（四）专用网与公用网长途交换机相联的长市中继线由专网单位负责建设的免收月租费。

（五）专用网单位在市话营业区外，中继线是自建自维并拥有产权的不收区外线路月租费，专用网单位对所联的市话营业区的通话按市话通话费标准计费。

（六）长、市话通话费按现行规定收取。

第十三条 鼓励各专用网单位与邮电通信企业采取多种方式的合作，共同促进本地区通信的发展。

第三章 联网审批程序

第十四条 要求与公用网联网的专用网单位，应以书面形式向所在地的省、自治区、直辖市邮电管理局通信行业管理的派出机构(以下简称当地通信行业管理机构)提出申请,并填写专用网与公用网联网登记表。

第十五条　当地通信行业管理机构接到申请后,本着统筹规划,合理使用号码资源的原则,根据申请单位的实际需要,对申请单位填报的资料组织审核,在两个月内将审核意见上报邮电管理局通信行业管理机构。

第十六条　经邮电管理局审批后,申请单位与当地邮电通信企业签订联网协议,并办理公证。联网协议应上报邮电管理局备案。

第十七条　联网涉及到一个部门在本省、自治区内不同地市的单位时,可由邮电管理局与专用网单位的主管部门商定联网原则方案。

第十八条　专用网单位与当地邮电通信企业达不成一致的原则意见,双方对协议有分歧,由邮电管理局通信行业管理机构进行协调、裁决。必要时,可由邮电部电信政务司进行协调、裁决。

第十九条　协调应遵循的原则:贯彻执行国家和邮电部的有关政策规定;倡导科学合理组网,避免不必要的重复建设;在保证通信畅通的前提下,充分考虑各有关方面的实际情况,照顾双方的利益,公正、合理地解决联网中的问题。

第二十条　专用网单位在联网后若对原有设备进行更新或扩容,在实施以前,应按下列要求办理有关手续。

(一)在已核定使用的号码范围内进行网路改造、设备更新或扩容,应由邮电管理局通信行业管理机构组织会审。

(二)使用的号码超过已核定的范围,应重新办理审批手续。

第四章　联网协议

第二十一条　联网双方签订的协议要符合国家和邮电部有关规定,体现平等、合作、互利互惠的原则。

第二十二条　协议一经双方签订,生效后双方应严格遵守。当国家和邮电部有关政策或实际情况发生变化时,应及时修改协议。

第二十三条　协议的主要内容

(一)专用网的服务范围。

(二)联网的规模、编号安排、网路结构方式、专用长途电路与公用网的隔离、中继线配备及技术标准等。

(三)联网投资的分摊、计费方式及费用结算。

(四)维护管理责任的划分。

(五)双方的权利、义务和责任。

(六)违约责任。

第五章　联网后的管理

第二十四条　专用网单位要执行邮电部的有关技术、业务管理规定,服从当地邮电通信企业的技术业务指导,定期报送有关业务报表和设备运行数据等资料。

邮电通信企业要及时地将邮电部或邮电管理局的有关技术、业务规定及文件发给专用网单位,以便共同执行。

第二十五条 专用网单位要按照国家、邮电部和省级物价部门的有关规定,按时向邮电通信企业缴纳通信费用。

第二十六条 专用网单位要做好专用网内的维护运行管理,保证网内的通信质量指标符合要求,做好与邮电通信企业对中继电路的调整、测试、排障工作的配合。

邮电通信企业作为联网的业务领导局要为专用网单位提供良好的服务,保证通信质量,主动做好对中继设备的定期检测,在规定的时限内修复机线障碍。因工程等特殊情况需要临时中断中继线时,要事先通知专用网单位。对专用网单位内部通信出现故障时,要主动、尽力协助解决。

第二十七条 专用网单位在其网上新增或改造用户小交换机及启用自用的其它业务须向当地的通信行业管理机构申报,得到批准后方可实施。

第二十八条 邮电通信企业与专用网单位的主管领导及双方的技术、业务对口人员要定期或不定期地交换意见,及时处理通信上的问题。

第二十九条 专用网的服务范围,要体现专网专用的原则,不能对本单位以外的用户放装电话,邮电通信企业向专用网服务区域内客户提供各类通信服务时,专用网单位要给予支持并提供方便。

邮电通信企业在该区域内建设通信设施时,要提前做好协调工作,并遵守该区域的市政规划。

第三十条 通信行业管理部门负责对技术业务政策执行情况及协调落实情况的监督、检查,专用网单位和邮电通信企业均应服从通信行业管理。

第六章 附 则

第三十一条 大型工矿企业、党政军等部门自建的1000门以上的单台交换机要求全自动入网时,参照本规定办理。

第三十二条 各邮电管理局依据本规定结合本地的实际情况制定实施细则或管理办法。

第三十三条 本规定由邮电部电信政务司负责解释。

第三十四条 本求全规定自发布之日起施行。以前有关规定凡与本规定有抵触的均以本规定为准。

计算机信息系统安全专用产品检测和销售许可证管理办法

(1997年12月12日公安部发布)

第一章 总 则

第一条 为了加强计算机信息系统安全专用产品(以下简称安全专用产品)

的管理，保证安全专用产品的安全功能，维护计算机信息系统的安全，根据《中华人民共和国计算机信息系统安全保护条例》第十六条的规定，制定本办法。

第二条　本办法所称计算机信息系统安全专用产品，是指用于保护计算机信息系统安全的专用硬件和软件产品。

第三条　中华人民共和国境内的安全专用产品进入市场销售，实行销售许可证制度。

安全专用产品的生产者在其产品进入市场销售之前，必须申领《计算机信息系统安全专用产品销售许可证》(以下简称销售许可证)。

第四条　安全专用产品的生产者申领销售许可证，必须对其产品进行安全功能检测和认定。

第五条　公安部计算机管理监察部门负责销售许可证的审批颁发工作和安全专用产品安全功能检测机构(以下简称检测机构)的审批工作。

地(市)级以上人民政府公安机关负责销售许可证的监督检查工作。

第二章　检测机构的申请与批准

第六条　经省级以上技术监督行政主管部门或者其授权的部门考核合格的检测机构，可以向公安部计算机管理监察部门提出承担安全专用产品检测任务的申请。

第七条　公安部计算机管理监察部门对提出申请的检测机构的检测条件和能力进行审查，经审查合格的，批准其承担安全专用产品检测任务。

第八条　检测机构应当履行下列职责：

(一)严格执行公安部计算机管理监察部门下达的检测任务；

(二)按照标准格式填写安全专用产品检测报告；

(三)出具检测结果报告；

(四)接受公安部计算机管理监察部门对检测过程的监督及查阅检测机构内部验证和审核试验的原始测试记录；

(五)保守检测产品的技术秘密，并不得非法占有他人科技成果；

(六)不得从事与检测产品有关的开发和对外咨询业务。

第九条　公安部计算机管理监察部门对承担检测任务的检测机构每年至少进行一次监督检查。

第十条　被取消检测资格的检测机构，两年后方准许重新申请承担安全专用产品的检测任务。

第三章　安全专用产品的检测

第十一条　安全专用产品的生产者应当向经公安部计算机管理监察部门批准的检测机构申请安全功能检测。

对在国内生产的安全专用产品，由其生产者负责送交检测；对境外生产在国内销售的安全专用产品，由国外生产者指定的国内具有法人资格的企业或单位负责送交检测。

当安全专用产品的安全功能发生改变时，安全专用产品应当进行重新检测。

第十二条 送交安全专用产品检测时，应当向检测机构提交以下材料：

（一）安全专用产品的安全功能检测申请；

（二）营业执照（复印件）；

（三）样品；

（四）产品功能及性能的中文说明；

（五）证明产品功能及性能的有关材料；

（六）采用密码技术的安全专用产品必须提交国家密码管理部门的审批文件；

（七）根据有关规定需要提交的其他材料。

第十三条 检测机构收到检测申请、样品及其他有关材料后，应当按照安全专用产品的功能说明，检测其是否具有计算机信息系统安全保护功能。

第十四条 检测机构应当及时检测，并将检测报告报送公安部计算机管理监察部门备案。

第四章 销售许可证的审批与颁发

第十五条 安全专用产品的生产者申领销售许可证，应当向公安部计算机管理监察部门提交以下材料：

（一）营业执照（复印件）；

（二）安全专用产品检测结果报告；

（三）防治计算机病毒的安全专用产品须提交公安机关颁发的计算机病毒防治研究的备案证明。

第十六条 公安部计算机管理监察部门自接到申请之日起，应当在十五日内对安全专用产品作出审核结果，特殊情况可延至三十日；经审核合格的，颁发销售许可证和安全专用产品“销售许可”标记；不合格的，书面通知申领者，并说明理由。

第十七条 已取得销售许可证的安全专用产品，生产者应当在固定位置标明“销售许可”标记。

任何单位和个人不得销售无“销售许可”标记的安全专用产品。

第十八条 销售许可证只对所申请销售的安全专用产品有效。当安全专用产品的功能发生改变时，必须重新申领销售许可证。

第十九条 销售许可证自批准之日起两年内有效。期满需要延期的，应当于期满前三十日内向公安部计算机管理监察部门申请办理延期手续。

第五章 罚 则

第二十条 生产企业违反本办法的规定，有下列情形之一的，视为未经许可出售安全专用产品，由公安机关根据《中华人民共和国计算机信息系统安全保护条例》的规定予以处罚：

(一)没有申领销售许可证而将生产的安全专用产品进入市场销售的;

(二)安全专用产品的功能发生改变,而没有重新申领销售许可证进行销售的;

(三)销售许可证有效期满,未办理延期申领手续而继续销售的;

(四)提供虚假的安全专用产品检测报告或者虚假的计算机病毒防治研究的备案证明,骗取销售许可证的;

(五)销售的安全专用产品与送检样品安全功能不一致的;

(六)未在安全专用产品上标明“销售许可”标记而销售的;

(七)伪造、变造销售许可证和“销售许可”标记的。

第二十一条 检测机构违反本办法的规定,情节严重的,取消检测资格。

第二十二条 安全专用产品中含有有害数据危害计算机信息系统安全的,依据《中华人民共和国计算机信息系统安全保护条例》第二十三条的规定处罚;构成犯罪的,依法追究刑事责任。

第二十三条 依照本办法作出的行政处罚,应当由县级以上(含县级)公安机关决定,并填写行政处罚决定书,向被处罚人宣布。

第六章 附 则

第二十四条 安全专用产品的检测通告和经安全功能检测确认的安全专用产品目录,由公安部计算机管理监察部门发布。

第二十五条 检测机构申请书、检测机构批准书、《计算机信息系统安全专用产品销售许可证》、“销售许可”标记,由公安部制定式样,统一监制。

第二十六条 本办法自一九九七年十二月十二日起施行。

计算机信息系统保密管理暂行规定

(1998 年 2 月 26 日国家保密局发布)

第一章 总 则

第一条 为保护计算机信息系统处理的国家秘密安全,根据《中华人民共和国保守国家秘密法》,制定本规定。

第二条 本规定适用于采集、存储、处理、传递、输出国家秘密信息的计算机信息系统。

第三条 国家保密局主管全国计算机信息系统的保密工作。

各级保密部门和中央、国家机关保密工作机构主管本地区、本部门的计算机信息系统的保密工作。

第二章 涉密系统

第四条 规划和建设计算机信息系统,应当同步规划落实相应的保密设施。

第五条 计算机信息系统的研制、安装和使用，必须符合保密要求。

第六条 计算机信息系统应当采取有效的保密措施，配置合格的保密专用设备，防泄密、防窃密。所采取的保密措施应与所处理信息的密级要求相一致。

第七条 计算机信息系统联网应当采取系统访问控制、数据保护和系统安全保密监控管理等技术措施。

第八条 计算机信息系统的访问应当按照权限控制，不得进行越权操作。未采取技术安全保密措施的数据库不得联网。

第三章 涉密信息

第九条 涉密信息和数据必须按照保密规定进行采集、存储、处理、传递、使用和销毁。

第十条 计算机信息系统存储、处理、传递、输出的涉密信息要有相应的密级标识，密级标识不能与正文分离。

第十一条 国家秘密信息不得在与国际网络联网的计算机信息系统中存储、处理、传递。

第四章 涉密媒体

第十二条 存储国家秘密信息的计算机媒体，应按所存储存信息的最高密级标明密级，并按相应密级的文件进行管理。

存储在计算机信息系统内的国家秘密信息应当采取保护措施。

第十三条 存储过国家秘密信息的计算机媒体不能降低密级使用。不再使用的媒体应及时销毁。

第十四条 存储过国家秘密信息的计算机媒体的维修应保证所存储的国家秘密信息不被泄露。

第十五条 计算机信息系统打印输出的涉密文件，应当按相应密级的文件进行管理。

第五章 涉密场所

第十六条 涉密信息处理场所应当按照国家的有关规定，与境外机构驻地、人员住所保持相应的安全距离。

第十七条 涉密信息处理场所应当根据涉密程度和有关规定设立控制区，未经管理机关批准无关人员不得进入。

第十八条 涉密信息处理场所应当定期或者根据需要进行保密技术检查。

第十九条 计算机信息系统应采取相应的防电磁信息泄漏的保密措施。

第二十条 计算机信息系统的其它物理安全要求应符合国家有关保密标准。

第六章 系统管理

第二十一条 计算机信息系统的保密管理应实行领导负责制，由使用计算机信息系统的单位的主管领导负责本单位的计算机信息系统的保密工作，并指定有关机构和人员具体承办。

各单位的保密工作机构协助本单位的领导对计算机信息系统的保密工作进行指导、协调、监督和检查。

第二十二条　计算机信息系统的使用单位应根据系统所处理的信息涉密等级和重要性制订相应的管理制度。

第二十三条　各级保密部门应依照有关法规和标准对本地区的计算机信息系统进行保密技术检查。

第二十四条　计算机信息系统的系统安全保密管理人员应经过严格审查，定期进行考核，并保持相对稳定。

第二十五条　各单位保密工作机构应对计算机信息系统的工作人员进行上岗前的保密培训，并定期进行保密教育和检查。

第二十六条　任何单位和个人发现计算机信息系统泄密后，应及时采取补救措施，并按有关规定及时向上级报告。

第七章　奖　惩

第二十七条　对在计算机信息系统保密工作中做出显著成绩的单位和人员应给予奖励。

第二十八条　违反本规定，由保密部门和保密机构责令其停止使用，限期整改，经保密部门、机构审查、验收合格后，方可使用。

第二十九条　违反本规定泄露国家秘密，依据《中华人民共和国保守国家秘密法》及其实施办法进行处理，并追究单位领导的责任。

第八章　附　则

第三十条　军队的计算机信息系统保密工作按军队的有关规定执行。

第三十一条　本规定自发布之日起施行。

计算机信息系统国际联网保密管理规定

（1999年12月27日国家保密局发布）

第一章　总　则

第一条　为了加强计算机信息系统国际联网的保密管理，确保国家秘密的安全，根据《中华人民共和国保守国家秘密法》和国家有关法规的规定，制定本规定。

第二条　计算机信息系统国际联网，是指中华人民共和国境内的计算机信息系统为实现信息的国际交流，同外国的计算机信息网络相连接。

第三条　凡进行国际联网的个人、法人和其他组织（以下统称用户），互联单位和接入单位，都应当遵守本规定。

第四条 计算机信息系统国际联网的保密管理，实行控制源头、归口管理、分级负责、突出重点、有利发展的原则。

第五条 国家保密工作部门主管全国计算机信息系统国际联网的保密工作。县级以上地方各级保密工作部门，主管本行政区域内计算机信息系统国际联网的保密工作。中央国家机关在其职权范围内，主管或指导本系统计算机信息系统国际联网的保密工作。

第二章 保密制度

第六条 涉及国家秘密的计算机信息系统，不得直接或间接地与国际互联网或其它公共信息网络相联接，必须实行物理隔离。

第七条 涉及国家秘密的信息，包括在对外交往与合作中经审查、批准与境外特定对象合法交换的国家秘密信息，不得在国际联网的计算机信息系统中存储、处理、传递。

第八条 上网信息的保密管理坚持“谁上网谁负责”的原则。凡向国际联网的站点提供或发布信息，必须经过保密审查批准。保密审批实行部门管理，有关单位应当根据国家保密法规，建立健全上网信息保密审批领导责任制。提供信息的单位应当按照一定的工作程序，健全信息保密审批制度。

第九条 凡以提供网上信息服务为目的而采集的信息，除在其它新闻媒体上已公开发表的，组织者在上网发布前，应当征得提供信息单位的同意；凡对网上信息进行扩充或更新，应当认真执行信息保密审核制度。

第十条 凡在网上开设电子公告系统、聊天室、网络新闻组的单位和用户，应由相应的保密工作机构审批，明确保密要求和责任。任何单位和个人不得在电子公告系统、聊天室、网络新闻组上发布、谈论和传播国家秘密信息。

面向社会开放的电子公告系统、聊天室、网络新闻组，开办人或其上级主管部门应认真履行保密义务，建立完善的管理制度，加强监督检查。发现有涉密信息，应及时采取措施，并报告当地保密工作部门。

第十一条 用户使用电子函件进行网上信息交流，应当遵守国家有关保密规定，不得利用电子函件传递、转发或抄送国家秘密信息。

互联单位、接入单位对其管理的邮件服务器的用户，应当明确保密要求，完善管理制度。

第十二条 互联单位和接入单位，应当把保密教育作为国际联网技术培训的重要内容。互联单位与接入单位、接入单位与用户所签定的协议和用户守则中，应当明确规定遵守国家保密法律，不得泄露国家秘密信息的条款。

第三章 保密监督

第十三条 各级保密工作部门应当有相应机构或人员负责计算机信息系统国际联网的保密管理工作，应当督促互联单位、接入单位及用户建立健全信息保密管理制度，监督、检查国际联网保密管理制度规定的执行情况。

对于没有建立信息保密管理制度或责任不明、措施不力、管理混乱，存在明显威胁国家秘密信息安全隐患的部门或单位，保密工作部门应责令其进行整改，整改后仍不符合保密要求的，应当督促其停止国际联网。

第十四条　各级保密工作部门，应当加强计算机信息系统国际联网的保密检查，依法查处各种泄密行为。

第十五条　互联单位、接入单位和用户，应当接受并配合保密工作部门实施的保密监督检查，协助保密工作部门查处利用国际联网泄露国家秘密的违法行为，并根据保密工作部门的要求，删除网上涉及国家秘密的信息。

第十六条　互联单位、接入单位和用户，发现国家秘密泄露或可能泄露情况时，应当立即向保密工作部门或机构报告。

第十七条　各级保密工作部门和机构接到举报或检查发现网上有泄密情况时，应当立即组织查处，并督促有关部门及时采取补救措施，监督有关单位限期删除网上涉及国家秘密的信息。

第四章　附　　则

第十八条　与香港、澳门特别行政区和台湾地区联网的计算机信息系统的保密管理，参照本规定执行。

第十九条　军队的计算机信息系统国际联网保密管理工作，可根据本规定制定具体规定执行。

第二十条　本规定自2000年1月1日起施行。

计算机病毒防治管理办法

（2000年3月30日公安部部长办公会议通过）

第一条　为了加强对计算机病毒的预防和治理，保护计算机信息系统安全，保障计算机的应用与发展，根据《中华人民共和国计算机信息系统安全保护条例》的规定，制定本办法。

第二条　本办法所称的计算机病毒，是指编制或者在计算机程序中插入的破坏计算机功能或者毁坏数据，影响计算机使用，并能自我复制的一组计算机指令或者程序代码。

第三条　中华人民共和国境内的计算机信息系统以及未联网计算机的计算机病毒防治管理工作，适用本办法。

第四条　公安部公共信息网络安全监察部门主管全国的计算机病毒防治管理工作。

地方各级公安机关具体负责本行政区域内的计算机病毒防治管理工作。

第五条　任何单位和个人不得制作计算机病毒。

第六条 任何单位和个人不得有下列传播计算机病毒的行为：

（一）故意输入计算机病毒，危害计算机信息系统安全；

（二）向他人提供含有计算机病毒的文件、软件、媒体；

（三）销售、出租、附赠含有计算机病毒的媒体；

（四）其他传播计算机病毒的行为。

第七条 任何单位和个人不得向社会发布虚假的计算机病毒疫情。

第八条 从事计算机病毒防治产品生产的单位，应当及时向公安部公共信息网络安全监察部门批准的计算机病毒防治产品检测机构提交病毒样本。

第九条 计算机病毒防治产品检测机构应当对提交的病毒样本及时进行分析、确认，并将确认结果上报公安部公共信息网络安全监察部门。

第十条 对计算机病毒的认定工作，由公安部公共信息网络安全监察部门批准的机构承担。

第十一条 计算机信息系统的使用单位在计算机病毒防治工作中应当履行下列职责：

（一）建立本单位的计算机病毒防治管理制度；

（二）采取计算机病毒安全技术防治措施；

（三）对本单位计算机信息系统使用人员进行计算机病毒防治教育和培训；

（四）及时检测、清除计算机信息系统中的计算机病毒，并备有检测、清除的记录；

（五）使用具有计算机信息系统安全专用产品销售许可证的计算机病毒防治产品；

（六）对因计算机病毒引起的计算机信息系统瘫痪、程序和数据严重破坏等重大事故及时向公安机关报告，并保护现场。

第十二条 任何单位和个人在从计算机信息网络上下载程序、数据或者购置、维修、借入计算机设备时，应当进行计算机病毒检测。

第十三条 任何单位和个人销售、附赠的计算机病毒防治产品，应当具有计算机信息系统安全专用产品销售许可证，并贴有“销售许可”标记。

第十四条 从事计算机设备或者媒体生产、销售、出租、维修行业的单位和个人，应当对计算机设备或者媒体进行计算机病毒检测、清除工作，并备有检测、清除的记录。

第十五条 任何单位和个人应当接受公安机关对计算机病毒防治工作的监督、检查和指导。

第十六条 在非经营活动中有违反本办法第五条、第六条第二、三、四项规定行为之一的，由公安机关处以一千元以下罚款。

在经营活动中有违反本办法第五条、第六条第二、三、四项规定行为之一，没有违法所得的，由公安机关对单位处以一万元以下罚款，对个人处以五千元以下罚款；有违法所得的，处以违法所得三倍以下罚款，但是最高不得超过三万元。

违反本办法第六条第一项规定的，依照《中华人民共和国计算机信息系统安全保护条例》第二十三条的规定处罚。

第十七条 违反本办法第七条、第八条规定行为之一的，由公安机关对单位处以一千元以下罚款，对单位直接负责的主管人员和直接责任人员处以五百元以下罚款；对个人处以五百元以下罚款。

第十八条 违反本办法第九条规定的，由公安机关处以警告，并责令其限期改正；逾期不改正的，取消其计算机病毒防治产品检测机构的检测资格。

第十九条 计算机信息系统的使用单位有下列行为之一的，由公安机关处以警告，并根据情况责令其限期改正；逾期不改正的，对单位处以一千元以下罚款，对单位直接负责的主管人员和直接责任人员处以五百元以下罚款：

（一）未建立本单位计算机病毒防治管理制度的；

（二）未采取计算机病毒安全技术防治措施的；

（三）未对本单位计算机信息系统使用人员进行计算机病毒防治教育和培训的；

（四）未及时检测、清除计算机信息系统中的计算机病毒，对计算机信息系统造成危害的；

（五）未使用具有计算机信息系统安全专用产品销售许可证的计算机病毒防治产品，对计算机信息系统造成危害的。

第二十条 违反本办法第十四条规定，没有违法所得的，由公安机关对单位处以一万元以下罚款，对个人处以五千元以下罚款；有违法所得的，处以违法所得三倍以下罚款，但是最高不得超过三万元。

第二十一条 本办法所称计算机病毒疫情，是指某种计算机病毒爆发、流行的时间、范围、破坏特点、破坏后果等情况的报告或者预报。

本办法所称媒体，是指计算机软盘、硬盘、磁带、光盘等。

第二十二条 本办法自发布之日起施行。

电信网间互联争议处理办法

（2001年11月8日信息产业部第8次部务会议通过）

第一条 为了妥善处理电信网间互联争议，保障电信网各方的合法权益，提高电信网的综合效益，根据《中华人民共和国电信条例》，制定本办法。

第二条 本办法适用于中华人民共和国境内的基础电信业务经营者之间及其与专用电信网单位（以下简称“专用网单位”）之间发生的下列电信网间的互联争议：

（一）因互联技术方案而产生的争议；

（二）因与互联有关的网络功能及通信设施的提供而产生的争议；

（三）因互联时限而产生的争议；

（四）因电信业务的提供而产生的争议；

（五）因网间通信质量而产生的争议；

（六）因与互联有关的费用而产生的争议；

（七）信息产业部规定应当依照本办法处理的其他电信网间互联争议。

第三条 信息产业部负责全国电信网间互联争议处理协调、指导和监督。信息产业部电信管理局具体负责对经营全国性基础电信业务公司总部之间及其与跨省、自治区、直辖市专用网单位之间的互联争议的处理。

省、自治区、直辖市通信管理局负责对全国性基础电信业务公司总部以下的经营机构之间及其与专用电信网单位之间的互联争议的处理。

第四条 基础电信业务经营者和专用网单位是电信网间互联争议的当事人。

第五条 处理电信网间互联争议应当遵循下列原则：

（一）着重协调，及时处理；

（二）以事实为基础，以法律、行政法规和部门规章为依据；

（三）当事人在适用法律、行政法规和部门规章上一律平等。

第六条 发生电信网间互联争议，争议双方当事人应当协商解决；协商不成的，可以向信息产业部或者省、自治区、直辖市通信管理局（以下简称"电信主管部门"）申请协调；协调不成的，由电信主管部门作出行政决定；对行政决定不服的，可以依法申请行政复议或者提起行政诉讼。

第七条 基础电信业务经营者之间及其与专用网单位之间发生互联争议，经双方当事人协商解决不成的，其中任何一方均可以向电信主管部门提出互联争议协调申请。

互联争议协调申请应当以书面形式提出（电信网间互联争议协调申请书格式附后）。

第八条 电信主管部门收到互联争议协调申请书后，对协调申请书的内容进行初步审查。经审查发现申请协调的争议不符合本办法第二条规定的范围或者不属于本办法第三条规定的管辖范围的，应当在5个工作日内书面答复不予受理或告知由相关机构处理。经审查符合本办法规定要求的，电信主管部门应当在7日内正式开始进行协调。

第九条 电信主管部门的协调工作按下列程序进行：

（一）听取争议双方的陈述；确定主要分歧，开展必要的调查研究，提出初步协调意见。如争议双方接受初步协调意见，则结束协调工作。

（二）如争议一方或双方均不接受初步协调意见的，在征求争议双方的相关主管部门意见或有关专家意见后，提出最后协调意见，结束协调工作。

协调阶段应当自开始协调之日起45日内结束。

第十条 电信主管部门在协调的每个阶段，均应当出具《电信网间互联争议协调意见书》（格式附后）正本一式三份，副本若干份。正本由争议双方各执一份，电信主管部门存档一份。

省、自治区、直辖市通信管理局出具的《电信网间互联争议协调意见书》副本应当报信息产业部备案。

第十一条 协调不能使争议双方达成协议的，电信主管部门应当根据不同类型的互联争议，随机邀请电信技术、经济、法律方面的专家进行公开论证。电信主管部门至少应当在论证前7日向应邀专家通报论证事项和有关情况。

第十二条 论证会由下列人员参加：

(一)电信主管部门的代表；

(二)电信技术、经济、法律方面的专家；

(三)争议双方当事人。

必要时，可以邀请新闻单位参加。

论证会由电信主管部门主持。

第十三条 处理互联争议邀请的专家由电信技术、经济、法律方面的专家组成。

每次论证会邀请的电信技术、经济、法律专家不少于5人。

第十四条 论证会应当遵循下列程序进行：

(一)争议双方的陈述；

(二)电信主管部门对争议协调的意见；

(三)专家发表论证意见或建议，并提出网间互联争议解决方案。

在论证期间，对需要进一步由有关方面说明的情况或需要现场调查的项目，由电信主管部门组织调查研究，并请专家再次论证和提出网间互联争议解决方案。

第十五条 电信主管部门应当根据所邀专家的公开论证结论和提出的网间互联争议解决方案，在45日内作出行政决定。

电信主管部门作出行政决定应当充分尊重专家的论证意见和建议。对未予采纳的建议和意见，应当向专家作出说明，但涉及国家机密的除外。

行政决定一般应由电信主管部门领导集体讨论决定，由主要负责人签署。

行政决定作出后，应当向信息产业部行政复议机构备案。

电信主管部门对作出的行政决定应当以适当方式向社会公布。

第十六条 互联双方在电信主管部门作出的行政决定前，可以自行达成互联协议，并报电信主管部门备案。

第十七条 行政决定作出后，争议双方应当在决定规定的时限内自觉履行。

第十八条 争议一方或双方对行政决定不服，可以依法申请行政复议或者提起行政诉讼。行政复议或行政诉讼期间，行政决定不停止执行。

第十九条 违反本办法规定，拒不执行电信主管部门依法作出的互联争议解决行政决定的，由电信主管部门依据《中华人民共和国电信条例》第七十三条的规定予以处罚。

第二十条 处理互联争议的电信主管部门工作人员在互联争议处理活动中，徇私舞弊、收受贿赂、滥用职权、泄露秘密，构成犯罪的，依法追究刑事责任；尚未构成犯罪的，依法给予行政处分。

第二十一条 本办法自2002年1月1日起施行。

电信服务质量监督管理暂行办法

(2001年1月11日信息产业部令第6号公布 根据2014年9月23日工业和信息化部令第28号公布的《工业和信息化部关于废止和修改部分规章的决定》修正)

第一条 为了促进我国电信事业健康、有序、快速地发展,维护电信用户的合法权益,加强对电信业务经营者服务质量的监督管理,根据《中华人民共和国电信条例》及有关法律、行政法规的规定,制定本办法。

第二条 本办法适用于中华人民共和国境内所有获得经营许可的电信业务经营者。

第三条 工业和信息化部根据国家有关法律、行政法规对电信业务经营者提供的电信服务质量进行监督管理。

省、自治区、直辖市通信管理局负责对电信业务经营者在本行政区域提供的电信服务质量进行监督管理。(工业和信息化部,省、自治区、直辖市通信管理局以下统称电信管理机构)

第四条 电信服务质量监督管理工作遵循公平、公正、公开的原则,实行政府监管、企业自律、社会监督相结合的机制。

第五条 电信服务质量监督管理的任务是对电信业务经营者提供的电信服务质量实施管理和监督检查;监督电信服务标准的执行情况;依法对侵犯用户合法利益的行为进行处罚;总结和推广先进、科学的电信服务质量管理经验。

第六条 电信管理机构服务质量监督的职责是:

(一)制定颁布电信服务质量有关标准、管理办法并监督实施;

(二)组织用户对电信服务质量进行评价,实时掌握服务动态;

(三)纠正和查处电信服务中的质量问题,并对处理决定的执行情况进行监督,实施对违规电信业务经营者的处罚,对重大的质量事故进行调查、了解,并向社会公布重大服务质量事件的处理过程和结果;

(四)表彰和鼓励电信服务工作中用户满意的先进典型;

(五)对电信业务经营者执行资费政策标准情况、格式条款内容进行监督;

(六)负责组织对有关服务质量事件的调查和争议的调解。

第七条 电信管理机构工作人员在监督检查服务质量和处理用户申诉案件时,可以行使下列职权:

(一)询问被检查的单位及相关人员,并要求提供相关材料;

(二)有权进入被检查的工作场所,查询、复印有关单据、文件、记录和其他资料,暂时封存有关原始记录。

电信管理机构工作人员实施监督检查过程中,应出示有效证件,并由两名或两名以上工作人员共同进行。

第八条 电信管理机构不定期组织对电信业务经营者的服务质量进行抽查,

并向社会公布有关抽查结果。

第九条　电信管理机构将用户满意度指数作为对电信业务经营者服务质量评价的核心指标，组织进行电信服务质量的用户满意度评价活动。鼓励电信业务经营者建立科学的用户满意度评价体系。

第十条　电信管理机构定期向社会公布电信服务质量状况和用户满意度指数。

第十一条　电信管理机构可以依靠全国电信用户委员会以及社会舆论等，沟通与广大用户的联系，听取用户的意见与建议，充分发挥用户的监督作用。

电信用户申诉受理中心应当定期通报受理用户申诉和统计分析情况。

第十二条　电信用户有对电信业务经营者的服务质量及保护用户权益工作进行监督的权利，有权向电信业务经营者及电信管理机构提出改善电信服务的意见和建议，有权检举、控告损害用户权益的行为及有关工作人员在监督检查工作中的违法失职行为。

第十三条　电信管理机构有权要求并督促电信业务经营者采取有效措施，保证所提供的服务质量得以持续改进。

第十四条　电信业务经营者应当按规定向电信用户申诉受理中心交纳服务质量保证金。

第十五条　电信业务经营者制定和使用格式条款应当符合国家有关法律、行政法规的规定，全面、准确地界定经营者与用户间的权利和义务，并采取合理的方式提请用户注意免除或限制电信业务经营者责任的条款，按照对方的要求，对该条款予以说明。根据业务发展情况，应及时规范和调整格式条款的有关内容。

第十六条　电信业务经营者应对外公布投诉电话，配备受理用户投诉的人员；对用户投诉应在规定的时限内予以答复，不得互相推诿；对电信管理机构督办的事宜，应在规定的时限内将处理结果或处理过程向其报告；对用户提出的改善电信服务的意见和建议要认真研究，主动沟通。

第十七条　用户要求查询通信费用时，在计费原始数据保存期限内，电信业务经营者应提供查询方便，做好解释工作。在与用户发生争议、尚未解决的情况下，电信业务经营者应负责保存相关原始资料。

计费原始数据保存期限为5个月。

第十八条　电信业务经营者应定期对照电信服务标准进行自查。跨省经营的电信业务经营者将自查情况每半年向工业和信息化部报告，其分支经营单位及取得省内经营电信业务许可证的经营者将自查情况每半年向本省（自治区、直辖市）通信管理局报告。

第十九条　代办电信业务单位（或个人）的服务质量，由委托的电信业务经营者负责，并负责管理和监督检查。

第二十条　电信业务经营者必须配合电信管理机构的检查或调查工作，如实提供有关资料和情况，不得干扰检查或调查活动。

第二十一条　对电信业务经营者违反电信服务标准，并损害用户合法权益的行为,由电信管理机构发出限期整改书;对逾期不改者,视情节轻重给予警告或者处以500元以上、10000元以下罚款。

第二十二条 电信业务经营者妨碍电信管理机构进行监督检查和调查工作或提供虚假资料的,责令改正并予以警告,逾期不改的,处以10000元以下罚款。

第二十三条 电信业务经营者不能按期、如实向电信管理机构报告服务质量自查情况的,给予警告。

第二十四条 电信业务经营者对行政处罚决定不服的,可以向其上一级机关申请复议,对复议决定不服的,可以向人民法院提起诉讼;也可以直接向人民法院提起诉讼。

第二十五条 电信管理机构工作人员对调查所得资料中涉及当事人隐私、商业秘密等事项有保密义务。

第二十六条 电信管理机构工作人员滥用职权、玩忽职守或包庇电信业务经营者侵害用户合法权益的,由其所在部门或上级机关给予行政处分;情节严重,构成犯罪的,依法追究刑事责任。

第二十七条 本办法自发布之日起施行。

公用电信网间互联管理规定

(2001年5月10日信息产业部令第9号公布 根据2014年9月23日工业和信息化部令第28号公布的《工业和信息化部关于废止和修改部分规章的决定》修正)

第一章 总 则

第一条 为了维护国家利益和电信用户的合法权益,保护电信业务经营者之间公平、有效竞争,保障公用电信网间及时、合理地互联,根据《中华人民共和国电信条例》,制定本规定。

第二条 本规定适用于中华人民共和国境内经营基础电信业务的经营者在下列电信网间的互联:

(一)固定本地电话网;

(二)国内长途电话网;

(三)国际电话网;

(四)IP电话网;

(五)陆地蜂窝移动通信网;

(六)卫星移动通信网;

(七)互联网骨干网;

(八)工业和信息化部规定的其他电信网。

第三条 电信网之间应当按照技术可行、经济合理、公平公正、相互配合的原则实现互联。

第四条 工业和信息化部和省、自治区、直辖市通信管理局(以下合称"电信主管部门”)是电信网间互联的主管部门。工业和信息化部负责本规定在全国范围内的实施工作;省、自治区、直辖市通信管理局负责本规定在本行政区域内的实施工作。

第五条 本规定下列用语的含义是:

(一)互联,是指建立电信网间的有效通信连接,以使一个电信业务经营者的用户能够与另一个电信业务经营者的用户相互通信或者能够使用另一个电信业务经营者的各种电信业务。互联包括两个电信网网间直接相联实现业务互通的方式,以及两个电信网通过第三方的网络转接实现业务互通的方式。

(二)互联点,是指两个电信网网间直接相联时的物理接口点。

(三)主导的电信业务经营者,是指控制必要的基础电信设施,并且所经营的固定本地电话业务占本地网范围内同类业务市场50%以上的市场份额,能够对其他电信业务经营者进入电信业务市场构成实质性影响的经营者。

(四)非主导的电信业务经营者,是指主导的电信业务经营者以外的电信业务经营者。

第二章 电信业务经营者的互联义务

第六条 电信业务经营者应当设立互联工作机构负责互联工作。互联工作机构应当建立正常的工作联系制度,保证电信业务经营者与电信主管部门之间以及电信业务经营者之间工作渠道的畅通。

第七条 主导的电信业务经营者应当根据本规定制定包括网间互联的程序、时限、互联点的数量、用于网间互联的交换机局址、非捆绑网络元素提供或出租的目录及费用等内容的互联规程。互联规程报工业和信息化部批准后执行。互联规程对主导的电信业务经营者的互联互通活动具有约束力。

第八条 电信业务经营者不得拒绝其他电信业务经营者提出的互联要求,不得违反国家有关规定擅自限制用户选择其他电信业务经营者依法开办的电信业务。

第九条 主导的电信业务经营者有义务向非主导的电信业务经营者提供与互联有关的网络功能(含网络组织、信令方式、计费方式、同步方式等)、设备配置(光端机、交换机等)的信息,以及与互联有关的管道(孔)、杆路、线缆引入口及槽道、光缆(纤)、带宽、电路等通信设施的使用信息。非主导的电信业务经营者有义务向主导的电信业务经营者提供与互联有关的网络功能、设备配置的计划和规划信息。

双方应当对对方提供的信息保密,并不得利用该信息从事与互联无关的活动。

第十条 非主导的电信业务经营者的电信网与主导的电信业务经营者的电信网网间互联,互联传输线路必须经由主导的电信业务经营者的管道(孔)、杆路、线缆引入口及槽道等通信设施的,主导的电信业务经营者应当予以配合提供使用,并不得附加任何不合理的条件。

两个非主导的电信业务经营者的电信网网间直接相联,互联传输线路必须经由主导的电信业务经营者的楼层院落、管道(孔)、杆路、线缆引入口及槽道等通信设施的,主导的电信业务经营者应当予以配合提供使用,并不得附加任何不合理的条件。

前款主导的电信业务经营者的通信设施经省、自治区、直辖市通信管理局确认无法提供使用的，非主导的电信业务经营者可以通过架空、直埋等其他方式解决互联传输线路问题。

第十一条 主导的电信业务经营者应当在规定的互联时限内提供互联，非主导的电信业务经营者应当在规定的互联时限内实施互联。双方均不得无故拖延互联时间。

第十二条 电信业务经营者应当执行工业和信息化部制定的相关网间互联技术规范、技术规定。

网间通信质量应当符合国家有关标准。电信业务经营者应当保证网间通信质量不低于其网络内部同类业务的通信质量。

第十三条 应非主导的电信业务经营者的要求，主导的电信业务经营者应当向对方网的用户提供电话号码查询业务，并经双方协商后，可按查号规则查询到对方网的可查询用户号码。非主导的电信业务经营者应当按查号规则向对方提供本网的可查询用户号码资料。

应非主导的电信业务经营者的要求，主导的电信业务经营者应当向对方网的用户提供火警、匪警、医疗急救、交通事故报警等紧急特种业务。非主导的电信业务经营者应当每日进行紧急特种业务的拨叫例测。双方应当共同保证紧急特种业务的通信质量。

第十四条 电信业务经营者向本网开放的各种电信业务接入号码（含短号码）、其他特种业务号码（含电信业务经营者所用的业务号码、政府公务类业务号码、社会服务类业务号码）、智能业务号码等，应一方的要求，应当及时向对方网开放，并保证通信质量。

第十五条 两个非主导的电信业务经营者的电信网网间直接相联，由双方协商解决。

两个非主导的电信业务经营者的电信网网间未直接相联的，其网间业务应当经第三方的固定本地电话网或工业和信息化部指定的机构的网络转接实现互通。非主导电信业务经营者选择主导的电信业务经营者的固定本地电话网作为第三方的网络时，主导的电信业务经营者不得拒绝提供转接，并应当保证转接的通信质量。

第三章 互联点的设置及互联费用的分摊与结算

第十六条 非主导的电信业务经营者的电信网与主导的电信业务经营者的电信网网间互联时，互联点应当设置在互联传输线路的一端，即远离非主导的电信业务经营者侧的设备的一端（例如，当互联传输线路为光缆时，互联点设置在主导的电信业务经营者光配线架外侧）。

两个非主导的电信业务经营者的电信网网间直接相联时，互联点的具体位置由双方协商确定。

第十七条 互联点数量应当根据双方业务发展以及网间通信安全的需要协商确定。在一个本地网内各电信网网间互联原则上应当有两个以上（含两个）互联点。

互联点两侧的电信设备可以由各电信网共用,也可以由各电信网分设。当互联点两侧的电信设备由各电信网共用时,如果各电信网网间结算标准不一致,双方又不易采用技术手段进行计费核查的,互联中继电路可以分群设置。

第十八条 非主导的电信业务经营者的电信网与主导的电信业务经营者的电信网网间互联的,互联传输线路及管道由双方各自承担一半。

两个非主导的电信业务经营者的电信网网间直接相联的,互联传输线路的费用分摊由双方协商确定。

第十九条 互联点两侧的电信设备(含各自网内的电信设备,下同)的建设、扩容改造的费用(含信令方式、局数据修改、软件版本升级等费用)由双方各自承担。

互联点两侧的电信设备的配套设施(含机房、空调、电源、测试仪器、计费设备及其他配套设施)的费用由双方各自承担。

第二十条 互联传输线路经由主导的电信业务经营者的管道(孔)、杆路、线缆引入口及槽道等通信设施的,主导的电信业务经营者应当按规定标准收取租用费。暂无规定标准的,相关费用以建设成本为基础由双方协商解决。

第二十一条 电信业务经营者在互联互通中应当执行《电信网间通话费结算办法》,不得在规定标准以外加收费用。

电信业务经营者应当按互联协议规定的结算周期进行网间结算,不得无故拖延应向对方结算的费用。

第二十二条 电信业务经营者应当按国家有关规定核算本网与互联有关的收支情况及互联成本,经相关中介机构审查验证后,于每年 3 月 31 日前将上一年度的数据报工业和信息化部。

网间结算标准应当以成本为基础核定。在电信业务经营者互联成本尚未确定之前,网间结算标准暂以资费为基础核定。

第四章 互联协议与工程建设

第二十三条 互联协议应当由电信业务经营者省级以上(含省级)机构之间签订(含修订)。电信业务经营者省级以下机构不再另行签订互联协议。互联双方应当本着友好合作和相互配合的原则协商互联协议。

第二十四条 互联协商的主要内容包括:签订协议的依据、互联工程进度时间表、互通的业务、互联技术方案(包括互联点的设置、互联点两侧的设备设置、拨号方式、路由组织、中继容量,以及信令、计费、同步、传输质量等)、与互联有关的网络功能及通信设施的提供、与互联有关的设备配置、互联费用的分摊、互联后的网络管理(包括互联双方维护范围、网间通信质量相互通报制度、网间通信障碍处理制度、网间通信重大障碍报告制度、网间通信应急方案等)、网间结算、违约责任等。

第二十五条 互联双方省级以上机构应当按照《中华人民共和国合同法》及国家有关规定签订互联协议,互联协议不得含有歧视性内容和损害第三方利益的内容。

第二十六条 互联双方省级以上机构应当自协议签订之日起 15 日内将协议

发至各自下属机构,并报送电信主管部门。

第二十七条 互联双方应当在规定的互联时限内,根据商定的互联工程进度、互联技术方案,在各自的建设范围内组织施工建设,并协同组织互联测试,全部工程初验合格后即可开通业务。

第五章 互联时限与互联监管

第二十八条 涉及全国范围(跨省、自治区、直辖市)同步实施的网间互联,非主导的电信业务经营者应当根据本网工程进度情况或网络运行情况,向主导的电信业务经营者当面提交互联的书面要求,并向工业和信息化部备案后,互联工作开始启动。

互联双方应当从互联启动之日起两个月内签订互联协议。

涉及全国范围同步实施的网间互联需要新设互联点的,应当自互联启动之日起七个月内实现业务开通。

涉及全国范围同步实施的网间互联不需新设互联点,只需进行网络扩容改造的,应当自互联启动之日起四个月内实现业务开通。

涉及全国范围同步实施的网间互联只涉及局数据修改的,应当自互联启动之日起两个月内实现业务开通。

必要时,工业和信息化部对涉及全国范围同步实施的网间互联提出具体的业务开通时间要求。

第二十九条 不涉及全国范围同步实施的网间互联,非主导的电信业务经营者省级以上机构应当根据本网工程进度情况或者网络运行情况,向主导的电信业务经营者省级机构当面提交互联的书面要求,并向省、自治区、直辖市通信管理局备案后,互联工作开始启动。主导的电信业务经营者省级机构不得拒收对方提交的互联书面要求。

互联双方应当在互联工程实施以前签订工程协议,工程协议的签订应当不影响整个互联工程的进度。双方应当在业务开通前签订网间业务互通、互联后的网络管理以及网间结算协议。协议的协商可与工程实施同步进行。

网间互联需新设互联点的,应当自互联启动之日起七个月内实现业务开通。

网间互联不需新设互联点,只需进行网络扩容改造的,应当自互联启动之日起四个月内实现业务开通。

网间互联只涉及局数据修改的,应当自互联启动之日起一个月内实现业务开通。

必要时,省、自治区、直辖市通信管理局对网间互联提出具体的业务开通时间要求。

第三十条 互联实施中,因客观原因致使互联不能在规定的互联时限内完成的,经互联双方认可并向电信主管部门备案后,可以顺延互联时间。

第三十一条 互联双方应当在业务开通后30日内,将互联启动日期、业务开通日期及业务开通后3日内的网间通信质量情况,以书面形式向电信主管部门报告。电信主管部门根据具体情况以适当方式予以公布。

第三十二条 电信主管部门应当定期或不定期地召开相关电信业务经营者的

互联协调会，督促解决互联实施过程中存在的问题。

工业和信息化部电信管理局应当向省、自治区、直辖市通信管理局及相关电信业务经营者通报互联工作情况。

第六章　互联后的网络管理

第三十三条　在工业和信息化部确定的用于网间互联的交换机局址上实施的互联，互联点应当保持相对稳定，已设互联点原则上不允许变更。

主导的电信业务经营者对已设互联点单方面提出变更要求的，应当事先向相关电信业务经营者提交拟变更的方案，经与对方协商一致后，方可启动改造工程。改造工程应当在七个月内完成。改造工程的费用原则上由主导的电信业务经营者承担。

第三十四条　互联一方因网内扩容改造，可能影响对方网的用户通信的，应当提前三个月以书面形式向对方通报情况。

互联一方因网内发生路由组织、中继电路、信令方式、局数据、软件版本等的调整，可能影响到对方网的用户通信的，应当提前15日以书面形式向对方通报情况。

第三十五条　电信业务经营者对网间路由组织、中继电路、信令方式、局数据、软件版本等的调整应当予以配合，保证网间通信质量符合要求。

第三十六条　电信业务经营者应当明确划分网间运行维护责任，定期协同分析网间通信质量，建立网间通信质量相互通报制度，并定期向电信主管部门报告。电信主管部门根据具体情况组织召开通信质量协调会。

第三十七条　电信业务经营者应当建立网间通信障碍处理制度，互联一方发现网间通信障碍时，应当及时通知对方，双方相互配合共同处理网间通信障碍。网间通信障碍的处理时限与本网处理同类障碍的时限相同。

第三十八条　电信业务经营者应当保障网间通信畅通，不得擅自中断互联互通。电信业务经营者应当建立网间通信重大障碍报告制度。发生网间通信中断或网间通信严重不畅时，电信业务经营者应当立即采取有效措施恢复通信，并及时向电信主管部门报告。

前款所称网间通信严重不畅，是指网间接通率（应答试呼比）低于20%，以及用户有明显感知的时延、断话、杂音等情况。

第七章　互联争议的协调与处理

第三十九条　电信主管部门应当依据工业和信息化部制定的电信网间互联争议解决办法解决电信业务经营者之间的互联争议。

第四十条　在互联实施中，电信业务经营者发生下列争议，致使互联不能继续进行，或者互联后电信业务经营者发生下列争议影响网间业务互通时，任何一方均可以向电信主管部门申请协调：

（一）互联技术方案；

（二）与互联有关的网络功能及通信设施的提供；

(三)互联时限;

(四)电信业务的提供;

(五)网间通信质量;

(六)与互联有关的费用;

(七)其他需要协调的问题。

第四十一条 电信主管部门收到协调申请后,对申请的内容进行初步审核。经审核发现申请的内容与国家有关规定明显不符或者超出电信主管部门职责权限的,应当书面答复不予受理。经审查申请的内容符合要求的,电信主管部门正式开始协调工作。

第四十二条 电信主管部门组织相关人员对电信业务经营者的互联争议进行协调。

协调应当自开始协调之日起45日内结束。

第四十三条 协调结束后,争议双方不能达成一致意见的,电信主管部门应当随机邀请电信技术、经济、法律方面的专家进行公开论证。电信主管部门根据论证意见或建议对互联争议作出决定,强制争议双方执行。

第四十四条 决定应当在协调结束之日起45日内作出。省、自治区、直辖市通信管理局作出的决定应当向工业和信息化部备案。电信主管部门对作出的决定以适当方式向社会公布。

第四十五条 决定作出后,争议双方应当在决定规定的时限内予以履行。

争议一方或双方对决定不服,可以依法申请行政复议或者提起行政诉讼。复议或诉讼期间,决定不停止执行。

第八章 罚 则

第四十六条 违反本规定第九条、第十条、第十一条、第十二条第一款、第十三条、第十四条、第十五条、第二十一条第二款、第三十三条、第三十五条、第三十六条、第三十七条规定的,由电信主管部门视情节轻重,依据职权责令改正、处五千元以上三万元以下罚款。

因违反前款规定给其他的电信业务经营者造成直接经济损失的,应当予以经济赔偿。

第四十七条 违反本规定第八条、第十二条第二款和第四十五条规定的,由电信主管部门依据职权责令改正,并按《中华人民共和国电信条例》中的有关规定处以罚款。

第四十八条 违反本规定第二十一条第一款、第三十八条的,由电信主管部门依据职权责令改正,有违法所得的,没收违法所得,并按《中华人民共和国电信条例》的有关规定处以罚款。

第九章 附 则

第四十九条 本规定自发布之日起施行。1999年9月7日信息产业部发布的

《电信网间互联管理暂行规定》同时废止。

电信设备进网管理办法

（2001 年 5 月 10 日信息产业部令第 11 号公布　根据 2014 年 9 月 23 日工业和信息化部令第 28 号公布的《工业和信息化部关于废止和修改部分规章的决定》修正）

第一章　总　　则

第一条　为了保证公用电信网的安全畅通，加强电信设备进网管理，维护电信用户和电信业务经营者的合法权益，根据《中华人民共和国电信条例》，制定本办法。

第二条　本办法所称电信设备是指电信终端设备、无线电通信设备和涉及网间互联的设备。

电信终端设备是指连接在公用电信网末端，为用户提供发送和接收信息功能的电信设备。

无线电通信设备是指连接在公用电信网上，以无线电为通信手段的电信设备。

涉及网间互联的设备是指涉及不同电信业务经营者的网络之间或者不同电信业务的网络之间互联互通的电信设备。

第三条　国家对接入公用电信网的电信终端设备、无线电通信设备和涉及网间互联的电信设备实行进网许可制度。

实行进网许可制度的电信设备必须获得工业和信息化部颁发的进网许可证；未获得进网许可证的，不得接入公用电信网使用和在国内销售。

第四条　实行进网许可制度的电信设备目录由工业和信息化部会同国务院产品质量监督部门制定和公布。

第五条　电信设备生产企业（以下简称生产企业）申请电信设备进网许可必须符合国家法律、法规和政策规定。申请进网许可的电信设备必须符合国家标准、通信行业标准以及工业和信息化部的规定。电信设备生产企业应当具有完善的质量保证体系和售后服务措施。

第六条　生产企业申请电信设备进网许可，应当附送国务院产品质量监督部门认可的电信设备检测机构出具的检测报告或者认证机构出具的产品认证证书。

检测机构对申请进网许可的电信设备进行检测的依据、检测规程和出具的检测报告应当符合国家或工业和信息化部的规定。

第七条　工业和信息化部电信管理局具体负责全国电信设备进网管理和监督检查工作。

省、自治区、直辖市通信管理局负责本行政区域内电信设备进网管理和监督检查工作。

经工业和信息化部授权的受理机构承担电信设备进网许可申请的具体受理事宜。

第二章　进网许可程序

第八条　生产企业申请电信设备进网许可，应当向工业和信息化部授权的受理机构提交下列申请材料：

（一）电信设备进网许可申请表（由工业和信息化部提供格式文本）。申请表应当由生产企业法定代表人或其授权人签字并加盖公章。境外生产企业应当委托中国境内的代理机构提交申请表，并出具委托书；

（二）企业法人营业执照。境内生产企业应当提供企业法人营业执照。受境外生产企业委托代理申请电信设备进网许可的代理机构，应当提供代理机构有效执照；

（三）企业情况介绍。包括企业概况、生产条件、仪表配备、质量保证体系和售后服务措施等内容。对国家规定包修、包换和包退的产品，还应提供履行有关责任的文件；

（四）质量体系认证证书或审核报告。通过质量体系认证的，提供认证证书；未通过质量体系认证的，提供满足相关要求的质量体系审核机构出具的质量体系审核报告；

（五）电信设备介绍。包括设备功能、性能指标、原理框图、内外观照片和使用说明等内容；

（六）检测报告或产品认证证书。应当是国务院产品质量监督部门认可的电信设备检测机构出具的检测报告或者认证机构出具的产品认证证书。

申请进网许可的无线电发射设备，应当提供工业和信息化部颁发的“无线电发射设备型号核准证”。

无线电通信设备、涉及网间互联的设备或新产品应当提供总体技术方案和试验报告。

前列申请材料中证书、执照类材料应当提供原件和一份复印件，或者盖有发证机构证明印章的复印件；其它材料必须使用中文。

第九条 自受理机构收到完备的申请材料之日起60日内，工业和信息化部电信管理局对生产企业提交的申请材料进行审查，经审查符合条件的，颁发进网许可证并核发进网许可标志；不符合条件的，书面答复生产企业。

第十条 生产企业通过质量体系认证的，其提供检测机构检测的样品由生产企业按规定数量自行选取。

生产企业未通过质量体系认证的，其提供检测机构检测的样品由省、自治区、直辖市通信管理局按工业和信息化部规定的抽样办法执行。

第十一条 申请进网许可的无线电通信设备、涉及网间互联的设备或者新产品，应当在中国境内的电信网上或者工业和信息化部指定的模拟实验网上进行至少三个月的试验，并由试验单位出具试验报告。

工业和信息化部电信管理局组织专家对前款电信设备总体技术方案、试验报告、检测报告等进行评审，根据专家评审意见，经审查符合条件的，颁发进网许可证。

第十二条 生产企业对获得进网许可证的电信设备进行技术、外型改动的，须进行检测或重新办理进网许可证。

对获得进网许可证的电信设备外型改动较小，生产企业要求减免测试项目的，可以将改动前后的照片、电路原理图、改动说明和改动后的样品等交检测机构进行审核。检测机构向工业和信息化部电信管理局出具审核意见,检测机构审核认为可以减免测试项目的,经工业和信息化部电信管理局同意,可以减免测试项目。

第十三条　实行进网许可制度但尚无国家标准、行业标准的电信新设备,由生产企业自行将样品送到检测机构,检测机构根据国际标准或者企业标准进行检测,并出具检测报告。

工业和信息化部电信管理局对检测报告和有关材料进行审查,在符合国家产业政策和不影响网络安全畅通的条件下,批准进网试验,待国家标准、行业标准颁布后再按程序办理进网许可证。

第十四条　我国与其它国家或地区政府间签署电信设备检测实验室和检测报告相互认可协议的,按协议规定执行。

第三章　进网许可证和进网许可标志

第十五条　生产企业应当在其获得进网许可的电信设备上粘贴进网许可标志。进网许可标志由工业和信息化部统一印制和核发。进网许可标志属于质量标志。

未获得进网许可和进网许可证失效的电信设备上不得加贴进网许可标志。

第十六条　进网许可证和进网许可标志不得转让、涂改、伪造和冒用。

第十七条　进网许可证的有效期为3年。

生产企业需要继续生产和销售已获得进网许可的电信设备的,在进网许可证有效期届满前三个月,应当重新申请办理进网许可证,并附送一年内的送样检测报告或产品质量监督抽查报告,原证交回。

第十八条　电信设备进网许可证中规定的内容发生变化的,生产企业应当重新办理进网许可证。

第十九条　获得进网许可证的生产企业应当向其经销商以及需要进网许可证复印件的用户提供复印件,复印件应当由生产企业负责人签字并加盖公章。生产企业应当对复印件编号登记。

第二十条　生产企业应当在获得进网许可的电信设备包装上和刊登的广告中标明进网许可证编号。

第四章　监督管理

第二十一条　工业和信息化部定期向社会公布获得进网许可证的电信设备和生产企业。

获得进网许可证的生产企业应当接受所在的省、自治区、直辖市通信管理局的监督管理。

任何单位不得对已获得进网许可证的电信设备进行重复检测、发证。

第二十二条　省、自治区、直辖市通信管理局应当于每年12月31日前,对本行政区域内获得进网许可的电信设备和生产企业进行年度检查,并于第二年1月

31 日前,将年度检查情况汇总报工业和信息化部电信管理局。

第二十三条 获得电信设备进网许可证的生产企业应当保证电信设备获得进网许可证前后的一致性,保证产品质量稳定、可靠,不得降低产品质量和性能。

工业和信息化部组织对电信设备获得进网许可证前后的一致性进行监督检查;配合国务院产品质量监督部门对获得进网许可证的电信设备进行质量跟踪和监督抽查,并向社会公布抽查结果。

第二十四条 获得进网许可的电信设备及其外包装必须标有国家规定的中文标识;产品必须附有中文说明书和保修卡;对国家规定包修、包换和包退的产品,还应有相应的凭证。

第二十五条 实行进网许可制度的电信设备未获得进网许可的,电信业务经营者不得使用。

第二十六条 用户有权自主选择电信终端设备,电信业务经营者不得拒绝用户使用自备的已经取得进网许可的电信终端设备。

第二十七条 电信设备检测机构或产品质量认证机构必须执行国家标准、行业标准和工业和信息化部规定。检测机构或产品质量认证机构及其工作人员不得弄虚作假,不得利用职务之便剽窃或泄露生产企业的技术秘密。

第五章 罚 则

第二十八条 违反本办法规定,销售未获得进网许可的电信终端设备的,由省、自治区、直辖市通信管理局责令改正,并处 1 万元以上 10 万元以下罚款。

第二十九条 违反本办法规定,伪造、冒用、转让进网许可证,编造进网许可证编号或粘贴伪造的进网许可标志的,由工业和信息化部或者省、自治区、直辖市通信管理局没收违法所得,并处违法所得 3 倍以上 5 倍以下罚款;没有违法所得或者违法所得不足 1 万元的,处 1 万元以上 10 万元以下罚款。

第三十条 违反本办法规定,生产企业获得进网许可证后降低产品质量和性能的,由产品质量监督部门依照有关法律法规予以处罚。

第三十一条 违反本办法规定,生产企业未在获得进网许可的设备外包装和刊登的广告中注明进网许可证编号的,由工业和信息化部或者省、自治区、直辖市通信管理局责令改正,并给予警告。

第三十二条 违反本办法规定,生产企业有下列行为之一的,由工业和信息化部或者省、自治区、直辖市通信管理局责令限期改正;情节严重的,给予警告:

(一)申请进网许可时提供不真实申请材料的;

(二)不能保证电信设备获得进网许可证前后的一致性的;

(三)售后服务不落实,对国家规定包修、包换和包退的产品不履行相应义务的;

(四)不按规定参加年检或者年检结果不合格的;

(五)不接受工业和信息化部对电信设备获得进网许可证前后的一致性组织

进行的监督检查或者检查结果不合格的。

违反前款第一项规定，尚未取得进网许可证的，工业和信息化部不予受理或者不予许可，生产企业在一年内不得再次申请进网许可；已取得进网许可证的，工业和信息化部撤销进网许可证，生产企业在三年内不得再次申请进网许可。

第三十三条　违反本办法规定，电信业务经营者拒绝用户自备的获得进网许可的电信终端设备进网的，由省、自治区、直辖市通信管理局责令改正，并向电信用户赔礼道歉，赔偿电信用户损失；拒不改正并赔礼道歉、赔偿损失的，处以警告，并处1万元以上10万元以下的罚款；情节严重的，责令停业整顿。

第三十四条　违反本办法规定，对已获得进网许可证的电信设备进行重复检测、发证的，由工业和信息化部责令改正。

第三十五条　违反本办法规定，检测机构、产品质量认证机构有下列行为之一的，工业和信息化部对其出具的检测报告或认证证书不予承认：

（一）弄虚作假，有作弊行为的；

（二）不按规定标准进行检测或认证的；

（三）不按工业和信息化部规定出具检测报告或认证证书的。

第三十六条　从事电信设备进网许可申请受理、检测、审批及有关工作的人员滥用职权、徇私舞弊或者利用职务之便剽窃、泄露生产企业技术秘密的，依法给予行政处分。构成犯罪的，依法追究刑事责任。

第六章　附　　则

第三十七条　对进入公用电信网的电信设备抗震性能的管理办法，工业和信息化部另行制定。

第三十八条　未实行进网许可制度的电信设备可以由生产企业自愿向国务院产品质量监督部门认可的电信设备进网认证机构申请产品认证。

第三十九条　本办法自发布之日起施行。1998年12月31日信息产业部发布的《电信设备进网审批管理办法》同时废止。

国际通信出入口局管理办法

（2002年3月14日信息产业部第9次部务会议审议通过）

第一章　总　　则

第一条　为了加强国际通信出入口局管理，维护国家利益，促进国际通信健康、有序地发展，依据《中华人民共和国电信条例》，制定本办法。

第二条　在中华人民共和国境内设置国际通信出入口局、从事国际电信业务，必须遵守本办法。

第三条　国际通信出入口局（以下简称“国际通信出入口”）分为国际通信信道出入口、国际通信业务出入口和边境地区国际通信出入口。

国际通信信道出入口，是指国内通信传输信道与国际通信传输信道之间的转接点。包括：

（一）国际通信光缆、电缆、微波等在国内的登陆或入境站；

（二）国际通信光缆、电缆、微波等在国内的登陆或入境延伸终端站；

（三）国际卫星通信系统设在我国的关口站、地球站等；

（四）其他国内通信传输信道与国际通信传输信道相互链接的转接点。

国际通信业务出入口，是指国内通信业务网络与国际通信业务网络之间的业务转接点。包括：

（一）电话业务网国际交换局（含国际电话业务网信令转接点）；

（二）帧中继、数字数据网（DDN）、ATM 业务网国际交换局；

（三）互联网国际出入口路由器；

（四）其他国内通信业务网与国际通信业务网之间的业务转接点。

边境地区国际通信出入口，是指利用国内交换机与境外接壤地区的通信网络开通的国际直达电路。

第四条 信息产业部负责国际通信出入口的设置审批和监督管理。

第五条 国际通信出入口应当由国有独资的电信业务经营者申请设置，并承担其运行维护工作。

未经信息产业部批准，任何单位和个人不得以任何形式设置国际通信出入口。

第六条 在中华人民共和国境内从事国际通信业务，必须通过信息产业部批准设立的国际通信出入口进行。任何组织和个人不得利用其它途径进行国际通信。

与香港特别行政区、澳门特别行政区和台湾地区的通信，参照国际通信管理。

第七条 设置国际通信出入口的，应当遵守国家有关法律、法规，接受信息产业部和相关省、自治区、直辖市通信管理局的监督、检查和指导。

第二章 国际通信出入口的设置、调整和撤销

第八条 国际通信出入口的设置数量、地点，由信息产业部根据我国国际通信网发展总体规划、电信业务经营者的申请和国际电信业务发展的需要确定。

第九条 国际通信信道出入口应当设置在国际海光缆或陆地光缆易于登陆或者入境的地点，并应考虑网络的安全可靠及方便向国内网络延伸等因素。

第十条 国际通信业务出入口应当设置在国际通信业务集中的中心城市。

第十一条 边境地区国际通信出入口应当设置在与境外接壤的地市级以上（含地市级）城市，并应考虑该城市的未来发展，及与其接壤的境外地区之间通信业务量水平等因素。

边境地区国际通信出入口只能用于所在区域与境外相应的区域之间点对点的通信，不得用于转接此范围之外的电信业务。

第十二条 设置国际通信出入口，应当向信息产业部提出申请并提交下列材料：

（一）设置国际通信出入口的申请报告；

(二)国际通信基础设施经营许可证或国际电信业务经营许可证;

(三)设置国际通信出入口的技术方案;

(四)信息产业部要求提交的其他材料。

第十三条　信息产业部在收到第十二条规定的全部材料之日起60日内审查完毕,并作出批准或不予批准的批复。

第十四条　撤销已设立的国际通信出入口,须提前30日向信息产业部提出书面申请,经信息产业部批准后方可实施,并应作好善后处理工作。书面申请应当包括要撤销的国际通信出入口的现状以及撤销后的善后处理措施。

对已设立的国际通信出入口进行扩容调整,其建设项目须按有关规定经审批同意。电信业务经营者应当在开工前90日将扩容调整方案报信息产业部备案。国家另有规定的除外。

第十五条　获准设置国际通信出入口后的建设项目,按照国家规定的项目建设管理程序,报相关部门审批。

第十六条　经营用于国际通信的甚小地球站(VSAT)业务的,经营者应当办理国际通信出入口审批手续,并在获准设置后,按照有关规定办理无线电台(站)设置审批手续。

设置用于国际通信的无线电台(站),获准设置国际通信出入口后,应当按照有关规定办理无线电台(站)设置审批手续。

第三章　国际通信出入口的管理和运营

第十七条　设置国际通信信道出入口的电信业务经营者,必须加强对国际通信传输信道的管理,不得利用国际通信传输信道从事非法活动;发现他人利用国际通信传输信道从事非法活动的,应当根据国家有关规定及时协助有关部门采取制止措施。

第十八条　获准设置国际通信信道出入口的电信业务经营者,有义务向获准设立国际通信业务出入口的电信业务经营者提供国际通信传输信道,不得对其采取歧视性措施;不得向未获准设置国际通信业务出入口的电信业务经营者提供国际通信传输信道。

第十九条　设置国际通信信道出入口的电信业务经营者,可以向用户出租国际通信传输信道专线,并集中建立用户档案;该国际通信传输信道专线只能在规定的业务范围内用于点对点的通信,并仅供用户内部使用,不得用于经营电信业务。

经营甚小地球站(VSAT)通信业务出租国际通信传输信道专线的,按前款规定执行。

第二十条　设置国际通信出入口的电信业务经营者,应当按有关规定同步建设相应的信息安全配套设施,经信息产业部审查验收合格后方可开通运行。在改建、扩建国际通信出入口时,必须保证信息安全配套设施的正常运行。

第二十一条　设置国际通信出入口的电信业务经营者,应当建立健全安全管理制度,落实技术防范措施,保证网络运行安全、可靠。国际通信出入口出现重大故障或重大安全问题，应及时通知相关的电信业务经营者，采取紧急措施恢复正常运行，并于事件发生后24小时内将情况报告信息产业部。

第二十二条 以经营电信业务为目的，通过互联网国际出入口设置虚拟网络的，应当报信息产业部批准。以内部使用为目的，通过互联网国际出入口设置虚拟专用网的，应当报信息产业部备案。

第二十三条 设置国际通信出入口的电信业务经营者有义务对国家有关部门依法实施的安全检查和采取的相应措施给予配合。

第二十四条 设置国际通信出入口的电信业务经营者，应当按照信息产业部的要求，在每年6月30日前和12月31日前两次向信息产业部和所在地省、自治区、直辖市通信管理局报告国际通信出入口的有关情况。报告的具体内容和要求在本办法附录中列出。信息产业部可以根据实际情况，对附录中所列报送材料的具体内容和要求进行调整，重新公布。

第二十五条 未获得国际通信基础设施经营权的电信业务经营者，不得直接租用境外的国际通信传输信道，不得购买、自建或参与建设国际通信传输信道。

未获得国际通信业务经营权的电信业务经营者，不得租用国际通信传输信道用于经营国际通信业务，不得购买、自建或参与建设国际通信传输信道。

第四章 罚 则

第二十六条 违反本办法规定，未经信息产业部批准，擅自设置国际通信出入口进行国际通信的，由信息产业部或省、自治区、直辖市通信管理局依据职权责令其3日内拆除非法国际通信设施，没收违法所得，处违法所得3倍以上5倍以下罚款；没有违法所得或者违法所得不足5万元的，处10万元以上100万元以下罚款；情节严重的，责令停业整顿。

第二十七条 违反本办法第十一条规定，利用边境地区国际通信出入口超范围转接电信业务的，由信息产业部或省、自治区、直辖市通信管理局依据职权责令其2日内改正，没收违法所得，处违法所得3倍以上5倍以下罚款；没有违法所得或者违法所得不足5万元的，处10万元以上100万元以下罚款；情节严重的，责令停业整顿。

第二十八条 违反本办法规定，有下列行为之一的，由信息产业部或省、自治区、直辖市通信管理局依据职权责令改正，并处3万元以下罚款：

（一）未经信息产业部批准，擅自设置国际通信出入口但尚未进行国际通信的；

（二）未经信息产业部批准，以经营电信业务为目的，通过互联网国际出入口设置虚拟网络的；

（三）电信业务经营者为他人不经国际通信出入口进行国际通信提供协助的。

第二十九条 违反本办法第十八条规定，国际通信信道经营者在向获准设立国际通信业务出入口的电信业务经营者提供国际通信信道时，采取歧视性措施，或向未获准设置国际通信业务出入口的电信业务经营者提供国际通信信道的，由信息产业部或者省、自治区、直辖市通信管理局依据职权责令改正，并处1万元以上

3万元以下罚款。

第三十条 违反本办法第十七条、第十九条、第二十条、第二十一条、第二十三条、第二十四条规定，不按规定建设、管理、使用国际通信信道，不履行义务或不按规定向信息产业部报送材料的，由信息产业部或者省、自治区、直辖市通信管理局依据职权责令改正，并处1万元罚款。相关责任人员，由所在单位根据情节轻重给予纪律处分；构成犯罪的，依法追究刑事责任。

第三十一条 违反本办法第二十五条规定的，由信息产业部或者省、自治区、直辖市通信管理局依据职权责令改正，并处1万元罚款。

第五章 附 则

第三十二条 非经营性互联网国际互联单位设置国际通信出入口，参照本办法管理。

第三十三条 本办法自2002年10月1日起施行。

附录：

一、国际通信信道出入口经营者需定期报送的材料内容

（一）国际通信信道出入口所在地详细地址；

（二）负责人及联系电话；

（三）信道的使用情况，包括通达国家或地区、对端企业名称、承载业务种类及对应通信总容量；

（四）租用国际通信传输信道专线的用户名称、专线使用性质（自用或用于经营国际电信业务）、通达方向、对端企业名称、及通信容量。

二、国际通信业务出入口经营者需定期报送的材料内容

（一）国际通信业务出入口所在地详细地址；

（二）负责人及联系电话；

（三）通达国家或地区、信道提供单位名称、对端企业名称、业务种类及对应通信容量。

三、边境地区国际通信出入口经营者需定期报送的材料内容

（一）边境地区国际通信业务出入口所在地详细地址；

（二）负责人及联系电话；

（三）通达地区、对端企业名称、传输方式、业务种类及对应通信容量。

四、设置互联网国际出入口的单位需报送的材料内容

（一）互联网国际出入口所在地详细地址；

（二）负责人及联系电话；

（三）通达国家或地区、对端企业名称及对应通信容量；

（四）业务数据流量（按北京、上海、广州每个出入口统计）；

（五）拓扑结构图；（仅在每年12月底报送）

（六）IP 地址范围，包括各种接入用户所使用的 IP 地址段；（仅在每年 12 月底报送）

（七）骨干网络中 IP 地址的分配情况，应当包括国际出入口路由器上每个 IP 地址及骨干 IP 地址的地理位置。

五、国际通信出入口经营者报送材料要求

国际通信出入口经营者在将以上材料报送信息产业部的同时，应报该国际通信出入口设置所在地的省、自治区、直辖市通信管理局。

国际通信设施建设管理规定

（2002 年 3 月 14 日信息产业部第 9 次部务会议审议通过）

第一条 为加强国际通信设施建设的统筹规划和行业管理，维护国家利益，保障国家通信主权和安全，促进国际通信网健康、有序发展，根据《中华人民共和国电信条例》和国家有关规定，制定本规定。

第二条 在中华人民共和国境内从事国际通信设施建设（含新建、改建、扩建和产权变更）活动，必须遵守本规定。

本规定所称的国际通信设施，包括国际通信出入口和国际传输网等电信设施。

国际通信出入口包括国际通信信道出入口、国际通信业务出入口和边境地区国际通信出入口。

国际传输网是指从境内的国际通信信道出入口至境外国家和地区间进行通信的所有有线、无线和卫星等电信设施。

第三条 信息产业部依照本规定对国际通信设施建设实施监督管理。

省、自治区、直辖市通信管理局在信息产业部领导下，依照本规定对本行政区域内的国际通信设施建设实施监督管理。

第四条 国际通信设施建设管理遵循维护国家通信主权，保证通信网络和信息安全，破除垄断、鼓励竞争，促进资源合理利用，维护通信建设市场秩序和公开、公平、公正的原则。

第五条 进行国际传输网和国际通信信道出入口建设，必须拥有国际通信基础设施经营权。

进行国际通信业务出入口和边境地区国际通信出入口建设，必须拥有国际通信业务经营权。

第六条 国际通信设施建设必须遵守我国的有关法律、法规，维护我国国家权益。

国际通信设施建设必须符合国家国际通信发展规划的要求。

国际通信设施建设必须符合国家安全的有关规定，配置国家有关部门要求的安全设施。

第七条 我国领土、领海内国际传输网、国际通信信道出入口的经营权和维护权，必须由获得我国国际通信基础设施经营权的电信业务经营者拥有。

我国领土、领海内国际通信业务出入口和边境地区国际通信出入口的经营权和维护权，必须由获得我国国际通信业务经营权的电信业务经营者拥有。

第八条　信息产业部综合规划司具体负责编制国际通信发展规划，并依据规划对国际通信设施建设进行管理。

第九条　进行国际通信设施建设必须经信息产业部初审或审批同意。

第十条　国际通信设施建设项目的审批应当遵循下列程序：

（一）国家规定的限额以上基本建设项目，经信息产业部初审同意后，由国家发展计划委员会审批；

（二）国家规定的限额以上的技术改造项目，经信息产业部初审同意后，由国家经济贸易委员会审批；

（三）国家规定的限额以下建设项目由信息产业部审批。

除按前款规定的程序和权限对国际通信设施建设项目进行审批外，其他任何部门或单位无权审批国际通信设施建设项目。

第十一条　国际通信设施建设单位与外国的组织或个人或者我国香港特别行政区、澳门特别行政区、台湾地区的组织或个人签署国际传输网建设谅解备忘录和建设维护协议，应在签署前报信息产业部审批，经批准后方可签署。

第十二条　建设单位申请审批国际传输网建设谅解备忘录或建设维护协议应当提供下列材料：

（一）申请报告。报告内容应包括合作方的主要情况，谅解备忘录或协议的主要内容及重大问题；

（二）谅解备忘录或协议的文本。

第十三条　信息产业部应在受理建设单位的国际传输网建设谅解备忘录或建设维护协议审批申请后20个工作日内书面答复申请人。对不予批准的，应当书面通知申请人并说明理由。

第十四条　对不涉及与外国的组织或个人或者我国香港特别行政区、澳门特别行政区、台湾地区的组织或个人合作的国际通信设施建设项目，建设单位向信息产业部申请项目初审或审批时，应当提供下列材料：

（一）申请报告。包括项目建设原因、主要建设内容及规模、投资估算及资金筹措、进度安排等主要内容；

（二）项目建议书、可行性研究报告或项目建设方案。其内容及编制单位的资质应符合国家有关规定；

（三）营业执照及相关的电信业务经营许可证复印件；

（四）资信证明；

（五）信息产业部要求提交的其他材料。

涉及国际通信出入口建设的，还应提供获准设置国际通信出入口的批准文件。

第十五条　对涉及与外国的组织或个人或者我国香港特别行政区、澳门特别行政区、台湾地区的组织或个人合作的国际通信设施建设项目，建设单位向信息产业部申请项目初审或审批时，除应提供第十四条所列各项材料外，还应提供谅解备忘录文本和建设维护协议文本。

第十六条 信息产业部进行国际通信设施建设项目的初审或审批,可以采用组织专家评议、委托咨询机构评估等方式,并在此基础上出具初审意见或批复。

第十七条 信息产业部受理企业所报限额以上国际通信设施建设项目行业初审申请后,应当在30个工作日内书面答复申请人。对未通过初审的,应当书面通知申请人并说明理由。

信息产业部受理企业所报限额以下国际通信设施建设项目审批申请后,应当在45个工作日内书面答复申请人。对不予批准的,应当书面通知申请人并说明理由。

第十八条 建设单位在国际通信设施建设项目实施过程中应接受信息产业部和国际通信设施建设所在地省、自治区、直辖市通信管理局的监督、检查和指导。

第十九条 未经信息产业部审批同意私自与外国的组织或个人或者我国香港特别行政区、澳门特别行政区、台湾地区的组织或个人签署协议的国际通信设施建设项目,以及在申请初审或审批过程中隐瞒有关问题的国际通信设施建设项目,信息产业部不予初审或审批;已通过信息产业部初审或审批的,信息产业部撤消原初审意见或批准文件;已经国家发展计划委员会或国家经济贸易委员会审批同意的,信息产业部告知审批单位撤消批准文件;已经进行建设的,不得运营。

第二十条 未经信息产业部批准,擅自建设国际通信设施进行国际通信的,由信息产业部或者省、自治区、直辖市通信管理局按照《中华人民共和国电信条例》第七十条的规定处罚。构成犯罪的,依法追究刑事责任。

第二十一条 从事国际通信设施建设管理的国家工作人员违反本规定的,按照《中华人民共和国电信条例》第七十九条的规定处罚。

第二十二条 与我国香港特别行政区、澳门特别行政区、台湾地区进行通信的通信设施建设,参照国际通信设施建设管理。

第二十三条 本规定自2002年8月1日起施行。

电信建设管理办法

(2002年1月4日信息产业部、国家发展计划委员会发布)

第一章 总 则

第一条 为加强电信建设的统筹规划和行业管理,促进电信业健康、有序发展,根据《中华人民共和国电信条例》和国家有关规定,制定本办法。

第二条 凡在中华人民共和国境内新建、改建和扩建公用电信网、专用电信网和广播电视传输网,均须遵守本办法。

第三条 信息产业部依法对全国公用电信网、专用电信网和广播电视传输网的建设实施监督管理。

各省、自治区、直辖市通信管理局,在信息产业部领导下,依法对本行政区域内的公用电信网、专用电信网和广播电视传输网的建设实施监督管理。

第四条 全国性电信网络工程和国际电信建设项目是电信建设管理的重点。

本办法所称全国性电信网络工程是指跨省(自治区、直辖市)公用电信网、专用电信网和广播电视传输网以及其组成部分的建设工程。

第五条 电信网络和电信设施建设须严格遵守国家有关法律、政策,符合电信网体制标准及通信工程建设标准、建设规范。

第六条 电信建设管理应维护国家通信主权,破除垄断,鼓励竞争,促进资源合理利用,维护通信建设市场秩序,营造公开、公平、公正的竞争环境。

第二章 规划编制与管理

第七条 信息产业部负责编制电信行业发展规划,各省、自治区、直辖市通信管理局负责编制所辖行政区电信行业发展规划。

投资建设公用电信网、广播电视传输网的企业(或单位),必须根据行业规划的要求,编制本企业(或单位)五年规划(含传输网五年专题规划),并逐年编制滚动规划(含传输网滚动专题规划)。

投资建设专用电信网的企业(或单位),应根据本企业(或单位)对通信传输线路及带宽的需求编制本企业(或单位)传输网五年专题规划,并根据实际建设和发展情况逐年编制传输网滚动专题规划(含自建、购买、租用等)。

企业(或单位)可以根据情况确定滚动规划期限为三年或五年。

第八条 企业(或单位)五年规划应当包括以下内容:

(一)本企业(或单位)电信网现状;

(二)本企业(或单位)五年发展思路、目标、重点;

(三)本企业(或单位)建设资金估算和资金筹措计划;

(四)本企业(或单位)五年重点建设项目框架等。

第九条 企业(或单位)滚动规划应当包括以下内容:

(一)本企业(或单位)电信网现状及上年度完成情况;

(二)本企业(或单位)当年发展目标、重点及建设项目框架、资金估算和资金筹措计划;

(三)本企业(或单位)滚动期末发展思路、目标。

第十条 传输网五年专题规划应当包括以下内容:

(一)本企业(或单位)传输网现状(含路由图);

(二)本企业(或单位)传输网五年需求、发展目标、重点及规划路由图;

(三)本企业(或单位)传输网五年建设项目框架(含路由、距离、容量、投资等)。

第十一条 传输网滚动专题规划应当包括以下内容:

(一)本企业(或单位)传输网现状(含路由图、上一年度传输网建设项目完成情况);

(二)本年度传输网项目建设计划(含项目路由、距离、容量、投资以及资金来源等);

(三)本年度传输网建设路由图；

(四)滚动期末传输网发展思路、目标及建设项目框架。

第十二条 企业(或单位)五年规划、传输网五年专题规划和滚动规划实行备案制度。

企业(或单位)五年规划、传输网五年专题规划应于国家每个五年规划期开始前上报备案,滚动规划应于每年一月底前上报备案。

拥有全国性电信网络的非计划单列企业(或单位)的规划,报信息产业部。拥有全国性电信网络的计划单列企业的规划,同时报国家计委和信息产业部。

各省、自治区、直辖市行政区域内的公用电信网和广播电视传输网、专用电信网建设企业(或单位)的规划,报本省、自治区、直辖市通信管理局。

国家计委、信息产业部或省、自治区、直辖市通信管理局在收到上报备案规划30个工作日内未提出不同意见的,该规划即自动生效,国家另有规定的从其规定。

第十三条 企业(或单位)传输网滚动专题规划实行审批制度。

企业(或单位)年度传输网滚动专题规划应于当年一月底前报信息产业部或省、自治区、直辖市通信管理局。行业主管部门应在收到上报规划的45个工作日内作出审批。

信息产业部或省、自治区、直辖市通信管理局对企业(或单位)上报的传输网滚动专题规划组织专家咨询、评审,并在此基础上出具批复意见。

第十四条 国家计委、信息产业部和省、自治区、直辖市通信管理局,依据国民经济和社会发展五年规划及其重点专项规划、电信行业规划,指导各相关企业(或单位)规划、传输网五年专题规划和滚动规划、传输网滚动专题规划的编制工作,并监督检查其执行情况。

第三章 项目审批

第十五条 公用电信网、专用电信网、广播电视传输网的建设必须严格执行国家有关规定。其建设程序应包括编制和批准项目建议书、可行性研究报告、初步设计和进行竣工验收等。其中:利用外资的电信建设项目按照有关法律法规规定,履行报批手续;自筹资金的电信建设项目可由业主单位自行进行初步设计和竣工验收,限额以下项目可以可行性研究报告代项目建议书一并审批。

第十六条 建设项目要严格按照国家规定的项目审批权限进行审批。各项目建设单位不得将整体项目化整为零,规避主管部门审查。审批项目应以业主单位的电信业务许可证范围为依据。

第十七条 国内传输网新建或改建、扩建项目在按照国家基本建设程序审批前,须经相应通信主管部门初审,行业初审同意的项目方可获得批准。

项目审批部门对行业初审结果有不同意见的,由项目审批部门和出具初审意见的部门协商解决。

第十八条 申报国内传输网跨省建设项目或国家规定的限额以上项目,应同时抄报信息产业部;申报国内传输网省内限额以下建设项目,应同时抄报本省、自治区、直辖市通信管理局。计划单列企业按照项目审批权限自行审批的限额以下国内传输网项目,应抄报国家计委和信息产业部。申报项目单位应提供电信业务经营许可证等材料。

行业主管部门在收到抄报文件20个工作日内,向项目审批部门出具行业初审意见。

第十九条　信息产业部或省、自治区、直辖市通信管理局对企业(或单位)当年传输网滚动专题规划的批复同意意见,视同对该滚动规划中国内传输网当年建设项目的行业初审同意。未列入企业(或单位)当年滚动规划内的项目,在审批前必须报信息产业部或者省、自治区、直辖市通信管理局初审。

第二十条　国际传输网、国际通信出入口等国际电信建设项目由国家统一审批。其中,限额以上基本建设项目或限额以上的技术改造项目经信息产业部初审同意后,由国家计委或国家经贸委审批或核报国务院审批;限额以下项目由信息产业部审批,其他部门(或单位)无权审批国际电信建设项目。投资建设或参与投资建设国际电信项目的单位必须拥有国际通信基础设施经营权。

信息产业部在受理国际电信建设项目行业初审申请后,应在30个工作日内予以答复。限额以下国际电信建设项目审批应在申请之日起45个工作日内予以批复。

第二十一条　国家鼓励有权建设传输网的电信运营企业和有关单位联合建设国内传输网络。联合建设项目应依照本办法第十七条规定按一个项目联合报批。申报联合建设项目除规定内容外,还应注明合建方及牵头单位,并补充各自的建设规模和出资额。

参与军民合建项目的地方企业或单位必须与经总参通信部批准的军队项目联合建设。

第二十二条　参与联合建设国内传输网的各投资方必须事先签署联合建设协议,并明确联合建设的牵头单位和各方的权利与义务。全国性网络联合建设协议报信息产业部备案,省、自治区、直辖市内网络联合建设协议报省、自治区、直辖市通信管理局备案。

第二十三条　项目审批或初审应采取专家咨询、专家评审等方式,并在此基础上批复或出具行业初审意见。

第四章　电信建设市场管理

第二十四条　信息产业部对全国电信建设市场、电信建设工程质量、招标投标等电信建设活动以及通信工程建设强制性标准的执行情况实施监督管理。

省、自治区、直辖市通信管理局对本行政区域内电信建设市场、电信建设工程质量、招标投标等电信建设活动,以及通信工程建设强制性标准的执行情况实施监督管理。

第二十五条　基础电信业务经营者可以在电信业务经营许可证规定的范围内投资建设和经营电信设施。

任何企业（或单位）不得从无网络元素出租、出售业务许可证的企业（或单位）购买、租用网络资源。

第二十六条 省、自治区、直辖市通信管理局负责本行政区内电信管道建设的统筹规划和协调。地方各级人民政府应将电信管道建设规划纳入城镇建设总体规划，电信管道的建设规模、容量应当满足电信业务发展的需要。

第二十七条 公共场所的经营者或管理者有义务协助基础电信业务经营者依法在该场所内从事电信设施建设，不得阻止或者妨碍基础电信业务经营者向电信用户提供公共电信服务。

第二十八条 在民用建筑物上设置小型天线、移动通信基站等公用电信设施时，必须满足建筑物荷载等条件，不得破坏建筑物的安全性。

第二十九条 建设地下、水底等隐蔽电信设施，应当设置标志并注明产权人。其中光缆线路建设应当按照通信工程建设标准的有关规定设置光缆线路标石和水线标志牌；海缆登陆点处应设置明显的海缆登陆标志，海缆路由应向国家海洋管理部门和港监部门备案。产权人发现标志受损或丢失的，应及时修复、补齐，并有权依法追究破坏电信设施标志的单位或个人的责任。

在已设置标志或备案的情况下电信设施损坏所造成的损失由责任方承担；因无标志或未备案而发生的电信设施损坏造成的损失由产权人自行承担。

第三十条 任何单位或者个人不得擅自改动或者迁移他人的电信线路及其他电信设施；遇有特殊情况必须迁改的，应当征得该电信设施产权人的同意，并签订协议。在迁改过程中，双方应采取措施尽量保证通信不中断。迁改费用、保证通信不中断所发生的费用以及中断通信造成的损失，由提出迁改要求的单位或者个人承担或赔偿，割接期间的中断除外。

第三十一条 从事施工、生产、种植树木等活动，应与电信线路或者其他电信设施保持一定的安全距离，不得危及电信线路等电信设施的安全或者妨碍线路畅通。可能危及电信安全时，应当事先通知有关电信业务经营者，并由从事该活动的单位或者个人负责采取必要的安全防护措施。建筑物、其他设施、树木等与电信线路及其他电信设施的最小安全距离应根据通信工程建设标准的有关规定确定。

第三十二条 从事电信线路建设，在路由选择时应尽量避开已建电信线路，并根据通信工程建设标准的有关规定与已建的电信线路保持必要的安全距离，避免同路由、近距离敷设。受地形限制必须近距离甚至同沟敷设或者线路必须交越的，电信线路建设项目的建设单位应当与已建电信线路的产权人协商并签订协议，制定安全措施，在双方监督下进行施工，确保已建电信线路的畅通。

经协商不能达成协议的，根据电信线路建设情况，跨省线路由信息产业部协调解决，省内线路由相关省、自治区、直辖市通信管理局协调解决。

第三十三条 从事微波通信建设，应按国家无线电管理的有关规定到当地无线电管理机构办理设台手续，其微波传输通道应向当地城市规划部门备案。

建设微波通信设施、移动通信基站等无线通信设施不得妨碍已建通信设施的通信畅通。妨碍已建无线通信设施的通信畅通的，由当地省、自治区、直辖市无线电管理机构责令其改正。

第三十四条　信息产业部和省、自治区、直辖市通信管理局可委托经信息产业部考核合格的通信工程质量监督机构具体实施电信建设项目的质量监督。

参与电信建设的各方主体应当遵循国家法律、法规及强制性标准的规定，对其承接的项目质量和安全负责。

第三十五条　按有关规定必须进行招标的电信建设项目实行招标备案制。电信建设项目业主单位应在确定中标人之日起15日内填写“通信建设项目招标情况备案表”，其中跨省（自治区、直辖市）建设的项目报国家计委和信息产业部备案，其他建设项目报省、自治区、直辖市通信管理局备案。涉及机电设备的国际招标项目应遵守国家有关规定。

第三十六条　参与电信网络建设的单位应经信息产业部或省、自治区、直辖市电信建设管理部门审查同意后，按照国家有关规定，办理资质审批和年检手续，未经信息产业部或省、自治区、直辖市电信建设管理部门审查同意的，不得承接电信建设项目。

通信信息网络系统集成和通信用户管线建设企业，应当按信息产业部有关规定取得通信信息网络系统集成企业资质或通信用户管线建设许可证书。否则不得承接电信建设项目。

第三十七条　电信建设项目业主单位不得选择未经通信主管部门审查同意或未取得相应电信建设资质证书的设计、施工、监理、咨询、系统集成、用户管线建设、招投标代理单位承担电信建设项目。

第三十八条　信息产业部和省、自治区、直辖市通信管理局对电信建设进行监督检查时，被检查单位应当按要求提供有关电信建设的文件和资料，配合有关人员进入工作现场进行检查，并接受信息产业部和省、自治区、直辖市通信管理局对违规行为作出的处理。妨碍监督检查工作，或拒不接受处理的，应依法追究有关责任。

第五章　罚　　则

第三十九条　违反本办法第十五条、第十六条、第十七条、第十九条、第二十条、第二十一条有关规定审批的项目，审批无效。

违反本办法规定擅自进行电信建设的，在建项目一律停止建设、整顿，并由国家计委、信息产业部或省、自治区、直辖市通信管理局会同有关部门依据职责查处，对建设单位及审批单位给予通报批评并责令改正，已建成的项目暂不允许投入运营。造成国家资源浪费、扰乱电信市场秩序、危害电信安全等后果的，对建设单位和审批单位的主管人员和直接责任人依法给予行政处分，构成犯罪的，移交司法机关追究刑事责任。

第四十条　企业（或单位）没有电信业务经营许可证或超出电信业务经营许可证规定范围进行电信建设活动的，信息产业部或省、自治区、直辖市通信管理局应当责令其改正；情节严重的，责令停业整顿，并处一万元以上、三万元以下罚款。

第四十一条 违反第三十条、第三十一条、第三十二条规定，危及电信线路等电信设施的安全或者妨碍线路畅通的，省、自治区、直辖市通信管理局应当责令其恢复原状或者予以修复，并赔偿由此造成的经济损失。中断电信业务给电信业务经营者造成的经济损失包括直接经济损失、电信企业采取临时措施疏通电信业务的费用以及因中断电信业务而向用户支付的损失赔偿费。情节严重的，处一万元以上、三万元以下罚款。

第四十二条 参与电信建设的各方主体违反国家有关电信建设工程质量管理规定的，信息产业部或省、自治区、直辖市通信管理局可依据《建设工程质量管理条例》的规定责令其改正或予以处罚，已竣工验收的须在整改后重新组织竣工验收。

第四十三条 电信建设项目投资业主单位委托未经通信主管部门审查同意或未取得相应电信建设资质证书的单位承担电信建设项目设计、施工、监理、咨询、系统集成、用户管线建设、招投标代理的，信息产业部或省、自治区、直辖市通信管理局应责令改正，已竣工的不得投入使用，造成重大经济损失的，电信建设单位和相关设计、施工、监理、咨询、系统集成、用户管线建设、招投标代理等单位领导应承担相应法律责任。

第四十四条 设计、施工、监理、咨询、系统集成、用户管线建设、招投标代理等单位发生违规、违纪行为，或出现质量、安全事故的，除按《建设工程质量管理条例》的规定予以相应处罚外，信息产业部或省、自治区、直辖市通信管理局应视情节轻重给予下列处罚：

（一）发生一般质量事故的，给予通报批评；

（二）转包、违法分包、越级承揽电信建设项目或者发生重大质量事故、安全事故的，取消责任单位1—2年参与电信建设活动的资格。

第六章　附　　则

第四十五条 本办法由信息产业部、国家计委解释。

第四十六条 本办法自2002年2月1日起施行。

铁路计算机信息系统安全保护办法

（2003年7月11日铁道部部长会议通过）

第一章　总　　则

第一条 为了保护铁路计算机信息系统安全，促进计算机的应用和发展，保障铁路运输和现代化建设顺利进行，根据《中华人民共和国计算机信息系统安全保护条例》的规定，制定本办法。

第二条 本办法适用于铁路系统的机关、企业、事业单位及铁路计算机信息系统的延伸点。

第三条 本办法所称的计算机信息系统，是指由计算机及其相关和配套的设备、设施（含网络）构成的，按照一定的应用目标和规则对信息进行采集、加工、存储、传输、检索等处理的人机系统。

第四条　铁路计算机信息系统安全保护工作的主要任务是:提高铁路计算机信息系统的整体安全水平,保障铁路运输安全。

第五条　铁路计算机信息系统的安全保护工作,是铁路运输安全保护工作的组成部分,应贯彻“预防为主、综合治理、人员防范和技术防范相结合”的方针,逐级建立安全保护责任制,加强制度建设,逐步实现科学化、规范化管理。

第六条　铁道部公安局主管铁路计算机信息系统安全保护工作,各铁路(含铁路工程、铁道建筑)公安局、处应明确信息网络安全监察机构,负责计算机信息系统安全保护工作。

第二章　安全监督

第七条　铁路公安机关对铁路计算机信息系统安全保护工作行使下列监督职权:

(一)督促计算机信息系统的管理部门和使用单位执行国家有关计算机信息安全法律、法规和规定,依法对其安全保护工作进行监督、检查和指导;

(二)负责对新建、改建和扩建铁路计算机信息系统的安全保护措施进行备案;

(三)负责检查、指导铁路计算机信息系统的安全技术措施;

(四)负责计算机信息系统安全员的培训;

(五)负责计算机信息系统安全专用产品使用的审核;

(六)负责监督、检查计算机信息系统安全管理制度的落实;

(七)组织计算机病毒防治和通报疫情;

(八)查处和侦破危害铁路计算机信息系统安全的事故和案件;

(九)负责奖励和处罚;

(十)办理有关铁路计算机信息系统安全管理手续;

(十一)组织计算机信息系统安全检查、检测工作;

(十二)组织计算机信息系统安全知识的培训和宣传工作。

第八条　铁路公安机关负责辖区内的计算机网络国际联网安全保护监督管理工作。

第九条　铁路公安机关发现影响计算机信息系统安全隐患时,要及时通知使用单位采取安全措施,限期整改。

第十条　铁路公安机关信息网络安全监察人员必须持铁路计算机安全监察证方可上岗工作。监察证由铁道部公安局签发。

第十一条　铁路公安基层段、所队应当协助信息网络安全监察机构,做好计算机信息系统安全保护工作。在特殊情况下,经上级铁路公安机关批准,可行使有关计算机安全监察职权。

第三章　安全保护

第十二条　计算机信息系统安全保护工作实行“谁主管,谁负责,谁经营,谁负责”

的原则。使用、管理计算机信息系统的单位(部门)要建立计算机信息系统安全管理组织并设立安全员,负责本单位(部门)的计算机信息系统安全保护工作,其职责是:

(一)确定本单位计算机信息系统的安全保护策略,建立健全安全管理制度;

(二)完善和落实计算机信息系统安全措施,实现内部网与外部网的物理隔离,严禁一机两用;

(三)配合公安机关办理有关计算机信息系统安全保护管理手续;

(四)严格管理计算机信息系统资源,建立计算机信息系统资源台账;

(五)严格管理系统管理员;

(六)建立与公安机关的通报联系制度,定期向铁路公安信息网络安全监察部门报告计算机信息系统安全情况;

(七)对造成损失并影响运输安全、计算机信息系统安全的案件、事故及违法行为,在12小时内报告铁路公安机关,并保护现场及有关资料,协助开展调查,处理责任者。

第十三条 计算机信息系统安全员必须经过铁路公安机关培训,经考试取得培训合格证书后方可上岗。

第十四条 进行国际联网的个人、单位,必须严格执行国家、铁道部有关规定。

第十五条 计算机机房的建设应当符合国家和铁道部的有关规定。

第十六条 重要部门的计算机机房应当制定严格的出入制度,未经主管部门批准的人员,不得接触和使用信息处理设备和媒体。

第十七条 铁路各单位和部门在新建、改建、扩建计算机系统前应当将计算机系统安全保护方案报铁路公安机关备案。

第十八条 重要部门的计算机信息系统需要对外联网或提供服务时,在报上级主管部门批准的同时,应当报铁路公安机关备案。

第十九条 各单位和部门使用的计算机信息系统安全专用产品,必须是经国家有关部门许可的产品,未经许可的产品不得使用。

第二十条 联网的计算机必须配置防病毒工具进行实时监控和检测。

第二十一条 重要计算机信息系统应设置双路双机冗余,实行封闭运行,制定应急方案,确保系统在发生意外情况后能够迅速恢复正常。

第二十二条 所有的计算机信息系统资产要严格执行登记使用制度,并建立完整的设备台账及设备档案,定期进行清查。

第二十三条 对信息处理的各个环节和流程要有安全保护和安全控制措施,防止被人非法利用、更改、损害和泄露。

第二十四条 计算机设备使用和信息存取权,按工作需要原则授予,任何人不得越权使用。

第二十五条 连接重要计算机信息系统的计算机不得存储与工作无关的程序和数据。存储介质和文件资料要严格执行安全保密制度,并设专人、专柜妥善保管。未经主管领导批准,不得随意利用、修改、复制和外借。

第二十六条 使用、管理计算机的单位要做好日常数据和软件备份,对新引用的软件和外来数据必须进行安全检测,确认无误再投入正常运行。

第二十七条 重要计算机信息系统应当建立完善的计算机信息系统日志,根据信息的重要程度设定保存时间,最短不少于60天。

第四章 法律责任

第二十八条 违反本办法,有下列行为之一的,由公安机关处以警告:

(一)逾期不到公安机关办理有关计算机信息系统安全管理手续的;

(二)发生计算机信息系统案件、事故或违法行为,在12小时内不报告的;

(三)违反计算机信息系统国际联网备案制度的;

(四)接到整改通知书后,不按期进行整改的;

(五)拒绝、阻碍铁路公安机关依法实施计算机信息系统安全检查、监督的;

(六)有危害计算机信息系统安全的其他行为的。

第二十九条 计算机信息系统存有严重安全隐患或违法犯罪嫌疑证据,需要技术检验核实的或者发生重大计算机信息系统安全事故或违法犯罪案件,需要保护现场或取证的,由公安机关采取措施保全证据。

第三十条 故意制作、传播计算机病毒及其他有害数据的,由公安机关对个人处以5000元以下罚款、对单位处以15000元以下罚款。

第三十一条 违反本办法,应给予行政处罚的,由铁路公安机关依照《行政处罚法》规定的程序给予行政处罚。

第三十二条 铁路公安机关对违反本办法给予行政罚款处罚的,应当实行罚款决定与罚款收缴相分离的制度。铁路公安机关应当确定罚款代收机构,由公安机关出具处罚决定文书,被处罚人到代收银行自行缴纳罚款。

第三十三条 铁路公安机关实施行政处罚,使用公安部制发的《行政处罚决定书》。按照《行政处罚法》第四十八条规定,经当事人提出,由铁路公安机关当场收缴罚款的,铁路公安机关应当向当事人出具财政部指定的收据。

第三十四条 违反本办法、构成犯罪的,依照刑法的有关规定追究刑事责任。

第三十五条 对铁路公安机关依照本办法作出的行政处罚不服的,可以依法向上一级铁路公安机关申请复议或向人民法院提起行政诉讼。

第三十六条 因计算机信息系统安全保护工作不落实,导致发生危害后果的单位,除处罚直接责任者外,还要追究单位主要领导的责任。

第三十七条 铁路公安信息网络安全监察部门、人员违反本办法规定,由上一级铁路公安机关依法处罚。

第五章 附　　则

第三十八条 本办法所称“重要部门”、“重要计算机信息系统”、“计算机事故及违法行为”另行规定。

第三十九条 中国铁路工程总公司、中国铁道建筑总公司应当适用本办法。

第四十条 本办法由铁道部负责解释。

第四十一条 本办法自2003年9月1日起施行。铁道部《铁路计算机信息系统安全保护办法》(铁公安〔1998〕74号)同时废止。

电信网码号资源管理办法

(2003年1月29日信息产业部令第28号公布 根据2014年9月23日工业和信息化部令第28号公布的《工业和信息化部关于废止和修改部分规章的决定》修正)

第一章 总 则

第一条 为有效利用电信网码号资源,保障公平竞争,促进电信事业的健康发展,依据《中华人民共和国电信条例》,制定本办法。

第二条 在中华人民共和国境内管理和使用电信网码号资源(以下简称码号资源),应当遵守本办法。

本办法所称码号资源,是指由数字、符号组成的用于实现电信功能的用户编号和网络编号。

第三条 码号资源属于国家所有。国家对码号资源实行有偿使用制度,具体收费标准和收费办法另行制定。

第四条 工业和信息化部负责全国码号资源的统一管理工作。

省、自治区、直辖市通信管理局在工业和信息化部授权范围内,依照本办法的规定,对本行政区域内的码号资源实施管理。

第五条 国家对码号资源的使用实行审批制度。

未经工业和信息化部和省、自治区、直辖市通信管理局(以下合称"电信主管部门")批准,任何单位或者个人不得擅自启用码号资源。

第六条 码号资源管理应当遵循公开、公平、公正的原则,统一规划,集中管理,合理分配,有效利用。

第七条 电信主管部门管理的码号资源范围包括:

(一)固定电话网码号

1. 长途区号、网号、过网号和国际来话路由码;

2. 国际、国内长途字冠;

3. 本地网号码中的短号码、接入码、局号等;

4. 智能网业务等新业务号码。

(二)移动通信网码号

1. 数字蜂窝移动通信网的网号、归属位置识别码、短号码、接入码等;

2. 卫星移动通信网网号、归属位置识别码、短号码;

3. 标识不同运营者的代码。

(三)数据通信网码号

1. 数据网网号；

2. 网内紧急业务号码、网间互通号码；

3. 国际、国内呼叫前缀。

（四）信令点编码

1. 国际 No. 7 信令点编码；

2. 国内 No. 7 信令点编码。

工业和信息化部根据电信技术、业务和市场的发展需要，可以对码号资源的管理范围进行调整。

第八条　电信主管部门分配管理的码号资源范围、各种码号的结构、位长、含义和管理要求见本办法所附的《电信网码号资源分类管理目录》（以下简称目录）。

工业和信息化部根据实际情况，可以对该目录作局部调整，重新公布。

第九条　工业和信息化部代表国家向国际电信组织或其它有关机构申请码号资源，提出国际码号资源修改、分配建议。

工业和信息化部授权的机构向国际电信组织或其它有关机构申请码号资源，或提出国际码号资源修改、分配建议，应当向工业和信息化部备案。

第十条　工业和信息化部根据国际电信组织的相关建议，以及电信网网络、技术、业务发展和码号资源使用情况，组织编制全国码号资源规划。各省、自治区、直辖市通信管理局依据工业和信息化部制定的码号资源总体规划，组织编制授权管理的行政区域内码号资源使用规划。

第二章　码号资源的申请与分配

第十一条　申请跨省、自治区、直辖市行政区域范围使用的码号，应当向工业和信息化部提出申请。

申请在省、自治区、直辖市行政区域范围内使用的码号，应当向当地省、自治区、直辖市通信管理局提出申请。

电信主管部门可以委托码号资源咨询受理机构承担码号资源申请的受理工作。

第十二条　码号申请人的资格条件以及可提出使用申请的码号资源范围，参见本办法所附目录。

码号申请人提出码号资源使用申请，应当提交本办法所附目录中要求的申请材料。

第十三条　有下述情形之一的，电信主管部门不受理码号申请：

1. 码号申请人不具备本办法所附目录规定的申请人资格的；

2. 码号申请人提出的码号资源超出本办法所附目录规定范围的；

3. 提交的申请材料不完备的；

4. 申请人违反本办法受到电信主管部门的行政处罚，申请人无法定事由拒不履行行政处罚决定的；

5. 申请人欠缴码号资源占用费的。

第十四条　电信业务经营者违反本办法，一年内受到工业和信息化部行政处罚

1 次的，自行政处罚做出之日起一年内，工业和信息化部不受理其码号申请；超过 1 次的，自第 2 次行政处罚做出之日起两年内，工业和信息化部不受理其码号申请。

电信业务经营者各省子公司、分公司或其他分支机构违反本办法，一年内受到省、自治区、直辖市通信管理局行政处罚 3 次的，自第 3 次行政处罚做出之日起一年内，当地省、自治区、直辖市通信管理局不受理其码号申请，且其不得在当地省、自治区、直辖市行政区域内使用工业和信息化部在此期间分配的码号资源；所受行政处罚超过 3 次的，自第 4 次行政处罚做出之日起两年内，当地省、自治区、直辖市通信管理局不受理其码号申请，且其不得在当地省、自治区、直辖市行政区域内使用工业和信息化部在此期间分配的码号资源。

第十五条 电信主管部门应当根据码号资源规划、申请码号的用途和申请人的预期服务能力审批码号。

前款所称预期服务能力，是指申请人申请码号时提出的、表明其在一定时间内服务应当达到的覆盖范围和用户容量等。

第十六条 工业和信息化部应当自收到申请人的申请材料之日起 10 个工作日内，发出是否受理的通知。自发出受理通知之日起 50 个工作日内，完成对申请材料的审查，作出批准或不予批准的决定。予以批准的，发给申请人正式批准文件，并抄送相关省、自治区、直辖市通信管理局和相关基础电信业务经营者；不予批准的，书面通知申请人并说明理由。

省、自治区、直辖市通信管理局应当自收到申请人的申请材料之日起 10 个工作日内，发出是否受理的通知。自发出受理通知之日起 30 个工作日内，完成对申请材料的审查，作出批准或不予批准的决定。予以批准的，发给申请人正式批准文件，并报工业和信息化部备案；不予批准的，书面通知申请人并说明理由。

第十七条 专用电信网单位应根据网内用户情况申请码号资源，需要使用本地网局号资源的，应向当地省、自治区、直辖市通信管理局提出申请。当地省、自治区、直辖市通信管理局根据本办法第十六条第二款的规定予以办理。

专用电信网单位需要使用千层号、百层号码号资源的，可与当地基础电信业务经营者协商，基础电信业务经营者无正当理由不得拒绝。基础电信业务经营者与专用电信网单位就码号资源的使用达成一致的，应将有关情况向当地省、自治区、直辖市通信管理局备案。

自基础电信业务经营者收到专用电信网单位的协商要求之日起 30 个工作日内，双方未能达成一致的，任何一方均可以申请当地省、自治区、直辖市通信管理局协调。省、自治区、直辖市通信管理局应当自收到书面申请之日起 10 个工作日内完成协调，经协调仍不能达成一致的，省、自治区、直辖市通信管理局组织专家公开论证，并作出是否允许专用电信网单位使用千层号、百层号码号资源的决定。

第十八条 码号申请人获准使用码号资源后，电信主管部门可以采用指配、随机选择和拍卖等方式分配码号。

码号资源拍卖管理办法由工业和信息化部另行制定。

电信业务经营者取得码号使用权后，不得向用户收取选号费或占用费。

第三章　码号资源的使用

第十九条　电信业务经营者使用码号资源的期限和范围，应当与电信业务经营许可证或相关批准文件的期限和使用范围相一致。其它码号使用者的使用期限为5年，使用范围由工业和信息化部或省、自治区、直辖市通信管理局根据具体情况确定。

码号使用期限届满或因业务发生变化停用的，码号使用者应自届满或停用之日起10个工作日内上报原码号分配机关。码号使用者需要延长码号使用期、扩大使用范围和改变码号用途的，应当向原码号分配机关办理有关手续。

本办法所称码号使用者，是指获准使用码号资源的电信业务经营者、专用电信网单位、政府部门、社会团体和其它企事业单位等。

第二十条　码号使用者应当在规定的时限内启用所分配的码号。有最低使用规模要求的，应达到规定的最低使用规模；无最低使用规模要求的，应达到预期的服务能力。

前款所称码号最低使用规模，是指码号使用者在规定的时限内利用码号开展业务时应当达到的最低业务覆盖范围和服务能力。

各类码号启用时限和最低使用规模参见本办法所附目录。

第二十一条　码号使用者应当严格按照电信主管部门审批时规定的码号结构、位长、用途、用户拨号方式和使用范围使用码号。

码号使用者不得转让或出租码号，不得超范围或跨本地网使用码号，不得将码号作为商标进行注册；未经工业和信息化部或省、自治区、直辖市通信管理局批准，码号使用者不得擅自改变码号用途。

第二十二条　专用电信网单位使用本地网码号资源实行属地管理。对跨本地网的专用电信网，应根据所跨本地网的服务范围，分别使用所属本地网的码号资源；本地网内的专用电信网应使用所属本地网码号资源。

第二十三条　码号使用者从工业和信息化部获得码号使用权后，应与相关基础电信业务经营者总公司协商签署码号开通协议。相关基础电信业务经营者总公司应自协议签署之日起10个工作日内，通知码号使用范围内所有子公司或者其他分支机构，配合码号使用者开通码号。

码号使用者对规定范围内码号开通的前期工作准备就绪后，应持工业和信息化部的批准文件和备案材料（包括码号启用技术方案、码号启用前期准备情况、码号启用实施进度安排和联系方式）向当地省、自治区、直辖市通信管理局备案。省、自治区、直辖市通信管理局应当自收齐上述材料之日起10个工作日内，向本地相关电信业务经营者和专用电信网单位发出备案通知。

各本地网内相关电信业务经营者或专用电信网单位应自码号使用者提出开通码号的书面要求和当地省、自治区、直辖市通信管理局备案通知收齐之日起10个工作日内，配合码号使用者完成局数据制作，开通码号，并在码号开通后5个工作日内将开通情况报当地省、自治区、直辖市通信管理局。

第二十四条 码号使用者从省、自治区、直辖市通信管理局获得码号使用权后，应当与省、自治区、直辖市内相关基础电信业务经营者协商签署码号开通协议。相关基础电信业务经营者应自协议签署之日起10个工作日内，通知码号使用范围内所有子公司或者其他分支机构，配合码号使用者开通码号，并在码号开通后5个工作日内将开通情况报当地省、自治区、直辖市通信管理局。

各本地网内相关电信业务经营者或专用电信网单位应自码号使用者提出开通码号的书面要求和当地省、自治区、直辖市通信管理局的批准文件收齐之日起10个工作日内，配合码号使用者完成局数据制作，开通码号。

第二十五条 码号使用者应当有效使用码号资源。电信业务经营者和专用电信网单位应于每年3月底前向原码号分配机关报告上年度码号资源使用情况和本年度码号资源使用需求。上报工业和信息化部的报告应同时抄报当地通信管理局。

报告的内容应当包括：

（一）码号启用时间、范围或数量；

（二）业务种类和服务能力；

（三）本企业（或单位）本年度电信网络、业务发展对码号资源的需求。

第二十六条 电信主管部门应当向社会公布码号资源分配和使用情况，并对使用情况实施监督检查。

码号使用者改变地址或联系方式的，应在变更后10个工作日内通知原码号分配机关。

第四章 码号资源的调整

第二十七条 电信主管部门对本地网用户电话号码升位实行计划管理，对局部用户号码调整实行备案管理，对长途编号区调整和短号码位长拓展实行审批管理。

未经工业和信息化部批准，任何单位和个人不得擅自调整长途编号区。具体长途编号区调整管理办法另行制定。

第二十八条 达到下列条件之一的，当地主导的电信业务经营者应当向其总公司提出本地网用户电话号码7位升8位计划，并同时报当地通信管理局：

（一）在7位编号本地网中，交换机容量达到120万门，局号利用率达到35%的；

（二）根据未来10年城市发展规划和电信网发展规划，交换机容量达到350万门，局号利用率达到30%的；

（三）尚未完全达到第（一）项、第（二）项条件，但由于城市发展，使原7位编号的某些P位局号严重紧张的；

（四）因城市信息化发展的需要以及基础电信业务经营者对电信网能力和新业务需求的增加，要求升8位的。

第二十九条 符合本办法第二十八条规定升8位条件，当地主导的电信业务经营者未提出升位计划的，当地通信管理局也可以提出升位建议。省、自治区通信管理局向工业和信息化部提出下年度用户电话号码升位建议的，应提前征求当地基础电信业务经营者意见，并于每年3月底前上报下年度需升位的本地网名称和各本地网升位建议。工业和信息化部收到省、自治区通信管理局升位建议后，初审符合本地网升位条件的，应通知相关基础电信业务经营者总公司和当地省、自治区通信管理局。

第三十条　本地网全网升位实施方案由所在本地网主导电信业务经营者总公司负责组织制订。当地主导电信业务经营者总公司应于每年8月底前统一将下年度需升位的本地网名称和各本地网具体升位实施方案报工业和信息化部。

前款所称升位实施方案的主要内容应当包括：

(一)码号使用现状及码号升位的必要性；

(二)未来5年、10年城市发展对号码资源的需求；

(三)号码升位技术方案和宣传方案；

(四)号码升位实施进度和宣传方案；

(五)技术保证措施；

(六)需要其它电信业务经营者配合的技术方案。

制定升位实施方案时，需要其他电信业务经营者配合的，省、自治区、直辖市通信管理局应负责协调。

第三十一条　工业和信息化部收到当地主导电信业务经营者总公司升位实施方案后，当年9月组织专家和基础电信业务经营者论证。经论证升位实施方案周密可行的，工业和信息化部列入下年度升位计划，于当年11月底前向社会公布，并通知相关基础电信业务经营者总公司做好升位前期准备和按时实施工作。

第三十二条　具体升位方案由当地主导电信业务经营者总公司负责组织实施，其他基础电信业务经营者总公司和专用电信网单位应予以配合，根据实施方案统一组织对本企业网络进行同步调整。

在号码升位方案具体实施中，当地通信管理局负责对行政区域内基础电信业务经营者和专网单位进行协调和监督，并在升位方案实施之前至少20个工作日组织现场测试。

在协调、监督和现场测试过程中发现可能影响升位的问题时，当地通信管理局应在5个工作日内报工业和信息化部。

第三十三条　电信业务经营者利用电信主管部门分配的码号资源提供电信业务时，应当保证电信用户的合法权益，不得随意更改调整号码。

电信业务经营者对局部用户号码进行调整的，应制订周密的调整方案，并将局部用户号码调整实施方案和用户权益保障措施提前向原码号分配机关备案。

第三十四条　拓展短号码位长的，码号使用者应向原码号分配机关提出申请，并报送相应拓展方案、技术实施方案和用户权益保障措施。

原码号分配机关自收到申请之日起30个工作日内，对申请人提交的申请和实施方案审查完毕，作出批准或不予批准的决定。予以批准的，发给申请人正式批准文件，并通知相关基础电信业务经营者；不予批准的，书面通知申请人并说明理由。

第三十五条 工业和信息化部根据码号资源情况，可以组织本地网用户电话号码升位、本地网长途编号区调整、短号码位长拓展和其它码号调整。省、自治区、直辖市通信管理局可以组织对授权管理的码号进行调整和位长拓展。

工业和信息化部或省、自治区、直辖市通信管理局要求或批准进行的本地网用户电话号码升位、长途编号区调整、短号码位长拓展和其它码号调整，电信用户和相关码号使用者应当予以配合。

第三十六条 本地网用户电话号码升位、短号码位长拓展和其它码号调整产生的码号资源，由工业和信息化部或省、自治区、直辖市通信管理局统一规划，重新分配。

第三十七条 本地网用户电话号码升位后，国际、国内长途来话（含 IP 来话）新旧号码并存服务时间为 2 个月，号码并存补位和冲突检测，由升位的本地网承担。并存期届满后，各基础电信业务经营者应对国际、国内长途来话（含 IP 来话）在网内实施拦截和语音提示，语音提示服务时间为 3 个月。

短号码位长拓展和局部用户号码调整的，码号使用者应至少提前 45 天向用户公告；短号码位长拓展和局部用户号码调整后，码号使用者应提示来话，来话提示服务时间不得少于 45 天。短号码位长拓展需要新、旧号码并存服务的，相关基础电信业务经营者应予以配合。

第三十八条 工业和信息化部或省、自治区、直辖市通信管理局在码号资源管理中，发现有下列情形之一的，可以收回已分配的码号资源：

（一）已终止占用码号资源的业务的；

（二）在规定时间内未启用码号资源的；

（三）以欺诈手段获得码号资源的；

（四）超过规定期限使用码号资源的；

（五）改变电信主管部门规定的码号结构、位长、拨号方式和使用范围使用码号资源的；

（六）擅自启用、扩大范围、改变用途、改变长途编号区或跨本地网使用用户号码资源的；

（七）转让、出租码号资源或将码号作为商标进行注册的；

（八）拒不按照规定缴纳码号资源使用费的；

（九）拒不执行电信主管部门的码号调整要求的。

第三十九条 电信主管部门决定收回的码号，相关基础电信业务经营者应按照电信主管部门的要求在规定的时间内对码号局数据进行调整。

第五章 罚 则

第四十条 违反本办法的规定有下列情形之一的，工业和信息化部或者省、自治区、直辖市通信管理局责令改正，视情节轻重可以给予警告，并处 5000 元以上 3 万元以下的罚款：

（一）以欺诈手段获得码号资源的；

（二）无正当理由拒绝专用电信网单位对码号资源需求的；

（三）向用户收取选号费或占用费的；

（四）改变用户拨号方式的，或将码号作为商标擅自进行注册的；

（五）未按照规定时间启用码号或未达到最低使用规模或预期服务能力的；

（六）未按规定报告码号资源使用情况的；

（七）未按规定向电信主管部门备案的；

（八）未按规定配合码号使用者制作局数据，开通码号的；

（九）未按规定组织或配合本地网号码升位方案制订或实施的；

（十）不配合或不按规定配合电信主管部门要求或批准进行的本地网号码升位、长途编号区调整、号码位长拓展和码号调整的；

（十一）未按规定保护电信用户号码使用权益的。

第四十一条　违反本办法，有下列情形之一的，由工业和信息化部或者省、自治区、直辖市通信管理局依据《中华人民共和国电信条例》第七十条的规定责令改正，没收违法所得，处违法所得 3 倍以上 5 倍以下罚款；没有违法所得或者违法所得不足 5 万元的，处 10 万元以上 100 万元以下罚款：

（一）擅自启用码号资源的；

（二）擅自拓展号码位长使用的；

（三）超过规定的使用期限继续使用码号资源的；

（四）擅自改变长途编号区或跨本地网使用用户号码资源的；

（五）擅自转让、出租或变相转让、出租码号资源的；

（六）擅自改变码号资源用途的。

第四十二条　当事人对工业和信息化部或省、自治区、直辖市通信管理局行政处罚决定不服的，可依法申请行政复议或者向人民法院提起诉讼。

第四十三条　从事码号资源管理的工作人员玩忽职守，滥用职权，徇私舞弊，构成犯罪的，依法追究刑事责任；尚不构成犯罪的，依法给予行政处分。

第六章　附　　则

第四十四条　未与公用电信网互联的专用电信网的用户编号和网络编号资源管理，不适用本办法。

第四十五条　本办法自 2003 年 3 月 1 日起施行。信息产业部 2000 年 4 月 25 日发布的《电信网码号资源管理暂行办法》（信息产业部令第 1 号）同时废止。

附件：电信网码号资源分类管理目录（略）

电信服务规范

（2005 年 3 月 13 日信息产业部发布）

第一条　为了提高电信服务的质量，维护电信用户的合法权利，保证电信服务和监管工作的系统化和规范化，依据《中华人民共和国电信条例》，制定本规范。

第二条 本规范适用于在中华人民共和国境内依法经营电信业务的电信业务经营者提供电信服务的活动。

第三条 本规范为电信业务经营者提供电信服务时应当达到的基本质量要求，是电信行业对社会公开的最低承诺，同时适用于单一电信业务网或多个电信业务网共同提供的电信业务。

电信业务经营者提供电信服务，应当符合本规范规定的服务质量指标和通信质量指标。

本规范所称服务质量指标，是指反映电信服务固有特性满足要求程度的，主要反映非技术因素的一组参数。

本规范所称通信质量指标，是指反映通信准确性、有效性和安全性的，主要反映技术因素的一组参数。

第四条 中华人民共和国信息产业部（以下简称信息产业部）组织制定全国的电信服务规范，监督检查电信服务规范在全国的实施。

各省、自治区、直辖市通信管理局（以下简称通信管理局）监督检查电信服务规范在本行政区域内的实施。

本规范中，信息产业部和通信管理局统称为电信管理机构。

第五条 电信业务经营者可以制定本企业的企业服务标准，电信业务经营者制定的企业服务标准不得低于本规范。

第六条 电信业务经营者应当采取有效措施，持续改进电信服务工作。

第七条 电信业务经营者应建立健全服务质量管理体系，并按规定的时间、内容和方式向电信管理机构报告，同时向社会通报本企业服务质量状况。

发生重大通信阻断时，电信业务经营者应当按规定的要求和时限向电信管理机构报告。在事故处理过程中，电信业务经营者应对所有与事故有关的数据进行采集、记录和保存，相关数据和书面记录至少保存六个月。

第八条 电信业务经营者提供电信服务时，应公布其业务种类、服务时限、资费标准和服务范围等内容，并报当地通信管理局备案。

由于电信业务经营者检修线路、设备搬迁、工程割接、网络及软件升级等可预见的原因，影响或可能影响用户使用的，应提前七十二小时通告所涉及的用户。影响用户的时间超过二十四小时或影响有特殊需求的用户使用时，应同时向当地通信管理局报告。

电信业务经营者停止经营某种业务时，应提前三十日通知所涉及用户，并妥善做好用户善后工作。

第九条 电信业务经营者应当执行国家电信资费管理的有关规定，明码标价，并采取有效措施，为用户交费和查询费用提供方便。

第十条 用户申请办理电信业务时，电信业务经营者应当向用户提供该项业务的说明。该说明应当包括该业务的业务功能、通达范围、业务取消方式、费用收取办法、交费时间、障碍申告电话、咨询服务电话等。电信业务宣传资料应针对业务全过程,通俗易懂,真实准确。

对用户暂停或停止服务时,应在二十四小时前通知用户。

第十一条 电信业务经营者不得以任何方式限定用户使用其指定的业务或购买其指定的电信终端设备。用户要求开通、变更或终止电信业务时,电信业务经营者无正当理由不得拖延、推诿和拒绝,不得胁迫、刁难用户。

经营本地电话业务和移动电话业务的电信业务经营者,应当全面建立公开、公平的电话号码用户选择机制。

第十二条 电信业务经营者应以书面形式或其他形式明确经营者与用户双方的权利和义务,其格式合同条款应做到公平合理、准确全面、简单明了。

第十三条 电信业务经营者应合理设置服务网点或代办点,合理安排服务时间或开设多种方式受理业务,方便用户。

上门服务人员应遵守预约时间,出示工作证明或佩带本企业标识,代经销人员应主动明示电信业务代理身份,爱护用户设施,保持环境整洁。

电信业务经营者应为残疾人和行动不便的老年用户提供便捷的服务。

第十四条 电信业务经营者应当建立与用户沟通的渠道和制度,听取用户的意见和建议,自觉改善服务工作。

电信业务经营者应当向用户提供业务咨询、查询和障碍申告受理等服务,并采取公布监督电话等形式,受理用户投诉。对于用户关于电信服务方面的投诉,电信业务经营者应在接到用户投诉之日起十五日内答复用户。

电信业务经营者在电信服务方面与用户发生纠纷的,在纠纷解决前,应当保存相关原始资料。

第十五条 电信业务经营者提供电信卡类业务时,应当向用户提供相应的服务保证,不得发行超出服务能力的电信卡。

电信业务经营者应当采取适当的方式明确电信业务经营者与持卡用户双方的权利、义务和违约责任,告知用户使用方法、资费标准、计费方式、有效期限以及其他应当告知用户的事项。

电信业务经营者不得做出对持卡用户不公平、不合理的规定,不得单方面免除或者限制电信业务经营者的责任,损害用户的合法权益。

第十六条 以代理形式开展电信服务的,代理人在提供电信服务活动时,应当执行本规范。电信业务经营者应加强对其业务代理商的管理,并负责管理和监督检查代办电信业务单位或个人的服务质量。

第十七条 通信管理局可以根据本地实际情况,对本规范的服务质量指标进行局部调整或补充。调整后的指标低于本规范的,应当报信息产业部批准。

通信管理局按照前款规定调整服务质量指标的,该行政区域应当执行调整后的服务质量指标。

第十八条 电信业务经营者可以根据用户的特殊需要,约定有关的业务受理、开通时限、故障处理时限等问题，但其服务质量不得低于本规范或者当地通信管理局制定的服务质量指标。

第十九条 电信业务经营者提供的电信服务未能达到本规范或者当地通信管理局制定的服务质量指标的，由电信管理机构责令改正。拒不改正的，处以警告，并处一万元以上三万元以下的罚款。

第二十条 信息产业部根据实际情况，可以对电信业务项目及其服务质量指标和通信质量指标（详见附录）做出调整，并重新公布实施。

第二十一条 本规定自2005年4月20日起施行，信息产业部制定的《电信服务标准（试行）》（信部电〔2000〕27号）同时废止。

附录1：电信服务规范——固定网本地及国内长途电话业务（略）

附录2：电信服务规范——数字蜂窝移动通信业务（略）

附录3：电信服务规范——因特网及其他数据通信业务（略）

附录4：电信服务规范——国内IP电话业务（略）

附录5：电信服务规范——无线寻呼业务（略）

附录6：电信服务规范——信息服务业务（略）

附录7：电信服务规范——国内甚小口径终端地球站（VSAT）通信业务（略）

附录8：电信服务规范——国内通信设施服务业务（略）

互联网安全保护技术措施规定

（2005年11月23日公安部部长办公会议通过）

第一条 为加强和规范互联网安全技术防范工作，保障互联网网络安全和信息安全，促进互联网健康、有序发展，维护国家安全、社会秩序和公共利益，根据《计算机信息网络国际联网安全保护管理办法》，制定本规定。

第二条 本规定所称互联网安全保护技术措施，是指保障互联网网络安全和信息安全、防范违法犯罪的技术设施和技术方法。

第三条 互联网服务提供者、联网使用单位负责落实互联网安全保护技术措施，并保障互联网安全保护技术措施功能的正常发挥。

第四条 互联网服务提供者、联网使用单位应当建立相应的管理制度。未经用户同意不得公开、泄露用户注册信息，但法律、法规另有规定的除外。

互联网服务提供者、联网使用单位应当依法使用互联网安全保护技术措施，不得利用互联网安全保护技术措施侵犯用户的通信自由和通信秘密。

第五条 公安机关公共信息网络安全监察部门负责对互联网安全保护技术措施的落实情况依法实施监督管理。

第六条 互联网安全保护技术措施应当符合国家标准。没有国家标准的，应当符合公共安全行业技术标准。

第七条 互联网服务提供者和联网使用单位应当落实以下互联网安全保护技

术措施：

（一）防范计算机病毒、网络入侵和攻击破坏等危害网络安全事项或者行为的技术措施；

（二）重要数据库和系统主要设备的冗灾备份措施；

（三）记录并留存用户登录和退出时间、主叫号码、账号、互联网地址或域名、系统维护日志的技术措施；

（四）法律、法规和规章规定应当落实的其他安全保护技术措施。

第八条　提供互联网接入服务的单位除落实本规定第七条规定的互联网安全保护技术措施外，还应当落实具有以下功能的安全保护技术措施：

（一）记录并留存用户注册信息；

（二）使用内部网络地址与互联网网络地址转换方式为用户提供接入服务的，能够记录并留存用户使用的互联网网络地址和内部网络地址对应关系；

（三）记录、跟踪网络运行状态，监测、记录网络安全事件等安全审计功能。

第九条　提供互联网信息服务的单位除落实本规定第七条规定的互联网安全保护技术措施外，还应当落实具有以下功能的安全保护技术措施：

（一）在公共信息服务中发现、停止传输违法信息，并保留相关记录；

（二）提供新闻、出版以及电子公告等服务的，能够记录并留存发布的信息内容及发布时间；

（三）开办门户网站、新闻网站、电子商务网站的，能够防范网站、网页被篡改，被篡改后能够自动恢复；

（四）开办电子公告服务的，具有用户注册信息和发布信息审计功能；

（五）开办电子邮件和网上短信息服务的，能够防范、清除以群发方式发送伪造、隐匿信息发送者真实标记的电子邮件或者短信息。

第十条　提供互联网数据中心服务的单位和联网使用单位除落实本规定第七条规定的互联网安全保护技术措施外，还应当落实具有以下功能的安全保护技术措施：

（一）记录并留存用户注册信息；

（二）在公共信息服务中发现、停止传输违法信息，并保留相关记录；

（三）联网使用单位使用内部网络地址与互联网网络地址转换方式向用户提供接入服务的，能够记录并留存用户使用的互联网网络地址和内部网络地址对应关系。

第十一条　提供互联网上网服务的单位，除落实本规定第七条规定的互联网安全保护技术措施外，还应当安装并运行互联网公共上网服务场所安全管理系统。

第十二条　互联网服务提供者依照本规定采取的互联网安全保护技术措施应当具有符合公共安全行业技术标准的联网接口。

第十三条　互联网服务提供者和联网使用单位依照本规定落实的记录留存技术措施，应当具有至少保存六十天记录备份的功能。

第十四条　互联网服务提供者和联网使用单位不得实施下列破坏互联网安全保护技术措施的行为：

(一)擅自停止或者部分停止安全保护技术设施、技术手段运行；

(二)故意破坏安全保护技术设施；

(三)擅自删除、篡改安全保护技术设施、技术手段运行程序和记录；

(四)擅自改变安全保护技术措施的用途和范围；

(五)其他故意破坏安全保护技术措施或者妨碍其功能正常发挥的行为。

第十五条 违反本规定第七条至第十四条规定的，由公安机关依照《计算机信息网络国际联网安全保护管理办法》第二十一条的规定予以处罚。

第十六条 公安机关应当依法对辖区内互联网服务提供者和联网使用单位安全保护技术措施的落实情况进行指导、监督和检查。

公安机关在依法监督检查时，互联网服务提供者、联网使用单位应当派人参加。公安机关对监督检查发现的问题，应当提出改进意见，通知互联网服务提供者、联网使用单位及时整改。

公安机关在监督检查时，监督检查人员不得少于二人，并应当出示执法身份证件。

第十七条 公安机关及其工作人员违反本规定，有滥用职权，徇私舞弊行为的，对直接负责的主管人员和其他直接责任人员依法给予行政处分；构成犯罪的，依法追究刑事责任。

第十八条 本规定所称互联网服务提供者，是指向用户提供互联网接入服务、互联网数据中心服务、互联网信息服务和互联网上网服务的单位。

本规定所称联网使用单位，是指为本单位应用需要连接并使用互联网的单位。

本规定所称提供互联网数据中心服务的单位，是指提供主机托管、租赁和虚拟空间租用等服务的单位。

第十九条 本规定自2006年3月1日起施行。

互联网IP地址备案管理办法

(2005年1月28日信息产业部第12次部务会议审议通过)

第一条 为加强对互联网IP地址资源使用的管理，保障互联网络的安全，维护广大互联网用户的根本利益，促进互联网业的健康发展，制定本办法。

第二条 在中华人民共和国境内直接从亚太互联网信息中心等具有IP地址管理权的国际机构获得IP地址的单位和具有分配IP地址供其他单位或者个人使用的单位，适用本办法。

第三条 直接从亚太互联网信息中心等具有IP地址管理权的国际机构获得IP地址自用或分配给其他用户使用的单位统称为第一级IP地址分配机构。

直接从第一级IP地址分配机构获得IP地址除自用外还分配给本单位互联网用户以外的其他用户使用的单位为第二级IP地址分配机构(以下各级IP地址分配机构的级别依此类推)。

第四条 国家对IP地址的分配使用实行备案管理。

第五条　中华人民共和国信息产业部（以下简称“信息产业部”）对基础电信业务经营者、公益性互联网络单位和中国互联网络信息中心的IP地址备案实施监督管理。

各省、自治区、直辖市通信管理局（以下简称“省通信管理局”）对本行政区域内其他各级IP地址分配机构的IP地址备案活动实施监督管理。

第六条　信息产业部统一建设并管理全国的互联网IP地址数据库，制定和调整IP地址分配机构需报备的IP地址信息；各省通信管理局通过使用全国互联网IP地址数据库管理本行政区域内各级IP地址分配机构报备的IP地址信息。

第七条　各级IP地址分配机构应当通过信息产业部指定的网站，按照IP地址备案的要求以电子形式报备IP地址信息。

第八条　各级IP地址分配机构在进行IP地址备案时，应当如实、完整地报备IP地址信息（需报备的IP地址信息参见本办法附录）。

第九条　各级IP地址分配机构应自取得IP地址之日起二十个工作日内完成IP地址信息的第一次报备。

第十条　各级IP地址分配机构申请和分配使用的IP地址信息发生变化的，IP地址分配机构应自变化之日起五个工作日内通过信息产业部指定的网站，按照IP地址备案的要求以电子形式提交变更后的IP地址信息。

各级IP地址分配机构的联系人或联系方式发生变更的，应自变更之日起十个工作日内报备变更后的信息。

第十一条　基础电信业务经营者IP地址信息的报备，由各基础电信业务经营者集团公司（总公司）和基础电信业务经营者的省级公司（省级分支机构）共同完成。

各基础电信业务经营者集团公司（总公司）按照本办法的规定完成由其申请、使用和分配到省级公司（省级分支机构）的IP地址信息的报备。各基础电信业务经营者的省级公司（省级分支机构）按照本办法的规定统一完成该省级公司（省级分支机构）及其所属公司（分支机构）申请、使用和分配的IP地址信息的报备。

第十二条　中国教育和科研计算机网、中国科学技术网、中国国际经济贸易互联网、中国长城互联网等公益性互联网的网络管理单位应当按照本办法的规定，统一完成其申请、使用和分配的IP地址信息的报备。

第十三条　IP地址分配机构同时是互联网接入服务提供者的，应当如实记录和保存由其提供接入服务的使用自带IP地址的用户的IP地址信息，并自提供接入服务之日起五日内，填报IP地址备案信息，进行备案。

第十四条　各级IP地址分配机构应当建立健全本单位的IP地址管理制度。

第十五条　各级IP地址分配机构分配IP地址时，应当通知其下一级IP地址分配机构报备IP地址信息。

第十六条　信息产业部和省通信管理局及其工作人员对IP地址分配机构报备的IP地址信息，有保密的义务。

信息产业部和省通信管理局及其工作人员不得向他人提供IP地址分配机构报备的IP地址信息，但法律、行政法规另有规定的除外。

第十七条 违反本办法第八条、第九条、第十条、第十三条的规定的，由信息产业部或者省通信管理局依据职权责令限期改正；逾期不改的，给予警告或者处人民币一万元罚款，或者同时处以上两种处罚。

第十八条 违反本办法第十四条规定，未建立IP地址管理制度的，由信息产业部或者省通信管理局依据职权责令限期改正；逾期不改的，给予警告或者处人民币五千元以上一万元以下罚款，或者同时处以上两种处罚。

第十九条 本办法实施前直接从亚太互联网信息中心等具有IP地址管理权的国际机构获得IP地址供本单位使用或者分配IP地址供其他单位或个人使用的，应自本办法施行之日起四十五个工作日内，按照本办法的规定完成备案手续。

第二十条 本办法自2005年3月20日起实施。

附录：

需报备的IP地址信息

一、备案单位基本情况，包括备案单位名称、备案单位地址、备案单位性质、电信业务经营许可证编号、联系人姓名、联系人电话、联系人电子邮件等。

二、备案单位的IP地址来源信息，包括IP地址来源机构名称、IP地址总量、各IP地址段起止地址码等。

三、备案单位的IP地址分配使用信息，包括：

（一）本单位自用的IP地址信息，包括IP地址总量、各IP地址段起止IP地址码、IP地址使用方式、网关IP地址、网关所在地址；

（二）尚未分配的IP地址信息，包括IP地址总量、各IP地址段起止地址码；

（三）向其他用户分配的IP地址信息，包括所分配的用户基本信息（包括用户名称、单位类别、单位所属行业、单位详细地址、联系人姓名、联系人电话、联系人电子邮件）、所分配的IP地址总量、各IP地址段起止地址码、网关IP地址、网关所在地址、IP地址使用方式。

四、自带IP地址的互联网接入用户信息，包括用户基本信息（含用户名称、单位类别、单位所属行业、单位详细地址、联系人姓名、联系人电话、联系人电子邮件）、自带IP地址总量、IP地址段起止地址码、自带IP地址的来源、网关IP地址、网关所在地址、IP地址使用方式等。

电子认证服务管理办法

（2009年2月18日工业和信息化部令第1号公布　根据2015年4月29日工业和信息化部令第29号公布的《工业和信息化部关于修改部分规章的决定》修订）

第一章　总　　则

第一条 为了规范电子认证服务行为，对电子认证服务提供者实施监督管理，根据《中华人民共和国电子签名法》和其他法律、行政法规的规定，制定本办法。

第二条　本办法所称电子认证服务，是指为电子签名相关各方提供真实性、可靠性验证的活动。

本办法所称电子认证服务提供者，是指为需要第三方认证的电子签名提供认证服务的机构（以下称为“电子认证服务机构”）。

向社会公众提供服务的电子认证服务机构应当依法设立。

第三条　在中华人民共和国境内设立电子认证服务机构和为电子签名提供电子认证服务，适用本办法。

第四条　中华人民共和国工业和信息化部（以下简称“工业和信息化部”）依法对电子认证服务机构和电子认证服务实施监督管理。

第二章　电子认证服务机构

第五条　电子认证服务机构应当具备下列条件：

（一）具有独立的企业法人资格。

（二）具有与提供电子认证服务相适应的人员。从事电子认证服务的专业技术人员、运营管理人员、安全管理人员和客户服务人员不少于三十名，并且应当符合相应岗位技能要求。

（三）注册资本不低于人民币三千万元。

（四）具有固定的经营场所和满足电子认证服务要求的物理环境。

（五）具有符合国家有关安全标准的技术和设备。

（六）具有国家密码管理机构同意使用密码的证明文件。

（七）法律、行政法规规定的其他条件。

第六条　申请电子认证服务许可的，应当向工业和信息化部提交下列材料：

（一）书面申请。

（二）人员证明。

（三）企业法人营业执照副本及复印件。

（四）经营场所证明。

（五）国家有关认证检测机构出具的技术、设备、物理环境符合国家有关安全标准的凭证。

（六）国家密码管理机构同意使用密码的证明文件。

第七条　工业和信息化部对提交的申请材料进行形式审查。申请材料齐全、符合法定形式的，应当向申请人出具受理通知书。申请材料不齐全或者不符合法定形式的，应当当场或者在五日内一次告知申请人需要补正的全部内容。

第八条　工业和信息化部对决定受理的申请材料进行实质审查。需要对有关内容进行核实的，指派两名以上工作人员实地进行核查。

第九条　工业和信息化部对与申请人有关事项书面征求中华人民共和国商务部等有关部门的意见。

第十条 工业和信息化部应当自接到申请之日起四十五日内作出准予许可或者不予许可的书面决定。不予许可的，应当书面通知申请人并说明理由；准予许可的，颁发《电子认证服务许可证》，并公布下列信息：

（一）《电子认证服务许可证》编号。

（二）电子认证服务机构名称。

（三）发证机关和发证日期。

电子认证服务许可相关信息发生变更的，工业和信息化部应当及时公布。

《电子认证服务许可证》的有效期为五年。

第十一条 电子认证服务机构不得倒卖、出租、出借或者以其他形式非法转让《电子认证服务许可证》。

第十二条 取得认证资格的电子认证服务机构，在提供电子认证服务之前，应当通过互联网公布下列信息：

（一）机构名称和法定代表人。

（二）机构住所和联系办法。

（三）《电子认证服务许可证》编号。

（四）发证机关和发证日期。

（五）《电子认证服务许可证》有效期的起止时间。

第十三条 电子认证服务机构在《电子认证服务许可证》的有效期内变更公司名称、住所、法定代表人、注册资本的，应当在完成工商变更登记之日起15日内办理《电子认证服务许可证》变更手续。

第十四条 《电子认证服务许可证》的有效期届满需要延续的，电子认证服务机构应当在许可证有效期届满三十日前向工业和信息化部申请办理延续手续，并自办结之日起五日内按照本办法第十二条的规定公布相关信息。

第三章 电子认证服务

第十五条 电子认证服务机构应当按照工业和信息化部公布的《电子认证业务规则规范》等要求，制定本机构的电子认证业务规则和相应的证书策略，在提供电子认证服务前予以公布，并向工业和信息化部备案。

电子认证业务规则和证书策略发生变更的，电子认证服务机构应当予以公布，并自公布之日起三十日内向工业和信息化部备案。

第十六条 电子认证服务机构应当按照公布的电子认证业务规则提供电子认证服务。

第十七条 电子认证服务机构应当保证提供下列服务：

（一）制作、签发、管理电子签名认证证书。

（二）确认签发的电子签名认证证书的真实性。

（三）提供电子签名认证证书目录信息查询服务。

（四）提供电子签名认证证书状态信息查询服务。

第十八条 电子认证服务机构应当履行下列义务：

（一）保证电子签名认证证书内容在有效期内完整、准确。

（二）保证电子签名依赖方能够证实或者了解电子签名认证证书所载内容及其他有关事项。

（三）妥善保存与电子认证服务相关的信息。

第十九条 电子认证服务机构应当建立完善的安全管理和内部审计制度。

第二十条 电子认证服务机构应当遵守国家的保密规定，建立完善的保密制度。

电子认证服务机构对电子签名人和电子签名依赖方的资料，负有保密的义务。

第二十一条 电子认证服务机构在受理电子签名认证证书申请前，应当向申请人告知下列事项：

（一）电子签名认证证书和电子签名的使用条件。

（二）服务收费的项目和标准。

（三）保存和使用证书持有人信息的权限和责任。

（四）电子认证服务机构的责任范围。

（五）证书持有人的责任范围。

（六）其他需要事先告知的事项。

第二十二条 电子认证服务机构受理电子签名认证申请后，应当与证书申请人签订合同，明确双方的权利义务。

第四章 电子认证服务的暂停、终止

第二十三条 电子认证服务机构在《电子认证服务许可证》的有效期内拟终止电子认证服务的，应当在终止服务六十日前向工业和信息化部报告，并办理《电子认证服务许可证》注销手续。

第二十四条 电子认证服务机构拟暂停或者终止电子认证服务的，应当在暂停或者终止电子认证服务九十日前，就业务承接及其他有关事项通知有关各方。

电子认证服务机构拟暂停或者终止电子认证服务的，应当在暂停或者终止电子认证服务六十日前向工业和信息化部报告，并与其他电子认证服务机构就业务承接进行协商，作出妥善安排。

第二十五条 电子认证服务机构拟暂停或者终止电子认证服务，未能就业务承接事项与其他电子认证服务机构达成协议的，应当申请工业和信息化部安排其他电子认证服务机构承接其业务。

第二十六条 电子认证服务机构被依法吊销电子认证服务许可的，其业务承接事项按照工业和信息化部的规定处理。

第二十七条 电子认证服务机构有根据工业和信息化部的安排承接其他机构开展的电子认证服务业务的义务。

第五章 电子签名认证证书

第二十八条 电子签名认证证书应当准确载明下列内容：

(一)签发电子签名认证证书的电子认证服务机构名称。

(二)证书持有人名称。

(三)证书序列号。

(四)证书有效期。

(五)证书持有人的电子签名验证数据。

(六)电子认证服务机构的电子签名。

(七)工业和信息化部规定的其他内容。

第二十九条 有下列情况之一的,电子认证服务机构可以撤销其签发的电子签名认证证书:

(一)证书持有人申请撤销证书。

(二)证书持有人提供的信息不真实。

(三)证书持有人没有履行双方合同规定的义务。

(四)证书的安全性不能得到保证。

(五)法律、行政法规规定的其他情况。

第三十条 有下列情况之一的,电子认证服务机构应当对申请人提供的证明身份的有关材料进行查验,并对有关材料进行审查:

(一)申请人申请电子签名认证证书。

(二)证书持有人申请更新证书。

(三)证书持有人申请撤销证书。

第三十一条 电子认证服务机构更新或者撤销电子签名认证证书时,应当予以公告。

第六章 监督管理

第三十二条 工业和信息化部对电子认证服务机构进行定期、不定期的监督检查,监督检查的内容主要包括法律法规符合性、安全运营管理、风险管理等。

工业和信息化部对电子认证服务机构实行监督检查时,应当记录监督检查的情况和处理结果,由监督检查人员签字后归档。公众有权查阅监督检查记录。

工业和信息化部对电子认证服务机构实行监督检查,不得妨碍电子认证服务机构正常的生产经营活动,不得收取任何费用。

第三十三条 取得电子认证服务许可的电子认证服务机构,在电子认证服务许可的有效期内不得降低其设立时所应具备的条件。

第三十四条 电子认证服务机构应当如实向工业和信息化部报送认证业务开展情况报告、财务会计报告等有关资料。

第三十五条 电子认证服务机构有下列情况之一的,应当及时向工业和信息化部报告:

(一)重大系统、关键设备事故。

(二)重大财产损失。

（三）重大法律诉讼。

（四）关键岗位人员变动。

第三十六条　电子认证服务机构应当对其从业人员进行岗位培训。

第三十七条　工业和信息化部根据监督管理工作的需要，可以委托有关省、自治区和直辖市信息产业主管部门承担具体的监督管理事项。

第七章　罚　　则

第三十八条　电子认证服务机构向工业和信息化部隐瞒有关情况、提供虚假材料或者拒绝提供反映其活动的真实材料的，由工业和信息化部责令改正，给予警告或者处以5000元以上1万元以下的罚款。

第三十九条　工业和信息化部与省、自治区、直辖市信息产业主管部门的工作人员，不依法履行监督管理职责的，由工业和信息化部或者省、自治区、直辖市信息产业主管部门依据职权视情节轻重，分别给予警告、记过、记大过、降级、撤职、开除的行政处分；构成犯罪的，依法追究刑事责任。

第四十条　电子认证服务机构违反本办法第十三条、第十五条、第二十七条的规定的，由工业和信息化部依据职权责令限期改正，处以警告，可以并处1万元以下的罚款。

第四十一条　电子认证服务机构违反本办法第三十三条的规定的，由工业和信息化部依据职权责令限期改正，处以3万元以下的罚款，并将上述情况向社会公告。

第八章　附　　则

第四十二条　经工业和信息化部根据有关协议或者对等原则核准后，中华人民共和国境外的电子认证服务机构在境外签发的电子签名认证证书与依照本办法设立的电子认证服务机构签发的电子签名认证证书具有同等的法律效力。

第四十三条　本办法自2009年3月31日起施行。2005年2月8日发布的《电子认证服务管理办法》（中华人民共和国信息产业部令第35号）同时废止。

互联网电子邮件服务管理办法

（2005年11月7日信息产业部第15次部务会议审议通过）

第一条　为了规范互联网电子邮件服务，保障互联网电子邮件服务使用者的合法权利，根据《中华人民共和国电信条例》和《互联网信息服务管理办法》等法律、行政法规的规定，制定本办法。

第二条　在中华人民共和国境内提供互联网电子邮件服务以及为互联网电子邮件服务提供接入服务和发送互联网电子邮件，适用本办法。

本办法所称互联网电子邮件服务，是指设置互联网电子邮件服务器，为互联网用户发送、接收互联网电子邮件提供条件的行为。

第三条 公民使用互联网电子邮件服务的通信秘密受法律保护。除因国家安全或者追查刑事犯罪的需要,由公安机关或者检察机关依照法律规定的程序对通信内容进行检查外,任何组织或者个人不得以任何理由侵犯公民的通信秘密。

第四条 提供互联网电子邮件服务,应当事先取得增值电信业务经营许可或者依法履行非经营性互联网信息服务备案手续。

未取得增值电信业务经营许可或者未履行非经营性互联网信息服务备案手续,任何组织或者个人不得在中华人民共和国境内开展互联网电子邮件服务。

第五条 互联网接入服务提供者等电信业务提供者,不得为未取得增值电信业务经营许可或者未履行非经营性互联网信息服务备案手续的组织或者个人开展互联网电子邮件服务提供接入服务。

第六条 国家对互联网电子邮件服务提供者的电子邮件服务器 IP 地址实行登记管理。互联网电子邮件服务提供者应当在电子邮件服务器开通前二十日将互联网电子邮件服务器所使用的 IP 地址向中华人民共和国信息产业部(以下简称"信息产业部")或者省、自治区、直辖市通信管理局(以下简称"通信管理局")登记。

互联网电子邮件服务提供者拟变更电子邮件服务器 IP 地址的,应当提前三十日办理变更手续。

第七条 互联网电子邮件服务提供者应当按照信息产业部制定的技术标准建设互联网电子邮件服务系统,关闭电子邮件服务器匿名转发功能,并加强电子邮件服务系统的安全管理,发现网络安全漏洞后应当及时采取安全防范措施。

第八条 互联网电子邮件服务提供者向用户提供服务,应当明确告知用户服务内容和使用规则。

第九条 互联网电子邮件服务提供者对用户的个人注册信息和互联网电子邮件地址,负有保密的义务。

互联网电子邮件服务提供者及其工作人员不得非法使用用户的个人注册信息资料和互联网电子邮件地址;未经用户同意,不得泄露用户的个人注册信息和互联网电子邮件地址,但法律、行政法规另有规定的除外。

第十条 互联网电子邮件服务提供者应当记录经其电子邮件服务器发送或者接收的互联网电子邮件的发送或者接收时间、发送者和接收者的互联网电子邮件地址及 IP 地址。上述记录应当保存六十日,并在国家有关机关依法查询时予以提供。

第十一条 任何组织或者个人不得制作、复制、发布、传播包含《中华人民共和国电信条例》第五十七条规定内容的互联网电子邮件。

任何组织或者个人不得利用互联网电子邮件从事《中华人民共和国电信条例》第五十八条禁止的危害网络安全和信息安全的活动。

第十二条 任何组织或者个人不得有下列行为:

(一)未经授权利用他人的计算机系统发送互联网电子邮件;

(二)将采用在线自动收集、字母或者数字任意组合等手段获得的他人的互联网电子邮件地址用于出售、共享、交换或者向通过上述方式获得的电子邮件地址发送互联网电子邮件。

第十三条 任何组织或者个人不得有下列发送或者委托发送互联网电子邮件的行为：

（一）故意隐匿或者伪造互联网电子邮件信封信息；

（二）未经互联网电子邮件接收者明确同意，向其发送包含商业广告内容的互联网电子邮件；

（三）发送包含商业广告内容的互联网电子邮件时，未在互联网电子邮件标题信息前部注明“广告”或者“AD”字样。

第十四条 互联网电子邮件接收者明确同意接收包含商业广告内容的互联网电子邮件后，拒绝继续接收的，互联网电子邮件发送者应当停止发送。双方另有约定的除外。

互联网电子邮件服务发送者发送包含商业广告内容的互联网电子邮件，应当向接收者提供拒绝继续接收的联系方式，包括发送者的电子邮件地址，并保证所提供的联系方式在30日内有效。

第十五条 互联网电子邮件服务提供者、为互联网电子邮件服务提供接入服务的电信业务提供者应当受理用户对互联网电子邮件的举报，并为用户提供便捷的举报方式。

第十六条 互联网电子邮件服务提供者、为互联网电子邮件服务提供接入服务的电信业务提供者应当按照下列要求处理用户举报：

（一）发现被举报的互联网电子邮件明显含有本办法第十一条第一款规定的禁止内容的，应当及时向国家有关机关报告；

（二）本条第（一）项规定之外的其他被举报的互联网电子邮件，应当向信息产业部委托中国互联网协会设立的互联网电子邮件举报受理中心（以下简称“互联网电子邮件举报受理中心”）报告；

（三）被举报的互联网电子邮件涉及本单位的，应当立即开展调查，采取合理有效的防范或处理措施，并将有关情况和调查结果及时向国家有关机关或者互联网电子邮件举报受理中心报告。

第十七条 互联网电子邮件举报受理中心依照信息产业部制定的工作制度和流程开展以下工作：

（一）受理有关互联网电子邮件的举报；

（二）协助信息产业部或者通信管理局认定被举报的互联网电子邮件是否违反本办法有关条款的规定，并协助追查相关责任人；

（三）协助国家有关机关追查违反本办法第十一条规定的相关责任人。

第十八条 互联网电子邮件服务提供者、为互联网电子邮件服务提供接入服务的电信业务提供者，应当积极配合国家有关机关和互联网电子邮件举报受理中心开展调查工作。

第十九条 违反本办法第四条规定，未取得增值电信业务经营许可或者未履行非经营性互联网信息服务备案手续开展互联网电子邮件服务的，依据《互联网信息服务管理办法》第十九条的规定处罚。

第二十条 违反本办法第五条规定的，由信息产业部或者通信管理局依据职权责令改正，并处一万元以下的罚款。

第二十一条 未履行本办法第六条、第七条、第八条、第十条规定义务的，由信息产业部或者通信管理局依据职权责令改正，并处五千元以上一万元以下的罚款。

第二十二条 违反本办法第九条规定的，由信息产业部或者通信管理局依据职权责令改正，并处一万元以下的罚款；有违法所得的，并处三万元以下的罚款。

第二十三条 违反本办法第十一条规定的，依据《中华人民共和国电信条例》第六十七条的规定处理。

互联网电子邮件服务提供者等电信业务提供者有本办法第十一条规定的禁止行为的，信息产业部或者通信管理局依据《中华人民共和国电信条例》第七十八条、《互联网信息服务管理办法》第二十条的规定处罚。

第二十四条 违反本办法第十二条、第十三条、第十四条规定的，由信息产业部或者通信管理局依据职权责令改正，并处一万元以下的罚款；有违法所得的，并处三万元以下的罚款。

第二十五条 违反本办法第十五条、第十六条和第十八条规定的，由信息产业部或者通信管理局依据职权予以警告，并处五千元以上一万元以下的罚款。

第二十六条 本办法所称互联网电子邮件地址是指由一个用户名与一个互联网域名共同构成的、可据此向互联网电子邮件用户发送电子邮件的全球唯一性的终点标识。

本办法所称互联网电子邮件信封信息是指附加在互联网电子邮件上，用于标识互联网电子邮件发送者、接收者和传递路由等反映互联网电子邮件来源、终点和传递过程的信息。

本办法所称互联网电子邮件标题信息是指附加在互联网电子邮件上，用于标识互联网电子邮件内容主题的信息。

第二十七条 本办法自2006年3月30日起施行。

电信业务经营许可管理办法

（2017年6月21日工业和信息化部第31次部务会议审议通过）

第一章 总 则

第一条 为了加强电信业务经营许可管理，根据《中华人民共和国电信条例》及其他法律、行政法规的规定，制定本办法。

第二条 在中华人民共和国境内申请、审批、使用和管理电信业务经营许可证（以下简称经营许可证），适用本办法。

第三条 工业和信息化部和省、自治区、直辖市通信管理局（以下统称电信管理机构)是经营许可证的审批管理机构。

经营许可证审批管理应当遵循便民、高效、公开、公平、公正的原则。

工业和信息化部建立电信业务综合管理平台(以下简称管理平台),推进经营许可证的网上申请、审批和管理及相关信息公示、查询、共享,完善信用管理机制。

第四条 经营电信业务,应当依法取得电信管理机构颁发的经营许可证。

电信业务经营者在电信业务经营活动中,应当遵守经营许可证的规定,接受、配合电信管理机构的监督管理。

电信业务经营者按照经营许可证的规定经营电信业务受法律保护。

第二章 经营许可证的申请

第五条 经营基础电信业务,应当具备下列条件:

(一)经营者为依法设立的专门从事基础电信业务的公司,并且公司的国有股权或者股份不少于51%;

(二)有业务发展研究报告和组网技术方案;

(三)有与从事经营活动相适应的资金和专业人员;

(四)有从事经营活动的场地、设施及相应的资源;

(五)有为用户提供长期服务的信誉或者能力;

(六)在省、自治区、直辖市范围内经营的,注册资本最低限额为1亿元人民币;在全国或者跨省、自治区、直辖市范围经营的,注册资本最低限额为10亿元人民币;

(七)公司及其主要投资者和主要经营管理人员未被列入电信业务经营失信名单;

(八)国家规定的其他条件。

第六条 经营增值电信业务,应当具备下列条件:

(一)经营者为依法设立的公司;

(二)有与开展经营活动相适应的资金和专业人员;

(三)有为用户提供长期服务的信誉或者能力;

(四)在省、自治区、直辖市范围内经营的,注册资本最低限额为100万元人民币;在全国或者跨省、自治区、直辖市范围经营的,注册资本最低限额为1000万元人民币;

(五)有必要的场地、设施及技术方案;

(六)公司及其主要投资者和主要经营管理人员未被列入电信业务经营失信名单;

(七)国家规定的其他条件。

第七条 申请办理基础电信业务经营许可证的,应当向工业和信息化部提交下列申请材料:

(一)公司法定代表人签署的经营基础电信业务的书面申请,内容包括:申请经营电信业务的种类、业务覆盖范围、公司名称和联系方式等;

(二)公司营业执照副本及复印件;

(三)公司概况,包括公司基本情况,拟从事电信业务的机构设置和管理情况、技术力量和经营管理人员情况,与从事经营活动相适应的场地、设施等情况;

(四)公司章程、公司股权结构及股东的有关情况;

(五)业务发展研究报告,包括:经营电信业务的业务发展和实施计划、服务项目、业务覆盖范围、收费方案、预期服务质量、效益分析等;

(六)组网技术方案,包括:网络结构、网络规模、网络建设计划、网络互联方案、技术标准、电信设备的配置、电信资源使用方案等;

(七)为用户提供长期服务和质量保障的措施;

(八)网络与信息安全保障措施;

(九)证明公司信誉的有关材料;

(十)公司法定代表人签署的公司依法经营电信业务的承诺书。

第八条 申请办理增值电信业务经营许可证的,应当向电信管理机构提交下列申请材料:

(一)公司法定代表人签署的经营增值电信业务的书面申请,内容包括:申请经营电信业务的种类、业务覆盖范围、公司名称和联系方式等;

(二)公司营业执照副本及复印件;

(三)公司概况,包括:公司基本情况,拟从事电信业务的人员、场地和设施等情况;

(四)公司章程、公司股权结构及股东的有关情况;

(五)经营电信业务的业务发展和实施计划及技术方案;

(六)为用户提供长期服务和质量保障的措施;

(七)网络与信息安全保障措施;

(八)证明公司信誉的有关材料;

(九)公司法定代表人签署的公司依法经营电信业务的承诺书。

申请经营的电信业务依照法律、行政法规及国家有关规定须经有关主管部门事先审核同意的,应当提交有关主管部门审核同意的文件。

第三章 经营许可证的审批

第九条 经营许可证分为《基础电信业务经营许可证》和《增值电信业务经营许可证》两类。其中,《增值电信业务经营许可证》分为《跨地区增值电信业务经营许可证》和省、自治区、直辖市范围内的《增值电信业务经营许可证》。

《基础电信业务经营许可证》和《跨地区增值电信业务经营许可证》由工业和信息化部审批。省、自治区、直辖市范围内的《增值电信业务经营许可证》由省、自治区、直辖市通信管理局审批。

外商投资电信企业的经营许可证,由工业和信息化部根据《外商投资电信企业管理规定》审批。

第十条 工业和信息化部应当对申请经营基础电信业务的申请材料进行审查。申请材料齐全、符合法定形式的,应当向申请人出具受理申请通知书。申请材料不齐全或者不符合法定形式的,应当当场或者在五日内一次告知申请人需要补正的全部内容。

工业和信息化部受理申请之后，应当组织专家对第七条第五项、第六项、第八项申请材料进行评审，形成评审意见。

工业和信息化部应当自受理申请之日起180日内审查完毕，作出批准或者不予批准的决定。予以批准的，颁发《基础电信业务经营许可证》。不予批准的，应当书面通知申请人并说明理由。

第十一条　电信管理机构应当对申请经营增值电信业务的申请材料进行审查。申请材料齐全、符合法定形式的，应当向申请人出具受理申请通知书。申请材料不齐全或者不符合法定形式的，应当当场或者在五日内一次告知申请人需要补正的全部内容。

电信管理机构根据管理需要，可以组织专家对第八条第五项、第六项和第七项申请材料进行评审，形成评审意见。

电信管理机构应当自收到全部申请材料之日起60日内审查完毕，作出批准或者不予批准的决定。予以批准的，颁发《跨地区增值电信业务经营许可证》或者省、自治区、直辖市范围内的《增值电信业务经营许可证》。不予批准的，应当书面通知申请人并说明理由。

第十二条　电信管理机构需要对申请材料实质内容进行核实的，可以自行或者委托其他机构对申请人实地查验，申请人应当配合。

电信管理机构组织专家评审的，专家评审时间不计算在本办法第十条第三款和第十一条第三款规定的审查期限内。

第十三条　经营许可证由正文和附件组成。

经营许可证正文应当载明公司名称、法定代表人、业务种类（服务项目）、业务覆盖范围、有效期限、发证机关、发证日期、经营许可证编号等内容。

经营许可证附件可以规定特别事项，由电信管理机构对电信业务经营行为、电信业务经营者权利义务等作出特别要求。

经营许可证应当加盖发证机关印章。

工业和信息化部可以根据实际情况，调整经营许可证的内容，重新公布。

第十四条　《基础电信业务经营许可证》的有效期，根据电信业务种类分为5年、10年。

《跨地区增值电信业务经营许可证》和省、自治区、直辖市范围内的《增值电信业务经营许可证》的有效期为5年。

第十五条　经营许可证由公司法定代表人领取，或者由其委托的公司其他人员凭委托书领取。

第四章　经营许可证的使用

第十六条　电信业务经营者应当按照经营许可证所载明的电信业务种类，在规定的业务覆盖范围内，按照经营许可证的规定经营电信业务。

电信业务经营者应当在公司主要经营场所、网站主页、业务宣传材料等显著位置标明其经营许可证编号。

第十七条 获准经营无线电通信业务的，应当按照国家无线电管理相关规定，持经营许可证向无线电管理机构申请取得无线电频率使用许可。

第十八条 电信业务经营者经发证机关批准，可以授权其持股比例（包括直接持有和间接持有）不少于51%并符合经营电信业务条件的公司经营其获准经营的电信业务。发证机关应当在电信业务经营者的经营许可证中载明该被授权公司的名称、法定代表人、业务种类、业务覆盖范围等内容。

获准跨地区经营基础电信业务的公司在一个地区不能授权两家或者两家以上公司经营同一项基础电信业务。

第十九条 任何单位和个人不得伪造、涂改、冒用和以任何方式转让经营许可证。

第五章 经营行为的规范

第二十条 基础电信业务经营者应当按照公开、平等的原则为取得经营许可证的电信业务经营者提供经营相关电信业务所需的电信服务和电信资源，不得为无经营许可证的单位或者个人提供用于经营电信业务的电信资源或者提供网络接入、业务接入服务。

第二十一条 电信业务经营者不得以任何方式实施不正当竞争。

第二十二条 为增值电信业务经营者提供网络接入、代理收费和业务合作的基础电信业务经营者，应当对相应增值电信业务的内容、收费、合作行为等进行规范、管理，并建立相应的发现、监督和处置制度及措施。

第二十三条 基础电信业务经营者调整与增值电信业务经营者之间的合作条件的，应当事先征求相关增值电信业务经营者的意见。

有关意见征求情况及记录应当留存，并在电信管理机构监督检查时予以提供。

第二十四条 提供接入服务的增值电信业务经营者应当遵守下列规定：

（一）应当租用取得相应经营许可证的基础电信业务经营者提供的电信服务或者电信资源从事业务经营活动，不得向其他从事接入服务的增值电信业务经营者转租所获得的电信服务或者电信资源；

（二）为用户办理接入服务手续时，应当要求用户提供真实身份信息并予以查验；

（三）不得为未依法取得经营许可证或者履行非经营性互联网信息服务备案手续的单位或者个人提供接入或者代收费等服务；

（四）按照电信管理机构的规定，建立相应的业务管理系统，并按要求实现同电信管理机构相应系统对接，定期报送有关业务管理信息；

（五）对所接入网站传播违法信息的行为进行监督，发现传播明显属于《中华人民共和国电信条例》第五十六条规定的信息的，应当立即停止接入和代收费等服务，保存有关记录，并向国家有关机关报告；

（六）按照电信管理机构的要求终止或者暂停对违法网站的接入服务。

第二十五条 电信管理机构建立电信业务市场监测制度。相关电信业务经营者应当按照规定向电信管理机构报送相应的监测信息。

第二十六条　电信业务经营者应当按照国家和电信管理机构的规定，明确相应的网络与信息安全管理机构和专职网络与信息安全管理人员，建立网络与信息安全保障、网络安全防护、违法信息监测处置、新业务安全评估、网络安全监测预警、突发事件应急处置、用户信息安全保护等制度，并具备相应的技术保障措施。

第六章　经营许可证的变更、撤销、吊销和注销

第二十七条　经营许可证有效期届满需要继续经营的，应当提前 90 日向原发证机关提出延续经营许可证的申请；不再继续经营的，应当提前 90 日向原发证机关报告，并做好善后工作。

未在前款规定期限内提出延续经营许可证的申请，或者在经营许可证有效期内未开通电信业务的，有效期届满不予延续。

第二十八条　电信业务经营者或者其授权经营电信业务的公司，遇有因合并或者分立、股东变化等导致经营主体需要变更的情形，或者业务范围需要变化的，应当自公司作出决定之日起 30 日内向原发证机关提出申请。

电信业务经营者变更经营主体、股东的，应当符合本办法第五条、第六条、第九条第三款的有关规定。

第二十九条　在经营许可证的有效期内，变更公司名称、法定代表人、注册资本的，应当在完成公司的工商变更登记手续之日起 30 日内向原发证机关申请办理电信业务经营许可证变更手续。

第三十条　在经营许可证的有效期内，电信业务经营者需要终止经营的，应当符合下列条件：

（一）终止经营基础电信业务的，应当符合电信管理机构确定的电信行业管理总体布局；

（二）有可行的用户妥善处理方案并已妥善处理用户善后问题。

第三十一条　在经营许可证的有效期内，电信业务经营者需要终止经营的，应当向原发证机关提交下列申请材料：

（一）公司法定代表人签署并加盖印章的终止经营电信业务书面申请，内容包括：公司名称、联系方式、经营许可证编号、申请终止经营的电信业务种类、业务覆盖范围等；

（二）公司股东会或者股东大会关于同意终止经营电信业务的决定；

（三）公司法定代表人签署的做好用户善后处理工作的承诺书；

（四）公司关于解决用户善后问题的情况说明，内容包括：用户处理方案、社会公示情况说明、用户意见汇总、实施计划等；

（五）公司的经营许可证原件、营业执照复印件。

原发证机关收到终止经营电信业务的申请后应当向社会公示，公示期为 30 日。自公示期结束 60 日内，原发证机关应当完成审查工作，作出予以批准或者不

予批准的决定。对于符合终止经营电信业务条件的,原发证机关应当予以批准,收回并注销电信业务经营许可证或者注销相应的电信业务种类、业务覆盖范围;对于不符合终止经营电信业务条件的,原发证机关应当不予批准,书面通知申请人并说明理由。

第三十二条 有下列情形之一的,发证机关或者其上级机关可以撤销经营许可证:

(一)发证机关工作人员滥用职权、玩忽职守作出准予行政许可决定的;

(二)超越法定职权或者违反法定程序作出准予行政许可决定的;

(三)对不具备申请资格或者不符合申请条件的申请人准予行政许可的;

(四)依法可以撤销经营许可证的其他情形。

第三十三条 有下列情形之一的,发证机关应当注销经营许可证:

(一)电信业务经营者依法终止的;

(二)经营许可证有效期届满未延续的;

(三)电信业务经营者被有关机关依法处罚或者因不可抗力,导致电信业务经营许可事项无法实施的;

(四)经营许可证依法被撤销、吊销的;

(五)法律、法规规定应当注销经营许可证的其他情形。

第三十四条 发证机关吊销、撤销或者注销电信业务经营者的经营许可证后,应当向社会公布。

电信业务经营者被吊销、撤销或者注销经营许可证的,应当按照国家有关规定做好善后工作。

被吊销、撤销或者注销经营许可证的,应当将经营许可证交回原发证机关。

第七章 经营许可的监督检查

第三十五条 电信业务经营者应当在每年第一季度通过管理平台向发证机关报告下列信息:

(一)上一年度的电信业务经营情况;

(二)网络建设、业务发展、人员及机构变动情况;

(三)服务质量情况;

(四)网络与信息安全保障制度和措施执行情况;

(五)执行国家和电信管理机构有关规定及经营许可证特别事项的情况;

(六)发证机关要求报送的其他信息。

前款第一项至第三项规定的信息(涉及商业秘密的信息除外)应当向社会公示,第五项、第六项规定的信息由电信业务经营者选择是否向社会公示。

电信业务经营者应当对本条第一款规定的年报信息的真实性负责,不得弄虚作假或者隐瞒真实情况。

第三十六条 电信管理机构建立随机抽查机制,对电信业务经营者的年报信息、日常经营活动、执行国家和电信管理机构有关规定的情况等进行检查。

电信管理机构可以采取书面检查、实地核查、网络监测等方式，并可以委托第三方机构开展有关检查工作。

电信管理机构在抽查中发现电信业务经营者有违反电信管理规定的违法行为的，应当依法处理。

第三十七条　电信管理机构根据随机抽查、日常监督检查及行政处罚记录等情况，建立电信业务经营不良名单和电信业务经营失信名单。

电信业务经营不良名单和失信名单应当定期通过管理平台更新并向社会公示。

第三十八条　电信管理机构发现电信业务经营者未按照本办法第三十五条的规定报告年报信息的，应当要求其限期报告。电信业务经营者未按照电信管理机构要求的期限报告年报信息的，由电信管理机构列入电信业务经营不良名单。

依照前款规定列入电信业务经营不良名单的电信业务经营者，依照本办法规定履行报告年报信息义务的，经电信管理机构确认后移出。

第三十九条　获准跨地区经营电信业务的公司在有关省、自治区、直辖市设立、变更或者撤销分支机构的，应当自作出决定之日起30日内通过管理平台向原发证机关和当地电信管理机构报送有关信息。

省、自治区、直辖市通信管理局应当对跨地区电信业务经营者在当地开展电信业务的有关情况进行监督检查，并向工业和信息化部报告有关检查结果。

第四十条　电信管理机构开展监督检查，不得妨碍电信业务经营者正常的生产经营活动，不得收取任何费用。

电信管理机构开展监督检查时，应当记录监督检查的情况和处理结果，由监督检查人员签字后归档。

电信管理机构应当通过管理平台公示监督检查情况。

第四十一条　电信管理机构应当通过管理平台向社会公示电信业务经营者受到行政处罚的情况，并向相关基础电信业务经营者和提供接入服务的增值电信业务经营者通报。

第四十二条　电信业务经营者受到电信管理机构行政处罚的，由电信管理机构自作出行政处罚决定之日起30日内列入电信业务经营不良名单，但受到电信管理机构吊销经营许可证的处罚或者具有本办法规定直接列入电信业务经营失信名单情形的，直接列入失信名单。

列入电信业务经营不良名单的电信业务经营者，一年内未再次受到电信管理机构行政处罚的，由电信管理机构移出不良名单；三年内再次受到电信管理机构责令停业整顿、吊销经营许可证的处罚，或者具有工业和信息化部规定的其他情形的，由电信管理机构列入电信业务经营失信名单。

列入电信业务经营失信名单后，三年内未再次受到电信管理机构行政处罚的，由电信管理机构移出失信名单。

列入或者移出电信业务经营失信名单，应当同时将电信业务经营者的主要经营管理人员列入或者移出。

第四十三条 电信管理机构对列入电信业务经营不良名单和失信名单的电信业务经营者实施重点监管。

基础电信业务经营者和提供接入服务的增值电信业务经营者向其他增值电信业务经营者提供网络接入、代收费和业务合作时，应当把电信业务经营不良名单和失信名单作为重要考量因素。

第四十四条 任何单位或者个人发现电信业务经营者违反电信管理规定应当受到行政处罚的，可以向有关电信管理机构举报。

第八章 法律责任

第四十五条 隐瞒有关情况或者提供虚假材料申请电信业务经营许可的，电信管理机构不予受理或者不予行政许可，给予警告，申请人在一年内不得再次申请该行政许可。

以欺骗、贿赂等不正当手段取得电信业务经营许可的，电信管理机构撤销该行政许可，给予警告并直接列入电信业务经营失信名单，并视情节轻重处5000元以上3万元以下的罚款，申请人在三年内不得再次申请该行政许可；构成犯罪的，依法追究刑事责任。

第四十六条 违反本办法第十六条第一款、第二十八条第一款规定，擅自经营电信业务或者超范围经营电信业务的，依照《中华人民共和国电信条例》第六十九条规定予以处罚，其中情节严重、给予责令停业整顿处罚的，直接列入电信业务经营失信名单。

第四十七条 违反本办法第十九条规定的，依照《中华人民共和国电信条例》第六十八条规定予以处罚。

第四十八条 违反本办法第四条第二款、第二十条、第二十二条、第二十三条、第二十四条、第二十九条、第三十一条或者第三十五条第三款规定的，由电信管理机构责令改正，给予警告，可以并处5000元以上3万元以下的罚款。

《中华人民共和国网络安全法》《中华人民共和国电信条例》对前款规定的情形规定法律责任的，电信管理机构从其规定处理。

第四十九条 当事人对电信管理机构作出的行政许可、行政处罚决定不服的，可以依法申请行政复议或者提起行政诉讼。

当事人逾期不申请行政复议也不提起行政诉讼，又不履行行政处罚决定的，由作出行政处罚决定的电信管理机构申请人民法院强制执行，并列入电信业务经营失信名单。

第五十条 电信管理机构的工作人员在经营许可证管理工作中，玩忽职守、滥用职权、徇私舞弊，构成犯罪的，移交司法机关依法追究刑事责任；尚不构成犯罪的，由所在单位或者上级主管部门依法给予处分。

第九章　附　　则

第五十一条　经营许可证由工业和信息化部统一印制。

第五十二条　电信管理机构可以参照本办法组织开展电信业务商用试验活动。

第五十三条　本办法自2017年9月1日起施行。2009年3月5日公布的《电信业务经营许可管理办法》(工业和信息化部令第5号)同时废止。

通信网络安全防护管理办法

(2009年12月29日工业和信息化部第8次部务会议审议通过)

第一条　为了加强对通信网络安全的管理,提高通信网络安全防护能力,保障通信网络安全畅通,根据《中华人民共和国电信条例》,制定本办法。

第二条　中华人民共和国境内的电信业务经营者和互联网域名服务提供者(以下统称"通信网络运行单位")管理和运行的公用通信网和互联网(以下统称"通信网络")的网络安全防护工作,适用本办法。

本办法所称互联网域名服务,是指设置域名数据库或者域名解析服务器,为域名持有者提供域名注册或者权威解析服务的行为。

本办法所称网络安全防护工作,是指为防止通信网络阻塞、中断、瘫痪或者被非法控制,以及为防止通信网络中传输、存储、处理的数据信息丢失、泄露或者被篡改而开展的工作。

第三条　通信网络安全防护工作坚持积极防御、综合防范、分级保护的原则。

第四条　中华人民共和国工业和信息化部(以下简称工业和信息化部)负责全国通信网络安全防护工作的统一指导、协调和检查,组织建立健全通信网络安全防护体系,制定通信行业相关标准。

各省、自治区、直辖市通信管理局(以下简称通信管理局)依据本办法的规定,对本行政区域内的通信网络安全防护工作进行指导、协调和检查。

工业和信息化部与通信管理局统称"电信管理机构"。

第五条　通信网络运行单位应当按照电信管理机构的规定和通信行业标准开展通信网络安全防护工作,对本单位通信网络安全负责。

第六条　通信网络运行单位新建、改建、扩建通信网络工程项目,应当同步建设通信网络安全保障设施,并与主体工程同时进行验收和投入运行。

通信网络安全保障设施的新建、改建、扩建费用,应当纳入本单位建设项目概算。

第七条　通信网络运行单位应当对本单位已正式投入运行的通信网络进行单元划分,并按照各通信网络单元遭到破坏后可能对国家安全、经济运行、社会秩序、公众利益的危害程度,由低到高分别划分为一级、二级、三级、四级、五级。

电信管理机构应当组织专家对通信网络单元的分级情况进行评审。

通信网络运行单位应当根据实际情况适时调整通信网络单元的划分和级别，并按照前款规定进行评审。

第八条 通信网络运行单位应当在通信网络定级评审通过后三十日内，将通信网络单元的划分和定级情况按照以下规定向电信管理机构备案：

（一）基础电信业务经营者集团公司向工业和信息化部申请办理其直接管理的通信网络单元的备案；基础电信业务经营者各省（自治区、直辖市）子公司、分公司向当地通信管理局申请办理其负责管理的通信网络单元的备案；

（二）增值电信业务经营者向作出电信业务经营许可决定的电信管理机构备案；

（三）互联网域名服务提供者向工业和信息化部备案。

第九条 通信网络运行单位办理通信网络单元备案，应当提交以下信息：

（一）通信网络单元的名称、级别和主要功能；

（二）通信网络单元责任单位的名称和联系方式；

（三）通信网络单元主要负责人的姓名和联系方式；

（四）通信网络单元的拓扑架构、网络边界、主要软硬件及型号和关键设施位置；

（五）电信管理机构要求提交的涉及通信网络安全的其他信息。

前款规定的备案信息发生变化的，通信网络运行单位应当自信息变化之日起三十日内向电信管理机构变更备案。

通信网络运行单位报备的信息应当真实、完整。

第十条 电信管理机构应当对备案信息的真实性、完整性进行核查，发现备案信息不真实、不完整的，通知备案单位予以补正。

第十一条 通信网络运行单位应当落实与通信网络单元级别相适应的安全防护措施，并按照以下规定进行符合性评测：

（一）三级及三级以上通信网络单元应当每年进行一次符合性评测；

（二）二级通信网络单元应当每两年进行一次符合性评测。

通信网络单元的划分和级别调整的，应当自调整完成之日起九十日内重新进行符合性评测。

通信网络运行单位应当在评测结束后三十日内，将通信网络单元的符合性评测结果、整改情况或者整改计划报送通信网络单元的备案机构。

第十二条 通信网络运行单位应当按照以下规定组织对通信网络单元进行安全风险评估，及时消除重大网络安全隐患：

（一）三级及三级以上通信网络单元应当每年进行一次安全风险评估；

（二）二级通信网络单元应当每两年进行一次安全风险评估。

国家重大活动举办前，通信网络单元应当按照电信管理机构的要求进行安全风险评估。

通信网络运行单位应当在安全风险评估结束后三十日内，将安全风险评估结果、隐患处理情况或者处理计划报送通信网络单元的备案机构。

第十三条 通信网络运行单位应当对通信网络单元的重要线路、设备、系统和数据等进行备份。

第十四条 通信网络运行单位应当组织演练，检验通信网络安全防护措施的有效性。

通信网络运行单位应当参加电信管理机构组织开展的演练。

第十五条 通信网络运行单位应当建设和运行通信网络安全监测系统，对本单位通信网络的安全状况进行监测。

第十六条 通信网络运行单位可以委托专业机构开展通信网络安全评测、评估、监测等工作。

工业和信息化部应当根据通信网络安全防护工作的需要，加强对前款规定的受托机构的安全评测、评估、监测能力指导。

第十七条 电信管理机构应当对通信网络运行单位开展通信网络安全防护工作的情况进行检查。

电信管理机构可以采取以下检查措施：

（一）查阅通信网络运行单位的符合性评测报告和风险评估报告；

（二）查阅通信网络运行单位有关网络安全防护的文档和工作记录；

（三）向通信网络运行单位工作人员询问了解有关情况；

（四）查验通信网络运行单位的有关设施；

（五）对通信网络进行技术性分析和测试；

（六）法律、行政法规规定的其他检查措施。

第十八条 电信管理机构可以委托专业机构开展通信网络安全检查活动。

第十九条 通信网络运行单位应当配合电信管理机构及其委托的专业机构开展检查活动，对于检查中发现的重大网络安全隐患，应当及时整改。

第二十条 电信管理机构对通信网络安全防护工作进行检查，不得影响通信网络的正常运行，不得收取任何费用，不得要求接受检查的单位购买指定品牌或者指定单位的安全软件、设备或者其他产品。

第二十一条 电信管理机构及其委托的专业机构的工作人员对于检查工作中获悉的国家秘密、商业秘密和个人隐私，有保密的义务。

第二十二条 违反本办法第六条第一款、第七条第一款和第三款、第八条、第九条、第十一条、第十二条、第十三条、第十四条、第十五条、第十九条规定的，由电信管理机构依据职权责令改正；拒不改正的，给予警告，并处五千元以上三万元以下的罚款。

第二十三条 电信管理机构的工作人员违反本办法第二十条、第二十一条规定的，依法给予行政处分；构成犯罪的，依法追究刑事责任。

第二十四条 本办法自2010年3月1日起施行。

规范互联网信息服务市场秩序若干规定

（2011年12月7日工业和信息化部第22次部务会议审议通过）

第一条 为了规范互联网信息服务市场秩序，保护互联网信息服务提供者和用户的合法权益，促进互联网行业的健康发展，根据《中华人民共和国电信条例》、《互联网信息服务管理办法》等法律、行政法规的规定，制定本规定。

第二条 在中华人民共和国境内从事互联网信息服务及与互联网信息服务有关的活动，应当遵守本规定。

第三条 工业和信息化部和各省、自治区、直辖市通信管理局（以下统称“电信管理机构”）依法对互联网信息服务活动实施监督管理。

第四条 互联网信息服务提供者应当遵循平等、自愿、公平、诚信的原则提供服务。

第五条 互联网信息服务提供者不得实施下列侵犯其他互联网信息服务提供者合法权益的行为：

（一）恶意干扰用户终端上其他互联网信息服务提供者的服务，或者恶意干扰与互联网信息服务相关的软件等产品（“与互联网信息服务相关的软件等产品”以下简称“产品”）的下载、安装、运行和升级；

（二）捏造、散布虚假事实损害其他互联网信息服务提供者的合法权益，或者诋毁其他互联网信息服务提供者的服务或者产品；

（三）恶意对其他互联网信息服务提供者的服务或者产品实施不兼容；

（四）欺骗、误导或者强迫用户使用或者不使用其他互联网信息服务提供者的服务或者产品；

（五）恶意修改或者欺骗、误导、强迫用户修改其他互联网信息服务提供者的服务或者产品参数；

（六）其他违反国家法律规定，侵犯其他互联网信息服务提供者合法权益的行为。

第六条 对互联网信息服务提供者的服务或者产品进行评测，应当客观公正。

评测方公开或者向用户提供评测结果的，应当同时提供评测实施者、评测方法、数据来源、用户原始评价、评测手段和评测环境等与评测活动相关的信息。评测结果应当真实准确，与评测活动相关的信息应当完整全面。被评测的服务或者产品与评测方的服务或者产品相同或者功能类似的，评测结果中不得含有评测方的主观评价。

被评测方对评测结果有异议的，可以自行或者委托第三方就评测结果进行再评测，评测方应当予以配合。

评测方不得利用评测结果，欺骗、误导、强迫用户对被评测方的服务或者产品作出处置。

本规定所称评测，是指提供平台供用户评价，或者以其他方式对互联网信息服务或者产品的性能等进行评价和测试。

第七条 互联网信息服务提供者不得实施下列侵犯用户合法权益的行为：

（一）无正当理由拒绝、拖延或者中止向用户提供互联网信息服务或者产品；

（二）无正当理由限定用户使用或者不使用其指定的互联网信息服务或者产品；

（三）以欺骗、误导或者强迫等方式向用户提供互联网信息服务或者产品；

（四）提供的互联网信息服务或者产品与其向用户所作的宣传或者承诺不符；

（五）擅自改变服务协议或者业务规程，降低服务质量或者加重用户责任；

（六）与其他互联网信息服务提供者的服务或者产品不兼容时，未主动向用户提示和说明；

（七）未经提示并由用户主动选择同意，修改用户浏览器配置或者其他设置；

（八）其他违反国家法律规定，侵犯用户合法权益的行为。

第八条　互联网信息服务提供者在用户终端上进行软件下载、安装、运行、升级、卸载等操作的，应当提供明确、完整的软件功能等信息，并事先征得用户同意。

互联网信息服务提供者不得实施下列行为：

（一）欺骗、误导或者强迫用户下载、安装、运行、升级、卸载软件；

（二）未提供与软件安装方式同等或者更便捷的卸载方式；

（三）在未受其他软件影响和人为破坏的情况下，未经用户主动选择同意，软件卸载后有可执行代码或者其他不必要的文件驻留在用户终端。

第九条　互联网信息服务终端软件捆绑其他软件的，应当以显著的方式提示用户，由用户主动选择是否安装或者使用，并提供独立的卸载或者关闭方式，不得附加不合理条件。

第十条　互联网信息服务提供者在用户终端弹出广告或者其他与终端软件功能无关的信息窗口的，应当以显著的方式向用户提供关闭或者退出窗口的功能标识。

第十一条　未经用户同意，互联网信息服务提供者不得收集与用户相关、能够单独或者与其他信息结合识别用户的信息（以下简称“用户个人信息”），不得将用户个人信息提供给他人，但是法律、行政法规另有规定的除外。

互联网信息服务提供者经用户同意收集用户个人信息的，应当明确告知用户收集和处理用户个人信息的方式、内容和用途，不得收集其提供服务所必需以外的信息，不得将用户个人信息用于其提供服务之外的目的。

第十二条　互联网信息服务提供者应当妥善保管用户个人信息；保管的用户个人信息泄露或者可能泄露时，应当立即采取补救措施；造成或者可能造成严重后果的，应当立即向准予其互联网信息服务许可或者备案的电信管理机构报告，并配合相关部门进行的调查处理。

第十三条　互联网信息服务提供者应当加强系统安全防护，依法维护用户上载信息的安全，保障用户对上载信息的使用、修改和删除。

互联网信息服务提供者不得有下列行为：

（一）无正当理由擅自修改或者删除用户上载信息；

（二）未经用户同意，向他人提供用户上载信息，但是法律、行政法规另有规定的除外；

（三）擅自或者假借用户名义转移用户上载信息，或者欺骗、误导、强迫用户转移其上载信息；

（四）其他危害用户上载信息安全的行为。

第十四条　互联网信息服务提供者应当以显著的方式公布有效联系方式，接受用户及其他互联网信息服务提供者的投诉，并自接到投诉之日起十五日内作出答复。

第十五条 互联网信息服务提供者认为其他互联网信息服务提供者实施违反本规定的行为，侵犯其合法权益并对用户权益造成或者可能造成重大影响的，应当立即向准予该其他互联网信息服务提供者互联网信息服务许可或者备案的电信管理机构报告。

电信管理机构应当对报告或者发现的可能违反本规定的行为的影响进行评估；影响特别重大的，相关省、自治区、直辖市通信管理局应当向工业和信息化部报告。电信管理机构在依据本规定作出处理决定前，可以要求互联网信息服务提供者暂停有关行为，互联网信息服务提供者应当执行。

第十六条 互联网信息服务提供者违反本规定第五条、第七条或者第十三条的规定，由电信管理机构依据职权责令改正，处以警告，可以并处一万元以上三万元以下的罚款，向社会公告；其中，《中华人民共和国电信条例》或者《互联网信息服务管理办法》规定法律责任的，依照其规定处理。

第十七条 评测方违反本规定第六条的规定的，由电信管理机构依据职权处以警告，可以并处一万元以上三万元以下的罚款，向社会公告。

第十八条 互联网信息服务提供者违反本规定第八条、第九条、第十条、第十一条、第十二条或者第十四条的规定的，由电信管理机构依据职权处以警告，可以并处一万元以上三万元以下的罚款，向社会公告。

第十九条 互联网信息服务提供者违反本规定第十五条规定，不执行电信管理机构暂停有关行为的要求的，由电信管理机构依据职权处以警告，向社会公告。

第二十条 互联网信息服务提供者违反其他法律、行政法规规定的，依照其规定处理。

第二十一条 本规定自2012年3月15日起施行。

电话用户真实身份信息登记规定

（2013年6月28日工业和信息化部第2次部务会议审议通过）

第一条 为了规范电话用户真实身份信息登记活动，保障电话用户和电信业务经营者的合法权益，维护网络信息安全，促进电信业的健康发展，根据《全国人民代表大会常务委员会关于加强网络信息保护的决定》和《中华人民共和国电信条例》，制定本规定。

第二条 中华人民共和国境内的电话用户真实身份信息登记活动，适用本规定。

第三条 本规定所称电话用户真实身份信息登记，是指电信业务经营者为用户办理固定电话、移动电话（含无线上网卡，下同）等入网手续，在与用户签订协议或者确认提供服务时，如实登记用户提供的真实身份信息的活动。

本规定所称入网，是指用户办理固定电话装机、移机、过户，移动电话开户、过户等。

第四条 工业和信息化部和各省、自治区、直辖市通信管理局（以下统称电信管理机构)依法对电话用户真实身份信息登记工作实施监督管理。

第五条 电信业务经营者应当依法登记和保护电话用户办理入网手续时提供的真实身份信息。

第六条 电信业务经营者为用户办理入网手续时,应当要求用户出示有效证件、提供真实身份信息,用户应当予以配合。

用户委托他人办理入网手续的,电信业务经营者应当要求受托人出示用户和受托人的有效证件,并提供用户和受托人的真实身份信息。

第七条 个人办理电话用户真实身份信息登记的,可以出示下列有效证件之一:

(一)居民身份证、临时居民身份证或者户口簿;

(二)中国人民解放军军人身份证件、中国人民武装警察身份证件;

(三)港澳居民来往内地通行证、台湾居民来往大陆通行证或者其他有效旅行证件;

(四)外国公民护照;

(五)法律、行政法规和国家规定的其他有效身份证件。

第八条 单位办理电话用户真实身份信息登记的,可以出示下列有效证件之一:

(一)组织机构代码证;

(二)营业执照;

(三)事业单位法人证书或者社会团体法人登记证书;

(四)法律、行政法规和国家规定的其他有效证件或者证明文件。

单位办理登记的,除出示以上证件之一外,还应当出示经办人的有效证件和单位的授权书。

第九条 电信业务经营者应当对用户出示的证件进行查验,并如实登记证件类别以及证件上所记载的姓名(名称)、号码、住址信息;对于用户委托他人办理入网手续的,应当同时查验受托人的证件并登记受托人的上述信息。

为了方便用户提供身份信息、办理入网手续,保护用户的合法权益,电信业务经营者复印用户身份证件的,应当在复印件上注明电信业务经营者名称、复印目的和日期。

第十条 用户拒绝出示有效证件,拒绝提供其证件上所记载的身份信息,冒用他人的证件,或者使用伪造、变造的证件的,电信业务经营者不得为其办理入网手续。

第十一条 电信业务经营者在向电话用户提供服务期间及终止向其提供服务后两年内,应当留存用户办理入网手续时提供的身份信息和相关材料。

第十二条 电信业务经营者应当建立健全用户真实身份信息保密管理制度。

电信业务经营者及其工作人员对在提供服务过程中登记的用户真实身份信息应当严格保密,不得泄露、篡改或者毁损,不得出售或者非法向他人提供,不得用于提供服务之外的目的。

第十三条 电话用户真实身份信息发生或者可能发生泄露、毁损、丢失的,电信业务经营者应当立即采取补救措施;造成或者可能造成严重后果的,应当立即向相关电信管理机构报告，配合相关部门进行的调查处理。

电信管理机构应当对报告或者发现的可能违反电话用户真实身份信息保护规定的行为的影响进行评估；影响特别重大的，相关省、自治区、直辖市通信管理局应当向工业和信息化部报告。电信管理机构在依据本规定作出处理决定前，可以要求电信业务经营者暂停有关行为，电信业务经营者应当执行。

第十四条 电信业务经营者委托他人代理电话入网手续、登记电话用户真实身份信息的，应当对代理人的用户真实身份信息登记和保护工作进行监督和管理，不得委托不符合本规定有关用户真实身份信息登记和保护要求的代理人代办相关手续。

第十五条 电信业务经营者应当对其电话用户真实身份信息登记和保护情况每年至少进行一次自查，并对其工作人员进行电话用户真实身份信息登记和保护相关知识、技能和安全责任培训。

第十六条 电信管理机构应当对电信业务经营者的电话用户真实身份信息登记和保护情况实施监督检查。电信管理机构实施监督检查时，可以要求电信业务经营者提供相关材料，进入其生产经营场所调查情况，电信业务经营者应当予以配合。

电信管理机构实施监督检查，应当记录监督检查的情况，不得妨碍电信业务经营者正常的经营或者服务活动，不得收取任何费用。

电信管理机构及其工作人员对在实施监督检查过程中知悉的电话用户真实身份信息应当予以保密，不得泄露、篡改或者毁损，不得出售或者非法向他人提供。

第十七条 电信业务经营者违反本规定第六条、第九条至第十五条的规定，或者不配合电信管理机构依照本规定开展的监督检查的，由电信管理机构依据职权责令限期改正，予以警告，可以并处一万元以上三万元以下罚款，向社会公告。其中，《中华人民共和国电信条例》规定法律责任的，依照其规定处理；构成犯罪的，依法追究刑事责任。

第十八条 用户以冒用、伪造、变造的证件办理入网手续的，电信业务经营者不得为其提供服务，并由相关部门依照《中华人民共和国居民身份证法》、《中华人民共和国治安管理处罚法》、《现役军人和人民武装警察居民身份证申领发放办法》等规定处理。

第十九条 电信管理机构工作人员在对电话用户真实身份信息登记工作实施监督管理的过程中玩忽职守、滥用职权、徇私舞弊的，依法给予处理；构成犯罪的，依法追究刑事责任。

第二十条 电信业务经营者应当通过电话、短信息、书面函件或者公告等形式告知用户并采取便利措施，为本规定施行前尚未提供真实身份信息或者所提供身份信息不全的电话用户补办登记手续。

电信业务经营者为电话用户补办登记手续，不得擅自加重用户责任。

电信业务经营者应当在向尚未提供真实身份信息的用户确认提供服务时，要求用户提供真实身份信息。

第二十一条 本规定自2013年9月1日起施行。

电力监控系统安全防护规定

（2014年8月1日国家发展和改革委员会发布）

第一章　总　　则

第一条　为了加强电力监控系统的信息安全管理，防范黑客及恶意代码等对电力监控系统的攻击及侵害，保障电力系统的安全稳定运行，根据《电力监管条例》、《中华人民共和国计算机信息系统安全保护条例》和国家有关规定，结合电力监控系统的实际情况，制定本规定。

第二条　电力监控系统安全防护工作应当落实国家信息安全等级保护制度，按照国家信息安全等级保护的有关要求，坚持“安全分区、网络专用、横向隔离、纵向认证”的原则，保障电力监控系统的安全。

第三条　本规定所称电力监控系统，是指用于监视和控制电力生产及供应过程的、基于计算机及网络技术的业务系统及智能设备，以及做为基础支撑的通信及数据网络等。

第四条　本规定适用于发电企业、电网企业以及相关规划设计、施工建设、安装调试、研究开发等单位。

第五条　国家能源局及其派出机构依法对电力监控系统安全防护工作进行监督管理。

第二章　技术管理

第六条　发电企业、电网企业内部基于计算机和网络技术的业务系统，应当划分为生产控制大区和管理信息大区。

生产控制大区可以分为控制区（安全区Ⅰ）和非控制区（安全区Ⅱ）；管理信息大区内部在不影响生产控制大区安全的前提下，可以根据各企业不同安全要求划分安全区。

根据应用系统实际情况，在满足总体安全要求的前提下，可以简化安全区的设置，但是应当避免形成不同安全区的纵向交叉联接。

第七条　电力调度数据网应当在专用通道上使用独立的网络设备组网，在物理层面上实现与电力企业其他数据网及外部公用数据网的安全隔离。

电力调度数据网划分为逻辑隔离的实时子网和非实时子网，分别连接控制区和非控制区。

第八条　生产控制大区的业务系统在与其终端的纵向联接中使用无线通信网、电力企业其他数据网（非电力调度数据网）或者外部公用数据网的虚拟专用网络方式（VPN）等进行通信的，应当设立安全接入区。

第九条　在生产控制大区与管理信息大区之间必须设置经国家指定部门检测认证的电力专用横向单向安全隔离装置。

生产控制大区内部的安全区之间应当采用具有访问控制功能的设备、防火墙或者相当功能的设施，实现逻辑隔离。

安全接入区与生产控制大区中其他部分的联接处必须设置经国家指定部门检测认证的电力专用横向单向安全隔离装置。

第十条 在生产控制大区与广域网的纵向联接处应当设置经过国家指定部门检测认证的电力专用纵向加密认证装置或者加密认证网关及相应设施。

第十一条 安全区边界应当采取必要的安全防护措施，禁止任何穿越生产控制大区和管理信息大区之间边界的通用网络服务。

生产控制大区中的业务系统应当具有高安全性和高可靠性，禁止采用安全风险高的通用网络服务功能。

第十二条 依照电力调度管理体制建立基于公钥技术的分布式电力调度数字证书及安全标签，生产控制大区中的重要业务系统应当采用认证加密机制。

第十三条 电力监控系统在设备选型及配置时，应当禁止选用经国家相关管理部门检测认定并经国家能源局通报存在漏洞和风险的系统及设备；对于已经投入运行的系统及设备，应当按照国家能源局及其派出机构的要求及时进行整改，同时应当加强相关系统及设备的运行管理和安全防护。生产控制大区中除安全接入区外，应当禁止选用具有无线通信功能的设备。

第三章 安全管理

第十四条 电力监控系统安全防护是电力安全生产管理体系的有机组成部分。电力企业应当按照“谁主管谁负责，谁运营谁负责”的原则，建立健全电力监控系统安全防护管理制度，将电力监控系统安全防护工作及其信息报送纳入日常安全生产管理体系，落实分级负责的责任制。

电力调度机构负责直接调度范围内的下一级电力调度机构、变电站、发电厂涉网部分的电力监控系统安全防护的技术监督，发电厂内其他监控系统的安全防护可以由其上级主管单位实施技术监督。

第十五条 电力调度机构、发电厂、变电站等运行单位的电力监控系统安全防护实施方案必须经本企业的上级专业管理部门和信息安全管理部门以及相应电力调度机构的审核，方案实施完成后应当由上述机构验收。

接入电力调度数据网络的设备和应用系统，其接入技术方案和安全防护措施必须经直接负责的电力调度机构同意。

第十六条 建立健全电力监控系统安全防护评估制度，采取以自评估为主、检查评估为辅的方式，将电力监控系统安全防护评估纳入电力系统安全评价体系。

第十七条 建立健全电力监控系统安全的联合防护和应急机制，制定应急预案。电力调度机构负责统一指挥调度范围内的电力监控系统安全应急处理。

当遭受网络攻击，生产控制大区的电力监控系统出现异常或者故障时，应当立即向其上级电力调度机构以及当地国家能源局派出机构报告，并联合采取紧急防护措施,防止事态扩大,同时应当注意保护现场,以便进行调查取证。

第四章　保密管理

第十八条　电力监控系统相关设备及系统的开发单位、供应商应当以合同条款或者保密协议的方式保证其所提供的设备及系统符合本规定的要求,并在设备及系统的全生命周期内对其负责。

电力监控系统专用安全产品的开发单位、使用单位及供应商,应当按国家有关要求做好保密工作,禁止关键技术和设备的扩散。

第十九条　对生产控制大区安全评估的所有评估资料和评估结果,应当按国家有关要求做好保密工作。

第五章　监督管理

第二十条　国家能源局及其派出机构负责制定电力监控系统安全防护相关管理和技术规范,并监督实施。

第二十一条　对于不符合本规定要求的,相关单位应当在规定的期限内整改;逾期未整改的,由国家能源局及其派出机构依据国家有关规定予以处罚。

第二十二条　对于因违反本规定,造成电力监控系统故障的,由其上级单位按相关规程规定进行处理;发生电力设备事故或者造成电力安全事故(事件)的,按国家有关事故(事件)调查规定进行处理。

第六章　附　　则

第二十三条　本规定下列用语的含义或范围:

(一)电力监控系统具体包括电力数据采集与监控系统、能量管理系统、变电站自动化系统、换流站计算机监控系统、发电厂计算机监控系统、配电自动化系统、微机继电保护和安全自动装置、广域相量测量系统、负荷控制系统、水调自动化系统和水电梯级调度自动化系统、电能量计量系统、实时电力市场的辅助控制系统、电力调度数据网络等。

(二)电力调度数据网络,是指各级电力调度专用广域数据网络、电力生产专用拨号网络等。

(三)控制区,是指由具有实时监控功能、纵向联接使用电力调度数据网的实时子网或者专用通道的各业务系统构成的安全区域。

(四)非控制区,是指在生产控制范围内由在线运行但不直接参与控制、是电力生产过程的必要环节、纵向联接使用电力调度数据网的非实时子网的各业务系统构成的安全区域。

第二十四条　本规定自2014年9月1日起施行。2004年12月20日原国家电力监管委员会发布的《电力二次系统安全防护规定》(国家电力监管委员会令第5号)同时废止。

禁止非法生产销售使用窃听窃照专用器材和“伪基站”设备的规定

（2014 年 12 月 23 日国家工商行政管理总局、公安部、国家质量监督检验检疫总局发布）

第一条 为制止和打击非法生产、销售、使用窃听窃照专用器材和“伪基站”设备的违法犯罪行为，维护国家安全、公共安全和社会秩序，保障公民人身财产安全，制定本规定。

第二条 禁止自然人、法人及其他组织非法生产、销售、使用窃听窃照专用器材和“伪基站”设备。

第三条 本规定所称窃听专用器材，是指以伪装或者隐蔽方式使用，经公安机关依法进行技术检测后作出认定性结论，有以下情形之一的：

（一）具有无线发射、接收语音信号功能的发射、接收器材；

（二）微型语音信号拾取或者录制设备；

（三）能够获取无线通信信息的电子接收器材；

（四）利用搭接、感应等方式获取通讯线路信息的器材；

（五）利用固体传声、光纤、微波、激光、红外线等技术获取语音信息的器材；

（六）可遥控语音接收器件或者电子设备中的语音接收功能，获取相关语音信息，且无明显提示的器材（含软件）；

（七）其他具有窃听功能的器材。

第四条 本规定所称窃照专用器材，是指以伪装或者隐蔽方式使用，经公安机关依法进行技术检测后作出认定性结论，有以下情形之一的：

（一）具有无线发射功能的照相、摄像器材；

（二）微型针孔式摄像装置以及使用微型针孔式摄像装置的照相、摄像器材；

（三）取消正常取景器和回放显示器的微小相机和摄像机；

（四）利用搭接、感应等方式获取图像信息的器材；

（五）可遥控照相、摄像器件或者电子设备中的照相、摄像功能，获取相关图像信息，且无明显提示的器材（含软件）；

（六）其他具有窃照功能的器材。

第五条 本规定所称“伪基站”设备，是指未取得电信设备进网许可和无线电发射设备型号核准，具有搜取手机用户信息，强行向不特定用户手机发送短信息等功能，使用过程中会非法占用公众移动通信频率，局部阻断公众移动通信网络信号，经公安机关依法认定的非法无线电通信设备。

第六条 公安机关、工商行政管理部门和质量技术监督部门按照职责分工，依法查处非法生产、销售、使用窃听窃照专用器材和“伪基站”设备行为。其他有关部门依法查处与非法生产、销售、使用窃听窃照专用器材和“伪基站”设备有关的行为。

法律、法规对查处非法生产、销售、使用窃听窃照专用器材和“伪基站”设备另有规定的,依照其规定。

第七条　公安机关负责对窃听窃照专用器材、“伪基站”设备的认定工作。

质量技术监督部门、工商行政管理部门在执法检查中,发现涉嫌非法生产、销售窃听窃照专用器材、“伪基站”设备的,应当及时将有关器材、设备送当地公安机关认定,公安机关应当在7日内出具认定结论。工商行政管理部门、质量技术监督部门应当依据公安机关出具的认定结论,对不构成犯罪的非法生产、销售窃听窃照专用器材和“伪基站”设备行为以及为非法销售窃听窃照专用器材和“伪基站”设备提供广告设计制作、代理、发布的行为依法予以处理。

第八条　非法生产窃听窃照专用器材、“伪基站”设备,不构成犯罪的,由质量技术监督部门责令停止生产,处以3万元以下罚款。

第九条　非法销售窃听窃照专用器材、“伪基站”设备,不构成犯罪的,由工商行政管理部门责令停止销售,处以3万元以下罚款。

第十条　为非法销售窃听窃照专用器材、“伪基站”设备提供广告设计、制作、代理、发布,不构成犯罪的,由工商行政管理部门对广告经营者、广告发布者处以3万元以下罚款。

第十一条　对非法使用窃听窃照专用器材、“伪基站”设备行为,不构成犯罪的,由公安机关责令停止使用。对从事非经营活动的,处1000元以下罚款。对从事经营活动,有违法所得的,处违法所得3倍以下罚款,最高不得超过3万元;没有违法所得的,处1万元以下罚款。

第十二条　有关部门对非法销售窃听窃照专用器材、“伪基站”设备和发布相关违法广告作出行政处罚或者追究刑事责任后,可以提请通信监管部门对相关网站及时依法查处。

第十三条　质量技术监督部门、工商行政管理部门对两年内因非法生产、销售窃听窃照专用器材、“伪基站”设备受过两次以上行政处罚,又涉嫌非法生产、销售的,直接移送公安机关。

第十四条　公安机关、工商行政管理部门和质量技术监督部门查处案件过程中,需要征求有关部门意见的,应当征求有关部门意见;对发现不属于本部门职能的案件线索,应当及时向有关部门通报。

第十五条　在查处涉嫌非法生产、销售、使用窃听窃照专用器材和“伪基站”设备的违法犯罪行为时,对以暴力、威胁等方法阻碍国家机关工作人员执行公务的,由公安机关依法予以查处;构成犯罪的,依法追究刑事责任。

第十六条　公安机关、工商行政管理和质量技术监督等部门的工作人员,在查处案件过程中滥用职权、玩忽职守、徇私舞弊的,依法依纪追究责任;构成犯罪的,依法追究刑事责任。

第十七条　本规定由国家工商行政管理总局、公安部、国家质量监督检验检疫总局负责解释。

第十八条　本规定自公布之日起30日后施行。

电信用户申诉处理办法

（2016年5月17日工业和信息化部第23次部务会议审议通过）

第一章 总 则

第一条 为了保护电信用户的合法权益，规范用户申诉处理行为，根据《中华人民共和国电信条例》及其他有关法律、行政法规的规定，制定本办法。

第二条 本办法适用于处理用户在接受电信服务的过程中与电信业务经营者发生的争议。

第三条 本办法所称电信管理机构，是指工业和信息化部或省、自治区、直辖市通信管理局。

本办法所称申诉受理机构，是指工业和信息化部电信用户申诉受理中心和省、自治区、直辖市电信用户申诉受理机构。

本办法所称申诉人，是指在使用电信业务、接受电信服务中，与电信业务经营者发生争议并向申诉受理机构提出申诉的电信用户。

本办法所称被申诉人，是指因与用户发生争议而被用户申告的电信业务经营者。

第四条 工业和信息化部对全国电信用户申诉处理工作进行监督指导。工业和信息化部电信用户申诉受理中心受工业和信息化部委托，依据本办法开展全国电信用户申诉受理工作。

省、自治区、直辖市通信管理局可以根据本地实际情况设立电信用户申诉受理机构。电信用户申诉受理机构受省、自治区、直辖市通信管理局的委托并在其监督指导下，依据本办法开展本行政区电信用户申诉受理工作。

第五条 申诉处理以事实为依据，以法律为准绳，坚持公正、合理、合法的原则。

第六条 申诉受理机构对电信用户申诉事项实行调解制度，并可以出具调解书。

第七条 申诉受理机构每季度将受理用户申诉的统计报表上报同级电信管理机构。

第二章 受 理

第八条 电信业务经营者应当认真受理用户的投诉，并在接到用户投诉之日起15日内答复用户。用户对电信业务经营者的处理结果不满意或者电信业务经营者在接到投诉后15日内未答复的，可以向申诉受理机构提出申诉。

第九条 申诉人应当向被申诉人所在省、自治区、直辖市的申诉受理机构提出申诉。被申诉人所在省、自治区、直辖市没有设立申诉受理机构的，申诉人可以向工业和信息化部电信用户申诉受理中心提出申诉。

第十条 用户申诉应当符合下列条件：

（一）申诉人是与申诉事项有直接利害关系的当事人；

（二）有明确的被申诉人；

（三）有具体的申诉请求和事实根据；

（四）已经向被申诉人投诉且对其处理结果不满意或者其未在15日内答复。

第十一条　申诉受理机构对有下列情形之一的申诉事项不予受理：

（一）属于收费争议的申诉，申诉事项发生时距提起申诉时超过五个月的，其他申诉，申诉事项发生时距提起申诉时超过二年的；

（二）申诉人与被申诉人已经达成和解协议并执行的；

（三）申诉受理机构已经受理或者处理的；

（四）人民法院、仲裁机构、消费者组织或者其他行政机关已经受理或者处理的；

（五）不符合本办法第十条规定的申诉条件的；

（六）国家法律、行政法规及部门规章另有规定的。

第十二条　申诉采用书面形式。申诉材料应当包括下列内容：

（一）申诉人姓名或名称、地址、电话号码、邮政编码；

（二）被申诉人名称、地址；

（三）申诉要求、理由、事实根据；

（四）申诉日期。

第十三条　申诉受理机构在接到用户申诉时，应当询问用户是否就申诉事项向电信业务经营者提出过投诉，电信业务经营者是否给予处理或答复。

对于未经电信业务经营者处理的用户申诉，申诉受理机构应当告知用户先向电信业务经营者投诉。

对于咨询有关电信政策的用户申诉，申诉受理机构应当向用户作出解答。

第十四条　申诉受理机构应当自收到申诉材料之日起5个工作日内，作出受理或者不予受理的决定，并通知申诉人。对于不予受理的申诉，应当告知不予受理的理由。

第三章　办　　理

第十五条　对于决定受理的用户申诉，申诉受理机构应当在受理用户申诉后2个工作日内将用户申诉内容和转办通知书发送被申诉人。

转办通知书应当载明申诉受理机构名称及联系方式、申诉人名称及联系方式、申诉人的申诉请求摘要、申诉受理机构对申诉处理的要求等。

第十六条　对申诉受理机构要求回复处理意见的，被申诉人收到转办通知书后，应当在10日内将申诉事项的事实情况和处理结果或者处理意见以及申诉人对处理结果的意见（满意程度）反馈给申诉受理机构。

第十七条　申诉受理机构应当自收到全部申诉材料之日起30日内向申诉人作出答复，将申诉处理情况告知申诉人。

对于被申诉人与申诉人协商和解的申诉，申诉受理机构可以作办结处理。

对于被申诉人与申诉人未能协商和解的申诉，应任何一方申请，申诉受理机构在征得对方同意后应当进行调解。

第四章 调　　解

第十八条 对于属于民事争议的下列情形,申诉受理机构可以组织双方当事人进行调解:

(一)申诉人与被申诉人已经就申诉事项进行过协商,但未能和解的;

(二)申诉人、被申诉人同意由申诉受理机构进行调解的;

(三)工业和信息化部规定的其他情形。

第十九条 申诉受理机构应当自争议双方同意调解之日起30日内调解完毕。调解达成协议的,视为办结;调解不成的,应当终止调解并告知申诉人,视为办结。调解达成协议的,应任何一方请求,申诉受理机构应当制作调解书。

第二十条 申诉受理机构调解无效的,争议双方可以依照国家有关法律规定就申诉事项向仲裁机构申请仲裁或者向人民法院提起诉讼。

第五章 调　　查

第二十一条 申诉受理机构可以通过电话、传真、书信以及实地调查等方式向申诉人和被申诉人了解有关情况,要求提供有关证据;申诉受理机构可以根据有关法律、行政法规和部门规章的规定,收集证据或者召集有关当事人进行调查。

第二十二条 申诉受理机构的调查人员有权行使下列权利:

(一)询问当事人和有关人员;

(二)要求有关单位和个人提供书面材料和证明;

(三)要求当事人提供有关技术材料;

(四)查阅、复制有关文件等。

第二十三条 调查应当由两名工作人员共同进行,调查时应当出示有效证件和有关证明,并应当制作调查笔录。调查人员对涉及当事人隐私、商业秘密等事项负有保密义务。

第二十四条 被调查人员必须如实回答调查人员的询问,提供相关证据。

第二十五条 申诉受理机构认为需要对有关设备、系统进行检测或者鉴定的,经同级电信管理机构批准后,交由指定检测或者鉴定机构进行检测、鉴定。被申诉的电信业务经营者应当予以配合。

第六章 附　　则

第二十六条 申诉受理机构每季度将受理用户申诉的统计报表向电信业务经营者进行通报。

第二十七条 对于电信用户与公用电信等代办点的争议,电信用户可以向委托代办的电信业务经营者投诉;对于电信用户与宾馆、饭店等电信业务代办点的争议,电信用户可以直接向申诉受理机构提出申诉。

第二十八条 本办法自2016年7月30日起施行。原信息产业部2001年1月

11日公布的《电信用户申诉处理暂行办法》(原信息产业部令第7号)同时废止。

互联网域名管理办法

(2017年8月16日工业和信息化部第32次部务会议审议通过)

第一章　总　　则

第一条　为了规范互联网域名服务,保护用户合法权益,保障互联网域名系统安全、可靠运行,推动中文域名和国家顶级域名发展和应用,促进中国互联网健康发展,根据《中华人民共和国行政许可法》《国务院对确需保留的行政审批项目设定行政许可的决定》等规定,参照国际上互联网域名管理准则,制定本办法。

第二条　在中华人民共和国境内从事互联网域名服务及其运行维护、监督管理等相关活动,应当遵守本办法。

本办法所称互联网域名服务(以下简称域名服务),是指从事域名根服务器运行和管理、顶级域名运行和管理、域名注册、域名解析等活动。

第三条　工业和信息化部对全国的域名服务实施监督管理,主要职责是:

(一)制定互联网域名管理规章及政策;

(二)制定中国互联网域名体系、域名资源发展规划;

(三)管理境内的域名根服务器运行机构和域名注册管理机构;

(四)负责域名体系的网络与信息安全管理;

(五)依法保护用户个人信息和合法权益;

(六)负责与域名有关的国际协调;

(七)管理境内的域名解析服务;

(八)管理其他与域名服务相关的活动。

第四条　各省、自治区、直辖市通信管理局对本行政区域内的域名服务实施监督管理,主要职责是:

(一)贯彻执行域名管理法律、行政法规、规章和政策;

(二)管理本行政区域内的域名注册服务机构;

(三)协助工业和信息化部对本行政区域内的域名根服务器运行机构和域名注册管理机构进行管理;

(四)负责本行政区域内域名系统的网络与信息安全管理;

(五)依法保护用户个人信息和合法权益;

(六)管理本行政区域内的域名解析服务;

(七)管理本行政区域内其他与域名服务相关的活动。

第五条　中国互联网域名体系由工业和信息化部予以公告。根据域名发展的实际情况,工业和信息化部可以对中国互联网域名体系进行调整。

第六条　“.CN”和“.中国”是中国的国家顶级域名。

中文域名是中国互联网域名体系的重要组成部分。国家鼓励和支持中文域名系统的技术研究和推广应用。

第七条 提供域名服务，应当遵守国家相关法律法规，符合相关技术规范和标准。

第八条 任何组织和个人不得妨碍互联网域名系统的安全和稳定运行。

第二章 域名管理

第九条 在境内设立域名根服务器及域名根服务器运行机构、域名注册管理机构和域名注册服务机构的，应当依据本办法取得工业和信息化部或者省、自治区、直辖市通信管理局（以下统称电信管理机构）的相应许可。

第十条 申请设立域名根服务器及域名根服务器运行机构的，应当具备以下条件：

（一）域名根服务器设置在境内，并且符合互联网发展相关规划及域名系统安全稳定运行要求；

（二）是依法设立的法人，该法人及其主要出资者、主要经营管理人员具有良好的信用记录；

（三）具有保障域名根服务器安全可靠运行的场地、资金、环境、专业人员和技术能力以及符合电信管理机构要求的信息管理系统；

（四）具有健全的网络与信息安全保障措施，包括管理人员、网络与信息安全管理制度、应急处置预案和相关技术、管理措施等；

（五）具有用户个人信息保护能力、提供长期服务的能力及健全的服务退出机制；

（六）法律、行政法规规定的其他条件。

第十一条 申请设立域名注册管理机构的，应当具备以下条件：

（一）域名管理系统设置在境内，并且持有的顶级域名符合相关法律法规及域名系统安全稳定运行要求；

（二）是依法设立的法人，该法人及其主要出资者、主要经营管理人员具有良好的信用记录；

（三）具有完善的业务发展计划和技术方案以及与从事顶级域名运行管理相适应的场地、资金、专业人员以及符合电信管理机构要求的信息管理系统；

（四）具有健全的网络与信息安全保障措施，包括管理人员、网络与信息安全管理制度、应急处置预案和相关技术、管理措施等；

（五）具有进行真实身份信息核验和用户个人信息保护的能力、提供长期服务的能力及健全的服务退出机制；

（六）具有健全的域名注册服务管理制度和对域名注册服务机构的监督机制；

（七）法律、行政法规规定的其他条件。

第十二条 申请设立域名注册服务机构的，应当具备以下条件：

（一）在境内设置域名注册服务系统、注册数据库和相应的域名解析系统；

（二）是依法设立的法人，该法人及其主要出资者、主要经营管理人员具有良好的信用记录；

（三）具有与从事域名注册服务相适应的场地、资金和专业人员以及符合电信管理机构要求的信息管理系统；

（四）具有进行真实身份信息核验和用户个人信息保护的能力、提供长期服务的能力及健全的服务退出机制；

（五）具有健全的域名注册服务管理制度和对域名注册代理机构的监督机制；

（六）具有健全的网络与信息安全保障措施，包括管理人员、网络与信息安全管理制度、应急处置预案和相关技术、管理措施等；

（七）法律、行政法规规定的其他条件。

第十三条　申请设立域名根服务器及域名根服务器运行机构、域名注册管理机构的，应当向工业和信息化部提交申请材料。申请设立域名注册服务机构的，应当向住所地省、自治区、直辖市通信管理局提交申请材料。

申请材料应当包括：

（一）申请单位的基本情况及其法定代表人签署的依法诚信经营承诺书；

（二）对域名服务实施有效管理的证明材料，包括相关系统及场所、服务能力的证明材料、管理制度、与其他机构签订的协议等；

（三）网络与信息安全保障制度及措施；

（四）证明申请单位信誉的材料。

第十四条　申请材料齐全、符合法定形式的，电信管理机构应当向申请单位出具受理申请通知书；申请材料不齐全或者不符合法定形式的，电信管理机构应当场或者在5个工作日内一次性书面告知申请单位需要补正的全部内容；不予受理的，应当出具不予受理通知书并说明理由。

第十五条　电信管理机构应当自受理之日起20个工作日内完成审查，作出予以许可或者不予许可的决定。20个工作日内不能作出决定的，经电信管理机构负责人批准，可以延长10个工作日，并将延长期限的理由告知申请单位。需要组织专家论证的，论证时间不计入审查期限。

予以许可的，应当颁发相应的许可文件；不予许可的，应当书面通知申请单位并说明理由。

第十六条　域名根服务器运行机构、域名注册管理机构和域名注册服务机构的许可有效期为5年。

第十七条　域名根服务器运行机构、域名注册管理机构和域名注册服务机构的名称、住所、法定代表人等信息发生变更的，应当自变更之日起20日内向原发证机关办理变更手续。

第十八条　在许可有效期内，域名根服务器运行机构、域名注册管理机构、域名注册服务机构拟终止相关服务的，应当提前30日书面通知用户，提出可行的善后处理方案，并向原发证机关提交书面申请。

原发证机关收到申请后，应当向社会公示30日。公示期结束60日内，原发证机关应当完成审查并做出决定。

第十九条 许可有效期届满需要继续从事域名服务的,应当提前90日向原发证机关申请延续;不再继续从事域名服务的,应当提前90日向原发证机关报告并做好善后工作。

第二十条 域名注册服务机构委托域名注册代理机构开展市场销售等工作的,应当对域名注册代理机构的工作进行监督和管理。

域名注册代理机构受委托开展市场销售等工作的过程中,应当主动表明代理关系,并在域名注册服务合同中明示相关域名注册服务机构名称及代理关系。

第二十一条 域名注册管理机构、域名注册服务机构应当在境内设立相应的应急备份系统并定期备份域名注册数据。

第二十二条 域名根服务器运行机构、域名注册管理机构、域名注册服务机构应当在其网站首页和经营场所显著位置标明其许可相关信息。域名注册管理机构还应当标明与其合作的域名注册服务机构名单。

域名注册代理机构应当在其网站首页和经营场所显著位置标明其代理的域名注册服务机构名称。

第三章 域名服务

第二十三条 域名根服务器运行机构、域名注册管理机构和域名注册服务机构应当向用户提供安全、方便、稳定的服务。

第二十四条 域名注册管理机构应当根据本办法制定域名注册实施细则并向社会公开。

第二十五条 域名注册管理机构应当通过电信管理机构许可的域名注册服务机构开展域名注册服务。

域名注册服务机构应当按照电信管理机构许可的域名注册服务项目提供服务,不得为未经电信管理机构许可的域名注册管理机构提供域名注册服务。

第二十六条 域名注册服务原则上实行"先申请先注册",相应域名注册实施细则另有规定的,从其规定。

第二十七条 为维护国家利益和社会公众利益,域名注册管理机构应当建立域名注册保留字制度。

第二十八条 任何组织或者个人注册、使用的域名中,不得含有下列内容:

(一)反对宪法所确定的基本原则的;

(二)危害国家安全,泄露国家秘密,颠覆国家政权,破坏国家统一的;

(三)损害国家荣誉和利益的;

(四)煽动民族仇恨、民族歧视,破坏民族团结的;

(五)破坏国家宗教政策,宣扬邪教和封建迷信的;

(六)散布谣言,扰乱社会秩序,破坏社会稳定的;

(七)散布淫秽、色情、赌博、暴力、凶杀、恐怖或者教唆犯罪的;

(八)侮辱或者诽谤他人,侵害他人合法权益的;

（九）含有法律、行政法规禁止的其他内容的。

域名注册管理机构、域名注册服务机构不得为含有前款所列内容的域名提供服务。

第二十九条　域名注册服务机构不得采用欺诈、胁迫等不正当手段要求他人注册域名。

第三十条　域名注册服务机构提供域名注册服务，应当要求域名注册申请者提供域名持有者真实、准确、完整的身份信息等域名注册信息。

域名注册管理机构和域名注册服务机构应当对域名注册信息的真实性、完整性进行核验。

域名注册申请者提供的域名注册信息不准确、不完整的，域名注册服务机构应当要求其予以补正。申请者不补正或者提供不真实的域名注册信息的，域名注册服务机构不得为其提供域名注册服务。

第三十一条　域名注册服务机构应当公布域名注册服务的内容、时限、费用，保证服务质量，提供域名注册信息的公共查询服务。

第三十二条　域名注册管理机构、域名注册服务机构应当依法存储、保护用户个人信息。未经用户同意不得将用户个人信息提供给他人，但法律、行政法规另有规定的除外。

第三十三条　域名持有者的联系方式等信息发生变更的，应当在变更后 30 日内向域名注册服务机构办理域名注册信息变更手续。

域名持有者将域名转让给他人的，受让人应当遵守域名注册的相关要求。

第三十四条　域名持有者有权选择、变更域名注册服务机构。变更域名注册服务机构的，原域名注册服务机构应当配合域名持有者转移其域名注册相关信息。

无正当理由的，域名注册服务机构不得阻止域名持有者变更域名注册服务机构。

电信管理机构依法要求停止解析的域名，不得变更域名注册服务机构。

第三十五条　域名注册管理机构和域名注册服务机构应当设立投诉受理机制，并在其网站首页和经营场所显著位置公布投诉受理方式。

域名注册管理机构和域名注册服务机构应当及时处理投诉；不能及时处理的，应当说明理由和处理时限。

第三十六条　提供域名解析服务，应当遵守有关法律、法规、标准，具备相应的技术、服务和网络与信息安全保障能力，落实网络与信息安全保障措施，依法记录并留存域名解析日志、维护日志和变更记录，保障解析服务质量和解析系统安全。涉及经营电信业务的，应当依法取得电信业务经营许可。

第三十七条　提供域名解析服务，不得擅自篡改解析信息。

任何组织或者个人不得恶意将域名解析指向他人的 IP 地址。

第三十八条　提供域名解析服务，不得为含有本办法第二十八条第一款所列内容的域名提供域名跳转。

第三十九条　从事互联网信息服务的，其使用域名应当符合法律法规和电信管理机构的有关规定，不得将域名用于实施违法行为。

第四十条 域名注册管理机构、域名注册服务机构应当配合国家有关部门依法开展的检查工作，并按照电信管理机构的要求对存在违法行为的域名采取停止解析等处置措施。

域名注册管理机构、域名注册服务机构发现其提供服务的域名发布、传输法律和行政法规禁止发布或者传输的信息的，应当立即采取消除、停止解析等处置措施，防止信息扩散，保存有关记录，并向有关部门报告。

第四十一条 域名根服务器运行机构、域名注册管理机构和域名注册服务机构应当遵守国家相关法律、法规和标准，落实网络与信息安全保障措施，配置必要的网络通信应急设备，建立健全网络与信息安全监测技术手段和应急制度。域名系统出现网络与信息安全事件时，应当在24小时内向电信管理机构报告。

因国家安全和处置紧急事件的需要，域名根服务器运行机构、域名注册管理机构和域名注册服务机构应当服从电信管理机构的统一指挥与协调，遵守电信管理机构的管理要求。

第四十二条 任何组织或者个人认为他人注册或者使用的域名侵害其合法权益的，可以向域名争议解决机构申请裁决或者依法向人民法院提起诉讼。

第四十三条 已注册的域名有下列情形之一的，域名注册服务机构应当予以注销，并通知域名持有者：

（一）域名持有者申请注销域名的；

（二）域名持有者提交虚假域名注册信息的；

（三）依据人民法院的判决、域名争议解决机构的裁决，应当注销的；

（四）法律、行政法规规定予以注销的其他情形。

第四章 监督检查

第四十四条 电信管理机构应当加强对域名服务的监督检查。域名根服务器运行机构、域名注册管理机构、域名注册服务机构应当接受、配合电信管理机构的监督检查。

鼓励域名服务行业自律管理，鼓励公众监督域名服务。

第四十五条 域名根服务器运行机构、域名注册管理机构、域名注册服务机构应当按照电信管理机构的要求，定期报送业务开展情况、安全运行情况、网络与信息安全责任落实情况、投诉和争议处理情况等信息。

第四十六条 电信管理机构实施监督检查时，应当对域名根服务器运行机构、域名注册管理机构和域名注册服务机构报送的材料进行审核，并对其执行法律法规和电信管理机构有关规定的情况进行检查。

电信管理机构可以委托第三方专业机构开展有关监督检查活动。

第四十七条 电信管理机构应当建立域名根服务器运行机构、域名注册管理机构和域名注册服务机构的信用记录制度，将其违反本办法并受到行政处罚的行为记入信用档案。

第四十八条　电信管理机构开展监督检查,不得妨碍域名根服务器运行机构、域名注册管理机构和域名注册服务机构正常的经营和服务活动,不得收取任何费用,不得泄露所知悉的域名注册信息。

第五章　罚　　则

第四十九条　违反本办法第九条规定,未经许可擅自设立域名根服务器及域名根服务器运行机构、域名注册管理机构、域名注册服务机构的,电信管理机构应当根据《中华人民共和国行政许可法》第八十一条的规定,采取措施予以制止,并视情节轻重,予以警告或者处一万元以上三万元以下罚款。

第五十条　违反本办法规定,域名注册管理机构或者域名注册服务机构有下列行为之一的,由电信管理机构依据职权责令限期改正,并视情节轻重,处一万元以上三万元以下罚款,向社会公告:

(一)为未经许可的域名注册管理机构提供域名注册服务,或者通过未经许可的域名注册服务机构开展域名注册服务的;

(二)未按照许可的域名注册服务项目提供服务的;

(三)未对域名注册信息的真实性、完整性进行核验的;

(四)无正当理由阻止域名持有者变更域名注册服务机构的。

第五十一条　违反本办法规定,提供域名解析服务,有下列行为之一的,由电信管理机构责令限期改正,可以视情节轻重处一万元以上三万元以下罚款,向社会公告:

(一)擅自篡改域名解析信息或者恶意将域名解析指向他人 IP 地址的;

(二)为含有本办法第二十八条第一款所列内容的域名提供域名跳转的;

(三)未落实网络与信息安全保障措施的;

(四)未依法记录并留存域名解析日志、维护日志和变更记录的;

(五)未按照要求对存在违法行为的域名进行处置的。

第五十二条　违反本办法第十七条、第十八条第一款、第二十一条、第二十二条、第二十八条第二款、第二十九条、第三十一条、第三十二条、第三十五条第一款、第四十条第二款、第四十一条规定的,由电信管理机构依据职权责令限期改正,可以并处一万元以上三万元以下罚款,向社会公告。

第五十三条　法律、行政法规对有关违法行为的处罚另有规定的,依照有关法律、行政法规的规定执行。

第五十四条　任何组织或者个人违反本办法第二十八条第一款规定注册、使用域名,构成犯罪的,依法追究刑事责任;尚不构成犯罪的,由有关部门依法予以处罚。

第六章　附　　则

第五十五条　本办法下列用语的含义是:

(一)域名:指互联网上识别和定位计算机的层次结构式的字符标识,与该计算机的 IP 地址相对应。

（二）中文域名：指含有中文文字的域名。

（三）顶级域名：指域名体系中根节点下的第一级域的名称。

（四）域名根服务器：指承担域名体系中根节点功能的服务器（含镜像服务器）。

（五）域名根服务器运行机构：指依法获得许可并承担域名根服务器运行、维护和管理工作的机构。

（六）域名注册管理机构：指依法获得许可并承担顶级域名运行和管理工作的机构。

（七）域名注册服务机构：指依法获得许可、受理域名注册申请并完成域名在顶级域名数据库中注册的机构。

（八）域名注册代理机构：指受域名注册服务机构的委托，受理域名注册申请，间接完成域名在顶级域名数据库中注册的机构。

（九）域名管理系统：指域名注册管理机构在境内开展顶级域名运行和管理所需的主要信息系统，包括注册管理系统、注册数据库、域名解析系统、域名信息查询系统、身份信息核验系统等。

（十）域名跳转：指对某一域名的访问跳转至该域名绑定或者指向的其他域名、IP 地址或者网络信息服务等。

第五十六条 本办法中规定的日期，除明确为工作日的以外，均为自然日。

第五十七条 在本办法施行前未取得相应许可开展域名服务的，应当自本办法施行之日起十二个月内，按照本办法规定办理许可手续。

在本办法施行前已取得许可的域名根服务器运行机构、域名注册管理机构和域名注册服务机构，其许可有效期适用本办法第十六条的规定，有效期自本办法施行之日起计算。

第五十八条 本办法自 2017 年 11 月 1 日起施行。2004 年 11 月 5 日公布的《中国互联网络域名管理办法》（原信息产业部令第 30 号）同时废止。本办法施行前公布的有关规定与本办法不一致的，按照本办法执行。

公安机关互联网安全监督检查规定

（2018 年 9 月 5 日公安部部长办公会议通过）

第一章 总 则

第一条 为规范公安机关互联网安全监督检查工作，预防网络违法犯罪，维护网络安全，保护公民、法人和其他组织合法权益，根据《中华人民共和国人民警察法》《中华人民共和国网络安全法》等有关法律、行政法规，制定本规定。

第二条 本规定适用于公安机关依法对互联网服务提供者和联网使用单位履行法律、行政法规规定的网络安全义务情况进行的安全监督检查。

第三条 互联网安全监督检查工作由县级以上地方人民政府公安机关网络安全保卫部门组织实施。

上级公安机关应当对下级公安机关开展互联网安全监督检查工作情况进行指导和监督。

第四条　公安机关开展互联网安全监督检查,应当遵循依法科学管理、保障和促进发展的方针,严格遵守法定权限和程序,不断改进执法方式,全面落实执法责任。

第五条　公安机关及其工作人员对履行互联网安全监督检查职责中知悉的个人信息、隐私、商业秘密和国家秘密,应当严格保密,不得泄露、出售或者非法向他人提供。

公安机关及其工作人员在履行互联网安全监督检查职责中获取的信息,只能用于维护网络安全的需要,不得用于其他用途。

第六条　公安机关对互联网安全监督检查工作中发现的可能危害国家安全、公共安全、社会秩序的网络安全风险,应当及时通报有关主管部门和单位。

第七条　公安机关应当建立并落实互联网安全监督检查工作制度,自觉接受检查对象和人民群众的监督。

第二章　监督检查对象和内容

第八条　互联网安全监督检查由互联网服务提供者的网络服务运营机构和联网使用单位的网络管理机构所在地公安机关实施。互联网服务提供者为个人的,可以由其经常居住地公安机关实施。

第九条　公安机关应当根据网络安全防范需要和网络安全风险隐患的具体情况,对下列互联网服务提供者和联网使用单位开展监督检查:

(一)提供互联网接入、互联网数据中心、内容分发、域名服务的;

(二)提供互联网信息服务的;

(三)提供公共上网服务的;

(四)提供其他互联网服务的;

对开展前款规定的服务未满一年的,两年内曾发生过网络安全事件、违法犯罪案件的,或者因未履行法定网络安全义务被公安机关予以行政处罚的,应当开展重点监督检查。

第十条　公安机关应当根据互联网服务提供者和联网使用单位履行法定网络安全义务的实际情况,依照国家有关规定和标准,对下列内容进行监督检查:

(一)是否办理联网单位备案手续,并报送接入单位和用户基本信息及其变更情况;

(二)是否制定并落实网络安全管理制度和操作规程,确定网络安全负责人;

(三)是否依法采取记录并留存用户注册信息和上网日志信息的技术措施;

(四)是否采取防范计算机病毒和网络攻击、网络侵入等技术措施;

(五)是否在公共信息服务中对法律、行政法规禁止发布或者传输的信息依法采取相关防范措施;

(六)是否按照法律规定的要求为公安机关依法维护国家安全、防范调查恐怖活动、侦查犯罪提供技术支持和协助;

（七）是否履行法律、行政法规规定的网络安全等级保护等义务。

第十一条 除本规定第十条所列内容外，公安机关还应当根据提供互联网服务的类型，对下列内容进行监督检查：

（一）对提供互联网接入服务的，监督检查是否记录并留存网络地址及分配使用情况；

（二）对提供互联网数据中心服务的，监督检查是否记录所提供的主机托管、主机租用和虚拟空间租用的用户信息；

（三）对提供互联网域名服务的，监督检查是否记录网络域名申请、变动信息，是否对违法域名依法采取处置措施；

（四）对提供互联网信息服务的，监督检查是否依法采取用户发布信息管理措施，是否对已发布或者传输的法律、行政法规禁止发布或者传输的信息依法采取处置措施，并保存相关记录；

（五）对提供互联网内容分发服务的，监督检查是否记录内容分发网络与内容源网络链接对应情况；

（六）对提供互联网公共上网服务的，监督检查是否采取符合国家标准的网络与信息安全保护技术措施。

第十二条 在国家重大网络安全保卫任务期间，对与国家重大网络安全保卫任务相关的互联网服务提供者和联网使用单位，公安机关可以对下列内容开展专项安全监督检查：

（一）是否制定重大网络安全保卫任务所要求的工作方案、明确网络安全责任分工并确定网络安全管理人员；

（二）是否组织开展网络安全风险评估，并采取相应风险管控措施堵塞网络安全漏洞隐患；

（三）是否制定网络安全应急处置预案并组织开展应急演练，应急处置相关设施是否完备有效；

（四）是否依法采取重大网络安全保卫任务所需要的其他网络安全防范措施；

（五）是否按照要求向公安机关报告网络安全防范措施及落实情况。

对防范恐怖袭击的重点目标的互联网安全监督检查，按照前款规定的内容执行。

第三章 监督检查程序

第十三条 公安机关开展互联网安全监督检查，可以采取现场监督检查或者远程检测的方式进行。

第十四条 公安机关开展互联网安全现场监督检查时，人民警察不得少于二人，并应当出示人民警察证和县级以上地方人民政府公安机关出具的监督检查通知书。

第十五条 公安机关开展互联网安全现场监督检查可以根据需要采取以下措施：

（一）进入营业场所、机房、工作场所；

（二）要求监督检查对象的负责人或者网络安全管理人员对监督检查事项作

出说明；

（三）查阅、复制与互联网安全监督检查事项相关的信息；

（四）查看网络与信息安全保护技术措施运行情况。

第十六条 公安机关对互联网服务提供者和联网使用单位是否存在网络安全漏洞，可以开展远程检测。

公安机关开展远程检测，应当事先告知监督检查对象检查时间、检查范围等事项或者公开相关检查事项，不得干扰、破坏监督检查对象网络的正常运行。

第十七条 公安机关开展现场监督检查或者远程检测，可以委托具有相应技术能力的网络安全服务机构提供技术支持。

网络安全服务机构及其工作人员对工作中知悉的个人信息、隐私、商业秘密和国家秘密，应当严格保密，不得泄露、出售或者非法向他人提供。公安机关应当严格监督网络安全服务机构落实网络安全管理与保密责任。

第十八条 公安机关开展现场监督检查，应当制作监督检查记录，并由开展监督检查的人民警察和监督检查对象的负责人或者网络安全管理人员签名。监督检查对象负责人或者网络安全管理人员对监督检查记录有异议的，应当允许其作出说明；拒绝签名的，人民警察应当在监督检查记录中注明。

公安机关开展远程检测，应当制作监督检查记录，并由二名以上开展监督检查的人民警察在监督检查记录上签名。

委托网络安全服务机构提供技术支持的，技术支持人员应当一并在监督检查记录上签名。

第十九条 公安机关在互联网安全监督检查中，发现互联网服务提供者和联网使用单位存在网络安全风险隐患，应当督促指导其采取措施消除风险隐患，并在监督检查记录上注明；发现有违法行为，但情节轻微或者未造成后果的，应当责令其限期整改。

监督检查对象在整改期限届满前认为已经整改完毕的，可以向公安机关书面提出提前复查申请。

公安机关应当自整改期限届满或者收到监督检查对象提前复查申请之日起三个工作日内，对整改情况进行复查，并在复查结束后三个工作日内反馈复查结果。

第二十条 监督检查过程中收集的资料、制作的各类文书等材料，应当按照规定立卷存档。

第四章 法律责任

第二十一条 公安机关在互联网安全监督检查中，发现互联网服务提供者和联网使用单位有下列违法行为的，依法予以行政处罚：

（一）未制定并落实网络安全管理制度和操作规程，未确定网络安全负责人的，依照《中华人民共和国网络安全法》第五十九条第一款的规定予以处罚；

（二）未采取防范计算机病毒和网络攻击、网络侵入等危害网络安全行为的技术措施的，依照《中华人民共和国网络安全法》第五十九条第一款的规定予以处罚；

（三）未采取记录并留存用户注册信息和上网日志信息措施的，依照《中华人民共和国网络安全法》第五十九条第一款的规定予以处罚；

（四）在提供互联网信息发布、即时通讯等服务中，未要求用户提供真实身份信息，或者对不提供真实身份信息的用户提供相关服务的，依照《中华人民共和国网络安全法》第六十一条的规定予以处罚；

（五）在公共信息服务中对法律、行政法规禁止发布或者传输的信息未依法或者不按照公安机关的要求采取停止传输、消除等处置措施、保存有关记录的，依照《中华人民共和国网络安全法》第六十八条或者第六十九条第一项的规定予以处罚；

（六）拒不为公安机关依法维护国家安全和侦查犯罪的活动提供技术支持和协助的，依照《中华人民共和国网络安全法》第六十九条第三项的规定予以处罚。

有前款第四至六项行为违反《中华人民共和国反恐怖主义法》规定的，依照《中华人民共和国反恐怖主义法》第八十四条或者第八十六条第一款的规定予以处罚。

第二十二条 公安机关在互联网安全监督检查中，发现互联网服务提供者和联网使用单位，窃取或者以其他非法方式获取、非法出售或者非法向他人提供个人信息，尚不构成犯罪的，依照《中华人民共和国网络安全法》第六十四条第二款的规定予以处罚。

第二十三条 公安机关在互联网安全监督检查中，发现互联网服务提供者和联网使用单位在提供的互联网服务中设置恶意程序的，依照《中华人民共和国网络安全法》第六十条第一项的规定予以处罚。

第二十四条 互联网服务提供者和联网使用单位拒绝、阻碍公安机关实施互联网安全监督检查的，依照《中华人民共和国网络安全法》第六十九条第二项的规定予以处罚；拒不配合反恐怖主义工作的，依照《中华人民共和国反恐怖主义法》第九十一条或者第九十二条的规定予以处罚。

第二十五条 受公安机关委托提供技术支持的网络安全服务机构及其工作人员，从事非法侵入监督检查对象网络、干扰监督检查对象网络正常功能、窃取网络数据等危害网络安全的活动的，依照《中华人民共和国网络安全法》第六十三条的规定予以处罚；窃取或者以其他非法方式获取、非法出售或者非法向他人提供在工作中获悉的个人信息的，依照《中华人民共和国网络安全法》第六十四条第二款的规定予以处罚，构成犯罪的，依法追究刑事责任。

前款规定的机构及人员侵犯监督检查对象的商业秘密，构成犯罪的，依法追究刑事责任。

第二十六条 公安机关及其工作人员在互联网安全监督检查工作中，玩忽职守、滥用职权、徇私舞弊的，对直接负责的主管人员和其他直接责任人员依法予以处分；构成犯罪的，依法追究刑事责任。

第二十七条 互联网服务提供者和联网使用单位违反本规定，构成违反治安管理行为的，依法予以治安管理处罚；构成犯罪的，依法追究刑事责任。

第五章　附　　则

第二十八条　对互联网上网服务营业场所的监督检查，按照《互联网上网服务营业场所管理条例》的有关规定执行。

第二十九条　本规定自2018年11月1日起施行。

四、部门规范性文件

中国教育和科研计算机网暂行管理办法

（1996年11月15日国家教育委员会发布）

第一章　总　　则

第一条　为了加强中国教育和科研计算机网（CERNET）的运行和使用管理，促进中国教育和科研计算机网的健康发展，依照《中华人民共和国计算机信息网络国际联网管理暂行规定》，特制定本管理办法。

第二条　中国教育和科研计算机网是国家教育委员会领导下的全国性教育和科研计算机网络，是为我国教育及科研服务的现代化信息基础设施，是学术性、非赢利性的计算机网络，其服务对象主要是我国的教育和科研机构。

第三条　中国教育和科研计算机网利用先进实用的计算机技术和网络通信技术，实现我国教育和科研计算机网络之间的互联并与国际学术计算机网络联网，旨在为我国的教育和科研活动提供先进的信息交流手段和丰富的信息资源，实现资源共享，以促进并支持我国教育和科技事业的发展。

第四条　中国教育和科研计算机网采用三级结构，由全国主干网、八个地区网和用户网组成。其中主干网网络中心（即中国教育和科研计算机网国家网络中心）设在北京，管理运行国际网关，为互联网络；地区网为第一级接入网络（主干接入网）；用户网（如校园网）为下一级接入网络；用户接入各级接入网络。中国教育和科研计算机网的所有接入网络，未经允许不得擅自与其他互联网络建立专线连接。

第五条　中国教育和科研计算机网设立管理委员会和专家委员会，受国家教育委员会委托，负责中国教育和科研计算机网各项管理政策的制定；负责中国教育和科研计算机网的整体建设规划及组织实施，解决运行管理中的技术问题。管理委员会和专家委员会的成员均由国家教育委员会聘任。

中国教育和科研计算机网的日常工作由中国教育和科研计算机网国家网络中心负责。

第六条　中国教育和科研计算机网各级接入网的网络中心是中国教育和科研计算机网运行管理的具体实施单位，各网络中心需遵循本管理办法，并在技术上服从上一级接入网络的领导。中国教育和科研计算机网的各级接入网可以根据本管理办法的原则和本地的具体情况建立各自的管理委员会和专家委员会。

第七条 中国教育和科研计算机网的所有工作人员和用户必须遵守执行《中华人民共和国计算机信息网络国际联网管理暂行规定》和国家有关法律法规,严格执行安全保密制度。

第八条 中国教育和科研计算机网上信息和资源属于这些信息和资源的所有者。其它用户只有取得了这些信息和资源所有者的允许后,才能使用这些信息和资源,网络上软件的使用应遵守知识产权的有关法律法规。

第九条 接入中国教育和科研计算机网的联网单位和用户必须遵守中国教育和科研计算机网制定的有关规定和制度,按时缴纳有关费用。

第二章 管理机构

第十条 中国教育和科研计算机网实行统一领导、分级管理制。中国教育和科研计算机网国家网络中心受国家教育委员会委托、在中国教育和科研计算机网管理委员会的具体领导下对互联网的国际网关和主干网进行管理;地区网络中心对主干接入网(地区网)进行管理;各用户网管理机构对本级接入网进行管理;系统管理员对各自负责的网络系统、计算机系统和上网资源进行管理。

第十一条 中国教育和科研计算机网的所有国际网关均设在北京中国教育和科研计算机网国家网络中心,进行统一管理。

第十二条 中国教育和科研计算机网的各级网络管理机构,负责保存网络运行的有关记录并接受上一级网络管理机构的检查。

第三章 接入网络

第十三条 中国教育和科研计算机网接入网络必须符合《中华人民共和国计算机信息网络国际联网管理暂行规定》的条件,符合中国教育和科研计算机网管理委员会所规定的入网条件。

第十四条 准备与中国教育和科研计算机网联网的单位,必须向所在的地区网络中心提出申请,按要求提供所需的资料,经中国教育和科研计算机网管理委员会批准后,与地区网络中心签署《中国教育和科研计算机网安全管理协议》。

第十五条 中国教育和科研计算机网只对符合中国教育和科研计算机网联网条件的单位分配 IP 地址。中止联网的单位必须把相应的 IP 地址退还中国教育和科研计算机网。

第十六条 中国教育和科研计算机网只对符合中国教育和科研计算机网联网条件的单位提供联网,配置路由,进行信息传输服务。

第十七条 中国教育和科研计算机网只对符合中国教育和科研计算机网联网条件的单位配置域名。

第四章 网络安全和信息安全管理

第十八条 中国教育和科研计算机网的各级网络中心必须采取各种技术及行

政手段，保证网络安全和信息安全。

第十九条 中国教育和科研计算机网的各接入单位和用户必须遵守中国教育和科研计算机网的有关管理规定，分别签订《中国教育和科研计算机网安全管理协议(试行)》(附一)和《中国教育和科研计算机网用户守则(试行)》(附二)

第二十条 中国教育和科研计算机网的所有工作人员和用户必须对所提供的信息负责。不得利用计算机联网从事危害国家安全、泄露国家秘密等犯罪活动，不得制作、查阅、复制和传播有碍社会治安和有伤风化的信息。

第二十一条 在中国教育和科研计算机网上不允许进行任何干扰网络用户，破坏网络服务和破坏网络设备的活动，这些活动包括(但并不局限于)在网络上发布不真实的信息、散布计算机病毒、使用网络进入未经授权使用的计算机、不以真实身份使用网络资源等。

第二十二条 中国教育和科研计算机网在各级管理机构设立专职网络安全员，负责相应的网络安全和信息安全工作，并报上一级网络中心备案。

第二十三条 中国教育和科研计算机网的各级网络管理机构定期对相应的网络用户进行有关的网络安全和信息安全教育。

第二十四条 中国教育和科研计算机网责成各级管理单位根据国家有关规定对于上网信息进行审查。凡违反国家有关规定的信息严禁上网。

第二十五条 中国教育和科研计算机网的所有用户有义务向网络安全员和有关部门报告违法犯罪行为和有害信息。

第二十六条 中国教育和科研计算机网的有关工作人员和用户必须接受国家有关部门依法进行的监督检查。对违反本管理办法的用户，中国教育和科研计算机网管理委员会将对其进行警告、停止网络连接等处理，情节严重者将追究其法律责任。

第五章 附 则

第二十七条 中国教育和科研计算机网的各级接入网络应参照本管理办法，并根据本地的具体情况制定相应的管理细则。

第二十八条 本管理办法自发布之日起施行。

附：一、中国教育和科研计算机网安全管理协议(试行)(1995年12月)(略)
二、中国教育和科研计算机网用户守则(试行)(略)

中国互联网络域名注册暂行管理办法

(1997年5月30日国务院信息化工作领导小组办公室发布)

第一章 总 则

第一条 为了保证和促进我国互联网络的健康发展，加强我国互联网络域名系统的管理，制定本办法。在中国境内注册域名，应当依照本办法办理。

第二条 国务院信息化工作领导小组办公室(以下简称国务院信息办)是我国互联网络域名系统的管理机构,负责:

(一)制定中国互联网络域名的设置、分配和管理的政策及办法;

(二)选择、授权或者撤消顶级和二级域名的管理单位;

(三)监督、检查各级域名注册服务情况。

第三条 中国互联网络信息中心(以下简称 CNNIC)工作委员会,协助国务院信息办管理我国互联网络域名系统。

第四条 在国务院信息办的授权和领导下,CNNIC 是 CNNIC 工作委员会的日常办事机构,根据本办法制定《中国互联网络域名注册实施细则》,并负责管理和运行中国顶级域名 CN。

第五条 采用逐级授权的方式确定三级以下(含三级)域名的管理单位。各级域名管理单位负责其下级域名的注册。二级域名管理单位必须定期向 CNNIC 提交三级域名的注册报表。

第六条 域名注册申请人必须是依法登记并且能够独立承担民事责任的组织。

第二章 中国互联网络域名体系结构

第七条 中国在国际互联网络信息中心(InterNIC)正式注册并运行的顶级域名是 CN。在顶级域名 CN 下,采用层次结构设置各级域名。

第八条 中国互联网络的二级域名分为“类别域名”和“行政区域名”两类。

“类别域名”6 个,分别为:AC—适用于科研机构;COM—适用于工、商、金融等企业;EDU—适用于教育机构;GOV—适用于政府部门;NET—适用于互联网络、接入网络的信息中心(NIC)和运行中心(NOC);ORG—适用于各种非盈利性的组织。

“行政区域名”34 个,适用于我国的各省、自治区、直辖市,分别为:BJ—北京市;SH—上海市;TJ—天津市;CQ—重庆市;HE—河北省;SX—山西省;NM—内蒙古自治区;LN—辽宁省;JL—吉林省;HL—黑龙江省;JS—江苏省;ZJ—浙江省;AH—安徽省;FJ—福建省;JX—江西省;SD—山东省;HA—河南省;HB—湖北省;HN—湖南省;GD—广东省;GX—广西壮族自治区;HI—海南省;SC—四川省;GZ—贵州省;YN—云南省;XZ—西藏自治区;SN—陕西省;GS—甘肃省;QH—青海省;NX—宁夏回族自治区;XJ—新疆维吾尔自治区;TW—台湾;HK—香港;MO—澳门。

第九条 二级域名的增设、撤消、更名,由 CNNIC 工作委员会提出建议,经国务院信息办批准后公布。

第十条 三级域名的命名原则

(一)三级域名用字母(A—Z,a—z,大小写等价)、数字(0—9)和连接符(-)组成,各级域名之间用实点(.)连接,三级域名长度不得超过 20 个字符;

(二)如无特殊原因,建议采用申请人的英文名(或者缩写)或者汉语拼音名(或者缩写)作为三级域名,以保持域名的清晰性和简洁性。

第十一条 三级以下(含三级)域名命名的限制原则

（一）未经国家有关部门的正式批准，不得使用含有“CHINA”、“CHINESE”、“CN”、“NATIONAL”等字样的域名；

（二）不得使用公众知晓的其他国家或者地区名称、外国地名、国际组织名称；

（三）未经各级地方政府批准，不得使用县级以上（含县级）行政区划名称的全称或者缩写；

（四）不得使用行业名称或者商品的通用名称；

（五）不得使用他人已在中国注册过的企业名称或者商标名称；

（六）不得使用对国家、社会或者公共利益有损害的名称。

第三章 域名注册的申请

第十二条 申请人有选择上一级域名的权利。在“类别域名”下申请域名的单位，应当根据其单位的性质在相应的二级域名下申请注册域名。

第十三条 申请域名注册的，必须向上一级域名管理单位提出申请。

第十四条 申请域名注册的，必须满足下列条件：

（一）申请注册的域名符合本办法的各项规定；

（二）其主域名服务器在中国境内运行，并对其域名提供连续服务；

（三）指定该域名的管理联系人和技术联系人各一名，分别负责该级域名服务器的管理和运行工作。

第十五条 申请域名注册的，应当提交下列文件、证件：

（一）域名注册申请表；

（二）本单位介绍信；

（三）承办人身份证复印件；

（四）本单位依法登记文件的复印件。

第十六条 域名注册申请表至少应当包含以下内容：单位名称（包括中文名称、英文和汉语拼音全称及缩写），单位所在地点，单位负责人，域名管理联系人和技术联系人，承办人，通信地址，联系电话，电子邮件地址，主、辅域名服务器的机器名和所在地点，网络地址，机型和操作系统，拟申请的注册域名、理由和用途，以及其它事项。

第十七条 申请人的名称要与印章、有关证明文件一致。

第十八条 可以用电子邮件、传真、邮寄等方式提出注册申请，随后在30日内以其它方式提交第十五条中列出的全部文件，其申请时间以收到第一次注册申请的日期为准。如在30日内未收到第十五条中列出的全部文件，则该次申请自动失效。

第十九条 申请人的责任

（一）申请人必须遵守我国对互联网络的有关法规；

（二）申请人对自己选择的域名负责；

（三）申请人应当保证其申请文件内容的真实性，并且在申请人了解的范围内，保证其选定的域名的注册不侵害任何第三方的利益；申请人应当保证此域名的注册不是为了任何非法目的；

（四）在申请被批准以后，申请人就成为该注册域名的管理单位，必须遵照本办法对该域名进行管理和运行。

第四章 域名注册的审批

第二十条 按照“先申请先注册”的原则受理域名注册，不受理域名预留。

第二十一条 若申请注册的域名和提交的文件符合本办法的规定，域名管理单位应当在收到第十五条所列文件之日起的10个工作日内，完成批准注册和开通运行，并发放域名注册证。

第二十二条 若申请注册的域名或者提交的文件不符合本办法的规定，域名管理单位应当在收到第十五条所列文件之日起的10个工作日内，通知申请人。申请人应当在30日内对其申请文件进行修改。如果逾期不答复或者提交的文件仍然不符合本办法的规定，则该次申请自动失效。

第二十三条 各级域名管理单位不负责向国家工商行政管理部门及商标管理部门查询用户域名是否与注册商标或者企业名称相冲突，是否侵害了第三者的权益。任何因这类冲突引起的纠纷，由申请人自己负责处理并承担法律责任。当某个三级域名与在我国境内注册的商标或者企业名称相同，并且注册域名不为注册商标或者企业名称持有方拥有时，注册商标或者企业名称持有方若未提出异议，则域名持有方可以继续使用其域名；若注册商标或者企业名称持有方提出异议，在确认其拥有注册商标权或者企业名称权之日起，各级域名管理单位为域名持有方保留30日域名服务，30日后域名服务自动停止，其间一切法律责任和经济纠纷均与各级域名管理单位无关。

第五章 注册域名的变更和注销

第二十四条 注册域名可以变更或者注销，不许转让或者买卖。

第二十五条 申请变更注册域名或者其他注册事项的，应当提交域名注册申请表和第十五条中所列文件，并且交回原域名注册证。

经域名管理单位核准后，将原域名注册证加注发还，并且在10个工作日内予以开通。

第二十六条 申请注销注册域名的，应当提交域名注册申请表和第十五条中所列文件，并且交回原域名注册证。

经域名注册单位核准后，停止该域名的运行，并且收回域名注册证。

第二十七条 注册域名实行年检制度，由各级域名管理单位负责实施。

第六章 附 则

第二十八条 在中国境内接入中国互联网络，而其注册的顶级域名不是CN的，必须在CNNIC登记备案。

第二十九条 域名注册和办理其它域名事宜的，应当缴纳运行管理费用，具体收费标准另定。

第三十条 本办法由国务院信息办负责解释。

第三十一条 本办法自发布之日起施行。

信息安全等级保护管理办法

（2007 年 6 月 22 日公安部、国家保密局、国家密码管理局、国务院信息工作办公室发布）

第一章 总 则

第一条 为规范信息安全等级保护管理，提高信息安全保障能力和水平，维护国家安全、社会稳定和公共利益，保障和促进信息化建设，根据《中华人民共和国计算机信息系统安全保护条例》等有关法律法规，制定本办法。

第二条 国家通过制定统一的信息安全等级保护管理规范和技术标准，组织公民、法人和其他组织对信息系统分等级实行安全保护，对等级保护工作的实施进行监督、管理。

第三条 公安机关负责信息安全等级保护工作的监督、检查、指导。国家保密工作部门负责等级保护工作中有关保密工作的监督、检查、指导。国家密码管理部门负责等级保护工作中有关密码工作的监督、检查、指导。涉及其他职能部门管辖范围的事项，由有关职能部门依照国家法律法规的规定进行管理。国务院信息化工作办公室及地方信息化领导小组办事机构负责等级保护工作的部门间协调。

第四条 信息系统主管部门应当依照本办法及相关标准规范，督促、检查、指导本行业、本部门或者本地区信息系统运营、使用单位的信息安全等级保护工作。

第五条 信息系统的运营、使用单位应当依照本办法及其相关标准规范，履行信息安全等级保护的义务和责任。

第二章 等级划分与保护

第六条 国家信息安全等级保护坚持自主定级、自主保护的原则。信息系统的安全保护等级应当根据信息系统在国家安全、经济建设、社会生活中的重要程度，信息系统遭到破坏后对国家安全、社会秩序、公共利益以及公民、法人和其他组织的合法权益的危害程度等因素确定。

第七条 信息系统的安全保护等级分为以下五级：

第一级，信息系统受到破坏后，会对公民、法人和其他组织的合法权益造成损害，但不损害国家安全、社会秩序和公共利益。

第二级，信息系统受到破坏后，会对公民、法人和其他组织的合法权益产生严重损害，或者对社会秩序和公共利益造成损害，但不损害国家安全。

第三级，信息系统受到破坏后，会对社会秩序和公共利益造成严重损害，或者对国家安全造成损害。

第四级，信息系统受到破坏后，会对社会秩序和公共利益造成特别严重损害，或者对国家安全造成严重损害。

第五级，信息系统受到破坏后，会对国家安全造成特别严重损害。

第八条 信息系统运营、使用单位依据本办法和相关技术标准对信息系统进行保护，国家有关信息安全监管部门对其信息安全等级保护工作进行监督管理。

第一级信息系统运营、使用单位应当依据国家有关管理规范和技术标准进行保护。

第二级信息系统运营、使用单位应当依据国家有关管理规范和技术标准进行保护。国家信息安全监管部门对该级信息系统信息安全等级保护工作进行指导。

第三级信息系统运营、使用单位应当依据国家有关管理规范和技术标准进行保护。国家信息安全监管部门对该级信息系统信息安全等级保护工作进行监督、检查。

第四级信息系统运营、使用单位应当依据国家有关管理规范、技术标准和业务专门需求进行保护。国家信息安全监管部门对该级信息系统信息安全等级保护工作进行强制监督、检查。

第五级信息系统运营、使用单位应当依据国家管理规范、技术标准和业务特殊安全需求进行保护。国家指定专门部门对该级信息系统信息安全等级保护工作进行专门监督、检查。

第三章 等级保护的实施与管理

第九条 信息系统运营、使用单位应当按照《信息系统安全等级保护实施指南》具体实施等级保护工作。

第十条 信息系统运营、使用单位应当依据本办法和《信息系统安全等级保护定级指南》确定信息系统的安全保护等级。有主管部门的，应当经主管部门审核批准。

跨省或者全国统一联网运行的信息系统可以由主管部门统一确定安全保护等级。

对拟确定为第四级以上信息系统的，运营、使用单位或者主管部门应当请国家信息安全保护等级专家评审委员会评审。

第十一条 信息系统的安全保护等级确定后，运营、使用单位应当按照国家信息安全等级保护管理规范和技术标准，使用符合国家有关规定，满足信息系统安全保护等级需求的信息技术产品，开展信息系统安全建设或者改建工作。

第十二条 在信息系统建设过程中，运营、使用单位应当按照《计算机信息系统安全保护等级划分准则》(GB 17859—1999)、《信息系统安全等级保护基本要求》等技术标准，参照《信息安全技术 信息系统通用安全技术要求》(GB/T 20271—2006)、《信息安全技术 网络基础安全技术要求》(GB/T 20270—2006)、《信息安全技术 操作系统安全技术要求》(GB/T 20272—2006)、《信息安全技术 数据库管理系统安全技术要求》(GB/T 20273—2006)、《信息安全技术 服务器技术要求》、《信息安全技术 终端计算机系统安全等级技术要求》(GA/T 671—2006)等技术标准同步建设符合该等级要求的信息安全设施。

第十三条　运营、使用单位应当参照《信息安全技术 信息系统安全管理要求》（GB/T 20269—2006）、《信息安全技术 信息系统安全工程管理要求》（GB/T 20282—2006）、《信息系统安全等级保护基本要求》等管理规范，制定并落实符合本系统安全保护等级要求的安全管理制度。

第十四条　信息系统建设完成后，运营、使用单位或者其主管部门应当选择符合本办法规定条件的测评机构，依据《信息系统安全等级保护测评要求》等技术标准，定期对信息系统安全等级状况开展等级测评。第三级信息系统应当每年至少进行一次等级测评，第四级信息系统应当每半年至少进行一次等级测评，第五级信息系统应当依据特殊安全需求进行等级测评。

信息系统运营、使用单位及其主管部门应当定期对信息系统安全状况、安全保护制度及措施的落实情况进行自查。第三级信息系统应当每年至少进行一次自查，第四级信息系统应当每半年至少进行一次自查，第五级信息系统应当依据特殊安全需求进行自查。

经测评或者自查，信息系统安全状况未达到安全保护等级要求的，运营、使用单位应当制定方案进行整改。

第十五条　已运营（运行）的第二级以上信息系统，应当在安全保护等级确定后30日内，由其运营、使用单位到所在地设区的市级以上公安机关办理备案手续。

新建第二级以上信息系统，应当在投入运行后30日内，由其运营、使用单位到所在地设区的市级以上公安机关办理备案手续。

隶属于中央的在京单位，其跨省或者全国统一联网运行并由主管部门统一定级的信息系统，由主管部门向公安部办理备案手续。跨省或者全国统一联网运行的信息系统在各地运行、应用的分支系统，应当向当地设区的市级以上公安机关备案。

第十六条　办理信息系统安全保护等级备案手续时，应当填写《信息系统安全等级保护备案表》，第三级以上信息系统应当同时提供以下材料：

（一）系统拓扑结构及说明；

（二）系统安全组织机构和管理制度；

（三）系统安全保护设施设计实施方案或者改建实施方案；

（四）系统使用的信息安全产品清单及其认证、销售许可证明；

（五）测评后符合系统安全保护等级的技术检测评估报告；

（六）信息系统安全保护等级专家评审意见；

（七）主管部门审核批准信息系统安全保护等级的意见。

第十七条　信息系统备案后，公安机关应当对信息系统的备案情况进行审核，对符合等级保护要求的，应当在收到备案材料之日起的10个工作日内颁发信息系统安全等级保护备案证明；发现不符合本办法及有关标准的，应当在收到备案材料之日起的10个工作日内通知备案单位予以纠正；发现定级不准的，应当在收到备案材料之日起的10个工作日内通知备案单位重新审核确定。

运营、使用单位或者主管部门重新确定信息系统等级后，应当按照本办法向公安机关重新备案。

第十八条 受理备案的公安机关应当对第三级、第四级信息系统的运营、使用单位的信息安全等级保护工作情况进行检查。对第三级信息系统每年至少检查一次,对第四级信息系统每半年至少检查一次。对跨省或者全国统一联网运行的信息系统的检查,应当会同其主管部门进行。

对第五级信息系统,应当由国家指定的专门部门进行检查。

公安机关、国家指定的专门部门应当对下列事项进行检查:

(一)信息系统安全需求是否发生变化,原定保护等级是否准确;

(二)运营、使用单位安全管理制度、措施的落实情况;

(三)运营、使用单位及其主管部门对信息系统安全状况的检查情况;

(四)系统安全等级测评是否符合要求;

(五)信息安全产品使用是否符合要求;

(六)信息系统安全整改情况;

(七)备案材料与运营、使用单位、信息系统的符合情况;

(八)其他应当进行监督检查的事项。

第十九条 信息系统运营、使用单位应当接受公安机关、国家指定的专门部门的安全监督、检查、指导,如实向公安机关、国家指定的专门部门提供下列有关信息安全保护的信息资料及数据文件:

(一)信息系统备案事项变更情况;

(二)安全组织、人员的变动情况;

(三)信息安全管理制度、措施变更情况;

(四)信息系统运行状况记录;

(五)运营、使用单位及主管部门定期对信息系统安全状况的检查记录;

(六)对信息系统开展等级测评的技术测评报告;

(七)信息安全产品使用的变更情况;

(八)信息安全事件应急预案,信息安全事件应急处置结果报告;

(九)信息系统安全建设、整改结果报告。

第二十条 公安机关检查发现信息系统安全保护状况不符合信息安全等级保护有关管理规范和技术标准的,应当向运营、使用单位发出整改通知。运营、使用单位应当根据整改通知要求,按照管理规范和技术标准进行整改。整改完成后,应当将整改报告向公安机关备案。必要时,公安机关可以对整改情况组织检查。

第二十一条 第三级以上信息系统应当选择使用符合以下条件的信息安全产品:

(一)产品研制、生产单位是由中国公民、法人投资或者国家投资或者控股的,在中华人民共和国境内具有独立的法人资格;

(二)产品的核心技术、关键部件具有我国自主知识产权;

(三)产品研制、生产单位及其主要业务、技术人员无犯罪记录;

(四)产品研制、生产单位声明没有故意留有或者设置漏洞、后门、木马等程序和功能；

（五）对国家安全、社会秩序、公共利益不构成危害；

（六）对已列入信息安全产品认证目录的，应当取得国家信息安全产品认证机构颁发的认证证书。

第二十二条　第三级以上信息系统应当选择符合下列条件的等级保护测评机构进行测评：

（一）在中华人民共和国境内注册成立（港澳台地区除外）；

（二）由中国公民投资、中国法人投资或者国家投资的企事业单位（港澳台地区除外）；

（三）从事相关检测评估工作两年以上，无违法记录；

（四）工作人员仅限于中国公民；

（五）法人及主要业务、技术人员无犯罪记录；

（六）使用的技术装备、设施应当符合本办法对信息安全产品的要求；

（七）具有完备的保密管理、项目管理、质量管理、人员管理和培训教育等安全管理制度；

（八）对国家安全、社会秩序、公共利益不构成威胁。

第二十三条　从事信息系统安全等级测评的机构，应当履行下列义务：

（一）遵守国家有关法律法规和技术标准，提供安全、客观、公正的检测评估服务，保证测评的质量和效果；

（二）保守在测评活动中知悉的国家秘密、商业秘密和个人隐私，防范测评风险；

（三）对测评人员进行安全保密教育，与其签订安全保密责任书，规定应当履行的安全保密义务和承担的法律责任，并负责检查落实。

第四章　涉及国家秘密信息系统的分级保护管理

第二十四条　涉密信息系统应当依据国家信息安全等级保护的基本要求，按照国家保密工作部门有关涉密信息系统分级保护的管理规定和技术标准，结合系统实际情况进行保护。

非涉密信息系统不得处理国家秘密信息。

第二十五条　涉密信息系统按照所处理信息的最高密级，由低到高分为秘密、机密、绝密三个等级。

涉密信息系统建设使用单位应当在信息规范定密的基础上，依据涉密信息系统分级保护管理办法和国家保密标准 BMB 17—2006《涉及国家秘密的计算机信息系统分级保护技术要求》确定系统等级。对于包含多个安全域的涉密信息系统，各安全域可以分别确定保护等级。

保密工作部门和机构应当监督指导涉密信息系统建设使用单位准确、合理地进行系统定级。

第二十六条　涉密信息系统建设使用单位应当将涉密信息系统定级和建设使

用情况,及时上报业务主管部门的保密工作机构和负责系统审批的保密工作部门备案,并接受保密部门的监督、检查、指导。

第二十七条 涉密信息系统建设使用单位应当选择具有涉密集成资质的单位承担或者参与涉密信息系统的设计与实施。

涉密信息系统建设使用单位应当依据涉密信息系统分级保护管理规范和技术标准,按照秘密、机密、绝密三级的不同要求,结合系统实际进行方案设计,实施分级保护,其保护水平总体上不低于国家信息安全等级保护第三级、第四级、第五级的水平。

第二十八条 涉密信息系统使用的信息安全保密产品原则上应当选用国产品,并应当通过国家保密局授权的检测机构依据有关国家保密标准进行的检测,通过检测的产品由国家保密局审核发布目录。

第二十九条 涉密信息系统建设使用单位在系统工程实施结束后,应当向保密工作部门提出申请,由国家保密局授权的系统测评机构依据国家保密标准 BMB 22—2007《涉及国家秘密的计算机信息系统分级保护测评指南》,对涉密信息系统进行安全保密测评。

涉密信息系统建设使用单位在系统投入使用前,应当按照《涉及国家秘密的信息系统审批管理规定》,向设区的市级以上保密工作部门申请进行系统审批,涉密信息系统通过审批后方可投入使用。已投入使用的涉密信息系统,其建设使用单位在按照分级保护要求完成系统整改后,应当向保密工作部门备案。

第三十条 涉密信息系统建设使用单位在申请系统审批或者备案时,应当提交以下材料:

(一)系统设计、实施方案及审查论证意见;

(二)系统承建单位资质证明材料;

(三)系统建设和工程监理情况报告;

(四)系统安全保密检测评估报告;

(五)系统安全保密组织机构和管理制度情况;

(六)其他有关材料。

第三十一条 涉密信息系统发生涉密等级、连接范围、环境设施、主要应用、安全保密管理责任单位变更时,其建设使用单位应当及时向负责审批的保密工作部门报告。保密工作部门应当根据实际情况,决定是否对其重新进行测评和审批。

第三十二条 涉密信息系统建设使用单位应当依据国家保密标准 BMB 20—2007《涉及国家秘密的信息系统分级保护管理规范》,加强涉密信息系统运行中的保密管理,定期进行风险评估,消除泄密隐患和漏洞。

第三十三条 国家和地方各级保密工作部门依法对各地区、各部门涉密信息系统分级保护工作实施监督管理,并做好以下工作:

(一)指导、监督和检查分级保护工作的开展;

(二)指导涉密信息系统建设使用单位规范信息定密,合理确定系统保护等级;

(三)参与涉密信息系统分级保护方案论证,指导建设使用单位做好保密设施的同步规划设计；

（四）依法对涉密信息系统集成资质单位进行监督管理；

（五）严格进行系统测评和审批工作，监督检查涉密信息系统建设使用单位分级保护管理制度和技术措施的落实情况；

（六）加强涉密信息系统运行中的保密监督检查。对秘密级、机密级信息系统每两年至少进行一次保密检查或者系统测评，对绝密级信息系统每年至少进行一次保密检查或者系统测评；

（七）了解掌握各级各类涉密信息系统的管理使用情况，及时发现和查处各种违规违法行为和泄密事件。

第五章　信息安全等级保护的密码管理

第三十四条　国家密码管理部门对信息安全等级保护的密码实行分类分级管理。根据被保护对象在国家安全、社会稳定、经济建设中的作用和重要程度，被保护对象的安全防护要求和涉密程度，被保护对象被破坏后的危害程度以及密码使用部门的性质等，确定密码的等级保护准则。

信息系统运营、使用单位采用密码进行等级保护的，应当遵照《信息安全等级保护密码管理办法》、《信息安全等级保护商用密码技术要求》等密码管理规定和相关标准。

第三十五条　信息系统安全等级保护中密码的配备、使用和管理等，应当严格执行国家密码管理的有关规定。

第三十六条　信息系统运营、使用单位应当充分运用密码技术对信息系统进行保护。采用密码对涉及国家秘密的信息和信息系统进行保护的，应报经国家密码管理局审批，密码的设计、实施、使用、运行维护和日常管理等，应当按照国家密码管理有关规定和相关标准执行；采用密码对不涉及国家秘密的信息和信息系统进行保护的，须遵守《商用密码管理条例》和密码分类分级保护有关规定与相关标准，其密码的配备使用情况应当向国家密码管理机构备案。

第三十七条　运用密码技术对信息系统进行系统等级保护建设和整改的，必须采用经国家密码管理部门批准使用或者准于销售的密码产品进行安全保护，不得采用国外引进或者擅自研制的密码产品；未经批准不得采用含有加密功能的进口信息技术产品。

第三十八条　信息系统中的密码及密码设备的测评工作由国家密码管理局认可的测评机构承担，其他任何部门、单位和个人不得对密码进行评测和监控。

第三十九条　各级密码管理部门可以定期或者不定期对信息系统等级保护工作中密码配备、使用和管理的情况进行检查和测评，对重要涉密信息系统的密码配备、使用和管理情况每两年至少进行一次检查和测评。在监督检查过程中，发现存在安全隐患或者违反密码管理相关规定或者未达到密码相关标准要求的，应当按照国家密码管理的相关规定进行处置。

第六章 法律责任

第四十条 第三级以上信息系统运营、使用单位违反本办法规定，有下列行为之一的，由公安机关、国家保密工作部门和国家密码工作管理部门按照职责分工责令其限期改正；逾期不改正的，给予警告，并向其上级主管部门通报情况，建议对其直接负责的主管人员和其他直接责任人员予以处理，并及时反馈处理结果：

（一）未按本办法规定备案、审批的；

（二）未按本办法规定落实安全管理制度、措施的；

（三）未按本办法规定开展系统安全状况检查的；

（四）未按本办法规定开展系统安全技术测评的；

（五）接到整改通知后，拒不整改的；

（六）未按本办法规定选择使用信息安全产品和测评机构的；

（七）未按本办法规定如实提供有关文件和证明材料的；

（八）违反保密管理规定的；

（九）违反密码管理规定的；

（十）违反本办法其他规定的。

违反前款规定，造成严重损害的，由相关部门依照有关法律、法规予以处理。

第四十一条 信息安全监管部门及其工作人员在履行监督管理职责中，玩忽职守、滥用职权、徇私舞弊的，依法给予行政处分；构成犯罪的，依法追究刑事责任。

第七章 附 则

第四十二条 已运行信息系统的运营、使用单位自本办法施行之日起180日内确定信息系统的安全保护等级；新建信息系统在设计、规划阶段确定安全保护等级。

第四十三条 本办法所称“以上”包含本数（级）。

第四十四条 本办法自发布之日起施行，《信息安全等级保护管理办法（试行）》（公通字〔2006〕7号）同时废止。

最高人民法院、最高人民检察院、公安部关于办理网络赌博犯罪案件适用法律若干问题的意见

（公通字〔2010〕40号）

各省、自治区、直辖市高级人民法院、人民检察院、公安厅、局，新疆维吾尔自治区高级人民法院生产建设兵团分院、新疆生产建设兵团人民检察院、公安局：

为依法惩治网络赌博犯罪活动，根据《中华人民共和国刑法》、《中华人民共和国刑事诉讼法》和最高人民法院、最高人民检察院《关于办理赌博刑事案件具体应用法律若干问题的解释》等有关规定，结合司法实践，现就办理网络赌博犯罪案件适用法律的若干问题，提出如下意见：

一、关于网上开设赌场犯罪的定罪量刑标准

利用互联网、移动通讯终端等传输赌博视频、数据，组织赌博活动，具有下列情形之一的，属于刑法第三百零三条第二款规定的"开设赌场"行为：

（一）建立赌博网站并接受投注的；

（二）建立赌博网站并提供给他人组织赌博的；

（三）为赌博网站担任代理并接受投注的；

（四）参与赌博网站利润分成的。

实施前款规定的行为，具有下列情形之一的，应当认定为刑法第三百零三条第二款规定的"情节严重"：

（一）抽头渔利数额累计达到 3 万元以上的；

（二）赌资数额累计达到 30 万元以上的；

（三）参赌人数累计达到 120 人以上的；

（四）建立赌博网站后通过提供给他人组织赌博，违法所得数额在 3 万元以上的；

（五）参与赌博网站利润分成，违法所得数额在 3 万元以上的；

（六）为赌博网站招募下级代理，由下级代理接受投注的；

（七）招揽未成年人参与网络赌博的；

（八）其他情节严重的情形。

二、关于网上开设赌场共同犯罪的认定和处罚

明知是赌博网站，而为其提供下列服务或者帮助的，属于开设赌场罪的共同犯罪，依照刑法第三百零三条第二款的规定处罚：

（一）为赌博网站提供互联网接入、服务器托管、网络存储空间、通讯传输通道、投放广告、发展会员、软件开发、技术支持等服务，收取服务费数额在 2 万元以上的；

（二）为赌博网站提供资金支付结算服务，收取服务费数额在 1 万元以上或者帮助收取赌资 20 万元以上的；

（三）为 10 个以上赌博网站投放与网址、赔率等信息有关的广告或者为赌博网站投放广告累计 100 条以上的。

实施前款规定的行为，数量或者数额达到前款规定标准 5 倍以上的，应当认定为刑法第三百零三条第二款规定的"情节严重"。

实施本条第一款规定的行为，具有下列情形之一的，应当认定行为人"明知"，但是有证据证明确实不知道的除外：

（一）收到行政主管机关书面等方式的告知后，仍然实施上述行为的；

（二）为赌博网站提供互联网接入、服务器托管、网络存储空间、通讯传输通道、投放广告、软件开发、技术支持、资金支付结算等服务，收取服务费明显异常的；

（三）在执法人员调查时，通过销毁、修改数据、账本等方式故意规避调查或者向犯罪嫌疑人通风报信的；

（四）其他有证据证明行为人明知的。

如果有开设赌场的犯罪嫌疑人尚未到案，但是不影响对已到案共同犯罪嫌疑

人、被告人的犯罪事实认定的,可以依法对已到案者定罪处罚。

三、关于网络赌博犯罪的参赌人数、赌资数额和网站代理的认定

赌博网站的会员账号数可以认定为参赌人数,如果查实一个账号多人使用或者多个账号一人使用的,应当按照实际使用的人数计算参赌人数。

赌资数额可以按照在网络上投注或者赢取的点数乘以每一点实际代表的金额认定。

对于将资金直接或间接兑换为虚拟货币、游戏道具等虚拟物品,并用其作为筹码投注的,赌资数额按照购买该虚拟物品所需资金数额或者实际支付资金数额认定。

对于开设赌场犯罪中用于接收、流转赌资的银行账户内的资金,犯罪嫌疑人、被告人不能说明合法来源的,可以认定为赌资。向该银行账户转入、转出资金的银行账户数量可以认定为参赌人数。如果查实一个账户多人使用或多个账户一人使用的,应当按照实际使用的人数计算参赌人数。

有证据证明犯罪嫌疑人在赌博网站上的账号设置有下级账号的,应当认定其为赌博网站的代理。

四、关于网络赌博犯罪案件的管辖

网络赌博犯罪案件的地域管辖,应当坚持以犯罪地管辖为主、被告人居住地管辖为辅的原则。

"犯罪地"包括赌博网站服务器所在地、网络接入地,赌博网站建立者、管理者所在地,以及赌博网站代理人、参赌人实施网络赌博行为地等。

公安机关对侦办跨区域网络赌博犯罪案件的管辖权有争议的,应本着有利于查清犯罪事实、有利于诉讼的原则,认真协商解决。经协商无法达成一致的,报共同的上级公安机关指定管辖。对即将侦查终结的跨省(自治区、直辖市)重大网络赌博案件,必要时可由公安部商最高人民法院和最高人民检察院指定管辖。

为保证及时结案,避免超期羁押,人民检察院对于公安机关提请审查逮捕、移送审查起诉的案件,人民法院对于已进入审判程序的案件,犯罪嫌疑人、被告人及其辩护人提出管辖异议或者办案单位发现没有管辖权的,受案人民检察院、人民法院经审查可以依法报请上级人民检察院、人民法院指定管辖,不再自行移送有管辖权的人民检察院、人民法院。

五、关于电子证据的收集与保全

侦查机关对于能够证明赌博犯罪案件真实情况的网站页面、上网记录、电子邮件、电子合同、电子交易记录、电子账册等电子数据,应当作为刑事证据予以提取、复制、固定。

侦查人员应当对提取、复制、固定电子数据的过程制作相关文字说明,记录案由、对象、内容以及提取、复制、固定的时间、地点、方法,电子数据的规格、类别、文件格式等,并由提取、复制、固定电子数据的制作人、电子数据的持有人签名或者盖章,附所提取、复制、固定的电子数据一并随案移送。

对于电子数据存储在境外的计算机上的,或者侦查机关从赌博网站提取电子

数据时犯罪嫌疑人未到案的，或者电子数据的持有人无法签字或者拒绝签字的，应当由能够证明提取、复制、固定过程的见证人签名或者盖章，记明有关情况。必要时，可对提取、复制、固定有关电子数据的过程拍照或者录像。

最高人民法院、最高人民检察院、公安部、国家安全部关于依法办理非法生产销售使用“伪基站”设备案件的意见

（公通字〔2014〕13号）

各省、自治区、直辖市高级人民法院，人民检察院，公安厅、局，国家安全厅、局，新疆维吾尔自治区高级人民法院生产建设兵团分院，新疆生产建设兵团人民检察院、公安局、国家安全局：

近年来，各地非法生产、销售、使用“伪基站”设备违法犯罪活动日益猖獗，有的借以非法获取公民个人信息，有的非法经营广告业务，或者发送虚假广告，甚至实施诈骗等犯罪活动。“伪基站”设备是未取得电信设备进网许可和无线电发射设备型号核准的非法无线电通信设备，具有搜取手机用户信息，强行向不特定用户手机发送短信息等功能，使用过程中会非法占用公众移动通信频率，局部阻断公众移动通信网络信号。非法生产、销售、使用“伪基站”设备，不仅破坏正常电信秩序，影响电信运营商正常经营活动，危害公共安全，扰乱市场秩序，而且严重影响用户手机使用，损害公民财产权益，侵犯公民隐私，社会危害性严重。为依法办理非法生产、销售、使用“伪基站”设备案件，保障国家正常电信秩序，维护市场经济秩序，保护公民合法权益，根据有关法律规定，制定本意见。

一、准确认定行为性质

（一）非法生产、销售“伪基站”设备，具有以下情形之一的，依照《刑法》第二百二十五条的规定，以非法经营罪追究刑事责任：

1. 个人非法生产、销售“伪基站”设备三套以上，或者非法经营数额五万元以上，或者违法所得数额二万元以上的；

2. 单位非法生产、销售“伪基站”设备十套以上，或者非法经营数额十五万元以上，或者违法所得数额五万元以上的；

3. 虽未达到上述数额标准，但两年内曾因非法生产、销售“伪基站”设备受过两次以上行政处罚，又非法生产、销售“伪基站”设备的。

实施前款规定的行为，数量、数额达到前款规定的数量、数额五倍以上的，应当认定为《刑法》第二百二十五条规定的“情节特别严重”。

非法生产、销售“伪基站”设备，经鉴定为专用间谍器材的，依照《刑法》第二百八十三条的规定，以非法生产、销售间谍专用器材罪追究刑事责任；同时构成非法经营罪的，以非法经营罪追究刑事责任。

（二）非法使用“伪基站”设备干扰公用电信网络信号，危害公共安全的，依照《刑法》第一百二十四条第一款的规定，以破坏公用电信设施罪追究刑事责任；同

时构成虚假广告罪、非法获取公民个人信息罪、破坏计算机信息系统罪、扰乱无线电通讯管理秩序罪的，依照处罚较重的规定追究刑事责任。

除法律、司法解释另有规定外，利用“伪基站”设备实施诈骗等其他犯罪行为，同时构成破坏公用电信设施罪的，依照处罚较重的规定追究刑事责任。

（三）明知他人实施非法生产、销售“伪基站”设备，或者非法使用“伪基站”设备干扰公用电信网络信号等犯罪，为其提供资金、场所、技术、设备等帮助的，以共同犯罪论处。

（四）对于非法使用“伪基站”设备扰乱公共秩序，侵犯他人人身权利、财产权利，情节较轻，尚不构成犯罪，但构成违反治安管理行为的，依法予以治安管理处罚。

二、严格贯彻宽严相济刑事政策

对犯罪嫌疑人、被告人的处理，应当结合其主观恶性大小、行为危害程度以及在案件中所起的作用等因素，切实做到区别对待。对组织指挥、实施非法生产、销售、使用“伪基站”设备的首要分子、积极参加的犯罪分子，以及曾因非法生产、销售、使用“伪基站”设备受到行政处罚或者刑事处罚，又实施非法生产、销售、使用“伪基站”设备的犯罪分子，应当作为打击重点依法予以严惩；对具有自首、立功、从犯等法定情节的犯罪分子，可以依法从宽处理。对情节显著轻微、危害不大的，依法不作为犯罪处理。

三、合理确定管辖

（一）案件一般由犯罪地公安机关管辖，犯罪嫌疑人居住地公安机关管辖更为适宜的，也可以由犯罪嫌疑人居住地公安机关管辖。对案件管辖有争议的，可以由共同的上级公安机关指定管辖；情况特殊的，上级公安机关可以指定其他公安机关管辖。

（二）上级公安机关指定下级公安机关立案侦查的案件，需要逮捕犯罪嫌疑人的，由侦查该案件的公安机关提请同级人民检察院审查批准，人民检察院应当依法作出批准逮捕或者不批准逮捕的决定；需要移送审查起诉的，由侦查该案件的公安机关移送同级人民检察院审查起诉。

（三）人民检察院对于审查起诉的案件，按照《刑事诉讼法》的管辖规定，认为应当由上级人民检察院或者同级其他人民检察院起诉的，将案件移送有管辖权的人民检察院，或者报上级检察机关指定管辖。

（四）符合最高人民法院、最高人民检察院、公安部、国家安全部、司法部、全国人大法工委《关于实施刑事诉讼法若干问题的规定》有关并案处理规定的，人民法院、人民检察院、公安机关可以在职责范围内并案处理。

四、加强协作配合

人民法院、人民检察院、公安机关、国家安全机关要认真履行职责，加强协调配合，形成工作合力。国家安全机关要依法做好相关鉴定工作；公安机关要全面收集证据，特别是注意做好相关电子数据的收集、固定工作，对疑难、复杂案件，及时向人民检察院、人民法院通报情况，对已经提请批准逮捕的案件，积极跟进、配合人民检察院的审查批捕工作，认真听取意见；人民检察院对于公安机关提请批准逮捕、移送审查起诉的案件，符合批捕、起诉条件的，应当依法尽快予以批捕、起诉；人民法院应当加强审判力量，制订庭审预案，并依法及时审结。

最高人民法院、最高人民检察院、公安部关于办理网络犯罪案件适用刑事诉讼程序若干问题的意见

（公通字〔2014〕10号）

各省、自治区、直辖市高级人民法院，人民检察院，公安厅、局，新疆维吾尔自治区高级人民法院生产建设兵团分院，新疆生产建设兵团人民检察院、公安局：

为解决近年来公安机关、人民检察院、人民法院在办理网络犯罪案件中遇到的新情况、新问题，依法惩治网络犯罪活动，根据《中华人民共和国刑法》、《中华人民共和国刑事诉讼法》及有关司法解释的规定，结合侦查、起诉、审判实践，现就办理网络犯罪案件适用刑事诉讼程序问题提出以下意见：

一、关于网络犯罪案件的范围

1. 本意见所称网络犯罪案件包括：

（1）危害计算机信息系统安全犯罪案件；

（2）通过危害计算机信息系统安全实施的盗窃、诈骗、敲诈勒索等犯罪案件；

（3）在网络上发布信息或者设立主要用于实施犯罪活动的网站、通讯群组，针对或者组织、教唆、帮助不特定多数人实施的犯罪案件；

（4）主要犯罪行为在网络上实施的其他案件。

二、关于网络犯罪案件的管辖

2. 网络犯罪案件由犯罪地公安机关立案侦查。必要时，可以由犯罪嫌疑人居住地公安机关立案侦查。

网络犯罪案件的犯罪地包括用于实施犯罪行为的网站服务器所在地，网络接入地，网站建立者、管理者所在地，被侵害的计算机信息系统或其管理者所在地，犯罪嫌疑人、被害人使用的计算机信息系统所在地，被害人被侵害时所在地，以及被害人财产遭受损失地等。

涉及多个环节的网络犯罪案件，犯罪嫌疑人为网络犯罪提供帮助的，其犯罪地或者居住地公安机关可以立案侦查。

3. 有多个犯罪地的网络犯罪案件，由最初受理的公安机关或者主要犯罪地公安机关立案侦查。有争议的，按照有利于查清犯罪事实、有利于诉讼的原则，由共同上级公安机关指定有关公安机关立案侦查。需要提请批准逮捕、移送审查起诉、提起公诉的，由该公安机关所在地的人民检察院、人民法院受理。

4. 具有下列情形之一的，有关公安机关可以在其职责范围内并案侦查，需要提请批准逮捕、移送审查起诉、提起公诉的，由该公安机关所在地的人民检察院、人民法院受理：

（1）一人犯数罪的；

（2）共同犯罪的；

(3)共同犯罪的犯罪嫌疑人、被告人还实施其他犯罪的;

(4)多个犯罪嫌疑人、被告人实施的犯罪存在关联,并案处理有利于查明案件事实的。

5. 对因网络交易、技术支持、资金支付结算等关系形成多层级链条、跨区域的网络犯罪案件,共同上级公安机关可以按照有利于查清犯罪事实、有利于诉讼的原则,指定有关公安机关一并立案侦查,需要提请批准逮捕、移送审查起诉、提起公诉的,由该公安机关所在地的人民检察院、人民法院受理。

6. 具有特殊情况,由异地公安机关立案侦查更有利于查清犯罪事实、保证案件公正处理的跨省(自治区、直辖市)重大网络犯罪案件,可以由公安部商最高人民检察院和最高人民法院指定管辖。

7. 人民检察院对于公安机关移送审查起诉的网络犯罪案件,发现犯罪嫌疑人还有犯罪被其他公安机关立案侦查的,应当通知移送审查起诉的公安机关。

人民法院受理案件后,发现被告人还有犯罪被其他公安机关立案侦查的,可以建议人民检察院补充侦查。人民检察院经审查,认为需要补充侦查的,应当通知移送审查起诉的公安机关。

经人民检察院通知,有关公安机关根据案件具体情况,可以对犯罪嫌疑人所犯其他犯罪并案侦查。

8. 为保证及时结案,避免超期羁押,人民检察院对于公安机关提请批准逮捕、移送审查起诉的网络犯罪案件,第一审人民法院对于已经受理的网络犯罪案件,经审查发现没有管辖权的,可以依法报请共同上级人民检察院、人民法院指定管辖。

9. 部分犯罪嫌疑人在逃,但不影响对已到案共同犯罪嫌疑人、被告人的犯罪事实认定的网络犯罪案件,可以依法先行追究已到案共同犯罪嫌疑人、被告人的刑事责任。在逃的共同犯罪嫌疑人、被告人归案后,可以由原公安机关、人民检察院、人民法院管辖其所涉及的案件。

三、关于网络犯罪案件的初查

10. 对接受的案件或者发现的犯罪线索,在审查中发现案件事实或者线索不明,需要经过调查才能够确认是否达到犯罪追诉标准的,经办案部门负责人批准,可以进行初查。

初查过程中,可以采取询问、查询、勘验、检查、鉴定、调取证据材料等不限制初查对象人身、财产权利的措施,但不得对初查对象采取强制措施和查封、扣押、冻结财产。

四、关于网络犯罪案件的跨地域取证

11. 公安机关跨地域调查取证的,可以将办案协作函和相关法律文书及凭证电传或者通过公安机关信息化系统传输至协作地公安机关。协作地公安机关经审查确认,在传来的法律文书上加盖本地公安机关印章后,可以代为调查取证。

12. 询(讯)问异地证人、被害人以及与案件有关联的犯罪嫌疑人的,可以由办案地公安机关通过远程网络视频等方式进行询(讯)问并制作笔录。

远程询(讯)问的,应当由协作地公安机关事先核实被询(讯)问人的身份。办案地公安机关应当将询(讯)问笔录传输至协作地公安机关。询(讯)问笔录经被询(讯)问人确认并逐页签名、捺指印后,由协作地公安机关协作人员签名或者盖章,并将原件提供给办案地公安机关。询(讯)问人员收到笔录后,应当在首页右上方写明"于某年某月某日收到",并签名或者盖章。

远程询(讯)问的,应当对询(讯)问过程进行录音录像,并随案移送。

异地证人、被害人以及与案件有关联的犯罪嫌疑人亲笔书写证词、供词的,参照本条第二款规定执行。

五、关于电子数据的取证与审查

13. 收集、提取电子数据,应当由二名以上具备相关专业知识的侦查人员进行。取证设备和过程应当符合相关技术标准,并保证所收集、提取的电子数据的完整性、客观性。

14. 收集、提取电子数据,能够获取原始存储介质的,应当封存原始存储介质,并制作笔录,记录原始存储介质的封存状态,由侦查人员、原始存储介质持有人签名或者盖章;持有人无法签名或者拒绝签名的,应当在笔录中注明,由见证人签名或者盖章。有条件的,侦查人员应当对相关活动进行录像。

15. 具有下列情形之一,无法获取原始存储介质的,可以提取电子数据,但应当在笔录中注明不能获取原始存储介质的原因、原始存储介质的存放地点等情况,并由侦查人员、电子数据持有人、提供人签名或者盖章;持有人、提供人无法签名或者拒绝签名的,应当在笔录中注明,由见证人签名或者盖章;有条件的,侦查人员应当对相关活动进行录像:

(1)原始存储介质不便封存的;

(2)提取计算机内存存储的数据、网络传输的数据等不是存储在存储介质上的电子数据的;

(3)原始存储介质位于境外的;

(4)其他无法获取原始存储介质的情形。

16. 收集、提取电子数据应当制作笔录,记录案由、对象、内容,收集、提取电子数据的时间、地点、方法、过程,电子数据的清单、规格、类别、文件格式、完整性校验值等,并由收集、提取电子数据的侦查人员签名或者盖章。远程提取电子数据的,应当说明原因,有条件的,应当对相关活动进行录像。通过数据恢复、破解等方式获取被删除、隐藏或者加密的电子数据的,应当对恢复、破解过程和方法作出说明。

17. 收集、提取的原始存储介质或者电子数据,应当以封存状态随案移送,并制作电子数据的复制件一并移送。

对文档、图片、网页等可以直接展示的电子数据,可以不随案移送电子数据打印件,但应当附有展示方法说明和展示工具;人民法院、人民检察院因设备等条件限制无法直接展示电子数据的,公安机关应当随案移送打印件。

对侵入、非法控制计算机信息系统的程序、工具以及计算机病毒等无法直接展示的电子数据,应当附有电子数据属性、功能等情况的说明。

对数据统计数量、数据同一性等问题，公安机关应当出具说明。

18. 对电子数据涉及的专门性问题难以确定的，由司法鉴定机构出具鉴定意见，或者由公安部指定的机构出具检验报告。

六、关于网络犯罪案件的其他问题

19. 采取技术侦查措施收集的材料作为证据使用的，应当随案移送批准采取技术侦查措施的法律文书和所收集的证据材料。使用有关证据材料可能危及有关人员的人身安全，或者可能产生其他严重后果的，应当采取不暴露有关人员身份、技术方法等保护措施，必要时，可以由审判人员在庭外进行核实。

20. 对针对或者组织、教唆、帮助不特定多数人实施的网络犯罪案件，确因客观条件限制无法逐一收集相关言词证据的，可以根据记录被害人数、被侵害的计算机信息系统数量、涉案资金数额等犯罪事实的电子数据、书证等证据材料，在慎重审查被告人及其辩护人所提辩解、辩护意见的基础上，综合全案证据材料，对相关犯罪事实作出认定。

最高人民法院、最高人民检察院、公安部关于办理刑事案件收集提取和审查判断电子数据若干问题的规定

（法发〔2016〕22号）

为规范电子数据的收集提取和审查判断，提高刑事案件办理质量，根据《中华人民共和国刑事诉讼法》等有关法律规定，结合司法实际，制定本规定。

一、一般规定

第一条 电子数据是案件发生过程中形成的，以数字化形式存储、处理、传输的，能够证明案件事实的数据。

电子数据包括但不限于下列信息、电子文件：

（一）网页、博客、微博客、朋友圈、贴吧、网盘等网络平台发布的信息；

（二）手机短信、电子邮件、即时通信、通讯群组等网络应用服务的通信信息；

（三）用户注册信息、身份认证信息、电子交易记录、通信记录、登录日志等信息；

（四）文档、图片、音视频、数字证书、计算机程序等电子文件。

以数字化形式记载的证人证言、被害人陈述以及犯罪嫌疑人、被告人供述和辩解等证据，不属于电子数据。确有必要的，对相关证据的收集、提取、移送、审查，可以参照适用本规定。

第二条 侦查机关应当遵守法定程序，遵循有关技术标准，全面、客观、及时地收集、提取电子数据；人民检察院、人民法院应当围绕真实性、合法性、关联性审查判断电子数据。

第三条 人民法院、人民检察院和公安机关有权依法向有关单位和个人收集、调取电子数据。有关单位和个人应当如实提供。

第四条 电子数据涉及国家秘密、商业秘密、个人隐私的，应当保密。

第五条　对作为证据使用的电子数据，应当采取以下一种或者几种方法保护电子数据的完整性：

（一）扣押、封存电子数据原始存储介质；

（二）计算电子数据完整性校验值；

（三）制作、封存电子数据备份；

（四）冻结电子数据；

（五）对收集、提取电子数据的相关活动进行录像；

（六）其他保护电子数据完整性的方法。

第六条　初查过程中收集、提取的电子数据，以及通过网络在线提取的电子数据，可以作为证据使用。

二、电子数据的收集与提取

第七条　收集、提取电子数据，应当由二名以上侦查人员进行。取证方法应当符合相关技术标准。

第八条　收集、提取电子数据，能够扣押电子数据原始存储介质的，应当扣押、封存原始存储介质，并制作笔录，记录原始存储介质的封存状态。

封存电子数据原始存储介质，应当保证在不解除封存状态的情况下，无法增加、删除、修改电子数据。封存前后应当拍摄被封存原始存储介质的照片，清晰反映封口或者张贴封条处的状况。

封存手机等具有无线通信功能的存储介质，应当采取信号屏蔽、信号阻断或者切断电源等措施。

第九条　具有下列情形之一，无法扣押原始存储介质的，可以提取电子数据，但应当在笔录中注明不能扣押原始存储介质的原因、原始存储介质的存放地点或者电子数据的来源等情况，并计算电子数据的完整性校验值：

（一）原始存储介质不便封存的；

（二）提取计算机内存数据、网络传输数据等不是存储在存储介质上的电子数据的；

（三）原始存储介质位于境外的；

（四）其他无法扣押原始存储介质的情形。

对于原始存储介质位于境外或者远程计算机信息系统上的电子数据，可以通过网络在线提取。

为进一步查明有关情况，必要时，可以对远程计算机信息系统进行网络远程勘验。进行网络远程勘验，需要采取技术侦查措施的，应当依法经过严格的批准手续。

第十条　由于客观原因无法或者不宜依据第八条、第九条的规定收集、提取电子数据的，可以采取打印、拍照或者录像等方式固定相关证据，并在笔录中说明原因。

第十一条　具有下列情形之一的，经县级以上公安机关负责人或者检察长批准，可以对电子数据进行冻结：

(一)数据量大,无法或者不便提取的;

(二)提取时间长,可能造成电子数据被篡改或者灭失的;

(三)通过网络应用可以更为直观地展示电子数据的;

(四)其他需要冻结的情形。

第十二条 冻结电子数据,应当制作协助冻结通知书,注明冻结电子数据的网络应用账号等信息,送交电子数据持有人、网络服务提供者或者有关部门协助办理。解除冻结的,应当在三日内制作协助解除冻结通知书,送交电子数据持有人、网络服务提供者或者有关部门协助办理。

冻结电子数据,应当采取以下一种或者几种方法:

(一)计算电子数据的完整性校验值;

(二)锁定网络应用账号;

(三)其他防止增加、删除、修改电子数据的措施。

第十三条 调取电子数据,应当制作调取证据通知书,注明需要调取电子数据的相关信息,通知电子数据持有人、网络服务提供者或者有关部门执行。

第十四条 收集、提取电子数据,应当制作笔录,记录案由、对象、内容、收集、提取电子数据的时间、地点、方法、过程,并附电子数据清单,注明类别、文件格式、完整性校验值等,由侦查人员、电子数据持有人(提供人)签名或者盖章;电子数据持有人(提供人)无法签名或者拒绝签名的,应当在笔录中注明,由见证人签名或者盖章。有条件的,应当对相关活动进行录像。

第十五条 收集、提取电子数据,应当根据刑事诉讼法的规定,由符合条件的人员担任见证人。由于客观原因无法由符合条件的人员担任见证人的,应当在笔录中注明情况,并对相关活动进行录像。

针对同一现场多个计算机信息系统收集、提取电子数据的,可以由一名见证人见证。

第十六条 对扣押的原始存储介质或者提取的电子数据,可以通过恢复、破解、统计、关联、比对等方式进行检查。必要时,可以进行侦查实验。

电子数据检查,应当对电子数据存储介质拆封过程进行录像,并将电子数据存储介质通过写保护设备接入到检查设备进行检查;有条件的,应当制作电子数据备份,对备份进行检查;无法使用写保护设备且无法制作备份的,应当注明原因,并对相关活动进行录像。

电子数据检查应当制作笔录,注明检查方法、过程和结果,由有关人员签名或者盖章。进行侦查实验的,应当制作侦查实验笔录,注明侦查实验的条件、经过和结果,由参加实验的人员签名或者盖章。

第十七条 对电子数据涉及的专门性问题难以确定的,由司法鉴定机构出具鉴定意见,或者由公安部指定的机构出具报告。对于人民检察院直接受理的案件,也可以由最高人民检察院指定的机构出具报告。

具体办法由公安部、最高人民检察院分别制定。

三、电子数据的移送与展示

第十八条　收集、提取的原始存储介质或者电子数据，应当以封存状态随案移送，并制作电子数据的备份一并移送。

对网页、文档、图片等可以直接展示的电子数据，可以不随案移送打印件；人民法院、人民检察院因设备等条件限制无法直接展示电子数据的，侦查机关应当随案移送打印件，或者附展示工具和展示方法说明。

对冻结的电子数据，应当移送被冻结电子数据的清单，注明类别、文件格式、冻结主体、证据要点、相关网络应用账号，并附查看工具和方法的说明。

第十九条　对侵入、非法控制计算机信息系统的程序、工具以及计算机病毒等无法直接展示的电子数据，应当附电子数据属性、功能等情况的说明。

对数据统计量、数据同一性等问题，侦查机关应当出具说明。

第二十条　公安机关报请人民检察院审查批准逮捕犯罪嫌疑人，或者对侦查终结的案件移送人民检察院审查起诉的，应当将电子数据等证据一并移送人民检察院。人民检察院在审查批准逮捕和审查起诉过程中发现应当移送的电子数据没有移送或者移送的电子数据不符合相关要求的，应当通知公安机关补充移送或者进行补正。

对于提起公诉的案件，人民法院发现应当移送的电子数据没有移送或者移送的电子数据不符合相关要求的，应当通知人民检察院。

公安机关、人民检察院应当自收到通知后三日内移送电子数据或者补充有关材料。

第二十一条　控辩双方向法庭提交的电子数据需要展示的，可以根据电子数据的具体类型，借助多媒体设备出示、播放或者演示。必要时，可以聘请具有专门知识的人进行操作，并就相关技术问题作出说明。

四、电子数据的审查与判断

第二十二条　对电子数据是否真实，应当着重审查以下内容：

（一）是否移送原始存储介质；在原始存储介质无法封存、不便移动时，有无说明原因，并注明收集、提取过程及原始存储介质的存放地点或者电子数据的来源等情况；

（二）电子数据是否具有数字签名、数字证书等特殊标识；

（三）电子数据的收集、提取过程是否可以重现；

（四）电子数据如有增加、删除、修改等情形的，是否附有说明；

（五）电子数据的完整性是否可以保证。

第二十三条　对电子数据是否完整，应当根据保护电子数据完整性的相应方法进行验证：

（一）审查原始存储介质的扣押、封存状态；

（二）审查电子数据的收集、提取过程，查看录像；

（三）比对电子数据完整性校验值；

（四）与备份的电子数据进行比较；

（五）审查冻结后的访问操作日志；

（六）其他方法。

第二十四条 对收集、提取电子数据是否合法，应当着重审查以下内容：

（一）收集、提取电子数据是否由二名以上侦查人员进行，取证方法是否符合相关技术标准；

（二）收集、提取电子数据，是否附有笔录、清单，并经侦查人员、电子数据持有人（提供人）、见证人签名或者盖章；没有持有人（提供人）签名或者盖章的，是否注明原因；对电子数据的类别、文件格式等是否注明清楚；

（三）是否依照有关规定由符合条件的人员担任见证人，是否对相关活动进行录像；

（四）电子数据检查是否将电子数据存储介质通过写保护设备接入到检查设备；有条件的，是否制作电子数据备份，并对备份进行检查；无法制作备份且无法使用写保护设备的，是否附有录像。

第二十五条 认定犯罪嫌疑人、被告人的网络身份与现实身份的同一性，可以通过核查相关IP地址、网络活动记录、上网终端归属、相关证人证言以及犯罪嫌疑人、被告人供述和辩解等进行综合判断。

认定犯罪嫌疑人、被告人与存储介质的关联性，可以通过核查相关证人证言以及犯罪嫌疑人、被告人供述和辩解等进行综合判断。

第二十六条 公诉人、当事人或者辩护人、诉讼代理人对电子数据鉴定意见有异议，可以申请人民法院通知鉴定人出庭作证。人民法院认为鉴定人有必要出庭的，鉴定人应当出庭作证。

经人民法院通知，鉴定人拒不出庭作证的，鉴定意见不得作为定案的根据。对没有正当理由拒不出庭作证的鉴定人，人民法院应当通报司法行政机关或者有关部门。

公诉人、当事人或者辩护人、诉讼代理人可以申请法庭通知有专门知识的人出庭，就鉴定意见提出意见。

对电子数据涉及的专门性问题的报告，参照适用前三款规定。

第二十七条 电子数据的收集、提取程序有下列瑕疵，经补正或者作出合理解释的，可以采用；不能补正或者作出合理解释的，不得作为定案的根据：

（一）未以封存状态移送的；

（二）笔录或者清单上没有侦查人员、电子数据持有人（提供人）、见证人签名或者盖章的；

（三）对电子数据的名称、类别、格式等注明不清的；

（四）有其他瑕疵的。

第二十八条 电子数据具有下列情形之一的，不得作为定案的根据：

（一）电子数据系篡改、伪造或者无法确定真伪的；

（二）电子数据有增加、删除、修改等情形，影响电子数据真实性的；

（三）其他无法保证电子数据真实性的情形。

五、附　　则

第二十九条 本规定中下列用语的含义：

（一）存储介质，是指具备数据信息存储功能的电子设备、硬盘、光盘、优盘、记忆棒、存储卡、存储芯片等载体。

（二）完整性校验值，是指为防止电子数据被篡改或者破坏，使用散列算法等特定算法对电子数据进行计算，得出的用于校验数据完整性的数据值。

（三）网络远程勘验，是指通过网络对远程计算机信息系统实施勘验，发现、提取与犯罪有关的电子数据，记录计算机信息系统状态，判断案件性质，分析犯罪过程，确定侦查方向和范围，为侦查破案、刑事诉讼提供线索和证据的侦查活动。

（四）数字签名，是指利用特定算法对电子数据进行计算，得出的用于验证电子数据来源和完整性的数据值。

（五）数字证书，是指包含数字签名并对电子数据来源、完整性进行认证的电子文件。

（六）访问操作日志，是指为审查电子数据是否被增加、删除或者修改，由计算机信息系统自动生成的对电子数据访问、操作情况的详细记录。

第三十条 本规定自2016年10月1日起施行。之前发布的规范性文件与本规定不一致的，以本规定为准。

最高人民法院、最高人民检察院、公安部关于办理电信网络诈骗等刑事案件适用法律若干问题的意见

（法发〔2016〕32号）

为依法惩治电信网络诈骗等犯罪活动，保护公民、法人和其他组织的合法权益，维护社会秩序，根据《中华人民共和国刑法》《中华人民共和国刑事诉讼法》等法律和有关司法解释的规定，结合工作实际，制定本意见。

一、总体要求

近年来，利用通讯工具、互联网等技术手段实施的电信网络诈骗犯罪活动持续高发，侵犯公民个人信息，扰乱无线电通讯管理秩序，掩饰、隐瞒犯罪所得、犯罪所得收益等上下游关联犯罪不断蔓延。此类犯罪严重侵害人民群众财产安全和其他合法权益，严重干扰电信网络秩序，严重破坏社会诚信，严重影响人民群众安全感和社会和谐稳定，社会危害性大，人民群众反映强烈。

人民法院、人民检察院、公安机关要针对电信网络诈骗等犯罪的特点，坚持全链条全方位打击，坚持依法从严从快惩处，坚持最大力度最大限度追赃挽损，进一步健全工作机制，加强协作配合，坚决有效遏制电信网络诈骗等犯罪活动，努力实现法律效果和社会效果的高度统一。

二、依法严惩电信网络诈骗犯罪

（一）根据《最高人民法院、最高人民检察院关于办理诈骗刑事案件具体应用法律若干问题的解释》第一条的规定，利用电信网络技术手段实施诈骗，诈骗公私财物价值三千元以上、三万元以上、五十万元以上的，应当分别认定为刑法第二百

六十六条规定的“数额较大”“数额巨大”“数额特别巨大”。

二年内多次实施电信网络诈骗未经处理，诈骗数额累计计算构成犯罪的，应当依法定罪处罚。

（二）实施电信网络诈骗犯罪，达到相应数额标准，具有下列情形之一的，酌情从重处罚：

1. 造成被害人或其近亲属自杀、死亡或者精神失常等严重后果的；

2. 冒充司法机关等国家机关工作人员实施诈骗的；

3. 组织、指挥电信网络诈骗犯罪团伙的；

4. 在境外实施电信网络诈骗的；

5. 曾因电信网络诈骗犯罪受过刑事处罚或者二年内曾因电信网络诈骗受过行政处罚的；

6. 诈骗残疾人、老年人、未成年人、在校学生、丧失劳动能力人的财物，或者诈骗重病患者及其亲属财物的；

7. 诈骗救灾、抢险、防汛、优抚、扶贫、移民、救济、医疗等款物的；

8. 以赈灾、募捐等社会公益、慈善名义实施诈骗的；

9. 利用电话追呼系统等技术手段严重干扰公安机关等部门工作的；

10. 利用“钓鱼网站”链接、“木马”程序链接、网络渗透等隐蔽技术手段实施诈骗的。

（三）实施电信网络诈骗犯罪，诈骗数额接近“数额巨大”“数额特别巨大”的标准，具有前述第（二）条规定的情形之一的，应当分别认定为刑法第二百六十六条规定的“其他严重情节”“其他特别严重情节”。

上述规定的“接近”，一般应掌握在相应数额标准的百分之八十以上。

（四）实施电信网络诈骗犯罪，犯罪嫌疑人、被告人实际骗得财物的，以诈骗罪（既遂）定罪处罚。诈骗数额难以查证，但具有下列情形之一的，应当认定为刑法第二百六十六条规定的“其他严重情节”，以诈骗罪（未遂）定罪处罚：

1. 发送诈骗信息五千条以上的，或者拨打诈骗电话五百人次以上的；

2. 在互联网上发布诈骗信息，页面浏览量累计五千次以上的。

具有上述情形，数量达到相应标准十倍以上的，应当认定为刑法第二百六十六条规定的“其他特别严重情节”，以诈骗罪（未遂）定罪处罚。

上述“拨打诈骗电话”，包括拨出诈骗电话和接听被害人回拨电话。反复拨打、接听同一电话号码，以及反复向同一被害人发送诈骗信息的，拨打、接听电话次数、发送信息条数累计计算。

因犯罪嫌疑人、被告人故意隐匿、毁灭证据等原因，致拨打电话次数、发送信息条数的证据难以收集的，可以根据经查证属实的日拨打人次数、日发送信息条数，结合犯罪嫌疑人、被告人实施犯罪的时间、犯罪嫌疑人、被告人的供述等相关证据，综合予以认定。

（五）电信网络诈骗既有既遂，又有未遂，分别达到不同量刑幅度的，依照处罚较重的规定处罚;达到同一量刑幅度的,以诈骗罪既遂处罚。

(六)对实施电信网络诈骗犯罪的被告人裁量刑罚,在确定量刑起点、基准刑时,一般应就高选择。确定宣告刑时,应当综合全案事实情节,准确把握从重、从轻量刑情节的调节幅度,保证罪责刑相适应。

(七)对实施电信网络诈骗犯罪的被告人,应当严格控制适用缓刑的范围,严格掌握适用缓刑的条件。

(八)对实施电信网络诈骗犯罪的被告人,应当更加注重依法适用财产刑,加大经济上的惩罚力度,最大限度剥夺被告人再犯的能力。

三、全面惩处关联犯罪

(一)在实施电信网络诈骗活动中,非法使用"伪基站""黑广播",干扰无线电通讯秩序,符合刑法第二百八十八条规定的,以扰乱无线电通讯管理秩序罪追究刑事责任。同时构成诈骗罪的,依照处罚较重的规定定罪处罚。

(二)违反国家有关规定,向他人出售或者提供公民个人信息,窃取或者以其他方法非法获取公民个人信息,符合刑法第二百五十三条之一规定的,以侵犯公民个人信息罪追究刑事责任。

使用非法获取的公民个人信息,实施电信网络诈骗犯罪行为,构成数罪的,应当依法予以并罚。

(三)冒充国家机关工作人员实施电信网络诈骗犯罪,同时构成诈骗罪和招摇撞骗罪的,依照处罚较重的规定定罪处罚。

(四)非法持有他人信用卡,没有证据证明从事电信网络诈骗犯罪活动,符合刑法第一百七十七条之一第一款第(二)项规定的,以妨害信用卡管理罪追究刑事责任。

(五)明知是电信网络诈骗犯罪所得及其产生的收益,以下列方式之一予以转账、套现、取现的,依照刑法第三百一十二条第一款的规定,以掩饰、隐瞒犯罪所得、犯罪所得收益罪追究刑事责任。但有证据证明确实不知道的除外:

1. 通过使用销售点终端机具(POS机)刷卡套现等非法途径,协助转换或者转移财物的;

2. 帮助他人将巨额现金散存于多个银行账户,或在不同银行账户之间频繁划转的;

3. 多次使用或者使用多个非本人身份证明开设的信用卡、资金支付结算账户或者多次采用遮蔽摄像头、伪装等异常手段,帮助他人转账、套现、取现的;

4. 为他人提供非本人身份证明开设的信用卡、资金支付结算账户后,又帮助他人转账、套现、取现的;

5. 以明显异于市场的价格,通过手机充值、交易游戏点卡等方式套现的。

实施上述行为,事前通谋的,以共同犯罪论处。

实施上述行为,电信网络诈骗犯罪嫌疑人尚未到案或案件尚未依法裁判,但现有证据足以证明该犯罪行为确实存在的,不影响掩饰、隐瞒犯罪所得、犯罪所得收益罪的认定。

实施上述行为，同时构成其他犯罪的，依照处罚较重的规定定罪处罚。法律和司法解释另有规定的除外。

（六）网络服务提供者不履行法律、行政法规规定的信息网络安全管理义务，经监管部门责令采取改正措施而拒不改正，致使诈骗信息大量传播，或者用户信息泄露造成严重后果的，依照刑法第二百八十六条之一的规定，以拒不履行信息网络安全管理义务罪追究刑事责任。同时构成诈骗罪的，依照处罚较重的规定定罪处罚。

（七）实施刑法第二百八十七条之一、第二百八十七条之二规定之行为，构成非法利用信息网络罪、帮助信息网络犯罪活动罪，同时构成诈骗罪的，依照处罚较重的规定定罪处罚。

（八）金融机构、网络服务提供者、电信业务经营者等在经营活动中，违反国家有关规定，被电信网络诈骗犯罪分子利用，使他人遭受财产损失的，依法承担相应责任。构成犯罪的，依法追究刑事责任。

四、准确认定共同犯罪与主观故意

（一）三人以上为实施电信网络诈骗犯罪而组成的较为固定的犯罪组织，应依法认定为诈骗犯罪集团。对组织、领导犯罪集团的首要分子，按照集团所犯的全部罪行处罚。对犯罪集团中组织、指挥、策划者和骨干分子依法从严惩处。

对犯罪集团中起次要、辅助作用的从犯，特别是在规定期限内投案自首、积极协助抓获主犯、积极协助追赃的，依法从轻或减轻处罚。

对犯罪集团首要分子以外的主犯，应当按照其所参与的或者组织、指挥的全部犯罪处罚。全部犯罪包括能够查明具体诈骗数额的事实和能够查明发送诈骗信息条数、拨打诈骗电话人次数、诈骗信息网页浏览次数的事实。

（二）多人共同实施电信网络诈骗，犯罪嫌疑人、被告人应对其参与期间该诈骗团伙实施的全部诈骗行为承担责任。在其所参与的犯罪环节中起主要作用的，可以认定为主犯；起次要作用的，可以认定为从犯。

上述规定的“参与期间”，从犯罪嫌疑人、被告人着手实施诈骗行为开始起算。

（三）明知他人实施电信网络诈骗犯罪，具有下列情形之一的，以共同犯罪论处，但法律和司法解释另有规定的除外：

1. 提供信用卡、资金支付结算账户、手机卡、通讯工具的；

2. 非法获取、出售、提供公民个人信息的；

3. 制作、销售、提供“木马”程序和“钓鱼软件”等恶意程序的；

4. 提供“伪基站”设备或相关服务的；

5. 提供互联网接入、服务器托管、网络存储、通讯传输等技术支持，或者提供支付结算等帮助的；

6. 在提供改号软件、通话线路等技术服务时，发现主叫号码被修改为国内党政机关、司法机关、公共服务部门号码，或者境外用户改为境内号码，仍提供服务的；

7. 提供资金、场所、交通、生活保障等帮助的；

8. 帮助转移诈骗犯罪所得及其产生的收益，套现、取现的。

上述规定的“明知他人实施电信网络诈骗犯罪”，应当结合被告人的认知能力，既往经历，行为次数和手段，与他人关系，获利情况，是否曾因电信网络诈骗受过处罚，是否故意规避调查等主客观因素进行综合分析认定。

（四）负责招募他人实施电信网络诈骗犯罪活动，或者制作、提供诈骗方案、术语清单、语音包、信息等的，以诈骗共同犯罪论处。

（五）部分犯罪嫌疑人在逃，但不影响对已到案共同犯罪嫌疑人、被告人的犯罪事实认定的，可以依法先行追究已到案共同犯罪嫌疑人、被告人的刑事责任。

五、依法确定案件管辖

（一）电信网络诈骗犯罪案件一般由犯罪地公安机关立案侦查，如果由犯罪嫌疑人居住地公安机关立案侦查更为适宜的，可以由犯罪嫌疑人居住地公安机关立案侦查。犯罪地包括犯罪行为发生地和犯罪结果发生地。

“犯罪行为发生地”包括用于电信网络诈骗犯罪的网站服务器所在地，网站建立者、管理者所在地，被侵害的计算机信息系统或其管理者所在地，犯罪嫌疑人、被害人使用的计算机信息系统所在地，诈骗电话、短信息、电子邮件等的拨打地、发送地、到达地、接受地，以及诈骗行为持续发生的实施地、预备地、开始地、途经地、结束地。

“犯罪结果发生地”包括被害人被骗时所在地，以及诈骗所得财物的实际取得地、藏匿地、转移地、使用地、销售地等。

（二）电信网络诈骗最初发现地公安机关侦办的案件，诈骗数额当时未达到“数额较大”标准，但后续累计达到“数额较大”标准，可由最初发现地公安机关立案侦查。

（三）具有下列情形之一的，有关公安机关可以在其职责范围内并案侦查：

1. 一人犯数罪的；

2. 共同犯罪的；

3. 共同犯罪的犯罪嫌疑人还实施其他犯罪的；

4. 多个犯罪嫌疑人实施的犯罪存在直接关联，并案处理有利于查明案件事实的。

（四）对因网络交易、技术支持、资金支付结算等关系形成多层级链条、跨区域的电信网络诈骗等犯罪案件，可由共同上级公安机关按照有利于查清犯罪事实、有利于诉讼的原则，指定有关公安机关立案侦查。

（五）多个公安机关都有权立案侦查的电信网络诈骗等犯罪案件，由最初受理的公安机关或者主要犯罪地公安机关立案侦查。有争议的，按照有利于查清犯罪事实、有利于诉讼的原则，协商解决。经协商无法达成一致的，由共同上级公安机关指定有关公安机关立案侦查。

（六）在境外实施的电信网络诈骗等犯罪案件，可由公安部按照有利于查清犯罪事实、有利于诉讼的原则，指定有关公安机关立案侦查。

（七）公安机关立案、并案侦查，或因有争议，由共同上级公安机关指定立案侦查的案件，需要提请批准逮捕、移送审查起诉、提起公诉的，由该公安机关所在地的人民检察院、人民法院受理。

对重大疑难复杂案件和境外案件，公安机关应在指定立案侦查前，向同级人民检察院、人民法院通报。

(八)已确定管辖的电信诈骗共同犯罪案件,在逃的犯罪嫌疑人归案后,一般由原管辖的公安机关、人民检察院、人民法院管辖。

六、证据的收集和审查判断

(一)办理电信网络诈骗案件,确因被害人人数众多等客观条件的限制,无法逐一收集被害人陈述的,可以结合已收集的被害人陈述,以及经查证属实的银行账户交易记录、第三方支付结算账户交易记录、通话记录、电子数据等证据,综合认定被害人人数及诈骗资金数额等犯罪事实。

(二)公安机关采取技术侦查措施收集的案件证明材料,作为证据使用的,应当随案移送批准采取技术侦查措施的法律文书和所收集的证据材料,并对其来源等作出书面说明。

(三)依照国际条约、刑事司法协助、互助协议或平等互助原则,请求证据材料所在地司法机关收集,或通过国际警务合作机制、国际刑警组织启动合作取证程序收集的境外证据材料,经查证属实,可以作为定案的依据。公安机关应对其来源、提取人、提取时间或者提供人、提供时间以及保管移交的过程等作出说明。

对其他来自境外的证据材料,应当对其来源、提供人、提供时间以及提取人、提取时间进行审查。能够证明案件事实且符合刑事诉讼法规定的,可以作为证据使用。

七、涉案财物的处理

(一)公安机关侦办电信网络诈骗案件,应当随案移送涉案赃款赃物,并附清单。人民检察院提起公诉时,应一并移交受理案件的人民法院,同时就涉案赃款赃物的处理提出意见。

(二)涉案银行账户或者涉案第三方支付账户内的款项,对权属明确的被害人的合法财产,应当及时返还。确因客观原因无法查实全部被害人,但有证据证明该账户系用于电信网络诈骗犯罪,且被告人无法说明款项合法来源的,根据刑法第六十四条的规定,应认定为违法所得,予以追缴。

(三)被告人已将诈骗财物用于清偿债务或者转让给他人,具有下列情形之一的,应当依法追缴:

1. 对方明知是诈骗财物而收取的;
2. 对方无偿取得诈骗财物的;
3. 对方以明显低于市场的价格取得诈骗财物的;
4. 对方取得诈骗财物系源于非法债务或者违法犯罪活动的。

他人善意取得诈骗财物的,不予追缴。

网络产品和服务安全审查办法(试行)

(2017年5月2日中央网信办发布)

第一条 为提高网络产品和服务安全可控水平,防范网络安全风险,维护国家安全，依据《中华人民共和国国家安全法》《中华人民共和国网络安全法》等法律法规，制定本办法。

第二条　关系国家安全的网络和信息系统采购的重要网络产品和服务，应当经过网络安全审查。

第三条　坚持企业承诺与社会监督相结合，第三方评价与政府持续监管相结合，实验室检测、现场检查、在线监测、背景调查相结合，对网络产品和服务及其供应链进行网络安全审查。

第四条　网络安全审查重点审查网络产品和服务的安全性、可控性，主要包括：

（一）产品和服务自身的安全风险，以及被非法控制、干扰和中断运行的风险；

（二）产品及关键部件生产、测试、交付、技术支持过程中的供应链安全风险；

（三）产品和服务提供者利用提供产品和服务的便利条件非法收集、存储、处理、使用用户相关信息的风险；

（四）产品和服务提供者利用用户对产品和服务的依赖，损害网络安全和用户利益的风险；

（五）其他可能危害国家安全的风险。

第五条　国家互联网信息办公室会同有关部门成立网络安全审查委员会，负责审议网络安全审查的重要政策，统一组织网络安全审查工作，协调网络安全审查相关重要问题。

网络安全审查办公室具体组织实施网络安全审查。

第六条　网络安全审查委员会聘请相关专家组成网络安全审查专家委员会，在第三方评价基础上，对网络产品和服务的安全风险及其提供者的安全可信状况进行综合评估。

第七条　国家依法认定网络安全审查第三方机构，承担网络安全审查中的第三方评价工作。

第八条　网络安全审查办公室按照国家有关要求、根据全国性行业协会建议和用户反映等，按程序确定审查对象，组织第三方机构、专家委员会对网络产品和服务进行网络安全审查，并发布或在一定范围内通报审查结果。

第九条　金融、电信、能源、交通等重点行业和领域主管部门，根据国家网络安全审查工作要求，组织开展本行业、本领域网络产品和服务安全审查工作。

第十条　公共通信和信息服务、能源、交通、水利、金融、公共服务、电子政务等重要行业和领域，以及其他关键信息基础设施的运营者采购网络产品和服务，可能影响国家安全的，应当通过网络安全审查。产品和服务是否影响国家安全由关键信息基础设施保护工作部门确定。

第十一条　承担网络安全审查的第三方机构，应当坚持客观、公正、公平的原则，按照国家有关规定，参照有关标准，重点从产品和服务及其供应链的安全性、可控性，安全机制和技术的透明性等方面进行评价，并对评价结果负责。

第十二条　网络产品和服务提供者应当对网络安全审查工作予以配合，并对提供材料的真实性负责。

第三方机构等相关单位和人员对审查工作中获悉的信息等承担安全保密义务,不得用于网络安全审查以外的目的。

第十三条 网络安全审查办公室不定期发布网络产品和服务安全评估报告。

第十四条 网络产品和服务提供者认为第三方机构等相关单位和人员有失客观公正,或未能对审查工作中获悉的信息承担安全保密义务的,可以向网络安全审查办公室或者有关部门举报。

第十五条 违反本办法规定的,依照有关法律法规予以处理。

第十六条 本办法自2017年6月1日起实施。

工业控制系统信息安全防护能力评估工作管理办法

(2017年7月31日工业和信息化部发布)

第一章 总 则

第一条 为规范工业控制系统信息安全(以下简称工控安全)防护能力评估工作,切实提升工控安全防护水平,根据《中华人民共和国网络安全法》《国务院关于深化制造业与互联网融合发展的指导意见》(国发〔2016〕28号),制定本办法。

第二条 本办法适用于规范针对工业企业开展的工控安全防护能力评估活动。

本办法所指的防护能力评估,是对工业企业工业控制系统规划、设计、建设、运行、维护等全生命周期各阶段开展安全防护能力综合评价。

第三条 工业和信息化部负责指导和监督全国工业企业工控安全防护能力评估工作。

第二章 评估管理组织

第四条 设立全国工控安全防护能力评估专家委员会(以下简称评估专家委员会),负责定期抽查与复核工控安全防护能力评估报告,并对评估工作提供建议和咨询。

第五条 设立全国工控安全防护能力评估工作组(以下简称评估工作组),负责具体管理工控安全防护能力评估相关工作,制订完善评估工作流程和方法,管理评估机构及评估人员,并审核评估过程中生成的文件和记录。评估工作组下设秘书处,秘书处设在国家工业信息安全发展研究中心。

第三章 评估机构和人员要求

第六条 评估工作组委托符合条件的第三方评估机构从事工控安全防护能力评估工作。

第七条 评估机构应具备的基本条件:

(一)具有独立的事业单位法人资格。

(二)具有不少于25名工控安全防护能力评估专职人员。

(三)具有工控安全防护能力评估所需的工具和设备。

第八条　评估机构应建立并有效运行评估工作体系,完善评估监督和责任机制,以确保所从事的工控安全评估活动符合本办法的规定。评估机构应对其出具的评估报告负责。

第九条　对于违反本办法、相关法律法规及不遵守评估工作组管理要求的评估机构,评估工作组有权暂停或撤销其从事工控安全评估活动的委托。被撤销委托的机构,5 年内不得重新申请。

第十条　评估人员须遵守相关的法律、法规和规章,按照所在评估机构确定的工作程序和作业指导从事评估活动,对评估报告的真实性承担相应责任,并应对评估活动中接触到的信息履行保密义务。

第四章　评估工具要求

第十一条　评估过程中使用的相关评估专用软硬件工具需符合相关可靠性和安全性要求。

第十二条　评估工具需由评估工作组委托国家相关质检机构进行检测和校验,未通过检测和校验的评估工具不得应用于评估工作。

第五章　评估工作程序

第十三条　受理评估申请。评估工作组承担工业和信息化主管部门的专项评估任务,各评估机构可自行受理市场化的评估工作委托,并在评估工作组备案。

第十四条　组建评估技术队伍。评估机构组建评估项目组,原则上每个评估项目组由不少于 5 名专职评估人员(含 1 名组长)组成。

第十五条　制定评估工作计划。评估机构在实施评估前,应与被评估企业充分协调,梳理清晰企业工业控制系统基本情况,并参照《工业控制系统信息安全防护能力评估方法》(见附件)形成书面评估工作计划。评估工作计划的内容至少应包括:评估工作计划名称和编号、评估范围、评估具体任务与方案、评估工作日程安排、应急预案等。

第十六条　开展现场评估工作。评估项目组按照评估工作计划,在现场对被评估企业实施工控安全防护能力评估。

第十七条　现场评估情况反馈。现场评估工作结束后,评估项目组应对现场评估工作形成书面的现场评估情况反馈表,描述存在的安全问题并提出相应的整改建议。

第十八条　企业自行整改。企业应在收到反馈表后 30 日内自行开展整改工作,根据整改情况申请复评估。

第十九条　开展复评估工作。评估项目组在收到企业复评估的请求后,根据需要对现场评估反馈表中的问题进行确认。需要时,开展现场复评估。

第二十条　形成评估报告。评估项目组在总结现场评估和复评估工作后,出具企业工控安全防护能力评估结论,经由被评估企业确认后,形成评估报告,报工业和信息化部备案。

第六章 监督管理

第二十一条 评估工作组建立国家工控安全防护能力评估工作管理平台，通过平台定期公示评估机构、评估人员、评估工具和评估报告。

第二十二条 评估工作组不定期委托评估专家委员会对评估报告开展必要的抽查与复核，经抽查与复核发现评估报告不符合本办法有关规定、标准的，应当要求企业限期改正或者重新评估，并在30日内提交评估材料。

第二十三条 评估工作组受理针对违反本办法、相关法律法规及不遵守评估工作组管理要求的评估机构和人员的举报和投诉。

第七章 附 则

第二十四条 本办法自2017年9月1日起实施。

附件：工业控制系统信息安全防护能力评估方法（略）

网络安全等级保护测评机构管理办法

（2018年3月23日公安部第十一局发布）

第一章 总 则

第一条 为加强网络安全等级保护测评机构（以下简称“测评机构”）管理，规范测评行为，提高等级测评能力和服务水平，根据《中华人民共和国网络安全法》和网络安全等级保护制度要求，制定本办法。

第二条 等级测评工作，是指测评机构依据国家网络安全等级保护制度规定，按照有关管理规范和技术标准，对已定级备案的非涉及国家秘密的网络（含信息系统、数据资源等）的安全保护状况进行检测评估的活动。

测评机构，是指依据国家网络安全等级保护制度规定，符合本办法规定的基本条件，经省级以上网络安全等级保护工作领导（协调）小组办公室（以下简称“等保办”）审核推荐，从事等级测评工作的机构。

第三条 测评机构实行推荐目录管理。测评机构由省级以上等保办根据本办法规定，按照统筹规划、合理布局的原则，择优推荐。

第四条 测评机构联合成立测评联盟。测评联盟按照章程和有关测评规范，加强行业自律，提高测评技术能力和服务质量。测评联盟在国家等保办指导下开展工作。

第五条 测评机构应按照国家有关网络安全法律法规规定和标准规范要求，为用户提供科学、安全、客观、公正的等级测评服务。

第二章 测评机构申请

第六条 申请成为测评机构的单位（以下简称“申请单位”）需向省级以上等

保办提出申请。

国家等保办负责受理隶属国家网络安全职能部门和重点行业主管部门的申请，对申请单位进行审核、推荐；监督管理全国测评机构。

省级等保办负责受理本省（区、直辖市）申请单位的申请，对申请单位进行审核、推荐；监督管理其推荐的测评机构。

第七条　申请单位应具备以下基本条件：

（一）在中华人民共和国境内注册成立，由中国公民、法人投资或者国家投资的企事业单位；

（二）产权关系明晰，注册资金500万元以上，独立经营核算，无违法违规记录；

（三）从事网络安全服务两年以上，具备一定的网络安全检测评估能力；

（四）法人、主要负责人、测评人员仅限中华人民共和国境内的中国公民，且无犯罪记录；

（五）具有网络安全相关工作经历的技术和管理人员不少于15人，专职渗透测试人员不少于2人，岗位职责清晰，且人员相对稳定；

（六）具有固定的办公场所，配备满足测评业务需要的检测评估工具、实验环境等；

（七）具有完备的安全保密管理、项目管理、质量管理、人员管理、档案管理和培训教育等规章制度；

（八）不涉及网络安全产品开发、销售或信息系统安全集成等可能影响测评结果公正性的业务（自用除外）；

（九）应具备的其他条件。

第八条　申请时，申请单位应向等保办提交以下材料：

（一）网络安全等级保护测评机构推荐申请表；

（二）近两年从事网络安全服务情况以及网络安全服务项目完整文档和相关用户证明；

（三）检测评估工作所需实验环境及测评工具、设备设施情况；

（四）有关管理制度情况；

（五）申请单位及其测评人员基本情况；

（六）应提交的其他材料。

第九条　等保办收到申请材料后，应在10个工作日内组织初审。对符合本办法第七条规定的申请单位，应委托测评联盟对其开展测评能力评估。

测评联盟组织专家，根据标准规范对申请单位开展能力评估，出具测评能力评估报告，并及时将能力评估情况反馈等保办。

能力评估不达标的，等保办应告知申请单位初审未通过。

第十条　初审通过的申请单位，应组织本单位人员参加测评师培训。考试合格的，取得测评师证书。

测评师分为初级、中级和高级。申请单位应至少有15人获得测评师证书，其中高级测评师不少于1人,中级测评师不少于5人。

第十一条 等保办组织专家对人员培训符合要求的申请单位进行复核。复核通过的,颁发《网络安全等级保护测评机构推荐证书》。

第十二条 测评机构实行目录管理,国家等保办编制《全国网络安全等级保护测评机构推荐目录》,并在中国网络安全等级保护网网站发布并及时更新。

省级等保办应及时将本地测评机构推荐情况报国家等保办。

第十三条 省级等保办每年年底根据测评工作需求制定下一年度测评机构推荐计划,并报国家等保办审定。

省级以上等保办受理测评机构申请的时间为每年三月份。

第十四条 测评联盟应组织专家对新推荐测评机构的首个测评项目实施情况进行跟踪评议,并将结果及时报等保办。等保办组织进行综合审查。

第三章 测评机构和测评人员管理

第十五条 测评机构应与被测评单位签署测评服务协议,依据有关标准规范开展测评业务,防范测评风险,客观准确地反映被测评对象的安全保护状况。

测评机构应按照统一模板出具网络安全等级测评报告,并针对被测评网络分别出具等级测评报告。

对第三级以上网络提供等级测评服务的,测评师人数不得少于4名,其中高级测评师、中级测评师应各不少于1名。

第十六条 测评机构应当指定专人管理测评专用章,制定管理规范,不得滥用。

出具等级测评报告时,测评机构应加盖等级测评专用章。未加盖专用章的报告,视为无效。

第十七条 测评师上岗前,测评机构应组织岗前培训;培训合格的,由测评机构配发上岗证,上岗证发放情况应于发放后5个工作日报等保办。测评机构应当对测评师开展等级测评业务情况进行考核,并留存相关记录。

未取得测评师证书和上岗证的,不得参与等级测评项目。测评师一年内未参与测评活动的,测评联盟应注销其证书。

测评师实行年度注册管理。年审时,测评机构应将本机构测评师情况报等保办注册。测评机构不得采取挂靠或者聘用兼职测评师开展测评业务。

第十八条 测评机构应采取管理和技术措施保护测评活动中相关数据和信息的安全,不得泄露在测评服务中知悉的商业秘密、重要敏感信息和个人信息;未经等保办同意,不得擅自发布、披露在测评服务中收集掌握的网络信息、系统漏洞、恶意代码、网络攻击等信息。

第十九条 测评机构提供测评服务不受地域、行业、领域的限制。测评项目采取登记管理。测评机构在实施测评项目之前,须将测评项目信息及时、准确地填报到网络安全等级保护测评项目登记管理系统(以下简称"项目管理系统")。

测评机构应于测评项目合同签订后或测评活动实施前5个工作日内,通过项目管理系统填报测评项目基本情况，不得于测评项目完成后进行补录。由于项目实施变更导致已登记信息与实际情况不符的，应及时修改并说明理由。

第二十条　省级以上等保办对测评机构填报的信息应在5个工作日内进行审核确认。逾期未审核确认的，项目管理系统默认审核通过。测评项目填报登记和审核确认的具体要求，参见《项目管理系统填报指南》。

第二十一条　省级以上等保办在审核确认测评项目登记信息时，发现测评机构具有下列情形之一的，应不予审核通过。

（一）处于暂停测评业务期间；

（二）因违规被通报后，未反馈整改情况的；

（三）其他不符合本办法规定情形的。

第二十二条　属于异地测评项目的，测评机构应从项目管理系统中生成测评项目基本情况表，并于测评项目实施前报送或传至被测评网络备案公安机关。

第二十三条　测评机构名称、地址、测评人员、主要负责人和联系人发生变更的，测评机构应在变更后5个工作日内向等保办报告，并提交变更材料。

测评机构法人、股权结构发生变更或其他重大事项发生变更的，等保办应组织重新进行推荐审查并出具审查意见。测评机构不得假借变更名义转让推荐证书。

第二十四条　测评机构应加强对测评人员的监督管理，定期组织开展安全保密教育和测评业务培训，签订安全保密责任书，规定其应当履行的安全保密义务和承担的法律责任，并负责检查落实。

第二十五条　测评机构应组织测评师参加多种形式的测评业务和技术培训，测评师每年培训时长累计不少于40学时。培训时长不足的，不予年度注册。

测评联盟确定测评业务和技术培训科目，发布年度测评培训纲要。

第二十六条　测评师离职前，测评机构应与其签订离职保密承诺书，收回上岗证并及时向等保办报备。

自离职之日起超过6个月再入职测评机构的测评师，应通过测评师考试后从事测评活动；自离职之日起一年内未入职测评机构从事测评活动的，测评联盟应注销其测评师证书。

第二十七条　测评机构应监督测评师妥善保管测评师证书、上岗证，不得涂改、出借、出租和转让。

第二十八条　测评机构应当建立网络安全应急处置机制和纠纷处理机制，防范测评风险，妥善处理纠纷。

第二十九条　测评项目完成后，测评机构应请被测评单位对测评服务情况进行评价，评价情况表由被测单位密封后反馈测评机构，留存备查。

第三十条　测评机构应每季度向等保办报送测评业务开展情况和测评数据。根据测评实践，测评机构每年底编制并向等保办报送网络安全状况分析报告。

测评机构在测评活动中，发现重大网络安全事件、重大网络安全风险隐患、高危漏洞和重大网络安全威胁时，应及时报告公安机关。

第三十一条 国家等保办每年第四季度组织开展测评机构能力验证活动,并将能力验证结果通报各省级等保办。

未参加能力验证的测评机构,视为能力验证未通过。

第三十二条 等保办应于每年12月份对所推荐测评机构进行年审。

年审通过的,等保办在推荐证书副本上加盖等级保护专用章或等保办印章,发放测评师注册标识。

年审时,测评机构应当提交以下材料:

(一)网络安全等级保护测评机构年审表;

(二)网络安全等级保护测评机构推荐证书副本;

(三)年度测评工作总结;

(四)测评师年度注册表;

(五)其他所需材料。

第三十三条 测评机构有下列情形之一的,年审不予通过。

(一)未及时、准确地填报测评项目信息;

(二)测评师培训时长不足;

(三)未定期报送测评业务开展情况和测评数据;

(四)能力验证未通过且整改方案落实不到位;

(五)其他有关情形。

年审未通过的,等保办责令测评机构限期整改。拒不整改或整改不符合要求的,应暂停测评机构开展等级测评业务。

第三十四条 测评机构推荐证书有效期为三年。测评机构应在推荐证书期满前30日内,向等保办申请期满复审。

等保办应于收到期满复审申请后5个工作日内,组织开展复审工作。复审通过的测评机构,由等保办换发新证。省级等保办应及时将测评机构期满复审情况报国家等保办汇总。

期满复审时,测评机构应提交以下材料:

(一)测评机构期满复审申请表;

(二)年审情况;

(三)其他需要提供的有关材料。

第三十五条 测评机构有下列情形之一的,期满复审不予通过。

(一)累计两年年审未通过或三年能力验证未通过的;

(二)基本条件不符合的;

(三)违反本办法有关规定且情形特别严重的;

(四)逾期30日未提交期满复审申请的。

期满复审未通过的,等保办应公告宣布取消其推荐证书。

第四章 监督管理

第三十六条 省级以上等保办对测评机构和测评业务开展情况进行监督、检查、指导。

国家等保办每年组织对测评机构及测评活动开展监督抽查。

测评项目实施过程中，测评机构应接受被测网络备案公安机关的监督、检查和指导。

第三十七条　等保办开展监督检查时，重点检查以下内容：

(一)测评机构基本条件符合情况；

(二)测评机构管理制度执行情况；

(三)测评机构相关事项变更报告、审查情况；

(四)测评师管理、行为规范情况；

(五)测评项目实施情况；

(六)测评服务评价情况；

(七)测评报告及相关数据文档管理情况；

(八)其他需监督检查的事项。

第三十八条　等保办、被测网络备案公安机关在监督检查时，发现异地测评机构有违反本办法规定情形的，应书面通报该机构推荐等保办。

等保办在收到通报后，应及时组织进行核查处置并反馈，同时将有关情况报国家等保办。

第三十九条　等保办应及时将测评数据、测评机构及其测评师情况、年审和期满复审情况、监督检查情况等相关数据录入数据库。

第四十条　国家等保办每年对全国测评机构开展年度评定活动，评定结果及时发布。

第四十一条　任何组织和个人有权向省级以上等保办、测评联盟投诉举报测评机构和测评人员违法违规行为。

第四十二条　测评机构违反本办法第十五、十六、十七、十八、十九、二十二、二十三、二十四、二十五、二十六、二十七、二十八、二十九、三十条规定，等保办应责令其限期整改；拒不整改或情形严重的，约谈测评机构法人和主要负责人；屡次违反上述规定或情形特别严重的，责令其暂停测评业务，并予通报。

第四十三条　测评机构有下列情形之一的，等保办责令其限期整改；情形严重的，责令整改期间暂停测评业务，并予通报。

(一)未按照有关标准规范开展测评，或未按规定出具测评报告的；

(二)分包、转包、代理测评项目，或恶意竞争，扰乱测评工作正常开展的；

(三)擅自简化测评工作环节，或未按测评流程要求开展测评工作的；

(四)监督检查或抽查中发现问题突出的；

(五)影响被测评网络正常运行，或因测评不到位，未发现网络中存在相关漏洞隐患，导致被测评网络发生重大网络安全事件的；

(六)非授权占有、使用，以及未妥善保管等级测评相关资料及数据文件的；

(七)限定被测评单位购买、使用指定网络安全产品，或与产品和服务商存在利益勾结行为的；

（八）非本机构测评师或测评人员未取得等级测评师证书和上岗证从事等级测评活动的；

（九）未通过测评项目管理系统及时填报项目登记信息或未通过审核开展等级测评项目的；

（十）未按本办法规定向等保办提交材料或弄虚作假的；

（十一）其他违反本办法有关规定行为的。

第四十四条 测评机构有下列情形之一的，等保办应取消其推荐证书，并向社会公告，三年内不得再次申请。

（一）运营管理不规范，屡次被责令整改，严重影响测评服务质量的；

（二）因单位股权、人员等情况发生变动，不符合测评机构基本条件的；

（三）有网络安全产品开发、销售或系统安全集成等影响测评结果公正性行为；与产品提供商、服务商或被测评方存在利益勾结，扰乱测评业务正常开展的；

（四）泄露被测评单位工作秘密、重要数据信息的；

（五）隐瞒测评过程中发现的重大安全问题，或者在测评过程中弄虚作假未如实出具等级测评报告的；

（六）一年内未开展测评业务（被暂停开展测评业务的情况除外）或自愿放弃测评机构推荐资格的；

（七）连续两年年审未通过或未通过期满复审的；

（八）测评实施期间，导致被测评网络发生宕机等严重网络安全事件的；

（九）有第四十二条、第四十三条情形，造成特别严重后果或影响特别恶劣的；

（十）其他违反法律法规或严重违反本办法规定情形的。

第四十五条 测评师有下列行为之一的，等保办责令测评机构督促其限期改正；情节严重的，责令测评机构暂停其参与测评业务；情形特别严重的，应注销其测评师证书，责令其所在测评机构进行限期整改。

（一）未经允许擅自使用、泄露或出售等级测评活动中收集的数据信息、资料或测评报告的；

（二）违反本办法规定，有涂改、出借、出租和转让测评师证书、上岗证等行为的；

（三）测评行为失误或不当，严重影响网络安全或造成被测评单位利益重大损失的；

（四）其他违反本办法有关规定行为的。

第四十六条 测评机构及其测评师违反本办法的相关规定，给网络运营者造成严重危害和损失，构成违法犯罪的，由相关部门依照有关法律、法规予以处理。

第四十七条 公安机关有关工作人员在工作中不得利用职权索取、收受贿赂；不得滥用职权、干预测评机构及测评业务正常开展，以及法律法规禁止的其他行为。

第四十八条 本办法自发布之日起实施。本办法由国家等保办负责解释。

第四十九条 自本办法实施之日起，《信息安全等级保护测评机构管理办法》、《信息安全等级保护测评机构异地备案实施细则》、各地自行制定的与本办法规定不符的规范性文件一律作废。

第五十条　本办法所称"以上"含本数。

公安机关办理刑事案件电子数据取证规则

（2019 年 1 月 2 日公安部发布）

第一章　总　　则

第一条　为规范公安机关办理刑事案件电子数据取证工作，确保电子数据取证质量，提高电子数据取证效率，根据《中华人民共和国刑事诉讼法》《公安机关办理刑事案件程序规定》等有关规定，制定本规则。

第二条　公安机关办理刑事案件应当遵守法定程序，遵循有关技术标准，全面、客观、及时地收集、提取涉案电子数据，确保电子数据的真实、完整。

第三条　电子数据取证包括但不限于：

（一）收集、提取电子数据；

（二）电子数据检查和侦查实验；

（三）电子数据检验与鉴定。

第四条　公安机关电子数据取证涉及国家秘密、警务工作秘密、商业秘密、个人隐私的，应当保密；对于获取的材料与案件无关的，应当及时退还或者销毁。

第五条　公安机关接受或者依法调取的其他国家机关在行政执法和查办案件过程中依法收集、提取的电子数据可以作为刑事案件的证据使用。

第二章　收集提取电子数据

第一节　一般规定

第六条　收集、提取电子数据，应当由二名以上侦查人员进行。必要时，可以指派或者聘请专业技术人员在侦查人员主持下进行收集、提取电子数据。

第七条　收集、提取电子数据，可以根据案情需要采取以下一种或者几种措施、方法：

（一）扣押、封存原始存储介质；

（二）现场提取电子数据；

（三）网络在线提取电子数据；

（四）冻结电子数据；

（五）调取电子数据。

第八条　具有下列情形之一的，可以采取打印、拍照或者录像等方式固定相关证据：

（一）无法扣押原始存储介质并且无法提取电子数据的；

（二）存在电子数据自毁功能或装置，需要及时固定相关证据的；

（三）需现场展示、查看相关电子数据的。

根据前款第二、三项的规定采取打印、拍照或者录像等方式固定相关证据后，能够扣押原始存储介质的，应当扣押原始存储介质；不能扣押原始存储介质但能够提取电子数据的，应当提取电子数据。

第九条 采取打印、拍照或者录像方式固定相关证据的，应当清晰反映电子数据的内容，并在相关笔录中注明采取打印、拍照或者录像等方式固定相关证据的原因，电子数据的存储位置、原始存储介质特征和所在位置等情况，由侦查人员、电子数据持有人（提供人）签名或者盖章；电子数据持有人（提供人）无法签名或者拒绝签名的，应当在笔录中注明，由见证人签名或者盖章。

第二节 扣押、封存原始存储介质

第十条 在侦查活动中发现的可以证明犯罪嫌疑人有罪或者无罪、罪轻或者罪重的电子数据，能够扣押原始存储介质的，应当扣押、封存原始存储介质，并制作笔录，记录原始存储介质的封存状态。

勘验、检查与电子数据有关的犯罪现场时，应当按照有关规范处置相关设备，扣押、封存原始存储介质。

第十一条 对扣押的原始存储介质，应当按照以下要求封存：

（一）保证在不解除封存状态的情况下，无法使用或者启动被封存的原始存储介质，必要时，具备数据信息存储功能的电子设备和硬盘、存储卡等内部存储介质可以分别封存；

（二）封存前后应当拍摄被封存原始存储介质的照片。照片应当反映原始存储介质封存前后的状况，清晰反映封口或者张贴封条处的状况；必要时，照片还要清晰反映电子设备的内部存储介质细节；

（三）封存手机等具有无线通信功能的原始存储介质，应当采取信号屏蔽、信号阻断或者切断电源等措施。

第十二条 对扣押的原始存储介质，应当会同在场见证人和原始存储介质持有人（提供人）查点清楚，当场开列《扣押清单》一式三份，写明原始存储介质名称、编号、数量、特征及其来源等，由侦查人员、持有人（提供人）和见证人签名或者盖章，一份交给持有人（提供人），一份交给公安机关保管人员，一份附卷备查。

第十三条 对无法确定原始存储介质持有人（提供人）或者原始存储介质持有人（提供人）无法签名、盖章或者拒绝签名、盖章的，应当在有关笔录中注明，由见证人签名或者盖章。由于客观原因无法由符合条件的人员担任见证人的，应当在有关笔录中注明情况，并对扣押原始存储介质的过程全程录像。

第十四条 扣押原始存储介质，应当收集证人证言以及犯罪嫌疑人供述和辩解等与原始存储介质相关联的证据。

第十五条 扣押原始存储介质时，可以向相关人员了解、收集并在有关笔录中注明以下情况：

（一）原始存储介质及应用系统管理情况，网络拓扑与系统架构情况，是否由多人使用及管理，管理及使用人员的身份情况；

（二）原始存储介质及应用系统管理的用户名、密码情况；

（三）原始存储介质的数据备份情况，有无加密磁盘、容器，有无自毁功能，有无其它移动存储介质，是否进行过备份，备份数据的存储位置等情况；

（四）其他相关的内容。

第三节　现场提取电子数据

第十六条　具有下列无法扣押原始存储介质情形之一的，可以现场提取电子数据：

（一）原始存储介质不便封存的；

（二）提取计算机内存数据、网络传输数据等不是存储在存储介质上的电子数据的；

（三）案件情况紧急，不立即提取电子数据可能会造成电子数据灭失或者其他严重后果的；

（四）关闭电子设备会导致重要信息系统停止服务的；

（五）需通过现场提取电子数据排查可疑存储介质的；

（六）正在运行的计算机信息系统功能或者应用程序关闭后，没有密码无法提取的；

（七）其他无法扣押原始存储介质的情形。

无法扣押原始存储介质的情形消失后，应当及时扣押、封存原始存储介质。

第十七条　现场提取电子数据可以采取以下措施保护相关电子设备：

（一）及时将犯罪嫌疑人或者其他相关人员与电子设备分离；

（二）在未确定是否易丢失数据的情况下，不能关闭正在运行状态的电子设备；

（三）对现场计算机信息系统可能被远程控制的，应当及时采取信号屏蔽、信号阻断、断开网络连接等措施；

（四）保护电源；

（五）有必要采取的其他保护措施。

第十八条　现场提取电子数据，应当遵守以下规定：

（一）不得将提取的数据存储在原始存储介质中；

（二）不得在目标系统中安装新的应用程序。如果因为特殊原因，需要在目标系统中安装新的应用程序的，应当在笔录中记录所安装的程序及目的；

（三）应当在有关笔录中详细、准确记录实施的操作。

第十九条　现场提取电子数据，应当制作《电子数据现场提取笔录》，注明电子数据的来源、事由和目的、对象、提取电子数据的时间、地点、方法、过程、不能扣押原始存储介质的原因、原始存储介质的存放地点，并附《电子数据提取固定清单》，注明类别、文件格式、完整性校验值等，由侦查人员、电子数据持有人（提供人）签名或者盖章；电子数据持有人（提供人）无法签名或者拒绝签名的，应当在笔录中注明，由见证人签名或者盖章。

第二十条　对提取的电子数据可以进行数据压缩，并在笔录中注明相应的方法和压缩后文件的完整性校验值。

第二十一条 由于客观原因无法由符合条件的人员担任见证人的，应当在《电子数据现场提取笔录》中注明情况，并全程录像，对录像文件应当计算完整性校验值并记入笔录。

第二十二条 对无法扣押的原始存储介质且无法一次性完成电子数据提取的，经登记、拍照或者录像后，可以封存后交其持有人（提供人）保管，并且开具《登记保存清单》一式两份，由侦查人员、持有人（提供人）和见证人签名或者盖章，一份交给持有人（提供人），另一份连同照片或者录像资料附卷备查。

持有人（提供人）应当妥善保管，不得转移、变卖、毁损，不得解除封存状态，不得未经办案部门批准接入网络，不得对其中可能用作证据的电子数据增加、删除、修改。必要时，应当保持计算机信息系统处于开机状态。

对登记保存的原始存储介质，应当在七日以内作出处理决定，逾期不作出处理决定的，视为自动解除。经查明确实与案件无关的，应当在三日以内解除。

第四节 网络在线提取电子数据

第二十三条 对公开发布的电子数据、境内远程计算机信息系统上的电子数据，可以通过网络在线提取。

第二十四条 网络在线提取应当计算电子数据的完整性校验值；必要时，可以提取有关电子签名认证证书、数字签名、注册信息等关联性信息。

第二十五条 网络在线提取时，对可能无法重复提取或者可能会出现变化的电子数据，应当采用录像、拍照、截获计算机屏幕内容等方式记录以下信息：

（一）远程计算机信息系统的访问方式；

（二）提取的日期和时间；

（三）提取使用的工具和方法；

（四）电子数据的网络地址、存储路径或者数据提取时的进入步骤等；

（五）计算完整性校验值的过程和结果。

第二十六条 网络在线提取电子数据应当在有关笔录中注明电子数据的来源、事由和目的、对象，提取电子数据的时间、地点、方法、过程，不能扣押原始存储介质的原因，并附《电子数据提取固定清单》，注明类别、文件格式、完整性校验值等，由侦查人员签名或者盖章。

第二十七条 网络在线提取时需要进一步查明下列情形之一的，应当对远程计算机信息系统进行网络远程勘验：

（一）需要分析、判断提取的电子数据范围的；

（二）需要展示或者描述电子数据内容或者状态的；

（三）需要在远程计算机信息系统中安装新的应用程序的；

（四）需要通过勘验行为让远程计算机信息系统生成新的除正常运行数据外电子数据的；

（五）需要收集远程计算机信息系统状态信息、系统架构、内部系统关系、文件目录结构、系统工作方式等电子数据相关信息的；

（六）其他网络在线提取时需要进一步查明有关情况的情形。

第二十八条　网络远程勘验由办理案件的县级公安机关负责。上级公安机关对下级公安机关刑事案件网络远程勘验提供技术支援。对于案情重大、现场复杂的案件，上级公安机关认为有必要时，可以直接组织指挥网络远程勘验。

第二十九条　网络远程勘验应当统一指挥，周密组织，明确分工，落实责任。

第三十条　网络远程勘验应当由符合条件的人员作为见证人。由于客观原因无法由符合条件的人员担任见证人的，应当在《远程勘验笔录》中注明情况，并按照本规则第二十五条的规定录像，录像可以采用屏幕录像或者录像机录像等方式，录像文件应当计算完整性校验值并记入笔录。

第三十一条　远程勘验结束后，应当及时制作《远程勘验笔录》，详细记录远程勘验有关情况以及勘验照片、截获的屏幕截图等内容。由侦查人员和见证人签名或者盖章。

远程勘验并且提取电子数据的，应当按照本规则第二十六条的规定，在《远程勘验笔录》注明有关情况，并附《电子数据提取固定清单》。

第三十二条　《远程勘验笔录》应当客观、全面、详细、准确、规范，能够作为还原远程计算机信息系统原始情况的依据，符合法定的证据要求。

对计算机信息系统进行多次远程勘验的，在制作首次《远程勘验笔录》后，逐次制作补充《远程勘验笔录》。

第三十三条　网络在线提取或者网络远程勘验时，应当使用电子数据持有人、网络服务提供者提供的用户名、密码等远程计算机信息系统访问权限。

采用技术侦查措施收集电子数据的，应当严格依照有关规定办理批准手续。收集的电子数据在诉讼中作为证据使用时，应当依照刑事诉讼法第一百五十四条规定执行。

第三十四条　对以下犯罪案件，网络在线提取、远程勘验过程应当全程同步录像：

（一）严重危害国家安全、公共安全的案件；

（二）电子数据是罪与非罪、是否判处无期徒刑、死刑等定罪量刑关键证据的案件；

（三）社会影响较大的案件；

（四）犯罪嫌疑人可能被判处五年有期徒刑以上刑罚的案件；

（五）其他需要全程同步录像的重大案件。

第三十五条　网络在线提取、远程勘验使用代理服务器、点对点传输软件、下载加速软件等网络工具的，应当在《网络在线提取笔录》或者《远程勘验笔录》中注明采用的相关软件名称和版本号。

第五节　冻结电子数据

第三十六条　具有下列情形之一的，可以对电子数据进行冻结：

（一）数据量大，无法或者不便提取的；

（二）提取时间长，可能造成电子数据被篡改或者灭失的；

（三）通过网络应用可以更为直观地展示电子数据的；

（四）其他需要冻结的情形。

第三十七条 冻结电子数据，应当经县级以上公安机关负责人批准，制作《协助冻结电子数据通知书》，注明冻结电子数据的网络应用账号等信息，送交电子数据持有人、网络服务提供者或者有关部门协助办理。

第三十八条 不需要继续冻结电子数据时，应当经县级以上公安机关负责人批准，在三日以内制作《解除冻结电子数据通知书》，通知电子数据持有人、网络服务提供者或者有关部门执行。

第三十九条 冻结电子数据的期限为六个月。有特殊原因需要延长期限的，公安机关应当在冻结期限届满前办理继续冻结手续。每次续冻期限最长不得超过六个月。继续冻结的，应当按照本规则第三十七条的规定重新办理冻结手续。逾期不办理继续冻结手续的，视为自动解除。

第四十条 冻结电子数据，应当采取以下一种或者几种方法：

（一）计算电子数据的完整性校验值；

（二）锁定网络应用账号；

（三）采取写保护措施；

（四）其他防止增加、删除、修改电子数据的措施。

第六节 调取电子数据

第四十一条 公安机关向有关单位和个人调取电子数据，应当经办案部门负责人批准，开具《调取证据通知书》，注明需要调取电子数据的相关信息，通知电子数据持有人、网络服务提供者或者有关部门执行。被调取单位、个人应当在通知书回执上签名或者盖章，并附完整性校验值等保护电子数据完整性方法的说明，被调取单位、个人拒绝盖章、签名或者附说明的，公安机关应当注明。必要时，应当采用录音或者录像等方式固定证据内容及取证过程。

公安机关应当协助因客观条件限制无法保护电子数据完整性的被调取单位、个人进行电子数据完整性的保护。

第四十二条 公安机关跨地域调查取证的，可以将《办案协作函》和相关法律文书及凭证传真或者通过公安机关信息化系统传输至协作地公安机关。协作地办案部门经审查确认后，在传来的法律文书上加盖本地办案部门印章后，代为调查取证。

协作地办案部门代为调查取证后，可以将相关法律文书回执或者笔录邮寄至办案地公安机关，将电子数据或者电子数据的获取、查看工具和方法说明通过公安机关信息化系统传输至办案地公安机关。

办案地公安机关应当审查调取电子数据的完整性，对保证电子数据的完整性有疑问的，协作地办案部门应当重新代为调取。

第三章 电子数据的检查和侦查实验

第一节 电子数据检查

第四十三条 对扣押的原始存储介质或者提取的电子数据，需要通过数据恢复、破解、搜索、仿真、关联、统计、比对等方式，以进一步发现和提取与案件相关的线索和证据时，可以进行电子数据检查。

第四十四条　电子数据检查，应当由二名以上具有专业技术的侦查人员进行。必要时，可以指派或者聘请有专门知识的人参加。

第四十五条　电子数据检查应当符合相关技术标准。

第四十六条　电子数据检查应当保护在公安机关内部移交过程中电子数据的完整性。移交时，应当办理移交手续，并按照以下方式核对电子数据：

（一）核对其完整性校验值是否正确；

（二）核对封存的照片与当前封存的状态是否一致。

对于移交时电子数据完整性校验值不正确、原始存储介质封存状态不一致或者未封存可能影响证据真实性、完整性的，检查人员应当在有关笔录中注明。

第四十七条　检查电子数据应当遵循以下原则：

（一）通过写保护设备接入到检查设备进行检查，或者制作电子数据备份、对备份进行检查；

（二）无法使用写保护设备且无法制作备份的，应当注明原因，并全程录像；

（三）检查前解除封存、检查后重新封存前后应当拍摄被封存原始存储介质的照片，清晰反映封口或者张贴封条处的状况；

（四）检查具有无线通信功能的原始存储介质，应当采取信号屏蔽、信号阻断或者切断电源等措施保护电子数据的完整性。

第四十八条　检查电子数据，应当制作《电子数据检查笔录》，记录以下内容：

（一）基本情况。包括检查的起止时间，指挥人员、检查人员的姓名、职务，检查的对象，检查的目的等；

（二）检查过程。包括检查过程使用的工具，检查的方法与步骤等；

（三）检查结果。包括通过检查发现的案件线索、电子数据、等相关信息。

（四）其他需要记录的内容。

第四十九条　电子数据检查时需要提取电子数据的，应当制作《电子数据提取固定清单》，记录该电子数据的来源、提取方法和完整性校验值。

第二节　电子数据侦查实验

第五十条　为了查明案情，必要时，经县级以上公安机关负责人批准可以进行电子数据侦查实验。

第五十一条　电子数据侦查实验的任务包括：

（一）验证一定条件下电子设备发生的某种异常或者电子数据发生的某种变化；

（二）验证在一定时间内能否完成对电子数据的某种操作行为；

（三）验证在某种条件下使用特定软件、硬件能否完成某种特定行为、造成特定后果；

（四）确定一定条件下某种计算机信息系统应用或者网络行为能否修改、删除特定的电子数据；

（五）其他需要验证的情况。

第五十二条 电子数据侦查实验应当符合以下要求：

（一）应当采取技术措施保护原始存储介质数据的完整性；

（二）有条件的，电子数据侦查实验应当进行二次以上；

（三）侦查实验使用的电子设备、网络环境等应当与发案现场一致或者基本一致；必要时，可以采用相关技术方法对相关环境进行模拟或者进行对照实验；

（四）禁止可能泄露公民信息或者影响非实验环境计算机信息系统正常运行的行为。

第五十三条 进行电子数据侦查实验，应当使用拍照、录像、录音、通信数据采集等一种或多种方式客观记录实验过程。

第五十四条 进行电子数据侦查实验，应当制作《电子数据侦查实验笔录》，记录侦查实验的条件、过程和结果，并由参加侦查实验的人员签名或者盖章。

第四章 电子数据委托检验与鉴定

第五十五条 为了查明案情，解决案件中某些专门性问题，应当指派、聘请有专门知识的人进行鉴定，或者委托公安部指定的机构出具报告。

需要聘请有专门知识的人进行鉴定，或者委托公安部指定的机构出具报告的，应当经县级以上公安机关负责人批准。

第五十六条 侦查人员送检时，应当封存原始存储介质、采取相应措施保护电子数据完整性，并提供必要的案件相关信息。

第五十七条 公安部指定的机构及其承担检验工作的人员应当独立开展业务并承担相应责任，不受其他机构和个人影响。

第五十八条 公安部指定的机构应当按照法律规定和司法审判机关要求承担回避、保密、出庭作证等义务，并对报告的真实性、合法性负责。

公安部指定的机构应当运用科学方法进行检验、检测，并出具报告。

第五十九条 公安部指定的机构应当具备必需的仪器、设备并且依法通过资质认定或者实验室认可。

第六十条 委托公安部指定的机构出具报告的其他事宜，参照《公安机关鉴定规则》等有关规定执行。

第五章 附　　则

第六十一条 本规则自 2019 年 2 月 1 日起施行。公安部之前发布的文件与本规则不一致的，以本规则为准。

五、司法解释

最高人民法院关于审理扰乱电信市场管理秩序案件具体应用法律若干问题的解释

（2000年4月28日最高人民法院审判委员会第1113次会议通过　法释〔2000〕12号）

为依法惩处扰乱电信市场管理秩序的犯罪活动，根据刑法的有关规定，现就审理这类案件具体应用法律的若干问题解释如下：

第一条　违反国家规定，采取租用国际专线、私设转接设备或者其他方法，擅自经营国际电信业务或者涉港澳台电信业务进行营利活动，扰乱电信市场管理秩序，情节严重的，依照刑法第二百二十五条第（四）项的规定，以非法经营罪定罪处罚。

第二条　实施本解释第一条规定的行为，具有下列情形之一的，属于非法经营行为"情节严重"：

（一）经营去话业务数额在一百万元以上的；

（二）经营来话业务造成电信资费损失数额在一百万元以上的。

具有下列情形之一的，属于非法经营行为"情节特别严重"：

（一）经营去话业务数额在五百万元以上的；

（二）经营来话业务造成电信资费损失数额在五百万元以上的。

第三条　实施本解释第一条规定的行为，经营数额或者造成电信资费损失数额接近非法经营行为"情节严重"、"情节特别严重"的数额起点标准，并具有下列情形之一的，可以分别认定为非法经营行为"情节严重"、"情节特别严重"：

（一）两年内因非法经营国际电信业务或者涉港澳台电信业务行为受过行政处罚两次以上的；

（二）因非法经营国际电信业务或者涉港澳台电信业务行为造成其他严重后果的。

第四条　单位实施本解释第一条规定的行为构成犯罪的，对单位判处罚金，并对其直接负责的主管人员和其他直接责任人员，依照本解释第二条、第三条的规定处罚。

第五条　违反国家规定，擅自设置、使用无线电台（站），或者擅自占用频率，非法经营国际电信业务或者涉港澳台电信业务进行营利活动，同时构成非法经营罪和刑法第二百八十八条规定的扰乱无线电通讯管理秩序罪的，依照处罚较重的规定定罪处罚。

第六条　国有电信企业的工作人员，由于严重不负责任或者滥用职权，造成国有电信企业破产或者严重损失，致使国家利益遭受重大损失的，依照刑法第一百六十八条的规定定罪处罚。

第七条　将电信卡非法充值后使用，造成电信资费损失数额较大的，依照刑法

第二百六十四条的规定，以盗窃罪定罪处罚。

第八条 盗用他人公共信息网络上网账号、密码上网，造成他人电信资费损失数额较大的，依照刑法第二百六十四条的规定，以盗窃罪定罪处罚。

第九条 以虚假、冒用的身份证件办理入网手续并使用移动电话，造成电信资费损失数额较大的，依照刑法第二百六十六条的规定，以诈骗罪定罪处罚。

第十条 本解释所称“经营去话业务数额”，是指以行为人非法经营国际电信业务或者涉港澳台电信业务的总时长（分钟数）乘以行为人每分钟收取的用户使用费所得的数额。

本解释所称“电信资费损失数额”，是指以行为人非法经营国际电信业务或者涉港澳台电信业务的总时长（分钟数）乘以在合法电信业务中我国应当得到的每分钟国际结算价格所得的数额。

最高人民法院关于审理涉及计算机网络域名民事纠纷案件适用法律若干问题的解释

（2001年6月26日最高人民法院审判委员会第1182次会议通过　法释〔2001〕24号）

为了正确审理涉及计算机网络域名注册、使用等行为的民事纠纷案件（以下简称域名纠纷案件），根据《中华人民共和国民法通则》（以下简称民法通则）、《中华人民共和国反不正当竞争法》（以下简称反不正当竞争法）和《中华人民共和国民事诉讼法》（以下简称民事诉讼法）等法律的规定，作如下解释：

第一条 对于涉及计算机网络域名注册、使用等行为的民事纠纷，当事人向人民法院提起诉讼，经审查符合民事诉讼法第一百零八条规定的，人民法院应当受理。

第二条 涉及域名的侵权纠纷案件，由侵权行为地或者被告住所地的中级人民法院管辖。对难以确定侵权行为地和被告住所地的，原告发现该域名的计算机终端等设备所在地可以视为侵权行为地。

涉外域名纠纷案件包括当事人一方或者双方是外国人、无国籍人、外国企业或组织、国际组织，或者域名注册地在外国的域名纠纷案件。在中华人民共和国领域内发生的涉外域名纠纷案件，依照民事诉讼法第四编的规定确定管辖。

第三条 域名纠纷案件的案由，根据双方当事人争议的法律关系的性质确定，并在其前冠以计算机网络域名；争议的法律关系的性质难以确定的，可以通称为计算机网络域名纠纷案件。

第四条 人民法院审理域名纠纷案件，对符合以下各项条件的，应当认定被告注册、使用域名等行为构成侵权或者不正当竞争：

（一）原告请求保护的民事权益合法有效；

（二）被告域名或其主要部分构成对原告驰名商标的复制、模仿、翻译或音译；或者与原告的注册商标、域名等相同或近似，足以造成相关公众的误认；

（三）被告对该域名或其主要部分不享有权益，也无注册、使用该域名的正当理由；

(四)被告对该域名的注册、使用具有恶意。

第五条　被告的行为被证明具有下列情形之一的，人民法院应当认定其具有恶意：

(一)为商业目的将他人驰名商标注册为域名的；

(二)为商业目的注册、使用与原告的注册商标、域名等相同或近似的域名，故意造成与原告提供的产品、服务或者原告网站的混淆，误导网络用户访问其网站或其他在线站点的；

(三)曾要约高价出售、出租或者以其他方式转让该域名获取不正当利益的；

(四)注册域名后自己并不使用也未准备使用，而有意阻止权利人注册该域名的；

(五)具有其他恶意情形的。

被告举证证明在纠纷发生前其所持有的域名已经获得一定的知名度，且能与原告的注册商标、域名等相区别，或者具有其他情形足以证明其不具有恶意的，人民法院可以不认定被告具有恶意。

第六条　人民法院审理域名纠纷案件，根据当事人的请求以及案件的具体情况，可以对涉及的注册商标是否驰名依法作出认定。

第七条　人民法院在审理域名纠纷案件中，对符合本解释第四条规定的情形，依照有关法律规定构成侵权的，应当适用相应的法律规定；构成不正当竞争的，可以适用民法通则第四条、反不正当竞争法第二条第一款的规定。

涉外域名纠纷案件，依照民法通则第八章的有关规定处理。

第八条　人民法院认定域名注册、使用等行为构成侵权或者不正当竞争的，可以判令被告停止侵权、注销域名，或者依原告的请求判令由原告注册使用该域名；给权利人造成实际损害的，可以判令被告赔偿损失。

最高人民法院关于审理破坏公用电信设施刑事案件具体应用法律若干问题的解释

(2004年8月26日最高人民法院审判委员会第1322次会议通过　法释〔2004〕21号)

为维护公用电信设施的安全和通讯管理秩序，依法惩治破坏公用电信设施犯罪活动，根据刑法有关规定，现就审理这类刑事案件具体应用法律的若干问题解释如下：

第一条　采用截断通信线路、损毁通信设备或者删除、修改、增加电信网计算机信息系统中存储、处理或者传输的数据和应用程序等手段，故意破坏正在使用的公用电信设施，具有下列情形之一的，属于刑法第一百二十四条规定的“危害公共安全”，依照刑法第一百二十四条第一款规定，以破坏公用电信设施罪处三年以上七年以下有期徒刑：

(一)造成火警、匪警、医疗急救、交通事故报警、救灾、抢险、防汛等通信中断或者严重障碍，并因此贻误救助、救治、救灾、抢险等，致使人员死亡一人、重伤三人以上或者造成财产损失三十万元以上的；

（二）造成二千以上不满一万用户通信中断一小时以上，或者一万以上用户通信中断不满一小时的；

（三）在一个本地网范围内，网间通信全阻、关口局至某一局向全部中断或网间某一业务全部中断不满二小时或者直接影响范围不满五万（用户×小时）的；

（四）造成网间通信严重障碍，一日内累计二小时以上不满十二小时的；

（五）其他危害公共安全的情形。

第二条 实施本解释第一条规定的行为，具有下列情形之一的，属于刑法第一百二十四条第一款规定的“严重后果”，以破坏公用电信设施罪处七年以上有期徒刑；

（一）造成火警、匪警、医疗急救、交通事故报警、救灾、抢险、防汛等通信中断或者严重障碍，并因此贻误救助、救治、救灾、抢险等，致使人员死亡二人以上、重伤六人以上或者造成财产损失六十万元以上的；

（二）造成一万以上用户通信中断一小时以上的；

（三）在一个本地网范围内，网间通信全阻、关口局至某一局向全部中断或网间某一业务全部中断二小时以上或者直接影响范围五万（用户×小时）以上的；

（四）造成网间通信严重障碍，一日内累计十二小时以上的；

（五）造成其他严重后果的。

第三条 故意破坏正在使用的公用电信设施尚未危害公共安全，或者故意毁坏尚未投入使用的公用电信设施，造成财物损失，构成犯罪的，依照刑法第二百七十五条规定，以故意毁坏财物罪定罪处罚。

盗窃公用电信设施价值数额不大，但是构成危害公共安全犯罪的，依照刑法第一百二十四条的规定定罪处罚；盗窃公用电信设施同时构成盗窃罪和破坏公用电信设施罪的，依照处罚较重的规定定罪处罚。

第四条 指使、组织、教唆他人实施本解释规定的故意犯罪行为的，按照共犯定罪处罚。

第五条 本解释中规定的公用电信设施的范围、用户数、通信中断和严重障碍的标准和时间长度，依据国家电信行业主管部门的有关规定确定。

最高人民法院、最高人民检察院关于办理危害计算机信息系统安全刑事案件应用法律若干问题的解释

（2011年6月20日最高人民法院审判委员会第1524次会议、2011年7月11日最高人民检察院第十一届检察委员会第63次会议通过　法释〔2011〕19号）

为依法惩治危害计算机信息系统安全的犯罪活动，根据《中华人民共和国刑法》、《全国人民代表大会常务委员会关于维护互联网安全的决定》的规定，现就办理这类刑事案件应用法律的若干问题解释如下：

第一条　非法获取计算机信息系统数据或者非法控制计算机信息系统，具有下列情形之一的，应当认定为刑法第二百八十五条第二款规定的“情节严重”：

（一）获取支付结算、证券交易、期货交易等网络金融服务的身份认证信息十组以上的；

（二）获取第（一）项以外的身份认证信息五百组以上的；

（三）非法控制计算机信息系统二十台以上的；

（四）违法所得五千元以上或者造成经济损失一万元以上的；

（五）其他情节严重的情形。

实施前款规定行为，具有下列情形之一的，应当认定为刑法第二百八十五条第二款规定的“情节特别严重”：

（一）数量或者数额达到前款第（一）项至第（四）项规定标准五倍以上的；

（二）其他情节特别严重的情形。

明知是他人非法控制的计算机信息系统，而对该计算机信息系统的控制权加以利用的，依照前两款的规定定罪处罚。

第二条　具有下列情形之一的程序、工具，应当认定为刑法第二百八十五条第三款规定的“专门用于侵入、非法控制计算机信息系统的程序、工具”：

（一）具有避开或者突破计算机信息系统安全保护措施，未经授权或者超越授权获取计算机信息系统数据的功能的；

（二）具有避开或者突破计算机信息系统安全保护措施，未经授权或者超越授权对计算机信息系统实施控制的功能的；

（三）其他专门设计用于侵入、非法控制计算机信息系统、非法获取计算机信息系统数据的程序、工具。

第三条　提供侵入、非法控制计算机信息系统的程序、工具，具有下列情形之一的，应当认定为刑法第二百八十五条第三款规定的“情节严重”：

（一）提供能够用于非法获取支付结算、证券交易、期货交易等网络金融服务身份认证信息的专门性程序、工具五人次以上的；

（二）提供第（一）项以外的专门用于侵入、非法控制计算机信息系统的程序、工具二十人次以上的；

（三）明知他人实施非法获取支付结算、证券交易、期货交易等网络金融服务身份认证信息的违法犯罪行为而为其提供程序、工具五人次以上的；

（四）明知他人实施第（三）项以外的侵入、非法控制计算机信息系统的违法犯罪行为而为其提供程序、工具二十人次以上的；

（五）违法所得五千元以上或者造成经济损失一万元以上的；

（六）其他情节严重的情形。

实施前款规定行为，具有下列情形之一的，应当认定为提供侵入、非法控制计算机信息系统的程序、工具“情节特别严重”：

（一）数量或者数额达到前款第（一）项至第（五）项规定标准五倍以上的；

（二）其他情节特别严重的情形。

第四条 破坏计算机信息系统功能、数据或者应用程序，具有下列情形之一的，应当认定为刑法第二百八十六条第一款和第二款规定的“后果严重”：

（一）造成十台以上计算机信息系统的主要软件或者硬件不能正常运行的；

（二）对二十台以上计算机信息系统中存储、处理或者传输的数据进行删除、修改、增加操作的；

（三）违法所得五千元以上或者造成经济损失一万元以上的；

（四）造成为一百台以上计算机信息系统提供域名解析、身份认证、计费等基础服务或者为一万以上用户提供服务的计算机信息系统不能正常运行累计一小时以上的；

（五）造成其他严重后果的。

实施前款规定行为，具有下列情形之一的，应当认定为破坏计算机信息系统“后果特别严重”：

（一）数量或者数额达到前款第（一）项至第（三）项规定标准五倍以上的；

（二）造成为五百台以上计算机信息系统提供域名解析、身份认证、计费等基础服务或者为五万以上用户提供服务的计算机信息系统不能正常运行累计一小时以上的；

（三）破坏国家机关或者金融、电信、交通、教育、医疗、能源等领域提供公共服务的计算机信息系统的功能、数据或者应用程序，致使生产、生活受到严重影响或者造成恶劣社会影响的；

（四）造成其他特别严重后果的。

第五条 具有下列情形之一的程序，应当认定为刑法第二百八十六条第三款规定的“计算机病毒等破坏性程序”：

（一）能够通过网络、存储介质、文件等媒介，将自身的部分、全部或者变种进行复制、传播，并破坏计算机系统功能、数据或者应用程序的；

（二）能够在预先设定条件下自动触发，并破坏计算机系统功能、数据或者应用程序的；

（三）其他专门设计用于破坏计算机系统功能、数据或者应用程序的程序。

第六条 故意制作、传播计算机病毒等破坏性程序，影响计算机系统正常运行，具有下列情形之一的，应当认定为刑法第二百八十六条第三款规定的“后果严重”：

（一）制作、提供、传输第五条第（一）项规定的程序，导致该程序通过网络、存储介质、文件等媒介传播的；

（二）造成二十台以上计算机系统被植入第五条第（二）、（三）项规定的程序的；

（三）提供计算机病毒等破坏性程序十人次以上的；

（四）违法所得五千元以上或者造成经济损失一万元以上的；

（五）造成其他严重后果的。

实施前款规定行为，具有下列情形之一的，应当认定为破坏计算机信息系统

“后果特别严重”：

（一）制作、提供、传输第五条第（一）项规定的程序，导致该程序通过网络、存储介质、文件等媒介传播，致使生产、生活受到严重影响或者造成恶劣社会影响的；

（二）数量或者数额达到前款第（二）项至第（四）项规定标准五倍以上的；

（三）造成其他特别严重后果的。

第七条　明知是非法获取计算机信息系统数据犯罪所获取的数据、非法控制计算机信息系统犯罪所获取的计算机信息系统控制权，而予以转移、收购、代为销售或者以其他方法掩饰、隐瞒，违法所得五千元以上的，应当依照刑法第三百一十二条第一款的规定，以掩饰、隐瞒犯罪所得罪定罪处罚。

实施前款规定行为，违法所得五万元以上的，应当认定为刑法第三百一十二条第一款规定的“情节严重”。

单位实施第一款规定行为的，定罪量刑标准依照第一款、第二款的规定执行。

第八条　以单位名义或者单位形式实施危害计算机信息系统安全犯罪，达到本解释规定的定罪量刑标准的，应当依照刑法第二百八十五条、第二百八十六条的规定追究直接负责的主管人员和其他直接责任人员的刑事责任。

第九条　明知他人实施刑法第二百八十五条、第二百八十六条规定的行为，具有下列情形之一的，应当认定为共同犯罪，依照刑法第二百八十五条、第二百八十六条的规定处罚：

（一）为其提供用于破坏计算机信息系统功能、数据或者应用程序的程序、工具，违法所得五千元以上或者提供十人次以上的；

（二）为其提供互联网接入、服务器托管、网络存储空间、通讯传输通道、费用结算、交易服务、广告服务、技术培训、技术支持等帮助，违法所得五千元以上的；

（三）通过委托推广软件、投放广告等方式向其提供资金五千元以上的。

实施前款规定行为，数量或者数额达到前款规定标准五倍以上的，应当认定为刑法第二百八十五条、第二百八十六条规定的“情节特别严重”或者“后果特别严重”。

第十条　对于是否属于刑法第二百八十五条、第二百八十六条规定的“国家事务、国防建设、尖端科学技术领域的计算机信息系统”、“专门用于侵入、非法控制计算机信息系统的程序、工具”、“计算机病毒等破坏性程序”难以确定的，应当委托省级以上负责计算机信息系统安全保护管理工作的部门检验。司法机关根据检验结论，并结合案件具体情况认定。

第十一条　本解释所称“计算机信息系统”和“计算机系统”，是指具备自动处理数据功能的系统，包括计算机、网络设备、通信设备、自动化控制设备等。

本解释所称“身份认证信息”，是指用于确认用户在计算机信息系统上操作权限的数据，包括账号、口令、密码、数字证书等。

本解释所称“经济损失”，包括危害计算机信息系统犯罪行为给用户直接造成的经济损失，以及用户为恢复数据、功能而支出的必要费用。

最高人民法院、最高人民检察院关于办理扰乱无线电通讯管理秩序等刑事案件适用法律若干问题的解释

（2017 年 4 月 17 日最高人民法院审判委员会第 1715 次会议、2017 年 5 月 25 日最高人民检察院第十二届检察委员会第 64 次会议通过　法释〔2017〕11 号）

为依法惩治扰乱无线电通讯管理秩序犯罪，根据《中华人民共和国刑法》《中华人民共和国刑事诉讼法》的有关规定，现就办理此类刑事案件适用法律的若干问题解释如下：

第一条　具有下列情形之一的，应当认定为刑法第二百八十八条第一款规定的"擅自设置、使用无线电台（站），或者擅自使用无线电频率，干扰无线电通讯秩序"：

（一）未经批准设置无线电广播电台（以下简称"黑广播"），非法使用广播电视专用频段的频率的；

（二）未经批准设置通信基站（以下简称"伪基站"），强行向不特定用户发送信息，非法使用公众移动通信频率的；

（三）未经批准使用卫星无线电频率的；

（四）非法设置、使用无线电干扰器的；

（五）其他擅自设置、使用无线电台（站），或者擅自使用无线电频率，干扰无线电通讯秩序的情形。

第二条　违反国家规定，擅自设置、使用无线电台（站），或者擅自使用无线电频率，干扰无线电通讯秩序，具有下列情形之一的，应当认定为刑法第二百八十八条第一款规定的"情节严重"：

（一）影响航天器、航空器、铁路机车、船舶专用无线电导航、遇险救助和安全通信等涉及公共安全的无线电频率正常使用的；

（二）自然灾害、事故灾难、公共卫生事件、社会安全事件等突发事件期间，在事件发生地使用"黑广播""伪基站"的；

（三）举办国家或者省级重大活动期间，在活动场所及周边使用"黑广播""伪基站"的；

（四）同时使用三个以上"黑广播""伪基站"的；

（五）"黑广播"的实测发射功率五百瓦以上，或者覆盖范围十公里以上的；

（六）使用"伪基站"发送诈骗、赌博、招嫖、木马病毒、钓鱼网站链接等违法犯罪信息，数量在五千条以上，或者销毁发送数量等记录的；

（七）雇佣、指使未成年人、残疾人等特定人员使用"伪基站"的；

（八）违法所得三万元以上的；

（九）曾因扰乱无线电通讯管理秩序受过刑事处罚，或者二年内曾因扰乱无线电通讯管理秩序受过行政处罚，又实施刑法第二百八十八条规定的行为的；

（十）其他情节严重的情形。

第三条 违反国家规定，擅自设置、使用无线电台（站），或者擅自使用无线电频率，干扰无线电通讯秩序，具有下列情形之一的，应当认定为刑法第二百八十八条第一款规定的“情节特别严重”：

（一）影响航天器、航空器、铁路机车、船舶专用无线电导航、遇险救助和安全通信等涉及公共安全的无线电频率正常使用，危及公共安全的；

（二）造成公共秩序混乱等严重后果的；

（三）自然灾害、事故灾难、公共卫生事件和社会安全事件等突发事件期间，在事件发生地使用“黑广播”“伪基站”，造成严重影响的；

（四）对国家或者省级重大活动造成严重影响的；

（五）同时使用十个以上“黑广播”“伪基站”的；

（六）“黑广播”的实测发射功率三千瓦以上，或者覆盖范围二十公里以上的；

（七）违法所得十五万元以上的；

（八）其他情节特别严重的情形。

第四条 非法生产、销售“黑广播”“伪基站”、无线电干扰器等无线电设备，具有下列情形之一的，应当认定为刑法第二百二十五条规定的“情节严重”：

（一）非法生产、销售无线电设备三套以上的；

（二）非法经营数额五万元以上的；

（三）其他情节严重的情形。

实施前款规定的行为，数量或者数额达到前款第一项、第二项规定标准五倍以上，或者具有其他情节特别严重的情形的，应当认定为刑法第二百二十五条规定的“情节特别严重”。

在非法生产、销售无线电设备窝点查扣的零件，以组装完成的套数以及能够组装的套数认定；无法组装为成套设备的，每三套广播信号调制器（激励器）认定为一套“黑广播”设备，每三块主板认定为一套“伪基站”设备。

第五条 单位犯本解释规定之罪的，对单位判处罚金，并对直接负责的主管人员和其他直接责任人员，依照本解释规定的自然人犯罪的定罪量刑标准定罪处罚。

第六条 擅自设置、使用无线电台（站），或者擅自使用无线电频率，同时构成其他犯罪的，按照处罚较重的规定定罪处罚。

明知他人实施诈骗等犯罪，使用“黑广播”“伪基站”等无线电设备为其发送信息或者提供其他帮助，同时构成其他犯罪的，按照处罚较重的规定定罪处罚。

第七条 负有无线电监督管理职责的国家机关工作人员滥用职权或者玩忽职守，致使公共财产、国家和人民利益遭受重大损失的，应当依照刑法第三百九十七条的规定，以滥用职权罪或者玩忽职守罪追究刑事责任。

有查禁扰乱无线电管理秩序犯罪活动职责的国家机关工作人员，向犯罪分子通风报信、提供便利，帮助犯罪分子逃避处罚的，应当依照刑法第四百一十七条的规定，以帮助犯罪分子逃避处罚罪追究刑事责任；事先通谋的，以共同犯罪论处。

第八条 为合法经营活动，使用“黑广播”“伪基站”或者实施其他扰乱无线电通讯管理秩序的行为，构成扰乱无线电通讯管理秩序罪，但不属于“情节特别严重”，行为人系初犯，并确有悔罪表现的，可以认定为情节轻微，不起诉或者免予刑事处罚；确有必要判处刑罚的，应当从宽处罚。

第九条 对案件所涉的有关专门性问题难以确定的，依据司法鉴定机构出具的鉴定意见，或者下列机构出具的报告，结合其他证据作出认定：

（一）省级以上无线电管理机构、省级无线电管理机构依法设立的派出机构、地市级以上广播电视主管部门就是否系“伪基站”“黑广播”出具的报告；

（二）省级以上广播电视主管部门及其指定的检测机构就“黑广播”功率、覆盖范围出具的报告；

（三）省级以上航空、铁路、船舶等主管部门就是否干扰导航、通信等出具的报告。

对移动终端用户受影响的情况，可以依据相关通信运营商出具的证明，结合被告人供述、终端用户证言等证据作出认定。

第十条 本解释自2017年7月1日起施行。

六、地方性法规

重庆市计算机信息系统安全保护条例

（1998年8月1日重庆市第一届人民代表大会常务委员会第十次会议通过　根据2001年11月30日重庆市第一届人民代表大会常务委员会第三十七次会议《关于修改〈重庆市计算机信息系统安全保护条例〉的决定》第一次修正　2006年9月27日重庆市第二届人民代表大会常务委员会第二十六次会议修订　根据2010年7月23日重庆市第三届人民代表大会常务委员会第十八次会议《关于修改部分地方性法规的决定》第二次修正）

第一条 为了保护计算机信息系统的安全，促进计算机的应用和发展，根据《中华人民共和国治安管理处罚法》和《中华人民共和国计算机信息系统安全保护条例》等有关法律、法规的规定，结合本市实际，制定本条例。

第二条 本条例所称的计算机信息系统，是指由计算机及配套的设备、设施（含网络）构成的，按照一定的应用目标和规则对信息进行采集、加工、存储、传输、检索等处理的人机系统。

第三条 计算机信息系统的安全保护，应当保障计算机及配套设备、设施（含网络）的安全，运行环境以及计算机信息的安全，确保计算机信息系统安全运行。

第四条 本市行政区域内计算机信息系统安全保护工作，适用本条例。

第五条 公安机关是计算机信息系统安全保护工作的主管部门，其主要职责是：

（一）监督、检查、指导计算机信息系统安全保护工作；

（二）查处危害计算机信息系统安全的违法犯罪案件；

（三）宣传计算机信息系统安全保护法规，组织培训安全保护人员；

（四）对重要的计算机信息系统新建、改建、扩建工程方案进行安全指导；

（五）指导对计算机病毒和其他有害数据的防治工作；

（六）监督、检查、指导计算机信息系统等级保护工作；

（七）监督计算机信息系统安全专用产品的制造、销售；

（八）对国际联网的计算机信息系统进行备案审查及安全管理；

（九）对重要的计算机信息系统进行监控；

（十）法律、法规规定的其他职责。

国家安全机关、国家保密机关及政府有关部门，在规定的职责范围内负责计算机信息系统的安全保护工作。

第六条　信息系统的运营、使用单位应当履行下列信息系统安全保护职责：

（一）遵守计算机信息系统安全保护的有关法律、法规；

（二）建立健全计算机信息系统安全管理制度和落实责任制；

（三）对管理人员和应用操作人员进行计算机安全教育；

（四）落实计算机信息系统安全保护技术措施；

（五）按照法律、法规的规定要求如实提供有关计算机信息系统安全保护工作所需的信息、资料和数据文件；

（六）协助公安机关查处涉及计算机信息系统安全的违法犯罪案件；

（七）建立信息安全事件的等级响应、处置制度；

（八）法律、法规规定的其他应当履行的安全保护职责。

第七条　任何单位和个人不得利用计算机信息系统从事危害国家利益、集体利益和公民合法权益的活动，不得危害计算机信息系统的安全。

第八条　计算机信息系统实行安全等级保护。建设和应用计算机信息系统必须符合国家规定的标准。

第九条　重要的计算机信息系统使用单位，应配备安全保护人员；对可能遭受的侵害和破坏，应制定应急处置预案。

计算机信息系统的安全保护人员应接受计算机安全培训，未经培训不得上岗。

第十条　计算机机房应符合国家标准和国家有关规定。

在计算机机房附近施工或者进行其他活动，不得危害计算机信息系统的安全。

第十一条　未经市公安局批准，任何单位和个人不得从事下列活动：

（一）收集和保存计算机病毒；

（二）制作、传播、销售有关计算机病毒机理及病毒源程序的书刊资料和计算机信息媒体；

（三）公开发布计算机病毒疫情信息；

开展计算机病毒防治研究，须报市公安局备案。

第十二条　任何单位和个人不得制造或故意输入、传播计算机病毒或其他有害数据，不得违法复制、截收、删除、增加、修改、查阅计算机信息系统中的数据。

第十三条 对计算机信息系统中发生的违法案件、计算机病毒和危害社会公共安全的其他有害数据，有关使用单位和个人应在发现后二十四小时内向所在地县级以上公安机关报告，并保护现场及相关资料，公安机关应立即采取措施进行处理。

第十四条 进行国际联网的计算机信息系统，互联单位、接入单位和网络信息服务单位应在网络正式联通后三十日内向市公安局备案。

进行国际联网，必须使用国家规定的国际出入信道，不得自行建立或者使用其他通道。

第十五条 重要计算机信息系统的使用单位发现计算机信息系统出现安全问题，应及时处理，并报告公安机关。

公安机关发现影响计算机信息系统的安全隐患时，应及时向使用单位发出整改通知书，限期整改。

第十六条 公安机关计算机安全监察人员履行职责时，应不少于二人并出示执法身份证件。

第十七条 市公安局在紧急情况下，可以在本市范围内就涉及计算机信息系统安全的特定事项发布专项通令。

第十八条 违反本条例的规定，有下列行为之一的，由县级以上公安机关责令限期改正，拒不改正的，处一千元以上三千元以下罚款，可并处停机整顿；

（一）未落实计算机信息系统安全保护技术措施的；

（二）未建立计算机安全管理制度和落实责任制的；

（三）不按法律、法规规定向公安机关备案的；

（四）破坏计算机信息系统安全保护技术措施或妨碍其功能正常发挥的。

第十九条 有下列行为之一的，由县级以上公安机关给予警告或对个人处一千元以上五千元以下罚款，对单位处三千元以上一万五千元以下的罚款，并没收其违法所得和违法工具：

（一）违法收集和保存计算机病毒的；

（二）违法制作、传播、销售有关计算机病毒机理及病毒源程序的书刊资料和计算机信息媒体的；

（三）违法公开发布计算机病毒疫情消息的；

（四）制造、故意输入和传播计算机病毒或其他有害数据的；

（五）违法入侵计算机信息系统或违法复制、截收、删除、增加、修改、查阅计算机信息系统中的数据的；

（六）进行国际联网，不使用国家规定的国际出入信道，自行建立或者使用其他信道的。

有前款（四）、（五）项行为之一的，可按《中华人民共和国治安管理处罚法》的规定，并处五日以下拘留；情节较重的，并处五日以上十日以下拘留。

第二十条 有重大计算机安全隐患，公安机关要求限期整改，仍不改正的，对单位处五千元以上一万元以下罚款，可并处停机整顿；对单位负责人处一千元以上三千元以下罚款。

第二十一条　运输、携带、邮寄计算机信息媒体进出境，不如实向海关申报的，由海关依照《中华人民共和国海关法》等法律、法规的规定处理。

第二十二条　违反本条例的规定，构成犯罪的，依法追究刑事责任。

第二十三条　当事人对公安机关依照本条例作出的具体行政行为不服的，可以依法申请行政复议或向人民法院提起行政诉讼。

第二十四条　执行本条例的人民警察利用职权，索贿受贿、徇私舞弊、玩忽职守，构成犯罪的，依法追究刑事责任；未构成犯罪的，由所在单位给予行政处分。

第二十五条　本条例下列用语的含义：

计算机病毒，是指编制或者在计算机程序中插入的破坏计算机功能或者毁坏数据，影响计算机使用，并能自我复制的一组计算机指令或者程序代码。

有害数据，是指计算机信息系统及其存储介质中存在、出现的，以计算机程序、图像、文字、声音等多种形式表示的危害国家及社会公共安全的信息，宣扬封建迷信、淫秽色情、凶杀、教唆犯罪等危害社会治安秩序的信息，以及危害计算机信息系统运行功能发挥，应用软件、数据可靠性、完整性和保密性，用于违法活动的计算机程序（含计算机病毒）。

计算机信息媒体，是指可存储、携带计算机程序、数据和信息的计算机硬磁盘、软磁盘、光盘、磁卡、磁带、纸带、卡片、打印纸等。

计算机信息系统安全专用产品，是指用于保护计算机信息系统的安全专用硬件和软件产品。

第二十六条　本条例自2006年12月1日起施行。

山西省计算机信息系统安全保护条例

（2008年9月25日山西省第十一届人民代表大会常务委员会第六次会议通过）

第一章　总　　则

第一条　为保护计算机信息系统安全，维护国家安全、社会公共利益和公民的合法权益，根据《中华人民共和国计算机信息系统安全保护条例》及有关法律、行政法规，结合本省实际，制定本条例。

第二条　本条例所称计算机信息系统，是指由计算机及其相关的和配套的设备、设施、网络构成，按照一定的应用目标和规则对信息进行采集、加工、存储、传输、检索等处理的人机系统。

第三条　县级以上人民政府应当加强对计算机信息系统安全保护工作的领导，制定计算机信息系统安全保护规划和突发事件应急预案，保障计算机信息系统安全保护工作所需经费。

第四条　公安机关主管本行政区域内的计算机信息系统安全保护工作，履行下列职责：

（一）宣传有关计算机信息系统安全保护的法律、法规；

（二）指导、监督、检查信息安全等级保护工作；

（三）办理有关计算机信息系统的备案手续；

（四）组织信息网络安全人员培训；

（五）检查计算机信息系统安全保护法律、法规的执行情况；

（六）查处危害计算机信息系统安全的违法犯罪案件；

（七）依法维护互联网安全秩序；

（八）法律、法规规定的其他职责。

国家安全机关、保密工作部门、密码管理部门和其他有关部门，在各自的职责范围内，依照《中华人民共和国国家安全法》《中华人民共和国保守国家秘密法》等法律、法规，做好计算机信息系统安全保护工作。

公安机关、国家安全机关、保密工作部门、密码管理部门和其他有关部门应当共享计算机信息系统运营、使用单位的有关信息。

第五条 计算机信息系统运营、使用单位，应当依法履行计算机信息系统安全保护义务。

第六条 县级以上人民政府应当对在计算机信息系统安全保护工作中作出显著成绩的单位和个人给予表彰和奖励。

第二章 安全秩序

第七条 任何单位和个人不得利用计算机信息系统制作、复制和传播含有下列内容的信息：

（一）危害国家统一、主权和领土完整的；

（二）危害国家安全的；

（三）损害国家荣誉和利益的；

（四）泄露国家秘密的；

（五）破坏民族团结的；

（六）宣扬邪教、封建迷信的；

（七）散布谣言，扰乱社会秩序，破坏社会稳定的；

（八）煽动、策划非法集会、游行、示威的；

（九）宣扬淫秽、赌博、暴力、恐怖的；

（十）教唆犯罪的；

（十一）侮辱或者诽谤他人，侵害他人合法权益的；

（十二）法律、法规禁止的其他内容。

第八条 任何单位和个人不得利用计算机信息系统实施下列行为：

（一）擅自进入计算机信息系统或者非法占有、使用计算机信息系统资源；

（二）擅自对计算机信息系统功能进行删除、修改、增加，或者干扰计算机信息系统功能的正常运行；

（三）擅自对计算机信息系统中存储、处理或者传输的数据和应用程序进行删除、修改或者增加；

（四）故意制作、传播计算机病毒以及其他破坏性程序；

（五）窃取他人账号和密码；

（六）擅自公开他人信息资料；

（七）法律、法规禁止的其他行为。

第九条　互联网服务提供者和联网使用单位不得利用互联网安全保护技术措施侵犯用户的通信自由和通信秘密；未经用户同意，不得公开、泄露用户注册信息。

第十条　互联网信息服务提供者应当对交互式服务栏目管理者的真实资料和信息发布者的注册信息进行登记，并按照国家规定对发布的信息进行审核。

第十一条　互联网服务提供者和联网使用单位发现有本条例第七条规定的违法信息的，应当及时采取删除、停止传输等技术措施，保存有关记录，并报告公安机关或者国家安全机关；发现有本条例第八条规定的行为的，应当予以制止，并向公安机关举报。

公安机关和国家安全机关查处违法犯罪行为时，互联网服务提供者和联网使用单位应当如实提供有关信息、资料、数据文件和原始记录。

第十二条　提供互联网上网服务的单位应当安装并运行互联网公共上网服务场所安全管理系统。

互联网服务提供者和联网使用单位采取的互联网安全保护技术措施，应当具有符合公共安全行业技术标准的联网接口。

第十三条　提供互联网接入、服务器托管、虚拟空间出租的单位，应当登记用户的真实资料，并在合同生效之日起 1 个月内报其所在地的设区的市公安机关备案。

第十四条　生产、销售或者提供含有信息网络远程控制、密码猜解、漏洞检测、信息群发技术之一的产品的单位和个人，应当将其产品的相关资料报设区的市公安机关备案。

第三章　安全保护

第十五条　计算机信息系统实行安全等级保护制度。

计算机信息系统安全保护等级应当根据信息系统在国家安全、经济建设、社会生活中的重要程度，信息系统遭到破坏后对国家安全、社会秩序、公共利益以及公民、法人和其他组织的合法权益的危害程度等因素确定。

信息系统安全保护等级分为五级：

第一级，信息系统受到破坏后，可能对公民、法人和其他组织的合法权益造成损害，但不损害国家安全、社会秩序和公共利益。

第二级，信息系统受到破坏后，可能对公民、法人和其他组织的合法权益造成严重损害，或者对社会秩序和公共利益造成损害，但不损害国家安全。

第三级，信息系统受到破坏后，可能对社会秩序和公共利益造成严重损害，或者对国家安全造成损害。

第四级,信息系统受到破坏后,可能对社会秩序和公共利益造成特别严重损害,或者对国家安全造成严重损害。

第五级,信息系统受到破坏后,可能对国家安全造成特别严重损害。

第十六条 计算机信息系统运营、使用单位应当设立信息系统安全保护组织,建立健全安全管理制度,制定信息系统安全事件应急预案。

第十七条 计算机信息系统运营、使用单位在计算机信息系统建设前,应当根据国家规定确定信息系统安全保护等级。

第十八条 第二级以上计算机信息系统运营、使用单位,应当在确定信息系统安全保护等级之日起1个月内,报其所在地设区的市公安机关备案;属于跨设区的市或者全省统一联网的计算机信息系统,应当报省公安机关备案。

本条例实施之前已经投入使用的计算机信息系统,运营、使用单位应当自本条例实施之日起6个月内确定信息系统安全保护等级,并按照前款规定报公安机关备案。

对符合计算机信息系统安全等级保护要求的,公安机关应当在收到备案材料之日起15个工作日内,按照国家有关规定颁发计算机信息系统安全等级保护备案证明;对不符合计算机信息系统安全保护等级要求的,公安机关应当书面通知运营、使用单位予以纠正。

第十九条 计算机信息系统安全保护等级确定后,计算机信息系统运营、使用单位应当按照国家信息安全等级保护管理规范和技术标准,进行计算机信息系统建设。

第二十条 第三级以上计算机信息系统建设完成后,运营、使用单位或者其主管部门应当按照国家规定,选择符合国家规定条件的安全保护等级测评机构定期对其计算机信息系统安全状况进行等级测评。

测评结果不符合信息系统安全等级保护要求的,运营、使用单位应当进行整改,并重新进行等级测评。

第二十一条 公安机关应当加强对计算机信息系统安全保护等级测评工作的监督。

计算机信息系统安全保护等级测评机构及其工作人员,不得泄露用户信息,不得擅自占有、使用用户资源。

第二十二条 第二级计算机信息系统的运营、使用单位应当采取下列安全保护技术措施:

(一)重要数据库和系统主要设备的冗余或者备份;

(二)计算机病毒的防治;

(三)网络攻击的防范;

(四)网络安全事件的监测和记录;

(五)身份认证和授权的管理;

(六)用户账号和网络地址的记录;

(七)有害信息的防治;

（八）系统运行和用户使用日志记录的保存；

（九）信息群发的控制。

第三级以上计算机信息系统运营、使用单位，除采取前款规定的安全保护技术措施外，还应当按照国家规定采取与其等级相应的其他安全保护技术措施。

第二十三条　计算机信息系统发生危害国家安全、社会秩序、公共利益等突发事件时，运营、使用单位应当及时向公安机关或者国家安全机关报告，公安机关可以采取24小时内暂时停机、暂停联网、备份数据等措施；必要时，由公安机关、国家安全机关或者其主管部门报设区的市以上人民政府启动突发事件应急预案。

第二十四条　涉密计算机信息系统的安全保护工作，依照国家有关规定执行。

第四章　法律责任

第二十五条　违反本条例第七条、第八条规定的，由公安机关给予警告，有违法所得的，没收违法所得；对个人可以并处5000元以下罚款，对单位可以并处15000元罚款；情节严重的，公安机关可以给予6个月以内停止联网、停机整顿的处罚，并可以建议原发证、审批机构撤销许可或者取消联网资格。

违反《中华人民共和国治安管理处罚法》的，依法予以处罚；构成犯罪的，依法追究刑事责任。

第二十六条　违反本条例第九条、第二十一条第二款规定的，依照有关法律、行政法规的规定予以处罚。

第二十七条　违反本条例第十条、第十一条、第十二条、第二十二条规定的，由公安机关责令限期改正，给予警告，有违法所得的，没收违法所得；逾期不改正的，对主管人员和其他直接责任人员可以并处5000元以下的罚款，对单位可以并处5000元以上10000元以下的罚款；情节严重的，并可以给予6个月以内的停止联网、停机整顿的处罚，必要时可以建议原发证、审批机构吊销经营许可证或者取消联网资格。

第二十八条　违反本条例第十六条规定的，由公安机关给予警告，并责令其限期改正。

违反本条例第十三条、第十八条规定，有关单位未报公安机关备案的，或者违反本条例第二十条规定，信息系统安全保护等级测评结果不符合等级保护要求而不进行整改的，由公安机关给予警告或者6个月以内停机整顿的处罚。

第二十九条　公安机关及其工作人员在计算机信息系统安全保护工作中，有下列情形之一的，对直接负责的主管人员和其他直接责任人员依法给予行政处分；构成犯罪的，依法追究刑事责任：

（一）泄露计算机信息系统运营、使用单位或者个人的有关信息、资料或者数据文件的；

（二）收到举报，未依据职责及时处理的；

（三）收到备案材料，未按照国家规定或者未在规定的时限内处理的；

（四）有徇私舞弊、滥用职权，不依法履行法定职责的其他情形的。

第五章 附 则

第三十条 本条例自2009年1月1日起施行。

宁夏回族自治区计算机信息系统安全保护条例

(2009年7月31日宁夏回族自治区第十届人民代表大会常务委员会第十一次会议通过)

第一章 总 则

第一条 为加强计算机信息系统安全保护,促进计算机应用和信息化建设的健康发展,维护国家安全、社会公共利益和公民、法人及其他组织的合法权益,根据《中华人民共和国计算机信息系统安全保护条例》及有关法律、行政法规的规定,制定本条例。

第二条 自治区行政区域内对计算机信息系统的安全保护,适用本条例。

第三条 公安机关主管计算机信息系统的安全保护工作。

国家安全机关、保密行政管理部门、密码管理部门、信息化行政主管部门及其他有关部门,在各自职责范围内,依法负责计算机信息系统安全保护的相关工作。

第四条 计算机信息系统运营、使用单位,应当依法履行计算机信息系统安全保护义务。

任何组织或者个人,不得利用计算机信息系统从事危害国家利益、社会公共利益和公民、法人及其他组织的合法权益的活动,不得危害计算机信息系统的安全。

第二章 安全等级保护

第五条 计算机信息系统实行安全等级保护制度。

计算机信息系统安全等级保护坚持自主定级、自主保护原则,由运营、使用单位按照下列标准自主定级:

(一)计算机信息系统受到破坏后,可能对公民、法人和其他组织的合法权益造成损害,但不损害国家安全、社会秩序和公共利益的,为第一级;

(二)计算机信息系统受到破坏后,可能对公民、法人和其他组织的合法权益产生严重损害,或者对社会秩序和公共利益造成损害,但不损害国家安全的,为第二级;

(三)计算机信息系统受到破坏后,可能对社会秩序和公共利益造成严重损害,或者对国家安全造成损害的,为第三级;

(四)计算机信息系统受到破坏后,可能对社会秩序和公共利益造成特别严重损害,或者对国家安全造成严重损害的,为第四级;

(五)计算机信息系统受到破坏后,可能对国家安全造成特别严重损害的,为第五级。

第六条 计算机信息系统涉及国家安全、社会公共利益、重大经济建设信息的,其运营、使用单位或者主管部门应当选择符合法定条件的安全等级测评机构,对计算机信息系统安全等级状况进行测评,准确核定信息系统安全保护等级。

第七条　计算机信息系统运营、使用单位应当遵守下列规定:

(一)对计算机信息系统进行定级,并按照等级保护管理规范和技术标准实施保护;

(二)新建计算机信息系统的,在规划、设计阶段确定安全保护等级,同步建设符合该安全保护等级要求的信息安全保护设施,落实安全保护措施;

(三)按照计算机信息系统安全保护等级要求,使用取得国家销售许可证的信息安全专用技术产品;

(四)定期对本单位计算机信息系统的安全状况、保护制度和措施进行自查和整改;

(五)计算机信息系统确定为第二级以上保护等级的,应当制定重大突发事件应急处置预案;确定为第三级以上的,应当每年至少进行一次系统安全等级测评;

(六)指定专职人员负责本单位计算机信息系统的安全管理。专职人员应当通过设区的市以上公安机关、人力资源和社会保障部门的专业培训,并取得合格证。

第八条　第二级以上计算机信息系统运营、使用单位,应当自确定安全等级之日起三十日内,将信息系统保护的具体措施,向所在地设区的市以上公安机关报送备案;属于跨设区的市或者自治区统一联网的计算机信息系统,还应当向自治区公安机关报送备案。

计算机信息系统的结构、处理流程、服务内容等发生变化,致使安全保护等级发生变化,或者因实际需要公安机关要求重新定级的,计算机信息系统运营、使用单位应当重新定级、重新备案。

第九条　公安机关应当自收到备案材料之日起在十五个工作日内对报送备案的材料进行审查,对符合等级保护要求的,出具备案证明;对定级不准确或者保护措施不符合技术规范的,应当自收到备案材料之日起十五个工作日内书面通知报送单位予以纠正。

第十条　计算机信息系统运营、使用单位应当落实下列安全保护技术措施:

(一)重要数据库和系统主要设备的冗余或者备份;

(二)计算机病毒的防治;

(三)网络攻击的防范和追踪;

(四)网络安全事件的监测和记录;

(五)身份登记和识别确认;

(六)用户账号和网络地址的记录;

(七)安全审计和预警;

(八)系统运行和用户使用日志记录的保存;

(九)信息群发的控制;

(十)有害信息、垃圾信息的防治;

（十一）法律、法规规定的其他技术保护措施。

鼓励计算机信息系统运营、使用单位采取先进的安全保护技术措施。

第三章 涉及国家秘密计算机信息系统管理

第十一条 涉及国家秘密计算机信息系统（以下简称涉密系统）应当依据涉密信息系统分级保护的管理规定和技术标准，按照秘密、机密、绝密三个等级的不同要求，实施分级保护。

涉密系统的安全保护水平，应当不低于计算机信息系统安全等级保护第三级以上的水平。

第十二条 涉密系统使用单位应当遵守下列规定：

（一）规划、设计和建设涉密系统时，应当按照国家保密标准配备设施和设备，同步设计和建设，同步运行；

（二）对已建成使用的涉密系统，定期进行安全保密性能测评；

（三）依法对涉密系统存储、处理和传输的信息，按照系统处理信息的最高密级确定保护等级和技术措施，并报保密行政管理部门备案。

第十三条 承担规划、设计、建设和维护涉密系统的单位，应当具有涉密集成资质。

涉密系统的安全保密设计方案和实施方案应当经过保密行政管理部门的审查。

第十四条 涉密系统投入使用前，建设使用单位应当向设区的市以上保密行政管理部门申请批准，非经保密行政管理部门批准的涉密系统不得投入使用。

设区的市以上保密行政管理部门应当自受理申请之日起二十日内，依据保密技术标准，对涉密系统进行审查。对不符合标准的，不予批准并提出书面整改意见，由使用单位进行整改后重新报批。

未经审查批准的涉密系统，不得存储、处理和传输涉密信息，不得与其他涉密系统互联。

第十五条 涉密系统使用单位应当根据实际需要采取下列保密防护措施：

（一）物理隔离；

（二）恶意代码的防护；

（三）身份鉴别和访问控制防护；

（四）涉密移动存储设备监管；

（五）密码保护；

（六）电磁泄漏发射防护；

（七）边界安全防护；

（八）其他需要的保密防护措施。

第十六条 涉密系统运营、使用单位采用密码进行等级保护的，应当执行国家密码管理的有关规定。

第四章　安全秩序

第十七条　任何单位或者个人不得利用计算机信息系统制作、传播、复制下列有害信息：

(一)危害国家统一、主权和领土完整的；

(二)泄露国家秘密、危害国家安全或者损害国家荣誉和利益的；

(三)煽动民族仇恨、民族歧视，或者故意侵害民族风俗、习惯，破坏民族团结的；

(四)煽动聚众滋事，损害社会公共利益的；

(五)散布谣言，扰乱社会秩序、破坏社会稳定的；

(六)宣扬邪教、封建迷信的；

(七)宣扬暴力、凶杀、恐怖、淫秽、色情、赌博的；

(八)教唆犯罪或者传授犯罪方法的；

(九)侮辱、诽谤、恐吓他人，侵害他人合法权益的；

(十)法律、法规禁止制作、传播、复制的其他信息。

第十八条　任何单位或者个人不得利用计算机信息系统实施下列行为：

(一)未经允许，进入计算机信息系统或者非法占有、窃取、使用计算机信息系统资源；

(二)未经允许，对计算机信息系统的功能或者存储、处理、传输的数据和应用程序进行控制、删除、修改或者增加；

(三)故意制作、传播计算机病毒、恶意软件等破坏性程序；

(四)提供专门用于侵入、非法控制他人计算机信息系统的程序或者工具；

(五)窃取他人账号和密码，或者擅自向第三方公开他人账号和密码；

(六)非法截取、篡改、删除他人电子邮件或者其他数据资料；

(七)假冒他人名义发布、发送信息，或者以其他方式进行网络诈骗；

(八)擅自公开他人的信息资料；

(九)买卖法律、法规禁止流通的物品；

(十)非法提供虚假票据、证件；

(十一)其他危害国家、社会和他人合法权益的行为。

第十九条　提供互联网公共上网服务的单位，应当遵守下列规定：

(一)安装并运行国家规定的计算机信息安全管理系统；

(二)对上网人员进行实名登记并记录其上网信息，登记和记录的内容保存时间不少于六十日，在保存期内不得修改或者删除。

第二十条　互联网服务提供者应当自网络正式联通之日起三十日内，到所在地的设区的市以上公安机关备案，并应当将接入本网络系统的接入单位和用户数据资料及其变更情况备案。

互联网服务提供者应当对交互式服务栏目管理者的真实资料和信息发布者的

注册信息进行登记,并对发布的信息进行审核。提供互联网接入、服务器托管、虚拟空间出租的单位,应当登记用户的真实资料。

第二十一条 生产、销售具有计算机信息网络远程控制、密码猜解、漏洞检测、信息群发等功能的产品和工具的单位,应当向设区的市以上公安机关备案。

第二十二条 互联网服务提供者和联网使用单位,应当落实互联网安全保护制度和技术措施,保障网络运行安全和信息安全,发现有本条例第十七条规定有害信息之一的,应当及时采取删除、停止传输、保存记录等技术措施,并报告公安机关;发现有危害国家安全的,同时报国家安全机关;发现有涉及泄露国家秘密的,同时报国家安全机关和保密行政管理部门;发现有本条例第十八条规定行为之一的,应当予以制止,并向公安机关举报。

公安机关和国家安全机关查处违法行为时,互联网服务提供者和联网使用单位应当如实提供有关数据文件、原始记录等信息资料。

第二十三条 互联网服务提供者和联网使用单位不得利用互联网安全保护技术措施侵犯用户的通信自由和通信秘密,未经用户同意,不得公开、泄露用户注册信息。

第二十四条 计算机信息系统安全等级测评机构和从事计算机信息系统安全保护工作的人员,应当保守用户秘密,不得泄露用户信息,不得擅自占有、使用用户的信息资源。

第五章 安全管理

第二十五条 公安机关、国家安全机关、保密行政管理部门、密码管理部门及其他有关部门,应当依法对计算机信息系统运营、使用单位信息系统的安全保护工作进行监督检查;对发现的泄密、失密行为,应当依法查处。

实施监督检查时不得妨碍运营、使用单位的正常工作秩序。能够联合进行监督检查的,应当联合进行。

第二十六条 设区的市以上公安机关应当对第三级以上计算机信息系统的运营、使用单位的信息安全等级保护工作情况定期进行检查。

设区的市以上公安机关应当对计算机信息系统安全等级测评工作进行监督管理。

第二十七条 保密行政管理部门应当对秘密级、机密级信息系统每年至少进行一次保密检查,每两年进行一次保密系统测评;对绝密级信息系统每年至少进行一次保密检查或者系统测评。

第二十八条 公安机关、国家安全机关和保密行政管理部门,发现计算机信息系统的安全保护、保密等级和安全措施不符合国家信息安全等级保护、保密管理规范和技术标准,或者存在安全隐患的,应当通知运营、使用单位限期进行整改。运营、使用单位应当按照整改通知书要求进行整改,并将整改情况向监管部门报告。

第二十九条 发生危及国家安全、公共安全及社会稳定的重大信息网络安全事故,计算机信息系统运营、使用单位应当立即报告公安机关和国家安全机关,并启动应急预案。公安机关可以对运营、使用单位采取二十四小时内停机检查、暂停联网、备份数据等应急措施。

第三十条　密码管理部门应当对计算机信息系统密码使用和管理的情况进行监督检查,发现存在安全隐患、违反密码管理有关规定或者未达到密码相关标准要求的,应当按照国家密码管理的相关规定进行处置。

第三十一条　公民、法人和其他组织发现有危害计算机信息系统安全违法行为的,有权向公安机关举报。公安机关应当公布接受举报电子邮箱、电话等,并为举报人保守秘密。

第六章　法律责任

第三十二条　计算机信息系统运营、使用单位以及互联网服务提供者和联网使用单位有违反本条例第十条、第二十条第二款规定行为之一的,对单位的主管负责人和其他直接责任人员可以处五千元以下罚款,对单位可以处五千元以上一万五千元以下罚款;不履行第七条、第八条、第二十条第一款、第二十二条和第二十三条规定的,由公安机关责令限期改正;逾期不改正的,给予警告;情节严重的,处以五日至三十日停止联网、停机整顿的处罚。

第三十三条　单位和个人违反本条例第十七条、第十八条规定的,由公安机关给予警告,责令限期改正,有违法所得的,没收违法所得,对个人可以并处以五千元以下罚款,对单位并处以五千元以上一万五千元以下罚款,情节严重的,可以给予六个月以内的停止联网、停机整顿的处罚,必要时,可以建议原发证、审批机构吊销许可或者取消联网资格。

违反《中华人民共和国治安管理处罚法》和《中华人民共和国国家安全法》的,由公安机关和国家安全机关依法予以处罚;构成犯罪的,依法追究刑事责任。

第三十四条　提供互联网公共上网服务的单位违反本条例第十九条规定的,由公安机关给予警告,责令限期改正,逾期不改正的,处以五千元以上一万五千元以下的罚款;情节严重的,给予六个月以内的停止联网、停业整顿的处罚,并可以建议原许可机关吊销许可或者取消联网资格。

第三十五条　生产、销售或者提供含有计算机信息网络远程控制、密码猜解、漏洞检测、信息群发技术等功能的产品和工具的单位违反本条例第二十一条规定的,由公安机关给予警告,责令限期改正,处以五千元以上一万五千元以下罚款。

第三十六条　计算机信息系统安全等级测评机构和从事计算机信息系统安全保护工作的人员违反本条例第二十四条规定的,由公安机关处以三千元以上一万元以下罚款;给单位或者他人财产造成损失的,应当依法承担赔偿责任。

第三十七条　涉密系统使用单位违反本条例第十二条、第十四条第三款、第十五条规定的，由保密行政管理部门责令限期改正；逾期不改的，给予警告，并向其上级主管部门通报情况；情节严重的，建议对主管人员和其他直接责任人员给予处分；构成犯罪的，依法追究刑事责任。

第三十八条 公安机关、国家安全机关、保密行政管理等部门的工作人员有下列行为之一的，对直接负责的主管人员和其他直接责任人员给予处分；构成犯罪的，依法追究刑事责任：

（一）不履行监督检查职责，造成严重后果的；

（二）收到备案材料，不按照规定期限和要求办理的；

（三）接到举报，未依职责处理的；

（四）泄露计算机信息系统运营、使用单位或者个人的有关信息、资料及数据文件的；

（五）有其他徇私舞弊、滥用职权、玩忽职守行为的。

第七章 附　　则

第三十九条 本条例下列用语的含义是：

（一）计算机信息系统，是指由计算机及其相关的和配套的设备、设施（含网络）构成的，按照一定的应用目标和规则对信息进行采集、加工、存储、传输、检索等处理的人机系统。

（二）互联网服务提供者，是指向用户提供互联网接入服务、互联网数据中心服务、互联网信息服务和互联网上网服务的单位。

（三）联网使用单位，是指为本单位应用需要连接并使用互联网的单位。

第四十条 本条例自2009年10月1日起施行。

七、地方政府规章

黑龙江省计算机信息系统安全管理规定

（1997年8月5日黑龙江省人民政府第17次省长办公会议通过　根据2006年10月20日《黑龙江省人民政府关于修改〈黑龙江省计算机信息系统安全管理规定〉的决定》第一次修正　根据2013年11月6日《黑龙江省人民政府关于废止和修改〈黑龙江省实施《中华人民共和国房产税暂行条例》细则〉等25部省政府规章的决定》第二次修正　根据2016年11月15日《黑龙江省人民政府关于废止和修改〈黑龙江省土地复垦实施办法〉等70部省政府规章的决定》第三次修正）

第一条 为加强计算机信息系统安全管理，促进计算机的应用和发展，维护国家和社会公共利益，根据国家有关法律、法规，结合本省实际情况，制定本规定。

第二条　本规定所称的计算机信息系统，是指由计算机及其相关的和配套的设备、设施（含网络）构成的，按照一定的应用目标和规则对信息进行收集、加工、存储、传输、检索等处理的人机系统。

第三条　本规定适用于本省行政区域内建立和利用计算机信息系统的单位和个人。

本省行政区域内军队的计算机信息系统安全管理，按照军队系统的有关法规执行。

第四条　各级公安机关负责计算机信息系统安全管理监察工作。其主要职责是：

（一）监督、检查、指导计算机信息系统安全保护工作；

（二）查处危害计算机信息系统安全的违法犯罪案件；

（三）办理计算机信息系统安全备案；

（四）组织开展计算机信息系统安全宣传教育；

（五）履行计算机信息系统安全管理的其他职能。

第五条　计算机信息系统实行安全等级保护，计算机信息系统的安全等级，分为信息安全等级和系统可靠性等级。

第六条　计算机信息系统的安全等级保护，按照国家有关规定执行。

第七条　计算机信息系统安全保护等级，由信息系统使用单位依据信息安全技术标准和运行管理状况进行确定。

第八条　计算机信息系统的主管部门及使用单位应建立安全管理组织，建立健全下列安全管理制度，确保各项安全措施的落实。

（一）运行审批制度；

（二）日志管理制度；

（三）安全审计制度；

（四）灾难恢复计划；

（五）计算机机房及其他重要区域的出入制度；

（六）硬件、软件、网络、媒体的使用及维护制度；

（七）账户、密码的管理制度；

（八）有害数据及计算机病毒预防、发现、报告及清除管理制度。

第九条　计算机信息系统的使用单位，须配备经公安机关检测合格的计算机信息系统安全专用产品。

第十条　计算机信息系统的研制、生产、开发、经销、使用等环节，应遵守国家计算机信息系统安全标准和安全规范。

第十一条　新建、改建、扩建（含内装修，下同）计算机机房应当符合国家有关规定和技术规范要求，不符合的不得投入使用。计算机机房安全由公安机关按照国家有关规定进行监督、检查。

在计算机机房附近施工，不得危害计算机信息系统的安全。

第十二条 与国际联网的计算机信息系统的使用单位、互联单位、接入单位应当在网络正式联通后的30日内，按照国家有关规定办理备案手续。

第十三条 与国际联网单位，必须具有健全的安全保密管理制度和安全技术保护措施。

第十四条 公安机关定期对国际互联网络的国际出入口信道提供单位、互联单位、接入单位、使用单位和用户的安全状况进行监督和检查。

第十五条 运输、携带、邮寄计算机信息媒体进出境的，应如实向海关申报，海关如发现有危害计算机信息系统安全的信息媒体，应及时向所在地公安机关报告，并上报省级公安机关。

第十六条 生产、销售、出租、维修计算机和软件的单位或个人，在出厂、销售、出租以前和维修以后，必须保证计算机和软件无病毒和其他有害数据。

第十七条 任何单位和个人不得以任何方式从事制作、传播、销售、运输、携带、邮寄含有反动政治内容及淫秽内容等有害数据的信息媒体的活动。

第十八条 任何单位和个人不得从事下列活动：

（一）制造、传播计算机病毒及其他有害数据；

（二）刊登、出版、发行、销售、出租有关计算机病毒源程序的书刊资料和其他媒体；

（三）开展涉及计算机病毒机理的活动；

（四）公开发布计算机病毒疫情等活动。

第十九条 使用单位发现利用计算机信息系统进行违法犯罪活动的，应注意保护现场及相关资料，立即向所在地的县级以上公安机关报告。

第二十条 违反本规定有下列行为之一的，由县级以上公安机关责令限期整改，处以警告并处200元以上1000元以下罚款：

（一）计算机信息系统的使用单位未按规定建立安全管理组织和各项安全管理制度，使得计算机信息系统设备或设施造成损失的；

（二）计算机信息系统的使用单位未配备经公安机关检测合格的计算机安全专用产品的；

（三）有危害计算机信息系统安全的其他行为的。

第二十一条 违反本规定有下列行为之一的，由县级以上公安机关责令限期整改，处1000元以上10000元以下罚款：

（一）新建、改建、扩建计算机机房不符合国家标准和有关规定的；

（二）危害计算机信息系统安全的施工。

第二十二条 违反本规定，传播、制造、销售、运输、携带、邮寄含有计算机病毒及危害社会公共安全的其他有害数据媒体的，由县级以上公安机关处2000元以上15000元以下罚款。

第二十三条 当事人对公安机关依照本规定所作出的行政处罚不服的，可以依法申请复议或者提起行政诉讼。

第二十四条 执行本规定的公安人员利用职权，收受贿赂或者有其他违法、失职行为，构成犯罪的，依法追究刑事责任；尚不构成犯罪的，给予行政处分。

第二十五条　本规定下列用语含义：

1. 有害数据，是指计算机信息系统及其存储介质中存在、出现的，以计算机程序、图像、文字、声音等多种形式表示的，含有攻击人民民主专政、社会主义制度，攻击党和国家领导人，破坏民族团结等危害国家安全内容的信息；含有宣扬封建迷信、淫秽色情、凶杀、教唆犯罪等危害社会治安秩序内容的信息，以及危害计算机信息系统运行和功能发挥，应用软件、数据可靠性、完整性和保密性，用于违法活动的计算机程序（含计算机病毒）。

2. 计算机病毒，是指编制或者在计算机程序中插入的破坏计算机功能或者毁坏数据，影响计算机使用，并能自我复制的一组指令或程序代码。

3. 计算机信息系统安全专用产品，是指用于保护计算机信息系统（含网络）安全的专用硬件和软件产品。

第二十六条　本规定自1997年9月1日起施行。1990年9月3日省政府通过的《黑龙江省计算机信息系统安全管理暂行规定》同时废止。

江苏省计算机信息系统安全保护管理办法

（2002年6月14日江苏省人民政府发布）

第一条　为加强计算机信息系统的安全管理，保护计算机信息系统安全，促进计算机的应用与发展，保障社会主义现代化建设顺利进行，根据《中华人民共和国计算机信息系统安全保护条例》和有关法律、法规，结合本省实际情况制定本办法。

第二条　本办法适用于本省行政区域内涉及计算机信息系统的个人、法人和其他组织。

第三条　计算机信息系统是指由计算机及其相关的和配套的设备、设施（含网络）构成的，按照一定的应用目标和规则对信息进行采集、加工、存储、传输、检索等处理的人机系统。

第四条　计算机信息系统安全保护工作是保障计算机及其相关的和配套的设备、设施的安全，运行环境的安全，保障信息的安全，保障计算机功能的正常发挥，以维护计算机信息系统的安全运行。保护的重点是国家事务、经济建设、国防建设、尖端科学技术等重要领域的计算机信息系统的安全。

第五条　省、市、县公安机关是本行政区域内计算机信息系统安全保护工作的主管机关，负责监督、检查、指导计算机信息系统安全保护工作；查处危害计算机信息系统安全的违法犯罪案件；查处利用计算机技术的犯罪活动；履行计算机信息系统安全保护工作。

第六条　计算机信息系统的使用单位应当建立健全安全管理制度，落实安全保护责任制，负责本单位的计算机信息系统安全保护工作。

第七条 任何单位或个人未经有权审批单位批准不得在社会上组建计算机网络、不得从事计算机信息服务和电子信箱等业务;经过批准组建的计算机网络,应审批手续完备,并到当地公安机关办理备案,接受安全监督、检查。

第八条 经营开放式计算机机房、提供网络信息服务或利用电脑软件从事游戏机经营活动的,必须经县级以上公安机关审核批准。

第九条 利用计算机进行国际联网,应遵守国家有关法律、法规,并到当地县级以上公安机关办理备案。

第十条 计算机信息系统机房的安全应符合国家有关规定。新建、改建、扩建计算机机房的设计和施工必须按照国家有关规定和技术规范进行,使用前必须经省公安厅指定的机构进行安全检测,由当地县级以上公安机关组织验收。

重点单位、重要行业新建、改建、扩建的计算机机房必须经由省公安厅指定的机构进行工程设计安全审核;工程竣工后,按照国家有关规定进行安全检测,使用前必须经省公安厅计算机监察部门审核并确认安全等级。

第十一条 计算机信息系统应按照有关规定进行安全等级划分和实行安全等级保护,制定计算机灾害的应急和恢复计划,建立计算机信息系统安全审计制度,并由县级以上公安机关组织实施年度检审。重点单位、重要行业的计算机信息系统的投放运行前,应通过省公安厅组织的由有关专家参加的系统安全评审。

第十二条 重点单位、重要行业的计算机管理人员、安全工程设计人员和安全产品维护服务等特定岗位工种人员必须经过公安机关组织的计算机安全专项培训,凭安全培训合格证上岗。

第十三条 重点单位是指党政领导机关、重点建设工程、国防建设和尖端科技领域有关单位及广播电台、电视台、报社、电信枢纽、重要动力单位等。重要行业是指银行、证券、期货、保险、财税等部门。

第十四条 涉及国家秘密、企业秘密以及内部使用的计算机信息系统的管理,应遵守《中华人民共和国保守国家秘密法》和《江苏省计算机信息系统国际联网保密管理工作暂行规定》的有关规定。

第十五条 任何单位或者个人,不得利用计算机从事危害国家利益、集体利益和公民合法利益的活动,不得危害计算机信息系统的安全。

第十六条 任何单位和个人不得制作、传播计算机病毒等破坏性程序和其他有害数据。不得制作、复制、传播、出租、销售含有计算机病毒及其他有害数据的媒体。

第十七条 任何单位和个人对计算机病毒和其他有害数据进行防治研究工作,应报当地县级以上人民政府公安机关登记、批准。

第十八条 本办法所称有害数据是指计算机信息系统及其存储介质中存在、出现的以计算机程序、图像、文字、声音等多种形式表示的,含有危害国家安全内容、危害社会治安秩序内容、危害计算机信息系统运行和功能发挥,危害应用软件、数据可靠性、完整型和保密性,用于违法活动的计算机程序或数据(含计算机病毒)。

第十九条　对计算机安全专用产品的销售实行许可证制度。单位或个人销售计算机安全专用产品，应当向当地县级以上公安机关申领计算机安全专用产品销售许可证，无销售许可证的不得销售计算机安全专用产品。任何单位和个人不得使用无省公安厅核发的销售许可证的计算机安全专用产品。

第二十条　单位或个人销售计算机，每批量均需经省公安厅指定的计算机检测机构进行安全性能检测，经检测合格后方可上市销售。

第二十一条　计算机信息系统中发生的案件，有关使用单位应当在24小时内向当地县级以上人民政府公安机关报告。

第二十二条　违反计算机信息系统安全管理有关规定，依照《中华人民共和国计算机信息系统安全保护条例》进行处罚；构成违反治安管理行为的，依照《中华人民共和国治安管理处罚条例》处罚；构成犯罪的，依法追究刑事责任。

第二十三条　本办法自公布之日起施行。

浙江省信息安全等级保护管理办法

（2006年9月30日浙江省人民政府发布）

第一章　总　　则

第一条　为加强和规范信息安全等级保护管理，提高信息安全保障能力，维护国家安全、公共利益和社会稳定，促进信息化建设，根据国家有关规定，结合本省实际，制定本办法。

第二条　本省行政区域内建设、运营、使用信息系统的单位，均须遵守本办法。

第三条　本办法所称信息安全等级保护，是指按国家规定对需要实行安全等级保护的各类信息的存储、传输、处理的信息系统进行相应的等级保护，对信息系统中发生的信息安全突发公共事件实行分等级响应和处置的安全保障制度。

第四条　本办法所称信息，是指通过信息系统进行存储、传输、处理的语言、文字、声音、图像、数字等资料。

本办法所称信息系统，是指由计算机、信息网络及其配套的设施、设备构成的，按照一定的应用目标和规则对信息进行存储、传输、处理的运行体系。

第五条　信息安全等级保护应当遵循分级实施、明确责任、确保安全的原则；重点保障基础信息网络和重要信息系统各类信息的安全性和信息处理的连续性。

信息系统应当按照信息安全等级保护的要求，实行同步建设、动态调整、谁运行谁负责的原则。

第六条　县级以上人民政府应当加强对信息安全等级保护工作的领导，把信息安全等级保护纳入信息化建设规划，协调、解决有关重大问题，建立必要的资金和技术的保障机制。

第七条　县级以上人民政府公安、国家安全、保密、密码、信息化等行政主管部门应当按照国家和本办法规定，履行监督管理职责。

县级以上人民政府其他相关部门，应当按照职责分工，落实信息安全等级保护管理的责任，配合做好相关工作。

第二章 等级保护的分级与实施

第八条 根据信息系统承载的信息的重要性、业务处理对系统的依赖性以及系统遭到破坏后对经济、社会的危害程度，确定信息系统相应的保护等级。

信息系统的保护等级分为以下五级：

（一）信息系统承载的信息涉及公民、法人和其他组织的权益，信息系统遭到破坏后，业务可以直接用其他方式替代处理，对公民、法人和其他组织的权益有一定影响，但不损害国家安全、社会秩序、经济建设和公共利益的，为一级保护，由运营单位自主保护；

（二）信息系统承载的信息直接涉及公民、法人和其他组织的权益，信息系统遭到破坏后，会影响业务的正常处理，并对国家安全、社会秩序、经济建设和公共利益造成一定损害的，为二级保护，由运营单位在信息安全等级保护工作监管部门的指导下进行保护；

（三）信息系统承载的信息涉及国家、社会和公共利益，信息系统遭到破坏后，会严重影响业务的正常处理，并对国家安全、社会秩序、经济建设和公共利益造成较大损害的，为三级保护，由运营单位在信息安全等级保护工作监管部门的监督下进行保护；

（四）信息系统承载的信息直接涉及国家、社会和公共利益，信息系统遭到破坏后，业务无法正常处理，并对国家安全、社会秩序、经济建设和公共利益造成严重损害的，为四级保护，由运营单位按照信息安全等级保护工作监管部门的强制要求进行保护；

（五）信息系统承载的信息直接关系国家安全、社会稳定、经济建设和运行，信息系统遭到破坏后，会对国家安全、社会秩序、经济建设和公共利益造成特别严重损害的，为五级保护，由运营单位在国家指定的专门部门、专门机构的专控下进行保护。

第九条 信息系统的建设、运营、使用单位，应当按照国家有关技术规范、标准和本办法第八条规定自行选定其信息系统相应的保护等级。

基础信息网络和重要信息系统的保护等级，建设单位应当在信息系统规划设计时，按照本办法第十条规定报经审定。

第十条 基础信息网络和重要信息系统保护等级，实行专家评审制度。

省、设区的市信息化行政主管部门应当分别建立省、市信息系统保护等级专家评审组，并分别组织对关系全省和关系全市的基础信息网络和重要信息系统的保护等级进行审定。申报与审定的具体细则，由省信息化行政主管部门会同省公安部门制定，并报省人民政府备案。

第十一条 对于包含多个子系统的信息系统，应当根据各子系统的重要程度分别确定保护等级。

第十二条　信息系统建设完成后,其运营、使用单位应当按照国家有关技术规范和标准进行安全测评,符合要求的,方可投入使用。

第十三条　信息系统投入运行或者系统变更之日起三十日内,运营、使用单位应当将信息系统保护等级选定或者审定情况报所在地县级以上人民政府公安部门备案。备案的具体细则由省公安部门制定。

信息系统涉及国家秘密的,运营、使用单位应当按照有关保密法律、法规、规章的规定执行。

第十四条　信息系统的运营、使用单位,应当按照国家有关技术规范和标准,建立信息安全等级保护管理制度,落实安全保护责任,采取相应的安全保护措施,切实保障信息系统正常安全运行。

第十五条　信息系统的运营、使用单位,应当建立信息系统安全状况日常检测工作制度,加强对信息系统的日常维护和安全管理,及时消除安全隐患,确保信息的安全和系统的正常运行。

基础信息网络和重要信息系统的运营、使用单位,应当按照国家有关技术规范和标准,每年对系统的信息安全状况进行一次全面的测评,也可以委托有相应资质的单位进行安全测评。

第十六条　信息系统发生信息安全突发公共事件时,应当根据事件的可控性、地域影响范围和信息系统遭到破坏的严重程度,实行分级响应和应急处置。分级响应和应急处置按照省有关网络与信息安全应急预案的规定执行。

通信基础网络发生突发公共事件时,应当按照省有关通信保障应急预案的规定执行。

第三章　监督管理

第十七条　县级以上人民政府公安部门依法对运营、使用信息系统的单位的信息安全等级保护工作实施监督管理,并做好下列工作:

(一)督促、指导信息安全等级保护工作;

(二)监督、检查信息系统运营、使用单位的安全等级保护管理制度和技术措施的落实情况;

(三)受理信息系统保护等级的备案;

(四)依法查处信息系统运营、使用单位和个人的违法行为;

(五)信息安全等级保护的其他相关工作。

第十八条　保密工作部门依照职责分工,依法做好下列工作:

(一)督促、指导涉及国家秘密的信息安全等级保护工作;

(二)受理涉及国家秘密的信息系统保护等级的备案;

(三)依法查处信息泄密、失密事件;

(四)信息安全等级保护中涉及国家秘密的其他相关工作。

第十九条　密码管理部门应当按照职责分工依法做好相关工作,加强对涉及密码管理的信息安全等级保护工作的监督、检查和指导，查处信息安全等级保护工作中违反密码管理的行为和事件。

第二十条 信息化行政主管部门应当加强对信息安全等级保护工作的指导、服务、协调和管理，并做好下列工作：

（一）指导、协调信息安全等级保护工作；

（二）组织制定信息安全等级保护工作规范；

（三）组织专家审定信息系统的保护等级；

（四）为相关单位提供信息安全等级保护的有关资讯和技术咨询；

（五）根据预案规定，组织落实信息安全突发公共事件的应急处置工作；

（六）信息安全等级保护的其他相关工作。

第二十一条 信息系统建设、运营、使用单位，应当按照国家和本办法有关规定，开展信息安全等级保护工作，接受有关部门的指导、检查和监督管理。

信息系统运营、使用单位，在运营、使用中发生信息安全突发公共事件、泄密失密事件的，应当按照应急预案要求，及时采取有效措施，防止事态扩大，并立即报告有关主管部门，配合做好应急处置工作。

第四章 法律责任

第二十二条 违反本办法规定的行为，有关法律、法规已有行政处罚规定的，从其规定。

第二十三条 信息系统运营、使用单位违反本办法规定，不建立信息系统保护等级或者自行选定的保护等级不符合国家有关技术规范和标准的，由公安部门责令限期改正，并给予警告；逾期拒不改正的，处一千元以上二千元以下罚款。

第二十四条 信息系统运营、使用单位违反本办法第十二条、第十三条第一款规定的，由公安部门责令限期改正，并给予警告；逾期不改正的，处二千元罚款。

第二十五条 信息系统运营、使用单位违反本办法第十四条规定，未建立信息安全等级保护管理制度、落实安全保护责任和措施的，由公安部门责令限期改正，并给予警告；

逾期拒不改正的，对经营性的处五千元以上五万元以下罚款，对非经营性的处二千元罚款。

第二十六条 违反本办法第十五条第一款规定，信息系统运营、使用单位未建立信息系统安全状况日常检测工作制度的，由公安部门责令限期改正，并给予警告；逾期拒不改正的，处一千元以上二千元以下罚款。

违反本办法第十五条第二款规定，基础信息网络与重要信息系统的运营、使用单位，未定期对系统的信息安全状况进行测评的，由公安部门责令限期改正，并给予警告；逾期拒不改正的，对经营性的处二千元以上二万元以下罚款，对非经营性的处二千元罚款。

第二十七条 信息系统运营、使用单位违反本办法第二十一条第二款规定的，由县级以上人民政府信息化行政主管部门责令改正，给予警告，对经营性的并处五千元以上三万元以下罚款，对非经营性的并处二千元罚款；涉及泄密、失密的，按照有关保密法律、法规、规章的规定处理。

第二十八条 有关信息安全等级保护监管部门及其工作人员有下列行为之一的，由其主管部门或者监察部门对直接负责的主管人员和其他直接责任人依法给予行政或者纪律处分。

（一）未按照本办法规定履行监督管理职责的；

（二）违反国家和本办法规定审定信息系统保护等级的；

（三）违反法定程序和权限实施行政处罚的；

（四）在履行监督管理职责中，玩忽职守、滥用职权、徇私舞弊的；

（五）其他应当依法给予行政或者纪律处分的行为。

第二十九条 违反本办法规定，构成犯罪的，依法追究刑事责任。

第五章 附 则

第三十条 在本办法施行前已经建成的信息系统，运营、使用单位应当依照本办法规定建立相应的保护等级。

第三十一条 本办法自2007年1月1日起施行。

内蒙古自治区计算机信息系统安全保护办法

（2011年11月16日内蒙古自治区人民政府第十二次常务会议审议通过）

第一章 总 则

第一条 为保护计算机信息系统安全，根据《中华人民共和国计算机信息系统安全保护条例》及有关法律法规，结合自治区实际，制定本办法。

第二条 本办法适用于自治区行政区域内计算机信息系统的安全保护。

第三条 旗县级以上人民政府公安机关主管本行政区域内计算机信息系统的安全保护工作。

国家安全机关、保密工作部门、密码管理部门和其他有关部门在各自职责范围内做好计算机信息系统的安全保护工作。

第四条 计算机信息系统的安全保护，应当保障计算机及其相关的和配套的设备、设施、网络的安全，运行环境的安全，保障信息的安全，保障计算机功能的正常发挥，以维护计算机信息系统的安全运行。

第二章 安全等级保护

第五条 计算机信息系统实行安全等级保护制度。安全保护等级根据计算机信息系统在国家安全、经济建设、社会生活中的重要程度，计算机信息系统受到破坏后对国家安全、社会秩序、公共利益以及公民、法人和其他组织合法权益的危害程度等因素确定，分为五级。

（一）计算机信息系统受到破坏后，可能对公民、法人和其他组织的合法权益造成损害，但不损害国家安全、社会秩序和公共利益的，为第一级；

（二）计算机信息系统受到破坏后，可能对公民、法人和其他组织的合法权益造成严重损害，或者可能对社会秩序和公共利益造成损害，但不损害国家安全的，为第二级；

（三）计算机信息系统受到破坏后，可能对社会秩序和公共利益造成严重损害，或者可能对国家安全造成损害的，为第三级；

（四）计算机信息系统受到破坏后，可能对社会秩序和公共利益造成特别严重损害，或者可能对国家安全造成严重损害的，为第四级；

（五）计算机信息系统受到破坏后，可能对国家安全造成特别严重损害的，为第五级。

第六条 计算机信息系统运营、使用单位应当遵守下列规定：

（一）对计算机信息系统安全保护等级准确定级，并按照等级保护管理规范和技术标准实施保护；

（二）新建计算机信息系统的，应当在规划、设计阶段确定安全保护等级，同步建设符合该安全保护等级要求的信息系统安全保护设施，落实安全保护措施；

（三）计算机信息系统的结构、处理流程、服务内容等发生重大变化，或者公安机关要求重新确定等级的，应当重新定级；

（四）按照计算机信息系统安全保护等级要求，使用符合国家及自治区规定并取得国家计算机信息系统安全专用产品销售许可证的信息安全产品；

（五）定期对本单位计算机信息系统的安全状况、保护制度和措施进行自查和整改；

（六）建立安全保护组织，确定安全管理责任人，指定专职人员负责本单位计算机信息系统的安全管理。

第七条 第二级以上计算机信息系统运营、使用单位，应当自确定安全保护等级之日起30日内，到所在地盟行政公署、设区的市人民政府公安机关或者其指定的受理机构备案；属于自治区统一联网、跨盟市或者中央驻自治区、自治区直属单位的计算机信息系统，应当到自治区人民政府公安机关或者其指定的受理机构备案。

第八条 公安机关应当在收到备案材料之日起10个工作日内对报送备案的材料进行审查，对符合等级保护要求的，出具备案证明。对定级不准确或者保护措施不符合技术规范的，应当书面通知报送单位予以纠正。

第九条 计算机信息系统涉及国家安全、社会公共利益、重大经济建设等信息的，其运营、使用单位或者主管部门应当选择符合法定条件的安全等级测评机构，依据国家规定的技术标准，对计算机信息系统安全等级状况进行测评。

第二级以上计算机信息系统建设完成后，经测评合格方可投入使用。

第十条　计算机信息系统确定为第二级保护等级的，应当每两年至少进行一次系统安全等级测评；确定为第三级的，应当每年至少进行一次系统安全等级测评；确定为第四级以上的，应当每半年至少进行一次系统安全等级测评。

第十一条　从事计算机信息系统安全等级测评工作的机构和人员应当遵守国家规定。

申请成立安全等级测评机构的单位应当经自治区人民政府公安机关初审，并通过公安部信息安全等级保护评估中心的测评能力评估。

自治区人民政府公安机关应当加强对安全等级测评机构的监督、检查和指导。

第十二条　旗县级以上人民政府公安机关应当对计算机信息系统运营、使用单位的信息安全等级保护情况进行检查。对第三级计算机信息系统每年至少检查一次，对第四级计算机信息系统每半年至少检查一次。

对第五级计算机信息系统，应当由国家指定的专门部门进行检查。

第三章　安全管理

第十三条　公安机关应当为公众提供计算机信息系统安全保护指导，开展安全宣传教育。

第十四条　公安机关对计算机信息系统安全服务机构实行分级管理和推荐制度。

第十五条　计算机信息系统安全服务机构应当向盟市级以上公安机关备案。

计算机信息系统安全服务机构应当执行国家及自治区有关计算机信息系统安全标准，应当配备适应开展相应安全服务需要、掌握国家及自治区有关计算机信息系统安全标准的技术人员。

计算机信息系统安全服务机构及其工作人员不得泄露在开展安全服务过程中获悉的国家秘密、商业秘密以及计算机信息系统网络结构、配置等用户信息；不得非法占有、使用用户的信息资源；不得在计算机信息系统中设置隐蔽信道。

第十六条　发生重大突发事件，危及国家安全、公共安全、社会稳定及重要计算机信息系统安全的紧急情况时，盟市级以上公安机关可以按照有关法律、法规的规定，要求有关单位采取相应控制措施。计算机信息系统的运营、使用单位应当服从公安机关和国家指定部门的调度。

第十七条　基础电信运营企业和计算机信息系统的运营、使用单位应当接受公安机关的安全监督、检查、指导，并如实提供有关计算机信息系统安全保护的信息资料、互联网基础数据及其他数据文件。

第十八条　基础电信运营企业等提供互联网接入服务的单位应当执行下列规定：

（一）配合公安机关做好接入本网络联网单位和用户的备案工作，真实、准确、完整登记联网单位和用户的名称、性质、有效证件、互联网地址、装机地址、上网电话、联系人等公安机关要求备案的信息，报送同级公安机关，并及时报告本网络中联网单位和用户的变更情况；

（二）记录并留存接入本网络的联网单位和用户登录、退出互联网时间及主叫号码、账号、互联网地址等上网日志信息，留存时间不少于1年；

（三）落实相关安全保护技术措施，通过互联网地址和相关网络应用信息能够对应联网单位和用户信息；

（四）协助公安机关查处涉及互联网的违法犯罪行为，并采取人工值守、远程联网查询等方式提供24小时快速查询支持；

（五）协助公安机关对接入本网络的联网单位和用户进行安全宣传教育，落实安全保护措施；

（六）互联网络拓扑结构、通信协议等拟进行重大调整的，应当报自治区人民政府公安机关备案后实施。

第十九条 提供互联网接入服务的单位、提供服务器托管或租赁空间服务的单位、互联网信息服务提供者及其他有关电信业务经营者应当建立安全管理制度，采取异常流量和违法信息监测等安全保护技术措施，及时发现危害信息网络安全、网上传播违法信息等违法犯罪活动，保留有关原始记录，及时采取删除、停止传输等措施，并在24小时内向当地公安机关报告。

第二十条 联网单位和用户应当采取设置安全性较高的密码等安全保护措施，定期更改密码，保障所使用上网账号的安全。

基础电信运营企业可以采取动态密码认证等技术措施为联网单位和用户提供互联网接入服务。

第二十一条 联网单位和用户向其他单位、个人提供互联网上网服务或者与其他单位、个人共用上网线路、账号的，应当遵守国家有关规定，并到旗县级以上人民政府公安机关备案。

第二十二条 提供互联网上网服务的单位和通过局域网接入互联网用户终端在10台以上的联网单位应当安装、运行符合国家及自治区规定的安全管理系统。

第二十三条 宾馆、酒店、餐厅、机场、车站、阅览室等提供互联网上网服务的场所和通过无线方式接入互联网的地点管理者，应当采取用户登录认证安全技术措施，并对上网用户的身份证等有效证件进行核对、登记。

第二十四条 使用内部网络地址与互联网网络地址转换方式接入互联网的联网单位，应当记录并留存用户上网终端硬件地址等信息与内部网络地址和互联网网络地址的对应关系。留存时间不少于1年。

第二十五条 生产、销售或者提供具有计算机信息系统远程控制、密码猜解、漏洞检测、信息群发功能的产品和工具的，应当报自治区人民政府公安机关或者其指定的公安机关备案。

第四章　安全秩序

第二十六条 计算机信息系统的运营、使用单位应当建立并执行下列安全管理制度：

（一）计算机机房安全管理制度；

(二)安全责任制度;

(三)病毒、网络安全漏洞检测和系统升级制度;

(四)系统安全风险管理和应急处置制度;

(五)账号使用登记和操作权限管理制度;

(六)安全管理人员岗位工作职责;

(七)重要设备、介质管理制度;

(八)信息发布审查、登记、保存、清除和备份制度;

(九)信息群发服务管理制度;

(十)安全教育和培训制度;

(十一)案件、事件报告和协助查处制度;

(十二)其他与安全保护相关的管理制度。

第二十七条 计算机信息系统的运营、使用单位应当采取下列安全保护技术措施:

(一)系统重要部分的冗余或者备份措施;

(二)计算机病毒防治措施;

(三)网络攻击防范和追踪措施;

(四)安全审计和预警措施;

(五)系统运行和用户使用日志记录留存1年以上措施;

(六)记录用户账号、主叫电话号码和网络地址措施;

(七)身份登记和识别确认措施;

(八)垃圾信息、有害信息的防治、清理措施;

(九)信息群发限制措施;

(十)其他保护计算机信息系统安全的技术措施。

第二十八条 任何单位和个人不得利用计算机信息系统、移动通讯终端制作、传播、复制下列信息:

(一)危害国家统一、主权和领土完整的;

(二)泄露国家秘密,危害国家安全或者损害国家荣誉和利益的;

(三)煽动民族仇恨、民族歧视,破坏民族团结或者侵害民族风俗、习惯的;

(四)破坏国家宗教政策,宣扬邪教、封建迷信的;

(五)散布谣言,发布虚假信息,扰乱社会秩序,破坏社会稳定的;

(六)煽动聚众滋事,损害社会公共利益的;

(七)宣扬淫秽、色情、赌博、暴力、凶杀、恐怖的;

(八)教唆犯罪或者传授犯罪方法的;

(九)散布他人隐私,侮辱、诽谤、恐吓他人,侵害他人合法权益的;

(十)从事考试作弊相关活动的;

(十一)贩卖假币、假证件、假发票、假冒伪劣商品、枪支弹药、爆炸物、迷药、窃听器和其他法律、法规禁止流通的物品的;

（十二）法律、法规禁止制作、传播、复制的其他信息。

第二十九条 任何单位和个人不得实施下列行为：

（一）未经允许，进入计算机信息系统或者非法占有、使用、窃取计算机信息系统资源；

（二）未经允许，对计算机信息系统功能进行删除、修改、增加或者干扰；

（三）未经允许，对计算机信息系统中存储、处理或者传输的数据和应用程序进行删除、修改或者增加；

（四）利用计算机信息系统窃取他人账号和密码，或者擅自向第三方公开他人账号和密码；

（五）非法截取、篡改、删除他人电子邮件或者其他数据资料；

（六）故意制作、传播计算机病毒、恶意软件等破坏性程序；

（七）利用计算机信息系统假冒他人名义制作、传播信息，或者以其他方式进行网络诈骗；

（八）建立或者管理主要用于传播、交流违法犯罪信息的网站、群组、论坛等；

（九）允许、放任他人在自己所有或者管理的网站、网页、群组上发布第二十八条所禁止的信息；

（十）为非法网站提供服务器托管、虚拟主机、网络存储空间等服务，或者通过投放广告等方式向其直接、间接提供资金；

（十一）明知是非法网站，向其提供互联网接入、通讯传输通道、代收费、费用结算等服务；

（十二）以牟利为目的，在互联网上散布、删除信息，侵犯他人合法权益；

（十三）提供侵入、非法控制计算机信息系统的方法、程序、工具；

（十四）法律、法规禁止的其他利用计算机信息系统实施的行为。

第五章 法律责任

第三十条 违反本办法第六条、第九条、第十条、第十七条、第十八条第一至四项、第十九条、第二十六条、第二十七条规定的，由公安机关责令限期改正，给予警告，有违法所得的，没收违法所得；在规定的限期内未改正的，对单位的主管负责人员和其他直接责任人员处以5000元以下的罚款，对单位处以15000元以下的罚款，可以建议主管部门对相关单位的主要领导给予处分；情节严重的，并可以给予6个月以内停止联网、停机整顿的处罚。

第三十一条 违反本办法第十五条第三款规定的，由公安机关对单位的主管负责人员和其他直接责任人员处以5000元以下的罚款，对单位处以5000元以上15000元以下的罚款；有违法所得的，除没收违法所得外，可以处以违法所得1至3倍的罚款，但是最高不得超过30000元。

第三十二条 违反本办法第二十条第一款规定的，由公安机关责令限期改正，给予警告；在规定的限期内未改正的，可以给予6个月以内停止联网、停机整顿的处罚。

第三十三条　违反本办法第二十二条、第二十三条、第二十四条规定的，由公安机关责令限期改正，给予警告，有违法所得的，没收违法所得；在规定的限期内未改正的，对单位的主管负责人员和其他直接责任人员处以5000元以下的罚款，对单位处以15000元以下的罚款；情节严重的，并可以给予6个月以内停止联网、停机整顿的处罚。

第三十四条　违反本办法第二十八条、第二十九条规定的，由公安机关给予警告，对个人可以并处5000元以下的罚款，对单位可以并处15000元以下的罚款；有违法所得的，除没收违法所得外，可以处以违法所得1至3倍的罚款，但是最高不得超过30000元；情节严重的，并可以给予6个月以内停止联网、停机整顿的处罚。

第三十五条　从事计算机信息系统安全等级测评工作的单位和人员有下列行为之一的，由公安机关对单位主管负责人员和其他直接责任人员处以5000元以下的罚款，对单位处以5000元以上15000元以下的罚款；有违法所得的，除没收违法所得外，可以处以违法所得1至3倍的罚款，但是最高不得超过30000元：

（一）未通过测评能力评估，从事测评活动的；

（二）影响被测评计算机信息系统正常运行，危害被测评计算机信息系统安全的；

（三）擅自向第三方泄露被测评计算机信息系统运营、使用单位秘密和其他信息的；

（四）故意隐瞒测评过程中发现的安全问题，或者在测评过程中弄虚作假，未如实出具测评报告的；

（五）擅自占有、使用测评相关资料及数据文件的；

（六）分包或者转包测评项目的；

（七）从事计算机信息系统安全专用产品的开发、销售及信息系统安全集成业务，或者限定被测评单位购买、使用其指定的信息安全专用产品的；

（八）其他可能影响测评结果客观、公正的行为，或者未按照国家规定开展测评工作的。

第三十六条　违反本办法规定，构成违反治安管理行为的，依照《中华人民共和国治安管理处罚法》的规定处罚；给国家、其他组织或者他人财产造成损失的，应当依法承担民事责任；构成犯罪的，依法追究刑事责任。

第三十七条　公安机关和其他有关部门及其工作人员有下列行为之一的，对直接负责的主管人员和其他直接责任人员依法给予行政处分；构成犯罪的，依法追究刑事责任。

（一）利用职权索取、收受贿赂，或者玩忽职守、滥用职权的；

（二）泄露计算机信息系统运营、使用单位或者个人的有关信息、资料及数据文件的；

（三）其他不履行法定职责的。

第六章　附　　则

第三十八条　本办法所称的计算机信息系统，是指由计算机及其相关的和配套的设备、设施、网络构成的，按照一定的应用目标和规则对信息进行采集、加工、存储、传输、检索等处理的人机系统。

本办法所称的信息安全等级测评，是指对计算机信息系统的安全状况进行测试、评价、判断。

本办法所称的安全服务机构，是指从事计算机信息系统安全设计、建设、检测、维护、监理、咨询、培训等业务的单位。

本办法所称联网单位和用户包括通过计算机或者手机等通讯终端以有线、无线等方式接入互联网的单位和用户。

第三十九条 本办法自2012年2月1日起施行。

第二章

网络信息内容安全

一、行政法规

互联网信息服务管理办法

（2000 年 9 月 25 日国务院令第 292 号公布　根据 2011 年 1 月 8 日《国务院关于废止和修改部分行政法规的决定》修订）

第一条　为了规范互联网信息服务活动，促进互联网信息服务健康有序发展，制定本办法。

第二条　在中华人民共和国境内从事互联网信息服务活动，必须遵守本办法。

本办法所称互联网信息服务，是指通过互联网向上网用户提供信息的服务活动。

第三条　互联网信息服务分为经营性和非经营性两类。

经营性互联网信息服务，是指通过互联网向上网用户有偿提供信息或者网页制作等服务活动。

非经营性互联网信息服务，是指通过互联网向上网用户无偿提供具有公开性、共享性信息的服务活动。

第四条　国家对经营性互联网信息服务实行许可制度；对非经营性互联网信息服务实行备案制度。

未取得许可或者未履行备案手续的，不得从事互联网信息服务。

第五条　从事新闻、出版、教育、医疗保健、药品和医疗器械等互联网信息服务，依照法律、行政法规以及国家有关规定须经有关主管部门审核同意的，在申请经营许可或者履行备案手续前，应当依法经有关主管部门审核同意。

第六条　从事经营性互联网信息服务，除应当符合《中华人民共和国电信条例》规定的要求外，还应当具备下列条件：

（一）有业务发展计划及相关技术方案；

（二）有健全的网络与信息安全保障措施，包括网站安全保障措施、信息安全保密管理制度、用户信息安全管理制度；

（三）服务项目属于本办法第五条规定范围的，已取得有关主管部门同意的文件。

第七条 从事经营性互联网信息服务，应当向省、自治区、直辖市电信管理机构或者国务院信息产业主管部门申请办理互联网信息服务增值电信业务经营许可证（以下简称经营许可证）。

省、自治区、直辖市电信管理机构或者国务院信息产业主管部门应当自收到申请之日起60日内审查完毕，作出批准或者不予批准的决定。予以批准的，颁发经营许可证；不予批准的，应当书面通知申请人并说明理由。

申请人取得经营许可证后，应当持经营许可证向企业登记机关办理登记手续。

第八条 从事非经营性互联网信息服务，应当向省、自治区、直辖市电信管理机构或者国务院信息产业主管部门办理备案手续。办理备案时，应当提交下列材料：

（一）主办单位和网站负责人的基本情况；

（二）网站网址和服务项目；

（三）服务项目属于本办法第五条规定范围的，已取得有关主管部门的同意文件。

省、自治区、直辖市电信管理机构对备案材料齐全的，应当予以备案并编号。

第九条 从事互联网信息服务，拟开办电子公告服务的，应当在申请经营性互联网信息服务许可或者办理非经营性互联网信息服务备案时，按照国家有关规定提出专项申请或者专项备案。

第十条 省、自治区、直辖市电信管理机构和国务院信息产业主管部门应当公布取得经营许可证或者已履行备案手续的互联网信息服务提供者名单。

第十一条 互联网信息服务提供者应当按照经许可或者备案的项目提供服务，不得超出经许可或者备案的项目提供服务。

非经营性互联网信息服务提供者不得从事有偿服务。

互联网信息服务提供者变更服务项目、网站网址等事项的，应当提前30日向原审核、发证或者备案机关办理变更手续。

第十二条 互联网信息服务提供者应当在其网站主页的显著位置标明其经营许可证编号或者备案编号。

第十三条 互联网信息服务提供者应当向上网用户提供良好的服务，并保证所提供的信息内容合法。

第十四条 从事新闻、出版以及电子公告等服务项目的互联网信息服务提供者，应当记录提供的信息内容及其发布时间、互联网地址或者域名；互联网接入服务提供者应当记录上网用户的上网时间、用户账号、互联网地址或者域名、主叫电话号码等信息。

互联网信息服务提供者和互联网接入服务提供者的记录备份应当保存60日，并在国家有关机关依法查询时，予以提供。

第十五条 互联网信息服务提供者不得制作、复制、发布、传播含有下列内容的信息：

（一）反对宪法所确定的基本原则的；

（二）危害国家安全，泄露国家秘密，颠覆国家政权，破坏国家统一的；

（三）损害国家荣誉和利益的；

（四）煽动民族仇恨、民族歧视，破坏民族团结的；

（五）破坏国家宗教政策，宣扬邪教和封建迷信的；

（六）散布谣言，扰乱社会秩序，破坏社会稳定的；

（七）散布淫秽、色情、赌博、暴力、凶杀、恐怖或者教唆犯罪的；

（八）侮辱或者诽谤他人，侵害他人合法权益的；

（九）含有法律、行政法规禁止的其他内容的。

第十六条　互联网信息服务提供者发现其网站传输的信息明显属于本办法第十五条所列内容之一的，应当立即停止传输，保存有关记录，并向国家有关机关报告。

第十七条　经营性互联网信息服务提供者申请在境内境外上市或者同外商合资、合作，应当事先经国务院信息产业主管部门审查同意；其中，外商投资的比例应当符合有关法律、行政法规的规定。

第十八条　国务院信息产业主管部门和省、自治区、直辖市电信管理机构，依法对互联网信息服务实施监督管理。

新闻、出版、教育、卫生、药品监督管理、工商行政管理和公安、国家安全等有关主管部门，在各自职责范围内依法对互联网信息内容实施监督管理。

第十九条　违反本办法的规定，未取得经营许可证，擅自从事经营性互联网信息服务，或者超出许可的项目提供服务的，由省、自治区、直辖市电信管理机构责令限期改正，有违法所得的，没收违法所得，处违法所得3倍以上5倍以下的罚款；没有违法所得或者违法所得不足5万元的，处10万元以上100万元以下的罚款；情节严重的，责令关闭网站。

违反本办法的规定，未履行备案手续，擅自从事非经营性互联网信息服务，或者超出备案的项目提供服务的，由省、自治区、直辖市电信管理机构责令限期改正；拒不改正的，责令关闭网站。

第二十条　制作、复制、发布、传播本办法第十五条所列内容之一的信息，构成犯罪的，依法追究刑事责任；尚不构成犯罪的，由公安机关、国家安全机关依照《中华人民共和国治安管理处罚法》、《计算机信息网络国际联网安全保护管理办法》等有关法律、行政法规的规定予以处罚；对经营性互联网信息服务提供者，并由发证机关责令停业整顿直至吊销经营许可证，通知企业登记机关；对非经营性互联网信息服务提供者，并由备案机关责令暂时关闭网站直至关闭网站。

第二十一条　未履行本办法第十四条规定的义务的，由省、自治区、直辖市电信管理机构责令改正；情节严重的，责令停业整顿或者暂时关闭网站。

第二十二条　违反本办法的规定，未在其网站主页上标明其经营许可证编号或者备案编号的，由省、自治区、直辖市电信管理机构责令改正，处5000元以上5万元以下的罚款。

第二十三条　违反本办法第十六条规定的义务的，由省、自治区、直辖市电信管理机构责令改正；情节严重的，对经营性互联网信息服务提供者，并由发证机关吊销经营许可证，对非经营性互联网信息服务提供者，并由备案机关责令关闭网站。

第二十四条 互联网信息服务提供者在其业务活动中,违反其他法律、法规的,由新闻、出版、教育、卫生、药品监督管理和工商行政管理等有关主管部门依照有关法律、法规的规定处罚。

第二十五条 电信管理机构和其他有关主管部门及其工作人员,玩忽职守、滥用职权、徇私舞弊,疏于对互联网信息服务的监督管理,造成严重后果,构成犯罪的,依法追究刑事责任;尚不构成犯罪的,对直接负责的主管人员和其他直接责任人员依法给予降级、撤职直至开除的行政处分。

第二十六条 在本办法公布前从事互联网信息服务的,应当自本办法公布之日起60日内依照本办法的有关规定补办有关手续。

第二十七条 本办法自公布之日起施行。

二、部门规章

互联网药品信息服务管理办法

(2004年7月8日国家食品药品监督管理局令第9号公布 根据2017年11月7日国家食品药品监督管理总局局务会议《关于修改部分规章的决定》修正)

第一条 为加强药品监督管理,规范互联网药品信息服务活动,保证互联网药品信息的真实、准确,根据《中华人民共和国药品管理法》《互联网信息服务管理办法》,制定本办法。

第二条 在中华人民共和国境内提供互联网药品信息服务活动,适用本办法。

本办法所称互联网药品信息服务,是指通过互联网向上网用户提供药品(含医疗器械)信息的服务活动。

第三条 互联网药品信息服务分为经营性和非经营性两类。

经营性互联网药品信息服务是指通过互联网向上网用户有偿提供药品信息等服务的活动。

非经营性互联网药品信息服务是指通过互联网向上网用户无偿提供公开的、共享性药品信息等服务的活动。

第四条 国家食品药品监督管理总局对全国提供互联网药品信息服务活动的网站实施监督管理。

省、自治区、直辖市食品药品监督管理部门对本行政区域内提供互联网药品信息服务活动的网站实施监督管理。

第五条 拟提供互联网药品信息服务的网站,应当在向国务院信息产业主管部门或者省级电信管理机构申请办理经营许可证或者办理备案手续之前,按照属地监督管理的原则,向该网站主办单位所在地省、自治区、直辖市食品药品监督管理部门提出申请,经审核同意后取得提供互联网药品信息服务的资格。

第六条 各省、自治区、直辖市食品药品监督管理部门对本辖区内申请提供互联网药品信息服务的互联网站进行审核，符合条件的核发《互联网药品信息服务资格证书》。

第七条 《互联网药品信息服务资格证书》的格式由国家食品药品监督管理总局统一制定。

第八条 提供互联网药品信息服务的网站，应当在其网站主页显著位置标注《互联网药品信息服务资格证书》的证书编号。

第九条 提供互联网药品信息服务网站所登载的药品信息必须科学、准确，必须符合国家的法律、法规和国家有关药品、医疗器械管理的相关规定。

提供互联网药品信息服务的网站不得发布麻醉药品、精神药品、医疗用毒性药品、放射性药品、戒毒药品和医疗机构制剂的产品信息。

第十条 提供互联网药品信息服务的网站发布的药品（含医疗器械）广告，必须经过食品药品监督管理部门审查批准。

提供互联网药品信息服务的网站发布的药品（含医疗器械）广告要注明广告审查批准文号。

第十一条 申请提供互联网药品信息服务，除应当符合《互联网信息服务管理办法》规定的要求外，还应当具备下列条件：

（一）互联网药品信息服务的提供者应当为依法设立的企事业单位或者其他组织；

（二）具有与开展互联网药品信息服务活动相适应的专业人员、设施及相关制度；

（三）有两名以上熟悉药品、医疗器械管理法律、法规和药品、医疗器械专业知识，或者依法经资格认定的药学、医疗器械技术人员。

第十二条 提供互联网药品信息服务的申请应当以一个网站为基本单元。

第十三条 申请提供互联网药品信息服务，应当填写国家食品药品监督管理总局统一制发的《互联网药品信息服务申请表》，向网站主办单位所在地省、自治区、直辖市食品药品监督管理部门提出申请，同时提交以下材料：

（一）企业营业执照复印件。

（二）网站域名注册的相关证书或者证明文件。从事互联网药品信息服务网站的中文名称，除与主办单位名称相同的以外，不得以“中国”“中华”“全国”等冠名；除取得药品招标代理机构资格证书的单位开办的互联网站外，其他提供互联网药品信息服务的网站名称中不得出现“电子商务”“药品招商”“药品招标”等内容。

（三）网站栏目设置说明（申请经营性互联网药品信息服务的网站需提供收费栏目及收费方式的说明）。

（四）网站对历史发布信息进行备份和查阅的相关管理制度及执行情况说明。

（五）食品药品监督管理部门在线浏览网站上所有栏目、内容的方法及操作说明。

（六）药品及医疗器械相关专业技术人员学历证明或者其专业技术资格证书复印件、网站负责人身份证复印件及简历。

（七）健全的网络与信息安全保障措施，包括网站安全保障措施、信息安全保密管理制度、用户信息安全管理制度。

(八)保证药品信息来源合法、真实、安全的管理措施、情况说明及相关证明。

第十四条 省、自治区、直辖市食品药品监督管理部门在收到申请材料之日起5日内做出受理与否的决定,受理的,发给受理通知书;不受理的,书面通知申请人并说明理由,同时告知申请人享有依法申请行政复议或者提起行政诉讼的权利。

第十五条 对于申请材料不规范、不完整的,省、自治区、直辖市食品药品监督管理部门自申请之日起5日内一次告知申请人需要补正的全部内容;逾期不告知的,自收到材料之日起即为受理。

第十六条 省、自治区、直辖市食品药品监督管理部门自受理之日起20日内对申请提供互联网药品信息服务的材料进行审核,并作出同意或者不同意的决定。同意的,由省、自治区、直辖市食品药品监督管理部门核发《互联网药品信息服务资格证书》,同时报国家食品药品监督管理总局备案并发布公告;不同意的,应当书面通知申请人并说明理由,同时告知申请人享有依法申请行政复议或者提起行政诉讼的权利。

国家食品药品监督管理总局对各省、自治区、直辖市食品药品监督管理部门的审核工作进行监督。

第十七条 《互联网药品信息服务资格证书》有效期为5年。有效期届满,需要继续提供互联网药品信息服务的,持证单位应当在有效期届满前6个月内,向原发证机关申请换发《互联网药品信息服务资格证书》。原发证机关进行审核后,认为符合条件的,予以换发新证;认为不符合条件的,发给不予换发新证的通知并说明理由,原《互联网药品信息服务资格证书》由原发证机关收回并公告注销。

省、自治区、直辖市食品药品监督管理部门根据申请人的申请,应当在《互联网药品信息服务资格证书》有效期届满前作出是否准予其换证的决定。逾期未作出决定的,视为准予换证。

第十八条 《互联网药品信息服务资格证书》可以根据互联网药品信息服务提供者的书面申请,由原发证机关收回,原发证机关应当报国家食品药品监督管理总局备案并发布公告。被收回《互联网药品信息服务资格证书》的网站不得继续从事互联网药品信息服务。

第十九条 互联网药品信息服务提供者变更下列事项之一的,应当向原发证机关申请办理变更手续,填写《互联网药品信息服务项目变更申请表》,同时提供下列相关证明文件:

(一)《互联网药品信息服务资格证书》中审核批准的项目(互联网药品信息服务提供者单位名称、网站名称、IP地址等);

(二)互联网药品信息服务提供者的基本项目(地址、法定代表人、企业负责人等);

(三)网站提供互联网药品信息服务的基本情况(服务方式、服务项目等)。

第二十条 省、自治区、直辖市食品药品监督管理部门自受理变更申请之日起20个工作日内作出是否同意变更的审核决定。同意变更的,将变更结果予以公告并报国家食品药品监督管理总局备案；不同意变更的，以书面形式通知申请人并说明理由。

第二十一条　省、自治区、直辖市食品药品监督管理部门对申请人的申请进行审查时，应当公示审批过程和审批结果。申请人和利害关系人可以对直接关系其重大利益的事项提交书面意见进行陈述和申辩。依法应当听证的，按照法定程序举行听证。

第二十二条　未取得或者超出有效期使用《互联网药品信息服务资格证书》从事互联网药品信息服务的，由国家食品药品监督管理总局或者省、自治区、直辖市食品药品监督管理部门给予警告，并责令其停止从事互联网药品信息服务；情节严重的，移送相关部门，依照有关法律、法规给予处罚。

第二十三条　提供互联网药品信息服务的网站不在其网站主页的显著位置标注《互联网药品信息服务资格证书》的证书编号的，国家食品药品监督管理总局或者省、自治区、直辖市食品药品监督管理部门给予警告，责令限期改正；在限定期限内拒不改正的，对提供非经营性互联网药品信息服务的网站处以500元以下罚款，对提供经营性互联网药品信息服务的网站处以5000元以上1万元以下罚款。

第二十四条　互联网药品信息服务提供者违反本办法，有下列情形之一的，由国家食品药品监督管理总局或者省、自治区、直辖市食品药品监督管理部门给予警告，责令限期改正；情节严重的，对提供非经营性互联网药品信息服务的网站处以1000元以下罚款，对提供经营性互联网药品信息服务的网站处以1万元以上3万元以下罚款；构成犯罪的，移送司法部门追究刑事责任：

（一）已经获得《互联网药品信息服务资格证书》，但提供的药品信息直接撮合药品网上交易的；

（二）已经获得《互联网药品信息服务资格证书》，但超出审核同意的范围提供互联网药品信息服务的；

（三）提供不真实互联网药品信息服务并造成不良社会影响的；

（四）擅自变更互联网药品信息服务项目的。

第二十五条　互联网药品信息服务提供者在其业务活动中，违法使用《互联网药品信息服务资格证书》的，由国家食品药品监督管理总局或者省、自治区、直辖市食品药品监督管理部门依照有关法律、法规的规定处罚。

第二十六条　省、自治区、直辖市食品药品监督管理部门违法对互联网药品信息服务申请作出审核批准的，原发证机关应当撤销原批准的《互联网药品信息服务资格证书》，由此给申请人的合法权益造成损害的，由原发证机关依照国家赔偿法的规定给予赔偿；对直接负责的主管人员和其他直接责任人员，由其所在单位或者上级机关依法给予行政处分。

第二十七条　省、自治区、直辖市食品药品监督管理部门应当对提供互联网药品信息服务的网站进行监督检查，并将检查情况向社会公告。

第二十八条　本办法由国家食品药品监督管理总局负责解释。

第二十九条 本办法自公布之日起施行。《互联网药品信息服务管理暂行规定》(国家药品监督管理局令第26号)同时废止。

非经营性互联网信息服务备案管理办法

(2005年1月28日信息产业部第12次部务会议审议通过)

第一条 为规范非经营性互联网信息服务备案及备案管理,促进互联网信息服务业的健康发展,根据《互联网信息服务管理办法》、《中华人民共和国电信条例》及其他相关法律、行政法规的规定,制定本办法。

第二条 在中华人民共和国境内提供非经营性互联网信息服务,履行备案手续,实施备案管理,适用本办法。

第三条 中华人民共和国信息产业部(以下简称"信息产业部")对全国非经营性互联网信息服务备案管理工作进行监督指导,省、自治区、直辖市通信管理局(以下简称"省通信管理局")具体实施非经营性互联网信息服务的备案管理工作。

拟从事非经营性互联网信息服务的,应当向其住所所在地省通信管理局履行备案手续。

第四条 省通信管理局在备案管理中应当遵循公开、公平、公正的原则,提供便民、优质、高效的服务。

非经营性互联网信息服务提供者从事非经营性互联网信息服务时,应当遵守国家的有关规定,接受有关部门依法实施的监督管理。

第五条 在中华人民共和国境内提供非经营性互联网信息服务,应当依法履行备案手续。

未经备案,不得在中华人民共和国境内从事非经营性互联网信息服务。

本办法所称在中华人民共和国境内提供非经营性互联网信息服务,是指在中华人民共和国境内的组织或个人利用通过互联网域名访问的网站或者利用仅能通过互联网IP地址访问的网站,提供非经营性互联网信息服务。

第六条 省通信管理局通过信息产业部备案管理系统,采用网上备案方式进行备案管理。

第七条 拟从事非经营性互联网信息服务的,应当通过信息产业部备案管理系统如实填报《非经营性互联网信息服务备案登记表》(以下简称"《备案登记表》",格式见本办法附录),履行备案手续。

信息产业部根据实际情况,对《备案登记表》进行调整和公布。

第八条 拟通过接入经营性互联网络从事非经营性互联网信息服务的,可以委托因特网接入服务业务经营者、因特网数据中心业务经营者和以其他方式为其网站提供接入服务的电信业务经营者代为履行备案、备案变更、备案注销等手续。

第九条 拟通过接入中国教育和科研计算机网、中国科学技术网、中国国际经济贸易互联网、中国长城互联网等公益性互联网络从事非经营性互联网信息服务的,可以由为其网站提供互联网接入服务的公益性互联网络单位代为履行备案、备案变更、备案注销等手续。

第十条　因特网接入服务业务经营者、因特网数据中心业务经营者以及以其他方式为网站提供接入服务的电信业务经营者和公益性互联网络单位(以下统称“互联网接入服务提供者”)不得在已知或应知拟从事非经营性互联网信息服务的组织或者个人的备案信息不真实的情况下,为其代为履行备案、备案变更、备案注销等手续。

第十一条　拟从事新闻、出版、教育、医疗保健、药品和医疗器械、文化、广播电影电视节目等互联网信息服务,根据法律、行政法规以及国家有关规定应经有关主管部门审核同意的,在履行备案手续时,还应向其住所所在地省通信管理局提交相关主管部门审核同意的文件。

拟从事电子公告服务的,在履行备案手续时,还应当向其住所所在地省通信管理局提交电子公告服务专项备案材料。

第十二条　省通信管理局在收到备案人提交的备案材料后,材料齐全的,应在二十个工作日内予以备案,向其发放备案电子验证标识和备案编号,并通过信息产业部备案管理系统向社会公布有关备案信息;材料不齐全的,不予备案,在二十个工作日内通知备案人并说明理由。

第十三条　非经营性互联网信息服务提供者应当在其网站开通时在主页底部的中央位置标明其备案编号,并在备案编号下方按要求链接信息产业部备案管理系统网址,供公众查询核对。

非经营性互联网信息服务提供者应当在其网站开通时,按照信息产业部备案管理系统的要求,将备案电子验证标识放置在其网站的指定目录下。

第十四条　非经营性互联网信息服务提供者在备案有效期内需要变更其《备案登记表》中填报的信息的,应当提前三十日登陆信息产业部备案系统向原备案机关履行备案变更手续。

第十五条　非经营性互联网信息服务提供者在备案有效期内需要终止提供服务的,应当在服务终止之日登陆信息产业部备案系统向原备案机关履行备案注销手续。

第十六条　非经营性互联网信息服务提供者应当保证所提供的信息内容合法。

本办法所称非经营性互联网信息服务提供者提供的信息内容,是指互联网信息服务提供者的网站的互联网域名或 IP 地址下所包括的信息内容。

第十七条　省通信管理局应当建立信誉管理、社会监督、情况调查等管理机制,对非经营性互联网信息服务活动实施监督管理。

第十八条　互联网接入服务提供者不得为未经备案的组织或者个人从事非经营性互联网信息服务提供互联网接入服务。

对被省通信管理局处以暂时关闭网站或关闭网站处罚的非经营性互联网信息服务提供者或者非法从事非经营性互联网信息服务的组织或者个人,互联网接入服务提供者应立即暂停或终止向其提供互联网接入服务。

第十九条 互联网接入服务提供者应当记录其接入的非经营性互联网信息服务提供者的备案信息。

互联网接入服务提供者应当依照国家有关规定做好用户信息动态管理、记录留存、有害信息报告等网络信息安全管理工作,根据信息产业部和省通信管理局的要求对所接入用户进行监督。

第二十条 省通信管理局依法对非经营性互联网信息服务备案实行年度审核。

省通信管理局通过信息产业部备案管理系统,采用网上方式进行年度审核。

第二十一条 非经营性互联网信息服务提供者应当在每年规定时间登陆信息产业部备案管理系统,履行年度审核手续。

第二十二条 违反本办法第五条的规定,未履行备案手续提供非经营性互联网信息服务的,由住所所在地省通信管理局责令限期改正,并处一万元罚款;拒不改正的,关闭网站。

超出备案的项目提供服务的,由住所所在地省通信管理局责令限期改正,并处五千元以上一万元以下罚款;拒不改正的,关闭网站并注销备案。

第二十三条 违反本办法第七条第一款的规定,填报虚假备案信息的,由住所所在地省通信管理局关闭网站并注销备案。

第二十四条 违反本办法第十条、第十八条、第十九条的规定的,由违法行为发生地省通信管理局责令改正,并处一万元罚款。

第二十五条 违反本办法第十三条的规定,未在其备案编号下方链接信息产业部备案管理系统网址的,或未将备案电子验证标识放置在其网站指定目录下的,由住所所在地省通信管理局责令改正,并处五千元以上一万元以下罚款。

第二十六条 违反本办法第十四条、第十五条的规定,未在规定时间履行备案变更手续,或未依法履行备案注销手续的,由住所所在地省通信管理局责令限期改正,并处一万元罚款。

第二十七条 非经营性信息服务提供者违反国家有关法律规定,依法应暂停或终止服务的,省通信管理局可根据法律、行政法规授权的同级机关的书面认定意见,暂时关闭网站,或关闭网站并注销备案。

第二十八条 在年度审核时,非经营性互联网信息服务提供者有下列情况之一的,由其住所所在地的省通信管理局通过信息产业部备案系统等媒体通告责令其限期改正;拒不改正的,关闭网站并注销备案:

(一)未在规定时间登陆备案网站提交年度审核信息的;

(二)新闻、教育、公安、安全、文化、广播电影电视、出版、保密等国家部门依法对各自主管的专项内容提出年度审核否决意见的。

第二十九条 本办法自2005年3月20日起施行。

附录:非经营性互联网信息服务备案登记表(略)

互联网视听节目服务管理规定

（2007 年 12 月 20 日国家广播电影电视总局、信息产业部发布　根据 2015 年 8 月 28 日国家新闻出版广电总局公布的《关于修订部分规章和规范性文件的决定》修订）

第一条　为维护国家利益和公共利益，保护公众和互联网视听节目服务单位的合法权益，规范互联网视听节目服务秩序，促进健康有序发展，根据国家有关规定，制定本规定。

第二条　在中华人民共和国境内向公众提供互联网（含移动互联网，以下简称互联网）视听节目服务活动，适用本规定。

本规定所称互联网视听节目服务，是指制作、编辑、集成并通过互联网向公众提供视音频节目，以及为他人提供上载传播视听节目服务的活动。

第三条　国务院广播电影电视主管部门作为互联网视听节目服务的行业主管部门，负责对互联网视听节目服务实施监督管理，统筹互联网视听节目服务的产业发展、行业管理、内容建设和安全监管。国务院信息产业主管部门作为互联网行业主管部门，依据电信行业管理职责对互联网视听节目服务实施相应的监督管理。

地方人民政府广播电影电视主管部门和地方电信管理机构依据各自职责对本行政区域内的互联网视听节目服务单位及接入服务实施相应的监督管理。

第四条　互联网视听节目服务单位及其相关网络运营单位，是重要的网络文化建设力量，承担建设中国特色网络文化和维护网络文化信息安全的责任，应自觉遵守宪法、法律和行政法规，接受互联网视听节目服务行业主管部门和互联网行业主管部门的管理。

第五条　互联网视听节目服务单位组成的全国性社会团体，负责制定行业自律规范，倡导文明上网、文明办网，营造文明健康的网络环境，传播健康有益视听节目，抵制腐朽落后思想文化传播，并在国务院广播电影电视主管部门指导下开展活动。

第六条　发展互联网视听节目服务要有益于传播社会主义先进文化，推动社会全面进步和人的全面发展、促进社会和谐。从事互联网视听节目服务，应当坚持为人民服务、为社会主义服务，坚持正确导向，把社会效益放在首位，建设社会主义核心价值体系，遵守社会主义道德规范，大力弘扬体现时代发展和社会进步的思想文化，大力弘扬民族优秀文化传统，提供更多更好的互联网视听节目服务，满足人民群众日益增长的需求，不断丰富人民群众的精神文化生活，充分发挥文化滋润心灵、陶冶情操、愉悦身心的作用，为青少年成长创造良好的网上空间，形成共建共享的精神家园。

第七条　从事互联网视听节目服务，应当依照本规定取得广播电影电视主管部门颁发的《信息网络传播视听节目许可证》（以下简称《许可证》）或履行备案手续。

未按照本规定取得广播电影电视主管部门颁发的《许可证》或履行备案手续，任何单位和个人不得从事互联网视听节目服务。

互联网视听节目服务业务指导目录由国务院广播电影电视主管部门商国务院信息产业主管部门制定。

第八条 申请从事互联网视听节目服务的,应当同时具备以下条件:

(一)具备法人资格,为国有独资或国有控股单位,且在申请之日前三年内无违法违规记录;

(二)有健全的节目安全传播管理制度和安全保护技术措施;

(三)有与其业务相适应并符合国家规定的视听节目资源;

(四)有与其业务相适应的技术能力、网络资源;

(五)有与其业务相适应的专业人员,且主要出资者和经营者在申请之日前三年内无违法违规记录;

(六)技术方案符合国家标准、行业标准和技术规范;

(七)符合国务院广播电影电视主管部门确定的互联网视听节目服务总体规划、布局和业务指导目录;

(八)符合法律、行政法规和国家有关规定的条件。

第九条 从事广播电台、电视台形态服务和时政类视听新闻服务的,除符合本规定第八条规定外,还应当持有广播电视播出机构许可证或互联网新闻信息服务许可证。其中,以自办频道方式播放视听节目的,由地(市)级以上广播电台、电视台、中央新闻单位提出申请。

从事主持、访谈、报道类视听服务的,除符合本规定第八条规定外,还应当持有广播电视节目制作经营许可证和互联网新闻信息服务许可证;从事自办网络剧(片)类服务的,还应当持有广播电视节目制作经营许可证。

未经批准,任何组织和个人不得在互联网上使用广播电视专有名称开展业务。

第十条 申请《许可证》,应当通过省、自治区、直辖市人民政府广播电影电视主管部门向国务院广播电影电视主管部门提出申请,中央直属单位可以直接向国务院广播电影电视主管部门提出申请。

省、自治区、直辖市人民政府广播电影电视主管部门应当提供便捷的服务,自收到申请之日起20日内提出初审意见,报国务院广播电影电视主管部门审批;国务院广播电影电视主管部门应当自收到申请或者初审意见之日起40日内作出许可或者不予许可的决定,其中专家评审时间为20日。予以许可的,向申请人颁发《许可证》,并向社会公告;不予许可的,应当书面通知申请人并说明理由。《许可证》应当载明互联网视听节目服务的播出标识、名称、服务类别等事项。

《许可证》有效期为3年。有效期届满,需继续从事互联网视听节目服务的,应于有效期届满前30日内,持符合本办法第八条规定条件的相关材料,向原发证机关申请办理续办手续。

地(市)级以上广播电台、电视台从事互联网视听节目转播类服务的,到省级以上广播电影电视主管部门履行备案手续。中央新闻单位从事互联网视听节目转播类服务的,到国务院广播电影电视主管部门履行备案手续。备案单位应在节目开播30日前,提交网址、网站名、拟转播的广播电视频道、栏目名称等有关备案材料,广播电影电视主管部门应将备案情况向社会公告。

第十一条 取得《许可证》的单位,应当依据《互联网信息服务管理办法》,向省(自治区、直辖市)电信管理机构或国务院信息产业主管部门(以下简称电信主管部门)申请办理电信业务经营许可或者履行相关备案手续,并依法到工商行政管理部门办理注册登记或变更登记手续。电信主管部门应根据广播电影电视主管部门许可,严格互联网视听节目服务单位的域名和IP地址管理。

第十二条　互联网视听节目服务单位变更股东、股权结构,有重大资产变动或有上市等重大融资行为的,以及业务项目超出《许可证》载明范围的,应按本规定办理审批手续。互联网视听节目服务单位的办公场所、法定代表人以及互联网信息服务单位的网址、网站名依法变更的,应当在变更后15日内向省级以上广播电影电视主管部门和电信主管部门备案,变更事项涉及工商登记的,应当依法到工商行政管理部门办理变更登记手续。

第十三条　互联网视听节目服务单位应当在取得《许可证》90日内提供互联网视听节目服务。未按期提供服务的,其《许可证》由原发证机关予以注销。如因特殊原因,应经发证机关同意。申请终止服务的,应提前60日向原发证机关申报,其《许可证》由原发证机关予以注销。连续停止业务超过60日的,由原发证机关按终止业务处理,其《许可证》由原发证机关予以注销。

第十四条　互联网视听节目服务单位应当按照《许可证》载明或备案的事项开展互联网视听节目服务,并在播出界面显著位置标注国务院广播电影电视主管部门批准的播出标识、名称、《许可证》或备案编号。

任何单位不得向未持有《许可证》或备案的单位提供与互联网视听节目服务有关的代收费及信号传输、服务器托管等金融和技术服务。

第十五条　鼓励国有战略投资者投资互联网视听节目服务企业;鼓励互联网视听节目服务单位积极开发适应新一代互联网和移动通信特点的新业务,为移动多媒体、多媒体网站生产积极健康的视听节目,努力提高互联网视听节目的供给能力;鼓励影视生产基地、电视节目制作单位多生产适合在网上传播的影视剧(片)、娱乐节目,积极发展民族网络影视产业;鼓励互联网视听节目服务单位传播公益性视听节目。

互联网视听节目服务单位应当遵守著作权法律、行政法规的规定,采取版权保护措施,保护著作权人的合法权益。

第十六条　互联网视听节目服务单位提供的、网络运营单位接入的视听节目应当符合法律、行政法规、部门规章的规定。已播出的视听节目应至少完整保留60日。视听节目不得含有以下内容:

(一)反对宪法确定的基本原则的;

(二)危害国家统一、主权和领土完整的;

(三)泄露国家秘密、危害国家安全或者损害国家荣誉和利益的;

(四)煽动民族仇恨、民族歧视,破坏民族团结,或者侵害民族风俗、习惯的;

(五)宣扬邪教、迷信的;

(六)扰乱社会秩序,破坏社会稳定的;

(七)诱导未成年人违法犯罪和渲染暴力、色情、赌博、恐怖活动的;

(八)侮辱或者诽谤他人,侵害公民个人隐私等他人合法权益的;

（九）危害社会公德，损害民族优秀文化传统的；

（十）有关法律、行政法规和国家规定禁止的其他内容。

第十七条 用于互联网视听节目服务的电影电视剧类节目和其它节目，应当符合国家有关广播电影电视节目的管理规定。互联网视听节目服务单位播出时政类视听新闻节目，应当是地（市）级以上广播电台、电视台制作、播出的节目和中央新闻单位网站登载的时政类视听新闻节目。

未持有《许可证》的单位不得为个人提供上载传播视听节目服务。互联网视听节目服务单位不得允许个人上载时政类视听新闻节目，在提供播客、视频分享等上载传播视听节目服务时，应当提示上载者不得上载违反本规定的视听节目。任何单位和个人不得转播、链接、聚合、集成非法的广播电视频道、视听节目网站的节目。

第十八条 广播电影电视主管部门发现互联网视听节目服务单位传播违反本规定的视听节目，应当采取必要措施予以制止。互联网视听节目服务单位对含有违反本规定内容的视听节目，应当立即删除，并保存有关记录，履行报告义务，落实有关主管部门的管理要求。

互联网视听节目服务单位主要出资者和经营者应对播出和上载的视听节目内容负责。

第十九条 互联网视听节目服务单位应当选择依法取得互联网接入服务电信业务经营许可证或广播电视节目传送业务经营许可证的网络运营单位提供服务；应当依法维护用户权利，履行对用户的承诺，对用户信息保密，不得进行虚假宣传或误导用户、做出对用户不公平不合理的规定、损害用户的合法权益；提供有偿服务时，应当以显著方式公布所提供服务的视听节目种类、范围、资费标准和时限，并告知用户中止或者取消互联网视听节目服务的条件和方式。

第二十条 网络运营单位提供互联网视听节目信号传输服务时，应当保障视听节目服务单位的合法权益，保证传输安全，不得擅自插播、截留视听节目信号；在提供服务前应当查验视听节目服务单位的《许可证》或备案证明材料，按照《许可证》载明事项或备案范围提供接入服务。

第二十一条 广播电影电视和电信主管部门应建立公众监督举报制度。公众有权举报视听节目服务单位的违法违规行为，有关主管部门应当及时处理，不得推诿。广播电影电视、电信等监督管理部门发现违反本规定的行为，不属于本部门职责的，应当移交有权处理的部门处理。

电信主管部门应当依照国家有关规定向广播电影电视主管部门提供必要的技术系统接口和网站数据查询资料。

第二十二条 广播电影电视主管部门依法对互联网视听节目服务单位进行实地检查，有关单位和个人应当予以配合。广播电影电视主管部门工作人员依法进行实地检查时应当主动出示有关证件。

第二十三条 违反本规定有下列行为之一的，由县级以上广播电影电视主管部门予以警告、责令改正，可并处3万元以下罚款；同时，可对其主要出资者和经营

者予以警告,可并处 2 万元以下罚款:

(一)擅自在互联网上使用广播电视专有名称开展业务的;

(二)变更股东、股权结构,或上市融资,或重大资产变动时,未办理审批手续的;

(三)未建立健全节目运营规范,未采取版权保护措施,或对传播有害内容未履行提示、删除、报告义务的;

(四)未在播出界面显著位置标注播出标识、名称、《许可证》和备案编号的;

(五)未履行保留节目记录、向主管部门如实提供查询义务的;

(六)向未持有《许可证》或备案的单位提供代收费及信号传输、服务器托管等与互联网视听节目服务有关的服务的;

(七)未履行查验义务,或向互联网视听节目服务单位提供其《许可证》或备案载明事项范围以外的接入服务的;

(八)进行虚假宣传或者误导用户的;

(九)未经用户同意,擅自泄露用户信息秘密的;

(十)互联网视听服务单位在同一年度内三次出现违规行为的;

(十一)拒绝、阻挠、拖延广播电影电视主管部门依法进行监督检查或者在监督检查过程中弄虚作假的;

(十二)以虚假证明、文件等手段骗取《许可证》的。

有本条第十二项行为的,发证机关应撤销其许可证。

第二十四条　擅自从事互联网视听节目服务的,由县级以上广播电影电视主管部门予以警告、责令改正,可并处 3 万元以下罚款;情节严重的,根据《广播电视管理条例》第四十七条的规定予以处罚。

传播的视听节目内容违反本规定的,由县级以上广播电影电视主管部门予以警告、责令改正,可并处 3 万元以下罚款;情节严重的,根据《广播电视管理条例》第四十九条的规定予以处罚。

未按照许可证载明或备案的事项从事互联网视听节目服务的或违规播出时政类视听新闻节目的,由县级以上广播电影电视主管部门予以警告、责令改正,可并处 3 万元以下罚款;情节严重的,根据《广播电视管理条例》第五十条之规定予以处罚。

转播、链接、聚合、集成非法的广播电视频道和视听节目网站内容的,擅自插播、截留视听节目信号的,由县级以上广播电影电视主管部门予以警告、责令改正,可并处 3 万元以下罚款;情节严重的,根据《广播电视管理条例》第五十一条之规定予以处罚。

第二十五条　对违反本规定的互联网视听节目服务单位,电信主管部门应根据广播电影电视主管部门的书面意见,按照电信管理和互联网管理的法律、行政法规的规定,关闭其网站,吊销其相应许可证或撤销备案,责令为其提供信号接入服务的网络运营单位停止接入;拒不执行停止接入服务决定,违反《电信条例》第五十七条规定的,由电信主管部门依据《电信条例》第七十八条的规定吊销其许可证。

违反治安管理规定的,由公安机关依法予以处罚;构成犯罪的,由司法机关依法追究刑事责任。

第二十六条 广播电影电视、电信等主管部门不履行规定的职责，或滥用职权的，要依法给予有关责任人处分，构成犯罪的，由司法机关依法追究刑事责任。

第二十七条 互联网视听节目服务单位出现重大违法违规行为的，除按有关规定予以处罚外，其主要出资者和经营者自互联网视听节目服务单位受到处罚之日起5年内不得投资和从事互联网视听节目服务。

第二十八条 通过互联网提供视音频即时通讯服务，由国务院信息产业主管部门按照国家有关规定进行监督管理。

利用局域网络及利用互联网架设虚拟专网向公众提供网络视听节目服务，须向行业主管部门提出申请，由国务院信息产业主管部门前置审批，国务院广播电影电视主管部门审核批准，按照国家有关规定进行监督管理。

第二十九条 本规定自2008年1月31日起施行。此前发布的规定与本规定不一致之处，依本规定执行。

互联网文化管理暂行规定

(2011年2月11日文化部部务会议审议通过 根据2017年12月15日发布的《文化部关于废止和修改部分部门规章的决定》修订)

第一条 为了加强对互联网文化的管理，保障互联网文化单位的合法权益，促进我国互联网文化健康、有序地发展，根据《中华人民共和国网络安全法》、《全国人民代表大会常务委员会关于维护互联网安全的决定》和《互联网信息服务管理办法》等国家法律法规有关规定，制定本规定。

第二条 本规定所称互联网文化产品是指通过互联网生产、传播和流通的文化产品，主要包括：

(一)专门为互联网而生产的网络音乐娱乐、网络游戏、网络演出剧(节)目、网络表演、网络艺术品、网络动漫等互联网文化产品；

(二)将音乐娱乐、游戏、演出剧(节)目、表演、艺术品、动漫等文化产品以一定的技术手段制作、复制到互联网上传播的互联网文化产品。

第三条 本规定所称互联网文化活动是指提供互联网文化产品及其服务的活动，主要包括：

(一)互联网文化产品的制作、复制、进口、发行、播放等活动；

(二)将文化产品登载在互联网上，或者通过互联网、移动通信网等信息网络发送到计算机、固定电话机、移动电话机、电视机、游戏机等用户端以及网吧等互联网上网服务营业场所，供用户浏览、欣赏、使用或者下载的在线传播行为；

(三)互联网文化产品的展览、比赛等活动。

互联网文化活动分为经营性和非经营性两类。经营性互联网文化活动是指以营利为目的，通过向上网用户收费或者以电子商务、广告、赞助等方式获取利益，提供互联网文化产品及其服务的活动。非经营性互联网文化活动是指不以营利为目的向上网用户提供互联网文化产品及其服务的活动。

第四条　本规定所称互联网文化单位，是指经文化行政部门和电信管理机构批准或者备案，从事互联网文化活动的互联网信息服务提供者。

在中华人民共和国境内从事互联网文化活动，适用本规定。

第五条　从事互联网文化活动应当遵守宪法和有关法律、法规，坚持为人民服务、为社会主义服务的方向，弘扬民族优秀文化，传播有益于提高公众文化素质、推动经济发展、促进社会进步的思想道德、科学技术和文化知识，丰富人民的精神生活。

第六条　文化部负责制定互联网文化发展与管理的方针、政策和规划，监督管理全国互联网文化活动。

省、自治区、直辖市人民政府文化行政部门对申请从事经营性互联网文化活动的单位进行审批，对从事非经营性互联网文化活动的单位进行备案。

县级以上人民政府文化行政部门负责本行政区域内互联网文化活动的监督管理工作。县级以上人民政府文化行政部门或者文化市场综合执法机构对从事互联网文化活动违反国家有关法规的行为实施处罚。

第七条　申请从事经营性互联网文化活动，应当符合《互联网信息服务管理办法》的有关规定，并具备以下条件：

（一）有单位的名称、住所、组织机构和章程；

（二）有确定的互联网文化活动范围；

（三）有适应互联网文化活动需要的专业人员、设备、工作场所以及相应的经营管理技术措施；

（四）有确定的域名；

（五）符合法律、行政法规和国家有关规定的条件。

第八条　申请从事经营性互联网文化活动，应当向所在地省、自治区、直辖市人民政府文化行政部门提出申请，由省、自治区、直辖市人民政府文化行政部门审核批准。

第九条　申请从事经营性互联网文化活动，应当提交下列文件：

（一）申请表；

（二）营业执照和章程；

（三）法定代表人或者主要负责人的身份证明文件；

（四）业务范围说明；

（五）专业人员、工作场所以及相应经营管理技术措施的说明材料；

（六）域名登记证明；

（七）依法需要提交的其他文件。

对申请从事经营性互联网文化活动的，省、自治区、直辖市人民政府文化行政部门应当自受理申请之日起20日内做出批准或者不批准的决定。批准的，核发《网络文化经营许可证》，并向社会公告；不批准的，应当书面通知申请人并说明理由。

《网络文化经营许可证》有效期为3年。有效期届满，需继续从事经营的，应当于有效期届满30日前申请续办。

第十条 非经营性互联网文化单位，应当自设立之日起60日内向所在地省、自治区、直辖市人民政府文化行政部门备案，并提交下列文件：

（一）备案表；

（二）章程；

（三）法定代表人或者主要负责人的身份证明文件；

（四）域名登记证明；

（五）依法需要提交的其他文件。

第十一条 申请从事经营性互联网文化活动经批准后，应当持《网络文化经营许可证》，按照《互联网信息服务管理办法》的有关规定，到所在地电信管理机构或者国务院信息产业主管部门办理相关手续。

第十二条 互联网文化单位应当在其网站主页的显著位置标明文化行政部门颁发的《网络文化经营许可证》编号或者备案编号，标明国务院信息产业主管部门或者省、自治区、直辖市电信管理机构颁发的经营许可证编号或者备案编号。

第十三条 经营性互联网文化单位变更单位名称、域名、法定代表人或者主要负责人、注册地址、经营地址、股权结构以及许可经营范围的，应当自变更之日起20日内到所在地省、自治区、直辖市人民政府文化行政部门办理变更或者备案手续。

非经营性互联网文化单位变更名称、地址、域名、法定代表人或者主要负责人、业务范围的，应当自变更之日起60日内到所在地省、自治区、直辖市人民政府文化行政部门办理备案手续。

第十四条 经营性互联网文化单位终止互联网文化活动的，应当自终止之日起30日内到所在地省、自治区、直辖市人民政府文化行政部门办理注销手续。

经营性互联网文化单位自取得《网络文化经营许可证》并依法办理企业登记之日起满180日未开展互联网文化活动的，由原审核的省、自治区、直辖市人民政府文化行政部门注销《网络文化经营许可证》，同时通知相关省、自治区、直辖市电信管理机构。

非经营性互联网文化单位停止互联网文化活动的，由原备案的省、自治区、直辖市人民政府文化行政部门注销备案，同时通知相关省、自治区、直辖市电信管理机构。

第十五条 经营进口互联网文化产品的活动应当由取得文化行政部门核发的《网络文化经营许可证》的经营性互联网文化单位实施，进口互联网文化产品应当报文化部进行内容审查。

文化部应当自受理内容审查申请之日起20日内（不包括专家评审所需时间）做出批准或者不批准的决定。批准的，发给批准文件；不批准的，应当说明理由。

经批准的进口互联网文化产品应当在其显著位置标明文化部的批准文号，不得擅自变更产品名称或者增删产品内容。自批准之日起一年内未在国内经营的，进口单位应当报文化部备案并说明原因；决定终止进口的，文化部撤销其批准文号。

经营性互联网文化单位经营的国产互联网文化产品应当自正式经营起30日内报省级以上文化行政部门备案，并在其显著位置标明文化部备案编号，具体办法另行规定。

第十六条　互联网文化单位不得提供载有以下内容的文化产品：

（一）反对宪法确定的基本原则的；

（二）危害国家统一、主权和领土完整的；

（三）泄露国家秘密、危害国家安全或者损害国家荣誉和利益的；

（四）煽动民族仇恨、民族歧视，破坏民族团结，或者侵害民族风俗、习惯的；

（五）宣扬邪教、迷信的；

（六）散布谣言，扰乱社会秩序，破坏社会稳定的；

（七）宣扬淫秽、赌博、暴力或者教唆犯罪的；

（八）侮辱或者诽谤他人，侵害他人合法权益的；

（九）危害社会公德或者民族优秀文化传统的；

（十）有法律、行政法规和国家规定禁止的其他内容的。

第十七条　互联网文化单位提供的文化产品，使公民、法人或者其他组织的合法利益受到侵害的，互联网文化单位应当依法承担民事责任。

第十八条　互联网文化单位应当建立自审制度，明确专门部门，配备专业人员负责互联网文化产品内容和活动的自查与管理，保障互联网文化产品内容和活动的合法性。

第十九条　互联网文化单位发现所提供的互联网文化产品含有本规定第十六条所列内容之一的，应当立即停止提供，保存有关记录，向所在地省、自治区、直辖市人民政府文化行政部门报告并抄报文化部。

第二十条　互联网文化单位应当记录备份所提供的文化产品内容及其时间、互联网地址或者域名；记录备份应当保存60日，并在国家有关部门依法查询时予以提供。

第二十一条　未经批准，擅自从事经营性互联网文化活动的，由县级以上人民政府文化行政部门或者文化市场综合执法机构责令停止经营性互联网文化活动，予以警告，并处30000元以下罚款；拒不停止经营活动的，依法列入文化市场黑名单，予以信用惩戒。

第二十二条　非经营性互联网文化单位违反本规定第十条，逾期未办理备案手续的，由县级以上人民政府文化行政部门或者文化市场综合执法机构责令限期改正；拒不改正的，责令停止互联网文化活动，并处1000元以下罚款。

第二十三条　经营性互联网文化单位违反本规定第十二条的，由县级以上人民政府文化行政部门或者文化市场综合执法机构责令限期改正，并可根据情节轻重处10000元以下罚款。

非经营性互联网文化单位违反本规定第十二条的，由县级以上人民政府文化行政部门或者文化市场综合执法机构责令限期改正；拒不改正的，责令停止互联网文化活动，并处500元以下罚款。

第二十四条 经营性互联网文化单位违反本规定第十三条的，由县级以上人民政府文化行政部门或者文化市场综合执法机构责令改正，没收违法所得，并处10000元以上30000元以下罚款；情节严重的，责令停业整顿直至吊销《网络文化经营许可证》；构成犯罪的，依法追究刑事责任。

非经营性互联网文化单位违反本规定第十三条的，由县级以上人民政府文化行政部门或者文化市场综合执法机构责令限期改正；拒不改正的，责令停止互联网文化活动，并处1000元以下罚款。

第二十五条 经营性互联网文化单位违反本规定第十五条，经营进口互联网文化产品未在其显著位置标明文化部批准文号、经营国产互联网文化产品未在其显著位置标明文化部备案编号的，由县级以上人民政府文化行政部门或者文化市场综合执法机构责令改正，并可根据情节轻重处10000元以下罚款。

第二十六条 经营性互联网文化单位违反本规定第十五条，擅自变更进口互联网文化产品的名称或者增删内容的，由县级以上人民政府文化行政部门或者文化市场综合执法机构责令停止提供，没收违法所得，并处10000元以上30000元以下罚款；情节严重的，责令停业整顿直至吊销《网络文化经营许可证》；构成犯罪的，依法追究刑事责任。

第二十七条 经营性互联网文化单位违反本规定第十五条，经营国产互联网文化产品逾期未报文化行政部门备案的，由县级以上人民政府文化行政部门或者文化市场综合执法机构责令改正，并可根据情节轻重处20000元以下罚款。

第二十八条 经营性互联网文化单位提供含有本规定第十六条禁止内容的互联网文化产品，或者提供未经文化部批准进口的互联网文化产品的，由县级以上人民政府文化行政部门或者文化市场综合执法机构责令停止提供，没收违法所得，并处10000元以上30000元以下罚款；情节严重的，责令停业整顿直至吊销《网络文化经营许可证》；构成犯罪的，依法追究刑事责任。

非经营性互联网文化单位，提供含有本规定第十六条禁止内容的互联网文化产品，或者提供未经文化部批准进口的互联网文化产品的，由县级以上人民政府文化行政部门或者文化市场综合执法机构责令停止提供，处1000元以下罚款；构成犯罪的，依法追究刑事责任。

第二十九条 经营性互联网文化单位违反本规定第十八条的，由县级以上人民政府文化行政部门或者文化市场综合执法机构责令改正，并可根据情节轻重处20000元以下罚款。

第三十条 经营性互联网文化单位违反本规定第十九条的，由县级以上人民政府文化行政部门或者文化市场综合执法机构予以警告，责令限期改正，并处10000元以下罚款。

第三十一条 违反本规定第二十条的，由省、自治区、直辖市电信管理机构责令改正；情节严重的，由省、自治区、直辖市电信管理机构责令停业整顿或者责令暂时关闭网站。

第三十二条　本规定所称文化市场综合执法机构是指依照国家有关法律、法规和规章的规定，相对集中地行使文化领域行政处罚权以及相关监督检查权、行政强制权的行政执法机构。

第三十三条　文化行政部门或者文化市场综合执法机构查处违法经营活动，依照实施违法经营行为的企业注册地或者企业实际经营地进行管辖；企业注册地和实际经营地无法确定的，由从事违法经营活动网站的信息服务许可地或者备案地进行管辖；没有许可或者备案的，由该网站服务器所在地管辖；网站服务器设置在境外的，由违法行为发生地进行管辖。

第三十四条　本规定自2011年4月1日起施行。2003年5月10日发布、2004年7月1日修订的《互联网文化管理暂行规定》同时废止。

规范互联网信息服务市场秩序若干规定

（2011年12月7日工业和信息化部第22次部务会议审议通过）

第一条　为了规范互联网信息服务市场秩序，保护互联网信息服务提供者和用户的合法权益，促进互联网行业的健康发展，根据《中华人民共和国电信条例》、《互联网信息服务管理办法》等法律、行政法规的规定，制定本规定。

第二条　在中华人民共和国境内从事互联网信息服务及与互联网信息服务有关的活动，应当遵守本规定。

第三条　工业和信息化部和各省、自治区、直辖市通信管理局（以下统称“电信管理机构”）依法对互联网信息服务活动实施监督管理。

第四条　互联网信息服务提供者应当遵循平等、自愿、公平、诚信的原则提供服务。

第五条　互联网信息服务提供者不得实施下列侵犯其他互联网信息服务提供者合法权益的行为：

（一）恶意干扰用户终端上其他互联网信息服务提供者的服务，或者恶意干扰与互联网信息服务相关的软件等产品（“与互联网信息服务相关的软件等产品”以下简称“产品”）的下载、安装、运行和升级；

（二）捏造、散布虚假事实损害其他互联网信息服务提供者的合法权益，或者诋毁其他互联网信息服务提供者的服务或者产品；

（三）恶意对其他互联网信息服务提供者的服务或者产品实施不兼容；

（四）欺骗、误导或者强迫用户使用或者不使用其他互联网信息服务提供者的服务或者产品；

（五）恶意修改或者欺骗、误导、强迫用户修改其他互联网信息服务提供者的服务或者产品参数；

（六）其他违反国家法律规定，侵犯其他互联网信息服务提供者合法权益的行为。

第六条 对互联网信息服务提供者的服务或者产品进行评测，应当客观公正。

评测方公开或者向用户提供评测结果的，应当同时提供评测实施者、评测方法、数据来源、用户原始评价、评测手段和评测环境等与评测活动相关的信息。评测结果应当真实准确，与评测活动相关的信息应当完整全面。被评测的服务或者产品与评测方的服务或者产品相同或者功能类似的，评测结果中不得含有评测方的主观评价。

被评测方对评测结果有异议的，可以自行或者委托第三方就评测结果进行再评测，评测方应当予以配合。

评测方不得利用评测结果，欺骗、误导、强迫用户对被评测方的服务或者产品作出处置。

本规定所称评测，是指提供平台供用户评价，或者以其他方式对互联网信息服务或者产品的性能等进行评价和测试。

第七条 互联网信息服务提供者不得实施下列侵犯用户合法权益的行为：

（一）无正当理由拒绝、拖延或者中止向用户提供互联网信息服务或者产品；

（二）无正当理由限定用户使用或者不使用其指定的互联网信息服务或者产品；

（三）以欺骗、误导或者强迫等方式向用户提供互联网信息服务或者产品；

（四）提供的互联网信息服务或者产品与其向用户所作的宣传或者承诺不符；

（五）擅自改变服务协议或者业务规程，降低服务质量或者加重用户责任；

（六）与其他互联网信息服务提供者的服务或者产品不兼容时，未主动向用户提示和说明；

（七）未经提示并由用户主动选择同意，修改用户浏览器配置或者其他设置；

（八）其他违反国家法律规定，侵犯用户合法权益的行为。

第八条 互联网信息服务提供者在用户终端上进行软件下载、安装、运行、升级、卸载等操作的，应当提供明确、完整的软件功能等信息，并事先征得用户同意。

互联网信息服务提供者不得实施下列行为：

（一）欺骗、误导或者强迫用户下载、安装、运行、升级、卸载软件；

（二）未提供与软件安装方式同等或者更便捷的卸载方式；

（三）在未受其他软件影响和人为破坏的情况下，未经用户主动选择同意，软件卸载后有可执行代码或者其他不必要的文件驻留在用户终端。

第九条 互联网信息服务终端软件捆绑其他软件的，应当以显著的方式提示用户，由用户主动选择是否安装或者使用，并提供独立的卸载或者关闭方式，不得附加不合理条件。

第十条 互联网信息服务提供者在用户终端弹出广告或者其他与终端软件功能无关的信息窗口的，应当以显著的方式向用户提供关闭或者退出窗口的功能标识。

第十一条 未经用户同意，互联网信息服务提供者不得收集与用户相关、能够单独或者与其他信息结合识别用户的信息（以下简称“用户个人信息”），不得将用户个人信息提供给他人，但是法律、行政法规另有规定的除外。

互联网信息服务提供者经用户同意收集用户个人信息的，应当明确告知用户收集和处理用户个人信息的方式、内容和用途,不得收集其提供服务所必需以外的信息,不得将用户个人信息用于其提供服务之外的目的。

第十二条 互联网信息服务提供者应当妥善保管用户个人信息;保管的用户个人信息泄露或者可能泄露时,应当立即采取补救措施;造成或者可能造成严重后果的,应当立即向准予其互联网信息服务许可或者备案的电信管理机构报告,并配合相关部门进行的调查处理。

第十三条 互联网信息服务提供者应当加强系统安全防护,依法维护用户上载信息的安全,保障用户对上载信息的使用、修改和删除。

互联网信息服务提供者不得有下列行为:

(一)无正当理由擅自修改或者删除用户上载信息;

(二)未经用户同意,向他人提供用户上载信息,但是法律、行政法规另有规定的除外;

(三)擅自或者假借用户名义转移用户上载信息,或者欺骗、误导、强迫用户转移其上载信息;

(四)其他危害用户上载信息安全的行为。

第十四条 互联网信息服务提供者应当以显著的方式公布有效联系方式,接受用户及其他互联网信息服务提供者的投诉,并自接到投诉之日起十五日内作出答复。

第十五条 互联网信息服务提供者认为其他互联网信息服务提供者实施违反本规定的行为,侵犯其合法权益并对用户权益造成或者可能造成重大影响的,应当立即向准予该其他互联网信息服务提供者互联网信息服务许可或者备案的电信管理机构报告。

电信管理机构应当对报告或者发现的可能违反本规定的行为的影响进行评估;影响特别重大的,相关省、自治区、直辖市通信管理局应当向工业和信息化部报告。电信管理机构在依据本规定作出处理决定前,可以要求互联网信息服务提供者暂停有关行为,互联网信息服务提供者应当执行。

第十六条 互联网信息服务提供者违反本规定第五条、第七条或者第十三条的规定,由电信管理机构依据职权责令改正,处以警告,可以并处一万元以上三万元以下的罚款,向社会公告;其中,《中华人民共和国电信条例》或者《互联网信息服务管理办法》规定法律责任的,依照其规定处理。

第十七条 评测方违反本规定第六条的规定的,由电信管理机构依据职权处以警告,可以并处一万元以上三万元以下的罚款,向社会公告。

第十八条 互联网信息服务提供者违反本规定第八条、第九条、第十条、第十一条、第十二条或者第十四条的规定的,由电信管理机构依据职权处以警告,可以并处一万元以上三万元以下的罚款,向社会公告。

第十九条 互联网信息服务提供者违反本规定第十五条规定,不执行电信管理机构暂停有关行为的要求的,由电信管理机构依据职权处以警告,向社会公告。

第二十条 互联网信息服务提供者违反其他法律、行政法规规定的,依照其规定处理。

第二十一条 本规定自2012年3月15日起施行。

通信短信息服务管理规定

（2015年5月6日工业和信息化部第14次部务会议审议通过）

第一章 总 则

第一条 为了规范通信短信息（以下简称短信息）服务行为，维护用户的合法权益，促进短信息服务市场的健康发展，根据《全国人民代表大会常务委员会关于加强网络信息保护的决定》、《中华人民共和国电信条例》等法律、行政法规，制定本规定。

第二条 在中华人民共和国境内提供、使用短信息服务，适用本规定。

第三条 工业和信息化部负责对全国的短信息服务实施监督管理。

省、自治区、直辖市通信管理局负责对本行政区域内的短信息服务实施监督管理。

工业和信息化部和省、自治区、直辖市通信管理局统称电信管理机构。

第四条 提供、使用短信息服务的，应当遵守法律、行政法规和电信管理机构的相关规定，不得利用短信息服务从事违法活动。

第五条 鼓励有关行业协会依法制定短信息服务的自律性管理制度，引导会员加强自律管理。

第二章 短信息服务规范

第六条 经营短信息服务的，应当依法取得电信业务经营许可。

基础电信业务经营者不得为未取得电信业务经营许可的单位或者个人提供用于经营短信息服务的网络或者业务接入服务。

第七条 基础电信业务经营者应当准确记录接入其网络的短信息服务提供者的名称、接入代码和接入地点等信息。

第八条 短信息服务提供者应当制定短信息服务规则，并将与用户相关的内容通过服务合同或者入网协议等方式告知用户，不得利用格式条款侵犯用户合法权益。

第九条 短信息服务需向用户收费的，短信息服务提供者应当保证计费符合相关法律规定和电信标准，并事先明确告知用户服务内容、资费标准、收费方式和退订方式等。

第十条 短信息服务提供者发送短信息，应当将发送端电话号码或者代码一并发送，不得发送缺少发送端电话号码或者代码的短信息，不得发送含有虚假、冒用的发送端电话号码或者代码的短信息。

第十一条 短信息服务提供者应当在其服务系统中记录短信息发送和接收时间、发送端和接收端电话号码或者代码、用户订阅和退订情况等信息，端口类短信息还应当保存短信息内容。

前款规定的记录应当保存至少5个月，其中用户订阅和退订情况应当保存至短信息服务提供者与用户服务关系终止后5个月。

第十二条 短信息服务提供者提供端口类短信息服务，应当要求短信息内容提供者提供真实身份信息，并进行查验和登记。

第十三条 短信息服务提供者提供端口类短信息服务，应当按照电信管理机构批准的码号结构、位长、用途和使用范围使用端口号。未经电信管理机构批准，不得转让或者出租端口号。

第十四条 短信息服务提供者在业务活动中收集、使用用户个人信息，应当严格遵守有关法律法规的规定。

第十五条 短信息服务提供者应当建立和执行网络与信息安全管理制度，采取安全防范措施，加强公共信息巡查。

第十六条 短信息服务提供者、短信息内容提供者不得制作、复制、发布和传播含有《中华人民共和国电信条例》等法律法规规定的禁止性内容的短信息。

第十七条 发送公益性短信息的，由省级以上人民政府有关部门提前10个工作日向电信管理机构提供短信息发送时间、发送内容、发送范围、发送机构等信息，电信管理机构协调短信息服务提供者发送；不属于公益性短信息的，及时告知有关部门并说明理由。

涉及自然灾害、事故灾难、公共卫生事件和社会安全事件预警和处置等应急公益性短信息，情况紧急需要先行发送的，短信息服务提供者应当按照有关应急预案和机制及时免费发送，有关部门事后应当向电信管理机构提供有关信息。

第三章 商业性短信息管理

第十八条 短信息服务提供者、短信息内容提供者未经用户同意或者请求，不得向其发送商业性短信息。用户同意后又明确表示拒绝接收商业性短信息的，应当停止向其发送。

短信息服务提供者、短信息内容提供者请求用户同意接收商业性短信息的，应当说明拟发送商业性短信息的类型、频次和期限等信息。用户未回复的，视为不同意接收。用户明确拒绝或者未回复的，不得再次向其发送内容相同或者相似的短信息。

基础电信业务经营者对通过其电信网发送端口类商业性短信息的，应当保证有关用户已经同意或者请求接收有关短信息。

第十九条 短信息服务提供者、短信息内容提供者用于发送业务管理和服务类短信息的端口，不得用于发送商业性短信息。

第二十条 短信息服务提供者、短信息内容提供者向用户发送商业性短信息，应当提供便捷和有效的拒绝接收方式并随短信息告知用户，不得以任何形式对用户拒绝接收短信息设置障碍。

第二十一条 短信息服务提供者、短信息内容提供者向用户发送商业性短信息，应当在短信息中明确注明短信息内容提供者的名称。

第二十二条 短信息服务提供者应当建立短信息管理制度和预警监测机制，通过规范管理、技术手段和合同约定等措施，防范未经用户同意或者请求发送的商业性短信息。

第二十三条 基础电信业务经营者发现短信息服务提供者、短信息内容提供者违反本规定第十八条发送商业性短信息的，应当采取必要的措施暂停或者停止为其提供相关的电信资源，并保存有关记录。

第二十四条 鼓励用户自主选择使用短信息安全应用软件等适当的安全防护手段，提高自我防护能力。

第四章 用户投诉和举报

第二十五条 短信息服务提供者应当建立投诉处理机制，公布有效、便捷的联系方式，接受与短信息服务有关的投诉。

第二十六条 工业和信息化部委托12321网络不良与垃圾信息举报受理中心(以下简称举报中心)受理短信息服务举报。

第二十七条 用户认为其受到商业性短信息侵扰或者收到含有法律法规规定的禁止性内容的短信息的，可以向短信息服务提供者投诉或者向举报中心举报。

举报中心受理用户举报后，应当在5个工作日内转送短信息服务提供者处理。发现存在违法行为的，应当及时报告国家有关部门处理。

短信息服务提供者收到用户投诉或者举报中心转办的举报，经核实后应当及时采取有效手段，并在15个工作日内向投诉方或举报中心反馈处置结果。

第二十八条 短信息服务提供者发现被投诉或者举报的短信息明显含有本规定第十六条规定的内容的，应当立即停止发送，保存有关记录，并及时向国家有关机关报告；涉及本单位的，应当立即开展调查，采取有效的防范或者处理措施，并及时将调查结果报告电信管理机构。

第二十九条 用户与短信息服务提供者发生短信息服务争议的，可以依法向电信管理机构委托的电信用户申诉受理机构申诉。

第五章 监督管理

第三十条 电信管理机构对短信息服务活动实施监督检查时，短信息服务提供者、短信息内容提供者应当予以配合并按照要求提供相关材料。

电信管理机构实施监督检查，应当记录监督检查的情况，不得妨碍短信息服务提供者、短信息内容提供者正常的经营或者服务活动，不得收取任何费用。

第三十一条 电信管理机构实施电信业务经营许可年检时，应当对短信息服务提供者执行本规定的情况进行审查。

第三十二条 电信管理机构应当将短信息服务提供者违反本规定的行为记入信用档案并予以公布。必要时，电信管理机构可以对短信息服务提供者的负责人进行监管谈话。

第六章　法律责任

第三十三条　违反本规定第六条第一款、第十三条规定的，由电信管理机构依据《中华人民共和国电信条例》第六十九条规定处罚。

第三十四条　基础电信业务经营者、短信息服务提供者违反本规定第七条至第十二条、第十五条、第十八条至第二十一条、第二十七条第三款规定的，由电信管理机构依据职权责令限期改正，予以警告，可以并处一万元以上三万元以下罚款，向社会公告。

短信息内容提供者违反本规定第十八条至第二十一条规定的，由有关部门按照国家有关法律、行政法规予以处罚。

第三十五条　违反本规定第十六条规定的，依据《中华人民共和国电信条例》第六十六条规定处罚。

第三十六条　电信管理机构、举报中心工作人员在短信息服务监督管理工作中滥用职权、玩忽职守、徇私舞弊的，依法给予处理；构成犯罪的，依法追究刑事责任。

第七章　附　　则

第三十七条　本规定下列用语的含义是：

（一）短信息服务，是指利用电信网向移动电话、固定电话等通信终端用户，提供有限长度的文字、数据、声音、图像等信息的电信业务。

（二）短信息服务提供者，是指提供短信息发送、存储、转发和接收等基础网络服务，以及利用基础网络设施和服务为其他组织和个人发送短信息提供平台的电信业务经营者（包含但不限于基础电信业务、增值电信业务中的信息服务业务和移动通信转售业务经营者）。

（三）短信息内容提供者，是指将其短信息通过短信息服务提供者发送的组织或者个人。

（四）端口类短信息，是指短信息服务提供者利用自有端口或者行业类应用端口发送的短信息。

（五）商业性短信息，是指用于介绍、推销商品、服务或者商业投资机会的短信息。

（六）公益性短信息，是指各级人民政府相关部门等单位向用户发送的，旨在服务社会公共利益，倡导社会公序良俗、预防或处置突发事件、提醒群众防灾避灾等非盈利性质的短信息。

第三十八条　利用互联网向固定电话、移动电话等通信终端用户提供文字、数据、声音、图像等具有短信息特征的信息递送类服务，参照本规定执行。依法需经有关主管部门审核同意的，应当经有关部门审核同意。

第三十九条　本规定自2015年6月30日起施行。

专网及定向传播视听节目服务管理规定

（2015年11月23日国家新闻出版广电总局局务会议审议通过）

第一章　总　　则

第一条　为规范专网及定向传播视听节目服务秩序，促进行业健康有序发展，保护公众和从业机构的合法权益,维护国家利益和公共利益,根据国家有关规定,制定本规定。

第二条 本规定所称专网及定向传播视听节目服务,是指以电视机、各类手持电子设备等为接收终端,通过局域网络及利用互联网架设虚拟专网或者以互联网等信息网络为定向传输通道,向公众定向提供广播电视节目等视听节目服务活动,包括以交互式网络电视(IPTV)、专网手机电视、互联网电视等形式从事内容提供、集成播控、传输分发等活动。

第三条 国务院广播电影电视主管部门负责全国专网及定向传播视听节目服务的监督管理工作。

县级以上地方人民政府广播电影电视主管部门负责本行政区域内专网及定向传播视听节目服务的监督管理工作。

第四条 从事专网及定向传播视听节目服务,应当坚持为人民服务、为社会主义服务,把社会效益放在首位,弘扬社会主义核心价值观,弘扬民族优秀传统文化,弘扬正能量。

专网及定向传播视听节目服务单位应当自觉遵守宪法、法律和行政法规,提供更多更好的专网及定向传播视听节目服务,不断丰富人民群众的精神文化生活。

鼓励专网及定向传播视听节目服务行业组织发挥行业自律、引导、服务功能,鼓励公众监督专网及定向传播视听节目服务。

第二章 专网及定向传播视听节目服务单位的设立

第五条 从事内容提供、集成播控、传输分发等专网及定向传播视听节目服务,应当依照本规定取得《信息网络传播视听节目许可证》。

《信息网络传播视听节目许可证》由国务院广播电影电视主管部门根据专网及定向传播视听节目服务的业务类别、服务内容、传输网络、覆盖范围等事项分类核发。

专网及定向传播视听节目服务业务指导目录由国务院广播电影电视主管部门制定。

第六条 申请从事专网及定向传播视听节目服务的单位,应当具备下列条件:

(一)具备法人资格,为国有独资或者国有控股单位;

(二)有健全的节目内容编审、安全传播管理制度和安全保护措施;

(三)有与其业务相适应的技术能力、经营场所和相关资源;

(四)有与其业务相适应的专业人员;

(五)技术方案符合国家有关标准和技术规范;

(六)符合国务院广播电影电视主管部门确定的专网及定向传播视听节目服务总体规划、布局和业务指导目录;

(七)符合法律、行政法规和国家规定的其他条件。

外商独资、中外合资、中外合作机构，不得从事专网及定向传播视听节目服务。

第七条 申请从事内容提供服务的，应当是经国务院广播电影电视主管部门批准设立的地（市）级以上广播电视播出机构或者中央新闻单位等机构，还应当具备2000小时以上的节目内容储备和30人以上的专业节目编审人员。

申请从事集成播控服务的，应当是经国务院广播电影电视主管部门批准设立的省、自治区、直辖市级以上广播电视播出机构。

申请从事交互式网络电视（IPTV）传输服务、专网手机电视分发服务的，应当是国务院工业和信息化主管部门批准的具有合法基础网络运营资质的单位，并具有一定规模的公共信息基础网络设施资源和为用户提供长期服务的信誉或者能力。

第八条 申请从事专网及定向传播视听节目服务，应当向省、自治区、直辖市人民政府广播电影电视主管部门提出申请，中央直属单位可直接向国务院广播电影电视主管部门提出申请。

省、自治区、直辖市人民政府广播电影电视主管部门应当自收到申请之日起20日内提出初核意见，并将初核意见及全部申请材料报国务院广播电影电视主管部门审批；国务院广播电影电视主管部门应当自收到申请或者初核意见之日起40日内作出许可或者不予许可的决定，其中专家评审时间为20日。予以许可的，向申请人颁发《信息网络传播视听节目许可证》，并向社会公告；不予许可的，应当书面通知申请人并说明理由。

第九条 《信息网络传播视听节目许可证》有效期为3年。有效期届满，需继续从事专网及定向传播视听节目服务的，应当于有效期届满前30日内，持符合本规定第六条、第七条条件的相关材料，按照本规定的审批程序办理续办手续。

第十条 专网及定向传播视听节目服务单位变更《信息网络传播视听节目许可证》载明的业务类别、服务内容、传输网络、覆盖范围等业务项目以及变更股东、股权结构等重大事项的，应当事先按本规定办理审批手续。

专网及定向传播视听节目服务单位的单位名称、办公场所、法定代表人依法变更的，应当在变更后15日内向原发证机关备案。

专网及定向传播视听节目服务单位采用合资、合作模式开展节目生产购销、广告投放、市场推广、商业合作、收付结算、技术服务等经营性业务的，应当在签订合资、合作协议后15日内向原发证机关备案。

第十一条 专网及定向传播视听节目服务单位应当在取得《信息网络传播视听节目许可证》90日内提供服务。未按期提供服务的，由原发证机关注销其《信息网络传播视听节目许可证》。

如因特殊原因，延期或者中止提供服务的，应经原发证机关同意。申请终止服务的，应提前60日向原发证机关申报，由原发证机关注销其《信息网络传播视听节目许可证》。

未经申报,连续停止业务超过60日的,由原发证机关按终止业务处理,并注销其《信息网络传播视听节目许可证》。

第三章 专网及定向传播视听节目服务规范

第十二条 专网及定向传播视听节目服务单位应当按照《信息网络传播视听节目许可证》载明的事项从事专网及定向传播视听节目服务。

第十三条 专网及定向传播视听节目服务单位应当建立健全与国家网络信息安全相适应的安全管理制度、保障体系和技术保障手段,履行安全保障义务。

专网及定向传播视听节目服务单位应当为广播电影电视主管部门设立的节目监控系统提供必要的信号接入条件。

第十四条 专网及定向传播视听节目服务单位相互之间应当按照广播电影电视主管部门的管理规定和相关标准实行规范对接,并为对接提供必要的技术支持和服务保障。

第十五条 用于专网及定向传播视听节目服务的技术系统和终端产品,应符合国家有关标准和技术规范。

任何单位不得向未取得专网及定向传播视听节目服务许可的单位提供与专网及定向传播视听节目服务有关的服务器托管、网络传输、软硬件技术支持、代收费等服务。

第十六条 专网及定向传播视听节目服务单位传播的节目应当符合法律、行政法规、部门规章的规定,不得含有以下内容:

(一)违反宪法确定的基本原则,煽动抗拒或者破坏宪法、法律、行政法规实施;

(二)危害国家统一、主权和领土完整,泄露国家秘密,危害国家安全,损害国家荣誉和利益;

(三)诋毁民族优秀文化传统,煽动民族仇恨、民族歧视,侵害民族风俗习惯,歪曲民族历史和民族历史人物,伤害民族感情,破坏民族团结;

(四)宣扬宗教狂热,危害宗教和睦,伤害信教公民宗教感情,破坏信教公民和不信教公民团结,宣扬邪教、迷信;

(五)危害社会公德,扰乱社会秩序,破坏社会稳定,宣扬淫秽、赌博、吸毒,渲染暴力、恐怖,教唆犯罪或者传授犯罪方法;

(六)侵害未成年人合法权益或者损害未成年人身心健康;

(七)侮辱、诽谤他人或者散布他人隐私,侵害他人合法权益;

(八)法律、行政法规禁止的其他内容。

第十七条 专网及定向传播视听节目服务单位传播的电影、电视剧、动画片、纪录片等节目,应当符合国家广播电影电视相关管理规定。专网及定向传播视听节目服务单位传播的时政类视听新闻节目,应当是地(市)级以上广播电台、电视台制作、播出的新闻节目。

专网及定向传播视听节目服务单位不得转播、链接、聚合、集成非法广播电视频道节目、非法视听节目网站的节目和未取得内容提供服务许可的单位开办的节目。

专网及定向传播视听节目服务单位应当遵守著作权法律、行政法规的规定，采取版权保护措施，保护著作权人的合法权益。

第十八条 内容提供服务单位，负责建设和运营内容提供平台，组织、编辑和审核节目内容。

内容提供服务单位播出的节目应当经过集成播控服务单位设立的集成播控平台统一集成后提供给用户。内容提供服务单位应当选择依法取得集成播控服务许可的单位提供接入服务。

第十九条 内容提供服务单位负责审查其内容提供平台上的节目是否符合本规定第十六条的规定和版权管理要求，并进行播前审查。

内容提供服务单位应当建立健全节目审查、安全播出等节目内容管理制度，配备专业节目审查人员。所播出节目的名称、内容概要、播出时间、时长、来源等信息，应当至少保留60日，并配合广播电影电视主管部门依法查询。

内容提供服务单位发现含有违反本规定的节目，应当立即删除并保存有关记录，并向广播电影电视主管部门报告，落实广播电影电视主管部门的管理要求。

第二十条 集成播控服务单位，负责集成播控平台的建设和运营，负责对内容提供服务单位播出的节目的统一集成和播出监控，负责电子节目指南(EPG)、用户端、计费、版权等管理。

集成播控服务单位发现接入集成播控平台的节目含有违反本规定的内容时，应立即切断节目源，并向广播电影电视主管部门报告。

第二十一条 集成播控服务单位应当建立健全安全播控管理制度，采取技术安全管控措施，配备专业安全播控管理人员，按照广播电影电视主管部门的管理规定集成播控节目。

集成播控服务单位在提供接入服务时，应当查验内容提供服务单位的《信息网络传播视听节目许可证》，并为其提供优质的信号接入服务，不得擅自插播、截留、变更内容提供服务单位播出的节目信号。

第二十二条 集成播控服务单位和内容提供服务单位应在播出界面显著位置标注国务院广播电影电视主管部门批准的播出标识、名称。

第二十三条 传输分发服务单位应当遵守广播电影电视主管部门有关安全传输的管理规定，建立健全安全传输管理制度，保障网络传输安全。

传输分发服务单位在提供传输分发服务前，应当查验集成播控服务单位的《信息网络传播视听节目许可证》。不得擅自插播、截留、变更集成播控平台发出的节目信号和电子节目指南(EPG)、用户端、计费、版权等控制信号。

第二十四条 省级以上广播电影电视主管部门应建立健全节目监管系统，建立公众监督举报制度，加强对专网及定向传播视听节目服务的监督管理。

广播电影电视主管部门发现专网及定向传播视听节目服务单位未及时处置违法违规内容、落实监管措施的，可以对其主要负责人、法定代表人、总编辑进行约谈。

第四章 法律责任

第二十五条 擅自从事专网及定向传播视听节目服务的，由县级以上广播电影电视主管部门予以警告、责令改正，可并处3万元以下罚款；情节严重的，根据《广播电视管理条例》第四十七条的规定予以处罚。

第二十六条 专网及定向传播视听节目服务单位传播的节目内容违反本规定的，由县级以上广播电影电视主管部门予以警告、责令改正，可并处3万元以下罚款；情节严重的，根据《广播电视管理条例》第四十九条的规定予以处罚。

第二十七条 违反本规定，有下列行为之一的，由县级以上广播电影电视主管部门予以警告、责令改正，可并处3万元以下罚款；情节严重的，根据《广播电视管理条例》第五十条的规定予以处罚：

（一）未按照《信息网络传播视听节目许可证》载明的事项从事专网及定向传播视听节目服务的；

（二）违规传播时政类视听新闻节目的；

（三）集成播控服务单位未对内容提供服务单位播出的节目进行统一集成和播出监控或者未负责电子节目指南（EPG）、用户端、计费、版权等管理的。

第二十八条 违反本规定，有下列行为之一的，由县级以上广播电影电视主管部门予以警告、责令改正，可并处3万元以下罚款；情节严重的，根据《广播电视管理条例》第五十一条的规定予以处罚：

（一）专网及定向传播视听节目服务单位转播、链接、聚合、集成非法广播电视频道节目、非法视听节目网站的节目和未取得内容提供服务许可的单位开办的节目的；

（二）集成播控服务单位擅自插播、截留、变更内容提供服务单位播出的节目信号的；

（三）传输分发服务单位擅自插播、截留、变更集成播控平台发出的节目信号和电子节目指南（EPG）、用户端、计费、版权等控制信号的；

第二十九条 违反本规定，有下列行为之一的，由县级以上广播电影电视主管部门予以警告、责令改正，可并处3万元以下罚款；同时，可对其主要出资者和经营者予以警告，可并处2万元以下罚款：

（一）变更股东、股权结构等重大事项，未事先办理审批手续的；

（二）专网及定向传播视听节目服务单位的单位名称、办公场所、法定代表人依法变更后未及时向原发证机关备案的；

（三）采用合资、合作模式开展节目生产购销、广告投放、市场推广、商业合作、收付结算、技术服务等经营性业务未及时向原发证机关备案的；

（四）集成播控服务单位和传输分发服务单位在提供服务时未履行许可证查验义务的；

（五）未按本规定要求建立健全与国家网络信息安全相适应的安全播控、节目内容、安全传输等管理制度、保障体系的；

（六）集成播控服务单位和内容提供服务单位未在播出界面显著位置标注播出标识、名称的；

（七）内容提供服务单位未采取版权保护措施，未保留节目播出信息或者未配合广播电影电视主管部门查询，以及发现含有违反本规定的节目时未及时删除并保存记录或者未报告广播电影电视主管部门的；

（八）集成播控服务单位发现接入集成播控平台的节目含有违反本规定的内容时未及时切断节目源或者未报告广播电影电视主管部门的；

（九）用于专网及定向传播视听节目服务的技术系统和终端产品不符合国家有关标准和技术规范的；

（十）向未取得专网及定向传播视听节目服务许可的单位提供与专网及定向传播视听节目服务有关的服务器托管、网络传输、软硬件技术支持、代收费等服务的；

（十一）未向广播电影电视主管部门设立的节目监控系统提供必要的信号接入条件的；

（十二）专网及定向传播视听节目服务单位在同一年度内 3 次出现违规行为的；

（十三）拒绝、阻挠、拖延广播电影电视主管部门依法进行监督检查或者在监督检查过程中弄虚作假的；

（十四）以虚假证明、文件等手段骗取《信息网络传播视听节目许可证》的。

有前款第十四项行为的，发证机关应撤销其《信息网络传播视听节目许可证》。

第三十条　广播电影电视主管部门工作人员滥用职权、玩忽职守的，依法给予处分；构成犯罪的，依法追究刑事责任。

第五章　附　　则

第三十一条　制作、编辑、集成并通过互联网向公众提供视音频节目以及为他人提供上载传播视听节目服务的，由国务院广播电影电视主管部门、国务院工业和信息化主管部门按照国家有关规定进行监督管理。

第三十二条　本规定自 2016 年 6 月 1 日起施行。2004 年 7 月 6 日国家广播电影电视总局发布的《互联网等信息网络传播视听节目管理办法》（国家广播电影电视总局令第 39 号）同时废止。

相关链接 1:

国家新闻出版广电总局新闻发言人就《专网及定向传播视听节目服务管理规定》答记者问

近日,国家新闻出版广电总局发布《专网及定向传播视听节目服务管理规定》(国家新闻出版广电总局令第 6 号,以下简称《规定》)。国家新闻出版广电总局新闻发言人就《规定》的发布回答了记者提问。

问:为什么出台《规定》?

答:《规定》实际上是对《互联网等信息网络传播视听节目管理办法》(国家广播电影电视总局令第 39 号,以下简称 39 号令)的修订。39 号令自 2004 年颁布实施以来,对于加强网络视听节目管理、维护网络文化安全起到了重要作用。近年来,随着三网融合全面推广,网络基础设施建设飞速发展,各种视听新业务发展迅速,39 号令的内容已不适应发展和管理的需要。为促进交互式网络电视(IPTV)、专网手机电视、互联网电视等新业务健康繁荣规范发展,为人民群众提供丰富多彩、弘扬主旋律、传播正能量的视听节目,防范不良内容传播,加大对违法违规行为的查处力度,根据人民群众的呼声和业界的要求,国家新闻出版广电总局在对 39 号令进行修订的基础上,近日发布了《规定》。

问:制定《规定》的总体思路是什么?

答:《规定》在总体思路上把握了以下几点:一是坚持问题导向,重点解决与原有规章交叉重叠、处罚依据及对新业态管理不足等问题。二是将三网融合推进过程中的成功做法,包括对互联网电视等新业态的管理经验等,以规章的形式固定下来,为广电和电信双向准入提供法律保障。三是坚持发展和安全并重,加强网络信息安全和文化安全建设,突出强调从业机构的主体责任。四是创新管理模式,强化事中事后监管,强化处罚手段,加大违法违规打击力度。

问:请介绍一下《规定》的主要内容?

答:《规定》共 5 章 32 条,主要制度包括:

(一)强化网络信息安全和文化安全建设。一是将内容安全、传输安全和技术安全保护制度作为业务准入的基本条件。二是强化主体资质的审查。三是明确内容安全管理制度。四是强化节目来源管理。五是强调业务主体的传播安全保障义务,特别对集成播控单位的安全播出制度进行详细规定。

(二)完善符合新媒体特点的监管手段,增强事中事后监管制度。一是坚持政府监管与社会自律规范相结合。在规定政府管理职责的同时,提倡正面引导,规定行业自律和公众监督制度,强化综合治理。二是实行业务指导目录制度。既规范现有业务行为,又为未来新业态的管理留有余地。三是适应网络管理特点,强调技术监管,要求省级以上广电部门应当建立健全节目监控平台,并规定业务主体承担信号接入监控平台的义务。

(三)体现国务院三网融合文件精神,明确从业机构主体责任。一是按照国务院三网融合方案的规定，将双向准入内容写入《规定》，明确内容提供服务、集成播控服务、传输分发服务主体条件。二是总结三网融合实践中的经验做法，从内容提供、集成播控、传输分发、终端管理等方面规定业务主体的共同责任。比如按载明事项服务、规范对接、资质查验、完整传输等。三是建立健全内容管理制度，规定实行播前审查，配备专业审查人员、节目保留一定期限等；规定节目必须经过集成播控平台统一集成后才能提供给用户；规定许可信息标注和公示制度等。四是针对互联网电视发展中出现的问题，进一步强化了从平台到终端的管理。

（四）规范行政许可审批流程。一是规定业务准入的基本门槛，强调要符合产业的总体规划、布局和业务指导目录。二是划分内容提供、集成播控、传输分发等业务类别，规定不同业务由具备相应条件的特定主体实施。三是优化审批程序，明确审批时限和省级广电部门的审批职责。四是为保证落实持证机构的主体责任，规定合资合作经营性业务需要备案。五是根据管理需要将许可证的有效期延长为3年，补充完善了注销制度，增加了中止服务和广电部门主动注销许可证的条件。

问：《规定》与《互联网视听节目服务管理规定》（广电总局、信息产业部令第56号）有什么关系？

答：《规定》以“专网、公众、定向、终端”为基本要素，以向公众提供的专网及定向视听节目服务为管理对象，主要包括交互式网络电视（IPTV）、专网手机电视、互联网电视等。除此以外的通过互联网（含移动互联网）公网向公众提供的视听节目服务，均属于《互联网视听节目服务管理规定》的适用范围，管理对象主要包括视音频网站、视音频客户端软件等。无论从事专网及定向传播视听节目服务，还是互联网视听节目服务，均须取得《信息网络传播视听节目许可证》，但二者的主体准入条件不同，在业务类别、传输网络、接收终端等事项上也有所区别。

相关链接2：

广播电视管理条例（节录）

（1997年8月11日国务院令第228号发布　根据2013年12月7日《国务院关于修改部分行政法规的决定》第一次修订　根据2017年3月1日《国务院关于修改和废止部分行政法规的决定》第二次修订）

第十七条　国务院广播电视行政部门应当对全国广播电视传输覆盖网按照国家的统一标准实行统一规划，并实行分级建设和开发。县级以上地方人民政府广播电视行政部门应当按照国家有关规定，组建和管理本行政区域内的广播电视传输覆盖网。

组建广播电视传输覆盖网，包括充分利用国家现有的公用通信等各种网络资源,应当确保广播电视节目传输质量和畅通。

本条例所称广播电视传输覆盖网,由广播电视发射台、转播台(包括差转台、收转台,下同)、广播电视卫星、卫星上行站、卫星收转站、微波站、监测台(站)及有线广播电视传输覆盖网等构成

第二十六条 安装和使用卫星广播电视地面接收设施,应当按照国家有关规定向省、自治区、直辖市人民政府广播电视行政部门申领许可证。进口境外卫星广播电视节目解码器、解压器及其他卫星广播电视地面接收设施,应当经国务院广播电视行政部门审查同意。

第二十七条 禁止任何单位和个人侵占、哄抢或者以其他方式破坏广播电视传输覆盖网的设施。

第二十八条 任何单位和个人不得侵占、干扰广播电视专用频率,不得擅自截传、干扰、解扰广播电视信号。

第四十七条 违反本条例规定,擅自设立广播电台、电视台、教育电视台、有线广播电视传输覆盖网、广播电视站的,由县级以上人民政府广播电视行政部门予以取缔,没收其从事违法活动的设备,并处投资总额1倍以上2倍以下的罚款。

擅自设立广播电视发射台、转播台、微波站、卫星上行站的,由县级以上人民政府广播电视行政部门予以取缔,没收其从事违法活动的设备,并处投资总额1倍以上2倍以下的罚款;或者由无线电管理机构依照国家无线电管理的有关规定予以处罚。

第四十八条 违反本条例规定,擅自设立广播电视节目制作经营单位或者擅自制作电视剧及其他广播电视节目的,由县级以上人民政府广播电视行政部门予以取缔,没收其从事违法活动的专用工具、设备和节目载体,并处1万元以上5万元以下的罚款。

第四十九条 违反本条例规定,制作、播放、向境外提供含有本条例第三十二条规定禁止内容的节目的,由县级以上人民政府广播电视行政部门责令停止制作、播放、向境外提供,收缴其节目载体,并处1万元以上5万元以下的罚款;情节严重的,由原批准机关吊销许可证;违反治安管理规定的,由公安机关依法给予治安管理处罚;构成犯罪的,依法追究刑事责任。

第五十条 违反本条例规定,有下列行为之一的,由县级以上人民政府广播电视行政部门责令停止违法活动,给予警告,没收违法所得,可以并处2万元以下的罚款;情节严重的,由原批准机关吊销许可证:

(一)未经批准,擅自变更台名、台标、节目设置范围或者节目套数的;

(二)出租、转让播出时段的;

(三)转播、播放广播电视节目违反规定的;

(四)播放境外广播电视节目或者广告的时间超出规定的;

（五）播放未取得广播电视节目制作经营许可的单位制作的广播电视节目或者未取得电视剧制作许可的单位制作的电视剧的；

（六）播放未经批准的境外电影、电视剧和其他广播电视节目的；

（七）教育电视台播放本条例第四十四条规定禁止播放的节目的；

（八）未经批准，擅自举办广播电视节目交流、交易活动的。

第五十一条 违反本条例规定，有下列行为之一的，由县级以上人民政府广播电视行政部门责令停止违法活动，给予警告，没收违法所得和从事违法活动的专用工具、设备，可以并处2万元以下的罚款；情节严重的，由原批准机关吊销许可证：

（一）出租、转让频率、频段，擅自变更广播电视发射台、转播台技术参数的；

（二）广播电视发射台、转播台擅自播放自办节目、插播广告的；

（三）未经批准，擅自利用卫星方式传输广播电视节目的；

（四）未经批准，擅自以卫星等传输方式进口、转播境外广播电视节目的；

（五）未经批准，擅自利用有线广播电视传输覆盖网播放节目的；

（六）未经批准，擅自进行广播电视传输覆盖网的工程选址、设计、施工、安装的；

（七）侵占、干扰广播电视专用频率，擅自截传、干扰、解扰广播电视信号的。

第五十二条 违反本条例规定，危害广播电台、电视台安全播出的，破坏广播电视设施的，由县级以上人民政府广播电视行政部门责令停止违法活动；情节严重的，处2万元以上5万元以下的罚款；造成损害的，侵害人应当依法赔偿损失；构成犯罪的，依法追究刑事责任。

第五十三条 广播电视行政部门及其工作人员在广播电视管理工作中滥用职权、玩忽职守、徇私舞弊，构成犯罪的，依法追究刑事责任；尚不构成犯罪的，依法给予行政处分。

节目频道。

互联网新闻信息服务管理规定

（2017年5月2日国家互联网信息办公室室务会议审议通过）

第一章 总 则

第一条 为加强互联网信息内容管理，促进互联网新闻信息服务健康有序发展，根据《中华人民共和国网络安全法》《互联网信息服务管理办法》《国务院关于授权国家互联网信息办公室负责互联网信息内容管理工作的通知》，制定本规定。

第二条 在中华人民共和国境内提供互联网新闻信息服务，适用本规定。

本规定所称新闻信息，包括有关政治、经济、军事、外交等社会公共事务的报道、评论,以及有关社会突发事件的报道、评论。

第三条 提供互联网新闻信息服务,应当遵守宪法、法律和行政法规,坚持为人民服务、为社会主义服务的方向,坚持正确舆论导向,发挥舆论监督作用,促进形成积极健康、向上向善的网络文化,维护国家利益和公共利益。

第四条 国家互联网信息办公室负责全国互联网新闻信息服务的监督管理执法工作。地方互联网信息办公室依据职责负责本行政区域内互联网新闻信息服务的监督管理执法工作。

第二章 许 可

第五条 通过互联网站、应用程序、论坛、博客、微博客、公众账号、即时通信工具、网络直播等形式向社会公众提供互联网新闻信息服务,应当取得互联网新闻信息服务许可,禁止未经许可或超越许可范围开展互联网新闻信息服务活动。

前款所称互联网新闻信息服务,包括互联网新闻信息采编发布服务、转载服务、传播平台服务。

第六条 申请互联网新闻信息服务许可,应当具备下列条件:

(一)在中华人民共和国境内依法设立的法人;

(二)主要负责人、总编辑是中国公民;

(三)有与服务相适应的专职新闻编辑人员、内容审核人员和技术保障人员;

(四)有健全的互联网新闻信息服务管理制度;

(五)有健全的信息安全管理制度和安全可控的技术保障措施;

(六)有与服务相适应的场所、设施和资金。

申请互联网新闻信息采编发布服务许可的,应当是新闻单位(含其控股的单位)或新闻宣传部门主管的单位。

符合条件的互联网新闻信息服务提供者实行特殊管理股制度,具体实施办法由国家互联网信息办公室另行制定。

提供互联网新闻信息服务,还应当依法向电信主管部门办理互联网信息服务许可或备案手续。

第七条 任何组织不得设立中外合资经营、中外合作经营和外资经营的互联网新闻信息服务单位。

互联网新闻信息服务单位与境内外中外合资经营、中外合作经营和外资经营的企业进行涉及互联网新闻信息服务业务的合作,应当报经国家互联网信息办公室进行安全评估。

第八条 互联网新闻信息服务提供者的采编业务和经营业务应当分开,非公有资本不得介入互联网新闻信息采编业务。

第九条 申请互联网新闻信息服务许可,申请主体为中央新闻单位(含其控股的单位)或中央新闻宣传部门主管的单位的,由国家互联网信息办公室受理和决定；申请主体为地方新闻单位（含其控股的单位）或地方新闻宣传部门主管的单位的，由省、自治区、直辖市互联网信息办公室受理和决定；申请主体为其他单位的，经所在地省、自治区、直辖市互联网信息办公室受理和初审后，由国家互联网信息办公室决定。

国家或省、自治区、直辖市互联网信息办公室决定批准的，核发《互联网新闻信息服务许可证》。《互联网新闻信息服务许可证》有效期为三年。有效期届满，需继续从事互联网新闻信息服务活动的，应当于有效期届满三十日前申请续办。

省、自治区、直辖市互联网信息办公室应当定期向国家互联网信息办公室报告许可受理和决定情况。

第十条　申请互联网新闻信息服务许可，应当提交下列材料：

（一）主要负责人、总编辑为中国公民的证明；

（二）专职新闻编辑人员、内容审核人员和技术保障人员的资质情况；

（三）互联网新闻信息服务管理制度；

（四）信息安全管理制度和技术保障措施；

（五）互联网新闻信息服务安全评估报告；

（六）法人资格、场所、资金和股权结构等证明；

（七）法律法规规定的其他材料。

第三章　运　　行

第十一条　互联网新闻信息服务提供者应当设立总编辑，总编辑对互联网新闻信息内容负总责。总编辑人选应当具有相关从业经验，符合相关条件，并报国家或省、自治区、直辖市互联网信息办公室备案。

互联网新闻信息服务相关从业人员应当依法取得相应资质，接受专业培训、考核。互联网新闻信息服务相关从业人员从事新闻采编活动，应当具备新闻采编人员职业资格，持有国家新闻出版广电总局统一颁发的新闻记者证。

第十二条　互联网新闻信息服务提供者应当健全信息发布审核、公共信息巡查、应急处置等信息安全管理制度，具有安全可控的技术保障措施。

第十三条　互联网新闻信息服务提供者为用户提供互联网新闻信息传播平台服务，应当按照《中华人民共和国网络安全法》的规定，要求用户提供真实身份信息。用户不提供真实身份信息的，互联网新闻信息服务提供者不得为其提供相关服务。

互联网新闻信息服务提供者对用户身份信息和日志信息负有保密的义务，不得泄露、篡改、毁损，不得出售或非法向他人提供。

互联网新闻信息服务提供者及其从业人员不得通过采编、发布、转载、删除新闻信息，干预新闻信息呈现或搜索结果等手段谋取不正当利益。

第十四条　互联网新闻信息服务提供者提供互联网新闻信息传播平台服务，应当与在其平台上注册的用户签订协议，明确双方权利义务。

对用户开设公众账号的,互联网新闻信息服务提供者应当审核其账号信息、服务资质、服务范围等信息,并向所在地省、自治区、直辖市互联网信息办公室分类备案。

第十五条 互联网新闻信息服务提供者转载新闻信息,应当转载中央新闻单位或省、自治区、直辖市直属新闻单位等国家规定范围内的单位发布的新闻信息,注明新闻信息来源、原作者、原标题、编辑真实姓名等,不得歪曲、篡改标题原意和新闻信息内容,并保证新闻信息来源可追溯。

互联网新闻信息服务提供者转载新闻信息,应当遵守著作权相关法律法规的规定,保护著作权人的合法权益。

第十六条 互联网新闻信息服务提供者和用户不得制作、复制、发布、传播法律、行政法规禁止的信息内容。

互联网新闻信息服务提供者提供服务过程中发现含有违反本规定第三条或前款规定内容的,应当依法立即停止传输该信息、采取消除等处置措施,保存有关记录,并向有关主管部门报告。

第十七条 互联网新闻信息服务提供者变更主要负责人、总编辑、主管单位、股权结构等影响许可条件的重大事项,应当向原许可机关办理变更手续。

互联网新闻信息服务提供者应用新技术、调整增设具有新闻舆论属性或社会动员能力的应用功能,应当报国家或省、自治区、直辖市互联网信息办公室进行互联网新闻信息服务安全评估。

第十八条 互联网新闻信息服务提供者应当在明显位置明示互联网新闻信息服务许可证编号。

互联网新闻信息服务提供者应当自觉接受社会监督,建立社会投诉举报渠道,设置便捷的投诉举报入口,及时处理公众投诉举报。

第四章 监督检查

第十九条 国家和地方互联网信息办公室应当建立日常检查和定期检查相结合的监督管理制度,依法对互联网新闻信息服务活动实施监督检查,有关单位、个人应当予以配合。

国家和地方互联网信息办公室应当健全执法人员资格管理制度。执法人员开展执法活动,应当依法出示执法证件。

第二十条 任何组织和个人发现互联网新闻信息服务提供者有违反本规定行为的,可以向国家和地方互联网信息办公室举报。

国家和地方互联网信息办公室应当向社会公开举报受理方式,收到举报后,应当依法予以处置。互联网新闻信息服务提供者应当予以配合。

第二十一条 国家和地方互联网信息办公室应当建立互联网新闻信息服务网络信用档案,建立失信黑名单制度和约谈制度。

国家互联网信息办公室会同国务院电信、公安、新闻出版广电等部门建立信息共享机制,加强工作沟通和协作配合,依法开展联合执法等专项监督检查活动。

第五章　法律责任

第二十二条　违反本规定第五条规定，未经许可或超越许可范围开展互联网新闻信息服务活动的，由国家和省、自治区、直辖市互联网信息办公室依据职责责令停止相关服务活动，处一万元以上三万元以下罚款。

第二十三条　互联网新闻信息服务提供者运行过程中不再符合许可条件的，由原许可机关责令限期改正；逾期仍不符合许可条件的，暂停新闻信息更新；《互联网新闻信息服务许可证》有效期届满仍不符合许可条件的，不予换发许可证。

第二十四条　互联网新闻信息服务提供者违反本规定第七条第二款、第八条、第十一条、第十二条、第十三条第三款、第十四条、第十五条第一款、第十七条、第十八条规定的，由国家和地方互联网信息办公室依据职责给予警告，责令限期改正；情节严重或拒不改正的，暂停新闻信息更新，处五千元以上三万元以下罚款；构成犯罪的，依法追究刑事责任。

第二十五条　互联网新闻信息服务提供者违反本规定第三条、第十六条第一款、第十九条第一款、第二十条第二款规定的，由国家和地方互联网信息办公室依据职责给予警告，责令限期改正；情节严重或拒不改正的，暂停新闻信息更新，处二万元以上三万元以下罚款；构成犯罪的，依法追究刑事责任。

第二十六条　互联网新闻信息服务提供者违反本规定第十三条第一款、第十六条第二款规定的，由国家和地方互联网信息办公室根据《中华人民共和国网络安全法》的规定予以处理。

第六章　附　则

第二十七条　本规定所称新闻单位，是指依法设立的报刊社、广播电台、电视台、通讯社和新闻电影制片厂。

第二十八条　违反本规定，同时违反互联网信息服务管理规定的，由国家和地方互联网信息办公室根据本规定处理后，转由电信主管部门依法处置。

国家对互联网视听节目服务、网络出版服务等另有规定的，应当同时符合其规定。

第二十九条　本规定自2017年6月1日起施行。本规定施行之前颁布的有关规定与本规定不一致的，按照本规定执行。

互联网信息内容管理行政执法程序规定

（2017年5月2日国家互联网信息办公室室务会议审议通过）

第一章　总　则

第一条　为了规范和保障互联网信息内容管理部门依法履行职责，保护公民、法人和其他组织的合法权益，维护国家安全和公共利益，根据《中华人民共和国行政处罚法》《中华人民共和国网络安全法》和《国务院关于授权国家互联网信息办公室负责互联网信息内容管理工作的通知》，制定本规定。

第二条 互联网信息内容管理部门依法实施行政执法，对违反有关互联网信息内容管理法律法规规章的行为实施行政处罚，适用本规定。

本规定所称互联网信息内容管理部门，是指国家互联网信息办公室和地方互联网信息办公室。

第三条 互联网信息内容管理部门实施行政执法，应当遵循公开、公平、公正的原则，做到事实清楚、证据确凿、程序合法、法律法规规章适用准确适当、执法文书使用规范。

第四条 互联网信息内容管理部门建立行政执法督查制度。

上级互联网信息内容管理部门对下级互联网信息内容管理部门实施的行政执法进行督查。

第五条 互联网信息内容管理部门应当加强执法队伍建设，建立健全执法人员培训、考试考核、资格管理和持证上岗制度。

执法人员应当参加互联网信息内容管理部门组织的法律知识和业务知识培训，并经行政执法资格考试或者考核合格，取得执法证后方可从事执法工作。

执法证由国家互联网信息内容管理部门统一制定、核发或者授权省、自治区、直辖市互联网信息内容管理部门核发。

第二章 管 辖

第六条 行政处罚由违法行为发生地的互联网信息内容管理部门管辖。

违法行为发生地包括实施违法行为的网站备案地，工商登记地（工商登记地与主营业地不一致的，应按主营业地），网站建立者、管理者、使用者所在地，网络接入地，计算机等终端设备所在地等。

第七条 市（地、州）级以下互联网信息内容管理部门依职权管辖本行政区域内的互联网信息内容行政处罚案件。

省、自治区、直辖市互联网信息内容管理部门依职权管辖本行政区域内重大、复杂的互联网信息内容行政处罚案件。

国家互联网信息内容管理部门依职权管辖应当由自己实施行政处罚的案件及全国范围内发生的重大、复杂的互联网信息内容行政处罚案件。

省、自治区、直辖市互联网信息内容管理部门可以依据法律法规规章，结合本地区实际，制定本行政区域内级别管辖的具体规定。

第八条 对当事人的同一违法行为，两个以上互联网信息内容管理部门均有管辖权的，由先行立案的互联网信息内容管理部门管辖。必要时，可以移送主要违法行为发生地的互联网信息内容管理部门管辖。

两个以上的互联网信息内容管理部门对管辖权有争议的，应当协商解决；协商不成的，报请共同的上一级互联网信息内容管理部门指定管辖。

第九条　上级互联网信息内容管理部门认为必要时，可以直接办理下级互联网信息内容管理部门管辖的案件，也可以将自己管辖的案件移交下级互联网信息内容管理部门办理。

下级互联网信息内容管理部门对其管辖的案件由于特殊原因不能行使管辖权的，可以报请上级互联网信息内容管理部门管辖或者指定管辖。

第十条　互联网信息内容管理部门发现案件不属于其管辖的，应当及时移送有管辖权的互联网信息内容管理部门。

受移送的互联网信息内容管理部门应当将案件查处结果及时函告移送案件的互联网信息内容管理部门；认为移送不当的，应当报请共同的上一级互联网信息内容管理部门指定管辖，不得再次移送。

第十一条　上级互联网信息内容管理部门接到管辖争议或者报请指定管辖请示后，应当在十个工作日内作出指定管辖的决定，并书面通知下级互联网信息内容管理部门。

第十二条　互联网信息内容管理部门发现案件属于其他行政机关管辖的，应当依法移送有关机关。

互联网信息内容管理部门发现违法行为涉嫌犯罪的，应当及时移送司法机关。司法机关决定立案的，互联网信息内容管理部门应当自接到司法机关立案通知书之日起三日内将与案件有关的材料移交司法机关，并办结交接手续。

第十三条　互联网信息内容管理部门对依法应当撤销互联网新闻信息服务许可、吊销互联网新闻信息服务许可证的，应当提出处理建议，并将取得的证据及相关材料报送原发证的互联网信息内容管理部门，由原发证的互联网信息内容管理部门依法作出是否撤销许可、吊销许可证的决定。

第三章　立　案

第十四条　互联网信息内容管理部门应当对下列事项及时调查处理，并填写《案件来源登记表》（格式见附件1）：

（一）在监督检查中发现案件线索的；

（二）自然人、法人或者其他组织投诉、申诉、举报的；

（三）上级机关交办或者下级机关报请查处的；

（四）有关部门移送或者经由其他方式、途径发现的。

第十五条　行政处罚立案应当符合下列条件：

（一）有涉嫌违法的事实；

（二）依法应当予以行政处罚；

（三）属于互联网信息内容监督管理行政处罚的范围；

（四）属于本互联网信息内容管理部门管辖。

符合立案条件的，应当填写《立案审批表》（格式见附件2），同时附上相关材料，在七个工作日内报互联网信息内容管理部门负责人批准立案，并确定两名以上执法人员为案件承办人。特殊情况下,可以延长至十五个工作日内立案。

第十六条 对于不予立案的投诉、申诉、举报,经互联网信息内容管理部门负责人批准后,应将结果告知具名的投诉人、申诉人、举报人,并将不予立案的相关情况作书面记录留存。

对于其他部门移送的案件,决定不予立案的,应当书面告知移送部门。

不予立案或者撤销立案的,承办人应当制作《不予立案审批表》(格式见附件3)或者《撤销立案审批表》(格式见附件4),报互联网信息内容管理部门负责人批准。

第十七条 办案人员有下列情形之一的,应当自行回避;当事人也有权申请办案人员回避:

(一)是本案的当事人或者当事人的近亲属;

(二)与本案有直接利害关系;

(三)与本案当事人有其他关系,可能影响案件公正处理。

办案人员的回避由互联网信息内容管理部门负责人决定。当事人对决定不服的,可以申请复议一次。

回避决定作出前,被申请回避人员不停止对案件的调查处理。

第四章 调查取证

第十八条 互联网信息内容管理部门进行案件调查取证时,执法人员不得少于两人,并应当出示执法证。必要时,也可以聘请专业人员进行协助。

首次向案件当事人收集、调取证据的,应当告知其有申请办案人员回避的权利。

向有关单位、个人收集、调取证据时,应当告知其有如实提供证据的义务。被调查对象或者有关人员应当如实回答询问并协助、配合调查,及时提供依法应当保存的互联网信息服务提供者发布的信息、用户发布的信息、日志信息等相关材料,不得阻挠、干扰案件的调查。

执法人员对在办案过程中知悉的国家秘密、商业秘密、个人隐私、个人信息应当依法保密。

第十九条 互联网信息内容管理部门在办案过程中需要其他地区互联网信息内容管理部门协助调查、取证的,应当出具委托调查函。受委托的互联网信息内容管理部门应当积极予以协助,一般应当在接到委托调查函之日起十五个工作日内完成相关工作;需要延期完成或者无法协助的,应当及时函告委托的互联网信息内容管理部门。

第二十条 办案人员应当依法收集与案件有关的证据,包括电子数据、视听资料、书证、物证、证人证言、当事人的陈述、鉴定意见、检验报告、勘验笔录、现场笔录、询问笔录等。

电子数据是指案件发生过程中形成的,以数字化形式存储、处理、传输的,能够证明案件事实的数据,包括但不限于网页、博客、微博客、即时通信工具、论坛、贴吧、网盘、电子邮件、网络后台等方式承载的电子信息或文件。电子数据主要存在于计算机设备、移动通信设备、互联网服务器、移动存储设备、云存储系统等电子设备或存储介质中。

视听资料包括录音资料和影像资料。

存储在电子介质中的录音资料和影像资料,适用电子数据的规定。

第二十一条 互联网信息内容管理部门在立案前调查或者检查过程中依法取得的证据,可以作为认定事实的依据。通过网络巡查等技术手段获取的、具有可靠性的电子数据可以作为认定事实的依据。

电子数据的收集、提取应当符合法律法规规章、国家标准、行业标准和技术规范,并保证所收集、提取的电子数据的完整性、合法性、真实性、关联性。否则,不得作为认定事实的依据。

第二十二条 互联网信息内容管理部门在立案前,可以采取询问、勘验、检查、鉴定、调取证据材料等措施,不得限制初查对象的人身、财产权利。

互联网信息内容管理部门在立案后,可以对物品、设施、场所采取先行登记保存等措施。

第二十三条 互联网信息内容管理部门在办案过程中,应当及时询问证人。

执法人员进行询问的,应当制作《询问笔录》(格式见附件5),载明时间、地点、有关事实、经过等内容。询问笔录应当交询问对象或者有关人员核对并确认。

第二十四条 互联网信息内容管理部门对于涉及互联网信息内容违法的场所、物品、网络应当进行勘验、检查,及时收集、固定书证、物证、视听资料以及电子数据。

第二十五条 互联网信息内容管理部门可以委托司法鉴定机构就案件中的专门性问题出具鉴定意见;不属于司法鉴定范围的,可以委托有能力或者条件的机构出具检测报告或者检验报告。

第二十六条 互联网信息内容管理部门可以向有关单位、个人调取能够证明案件事实的证据材料,并且可以根据需要拍照、录像、复印和复制。

调取的书证、物证应当是原件、原物。调取原件、原物确有困难的,可以由提交证据的有关单位、个人在复制品上签字或者盖章,注明"此件由×××提供,经核对与原件(物)无异"的字样或者文字说明,并注明出证日期、证据出处,并签名或者盖章。

调取的视听资料、电子数据应当是原始载体或备份介质。调取原始载体或备份介质确有困难的,可以收集复制件,并注明制作方法、制作时间、制作人等情况。调取声音资料的应当附有该声音内容的文字记录。

第二十七条 在证据可能灭失或者以后难以取得的情况下,经互联网信息内容管理部门负责人批准,执法人员可以依法对涉案计算机、服务器、硬盘、移动存储设备、存储卡等涉嫌实施违法行为的物品先行登记保存,制作《登记保存物品清单》(格式见附件6),向当事人出具《登记保存物品通知书》(格式见附件7)。先行登记保存期间,当事人或有关人员不得损毁、销毁或者非法转移证据。

互联网信息内容管理部门实施先行登记保存时，应当通知当事人或者持有人到场，并在现场笔录中对采取的相关措施情况予以记载。

第二十八条 互联网信息内容管理部门对先行登记保存的证据，应当在七日内作出以下处理决定：

（一）需要采取证据保全措施的，采取记录、复制、拍照、录像等证据保全措施后予以返还；

（二）需要检验、检测、鉴定的，送交具有相应资质的机构检验、检测、鉴定；

（三）违法事实成立的，依法应当予以没收的，作出行政处罚决定，没收违法物品；

（四）违法事实不成立，或者违法事实成立但依法不应当予以没收的，解除先行登记保存。

逾期未作出处理决定的，应当解除先行登记保存。

第二十九条 为了收集、保全电子数据，互联网信息内容管理部门可以采取现场取证，远程取证，责令有关单位、个人固定和提交等措施。

现场取证、远程取证结束后应当制作《电子取证工作记录》（格式见附件8）。

第三十条 执法人员在调查取证过程中，应当要求当事人在笔录或者其他材料上签字、捺指印、盖章或者以其他方式确认。当事人拒绝到场，拒绝签字、捺指印、盖章或者以其他方式确认，或者无法找到当事人的，应当由两名执法人员在笔录或者其他材料上注明原因，并邀请有关人员作为见证人签字或者盖章，也可以采取录音、录像等方式记录。

第三十一条 案件调查终结后，承办人应当撰写《案件处理意见报告》（格式见附件9）：

认为违法事实成立，应当予以行政处罚的，撰写《案件处理意见报告》，草拟行政处罚建议书。

有下列情形之一的，撰写《案件处理意见报告》，说明拟作处理的理由，报互联网信息内容管理部门负责人批准后根据不同情况分别处理：

（一）认为违法事实不成立，应当予以销案的；

（二）违法行为情节轻微，没有造成危害后果，不予行政处罚的；

（三）案件不属于本机关管辖，应当移送其他行政机关管辖的；

（四）涉嫌犯罪，应当移送司法机关的。

第三十二条 互联网信息内容管理部门进行案件调查时，对已有证据证明违法事实成立的，应当出具责令改正通知书，责令当事人改正或者限期改正违法行为。

第五章 听证、约谈

第三十三条 互联网信息内容管理部门作出吊销互联网新闻信息服务许可证、较大数额罚款等行政处罚决定之前，应当告知当事人有要求举行听证的权利。当事人要求听证的，应当在被告知后三日内提出，互联网信息内容管理部门应当组织听证。当事人逾期未要求听证的，视为放弃权利。

第三十四条 互联网信息内容管理部门应当在听证的七日前，将《举行听证通知书》（格式见附件10）送达当事人，告知举行听证的时间、地点。

听证应当制作《听证笔录》（格式见附件11），交当事人审核无误后签字或者盖章。

第三十五条 互联网信息内容管理部门对互联网信息服务提供者违法行为作出行政处罚决定前，可以根据有关规定对其实施约谈，谈话结束后制作《执法约谈笔录》（格式见附件12）。

第六章 处罚决定、送达

第三十六条 互联网信息内容管理部门作出行政处罚决定之前，应当填写《行政处罚意见告知书》（格式见附件13），告知当事人拟作出行政处罚的违法事实、处罚的理由和依据，以及当事人依法享有的陈述、申辩权。

互联网信息内容管理部门应当充分听取当事人的陈述和申辩。当事人提出的事实、理由或者证据经复核成立的，应当采纳。当事人在接到告知书之日起三个工作日内未提出陈述、申辩的，视为放弃权利。

互联网信息内容管理部门不得因当事人陈述、申辩而加重处罚。

第三十七条 拟作出的行政处罚决定应当报互联网信息内容管理部门负责人审查。互联网信息内容管理部门负责人根据不同情况，分别作出如下决定：

（一）确有应受行政处罚的违法行为的，根据情节轻重及具体情况，作出行政处罚决定；

（二）违法行为轻微，依法可以不予行政处罚的，不予行政处罚；

（三）违法事实不能成立的，不予行政处罚；

（四）违法行为已构成犯罪的，移送司法机关。

第三十八条 对情节复杂或者重大违法行为给予较重的行政处罚，互联网信息内容管理部门负责人应当集体讨论决定。集体讨论决定的过程应当有书面记录。

情节复杂、重大违法行为标准由互联网信息内容管理部门根据实际情况确定。

第三十九条 互联网信息内容管理部门作出行政处罚决定，应当制作统一编号的《行政处罚决定书》（格式见附件14）。

《行政处罚决定书》应当载明下列事项：

（一）当事人的姓名或者名称、地址等基本情况；

（二）违反法律、法规或者规章的事实和证据；

（三）行政处罚的种类和依据；

（四）行政处罚的履行方式和期限；

（五）不服行政处罚决定，申请行政复议或者提起行政诉讼的途径和期限；

（六）作出行政处罚决定的互联网信息内容管理部门名称和作出决定的日期。

行政处罚决定中涉及没收有关物品的，还应当附没收物品凭证。

《行政处罚决定书》应当盖有作出行政处罚决定的互联网信息内容管理部门的印章。

第四十条 《行政处罚决定书》应当在宣告后当场交付当事人；当事人不在场的，应当在七日内依照民事诉讼法的有关规定，将《行政处罚决定书》送达当事人。

第七章 执行与结案

第四十一条 《行政处罚决定书》送达后，当事人应当在处罚决定的期限内予以履行。

当事人确有经济困难，可以提出延期或者分期缴纳罚款的申请，并提交书面材料。经案件承办人审核，确定延期或者分期缴纳罚款的期限和金额，报互联网信息内容管理部门负责人批准后执行。

第四十二条 互联网信息服务提供者违反相关法律法规规章，需由电信主管部门关闭网站、吊销互联网信息服务增值电信业务经营许可证或者取消备案的，转电信主管部门处理。

第四十三条 当事人对互联网信息内容管理部门给予的行政处罚享有陈述、申辩权，对行政处罚决定不服的，有权依法申请行政复议或者提起行政诉讼。

当事人对行政处罚决定不服，申请行政复议或者提起行政诉讼的，行政处罚不停止执行，但法律另有规定的除外。

第四十四条 当事人在法定期限内不申请行政复议或者提起行政诉讼，又不履行行政处罚决定的，作出处罚决定的互联网信息内容管理部门可以申请人民法院强制执行。

互联网信息内容管理部门申请人民法院强制执行前应当填写《履行行政处罚决定催告书》（格式见附件15），书面催告当事人履行义务，并告知履行义务的期限和方式、依法享有的陈述和申辩权，涉及加处罚款的，应当有明确的金额和给付方式。

加处罚款的总数额不得超过原罚款数额。

当事人进行陈述、申辩的，互联网信息内容管理部门应当对当事人提出的事实、理由和证据进行记录、复核，并制作陈述申辩笔录、陈述申辩复核意见书。当事人提出的事实、理由或者证据成立的，互联网信息内容管理部门应当采纳。

《履行行政处罚决定催告书》送达十个工作日后，当事人仍未履行处罚决定的，互联网信息内容管理部门可以申请人民法院强制执行，并填写《行政处罚强制执行申请书》（格式见附件16）。

第四十五条 行政处罚决定履行或者执行后，办案人应当填写《行政处罚结案报告》（格式见附件17），将有关案件材料进行整理装订，归档保存。

第八章 附 则

第四十六条 本规定中的期限以时、日计算，开始的时和日不计算在内。期限届满的最后一日是节假日的，以节假日后的第一日为届满的日期。法律、法规另有规定的除外。

第四十七条 本规定中的“以上”“以下”“以内”，均包括本数。

第四十八条 国家互联网信息内容管理部门负责制定行政执法所适用的文书格式范本。各省、自治区、直辖市互联网信息内容管理部门可以参照文书格式范本，制定本行政区域行政处罚所适用的文书格式并自行印制。

第四十九条 本规定自2017年6月1日起施行。

附件：(略)

区块链信息服务管理规定

(2019年1月10日国家互联网信息办公室室务会议审议通过)

第一条 为了规范区块链信息服务活动，维护国家安全和社会公共利益，保护公民、法人和其他组织的合法权益，促进区块链技术及相关服务的健康发展，根据《中华人民共和国网络安全法》《互联网信息服务管理办法》和《国务院关于授权国家互联网信息办公室负责互联网信息内容管理工作的通知》，制定本规定。

第二条 在中华人民共和国境内从事区块链信息服务，应当遵守本规定。法律、行政法规另有规定的，遵照其规定。

本规定所称区块链信息服务，是指基于区块链技术或者系统，通过互联网站、应用程序等形式，向社会公众提供信息服务。

本规定所称区块链信息服务提供者，是指向社会公众提供区块链信息服务的主体或者节点，以及为区块链信息服务的主体提供技术支持的机构或者组织；本规定所称区块链信息服务使用者，是指使用区块链信息服务的组织或者个人。

第三条 国家互联网信息办公室依据职责负责全国区块链信息服务的监督管理执法工作。省、自治区、直辖市互联网信息办公室依据职责负责本行政区域内区块链信息服务的监督管理执法工作。

第四条 鼓励区块链行业组织加强行业自律，建立健全行业自律制度和行业准则，指导区块链信息服务提供者建立健全服务规范，推动行业信用评价体系建设，督促区块链信息服务提供者依法提供服务、接受社会监督，提高区块链信息服务从业人员的职业素养，促进行业健康有序发展。

第五条 区块链信息服务提供者应当落实信息内容安全管理责任，建立健全用户注册、信息审核、应急处置、安全防护等管理制度。

第六条 区块链信息服务提供者应当具备与其服务相适应的技术条件，对于法律、行政法规禁止的信息内容，应当具备对其发布、记录、存储、传播的即时和应急处置能力，技术方案应当符合国家相关标准规范。

第七条 区块链信息服务提供者应当制定并公开管理规则和平台公约，与区块链信息服务使用者签订服务协议，明确双方权利义务，要求其承诺遵守法律规定和平台公约。

第八条 区块链信息服务提供者应当按照《中华人民共和国网络安全法》的

规定，对区块链信息服务使用者进行基于组织机构代码、身份证件号码或者移动电话号码等方式的真实身份信息认证。用户不进行真实身份信息认证的，区块链信息服务提供者不得为其提供相关服务。

第九条 区块链信息服务提供者开发上线新产品、新应用、新功能的，应当按照有关规定报国家和省、自治区、直辖市互联网信息办公室进行安全评估。

第十条 区块链信息服务提供者和使用者不得利用区块链信息服务从事危害国家安全、扰乱社会秩序、侵犯他人合法权益等法律、行政法规禁止的活动，不得利用区块链信息服务制作、复制、发布、传播法律、行政法规禁止的信息内容。

第十一条 区块链信息服务提供者应当在提供服务之日起十个工作日内通过国家互联网信息办公室区块链信息服务备案管理系统填报服务提供者的名称、服务类别、服务形式、应用领域、服务器地址等信息，履行备案手续。

区块链信息服务提供者变更服务项目、平台网址等事项的，应当在变更之日起五个工作日内办理变更手续。

区块链信息服务提供者终止服务的，应当在终止服务三十个工作日前办理注销手续，并作出妥善安排。

第十二条 国家和省、自治区、直辖市互联网信息办公室收到备案人提交的备案材料后，材料齐全的，应当在二十个工作日内予以备案，发放备案编号，并通过国家互联网信息办公室区块链信息服务备案管理系统向社会公布备案信息；材料不齐全的，不予备案，在二十个工作日内通知备案人并说明理由。

第十三条 完成备案的区块链信息服务提供者应当在其对外提供服务的互联网站、应用程序等的显著位置标明其备案编号。

第十四条 国家和省、自治区、直辖市互联网信息办公室对区块链信息服务备案信息实行定期查验，区块链信息服务提供者应当在规定时间内登录区块链信息服务备案管理系统，提供相关信息。

第十五条 区块链信息服务提供者提供的区块链信息服务存在信息安全隐患的，应当进行整改，符合法律、行政法规等相关规定和国家相关标准规范后方可继续提供信息服务。

第十六条 区块链信息服务提供者应当对违反法律、行政法规规定和服务协议的区块链信息服务使用者，依法依约采取警示、限制功能、关闭账号等处置措施，对违法信息内容及时采取相应的处理措施，防止信息扩散，保存有关记录，并向有关主管部门报告。

第十七条 区块链信息服务提供者应当记录区块链信息服务使用者发布内容和日志等信息，记录备份应当保存不少于六个月，并在相关执法部门依法查询时予以提供。

第十八条 区块链信息服务提供者应当配合网信部门依法实施的监督检查，并提供必要的技术支持和协助。

区块链信息服务提供者应当接受社会监督，设置便捷的投诉举报入口，及时处理公众投诉举报。

第十九条　区块链信息服务提供者违反本规定第五条、第六条、第七条、第九条、第十一条第二款、第十三条、第十五条、第十七条、第十八条规定的，由国家和省、自治区、直辖市互联网信息办公室依据职责给予警告，责令限期改正，改正前应当暂停相关业务；拒不改正或者情节严重的，并处五千元以上三万元以下罚款；构成犯罪的，依法追究刑事责任。

第二十条　区块链信息服务提供者违反本规定第八条、第十六条规定的，由国家和省、自治区、直辖市互联网信息办公室依据职责，按照《中华人民共和国网络安全法》的规定予以处理。

第二十一条　区块链信息服务提供者违反本规定第十条的规定，制作、复制、发布、传播法律、行政法规禁止的信息内容的，由国家和省、自治区、直辖市互联网信息办公室依据职责给予警告，责令限期改正，改正前应当暂停相关业务；拒不改正或者情节严重的，并处二万元以上三万元以下罚款；构成犯罪的，依法追究刑事责任。

区块链信息服务使用者违反本规定第十条的规定，制作、复制、发布、传播法律、行政法规禁止的信息内容的，由国家和省、自治区、直辖市互联网信息办公室依照有关法律、行政法规的规定予以处理。

第二十二条　区块链信息服务提供者违反本规定第十一条第一款的规定，未按照本规定履行备案手续或者填报虚假备案信息的，由国家和省、自治区、直辖市互联网信息办公室依据职责责令限期改正；拒不改正或者情节严重的，给予警告，并处一万元以上三万元以下罚款。

第二十三条　在本规定公布前从事区块链信息服务的，应当自本规定生效之日起二十个工作日内依照本规定补办有关手续。

第二十四条　本规定自 2019 年 2 月 15 日起施行。

三、部门规范性文件

互联网站从事登载新闻业务管理暂行规定

（2000 年 11 月 17 日国务院新闻办公室、信息产业部发布）

第一条　为了促进我国互联网新闻传播事业的发展，规范互联网站登载新闻的业务，维护互联网新闻的真实性、准确性、合法性，制定本规定。

第二条　本规定适用于在中华人民共和国境内从事登载新闻业务的互联网站。

本规定所称登载新闻，是指通过互联网发布和转载新闻。

第三条　互联网站从事登载新闻业务，必须遵守宪法和法律、法规。

国家保护互联网站从事登载新闻业务的合法权益。

第四条　国务院新闻办公室负责全国互联网站从事登载新闻业务的管理工作。

省、自治区、直辖市人民政府新闻办公室依照本规定负责本行政区域内互联网站从事登载新闻业务的管理工作。

第五条 中央新闻单位、中央国家机关各部门新闻单位以及省、自治区、直辖市和省、自治区人民政府所在地的市直属新闻单位依法建立的互联网站(以下简称新闻网站),经批准可以从事登载新闻业务。其他新闻单位不单独建立新闻网站,经批准可以在中央新闻单位或者省、自治区、直辖市直属新闻单位建立的新闻网站建立新闻网页从事登载新闻业务。

第六条 新闻单位建立新闻网站(页)从事登载新闻业务,应当依照下列规定报国务院新闻办公室或者省、自治区、直辖市人民政府新闻办公室审核批准:

(一)中央新闻单位建立新闻网站从事登载新闻业务,报国务院新闻办公室审核批准。

(二)中央国家机关各部门新闻单位建立新闻网站从事登载新闻业务,经主管部门审核同意,报国务院新闻办公室批准。

(三)省、自治区、直辖市和省、自治区人民政府所在地的市直属新闻单位建立新闻网站从事登载新闻业务,经所在地省、自治区、直辖市人民政府新闻办公室审核同意,报国务院新闻办公室批准。

(四)省、自治区、直辖市以下新闻单位在中央新闻单位或者省、自治区、直辖市直属新闻单位的新闻网站建立新闻网页从事登载新闻业务,报所在地省、自治区、直辖市人民政府新闻办公室审核批准,并报国务院新闻办公室备案。

第七条 非新闻单位依法建立的综合性互联网站(以下简称综合性非新闻单位网站),具备本规定第九条所列条件的,经批准可以从事登载中央新闻单位、中央国家机关各部门新闻单位以及省、自治区、直辖市直属新闻单位发布的新闻的业务,但不得登载自行采写的新闻和其他来源的新闻。非新闻单位依法建立的其他互联网站,不得从事登载新闻业务。

第八条 综合性非新闻单位网站依照本规定第七条从事登载新闻业务,应当经主办单位所在地省、自治区、直辖市人民政府新闻办公室审核同意,报国务院新闻办公室批准。

第九条 综合性非新闻单位网站从事登载新闻业务,应当具备下列条件:

(一)有符合法律、法规规定的从事登载新闻业务的宗旨及规章制度;

(二)有必要的新闻编辑机构、资金、设备及场所;

(三)有具有相关新闻工作经验和中级以上新闻专业技术职务资格的专职新闻编辑负责人,并有相应数量的具有中级以上新闻专业技术职务资格的专职新闻编辑人员;

(四)有符合本规定第十一条规定的新闻信息来源。

第十条 互联网站申请从事登载新闻业务,应当填写并提交国务院新闻办公室统一制发的《互联网站从事登载新闻业务申请表》。

第十一条 综合性非新闻单位网站从事登载中央新闻单位、中央国家机关各部门新闻单位以及省、自治区、直辖市直属新闻单位发布的新闻的业务,应当同上述有关新闻单位签订协议，并将协议副本报主办单位所在地省、自治区、直辖市人民政府新闻办公室备案。

第十二条　综合性非新闻单位网站登载中央新闻单位、中央国家机关各部门新闻单位以及省、自治区、直辖市直属新闻单位发布的新闻，应当注明新闻来源和日期。

第十三条　互联网站登载的新闻不得含有下列内容：

（一）违反宪法所确定的基本原则；

（二）危害国家安全，泄露国家秘密，煽动颠覆国家政权，破坏国家统一；

（三）损害国家的荣誉和利益；

（四）煽动民族仇恨、民族歧视，破坏民族团结；

（五）破坏国家宗教政策，宣扬邪教，宣扬封建迷信；

（六）散布谣言，编造和传播假新闻，扰乱社会秩序，破坏社会稳定；

（七）散布淫秽、色情、赌博、暴力、恐怖或者教唆犯罪；

（八）侮辱或者诽谤他人，侵害他人合法权益；

（九）法律、法规禁止的其他内容。

第十四条　互联网站链接境外新闻网站，登载境外新闻媒体和互联网站发布的新闻，必须另行报国务院新闻办公室批准。

第十五条　违反本规定，有下列情形之一的，由国务院新闻办公室或者省、自治区、直辖市人民政府新闻办公室给予警告，责令限期改正；已取得从事登载新闻业务资格的，情节严重的，撤消其从事登载新闻业务的资格：

（一）未取得从事登载新闻业务资格，擅自登载新闻的；

（二）综合性非新闻单位网站登载自行采写的新闻或者登载不符合本规定第七条规定来源的新闻的，或者未注明新闻来源的；

（三）综合性非新闻单位网站未与中央新闻单位、中央国家机关各部门新闻单位以及省、自治区、直辖市直属新闻单位签订协议擅自登载其发布的新闻，或者签订的协议未履行备案手续的；

（四）未经批准，擅自链接境外新闻网站，登载境外新闻媒体和互联网站发布的新闻的。

第十六条　互联网站登载的新闻含有本规定第十三条所列内容之一，构成犯罪的，依法追究刑事责任；尚不构成犯罪的，由公安机关或者国家安全机关依照有关法律、行政法规的规定给予行政处罚。

第十七条　互联网站登载新闻含有本规定第十三条所列内容之一或者有本规定第十五条所列情形之一的，国务院信息产业主管部门或者省、自治区、直辖市电信管理机构依照有关法律、行政法规的规定，可以责令关闭网站。并吊销其电信业务经营许可证。

第十八条　在本规定施行前已经从事登载新闻业务的互联网站，应当自本规定施行之日起60日内依照本规定办理相应的手续。

第十九条　本规定自发布之日起施行。

互联网视听节目服务业务分类目录(试行)

(2017年3月10日国家新闻出版广电总局发布)

第一部分 目 录

利用公共互联网(含移动互联网)向计算机、手机用户提供视听节目服务(不含交互式网络电视(IPTV)、互联网电视、专网手机电视业务),业务分类如下:

一、第一类互联网视听节目服务(广播电台、电视台形态的互联网视听节目服务)

(一)时政类视听新闻节目首发服务

(二)时政和社会类视听节目的主持、访谈、评论服务

(三)自办新闻、综合视听节目频道服务

(四)自办专业视听节目频道服务

(五)重大政治、军事、经济、社会、文化、体育等活动、事件的实况视音频直播服务

二、第二类互联网视听节目服务

(一)时政类视听新闻节目转载服务

(二)文艺、娱乐、科技、财经、体育、教育等专业类视听节目的主持、访谈、报道、评论服务

(三)文艺、娱乐、科技、财经、体育、教育等专业类视听节目的制作(不含采访)、播出服务

(四)网络剧(片)的制作、播出服务

(五)电影、电视剧、动画片类视听节目的汇集、播出服务

(六)文艺、娱乐、科技、财经、体育、教育等专业类视听节目的汇集、播出服务

(七)一般社会团体文化活动、体育赛事等组织活动的实况视音频直播服务

三、第三类互联网视听节目服务

(一)聚合网上视听节目的服务

(二)转发网民上传视听节目的服务

四、第四类互联网视听节目服务(互联网视听节目转播类服务)

(一)转播广播电视节目频道的服务

(二)转播互联网视听节目频道的服务

(三)转播网上实况直播的视听节目的服务

注:交互式网络电视(IPTV)、专网手机电视、互联网电视的集成播控服务、内容提供服务属于广播电台、电视台形态的网络视听节目服务,系专网及定向传播视听节目服务。交互式网络电视(IPTV)、专网手机电视、互联网电视的集成播控服务、内容提供服务和传输分发服务的业务分类目录另行制定。

第二部分 业务界定

一、第一类互联网视听节目服务(广播电台、电视台形态的互联网视听节目服务)

(一)时政类视听新闻节目首发服务

指采访、制作或定制时政新闻、社会新闻类视听节目,首先供公众在网上点播的服务。定制指委托其他机构为本机构制作节目并供其播出的行为。

(二)时政和社会类视听节目的主持、访谈、评论服务

指以主持、访谈、演讲的节目形式,围绕政治、社会事件或题材进行评论,供公众在网上点播的服务。

(三)自办新闻、综合视听节目频道服务

指采用与广播电视节目频道相同的编播形式,自行编排含有时政新闻、社会新闻内容的互联网视听节目频道,通过互联网实时播出供公众收看的服务。

(四)自办专业视听节目频道服务

指采用与广播电视节目频道相同的编播形式,自行编排不含有时政新闻、社会新闻内容的影视、文艺、娱乐、科技、财经、体育、教育等专业类视听节目的频道,通过互联网实时播出供公众收看的服务。

(五)重大政治、军事、经济、社会、文化、体育等活动、事件的实况视音频直播服务

指通过互联网对重大政治、军事、经济、社会、文化、体育等活动或事件进行的视音频实况直播服务。

二、第二类互联网视听节目服务

(一)时政类视听新闻节目转载服务

指转载广播电视、新闻视听节目网站已登载播出过的时政新闻类,以及转载含有政治、社会评论题材的主持、访谈、报道类视听节目,供公众点播(含下载或轮播)收看、收听的服务。轮播指将单个视听节目制成品反复播放,或将若干个视听节目制成品组合在一起,按固定顺序在互联网上反复轮流播放,且每一轮的播放时长不超过60分钟的播放活动。

(二)文艺、娱乐、科技、财经、体育、教育等专业类视听节目的主持、访谈、报道、评论服务

指以采访、主持、访谈等节目形式,对文艺、娱乐、科技、财经、体育、教育等领域的事件进行报道、评论,并供公众在网上点播的服务。

(三)文艺、娱乐、科技、财经、体育、教育等专业类视听节目的制作(不含采访)、播出服务

指生产制作、定制、编排文艺、娱乐、科技、财经、体育、教育等专业类视听节目,并供公众在网上点播的服务。

(四)网络剧(片)的制作、播出服务

指生产制作、定制、编排网络剧(片)的服务。

(五)电影、电视剧、动画片类视听节目的汇集、播出服务

指采购、收集、编排电影、电视剧、网络剧(电影)、手机剧(电影)、动画片等节目,并供公众点播(含下载或轮播)的服务。

(六)文艺、娱乐、科技、财经、体育、教育等专业类视听节目的汇集、播出服务

指采购、收集、编排文艺、娱乐、科技、财经、体育、教育等专业方面的专题节目(包括个人DV作品),并供公众点播(含下载或轮播)的服务。

(七)一般社会团体文化活动、体育赛事等组织活动的实况视音频直播服务

指通过互联网对一般社会性、团体性文化活动、体育赛事等向公众进行实况视音频直播的服务。

三、第三类互联网视听节目服务

(一)聚合网上视听节目的服务

指将互联网上的视听节目信息编辑、排列到同一网站上,并向公众提供节目的查找、收看服务的业务活动。

(二)转发网民上传视听节目的服务

指为网民提供专门的节目或信息上传通道,供网民将自己或他人的节目源通过网站的信息播发系统或收视界面传递给公众,供公众点播的服务。包括:(1)节目上传服务,指网民将节目上传到网站的服务器中,供公众收看、收听(含下载)的服务;(2)信息上传分发服务,指网民将节目名称、链接地址等信息上传到网站的服务器中,供公众浏览、选择再链接到其他播放器收看、收听(含下载)节目的服务。

四、第四类互联网视听节目服务(互联网视听节目转播类服务)

(一)转播广播电视节目频道的服务

指通过互联网完整转播广播电视节目频道、频率的服务。完整转播是指保留频道标识,不在节目信号中插播内容,不修改、删减任何原有频道的节目内容和图文信息。

(二)转播互联网视听节目频道的服务

指通过互联网完整转播互联网视听节目频道(第一类第三项或第一类第四项)的服务。

(三)转播网上实况直播的视听节目的服务

指通过互联网完整转播其他网站对政治、军事、经济、社会、文化、体育等活动或事件的实况视音频直播视听节目的服务。

即时通信工具公众信息服务发展管理暂行规定

(2014年8月7日国家互联网信息办公室发布)

第一条 为进一步推动即时通信工具公众信息服务健康有序发展,保护公民、法人和其他组织的合法权益,维护国家安全和公共利益,根据《全国人民代表大会常务委员会关于维护互联网安全的决定》、《全国人民代表大会常务委员会关于加强网络信息保护的决定》、《最高人民法院最高人民检察院关于办理利用信息网络实施诽谤等刑事案件适用法律若干问题的解释》、《互联网信息服务管理办法》、《互联网新闻信息服务管理规定》等法律法规,制定本规定。

第二条 在中华人民共和国境内从事即时通信工具公众信息服务,适用本规定。

本规定所称即时通信工具,是指基于互联网面向终端使用者提供即时信息交

流服务的应用。本规定所称公众信息服务,是指通过即时通信工具的公众账号及其他形式向公众发布信息的活动。

第三条 国家互联网信息办公室负责统筹协调指导即时通信工具公众信息服务发展管理工作,省级互联网信息内容主管部门负责本行政区域的相关工作。

互联网行业组织应当积极发挥作用,加强行业自律,推动行业信用评价体系建设,促进行业健康有序发展。

第四条 即时通信工具服务提供者应当取得法律法规规定的相关资质。即时通信工具服务提供者从事公众信息服务活动,应当取得互联网新闻信息服务资质。

第五条 即时通信工具服务提供者应当落实安全管理责任,建立健全各项制度,配备与服务规模相适应的专业人员,保护用户信息及公民个人隐私,自觉接受社会监督,及时处理公众举报的违法和不良信息。

第六条 即时通信工具服务提供者应当按照"后台实名、前台自愿"的原则,要求即时通信工具服务使用者通过真实身份信息认证后注册账号。

即时通信工具服务使用者注册账号时,应当与即时通信工具服务提供者签订协议,承诺遵守法律法规、社会主义制度、国家利益、公民合法权益、公共秩序、社会道德风尚和信息真实性等"七条底线"。

第七条 即时通信工具服务使用者为从事公众信息服务活动开设公众账号,应当经即时通信工具服务提供者审核,由即时通信工具服务提供者向互联网信息内容主管部门分类备案。

新闻单位、新闻网站开设的公众账号可以发布、转载时政类新闻,取得互联网新闻信息服务资质的非新闻单位开设的公众账号可以转载时政类新闻。其他公众账号未经批准不得发布、转载时政类新闻。

即时通信工具服务提供者应当对可以发布或转载时政类新闻的公众账号加注标识。

鼓励各级党政机关、企事业单位和各人民团体开设公众账号,服务经济社会发展,满足公众需求。

第八条 即时通信工具服务使用者从事公众信息服务活动,应当遵守相关法律法规。

对违反协议约定的即时通信工具服务使用者,即时通信工具服务提供者应当视情节采取警示、限制发布、暂停更新直至关闭账号等措施,并保存有关记录,履行向有关主管部门报告义务。

第九条 对违反本规定的行为,由有关部门依照相关法律法规处理。

第十条 本规定自公布之日起施行。

互联网用户账号名称管理规定

(2015 年 2 月 4 日国家互联网信息办公室发布)

第一条 为加强对互联网用户账号名称的管理,保护公民、法人和其他组织的合法权益，根据《国务院关于授权国家互联网信息办公室负责互联网信息内容管理工作的通知》和有关法律、行政法规，制定本规定。

第二条 在中华人民共和国境内注册、使用和管理互联网用户账号名称，适用本规定。

本规定所称互联网用户账号名称，是指机构或个人在博客、微博客、即时通信工具、论坛、贴吧、跟帖评论等互联网信息服务中注册或使用的账号名称。

第三条 国家互联网信息办公室负责对全国互联网用户账号名称的注册、使用实施监督管理，各省、自治区、直辖市互联网信息内容主管部门负责对本行政区域内互联网用户账号名称的注册、使用实施监督管理。

第四条 互联网信息服务提供者应当落实安全管理责任，完善用户服务协议，明示互联网信息服务使用者在账号名称、头像和简介等注册信息中不得出现违法和不良信息，配备与服务规模相适应的专业人员，对互联网用户提交的账号名称、头像和简介等注册信息进行审核，对含有违法和不良信息的，不予注册；保护用户信息及公民个人隐私，自觉接受社会监督，及时处理公众举报的账号名称、头像和简介等注册信息中的违法和不良信息。

第五条 互联网信息服务提供者应当按照“后台实名、前台自愿”的原则，要求互联网信息服务使用者通过真实身份信息认证后注册账号。

互联网信息服务使用者注册账号时，应当与互联网信息服务提供者签订协议，承诺遵守法律法规、社会主义制度、国家利益、公民合法权益、公共秩序、社会道德风尚和信息真实性等七条底线。

第六条 任何机构或个人注册和使用的互联网用户账号名称，不得有下列情形：

（一）违反宪法或法律法规规定的；

（二）危害国家安全，泄露国家秘密，颠覆国家政权，破坏国家统一的；

（三）损害国家荣誉和利益的，损害公共利益的；

（四）煽动民族仇恨、民族歧视，破坏民族团结的；

（五）破坏国家宗教政策，宣扬邪教和封建迷信的；

（六）散布谣言，扰乱社会秩序，破坏社会稳定的；

（七）散布淫秽、色情、赌博、暴力、凶杀、恐怖或者教唆犯罪的；

（八）侮辱或者诽谤他人，侵害他人合法权益的；

（九）含有法律、行政法规禁止的其他内容的。

第七条 互联网信息服务使用者以虚假信息骗取账号名称注册，或其账号头像、简介等注册信息存在违法和不良信息的，互联网信息服务提供者应当采取通知限期改正、暂停使用、注销登记等措施。

第八条 对冒用、关联机构或社会名人注册账号名称的，互联网信息服务提供者应当注销其账号，并向互联网信息内容主管部门报告。

第九条 对违反本规定的行为，由有关部门依照相关法律规定处理。

第十条 本规定自2015年3月1日施行。

互联网新闻信息服务单位约谈工作规定

（2015 年 4 月 28 日国家互联网信息办公室发布）

第一条　为了进一步推进依法治网，促进互联网新闻信息服务单位依法办网、文明办网，规范互联网新闻信息服务，保护公民、法人和其他组织的合法权益，营造清朗网络空间，根据《互联网信息服务管理办法》、《互联网新闻信息服务管理规定》和《国务院关于授权国家互联网信息办公室负责互联网信息内容管理工作的通知》，制定本规定。

第二条　国家互联网信息办公室、地方互联网信息办公室建立互联网新闻信息服务单位约谈制度。

本规定所称约谈，是指国家互联网信息办公室、地方互联网信息办公室在互联网新闻信息服务单位发生严重违法违规情形时，约见其相关负责人，进行警示谈话、指出问题、责令整改纠正的行政行为。

第三条　地方互联网信息办公室负责对本行政区域内的互联网新闻信息服务单位实施约谈，约谈情况应当及时向国家互联网信息办公室报告。

对存在重大违法情形的互联网新闻信息服务单位，由国家互联网信息办公室单独或联合属地互联网信息办公室实施约谈。

第四条　互联网新闻信息服务单位有下列情形之一的，国家互联网信息办公室、地方互联网信息办公室可对其主要负责人、总编辑等进行约谈：

（一）未及时处理公民、法人和其他组织关于互联网新闻信息服务的投诉、举报情节严重的；

（二）通过采编、发布、转载、删除新闻信息等谋取不正当利益的；

（三）违反互联网用户账号名称注册、使用、管理相关规定情节严重的；

（四）未及时处置违法信息情节严重的；

（五）未及时落实监管措施情节严重的；

（六）内容管理和网络安全制度不健全、不落实的；

（七）网站日常考核中问题突出的；

（八）年检中问题突出的；

（九）其他违反相关法律法规规定需要约谈的情形。

第五条　国家互联网信息办公室、地方互联网信息办公室对互联网新闻信息服务单位实施约谈，应当提前告知约谈事由，并约定时间、地点和参加人员等。

国家互联网信息办公室、地方互联网信息办公室实施约谈时，应当由两名以上执法人员参加，主动出示证件，并记录约谈情况。

第六条　国家互联网信息办公室、地方互联网信息办公室通过约谈，及时指出互联网新闻信息服务单位存在的问题，并提出整改要求。

互联网新闻信息服务单位应当及时落实整改要求，依法提供互联网新闻信息服务。

第七条 国家互联网信息办公室、地方互联网信息办公室应当加强对互联网新闻信息服务单位的监督检查,并对其整改情况进行综合评估,综合评估可以委托第三方开展。

互联网新闻信息服务单位未按要求整改,或经综合评估未达到整改要求的,将依照《互联网信息服务管理办法》、《互联网新闻信息服务管理规定》的有关规定给予警告、罚款、责令停业整顿、吊销许可证等处罚;互联网新闻信息服务单位被多次约谈仍然存在违法行为的,依法从重处罚。

第八条 国家互联网信息办公室、地方互联网信息办公室可将与互联网新闻信息服务单位的约谈情况向社会公开。

约谈情况记入互联网新闻信息服务单位日常考核和年检档案。

第九条 国家互联网信息办公室、地方互联网信息办公室履行约谈职责时,互联网新闻信息服务单位应当予以配合,不得拒绝、阻挠。

第十条 本规定由国家互联网信息办公室负责解释,自 2015 年 6 月 1 日起实施。

互联网危险物品信息发布管理规定

(2015 年 2 月 5 日公安部、国家互联网信息办公室、工业和信息化部、环境保护部、国家工商行政管理总局、国家安全生产监督管理总局发布)

第一条 为进一步加强对互联网危险物品信息的管理,规范危险物品从业单位信息发布行为,依法查处、打击涉及危险物品的违法犯罪活动,净化网络环境,保障公共安全,根据《全国人大常委会关于加强网络信息保护的决定》、《全国人大常委会关于维护互联网安全的决定》、《广告法》、《枪支管理法》、《放射性污染防治法》和《民用爆炸物品安全管理条例》、《烟花爆竹安全管理条例》、《危险化学品安全管理条例》、《放射性同位素与射线装置安全和防护条例》、《核材料管制条例》、《互联网信息服务管理办法》等法律、法规和规章,制定本规定。

第二条 本规定所称危险物品,是指枪支弹药、爆炸物品、剧毒化学品、易制爆危险化学品和其他危险化学品、放射性物品、核材料、管制器具等能够危及人身安全和财产安全的物品。

第三条 本规定所称危险物品从业单位,是指依法取得危险物品生产、经营、使用资质的单位以及从事危险物品相关工作的教学、科研、社会团体、中介机构等单位。具体包括:

(一)经公安机关核发《民用枪支(弹药)制造许可证》、《民用枪支(弹药)配售许可证》的民用枪支、弹药制造、配售企业;

(二)经民用爆炸物品行业主管部门核发《民用爆炸物品生产许可证》、《民用爆炸物品销售许可证》的民用爆炸物品生产、销售企业,经公安机关核发《爆破作业单位许可证》的爆破作业单位;

(三)经安全生产监督管理部门核发《烟花爆竹安全生产许可证》、《烟花爆竹

经营(批发)许可证》、《烟花爆竹经营(零售)许可证》的烟花爆竹生产、经营单位;

(四)经安全生产监督管理部门核发《危险化学品安全生产许可证》、《危险化学品经营许可证》、《危险化学品安全使用许可证》的危险化学品生产、经营、使用单位;

(五)经环境保护主管部门核发《辐射安全许可证》的生产、销售、使用放射性同位素和射线装置单位;

(六)经国务院核材料管理部门核发《核材料许可证》的核材料持有、使用、生产、储存、运输和处置单位;

(七)经公安机关批准的弩制造企业、营业性射击场,经公安机关登记备案的管制刀具制造、销售单位;

(八)从事危险物品教学、科研、服务的高等院校、科研院所、社会团体、中介机构和技术服务企业;

(九)法律、法规规定的其他危险物品从业单位。

第四条　本规定所称危险物品信息,是指在互联网上发布的危险物品生产、经营、储存、使用信息,包括危险物品种类、性能、用途和危险物品专业服务等相关信息。

第五条　危险物品从业单位从事互联网信息服务的,应当按照《互联网信息服务管理办法》规定,向电信主管部门申请办理互联网信息服务增值电信业务经营许可或者办理非经营性互联网信息服务备案手续,并按照《计算机信息网络国际联网安全保护管理办法》规定,持从事危险物品活动的合法资质材料到所在地县级以上人民政府公安机关接受网站安全检查。

第六条　危险物品从业单位依法取得互联网信息服务增值电信业务经营许可或者办理非经营性互联网信息服务备案手续后,可以在本单位网站发布危险物品信息。

禁止个人在互联网上发布危险物品信息。

第七条　接入服务提供者应当与危险物品从业单位签订协议或者确认提供服务,不得为未取得增值电信业务许可或者未办理非经营性互联网信息服务备案手续的危险物品从业单位提供接入服务。

接入服务提供者不得为危险物品从业单位以外的任何单位或者个人提供危险物品信息发布网站接入服务。

第八条　危险物品从业单位应当在本单位网站主页显著位置标明可供查询的互联网信息服务经营许可证编号或者备案编号、从事危险物品活动的合法资质和营业执照等材料。

第九条　危险物品从业单位应当在本单位网站网页显著位置标明单位、个人购买相关危险物品应当具备的资质、资格条件:

(一)购买民用枪支、弹药应当持有省级或者设区的市级人民政府公安机关核发的《民用枪支(弹药)配购证》。

(二)购买民用爆炸物品应当持有国务院民用爆炸物品行业主管部门核发的《民用爆炸物品生产许可证》,或者省级人民政府民用爆炸物品行业主管部门核发的《民用爆炸物品销售许可证》,或者所在地县级人民政府公安机关核发的《民用爆炸物品购买许可证》。

(三)购买烟花爆竹的,批发企业应当持有安全生产监督管理部门核发的《烟花爆竹经营(批发)许可证》;零售单位应当持有安全生产监督管理部门核发的《烟花爆竹经营(零售)许可证》;举办焰火晚会以及其他大型焰火燃放活动的应当持有公安机关核发的《焰火燃放许可证》;个人消费者应当向持有安全生产监督管理部门核发的《烟花爆竹经营(零售)许可证》的零售单位购买。批发企业向烟花爆竹生产企业采购烟花爆竹;零售经营者向烟花爆竹批发企业采购烟花爆竹。严禁零售单位和个人购买专业燃放类烟花爆竹。

(四)购买剧毒化学品应当持有安全生产监督管理部门核发的《危险化学品安全生产许可证》,或者设区的市级人民政府安全生产监督管理部门核发的《危险化学品经营许可证》或者《危险化学品安全使用许可证》,或者县级人民政府公安机关核发的《剧毒化学品购买许可证》。

购买易制爆危险化学品应当持有安全生产监督管理部门核发的《危险化学品安全生产许可证》,或者工业和信息化部核发的《民用爆炸物品生产许可证》,或者设区的市级人民政府安全生产监督管理部门核发的《危险化学品经营许可证》或者《危险化学品安全使用许可证》,或者本单位出具的合法用途证明。

(五)购买放射性同位素的单位应当持有环境保护主管部门核发的《辐射安全许可证》。

(六)购买核材料的单位应当持有国务院核材料管理部门核发的《核材料许可证》。

(七)购买弩应当持有省级人民政府公安机关批准使用的许可文件。

(八)购买匕首、三棱刮刀应当持有所在单位的批准文件或者证明,且匕首仅限于军人、警察、专业狩猎人员和地质、勘探等野外作业人员购买,三棱刮刀仅限于机械加工单位购买。

(九)法律、法规和相关管理部门的其他规定。

第十条 禁止危险物品从业单位在本单位网站以外的互联网应用服务中发布危险物品信息及建立相关链接。

危险物品从业单位发布的危险物品信息不得包含诱导非法购销危险物品行为的内容。

第十一条 禁止任何单位和个人在互联网上发布危险物品制造方法的信息。

第十二条 网络服务提供者应当加强对接入网站及用户发布信息的管理,定期对发布信息进行巡查,对法律、法规和本规定禁止发布或者传输的危险物品信息,应当立即停止传输,采取消除等处置措施,保存有关记录,并向公安机关等主管部门报告。

第十三条 各级公安、网信、工业和信息化、电信主管、环境保护、工商行政管理、安全监管等部门在各自的职责范围内依法履行职责,完善危险物品从业单位许可、登记备案、信息情况通报和信息发布机制,加强协作配合,共同防范危险物品信息发布的违法犯罪行为。

第十四条　违反规定制作、复制、发布、传播含有危险物品内容的信息，或者故意为制作、复制、发布、传播违法违规危险物品信息提供服务的，依法给予停止联网、停机整顿、吊销许可证或者取消备案、暂时关闭网站直至关闭网站等处罚；构成违反治安管理行为的，依法给予治安管理处罚；构成犯罪的，依法追究刑事责任。

第十五条　任何组织和个人对在互联网上违法违规发布危险物品信息和利用互联网从事走私、贩卖危险物品的违法犯罪行为，有权向有关主管部门举报。接到举报的部门应当依法及时处理，并对举报有功人员予以奖励。

第十六条　本规定自2015年3月1日起执行。

互联网信息搜索服务管理规定

（2016年6月25日国家互联网信息办公室发布）

第一条　为规范互联网信息搜索服务，促进互联网信息搜索行业健康有序发展，保护公民、法人和其他组织的合法权益，维护国家安全和公共利益，根据《全国人民代表大会常务委员会关于加强网络信息保护的决定》和《国务院关于授权国家互联网信息办公室负责互联网信息内容管理工作的通知》，制定本规定。

第二条　在中华人民共和国境内从事互联网信息搜索服务，适用本规定。

本规定所称互联网信息搜索服务，是指运用计算机技术从互联网上搜集、处理各类信息供用户检索的服务。

第三条　国家互联网信息办公室负责全国互联网信息搜索服务的监督管理执法工作。地方互联网信息办公室依据职责负责本行政区域内互联网信息搜索服务的监督管理执法工作。

第四条　互联网信息搜索服务行业组织应当建立健全行业自律制度和行业准则，指导互联网信息搜索服务提供者建立健全服务规范，督促互联网信息搜索服务提供者依法提供服务、接受社会监督，提高互联网信息搜索服务从业人员的职业素养。

第五条　互联网信息搜索服务提供者应当取得法律法规规定的相关资质。

第六条　互联网信息搜索服务提供者应当落实主体责任，建立健全信息审核、公共信息实时巡查、应急处置及个人信息保护等信息安全管理制度，具有安全可控的防范措施，为有关部门依法履行职责提供必要的技术支持。

第七条　互联网信息搜索服务提供者不得以链接、摘要、快照、联想词、相关搜索、相关推荐等形式提供含有法律法规禁止的信息内容。

第八条　互联网信息搜索服务提供者提供服务过程中发现搜索结果明显含有法律法规禁止内容的信息、网站及应用，应当停止提供相关搜索结果，保存有关记录，并及时向国家或者地方互联网信息办公室报告。

第九条　互联网信息搜索服务提供者及其从业人员，不得通过断开相关链接或者提供含有虚假信息的搜索结果等手段，牟取不正当利益。

第十条　互联网信息搜索服务提供者应当提供客观、公正、权威的搜索结果，不得损害国家利益、公共利益，以及公民、法人和其他组织的合法权益。

第十一条 互联网信息搜索服务提供者提供付费搜索信息服务，应当依法查验客户有关资质，明确付费搜索信息页面比例上限，醒目区分自然搜索结果与付费搜索信息，对付费搜索信息逐条加注显著标识。

互联网信息搜索服务提供者提供商业广告信息服务，应当遵守相关法律法规。

第十二条 互联网信息搜索服务提供者应当建立健全公众投诉、举报和用户权益保护制度，在显著位置公布投诉、举报方式，主动接受公众监督，及时处理公众投诉、举报，依法承担对用户权益造成损害的赔偿责任。

第十三条 本规定自2016年8月1日起施行。

移动互联网应用程序信息服务管理规定

（2016年6月28日国家互联网信息办公室发布）

第一条 为加强对移动互联网应用程序（APP）信息服务的管理，保护公民、法人和其他组织的合法权益，维护国家安全和公共利益，根据《全国人民代表大会常务委员会关于加强网络信息保护的决定》和《国务院关于授权国家互联网信息办公室负责互联网信息内容管理工作的通知》，制定本规定。

第二条 在中华人民共和国境内通过移动互联网应用程序提供信息服务，从事互联网应用商店服务，应当遵守本规定。

本规定所称移动互联网应用程序，是指通过预装、下载等方式获取并运行在移动智能终端上、向用户提供信息服务的应用软件。

本规定所称移动互联网应用程序提供者，是指提供信息服务的移动互联网应用程序所有者或运营者。

本规定所称互联网应用商店，是指通过互联网提供应用软件浏览、搜索、下载或开发工具和产品发布服务的平台。

第三条 国家互联网信息办公室负责全国移动互联网应用程序信息内容的监督管理执法工作。地方互联网信息办公室依据职责负责本行政区域内的移动互联网应用程序信息内容的监督管理执法工作。

第四条 鼓励各级党政机关、企事业单位和各人民团体积极运用移动互联网应用程序，推进政务公开，提供公共服务，促进经济社会发展。

第五条 通过移动互联网应用程序提供信息服务，应当依法取得法律法规规定的相关资质。从事互联网应用商店服务，还应当在业务上线运营三十日内向所在地省、自治区、直辖市互联网信息办公室备案。

第六条 移动互联网应用程序提供者和互联网应用商店服务提供者不得利用移动互联网应用程序从事危害国家安全、扰乱社会秩序、侵犯他人合法权益等法律法规禁止的活动，不得利用移动互联网应用程序制作、复制、发布、传播法律法规禁止的信息内容。

第七条　移动互联网应用程序提供者应当严格落实信息安全管理责任，依法履行以下义务：

（一）按照“后台实名、前台自愿”的原则，对注册用户进行基于移动电话号码等真实身份信息认证。

（二）建立健全用户信息安全保护机制，收集、使用用户个人信息应当遵循合法、正当、必要的原则，明示收集使用信息的目的、方式和范围，并经用户同意。

（三）建立健全信息内容审核管理机制，对发布违法违规信息内容的，视情采取警示、限制功能、暂停更新、关闭账号等处置措施，保存记录并向有关主管部门报告。

（四）依法保障用户在安装或使用过程中的知情权和选择权，未向用户明示并经用户同意，不得开启收集地理位置、读取通讯录、使用摄像头、启用录音等功能，不得开启与服务无关的功能，不得捆绑安装无关应用程序。

（五）尊重和保护知识产权，不得制作、发布侵犯他人知识产权的应用程序。

（六）记录用户日志信息，并保存六十日。

第八条　互联网应用商店服务提供者应当对应用程序提供者履行以下管理责任：

（一）对应用程序提供者进行真实性、安全性、合法性等审核，建立信用管理制度，并向所在地省、自治区、直辖市互联网信息办公室分类备案。

（二）督促应用程序提供者保护用户信息，完整提供应用程序获取和使用用户信息的说明，并向用户呈现。

（三）督促应用程序提供者发布合法信息内容，建立健全安全审核机制，配备与服务规模相适应的专业人员。

（四）督促应用程序提供者发布合法应用程序，尊重和保护应用程序提供者的知识产权。

对违反前款规定的应用程序提供者，视情采取警示、暂停发布、下架应用程序等措施，保存记录并向有关主管部门报告。

第九条　互联网应用商店服务提供者和移动互联网应用程序提供者应当签订服务协议，明确双方权利义务，共同遵守法律法规和平台公约。

第十条　移动互联网应用程序提供者和互联网应用商店服务提供者应当配合有关部门依法进行的监督检查，自觉接受社会监督，设置便捷的投诉举报入口，及时处理公众投诉举报。

第十一条　本规定自2016年8月1日起施行。

互联网直播服务管理规定

（2016年11月4日国家互联网信息办公室发布）

第一条　为加强对互联网直播服务的管理，保护公民、法人和其他组织的合法权益，维护国家安全和公共利益，根据《全国人民代表大会常务委员会关于加强网络信息保护的决定》《国务院关于授权国家互联网信息办公室负责互联网信息内容管理工作的通知》《互联网信息服务管理办法》和《互联网新闻信息服务管理规定》，制定本规定。

第二条 在中华人民共和国境内提供、使用互联网直播服务，应当遵守本规定。

本规定所称互联网直播，是指基于互联网，以视频、音频、图文等形式向公众持续发布实时信息的活动；本规定所称互联网直播服务提供者，是指提供互联网直播平台服务的主体；本规定所称互联网直播服务使用者，包括互联网直播发布者和用户。

第三条 提供互联网直播服务，应当遵守法律法规，坚持正确导向，大力弘扬社会主义核心价值观，培育积极健康、向上向善的网络文化，维护良好网络生态，维护国家利益和公共利益，为广大网民特别是青少年成长营造风清气正的网络空间。

第四条 国家互联网信息办公室负责全国互联网直播服务信息内容的监督管理执法工作。地方互联网信息办公室依据职责负责本行政区域内的互联网直播服务信息内容的监督管理执法工作。国务院相关管理部门依据职责对互联网直播服务实施相应监督管理。

各级互联网信息办公室应当建立日常监督检查和定期检查相结合的监督管理制度，指导督促互联网直播服务提供者依据法律法规和服务协议规范互联网直播服务行为。

第五条 互联网直播服务提供者提供互联网新闻信息服务的，应当依法取得互联网新闻信息服务资质，并在许可范围内开展互联网新闻信息服务。

开展互联网新闻信息服务的互联网直播发布者，应当依法取得互联网新闻信息服务资质并在许可范围内提供服务。

第六条 通过网络表演、网络视听节目等提供互联网直播服务的，还应当依法取得法律法规规定的相关资质。

第七条 互联网直播服务提供者应当落实主体责任，配备与服务规模相适应的专业人员，健全信息审核、信息安全管理、值班巡查、应急处置、技术保障等制度。提供互联网新闻信息直播服务的，应当设立总编辑。

互联网直播服务提供者应当建立直播内容审核平台，根据互联网直播的内容类别、用户规模等实施分级分类管理，对图文、视频、音频等直播内容加注或播报平台标识信息，对互联网新闻信息直播及其互动内容实施先审后发管理。

第八条 互联网直播服务提供者应当具备与其服务相适应的技术条件，应当具备即时阻断互联网直播的技术能力，技术方案应符合国家相关标准。

第九条 互联网直播服务提供者以及互联网直播服务使用者不得利用互联网直播服务从事危害国家安全、破坏社会稳定、扰乱社会秩序、侵犯他人合法权益、传播淫秽色情等法律法规禁止的活动，不得利用互联网直播服务制作、复制、发布、传播法律法规禁止的信息内容。

第十条 互联网直播发布者发布新闻信息，应当真实准确、客观公正。转载新闻信息应当完整准确，不得歪曲新闻信息内容，并在显著位置注明来源，保证新闻信息来源可追溯。

第十一条　互联网直播服务提供者应当加强对评论、弹幕等直播互动环节的实时管理，配备相应管理人员。

互联网直播发布者在进行直播时，应当提供符合法律法规要求的直播内容，自觉维护直播活动秩序。

用户在参与直播互动时，应当遵守法律法规，文明互动，理性表达。

第十二条　互联网直播服务提供者应当按照“后台实名、前台自愿”的原则，对互联网直播用户进行基于移动电话号码等方式的真实身份信息认证，对互联网直播发布者进行基于身份证件、营业执照、组织机构代码证等的认证登记。互联网直播服务提供者应当对互联网直播发布者的真实身份信息进行审核，向所在地省、自治区、直辖市互联网信息办公室分类备案，并在相关执法部门依法查询时予以提供。

互联网直播服务提供者应当保护互联网直播服务使用者身份信息和隐私，不得泄露、篡改、毁损，不得出售或者非法向他人提供。

第十三条　互联网直播服务提供者应当与互联网直播服务使用者签订服务协议，明确双方权利义务，要求其承诺遵守法律法规和平台公约。

互联网直播服务协议和平台公约的必备条款由互联网直播服务提供者所在地省、自治区、直辖市互联网信息办公室指导制定。

第十四条　互联网直播服务提供者应当对违反法律法规和服务协议的互联网直播服务使用者，视情采取警示、暂停发布、关闭账号等处置措施，及时消除违法违规直播信息内容，保存记录并向有关主管部门报告。

第十五条　互联网直播服务提供者应当建立互联网直播发布者信用等级管理体系，提供与信用等级挂钩的管理和服务。

互联网直播服务提供者应当建立黑名单管理制度，对纳入黑名单的互联网直播服务使用者禁止重新注册账号，并及时向所在地省、自治区、直辖市互联网信息办公室报告。

省、自治区、直辖市互联网信息办公室应当建立黑名单通报制度，并向国家互联网信息办公室报告。

第十六条　互联网直播服务提供者应当记录互联网直播服务使用者发布内容和日志信息，保存六十日。

互联网直播服务提供者应当配合有关部门依法进行的监督检查，并提供必要的文件、资料和数据。

第十七条　互联网直播服务提供者和互联网直播发布者未经许可或者超出许可范围提供互联网新闻信息服务的，由国家和省、自治区、直辖市互联网信息办公室依据《互联网新闻信息服务管理规定》予以处罚。

对于违反本规定的其他违法行为，由国家和地方互联网信息办公室依据职责，依法予以处罚；构成犯罪的，依法追究刑事责任。通过网络表演、网络视听节目等提供网络直播服务，违反有关法律法规的，由相关部门依法予以处罚。

第十八条　鼓励支持相关行业组织制定行业公约，加强行业自律，建立健全行业信用评价体系和服务评议制度，促进行业规范发展。

第十九条 互联网直播服务提供者应当自觉接受社会监督，健全社会投诉举报渠道，设置便捷的投诉举报入口，及时处理公众投诉举报。

第二十条 本规定自2016年12月1日起施行。

网络表演经营活动管理办法

（2016年12月2日文化部发布）

第一条 为切实加强网络表演经营活动管理，规范网络表演市场秩序，促进行业健康有序发展，根据《互联网信息服务管理办法》、《互联网文化管理暂行规定》等有关法律法规，制定本办法。

第二条 本办法所称网络表演是指以现场进行的文艺表演活动等为主要内容，通过互联网、移动通讯网、移动互联网等信息网络，实时传播或者以音视频形式上载传播而形成的互联网文化产品。

网络表演经营活动是指通过用户收费、电子商务、广告、赞助等方式获取利益，向公众提供网络表演产品及服务的行为。

将网络游戏技法展示或解说的内容，通过互联网、移动通讯网、移动互联网等信息网络，实时传播或者以音视频形式上载传播的经营活动，参照本办法进行管理。

第三条 从事网络表演经营活动，应当遵守宪法和有关法律法规，坚持为人民服务、为社会主义服务的方向，坚持社会主义先进文化的前进方向，自觉弘扬社会主义核心价值观。

第四条 从事网络表演经营活动的网络表演经营单位，应当根据《互联网文化管理暂行规定》，向省级文化行政部门申请取得《网络文化经营许可证》，许可证的经营范围应当明确包括网络表演。网络表演经营单位应当在其网站主页的显著位置标明《网络文化经营许可证》编号。

第五条 网络表演经营单位对本单位开展的网络表演经营活动承担主体责任，应当按照《互联网文化管理暂行规定》和《网络文化经营单位内容自审管理办法》的有关要求，建立健全内容审核管理制度，配备满足自审需要并取得相应资质的审核人员，建立适应内容管理需要的技术监管措施。

不具备内容自审及实时监管能力的网络表演经营单位，不得开通表演频道。未采取监管措施或未通过内容自审的网络表演产品，不得向公众提供。

第六条 网络表演不得含有以下内容：

（一）含有《互联网文化管理暂行规定》第十六条规定的禁止内容的；

（二）表演方式恐怖、残忍、暴力、低俗，摧残表演者身心健康的；

（三）利用人体缺陷或者以展示人体变异等方式招徕用户的；

（四）以偷拍偷录等方式，侵害他人合法权益的；

（五）以虐待动物等方式进行表演的；

（六）使用未取得文化行政部门内容审查批准文号或备案编号的网络游戏产品，进行网络游戏技法展示或解说的。

第七条 网络表演经营单位应当加强对未成年人的保护，不得损害未成年人身心健康。有未成年人参与的网络表演，不得侵犯未成年人权益。

第八条 网络表演经营单位要加强对表演者的管理。为表演者开通表演频道的，应与表演者签订协议，约定双方权利义务，要求其承诺遵守法律法规和相关管理规定。

第九条 网络表演经营单位应当要求表演者使用有效身份证件进行实名注册，并采取面谈、录制通话视频等有效方式进行核实。网络表演经营单位应当依法保护表演者的身份信息。

第十条 网络表演经营单位为外国或者香港特别行政区、澳门特别行政区、台湾地区的表演者（以下简称境外表演者）开通表演频道并向公众提供网络表演产品的，应当于开通网络表演频道前，向文化部提出申请。未经批准，不得为境外表演者开通表演频道。为境内表演者开通表演频道的，应当于表演者开展表演活动之日起10日内，将表演频道信息向文化部备案。

第十一条 网络表演经营单位应当在表演频道内及表演音视频上，标注经营单位标识等信息。网络表演经营单位应当根据表演者信用等级、所提供的表演内容类型等，对表演频道采取针对性管理措施。

第十二条 网络表演经营单位应当完善用户注册系统，保存用户注册信息，积极采取措施保护用户信息安全。要依照法律法规规定或者服务协议，加强对用户行为的监督和约束，发现用户发布违法信息的，应当立即停止为其提供服务，保存有关记录并向有关部门报告。

第十三条 网络表演经营单位应当建立内部巡查监督管理制度，对网络表演进行实时监管。网络表演经营单位应当记录全部网络表演视频资料并妥善保存，资料保存时间不得少于60日，并在有关部门依法查询时予以提供。

网络表演经营单位向公众提供的非实时的网络表演音视频（包括用户上传的），应当严格实行先自审后上线。

第十四条 网络表演经营单位应当建立突发事件应急处置机制。发现本单位所提供的网络表演含有违法违规内容时，应当立即停止提供服务，保存有关记录，并立即向本单位注册地或者实际经营地省级文化行政部门或文化市场综合执法机构报告。

第十五条 网络表演经营单位应当在每季度第一个月月底前将本单位上季度的自审信息（包括实时监运情况、发现问题处置情况和提供违法违规内容的表演者信息等）报送文化部。

第十六条 网络表演经营单位应当建立健全举报系统，主动接受网民和社会监督。要配备专职人员负责举报受理，建立有效处理举报问题的内部联动机制。要在其网站主页及表演者表演频道页面的显著位置，设置“12318”全国文化市场举报网站链接按钮。

第十七条 文化部负责全国网络表演市场的监督管理，建立统一的网络表演警示名单、黑名单等信用监管制度，制定并发布网络表演审核工作指引等标准规范，组织实施全国网络表演市场随机抽查工作，对网络表演内容合法性进行最终认定。

第十八条 各级文化行政部门和文化市场综合执法机构要加强对网络表演市场的事中事后监管，重点实施“双随机一公开”。要充分利用网络文化市场执法协作机制，加强对辖区内网络表演经营单位的指导、服务和日常监管，制定随机抽查工作实施方案和随机抽查事项清单。县级以上文化行政部门或文化市场综合执法机构，根据查处情况，实施警示名单和黑名单等信用管理制度。及时公布查处结果，主动接受社会监督。

第十九条 网络表演行业的协会、自律组织等要主动加强行业自律，制定行业标准和经营规范，开展行业培训，推动企业守法经营。

第二十条 网络表演经营单位违反本办法第四条有关规定，从事网络表演经营活动未申请许可证的，由县级以上文化行政部门或者文化市场综合执法机构按照《互联网文化管理暂行规定》第二十一条予以查处；未按照许可证业务范围从事网络表演活动的，按照《互联网文化管理暂行规定》第二十四条予以查处。

第二十一条 网络表演经营单位提供的表演内容违反本办法第六条有关规定的，由县级以上文化行政部门或者文化市场综合执法机构按照《互联网文化管理暂行规定》第二十八条予以查处。

第二十二条 网络表演经营单位违反本办法第十条有关规定，为未经批准的表演者开通表演频道的，由县级以上文化行政部门或者文化市场综合执法机构按照《互联网文化管理暂行规定》第二十八条予以查处；逾期未备案的，按照《互联网文化管理暂行规定》第二十七条予以查处。

网络表演经营单位自2017年3月15日起，按照本办法第十条有关规定，通过全国文化市场技术监管与服务平台向文化部提交申请或备案。

第二十三条 网络表演经营单位违反本办法第十三条有关规定，未按规定保存网络表演视频资料的，按照《互联网文化管理暂行规定》第三十一条予以查处。

第二十四条 网络表演经营单位违反本办法第十四条有关规定的，由县级以上文化行政部门或者文化市场综合执法机构按照《互联网文化管理暂行规定》第三十条予以查处。

第二十五条 网络表演经营单位违反本办法第五条、第八条、第九条、第十一条、第十二条、第十三条、第十五条有关规定，未能完全履行自审责任的，由县级以上文化行政部门或者文化市场综合执法机构按照《互联网文化管理暂行规定》第二十九条予以查处。

第二十六条 通过信息网络实时在线传播营业性演出活动的，应当遵守《互联网文化管理暂行规定》、《营业性演出管理条例》及《营业性演出管理条例实施细则》的有关规定。

第二十七条 本办法自2017年1月1日起施行。

互联网新闻信息服务许可管理实施细则

（2017 年 5 月 22 日国家互联网信息办公室发布）

第一条　为进一步提高互联网新闻信息服务许可管理规范化、科学化水平，促进互联网新闻信息服务健康有序发展，根据《中华人民共和国行政许可法》《互联网新闻信息服务管理规定》（以下简称《规定》），制定本细则。

第二条　国家和省、自治区、直辖市互联网信息办公室实施互联网新闻信息服务许可，适用本细则。

第三条　通过互联网站、应用程序、论坛、博客、微博客、公众账号、即时通信工具、网络直播等形式向社会公众提供互联网新闻信息服务，应当取得互联网新闻信息服务许可，禁止未经许可或超越许可范围开展互联网新闻信息服务活动。

第四条　互联网新闻信息服务，包括互联网新闻信息采编发布服务、转载服务、传播平台服务。

其中，采编发布服务，是指对新闻信息进行采集、编辑、制作并发布的服务；转载服务，是指选择、编辑并发布其他主体已发布新闻信息的服务；传播平台服务，是指为用户传播新闻信息提供平台的服务。

获准提供互联网新闻信息采编发布服务的，可以同时提供互联网新闻信息转载服务。获准提供互联网新闻信息传播平台服务，拟同时提供采编发布服务、转载服务的，应当依法取得互联网新闻信息采编发布、转载服务许可。

第五条　申请互联网新闻信息服务许可的，应当具备下列许可条件：

（一）在中华人民共和国境内依法设立的法人；

（二）主要负责人、总编辑是中国公民；

（三）有与服务相适应的专职新闻编辑人员、内容审核人员和技术保障人员；

（四）有健全的互联网新闻信息服务管理制度；

（五）有健全的信息安全管理制度和安全可控的技术保障措施；

（六）有与服务相适应的场所、设施和资金。

其中，申请互联网新闻信息采编发布服务许可的，应当是新闻单位（含新闻单位控股的单位）或新闻宣传部门主管的单位。新闻单位是指经国家有关部门依法批准设立的报刊社、广播电台、电视台、通讯社和新闻电影制片厂。控股是指出资额、持有股份占企业资本总额或股本总额 50% 以上，或出资额、持有股份的比例虽然不足 50%，但依其出资额或持有股份已足以对企业决议产生重大影响。新闻宣传部门包括各级宣传部门、网信部门、广电部门等。

任何组织不得设立中外合资经营、中外合作经营和外资经营的互联网新闻信息服务单位。

第六条　根据《规定》第十条，申请互联网新闻信息服务许可的，应当提交下列申请材料：

（一）主要负责人、总编辑为中国公民的证明。包括主要负责人、总编辑的身份证复印件等；

（二）专职新闻编辑人员、内容审核人员和技术保障人员的资质情况。包括相关人员基本情况，以及国家新闻出版广电总局统一颁发的新闻记者证、新闻单位从业证明、相关培训考核证明等材料，具体人员数量应当与所提供的服务相适应；

（三）互联网新闻信息服务管理制度。包括网站总编辑制度、从业人员教育培训和考核制度等；

（四）信息安全管理制度和技术保障措施。包括信息发布审核制度、公共信息巡查制度、应急处置制度、用户个人信息保护制度等，以及相关技术保障措施的情况；

（五）互联网新闻信息服务安全评估报告。由有关部门或具有相关资质的机构出具的对于申请者信息安全管理制度和技术保障措施的安全评估报告；

（六）法人资格、场所、资金的证明。包括企业营业执照、事业单位法人证书、服务场所产权证书、租赁合同等材料复印件；

（七）互联网新闻信息服务许可申请书。包括申请表，以及对拟提供具体服务形式、服务方案的说明等。

第七条 申请互联网新闻信息采编发布服务许可的，除应当提交本细则第六条规定的申请材料外，还应当提交该单位或其控股方为新闻单位的证明，或其主管单位为新闻宣传部门的证明及该主管单位的意见。其中，新闻单位证明包括《报纸出版许可证》、《广播电视播出机构许可证》、《期刊出版许可证》（持有《期刊出版许可证》的，应当以提供《规定》第二条所称“新闻信息”服务为主营业务）等；主管单位意见内容主要包括，说明申请者与该主管单位的关系、就申请者是否符合许可条件提出评估意见并加盖单位公章等。

申请互联网新闻信息传播平台服务许可的，除应当提交本细则第六条规定的申请材料外，还应当提交平台账号用户管理规章制度、用户协议范本、投诉举报处理机制等。

申请者为企业法人的，除应当提交本细则第六条规定的申请材料外，还应当提供下列股权相关材料：

（一）股权结构图。包括股东名称、股权比例、出资方式、出资时间等信息。股东为非自然人主体的，须逐级追溯到自然人、事业单位以及国有独资公司，并就实际控制人情况作出说明。股权结构图需加盖单位公章，并由法定代表人签字；

（二）股东证明材料。股东为自然人的，须提供身份证明材料；股东为非自然人主体的，须提供该主体的名称、组织形式、法定代表人等材料；

（三）公司章程。包括公司章程及历次修改决议；

（四）无外资承诺书。申请者对股权结构图中所有股东均不含外资成分作出的书面承诺；

（五）专业机构意见书。律师事务所或会计师事务所就上述股权材料的真实性、准确性、完整性出具的书面证明，包括验资报告、法律意见书等材料。

第八条 根据《规定》第七条，互联网新闻信息服务单位与境内外中外合资经营、中外合作经营和外资经营的企业进行涉及互联网新闻信息服务业务的合作，应当报国家互联网信息办公室进行安全评估，并提交以下材料：

（一）拟合作企业的情况。包括该企业基本情况介绍、营业执照等法人资格证明；

（二）拟合作业务的情况。包括合作意向书、合作发展规划、合作可行性分析报告等材料；

主管单位为新闻宣传部门的，还应当提交该主管单位就该项业务合作的意见。

互联网新闻信息服务单位与境内外中外合资经营、中外合作经营和外资经营的企业进行涉及互联网新闻信息服务业务的合作，可能导致互联网新闻信息服务单位不再符合许可条件的，不予通过安全评估。

第九条　国家和省、自治区、直辖市互联网信息办公室收到申请材料后，应当根据情况依法作出处理：

（一）申请材料齐全、符合要求的，予以受理；

（二）申请材料不齐全、不符合要求的，当场或五个工作日内一次性告知申请者应予更正或补充的内容；

（三）对依法不需要取得互联网新闻信息服务许可的，不予受理，并即时告知申请者，退回申请材料；

（四）对申请事项不属于职权范围的，应当即时作出不予受理的决定，并告知申请者向有关行政机关申请。

第十条　依法受理后，国家和省、自治区、直辖市互联网信息办公室按照本细则第五条、第六条、第七条的规定，对申请材料进行审核，包括申请者是否符合许可条件、材料是否真实等。

审核过程中，国家和省、自治区、直辖市互联网信息办公室可依据实际情况，约见申请者主要负责人、总编辑，到网站备案地、实际经营地、网站服务器所在地等其他相关场所进行实地检查。

第十一条　国家和省、自治区、直辖市互联网信息办公室应当依据《行政许可法》第四十二条，在规定期限内依法作出批准或不予批准的决定。批准的，核发《互联网新闻信息服务许可证》。

省、自治区、直辖市互联网信息办公室应当自作出批准决定之日起七个工作日内，向国家互联网信息办公室报告有关情况。

第十二条　根据《规定》第十七条，互联网新闻信息服务提供者变更以下事项，应当自变更之日起七个工作日内，向原许可机关申请办理变更手续：

（一）变更公司章程、服务场所、网站名称、接入服务提供者等事项；

（二）变更总编辑、主要负责人、股权结构、互联网地址等事项，或者进行上市、合并、分立；

其中，变更总编辑、主要负责人、股权结构、互联网地址等事项，或者进行上市、合并、分立，导致互联网新闻信息服务提供者不再符合许可条件的，根据《规定》第二十三条予以处罚。

互联网新闻信息服务提供者新增服务类别，应当根据《规定》第六条，依法取得相应的许可。

第十三条 互联网新闻信息服务提供者申请办理本细则第十二条相关变更手续，应当向原许可机关提交以下材料：

（一）变更申请书。包括申请变更事项、变更原因以及其他需要说明的问题，并加盖单位公章；

（二）变更事项材料。提交具体变更事项的说明、证明材料，包括变更人员基本情况、资格证书、任免证明，或者变更后的营业执照、公司章程、租赁合同等，并加盖单位公章。

变更股权结构的，应当按照本细则第七条规定，提供相关股权材料。涉及上市的，还应当提供有关上市活动具体实施方案、新三板挂牌方案以及战略投资机构有关情况等材料。

涉及许可证所列事项变更的，应当提交许可证原件。

第十四条 《互联网新闻信息服务许可证》有效期为三年。有效期届满，需继续从事互联网新闻信息服务活动的，应当于有效期届满三十日前，按照许可程序，向原许可机关申请续办，并提交以下材料：

（一）许可续办申请书。包括前期从业情况说明、涉及本细则第五条许可条件相关情况的说明，以及其他需要说明的问题，并加盖单位公章；

（二）许可证原件。

主管单位为新闻宣传部门的，还应当提交该主管单位的意见。

《互联网新闻信息服务许可证》有效期届满，未依法申请续办的，不得继续提供互联网新闻信息服务，原许可证作废。

第十五条 根据《行政许可法》第九条，互联网新闻信息服务许可不得转让。互联网新闻信息服务提供者不得因业务调整、合并、分立等原因擅自转让许可。

第十六条 互联网新闻信息服务提供者终止服务的，应当自终止服务之日起三十日内向原许可机关办理注销手续，并提交以下材料：

（一）注销申请书。包括注销原因以及其他需要说明的问题，并加盖单位公章；

（二）许可证原件。

第十七条 根据《规定》第十九条，国家和地方互联网信息办公室建立抽查、考核等日常检查和定期检查相结合的监督管理制度，加强对互联网新闻信息服务活动的监督检查，有关单位、个人应当予以配合。

监督检查结果，依法向社会公开，接受社会监督。

第十八条 本细则与《规定》同步施行。

互联网跟帖评论服务管理规定

（2017年8月25日国家互联网信息办公室发布）

第一条 为规范互联网跟帖评论服务，维护国家安全和公共利益，保护公民、法人和其他组织的合法权益，根据《中华人民共和国网络安全法》《国务院关于授权国家互联网信息办公室负责互联网信息内容管理工作的通知》，制定本规定。

第二条　在中华人民共和国境内提供跟帖评论服务，应当遵守本规定。

本规定所称跟帖评论服务，是指互联网站、应用程序、互动传播平台以及其他具有新闻舆论属性和社会动员功能的传播平台，以发帖、回复、留言、“弹幕”等方式，为用户提供发表文字、符号、表情、图片、音视频等信息的服务。

第三条　国家互联网信息办公室负责全国跟帖评论服务的监督管理执法工作。地方互联网信息办公室依据职责负责本行政区域的跟帖评论服务的监督管理执法工作。

各级互联网信息办公室应当建立健全日常检查和定期检查相结合的监督管理制度，依法规范各类传播平台的跟帖评论服务行为。

第四条　跟帖评论服务提供者提供互联网新闻信息服务相关的跟帖评论新产品、新应用、新功能的，应当报国家或者省、自治区、直辖市互联网信息办公室进行安全评估。

第五条　跟帖评论服务提供者应当严格落实主体责任，依法履行以下义务：

（一）按照“后台实名、前台自愿”原则，对注册用户进行真实身份信息认证，不得向未认证真实身份信息的用户提供跟帖评论服务。

（二）建立健全用户信息保护制度，收集、使用用户个人信息应当遵循合法、正当、必要的原则，公开收集、使用规则，明示收集、使用信息的目的、方式和范围，并经被收集者同意。

（三）对新闻信息提供跟帖评论服务的，应当建立先审后发制度。

（四）提供“弹幕”方式跟帖评论服务的，应当在同一平台和页面同时提供与之对应的静态版信息内容。

（五）建立健全跟帖评论审核管理、实时巡查、应急处置等信息安全管理制度，及时发现和处置违法信息，并向有关主管部门报告。

（六）开发跟帖评论信息安全保护和管理技术，创新跟帖评论管理方式，研发使用反垃圾信息管理系统，提升垃圾信息处置能力；及时发现跟帖评论服务存在的安全缺陷、漏洞等风险，采取补救措施，并向有关主管部门报告。

（七）配备与服务规模相适应的审核编辑队伍，提高审核编辑人员专业素养。

（八）配合有关主管部门依法开展监督检查工作，提供必要的技术、资料和数据支持。

第六条　跟帖评论服务提供者应当与注册用户签订服务协议，明确跟帖评论的服务与管理细则，履行互联网相关法律法规告知义务，有针对性地开展文明上网教育。

跟帖评论服务使用者应当严格自律，承诺遵守法律法规、尊重公序良俗，不得发布法律法规和国家有关规定禁止的信息内容。

第七条　跟帖评论服务提供者及其从业人员不得为谋取不正当利益或基于错误价值取向，采取有选择地删除、推荐跟帖评论等方式干预舆论。

跟帖评论服务提供者和用户不得利用软件、雇佣商业机构及人员等方式散布信息，干扰跟帖评论正常秩序，误导公众舆论。

第八条 跟帖评论服务提供者对发布违反法律法规和国家有关规定的信息内容的，应当及时采取警示、拒绝发布、删除信息、限制功能、暂停更新直至关闭账号等措施，并保存相关记录。

第九条 跟帖评论服务提供者应当建立用户分级管理制度，对用户的跟帖评论行为开展信用评估，根据信用等级确定服务范围及功能，对严重失信的用户应列入黑名单，停止对列入黑名单的用户提供服务，并禁止其通过重新注册等方式使用跟帖评论服务。

国家和省、自治区、直辖市互联网信息办公室应当建立跟帖评论服务提供者的信用档案和失信黑名单管理制度，并定期对跟帖评论服务提供者进行信用评估。

第十条 跟帖评论服务提供者应当建立健全违法信息公众投诉举报制度，设置便捷投诉举报入口，及时受理和处置公众投诉举报。国家和地方互联网信息办公室依据职责，对举报受理落实情况进行监督检查。

第十一条 跟帖评论服务提供者信息安全管理责任落实不到位，存在较大安全风险或者发生安全事件的，国家和省、自治区、直辖市互联网信息办公室应当及时约谈；跟帖管理服务提供者应当按照要求采取措施，进行整改，消除隐患。

第十二条 互联网跟帖评论服务提供者违反本规定的，由有关部门依照相关法律法规处理。

第十三条 本规定自2017年10月1日起施行。

互联网论坛社区服务管理规定

（2017年8月25日国家互联网信息办公室发布）

第一条 为规范互联网论坛社区服务，促进互联网论坛社区行业健康有序发展，保护公民、法人和其他组织的合法权益，维护国家安全和公共利益，根据《中华人民共和国网络安全法》《国务院关于授权国家互联网信息办公室负责互联网信息内容管理工作的通知》，制定本规定。

第二条 在中华人民共和国境内从事互联网论坛社区服务，适用本规定。

本规定所称互联网论坛社区服务，是指在互联网上以论坛、贴吧、社区等形式，为用户提供互动式信息发布社区平台的服务。

第三条 国家互联网信息办公室负责全国互联网论坛社区服务的监督管理执法工作。地方互联网信息办公室依据职责负责本行政区域内互联网论坛社区服务的监督管理执法工作。

第四条 鼓励互联网论坛社区服务行业组织建立健全行业自律制度和行业准则，指导互联网论坛社区服务提供者建立健全服务规范，督促互联网论坛社区服务提供者依法提供服务、接受社会监督，提高互联网论坛社区服务从业人员的职业素养。

第五条 互联网论坛社区服务提供者应当落实主体责任，建立健全信息审核、公共信息实时巡查、应急处置及个人信息保护等信息安全管理制度，具有安全可控的防范措施，配备与服务规模相适应的专业人员，为有关部门依法履行职责提供必要的技术支持。

第六条 互联网论坛社区服务提供者不得利用互联网论坛社区服务发布、传播法律法规和国家有关规定禁止的信息。

互联网论坛社区服务提供者应当与用户签订协议，明确用户不得利用互联网论坛社区服务发布、传播法律法规和国家有关规定禁止的信息，情节严重的，服务提供者将封禁或者关闭有关账号、版块；明确论坛社区版块发起者、管理者应当履行与其权利相适应的义务，对违反法律规定和协议约定、履行责任义务不到位的，服务提供者应当依法依约限制或取消其管理权限，直至封禁或者关闭有关账号、版块。

第七条 互联网论坛社区服务提供者应当加强对其用户发布信息的管理，发现含有法律法规和国家有关规定禁止的信息的，应当立即停止传输该信息，采取消除等处置措施，保存有关记录，并及时向国家或者地方互联网信息办公室报告。

第八条 互联网论坛社区服务提供者应当按照“后台实名、前台自愿”的原则，要求用户通过真实身份信息认证后注册账号，并对版块发起者和管理者实施真实身份信息备案、定期核验等。用户不提供真实身份信息的，互联网论坛社区服务提供者不得为其提供信息发布服务。

互联网论坛社区服务提供者应当加强对注册用户虚拟身份信息、版块名称简介等的审核管理，不得出现法律法规和国家有关规定禁止的内容。

互联网论坛社区服务提供者应当保护用户身份信息，不得泄露、篡改、毁损，不得非法出售或者非法向他人提供。

第九条 互联网论坛社区服务提供者及其从业人员，不得通过发布、转载、删除信息或者干预呈现结果等手段，谋取不正当利益。

第十条 互联网论坛社区服务提供者开展经营和服务活动，必须遵守法律法规，尊重社会公德，遵守商业道德，诚实信用，承担社会责任。

第十一条 互联网论坛社区服务提供者应当建立健全公众投诉、举报制度，在显著位置公布投诉、举报方式，主动接受公众监督，及时处理公众投诉、举报。国家和地方互联网信息办公室依据职责，对举报受理落实情况进行监督检查。

第十二条 互联网论坛社区服务提供者违反本规定的，由有关部门依照相关法律法规处理。

第十三条 本规定自2017年10月1日起施行。

互联网用户公众账号信息服务管理规定

（2017年9月7日国家互联网信息办公室发布）

第一条 为规范互联网用户公众账号信息服务，维护国家安全和公共利益，保护公民、法人和其他组织的合法权益，根据《中华人民共和国网络安全法》《国务院关于授权国家互联网信息办公室负责互联网信息内容管理工作的通知》，制定本规定。

第二条 在中华人民共和国境内提供、使用互联网用户公众账号从事信息发布服务，应当遵守本规定。

本规定所称互联网用户公众账号信息服务，是指通过互联网站、应用程序等网络平台以注册用户公众账号形式，向社会公众发布文字、图片、音视频等信息的服务。

本规定所称互联网用户公众账号信息服务提供者，是指提供互联网用户公众账号注册使用服务的网络平台。本规定所称互联网用户公众账号信息服务使用者，是指注册使用或运营互联网用户公众账号提供信息发布服务的机构或个人。

第三条 国家互联网信息办公室负责全国互联网用户公众账号信息服务的监督管理执法工作，地方互联网信息办公室依据职责负责本行政区域内的互联网用户公众账号信息服务的监督管理执法工作。

第四条 互联网用户公众账号信息服务提供者和使用者，应当坚持正确导向，弘扬社会主义核心价值观，培育积极健康的网络文化，维护良好网络生态。

鼓励各级党政机关、企事业单位和人民团体注册使用互联网用户公众账号发布政务信息或公共服务信息，服务经济社会发展，满足公众信息需求。

互联网用户公众账号信息服务提供者应当配合党政机关、企事业单位和人民团体提升政务信息发布和公共服务水平，提供必要的技术支撑和信息安全保障。

第五条 互联网用户公众账号信息服务提供者应当落实信息内容安全管理主体责任，配备与服务规模相适应的专业人员和技术能力，设立总编辑等信息内容安全负责人岗位，建立健全用户注册、信息审核、应急处置、安全防护等管理制度。

互联网用户公众账号信息服务提供者应当制定和公开管理规则和平台公约，与使用者签订服务协议，明确双方权利义务。

第六条 互联网用户公众账号信息服务提供者应当按照“后台实名、前台自愿”的原则，对使用者进行基于组织机构代码、身份证件号码、移动电话号码等真实身份信息认证。使用者不提供真实身份信息的，不得为其提供信息发布服务。

互联网用户公众账号信息服务提供者应当建立互联网用户公众账号信息服务使用者信用等级管理体系，根据信用等级提供相应服务。

第七条 互联网用户公众账号信息服务提供者应当对使用者的账号信息、服务资质、服务范围等信息进行审核，分类加注标识，并向所在地省、自治区、直辖市互联网信息办公室分类备案。

互联网用户公众账号信息服务提供者应当根据用户公众账号的注册主体、发布内容、账号订阅数、文章阅读量等建立数据库，对互联网用户公众账号实行分级分类管理，制定具体管理制度并向国家或省、自治区、直辖市互联网信息办公室备案。

互联网用户公众账号信息服务提供者应当对同一主体在同一平台注册公众账号的数量合理设定上限；对同一主体在同一平台注册多个账号，或以集团、公司、联盟等形式运营多个账号的使用者，应要求其提供注册主体、业务范围、账号清单等基本信息，并向所在地省、自治区、直辖市互联网信息办公室备案。

第八条　依法取得互联网新闻信息采编发布资质的互联网新闻信息服务提供者，可以通过开设的用户公众账号采编发布新闻信息。

第九条　互联网用户公众账号信息服务提供者应当采取必要措施保护使用者个人信息安全，不得泄露、篡改、毁损，不得非法出售或者非法向他人提供。

互联网用户公众账号信息服务提供者在使用者终止使用服务后，应当为其提供注销账号的服务。

第十条　互联网用户公众账号信息服务使用者应当履行信息发布和运营安全管理责任，遵守新闻信息管理、知识产权保护、网络安全保护等法律法规和国家有关规定，维护网络传播秩序。

第十一条　互联网用户公众账号信息服务使用者不得通过公众账号发布法律法规和国家有关规定禁止的信息内容。

互联网用户公众账号信息服务提供者应加强对本平台公众账号的监测管理，发现有发布、传播违法信息的，应当立即采取消除等处置措施，防止传播扩散，保存有关记录，并向有关主管部门报告。

第十二条　互联网用户公众账号信息服务提供者开发上线公众账号留言、跟帖、评论等互动功能，应当按有关规定进行安全评估。

互联网用户公众账号信息服务提供者应当按照分级分类管理原则，对使用者开设的用户公众账号的留言、跟帖、评论等进行监督管理，并向使用者提供管理权限，为其对互动环节实施管理提供支持。

互联网用户公众账号信息服务使用者应当对用户公众账号留言、跟帖、评论等互动环节进行实时管理。对管理不力、出现法律法规和国家有关规定禁止的信息内容的，互联网用户公众账号信息服务提供者应当依据用户协议限制或取消其留言、跟帖、评论等互动功能。

第十三条　互联网用户公众账号信息服务提供者应当对违反法律法规、服务协议和平台公约的互联网用户公众账号，依法依约采取警示整改、限制功能、暂停更新、关闭账号等处置措施，保存有关记录，并向有关主管部门报告。

互联网用户公众账号信息服务提供者应当建立黑名单管理制度，对违法违约情节严重的公众账号及注册主体纳入黑名单，视情采取关闭账号、禁止重新注册等措施，保存有关记录，并向有关主管部门报告。

第十四条　鼓励互联网行业组织指导推动互联网用户公众账号信息服务提供者、使用者制定行业公约，加强行业自律，履行社会责任。

鼓励互联网行业组织建立多方参与的权威专业调解机制，协调解决行业纠纷。

第十五条　互联网用户公众账号信息服务提供者和使用者应当接受社会公众、行业组织监督。

互联网用户公众账号信息服务提供者应当设置便捷举报入口，健全投诉举报渠道，完善恶意举报甄别、举报受理反馈等机制，及时公正处理投诉举报。国家和地方互联网信息办公室依据职责，对举报受理落实情况进行监督检查。

第十六条 互联网用户公众账号信息服务提供者和使用者应当配合有关主管部门依法进行的监督检查，并提供必要的技术支持和协助。

互联网用户公众账号信息服务提供者应当记录互联网用户公众账号信息服务使用者发布内容和日志信息，并按规定留存不少于六个月。

第十七条 互联网用户公众账号信息服务提供者和使用者违反本规定的，由有关部门依照相关法律法规处理。

第十八条 本规定自2017年10月8日起施行。

互联网群组信息服务管理规定

（2017年9月7日国家互联网信息办公室发布）

第一条 为规范互联网群组信息服务，维护国家安全和公共利益，保护公民、法人和其他组织的合法权益，根据《中华人民共和国网络安全法》《国务院关于授权国家互联网信息办公室负责互联网信息内容管理工作的通知》，制定本规定。

第二条 在中华人民共和国境内提供、使用互联网群组信息服务，应当遵守本规定。

本规定所称互联网群组，是指互联网用户通过互联网站、移动互联网应用程序等建立的，用于群体在线交流信息的网络空间。本规定所称互联网群组信息服务提供者，是指提供互联网群组信息服务的平台。本规定所称互联网群组信息服务使用者，包括群组建立者、管理者和成员。

第三条 国家互联网信息办公室负责全国互联网群组信息服务的监督管理执法工作。地方互联网信息办公室依据职责负责本行政区域内的互联网群组信息服务的监督管理执法工作。

第四条 互联网群组信息服务提供者和使用者，应当坚持正确导向，弘扬社会主义核心价值观，培育积极健康的网络文化，维护良好网络生态。

第五条 互联网群组信息服务提供者应当落实信息内容安全管理主体责任，配备与服务规模相适应的专业人员和技术能力，建立健全用户注册、信息审核、应急处置、安全防护等管理制度。

互联网群组信息服务提供者应当制定并公开管理规则和平台公约，与使用者签订服务协议，明确双方权利义务。

第六条 互联网群组信息服务提供者应当按照"后台实名、前台自愿"的原则，对互联网群组信息服务使用者进行真实身份信息认证，用户不提供真实身份信息的，不得为其提供信息发布服务。

互联网群组信息服务提供者应当采取必要措施保护使用者个人信息安全，不得泄露、篡改、毁损，不得非法出售或者非法向他人提供。

第七条 互联网群组信息服务提供者应当根据互联网群组的性质类别、成员规模、活跃程度等实行分级分类管理，制定具体管理制度并向国家或省、自治区、直辖市互联网信息办公室备案，依法规范群组信息传播秩序。

互联网群组信息服务提供者应当建立互联网群组信息服务使用者信用等级管理体系，根据信用等级提供相应服务。

第八条　互联网群组信息服务提供者应当根据自身服务规模和管理能力，合理设定群组成员人数和个人建立群数、参加群数上限。

互联网群组信息服务提供者应设置和显示唯一群组识别编码，对成员达到一定规模的群组要设置群信息页面，注明群组名称、人数、类别等基本信息。

互联网群组信息服务提供者应根据群组规模类别，分级审核群组建立者真实身份、信用等级等建群资质，完善建群、入群等审核验证功能，并标注群组建立者、管理者及成员群内身份信息。

第九条　互联网群组建立者、管理者应当履行群组管理责任，依据法律法规、用户协议和平台公约，规范群组网络行为和信息发布，构建文明有序的网络群体空间。

互联网群组成员在参与群组信息交流时，应当遵守法律法规，文明互动、理性表达。

互联网群组信息服务提供者应为群组建立者、管理者进行群组管理提供必要功能权限。

第十条　互联网群组信息服务提供者和使用者不得利用互联网群组传播法律法规和国家有关规定禁止的信息内容。

第十一条　互联网群组信息服务提供者应当对违反法律法规和国家有关规定的互联网群组，依法依约采取警示整改、暂停发布、关闭群组等处置措施，保存有关记录，并向有关主管部门报告。

互联网群组信息服务提供者应当对违反法律法规和国家有关规定的群组建立者、管理者等使用者，依法依约采取降低信用等级、暂停管理权限、取消建群资格等管理措施，保存有关记录，并向有关主管部门报告。

互联网群组信息服务提供者应当建立黑名单管理制度，对违法违约情节严重的群组及建立者、管理者和成员纳入黑名单，限制群组服务功能，保存有关记录，并向有关主管部门报告。

第十二条　互联网群组信息服务提供者和使用者应当接受社会公众和行业组织的监督，建立健全投诉举报渠道，设置便捷举报入口，及时处理投诉举报。国家和地方互联网信息办公室依据职责，对举报受理落实情况进行监督检查。

鼓励互联网行业组织指导推动互联网群组信息服务提供者制定行业公约，加强行业自律，履行社会责任。

第十三条　互联网群组信息服务提供者应当配合有关主管部门依法进行的监督检查，并提供必要的技术支持和协助。

互联网群组信息服务提供者应当按规定留存网络日志不少于六个月。

第十四条　互联网群组信息服务提供者和使用者违反本规定的，由有关部门依照相关法律法规处理。

第十五条 本规定自2017年10月8日起施行。

互联网新闻信息服务新技术新应用安全评估管理规定

（2017年10月30日国家互联网信息办公室发布）

第一条 为规范开展互联网新闻信息服务新技术新应用安全评估工作，维护国家安全和公共利益，保护公民、法人和其他组织的合法权益，根据《中华人民共和国网络安全法》《互联网新闻信息服务管理规定》，制定本规定。

第二条 国家和省、自治区、直辖市互联网信息办公室组织开展互联网新闻信息服务新技术新应用安全评估，适用本规定。

本规定所称互联网新闻信息服务新技术新应用（以下简称“新技术新应用”），是指用于提供互联网新闻信息服务的创新性应用（包括功能及应用形式）及相关支撑技术。

本规定所称互联网新闻信息服务新技术新应用安全评估（以下简称“新技术新应用安全评估”），是指根据新技术新应用的新闻舆论属性、社会动员能力及由此产生的信息内容安全风险确定评估等级，审查评价其信息安全管理制度和技术保障措施的活动。

第三条 互联网新闻信息服务提供者调整增设新技术新应用，应当建立健全信息安全管理制度和安全可控的技术保障措施，不得发布、传播法律法规禁止的信息内容。

第四条 国家互联网信息办公室负责全国新技术新应用安全评估工作。省、自治区、直辖市互联网信息办公室依据职责负责本行政区域内新技术新应用安全评估工作。

国家和省、自治区、直辖市互联网信息办公室可以委托第三方机构承担新技术新应用安全评估的具体实施工作。

第五条 鼓励支持新技术新应用安全评估相关行业组织和专业机构加强自律，建立健全安全评估服务质量评议和信用、能力公示制度，促进行业规范发展。

第六条 互联网新闻信息服务提供者应当建立健全新技术新应用安全评估管理制度和保障制度，按照本规定要求自行组织开展安全评估，为国家和省、自治区、直辖市互联网信息办公室组织开展安全评估提供必要的配合，并及时完成整改。

第七条 有下列情形之一的，互联网新闻信息服务提供者应当自行组织开展新技术新应用安全评估，编制书面安全评估报告，并对评估结果负责：

（一）应用新技术、调整增设具有新闻舆论属性或社会动员能力的应用功能的；

（二）新技术、新应用功能在用户规模、功能属性、技术实现方式、基础资源配置等方面的改变导致新闻舆论属性或社会动员能力发生重大变化的。

国家互联网信息办公室适时发布新技术新应用安全评估目录，供互联网新闻信息服务提供者自行组织开展安全评估参考。

第八条 互联网新闻信息服务提供者按照本规定第七条自行组织开展新技术新应用安全评估，发现存在安全风险的，应当及时整改，直至消除相关安全风险。

按照本规定第七条规定自行组织开展安全评估的，应当在应用新技术、调整增设应用功能前完成评估。

第九条 互联网新闻信息服务提供者按照本规定第八条自行组织开展新技术新应用安全评估后，应当自安全评估完成之日起 10 个工作日内报请国家或者省、自治区、直辖市互联网信息办公室组织开展安全评估。

第十条 报请国家或者省、自治区、直辖市互联网信息办公室组织开展新技术新应用安全评估，报请主体为中央新闻单位或者中央新闻宣传部门主管的单位的，由国家互联网信息办公室组织开展安全评估；报请主体为地方新闻单位或者地方新闻宣传部门主管的单位的，由省、自治区、直辖市互联网信息办公室组织开展安全评估；报请主体为其他单位的，经所在地省、自治区、直辖市互联网信息办公室组织开展安全评估后，将评估材料及意见报国家互联网信息办公室审核后形成安全评估报告。

第十一条 互联网新闻信息服务提供者报请国家或者省、自治区、直辖市互联网信息办公室组织开展新技术新应用安全评估，应当提供下列材料，并对提供材料的真实性负责：

（一）服务方案（包括服务项目、服务方式、业务形式、服务范围等）；

（二）产品（服务）的主要功能和主要业务流程，系统组成（主要软硬件系统的种类、品牌、版本、部署位置等概要介绍）；

（三）产品（服务）配套的信息安全管理制度和技术保障措施；

（四）自行组织开展并完成的安全评估报告；

（五）其他开展安全评估所需的必要材料。

第十二条 国家和省、自治区、直辖市互联网信息办公室应当自材料齐备之日起 45 个工作日内组织完成新技术新应用安全评估。

国家和省、自治区、直辖市互联网信息办公室可以采取书面确认、实地核查、网络监测等方式对报请材料进行进一步核实，服务提供者应予配合。

国家和省、自治区、直辖市互联网信息办公室组织完成安全评估后，应自行或委托第三方机构编制形成安全评估报告。

第十三条 新技术新应用安全评估报告载明的意见认为新技术新应用存在信息安全风险隐患，未能配套必要的安全保障措施手段的，互联网新闻信息服务提供者应当及时进行整改，直至符合法律法规规章等相关规定和国家强制性标准相关要求。在整改完成前，拟调整增设的新技术新应用不得用于提供互联网新闻信息服务。

服务提供者拒绝整改，或整改后未达法律法规规章等相关规定和国家强制性标准相关要求，而导致不再符合许可条件的，由国家和省、自治区、直辖市互联网信息办公室依据《互联网新闻信息服务管理规定》第二十三条的规定，责令服务提供者限期改正；逾期仍不符合许可条件的，暂停新闻信息更新；《互联网新闻信息服务许可证》有效期届满仍不符合许可条件的，不予换发许可证。

第十四条 组织开展新技术新应用安全评估的相关单位和人员应当对在履行职责中知悉的国家秘密、商业秘密和个人信息严格保密，不得泄露、出售或者非法向他人提供。

第十五条 国家和省、自治区、直辖市互联网信息办公室应当建立主动监测管理制度，对新技术新应用加强监测巡查，强化信息安全风险管理，督导企业主体责任落实。

第十六条 互联网新闻信息服务提供者未按照本规定进行安全评估，违反《互联网新闻信息服务管理规定》的，由国家和地方互联网信息办公室依法予以处罚。

第十七条 申请提供互联网新闻信息服务，报请国家或者省、自治区、直辖市互联网信息办公室组织开展新技术新应用安全评估的，参照适用本规定。

第十八条 本规定自2017年12月1日起施行。

互联网新闻信息服务单位内容管理从业人员管理办法

（2017年10月30日国家互联网信息办公室发布）

第一章 总 则

第一条 为加强对互联网新闻信息服务单位内容管理从业人员（以下简称“从业人员”）的管理，维护从业人员和社会公众的合法权益，促进互联网新闻信息服务健康有序发展，根据《中华人民共和国网络安全法》《互联网新闻信息服务管理规定》，制定本办法。

第二条 本办法所称从业人员，是指互联网新闻信息服务单位中专门从事互联网新闻信息采编发布、转载和审核等内容管理工作的人员。

第三条 本办法所称互联网新闻信息服务单位，是指依法取得互联网新闻信息服务许可，通过互联网站、应用程序、论坛、博客、微博客、公众账号、即时通信工具、网络直播等形式向社会公众提供互联网新闻信息服务的单位。

第四条 国家互联网信息办公室负责全国互联网新闻信息服务单位从业人员教育培训工作的规划指导和从业情况的监督检查。

地方互联网信息办公室依据职责负责本地区互联网新闻信息服务单位从业人员教育培训工作的规划指导和从业情况的监督检查。

第二章 从业人员行为规范

第五条 从业人员应当遵守宪法、法律和行政法规，坚持正确政治方向和舆论导向，贯彻执行党和国家有关新闻舆论工作的方针政策，维护国家利益和公共利益，严格遵守互联网内容管理的法律法规和国家有关规定，促进形成积极健康、向上向善的网络文化，推动构建风清气正的网络空间。

第六条 从业人员应当坚持马克思主义新闻观，坚持社会主义核心价值观，坚持以人民为中心的工作导向，树立群众观点，坚决抵制不良风气和低俗内容。

第七条　从业人员应当恪守新闻职业道德，坚持新闻真实性原则，认真核实新闻信息来源，按规定转载国家规定范围内的单位发布的新闻信息，杜绝编发虚假互联网新闻信息，确保互联网新闻信息真实、准确、全面、客观。

第八条　从业人员不得从事有偿新闻活动。不得利用互联网新闻信息采编发布、转载和审核等工作便利从事广告、发行、赞助、中介等经营活动，谋取不正当利益。不得利用网络舆论监督等工作便利进行敲诈勒索、打击报复等活动。

第三章　从业人员教育培训

第九条　国家互联网信息办公室组织开展对中央新闻单位（含其控股的单位）和中央新闻宣传部门主管的单位主办的互联网新闻信息服务单位从业人员的教育培训工作。

省、自治区、直辖市互联网信息办公室组织开展对所在地地方新闻单位（含其控股的单位）和地方新闻宣传部门主管的单位、其他单位主办的互联网新闻信息服务单位，以及中央重点新闻网站地方频道从业人员的教育培训工作。

省、自治区、直辖市互联网信息办公室应当按要求向国家互联网信息办公室报告组织开展的从业人员教育培训工作情况。

第十条　互联网新闻信息服务单位应当建立完善从业人员教育培训制度，建立培训档案，加强培训管理，自行组织开展从业人员初任培训、专项培训、定期培训等工作，按要求组织从业人员参加国家和省、自治区、直辖市互联网信息办公室组织开展的教育培训工作。

第十一条　从业人员应当按要求参加国家和省、自治区、直辖市互联网信息办公室组织开展的教育培训，每三年不少于 40 个学时。

从业人员应当接受所在互联网新闻信息服务单位自行组织开展的、每年不少于 40 个学时的教育培训，其中关于马克思主义新闻观的教育培训不少于 10 个学时。

第十二条　从业人员的教育培训内容应当包括马克思主义新闻观，党和国家关于网络安全和信息化、新闻舆论等工作的重要决策部署、政策措施和相关法律法规，从业人员职业道德规范等。

第十三条　互联网新闻信息服务单位自行组织从业人员开展的教育培训工作，应当接受国家和地方互联网信息办公室的指导和监督。有关情况纳入国家和地方互联网信息办公室对该单位的监督检查内容。

第四章　从业人员监督管理

第十四条　国家和地方互联网信息办公室指导互联网新闻信息服务单位建立健全从业人员准入、奖惩、考评、退出等制度。

互联网新闻信息服务单位应当建立健全从业人员劳动人事制度，加强从业人员管理，按照国家和地方互联网信息办公室要求，定期报送从业人员有关信息，并及时报告从业人员变动情况。

第十五条 国家互联网信息办公室建立从业人员统一的管理信息系统，对从业人员基本信息、从业培训经历和奖惩情况等进行记录，并及时更新、调整。地方互联网信息办公室负责对属地从业人员建立管理信息系统，并将更新、调整情况及时上报上一级互联网信息办公室。

国家和地方互联网信息办公室依法建立从业人员信用档案和黑名单。

第十六条 从业人员从事互联网新闻信息服务活动，存在违反本办法第五条至第八条规定，以及其他违反党和国家新闻舆论领域有关方针政策的行为的，国家或省、自治区、直辖市互联网信息办公室负责对其所在互联网新闻信息服务单位进行约谈，督促该单位对有关人员加强管理和教育培训。

从业人员存在违法行为的，根据有关法律法规依法处理。构成犯罪的，依法追究刑事责任。

互联网新闻信息服务单位发现从业人员存在违法行为的，应当依法依约对其给予警示、处分直至解除聘用合同或劳动合同，并在15个工作日内，按照分级管理、属地管理要求，将有关情况报告国家或省、自治区、直辖市互联网信息办公室。

第十七条 国家和地方互联网信息办公室将互联网新闻信息服务单位从业人员的从业情况纳入对该单位的监督检查内容。

互联网新闻信息服务单位对从业人员管理不力，造成严重后果，导致其不再符合许可条件的，由国家和地方互联网信息办公室依据《互联网新闻信息服务管理规定》第二十三条有关规定予以处理。

第十八条 从业人员提供互联网新闻信息服务，应当自觉接受社会监督。互联网新闻信息服务单位应当建立举报制度，畅通社会公众监督举报的渠道。

第五章 附 则

第十九条 互联网新闻信息服务单位的主管主办单位或宣传管理部门、新闻出版广电部门有从业人员教育培训、管理工作等方面安排和规定的，应当同时符合其规定。

本办法所称从业人员，不包括互联网新闻信息服务单位中党务、人事、行政、后勤、经营、工程技术等非直接提供互联网新闻信息服务的人员。

第二十条 本办法自2017年12月1日起施行。

微博客信息服务管理规定

（2018年2月2日国家互联网信息办公室发布）

第一条 为促进微博客信息服务健康有序发展，保护公民、法人和其他组织的合法权益，维护国家安全和公共利益，根据《中华人民共和国网络安全法》《国务院关于授权国家互联网信息办公室负责互联网信息内容管理工作的通知》，制定本规定。

第二条 在中华人民共和国境内从事微博客信息服务，应当遵守本规定。

本规定所称微博客，是指基于使用者关注机制，主要以简短文字、图片、视频等形式实现信息传播、获取的社交网络服务。

微博客服务提供者是指提供微博客平台服务的主体。微博客服务使用者是指使用微博客平台从事信息发布、互动交流等的行为主体。

微博客信息服务是指提供微博客平台服务及使用微博客平台从事信息发布、传播等行为。

第三条　国家互联网信息办公室负责全国微博客信息服务的监督管理执法工作。地方互联网信息办公室依据职责负责本行政区域内的微博客信息服务的监督管理执法工作。

第四条　微博客服务提供者应当依法取得法律法规规定的相关资质。

向社会公众提供互联网新闻信息服务的，应当依法取得互联网新闻信息服务许可，并在许可范围内开展服务，禁止未经许可或超越许可范围开展互联网新闻信息服务活动。

第五条　微博客服务提供者应当发挥促进经济发展、服务社会大众的积极作用，弘扬社会主义核心价值观，传播先进文化，坚持正确舆论导向，倡导依法上网、文明上网、安全上网。

第六条　微博客服务提供者应当落实信息内容安全管理主体责任，建立健全用户注册、信息发布审核、跟帖评论管理、应急处置、从业人员教育培训等制度及总编辑制度，具有安全可控的技术保障和防范措施，配备与服务规模相适应的管理人员。

微博客服务提供者应当制定平台服务规则，与微博客服务使用者签订服务协议，明确双方权利、义务，要求微博客服务使用者遵守相关法律法规。

第七条　微博客服务提供者应当按照“后台实名、前台自愿”的原则，对微博客服务使用者进行基于组织机构代码、身份证件号码、移动电话号码等方式的真实身份信息认证、定期核验。微博客服务使用者不提供真实身份信息的，微博客服务提供者不得为其提供信息发布服务。

微博客服务提供者应当保障微博客服务使用者的信息安全，不得泄露、篡改、毁损，不得出售或者非法向他人提供。

第八条　微博客服务使用者申请前台实名认证账号的，应当提供与认证信息相符的有效证明材料。

境内具有组织机构特征的微博客服务使用者申请前台实名认证账号的，应当提供组织机构代码证、营业执照等有效证明材料。

境外组织和机构申请前台实名认证账号的，应当提供驻华机构出具的有效证明材料。

第九条　微博客服务提供者应当按照分级分类管理原则，根据微博客服务使用者主体类型、发布内容、关注者数量、信用等级等制定具体管理制度，提供相应服务，并向国家或省、自治区、直辖市互联网信息办公室备案。

第十条　微博客服务提供者应当对申请前台实名认证账号的微博客服务使用

者进行认证信息审核，并按照注册地向国家或省、自治区、直辖市互联网信息办公室分类备案。微博客服务使用者提供的证明材料与认证信息不相符的，微博客服务提供者不得为其提供前台实名认证服务。

各级党政机关、企事业单位、人民团体和新闻媒体等组织机构对所开设的前台实名认证账号发布的信息内容及其跟帖评论负有管理责任。微博客服务提供者应当提供管理权限等必要支持。

第十一条 微博客服务提供者应当建立健全辟谣机制，发现微博客服务使用者发布、传播谣言或不实信息，应当主动采取辟谣措施。

第十二条 微博客服务提供者和微博客服务使用者不得利用微博客发布、传播法律法规禁止的信息内容。

微博客服务提供者发现微博客服务使用者发布、传播法律法规禁止的信息内容，应当依法立即停止传输该信息、采取消除等处置措施，保存有关记录，并向有关主管部门报告。

第十三条 微博客服务提供者应用新技术、调整增设具有新闻舆论属性或社会动员能力的应用功能，应当报国家或省、自治区、直辖市互联网信息办公室进行安全评估。

第十四条 微博客服务提供者应当自觉接受社会监督，设置便捷的投诉举报入口，及时处理公众投诉举报。

第十五条 国家鼓励和指导互联网行业组织建立健全微博客行业自律制度和行业准则，推动微博客行业信用等级评价和信用体系建设，督促微博客服务提供者依法提供服务、接受社会监督。

第十六条 微博客服务提供者应当遵守国家相关法律法规规定，配合有关部门开展监督管理执法工作，并提供必要的技术支持和协助。

微博客服务提供者应当记录微博客服务使用者日志信息，保存时间不少于六个月。

第十七条 微博客服务提供者违反本规定的，由有关部门依照相关法律法规处理。

第十八条 本规定自2018年3月20日起施行。

具有舆论属性或社会动员能力的互联网信息服务安全评估规定

（2018年11月15日国家互联网信息办公室、公安部发布）

第一条 为加强对具有舆论属性或社会动员能力的互联网信息服务和相关新技术新应用的安全管理，规范互联网信息服务活动，维护国家安全、社会秩序和公共利益，根据《中华人民共和国网络安全法》《互联网信息服务管理办法》《计算机信息网络国际联网安全保护管理办法》，制订本规定。

第二条 本规定所称具有舆论属性或社会动员能力的互联网信息服务，包括下列情形：

（一）开办论坛、博客、微博客、聊天室、通讯群组、公众账号、短视频、网络直播、信息分享、小程序等信息服务或者附设相应功能；

（二）开办提供公众舆论表达渠道或者具有发动社会公众从事特定活动能力的其他互联网信息服务。

第三条　互联网信息服务提供者具有下列情形之一的，应当依照本规定自行开展安全评估，并对评估结果负责：

（一）具有舆论属性或社会动员能力的信息服务上线，或者信息服务增设相关功能的；

（二）使用新技术新应用，使信息服务的功能属性、技术实现方式、基础资源配置等发生重大变更，导致舆论属性或者社会动员能力发生重大变化的；

（三）用户规模显著增加，导致信息服务的舆论属性或者社会动员能力发生重大变化的；

（四）发生违法有害信息传播扩散，表明已有安全措施难以有效防控网络安全风险的；

（五）地市级以上网信部门或者公安机关书面通知需要进行安全评估的其他情形。

第四条　互联网信息服务提供者可以自行实施安全评估，也可以委托第三方安全评估机构实施。

第五条　互联网信息服务提供者开展安全评估，应当对信息服务和新技术新应用的合法性，落实法律、行政法规、部门规章和标准规定的安全措施的有效性，防控安全风险的有效性等情况进行全面评估，并重点评估下列内容：

（一）确定与所提供服务相适应的安全管理负责人、信息审核人员或者建立安全管理机构的情况；

（二）用户真实身份核验以及注册信息留存措施；

（三）对用户的账号、操作时间、操作类型、网络源地址和目标地址、网络源端口、客户端硬件特征等日志信息，以及用户发布信息记录的留存措施；

（四）对用户账号和通讯群组名称、昵称、简介、备注、标识，信息发布、转发、评论和通讯群组等服务功能中违法有害信息的防范处置和有关记录保存措施；

（五）个人信息保护以及防范违法有害信息传播扩散、社会动员功能失控风险的技术措施；

（六）建立投诉、举报制度，公布投诉、举报方式等信息，及时受理并处理有关投诉和举报的情况；

（七）建立为网信部门依法履行互联网信息服务监督管理职责提供技术、数据支持和协助的工作机制的情况；

（八）建立为公安机关、国家安全机关依法维护国家安全和查处违法犯罪提供技术、数据支持和协助的工作机制的情况。

第六条　互联网信息服务提供者在安全评估中发现存在安全隐患的，应当及时整改，直至消除相关安全隐患。

经过安全评估，符合法律、行政法规、部门规章和标准的，应当形成安全评估报告。安全评估报告应当包括下列内容：

（一）互联网信息服务的功能、服务范围、软硬件设施、部署位置等基本情况和相关证照获取情况；

（二）安全管理制度和技术措施落实情况及风险防控效果；

（三）安全评估结论；

（四）其他应当说明的相关情况。

第七条 互联网信息服务提供者应当将安全评估报告通过全国互联网安全管理服务平台提交所在地地市级以上网信部门和公安机关。

具有本规定第三条第一项、第二项情形的，互联网信息服务提供者应当在信息服务、新技术新应用上线或者功能增设前提交安全评估报告；具有本规定第三条第三、四、五项情形的，应当自相关情形发生之日起30个工作日内提交安全评估报告。

第八条 地市级以上网信部门和公安机关应当依据各自职责对安全评估报告进行书面审查。

发现安全评估报告内容、项目缺失，或者安全评估方法明显不当的，应当责令互联网信息服务提供者限期重新评估。

发现安全评估报告内容不清的，可以责令互联网信息服务提供者补充说明。

第九条 网信部门和公安机关根据对安全评估报告的书面审查情况，认为有必要的，应当依据各自职责对互联网信息服务提供者开展现场检查。

网信部门和公安机关开展现场检查原则上应当联合实施，不得干扰互联网信息服务提供者正常的业务活动。

第十条 对存在较大安全风险、可能影响国家安全、社会秩序和公共利益的互联网信息服务，省级以上网信部门和公安机关应当组织专家进行评审，必要时可以会同属地相关部门开展现场检查。

第十一条 网信部门和公安机关开展现场检查，应当依照有关法律、行政法规、部门规章的规定进行。

第十二条 网信部门和公安机关应当建立监测管理制度，加强网络安全风险管理，督促互联网信息服务提供者依法履行网络安全义务。

发现具有舆论属性或社会动员能力的互联网信息服务提供者未按本规定开展安全评估的，网信部门和公安机关应当通知其按本规定开展安全评估。

第十三条 网信部门和公安机关发现具有舆论属性或社会动员能力的互联网信息服务提供者拒不按照本规定开展安全评估的，应当通过全国互联网安全管理服务平台向公众提示该互联网信息服务存在安全风险，并依照各自职责对该互联网信息服务实施监督检查，发现存在违法行为的，应当依法处理。

第十四条 网信部门统筹协调具有舆论属性或社会动员能力的互联网信息服务安全评估工作，公安机关的安全评估工作情况定期通报网信部门。

第十五条 网信部门、公安机关及其工作人员对在履行职责中知悉的国家秘密、商业秘密和个人信息应当严格保密，不得泄露、出售或者非法向他人提供。

第十六条　对于互联网新闻信息服务新技术新应用的安全评估，依照《互联网新闻信息服务新技术新应用安全评估管理规定》执行。

第十七条　本规定自2018年11月30日起施行。

四、司法解释

最高人民法院、最高人民检察院关于办理利用互联网、移动通讯终端、声讯台制作、复制、出版、贩卖、传播淫秽电子信息刑事案件具体应用法律若干问题的解释

（2004年9月1日最高人民法院审判委员会第1323次会议、2004年9月2日最高人民检察院第十届检察委员会第26次会议通过　法释〔2004〕11号）

为依法惩治利用互联网、移动通讯终端制作、复制、出版、贩卖、传播淫秽电子信息、通过声讯台传播淫秽语音信息等犯罪活动，维护公共网络、通讯的正常秩序，保障公众的合法权益，根据《中华人民共和国刑法》、《全国人民代表大会常务委员会关于维护互联网安全的决定》的规定，现对办理该类刑事案件具体应用法律的若干问题解释如下：

第一条　以牟利为目的，利用互联网、移动通讯终端制作、复制、出版、贩卖、传播淫秽电子信息，具有下列情形之一的，依照刑法第三百六十三条第一款的规定，以制作、复制、出版、贩卖、传播淫秽物品牟利罪定罪处罚：

（一）制作、复制、出版、贩卖、传播淫秽电影、表演、动画等视频文件二十个以上的；

（二）制作、复制、出版、贩卖、传播淫秽音频文件一百个以上的；

（三）制作、复制、出版、贩卖、传播淫秽电子刊物、图片、文章、短信息等二百件以上的；

（四）制作、复制、出版、贩卖、传播的淫秽电子信息，实际被点击数达到一万次以上的；

（五）以会员制方式出版、贩卖、传播淫秽电子信息，注册会员达二百人以上的；

（六）利用淫秽电子信息收取广告费、会员注册费或者其他费用，违法所得一万元以上的；

（七）数量或者数额虽未达到第（一）项至第（六）项规定标准，但分别达到其中两项以上标准一半以上的；

（八）造成严重后果的。

利用聊天室、论坛、即时通信软件、电子邮件等方式，实施第一款规定行为的，依照刑法第三百六十三条第一款的规定，以制作、复制、出版、贩卖、传播淫秽物品牟利罪定罪处罚。

第二条 实施第一条规定的行为，数量或者数额达到第一条第一款第（一）项至第（六）项规定标准五倍以上的，应当认定为刑法第三百六十三条第一款规定的“情节严重”；达到规定标准二十五倍以上的，应当认定为“情节特别严重”。

第三条 不以牟利为目的，利用互联网或者移动通讯终端传播淫秽电子信息，具有下列情形之一的，依照刑法第三百六十四条第一款的规定，以传播淫秽物品罪定罪处罚：

（一）数量达到第一条第一款第（一）项至第（五）项规定标准二倍以上的；

（二）数量分别达到第一条第一款第（一）项至第（五）项两项以上标准的；

（三）造成严重后果的。

利用聊天室、论坛、即时通信软件、电子邮件等方式，实施第一款规定行为的，依照刑法第三百六十四条第一款的规定，以传播淫秽物品罪定罪处罚。

第四条 明知是淫秽电子信息而在自己所有、管理或者使用的网站或者网页上提供直接链接的，其数量标准根据所链接的淫秽电子信息的种类计算。

第五条 以牟利为目的，通过声讯台传播淫秽语音信息，具有下列情形之一的，依照刑法第三百六十三条第一款的规定，对直接负责的主管人员和其他直接责任人员以传播淫秽物品牟利罪定罪处罚：

（一）向一百人次以上传播的；

（二）违法所得一万元以上的；

（三）造成严重后果的。

实施前款规定行为，数量或者数额达到前款第（一）项至第（二）项规定标准五倍以上的，应当认定为刑法第三百六十三条第一款规定的“情节严重”；达到规定标准二十五倍以上的，应当认定为“情节特别严重”。

第六条 实施本解释前五条规定的犯罪，具有下列情形之一的，依照刑法第三百六十三条第一款、第三百六十四条第一款的规定从重处罚：

（一）制作、复制、出版、贩卖、传播具体描绘不满十八周岁未成年人性行为的淫秽电子信息的；

（二）明知是具体描绘不满十八周岁的未成年人性行为的淫秽电子信息而在自己所有、管理或者使用的网站或者网页上提供直接链接的；

（三）向不满十八周岁的未成年人贩卖、传播淫秽电子信息和语音信息的；

（四）通过使用破坏性程序、恶意代码修改用户计算机设置等方法，强制用户访问、下载淫秽电子信息的。

第七条 明知他人实施制作、复制、出版、贩卖、传播淫秽电子信息犯罪，为其提供互联网接入、服务器托管、网络存储空间、通讯传输通道、费用结算等帮助的，对直接负责的主管人员和其他直接责任人员，以共同犯罪论处。

第八条 利用互联网、移动通讯终端、声讯台贩卖、传播淫秽书刊、影片、录像带、录音带等以实物为载体的淫秽物品的，依照《最高人民法院关于审理非法出版物刑事案件具体应用法律若干问题的解释》的有关规定定罪处罚。

第九条　刑法第三百六十七条第一款规定的“其他淫秽物品”，包括具体描绘性行为或者露骨宣扬色情的诲淫性的视频文件、音频文件、电子刊物、图片、文章、短信息等互联网、移动通讯终端电子信息和声讯台语音信息。

有关人体生理、医学知识的电子信息和声讯台语音信息不是淫秽物品。包含色情内容的有艺术价值的电子文学、艺术作品不视为淫秽物品。

最高人民法院、最高人民检察院关于办理利用互联网、移动通讯终端、声讯台制作、复制、出版、贩卖、传播淫秽电子信息刑事案件具体应用法律若干问题的解释(二)

(2010年1月18日最高人民法院审判委员会第1483次会议、2010年1月14日最高人民检察院第十一届检察委员会第28次会议通过　法释〔2010〕3号)

为依法惩治利用互联网、移动通讯终端制作、复制、出版、贩卖、传播淫秽电子信息，通过声讯台传播淫秽语音信息等犯罪活动，维护社会秩序，保障公民权益，根据《中华人民共和国刑法》、《全国人民代表大会常务委员会关于维护互联网安全的决定》的规定，现对办理该类刑事案件具体应用法律的若干问题解释如下：

第一条　以牟利为目的，利用互联网、移动通讯终端制作、复制、出版、贩卖、传播淫秽电子信息的，依照《最高人民法院、最高人民检察院关于办理利用互联网、移动通讯终端、声讯台制作、复制、出版、贩卖、传播淫秽电子信息刑事案件具体应用法律若干问题的解释》第一条、第二条的规定定罪处罚。

以牟利为目的，利用互联网、移动通讯终端制作、复制、出版、贩卖、传播内容含有不满十四周岁未成年人的淫秽电子信息，具有下列情形之一的，依照刑法第三百六十三条第一款的规定，以制作、复制、出版、贩卖、传播淫秽物品牟利罪定罪处罚：

(一)制作、复制、出版、贩卖、传播淫秽电影、表演、动画等视频文件十个以上的；

(二)制作、复制、出版、贩卖、传播淫秽音频文件五十个以上的；

(三)制作、复制、出版、贩卖、传播淫秽电子刊物、图片、文章等一百件以上的；

(四)制作、复制、出版、贩卖、传播的淫秽电子信息，实际被点击数达到五千次以上的；

(五)以会员制方式出版、贩卖、传播淫秽电子信息，注册会员达一百人以上的；

(六)利用淫秽电子信息收取广告费、会员注册费或者其他费用，违法所得五千元以上的；

(七)数量或者数额虽未达到第(一)项至第(六)项规定标准，但分别达到其中两项以上标准一半以上的；

(八)造成严重后果的。

实施第二款规定的行为，数量或者数额达到第二款第(一)项至第(七)项规定标准五倍以上的，应当认定为刑法第三百六十三条第一款规定的“情节严重”；达到规定标准二十五倍以上的，应当认定为“情节特别严重”。

第二条 利用互联网、移动通讯终端传播淫秽电子信息的，依照《最高人民法院、最高人民检察院关于办理利用互联网、移动通讯终端、声讯台制作、复制、出版、贩卖、传播淫秽电子信息刑事案件具体应用法律若干问题的解释》第三条的规定定罪处罚。

利用互联网、移动通讯终端传播内容含有不满十四周岁未成年人的淫秽电子信息，具有下列情形之一的，依照刑法第三百六十四条第一款的规定，以传播淫秽物品罪定罪处罚：

（一）数量达到第一条第二款第（一）项至第（五）项规定标准二倍以上的；

（二）数量分别达到第一条第二款第（一）项至第（五）项两项以上标准的；

（三）造成严重后果的。

第三条 利用互联网建立主要用于传播淫秽电子信息的群组，成员达三十人以上或者造成严重后果的，对建立者、管理者和主要传播者，依照刑法第三百六十四条第一款的规定，以传播淫秽物品罪定罪处罚。

第四条 以牟利为目的，网站建立者、直接负责的管理者明知他人制作、复制、出版、贩卖、传播的是淫秽电子信息，允许或者放任他人在自己所有、管理的网站或者网页上发布，具有下列情形之一的，依照刑法第三百六十三条第一款的规定，以传播淫秽物品牟利罪定罪处罚：

（一）数量或者数额达到第一条第二款第（一）项至第（六）项规定标准五倍以上的；

（二）数量或者数额分别达到第一条第二款第（一）项至第（六）项两项以上标准二倍以上的；

（三）造成严重后果的。

实施前款规定的行为，数量或者数额达到第一条第二款第（一）项至第（七）项规定标准二十五倍以上的，应当认定为刑法第三百六十三条第一款规定的“情节严重”；达到规定标准一百倍以上的，应当认定为“情节特别严重”。

第五条 网站建立者、直接负责的管理者明知他人制作、复制、出版、贩卖、传播的是淫秽电子信息，允许或者放任他人在自己所有、管理的网站或者网页上发布，具有下列情形之一的，依照刑法第三百六十四条第一款的规定，以传播淫秽物品罪定罪处罚：

（一）数量达到第一条第二款第（一）项至第（五）项规定标准十倍以上的；

（二）数量分别达到第一条第二款第（一）项至第（五）项两项以上标准五倍以上的；

（三）造成严重后果的。

第六条 电信业务经营者、互联网信息服务提供者明知是淫秽网站，为其提供互联网接入、服务器托管、网络存储空间、通讯传输通道、代收费等服务，并收取服务费，具有下列情形之一的，对直接负责的主管人员和其他直接责任人员，依照刑法第三百六十三条第一款的规定，以传播淫秽物品牟利罪定罪处罚：

（一）为五个以上淫秽网站提供上述服务的；

（二）为淫秽网站提供互联网接入、服务器托管、网络存储空间、通讯传输通道等服务，收取服务费数额在二万元以上的；

（三）为淫秽网站提供代收费服务，收取服务费数额在五万元以上的；

（四）造成严重后果的。

实施前款规定的行为，数量或者数额达到前款第（一）项至第（三）项规定标准五倍以上的，应当认定为刑法第三百六十三条第一款规定的"情节严重"；达到规定标准二十五倍以上的，应当认定为"情节特别严重"。

第七条　明知是淫秽网站，以牟利为目的，通过投放广告等方式向其直接或者间接提供资金，或者提供费用结算服务，具有下列情形之一的，对直接负责的主管人员和其他直接责任人员，依照刑法第三百六十三条第一款的规定，以制作、复制、出版、贩卖、传播淫秽物品牟利罪的共同犯罪处罚：

（一）向十个以上淫秽网站投放广告或者以其他方式提供资金的；

（二）向淫秽网站投放广告二十条以上的；

（三）向十个以上淫秽网站提供费用结算服务的；

（四）以投放广告或者其他方式向淫秽网站提供资金数额在五万元以上的；

（五）为淫秽网站提供费用结算服务，收取服务费数额在二万元以上的；

（六）造成严重后果的。

实施前款规定的行为，数量或者数额达到前款第（一）项至第（五）项规定标准五倍以上的，应当认定为刑法第三百六十三条第一款规定的"情节严重"；达到规定标准二十五倍以上的，应当认定为"情节特别严重"。

第八条　实施第四条至第七条规定的行为，具有下列情形之一的，应当认定行为人"明知"，但是有证据证明确实不知道的除外：

（一）行政主管机关书面告知后仍然实施上述行为的；

（二）接到举报后不履行法定管理职责的；

（三）为淫秽网站提供互联网接入、服务器托管、网络存储空间、通讯传输通道、代收费、费用结算等服务，收取服务费明显高于市场价格的；

（四）向淫秽网站投放广告，广告点击率明显异常的；

（五）其他能够认定行为人明知的情形。

第九条　一年内多次实施制作、复制、出版、贩卖、传播淫秽电子信息行为未经处理，数量或者数额累计计算构成犯罪的，应当依法定罪处罚。

第十条　单位实施制作、复制、出版、贩卖、传播淫秽电子信息犯罪的，依照《中华人民共和国刑法》、《最高人民法院、最高人民检察院关于办理利用互联网、移动通讯终端、声讯台制作、复制、出版、贩卖、传播淫秽电子信息刑事案件具体应用法律若干问题的解释》和本解释规定的相应个人犯罪的定罪量刑标准，对直接负责的主管人员和其他直接责任人员定罪处罚，并对单位判处罚金。

第十一条　对于以牟利为目的，实施制作、复制、出版、贩卖、传播淫秽电子信息犯罪的，人民法院应当综合考虑犯罪的违法所得、社会危害性等情节，依法判处罚金或者没收财产。罚金数额一般在违法所得的一倍以上五倍以下。

第十二条 《最高人民法院、最高人民检察院关于办理利用互联网、移动通讯终端、声讯台制作、复制、出版、贩卖、传播淫秽电子信息刑事案件具体应用法律若干问题的解释》和本解释所称网站，是指可以通过互联网域名、IP地址等方式访问的内容提供站点。

以制作、复制、出版、贩卖、传播淫秽电子信息为目的建立或者建立后主要从事制作、复制、出版、贩卖、传播淫秽电子信息活动的网站，为淫秽网站。

第十三条 以前发布的司法解释与本解释不一致的，以本解释为准。

最高人民法院、最高人民检察院关于办理利用信息网络实施诽谤等刑事案件适用法律若干问题的解释

(2013年9月5日最高人民法院审判委员会第1589次会议、2013年9月2日最高人民检察院第十二届检察委员会第9次会议通过　法释〔2013〕21号)

为保护公民、法人和其他组织的合法权益，维护社会秩序，根据《中华人民共和国刑法》《全国人民代表大会常务委员会关于维护互联网安全的决定》等规定，对办理利用信息网络实施诽谤、寻衅滋事、敲诈勒索、非法经营等刑事案件适用法律的若干问题解释如下：

第一条 具有下列情形之一的，应当认定为刑法第二百四十六条第一款规定的“捏造事实诽谤他人”：

(一)捏造损害他人名誉的事实，在信息网络上散布，或者组织、指使人员在信息网络上散布的；

(二)将信息网络上涉及他人的原始信息内容篡改为损害他人名誉的事实，在信息网络上散布，或者组织、指使人员在信息网络上散布的；

明知是捏造的损害他人名誉的事实，在信息网络上散布，情节恶劣的，以“捏造事实诽谤他人”论。

第二条 利用信息网络诽谤他人，具有下列情形之一的，应当认定为刑法第二百四十六条第一款规定的“情节严重”：

(一)同一诽谤信息实际被点击、浏览次数达到五千次以上，或者被转发次数达到五百次以上的；

(二)造成被害人或者其近亲属精神失常、自残、自杀等严重后果的；

(三)二年内曾因诽谤受过行政处罚，又诽谤他人的；

(四)其他情节严重的情形。

第三条 利用信息网络诽谤他人，具有下列情形之一的，应当认定为刑法第二百四十六条第二款规定的“严重危害社会秩序和国家利益”：

(一)引发群体性事件的；

(二)引发公共秩序混乱的；

（三）引发民族、宗教冲突的；

（四）诽谤多人，造成恶劣社会影响的；

（五）损害国家形象，严重危害国家利益的；

（六）造成恶劣国际影响的；

（七）其他严重危害社会秩序和国家利益的情形。

第四条　一年内多次实施利用信息网络诽谤他人行为未经处理，诽谤信息实际被点击、浏览、转发次数累计计算构成犯罪的，应当依法定罪处罚。

第五条　利用信息网络辱骂、恐吓他人，情节恶劣，破坏社会秩序的，依照刑法第二百九十三条第一款第（二）项的规定，以寻衅滋事罪定罪处罚。

编造虚假信息，或者明知是编造的虚假信息，在信息网络上散布，或者组织、指使人员在信息网络上散布，起哄闹事，造成公共秩序严重混乱的，依照刑法第二百九十三条第一款第（四）项的规定，以寻衅滋事罪定罪处罚。

第六条　以在信息网络上发布、删除等方式处理网络信息为由，威胁、要挟他人，索取公私财物，数额较大，或者多次实施上述行为的，依照刑法第二百七十四条的规定，以敲诈勒索罪定罪处罚。

第七条　违反国家规定，以营利为目的，通过信息网络有偿提供删除信息服务，或者明知是虚假信息，通过信息网络有偿提供发布信息等服务，扰乱市场秩序，具有下列情形之一的，属于非法经营行为"情节严重"，依照刑法第二百二十五条第（四）项的规定，以非法经营罪定罪处罚：

（一）个人非法经营数额在五万元以上，或者违法所得数额在二万元以上的；

（二）单位非法经营数额在十五万元以上，或者违法所得数额在五万元以上的。

实施前款规定的行为，数额达到前款规定的数额五倍以上的，应当认定为刑法第二百二十五条规定的"情节特别严重"。

第八条　明知他人利用信息网络实施诽谤、寻衅滋事、敲诈勒索、非法经营等犯罪，为其提供资金、场所、技术支持等帮助的，以共同犯罪论处。

第九条　利用信息网络实施诽谤、寻衅滋事、敲诈勒索、非法经营犯罪，同时又构成刑法第二百二十一条规定的损害商业信誉、商品声誉罪，第二百七十八条规定的煽动暴力抗拒法律实施罪，第二百九十一条之一规定的编造、故意传播虚假恐怖信息罪等犯罪的，依照处罚较重的规定定罪处罚。

第十条　本解释所称信息网络，包括以计算机、电视机、固定电话机、移动电话机等电子设备为终端的计算机互联网、广播电视网、固定通信网、移动通信网等信息网络，以及向公众开放的局域网络。

最高人民法院、最高人民检察院关于利用网络云盘制作、复制、贩卖、传播淫秽电子信息牟利行为定罪量刑问题的批复

（2017年8月28日最高人民法院审判委员会第1724次会议、2017年10月10日最高人民检察院第十二届检察委员会第70次会议通过　法释〔2017〕19号）

各省、自治区、直辖市高级人民法院、人民检察院，解放军军事法院、军事检察院，新疆维吾尔自治区高级人民法院生产建设兵团分院、新疆生产建设兵团人民检察院：

近来，部分高级人民法院、省级人民检察院就如何对利用网络云盘制作、复制、贩卖、传播淫秽电子信息牟利行为定罪量刑的问题提出请示。经研究，批复如下：

一、对于以牟利为目的，利用网络云盘制作、复制、贩卖、传播淫秽电子信息的行为，是否应当追究刑事责任，适用刑法和《最高人民法院、最高人民检察院关于办理利用互联网、移动通讯终端、声讯台制作、复制、出版、贩卖、传播淫秽电子信息刑事案件具体应用法律若干问题的解释》（法释〔2004〕11号）、《最高人民法院、最高人民检察院关于办理利用互联网、移动通讯终端、声讯台制作、复制、出版、贩卖、传播淫秽电子信息刑事案件具体应用法律若干问题的解释（二）》（法释〔2010〕3号）的有关规定。

二、对于以牟利为目的，利用网络云盘制作、复制、贩卖、传播淫秽电子信息的行为，在追究刑事责任时，鉴于网络云盘的特点，不应单纯考虑制作、复制、贩卖、传播淫秽电子信息的数量，还应充分考虑传播范围、违法所得、行为人一贯表现以及淫秽电子信息、传播对象是否涉及未成年人等情节，综合评估社会危害性，恰当裁量刑罚，确保罪责刑相适应。

此复。

五、地方性法规

新疆维吾尔自治区防范和惩治网络传播虚假信息条例

（2016年12月1日新疆维吾尔自治区第十二届人民代表大会常务委员会第二十五次会议通过）

第一条 为了规范自治区互联网、手机等信息网络传播秩序，防范和惩治虚假信息扰乱社会秩序的违法犯罪行为，保护公民、法人和其他组织的合法权益，根据有关法律法规的规定，结合自治区实际，制定本条例。

第二条 自治区行政区域内防范和惩治网络传播虚假信息活动，适用本条例。

第三条 本条例所称的网络传播虚假信息是指通过文字、图片、音频和视频等形式，编造虚假信息在网络上传播，或者明知是虚假信息，故意在网络上传播，扰乱社会秩序的行为。

第四条 自治区从事互联网站、应用程序、即时通讯工具和手机短信息等业务的信息网络服务提供者及信息网络使用者，应当遵守宪法法律，遵守公共秩序，尊重社会公德，不得危害网络安全，不得利用网络从事危害国家安全，编造、传播虚假信息扰乱社会秩序，以及侵害他人名誉、隐私和其他合法权益等活动。

第五条 自治区人民政府应当加强网络信息安全工作。自治区网信、通信、公安等主管部门具体负责网络传播虚假信息行为的防范和惩治工作，并加强对信息网络服务提供者及信息网络使用者的监督管理。

第六条　任何单位和个人都有协助、配合有关部门防范和惩治网络传播虚假信息的义务，发现网络传播虚假信息的，应当及时向网信、通信、公安等部门报告。

第七条　信息网络服务提供者在从事互联网信息服务过程中，按照谁主办、谁负责的原则，承担管理主体责任，采取网络安全技术保护措施，确保信息安全。

未经备案或者许可不得提供互联网信息服务。

第八条　在自治区通过互联网站、应用程序、论坛、博客、微博客、即时通讯工具、搜索引擎、直播平台以及其他具有新闻舆论或社会动员功能的应用，向社会公众提供新闻信息采编发布、转载服务，以及提供新闻信息发布平台服务，应当取得互联网新闻信息服务许可。

第九条　信息网络服务提供者应当健全内容审核制度、落实安全技术保护措施，接受社会监督，畅通网络举报受理渠道，及时处理公众举报的违法和不良信息。

第十条　信息网络服务提供者应在信息网络使用者发表跟帖留言的页面刊登跟帖服务协议，明示跟帖中不得贴发散布谣言，扰乱社会秩序，破坏社会稳定的内容或者法律法规禁止内容的信息。

第十一条　互联网信息搜索服务提供者不得以链接、摘要、快照、联想词、相关搜索、相关推荐等形式提供虚假信息及其他法律法规禁止的信息。

第十二条　信息网络服务提供者在为信息网络使用者提供信息发布、即时通讯等服务，在与信息网络使用者签订协议或者确认提供服务时，应当要求其提供真实身份信息。信息网络使用者不提供真实身份信息的，信息网络服务提供者不得为其提供相关服务。

第十三条　信息网络服务提供者及信息网络使用者不得利用网络编造、制作、复制、发布和传播含有下列内容的虚假、有害信息：

（一）危害国家安全、荣誉和利益的；

（二）煽动颠覆国家政权、推翻社会主义制度的；

（三）煽动分裂国家、破坏国家统一的；

（四）宣扬宗教狂热、破坏宗教和谐的；

（五）宣扬恐怖主义、极端主义的；

（六）宣扬民族仇恨、民族歧视的；

（七）传播虚假险情、灾情、疫情、警情的；

（八）传播爆炸威胁、生化威胁、放射威胁等恐怖信息的；

（九）传播暴力、淫秽色情信息的；

（十）侵害他人名誉、隐私、知识产权和其他合法权益等的；

（十一）法律法规禁止的其他内容的。

第十四条　信息网络服务提供者发现网络传播虚假信息的，应当立即停止传输，保存相关记录，删除相关信息，并及时向网信、通信、公安等有关部门报告。

第十五条　信息网络使用者在注册账号名称、设置头像和简介等时，不得使用违法信息，不得借此传播虚假信息，扰乱经济和社会秩序。

第十六条 信息网络服务提供者，未取得相应许可，擅自从事经营性互联网信息服务，或者超出许可的项目提供服务的，由自治区通信主管部门责令限期改正，有违法所得的，没收违法所得，处违法所得三倍以上五倍以下的罚款；情节严重的，责令关闭网站。

违反本条例规定，未履行备案手续或者超出备案的项目提供服务的，由自治区通信主管部门责令限期改正；拒不改正的，责令关闭网站。

第十七条 信息网络服务提供者未落实信息安全管理主体责任，未健全内容审核制度，未落实安全技术保护的，由自治区网信主管部门责令改正，给予警告，可以并处三万元以下罚款。情节严重的，由自治区网信、通信主管部门关停相关网站，拒不改正的，取消其提供信息网络服务的资格。

第十八条 信息网络服务提供者对法律、行政法规禁止发布或者传输的信息未停止传输、采取消除等处置措施、保存有关记录的，由自治区网信等主管部门责令改正，给予警告，没收违法所得；拒不改正或者情节严重的，处十万元以上五十万元以下罚款，并可以由自治区网信、通信等有关主管部门责令暂停相关业务、停业整顿、关闭网站，对直接负责的主管人员和其他直接责任人员处一万元以上十万元以下罚款。

第十九条 网信、通信、公安等主管部门负责人及其工作人员在防范和惩治网络虚假信息工作中，玩忽职守、滥用职权、徇私舞弊或者利用职务上的便利索取、收受他人财物构成犯罪的，依法追究刑事责任；尚不构成犯罪的，对负有责任的主管人员和其他直接责任人员依法给予行政处分。

第二十条 违反本条例规定，应当给予处罚的其他行为，依照有关法律法规的规定给予处罚。

第二十一条 本条例自2016年12月10日起施行。

第三章

个人信息保护

一、法律

中华人民共和国测绘法(节录)

(1992年12月28日第七届全国人民代表大会常务委员会第二十九次会议通过　2002年8月29日第九届全国人民代表大会常务委员会第二十九次会议第一次修订　2017年4月27日第十二届全国人民代表大会常务委员会第二十七次会议第二次修订)

第十四条　卫星导航定位基准站的建设和运行维护应当符合国家标准和要求,不得危害国家安全。

卫星导航定位基准站的建设和运行维护单位应当建立数据安全保障制度,并遵守保密法律、行政法规的规定。

县级以上人民政府测绘地理信息主管部门应当会同本级人民政府其他有关部门,加强对卫星导航定位基准站建设和运行维护的规范和指导。

第三十四条　县级以上人民政府测绘地理信息主管部门应当积极推进公众版测绘成果的加工和编制工作,通过提供公众版测绘成果、保密技术处理等方式,促进测绘成果的社会化应用。

测绘成果保管单位应当采取措施保障测绘成果的完整和安全,并按照国家有关规定向社会公开和提供利用。

测绘成果属于国家秘密的,适用保密法律、行政法规的规定;需要对外提供的,按照国务院和中央军事委员会规定的审批程序执行。

测绘成果的秘密范围和秘密等级,应当依照保密法律、行政法规的规定,按照保障国家秘密安全、促进地理信息共享和应用的原则确定并及时调整、公布。

第三十八条　地图的编制、出版、展示、登载及更新应当遵守国家有关地图编制标准、地图内容表示、地图审核的规定。

互联网地图服务提供者应当使用经依法审核批准的地图,建立地图数据安全管理制度,采取安全保障措施,加强对互联网地图新增内容的核校,提高服务质量。

县级以上人民政府和测绘地理信息主管部门、网信部门等有关部门应当加强对地图编制、出版、展示、登载和互联网地图服务的监督管理，保证地图质量，维护国家主权、安全和利益。

地图管理的具体办法由国务院规定。

第四十七条 地理信息生产、保管、利用单位应当对属于国家秘密的地理信息的获取、持有、提供、利用情况进行登记并长期保存，实行可追溯管理。

从事测绘活动涉及获取、持有、提供、利用属于国家秘密的地理信息，应当遵守保密法律、行政法规和国家有关规定。

地理信息生产、利用单位和互联网地图服务提供者收集、使用用户个人信息的，应当遵守法律、行政法规关于个人信息保护的规定。

第六十一条 违反本法规定，擅自发布中华人民共和国领域和中华人民共和国管辖的其他海域的重要地理信息数据的，给予警告，责令改正，可以并处五十万元以下的罚款；对直接负责的主管人员和其他直接责任人员，依法给予处分；构成犯罪的，依法追究刑事责任。

第六十二条 违反本法规定，编制、出版、展示、登载、更新的地图或者互联网地图服务不符合国家有关地图管理规定的，依法给予行政处罚、处分；构成犯罪的，依法追究刑事责任。

第六十五条 违反本法规定，地理信息生产、保管、利用单位未对属于国家秘密的地理信息的获取、持有、提供、利用情况进行登记、长期保存的，给予警告，责令改正，可以并处二十万元以下的罚款；泄露国家秘密的，责令停业整顿，并处降低测绘资质等级或者吊销测绘资质证书；构成犯罪的，依法追究刑事责任。

违反本法规定，获取、持有、提供、利用属于国家秘密的地理信息的，给予警告，责令停止违法行为，没收违法所得，可以并处违法所得二倍以下的罚款；对直接负责的主管人员和其他直接责任人员，依法给予处分；造成损失的，依法承担赔偿责任；构成犯罪的，依法追究刑事责任。

中华人民共和国消费者权益保护法（节录）

（1993 年 10 月 31 日第八届全国人民代表大会常务委员会第四次会议通过 根据 2009 年 8 月 27 日第十一届全国人民代表大会常务委员会第十次会议《关于修改部分法律的决定》第一次修正 根据 2013 年 10 月 25 日第十二届全国人民代表大会常务委员会第五次会议《关于修改〈中华人民共和国消费者权益保护法〉的决定》第二次修正）

第十四条 消费者在购买、使用商品和接受服务时，享有人格尊严、民族风俗习惯得到尊重的权利，享有个人信息依法得到保护的权利。

第二十九条 经营者收集、使用消费者个人信息，应当遵循合法、正当、必要的原则，明示收集、使用信息的目的、方式和范围，并经消费者同意。经营者收集、使用消费者个人信息，应当公开其收集、使用规则，不得违反法律、法规的规定和双方的约定收集、使用信息。

经营者及其工作人员对收集的消费者个人信息必须严格保密，不得泄露、出售或者非法向他人提供。经营者应当采取技术措施和其他必要措施，确保信息安全，防止消费者个人信息泄露、丢失。在发生或者可能发生信息泄露、丢失的情况时，应当立即采取补救措施。

经营者未经消费者同意或者请求，或者消费者明确表示拒绝的，不得向其发送商业性信息。

第五十条　经营者侵害消费者的人格尊严、侵犯消费者人身自由或者侵害消费者个人信息依法得到保护的权利的，应当停止侵害、恢复名誉、消除影响、赔礼道歉，并赔偿损失。

第五十六条　经营者有下列情形之一，除承担相应的民事责任外，其他有关法律、法规对处罚机关和处罚方式有规定的，依照法律、法规的规定执行；法律、法规未作规定的，由工商行政管理部门或者其他有关行政部门责令改正，可以根据情节单处或者并处警告、没收违法所得、处以违法所得一倍以上十倍以下的罚款，没有违法所得的，处以五十万元以下的罚款；情节严重的，责令停业整顿、吊销营业执照：

（一）提供的商品或者服务不符合保障人身、财产安全要求的；

（二）在商品中掺杂、掺假，以假充真，以次充好，或者以不合格商品冒充合格商品的；

（三）生产国家明令淘汰的商品或者销售失效、变质的商品的；

（四）伪造商品的产地，伪造或者冒用他人的厂名、厂址，篡改生产日期，伪造或者冒用认证标志等质量标志的；

（五）销售的商品应当检验、检疫而未检验、检疫或者伪造检验、检疫结果的；

（六）对商品或者服务作虚假或者引人误解的宣传的；

（七）拒绝或者拖延有关行政部门责令对缺陷商品或者服务采取停止销售、警示、召回、无害化处理、销毁、停止生产或者服务等措施的；

（八）对消费者提出的修理、重作、更换、退货、补足商品数量、退还货款和服务费用或者赔偿损失的要求，故意拖延或者无理拒绝的；

（九）侵害消费者人格尊严、侵犯消费者人身自由或者侵害消费者个人信息依法得到保护的权利的；

（十）法律、法规规定的对损害消费者权益应当予以处罚的其他情形。

经营者有前款规定情形的，除依照法律、法规规定予以处罚外，处罚机关应当记入信用档案，向社会公布。

中华人民共和国广告法（节录）

（1994 年 10 月 27 日第八届全国人民代表大会常务委员会第十次会议通过　2015 年 4 月 24 日第十二届全国人民代表大会常务委员会第十四次会议修订　根

据2018年10月26日第十三届全国人民代表大会常务委员会第六次会议《关于修改〈中华人民共和国野生动物保护法〉等十五部法律的决定》修正）

第九条 广告不得有下列情形：

（一）使用或者变相使用中华人民共和国的国旗、国歌、国徽，军旗、军歌、军徽；

（二）使用或者变相使用国家机关、国家机关工作人员的名义或者形象；

（三）使用“国家级”、“最高级”、“最佳”等用语；

（四）损害国家的尊严或者利益，泄露国家秘密；

（五）妨碍社会安定，损害社会公共利益；

（六）危害人身、财产安全，泄露个人隐私；

（七）妨碍社会公共秩序或者违背社会良好风尚；

（八）含有淫秽、色情、赌博、迷信、恐怖、暴力的内容；

（九）含有民族、种族、宗教、性别歧视的内容；

（十）妨碍环境、自然资源或者文化遗产保护；

（十一）法律、行政法规规定禁止的其他情形。

第十九条 广播电台、电视台、报刊音像出版单位、互联网信息服务提供者不得以介绍健康、养生知识等形式变相发布医疗、药品、医疗器械、保健食品广告。

第四十条 在针对未成年人的大众传播媒介上不得发布医疗、药品、保健食品、医疗器械、化妆品、酒类、美容广告，以及不利于未成年人身心健康的网络游戏广告。

针对不满十四周岁的未成年人的商品或者服务的广告不得含有下列内容：

（一）劝诱其要求家长购买广告商品或者服务；

（二）可能引发其模仿不安全行为。

第四十三条 任何单位或者个人未经当事人同意或者请求，不得向其住宅、交通工具等发送广告，也不得以电子信息方式向其发送广告。

以电子信息方式发送广告的，应当明示发送者的真实身份和联系方式，并向接收者提供拒绝继续接收的方式。

第四十四条 利用互联网从事广告活动，适用本法的各项规定。

利用互联网发布、发送广告，不得影响用户正常使用网络。在互联网页面以弹出等形式发布的广告，应当显著标明关闭标志，确保一键关闭。

第四十五条 公共场所的管理者或者电信业务经营者、互联网信息服务提供者对其明知或者应知的利用其场所或者信息传输、发布平台发送、发布违法广告的，应当予以制止。

第五十七条 有下列行为之一的，由市场监督管理部门责令停止发布广告，对广告主处二十万元以上一百万元以下的罚款，情节严重的，并可以吊销营业执照，由广告审查机关撤销广告审查批准文件、一年内不受理其广告审查申请；对广告经营者、广告发布者，由市场监督管理部门没收广告费用，处二十万元以上一百万元以下的罚款，情节严重的，并可以吊销营业执照、吊销广告发布登记证件：

（一）发布有本法第九条、第十条规定的禁止情形的广告的；

（二）违反本法第十五条规定发布处方药广告、药品类易制毒化学品广告、戒毒治疗的医疗器械和治疗方法广告的；

（三）违反本法第二十条规定，发布声称全部或者部分替代母乳的婴儿乳制品、饮料和其他食品广告的；

（四）违反本法第二十二条规定发布烟草广告的；

（五）违反本法第三十七条规定，利用广告推销禁止生产、销售的产品或者提供的服务，或者禁止发布广告的商品或者服务的；

（六）违反本法第四十条第一款规定，在针对未成年人的大众传播媒介上发布医疗、药品、保健食品、医疗器械、化妆品、酒类、美容广告，以及不利于未成年人身心健康的网络游戏广告的。

第六十三条　违反本法第四十三条规定发送广告的，由有关部门责令停止违法行为，对广告主处五千元以上三万元以下的罚款。

违反本法第四十四条第二款规定，利用互联网发布广告，未显著标明关闭标志，确保一键关闭的，由市场监督管理部门责令改正，对广告主处五千元以上三万元以下的罚款。

第六十四条　违反本法第四十五条规定，公共场所的管理者和电信业务经营者、互联网信息服务提供者，明知或者应知广告活动违法不予制止的，由市场监督管理部门没收违法所得，违法所得五万元以上的，并处违法所得一倍以上三倍以下的罚款，违法所得不足五万元的，并处一万元以上五万元以下的罚款；情节严重的，由有关部门依法停止相关业务。

中华人民共和国居民身份证法（节录）

（2003 年 6 月 28 日第十届全国人民代表大会常务委员会第三次会议通过　根据 2011 年 10 月 29 日第十一届全国人民代表大会常务委员会第二十三次会议《关于修改〈中华人民共和国居民身份证法〉的决定》修正）

第六条　居民身份证式样由国务院公安部门制定。居民身份证由公安机关统一制作、发放。

居民身份证具备视读与机读两种功能，视读、机读的内容限于本法第三条第一款规定的项目。

公安机关及其人民警察对因制作、发放、查验、扣押居民身份证而知悉的公民的个人信息，应当予以保密。

第十三条　公民从事有关活动，需要证明身份的，有权使用居民身份证证明身份，有关单位及其工作人员不得拒绝。

有关单位及其工作人员对履行职责或者提供服务过程中获得的居民身份证记

载的公民个人信息，应当予以保密。

第十九条 国家机关或者金融、电信、交通、教育、医疗等单位的工作人员泄露在履行职责或者提供服务过程中获得的居民身份证记载的公民个人信息，构成犯罪的，依法追究刑事责任；尚不构成犯罪的，由公安机关处十日以上十五日以下拘留，并处五千元罚款，有违法所得的，没收违法所得。

单位有前款行为，构成犯罪的，依法追究刑事责任；尚不构成犯罪的，由公安机关对其直接负责的主管人员和其他直接责任人员，处十日以上十五日以下拘留，并处十万元以上五十万元以下罚款，有违法所得的，没收违法所得。

有前两款行为，对他人造成损害的，依法承担民事责任。

中华人民共和国侵权责任法（节录）

（2009年12月26日第十一届全国人民代表大会常务委员会第十二次会议通过）

第三十六条 网络用户、网络服务提供者利用网络侵害他人民事权益的，应当承担侵权责任。

网络用户利用网络服务实施侵权行为的，被侵权人有权通知网络服务提供者采取删除、屏蔽、断开链接等必要措施。网络服务提供者接到通知后未及时采取必要措施的，对损害的扩大部分与该网络用户承担连带责任。

网络服务提供者知道网络用户利用其网络服务侵害他人民事权益，未采取必要措施的，与该网络用户承担连带责任。

全国人民代表大会常务委员会关于加强网络信息保护的决定

（2012年12月28日第十一届全国人民代表大会常务委员会第三十次会议通过）

为了保护网络信息安全，保障公民、法人和其他组织的合法权益，维护国家安全和社会公共利益，特作如下决定：

一、国家保护能够识别公民个人身份和涉及公民个人隐私的电子信息。

任何组织和个人不得窃取或者以其他非法方式获取公民个人电子信息，不得出售或者非法向他人提供公民个人电子信息。

二、网络服务提供者和其他企业事业单位在业务活动中收集、使用公民个人电子信息，应当遵循合法、正当、必要的原则，明示收集、使用信息的目的、方式和范围，并经被收集者同意，不得违反法律、法规的规定和双方的约定收集、使用信息。

网络服务提供者和其他企业事业单位收集、使用公民个人电子信息，应当公开其收集、使用规则。

三、网络服务提供者和其他企业事业单位及其工作人员对在业务活动中收集的公民个人电子信息必须严格保密，不得泄露、篡改、毁损，不得出售或者非法向他人提供。

四、网络服务提供者和其他企业事业单位应当采取技术措施和其他必要措施，确保信息安全，防止在业务活动中收集的公民个人电子信息泄露、毁损、丢失。在发生或者可能发生信息泄露、毁损、丢失的情况时，应当立即采取补救措施。

五、网络服务提供者应当加强对其用户发布的信息的管理，发现法律、法规禁止发布或者传输的信息的，应当立即停止传输该信息，采取消除等处置措施，保存有关记录，并向有关主管部门报告。

六、网络服务提供者为用户办理网站接入服务，办理固定电话、移动电话等入网手续，或者为用户提供信息发布服务，应当在与用户签订协议或者确认提供服务时，要求用户提供真实身份信息。

七、任何组织和个人未经电子信息接收者同意或者请求，或者电子信息接收者明确表示拒绝的，不得向其固定电话、移动电话或者个人电子邮箱发送商业性电子信息。

八、公民发现泄露个人身份、散布个人隐私等侵害其合法权益的网络信息，或者受到商业性电子信息侵扰的，有权要求网络服务提供者删除有关信息或者采取其他必要措施予以制止。

九、任何组织和个人对窃取或者以其他非法方式获取、出售或者非法向他人提供公民个人电子信息的违法犯罪行为以及其他网络信息违法犯罪行为，有权向有关主管部门举报、控告；接到举报、控告的部门应当依法及时处理。被侵权人可以依法提起诉讼。

十、有关主管部门应当在各自职权范围内依法履行职责，采取技术措施和其他必要措施，防范、制止和查处窃取或者以其他非法方式获取、出售或者非法向他人提供公民个人电子信息的违法犯罪行为以及其他网络信息违法犯罪行为。有关主管部门依法履行职责时，网络服务提供者应当予以配合，提供技术支持。

国家机关及其工作人员对在履行职责中知悉的公民个人电子信息应当予以保密，不得泄露、篡改、毁损，不得出售或者非法向他人提供。

十一、对有违反本决定行为的，依法给予警告、罚款、没收违法所得、吊销许可证或者取消备案、关闭网站、禁止有关责任人员从事网络服务业务等处罚，记入社会信用档案并予以公布；构成违反治安管理行为的，依法给予治安管理处罚。构成犯罪的，依法追究刑事责任。侵害他人民事权益的，依法承担民事责任。

十二、本决定自公布之日起施行。

中华人民共和国公共图书馆法（节录）

（2017年11月4日第十二届全国人民代表大会常务委员会第三十次会议通过　根据2018年10月26日第十三届全国人民代表大会常务委员会第六次会议《关于修改〈中华人民共和国野生动物保护法〉等十五部法律的决定》修正）

第四十三条　公共图书馆应当妥善保护读者的个人信息、借阅信息以及其他可能涉及读者隐私的信息，不得出售或者以其他方式非法向他人提供。

第五十条 公共图书馆及其工作人员有下列行为之一的，由文化主管部门责令改正，没收违法所得：

(一)违规处置文献信息；

(二)出售或者以其他方式非法向他人提供读者的个人信息、借阅信息以及其他可能涉及读者隐私的信息；

(三)向社会公众提供文献信息违反有关法律、行政法规的规定，或者向未成年人提供内容不适宜的文献信息；

(四)将设施设备场地用于与公共图书馆服务无关的商业经营活动；

(五)其他不履行本法规定的公共图书馆服务要求的行为。

公共图书馆及其工作人员对应当免费提供的服务收费或者变相收费的，由价格主管部门依照前款规定给予处罚。

公共图书馆及其工作人员有前两款规定行为的，对直接负责的主管人员和其他直接责任人员依法追究法律责任。

中华人民共和国民法总则(节录)

(2017年3月15日第十二届全国人民代表大会第五次会议通过)

第一百一十一条 自然人的个人信息受法律保护。任何组织和个人需要获取他人个人信息的，应当依法取得并确保信息安全，不得非法收集、使用、加工、传输他人个人信息，不得非法买卖、提供或者公开他人个人信息。

第一百二十七条 法律对数据、网络虚拟财产的保护有规定的，依照其规定。

二、行政法规

征信业管理条例(节录)

(2012年12月26日国务院第228次常务会议通过)

第十三条 采集个人信息应当经信息主体本人同意，未经本人同意不得采集。但是，依照法律、行政法规规定公开的信息除外。

企业的董事、监事、高级管理人员与其履行职务相关的信息，不作为个人信息。

第十四条 禁止征信机构采集个人的宗教信仰、基因、指纹、血型、疾病和病史信息以及法律、行政法规规定禁止采集的其他个人信息。

征信机构不得采集个人的收入、存款、有价证券、商业保险、不动产的信息和纳税数额信息。但是，征信机构明确告知信息主体提供该信息可能产生的不利后果，并取得其书面同意的除外。

第十五条　信息提供者向征信机构提供个人不良信息，应当事先告知信息主体本人。但是，依照法律、行政法规规定公开的不良信息除外。

第十六条　征信机构对个人不良信息的保存期限，自不良行为或者事件终止之日起为5年；超过5年的，应当予以删除。

在不良信息保存期限内，信息主体可以对不良信息作出说明，征信机构应当予以记载。

第十七条　信息主体可以向征信机构查询自身信息。个人信息主体有权每年两次免费获取本人的信用报告。

第十八条　向征信机构查询个人信息的，应当取得信息主体本人的书面同意并约定用途。但是，法律规定可以不经同意查询的除外。

征信机构不得违反前款规定提供个人信息。

第十九条　征信机构或者信息提供者、信息使用者采用格式合同条款取得个人信息主体同意的，应当在合同中作出足以引起信息主体注意的提示，并按照信息主体的要求作出明确说明。

第二十条　信息使用者应当按照与个人信息主体约定的用途使用个人信息，不得用作约定以外的用途，不得未经个人信息主体同意向第三方提供。

第二十一条　征信机构可以通过信息主体、企业交易对方、行业协会提供信息，政府有关部门依法已公开的信息，人民法院依法公布的判决、裁定等渠道，采集企业信息。

征信机构不得采集法律、行政法规禁止采集的企业信息。

第二十二条　征信机构应当按照国务院征信业监督管理部门的规定，建立健全和严格执行保障信息安全的规章制度，并采取有效技术措施保障信息安全。

经营个人征信业务的征信机构应当对其工作人员查询个人信息的权限和程序作出明确规定，对工作人员查询个人信息的情况进行登记，如实记载查询工作人员的姓名，查询的时间、内容及用途。工作人员不得违反规定的权限和程序查询信息，不得泄露工作中获取的信息。

第二十三条　征信机构应当采取合理措施，保障其提供信息的准确性。

征信机构提供的信息供信息使用者参考。

第二十四条　征信机构在中国境内采集的信息的整理、保存和加工，应当在中国境内进行。

征信机构向境外组织或者个人提供信息，应当遵守法律、行政法规和国务院征信业监督管理部门的有关规定。

第二十五条　信息主体认为征信机构采集、保存、提供的信息存在错误、遗漏的，有权向征信机构或者信息提供者提出异议，要求更正。

征信机构或者信息提供者收到异议，应当按照国务院征信业监督管理部门的规定对相关信息作出存在异议的标注，自收到异议之日起20日内进行核查和处理，并将结果书面答复异议人。

经核查，确认相关信息确有错误、遗漏的，信息提供者、征信机构应当予以更正；确认不存在错误、遗漏的，应当取消异议标注；经核查仍不能确认的，对核查情况和异议内容应当予以记载。

第二十八条 金融信用信息基础数据库接收从事信贷业务的机构按照规定提供的信贷信息。

金融信用信息基础数据库为信息主体和取得信息主体本人书面同意的信息使用者提供查询服务。国家机关可以依法查询金融信用信息基础数据库的信息。

第二十九条 从事信贷业务的机构应当按照规定向金融信用信息基础数据库提供信贷信息。

从事信贷业务的机构向金融信用信息基础数据库或者其他主体提供信贷信息，应当事先取得信息主体的书面同意，并适用本条例关于信息提供者的规定。

第三十三条 国务院征信业监督管理部门及其派出机构依照法律、行政法规和国务院的规定，履行对征信业和金融信用信息基础数据库运行机构的监督管理职责，可以采取下列监督检查措施：

（一）进入征信机构、金融信用信息基础数据库运行机构进行现场检查，对向金融信用信息基础数据库提供或者查询信息的机构遵守本条例有关规定的情况进行检查；

（二）询问当事人和与被调查事件有关的单位和个人，要求其对与被调查事件有关的事项作出说明；

（三）查阅、复制与被调查事件有关的文件、资料，对可能被转移、销毁、隐匿或者篡改的文件、资料予以封存；

（四）检查相关信息系统。

进行现场检查或者调查的人员不得少于2人，并应当出示合法证件和检查、调查通知书。

被检查、调查的单位和个人应当配合，如实提供有关文件、资料，不得隐瞒、拒绝和阻碍。

第三十四条 经营个人征信业务的征信机构、金融信用信息基础数据库、向金融信用信息基础数据库提供或者查询信息的机构发生重大信息泄露等事件的，国务院征信业监督管理部门可以采取临时接管相关信息系统等必要措施，避免损害扩大。

第三十五条 国务院征信业监督管理部门及其派出机构的工作人员对在工作中知悉的国家秘密和信息主体的信息，应当依法保密。

第三十八条 征信机构、金融信用信息基础数据库运行机构违反本条例规定，有下列行为之一的，由国务院征信业监督管理部门或者其派出机构责令限期改正，对单位处5万元以上50万元以下的罚款；对直接负责的主管人员和其他直接责任人员处1万元以上10万元以下的罚款；有违法所得的，没收违法所得。给信息主体造成损失的，依法承担民事责任；构成犯罪的，依法追究刑事责任：

（一）窃取或者以其他方式非法获取信息；

（二）采集禁止采集的个人信息或者未经同意采集个人信息；

（三）违法提供或者出售信息；

（四）因过失泄露信息；

（五）逾期不删除个人不良信息；

（六）未按照规定对异议信息进行核查和处理；

（七）拒绝、阻碍国务院征信业监督管理部门或者其派出机构检查、调查或者不如实提供有关文件、资料；

（八）违反征信业务规则，侵害信息主体合法权益的其他行为。

经营个人征信业务的征信机构有前款所列行为之一，情节严重或者造成严重后果的，由国务院征信业监督管理部门吊销其个人征信业务经营许可证。

第四十条　向金融信用信息基础数据库提供或者查询信息的机构违反本条例规定，有下列行为之一的，由国务院征信业监督管理部门或者其派出机构责令限期改正，对单位处5万元以上50万元以下的罚款；对直接负责的主管人员和其他直接责任人员处1万元以上10万元以下的罚款；有违法所得的，没收违法所得。给信息主体造成损失的，依法承担民事责任；构成犯罪的，依法追究刑事责任：

（一）违法提供或者出售信息；

（二）因过失泄露信息；

（三）未经同意查询个人信息或者企业的信贷信息；

（四）未按照规定处理异议或者对确有错误、遗漏的信息不予更正；

（五）拒绝、阻碍国务院征信业监督管理部门或者其派出机构检查、调查或者不如实提供有关文件、资料。

第四十一条　信息提供者违反本条例规定，向征信机构、金融信用信息基础数据库提供非依法公开的个人不良信息，未事先告知信息主体本人，情节严重或者造成严重后果的，由国务院征信业监督管理部门或者其派出机构对单位处2万元以上20万元以下的罚款；对个人处1万元以上5万元以下的罚款。

第四十二条　信息使用者违反本条例规定，未按照与个人信息主体约定的用途使用个人信息或者未经个人信息主体同意向第三方提供个人信息，情节严重或者造成严重后果的，由国务院征信业监督管理部门或者其派出机构对单位处2万元以上20万元以下的罚款；对个人处1万元以上5万元以下的罚款；有违法所得的，没收违法所得。给信息主体造成损失的，依法承担民事责任；构成犯罪的，依法追究刑事责任。

地图管理条例（节录）

（2015年11月11日国务院第111次常务会议通过）

第四条　国务院测绘地理信息行政主管部门负责全国地图工作的统一监督管

理。国务院其他有关部门按照国务院规定的职责分工，负责有关的地图工作。

县级以上地方人民政府负责管理测绘地理信息工作的行政部门(以下称测绘地理信息行政主管部门)负责本行政区域地图工作的统一监督管理。县级以上地方人民政府其他有关部门按照本级人民政府规定的职责分工，负责有关的地图工作。

第三十四条 互联网地图服务单位应当将存放地图数据的服务器设在中华人民共和国境内，并制定互联网地图数据安全管理制度和保障措施。

县级以上人民政府测绘地理信息行政主管部门应当会同有关部门加强对互联网地图数据安全的监督管理。

第三十五条 互联网地图服务单位收集、使用用户个人信息的，应当明示收集、使用信息的目的、方式和范围，并经用户同意。

互联网地图服务单位需要收集、使用用户个人信息的，应当公开收集、使用规则，不得泄露、篡改、出售或者非法向他人提供用户的个人信息。

互联网地图服务单位应当采取技术措施和其他必要措施，防止用户的个人信息泄露、丢失。

第三十六条 互联网地图服务单位用于提供服务的地图数据库及其他数据库不得存储、记录含有按照国家有关规定在地图上不得表示的内容。互联网地图服务单位发现其网站传输的地图信息含有不得表示的内容的，应当立即停止传输，保存有关记录，并向县级以上人民政府测绘地理信息行政主管部门、出版行政主管部门、网络安全和信息化主管部门等有关部门报告。

第三十七条 任何单位和个人不得通过互联网上传标注含有按照国家有关规定在地图上不得表示的内容。

第三十八条 互联网地图服务单位应当使用经依法审核批准的地图，加强对互联网地图新增内容的核查校对，并按照国家有关规定向国务院测绘地理信息行政主管部门或者省、自治区、直辖市测绘地理信息行政主管部门备案。

第三十九条 互联网地图服务单位对在工作中获取的涉及国家秘密、商业秘密的信息，应当保密。

三、部门规章

电信和互联网用户个人信息保护规定

(2013年6月28日工业和信息化部第2次部务会议审议通过)

第一章 总 则

第一条 为了保护电信和互联网用户的合法权益，维护网络信息安全，根据《全国人民代表大会常务委员会关于加强网络信息保护的决定》、《中华人民共和国电信条例》和《互联网信息服务管理办法》等法律、行政法规，制定本规定。

第二条 在中华人民共和国境内提供电信服务和互联网信息服务过程中收集、使用用户个人信息的活动,适用本规定。

第三条 工业和信息化部和各省、自治区、直辖市通信管理局(以下统称电信管理机构)依法对电信和互联网用户个人信息保护工作实施监督管理。

第四条 本规定所称用户个人信息,是指电信业务经营者和互联网信息服务提供者在提供服务的过程中收集的用户姓名、出生日期、身份证件号码、住址、电话号码、账号和密码等能够单独或者与其他信息结合识别用户的信息以及用户使用服务的时间、地点等信息。

第五条 电信业务经营者、互联网信息服务提供者在提供服务的过程中收集、使用用户个人信息,应当遵循合法、正当、必要的原则。

第六条 电信业务经营者、互联网信息服务提供者对其在提供服务过程中收集、使用的用户个人信息的安全负责。

第七条 国家鼓励电信和互联网行业开展用户个人信息保护自律工作。

第二章 信息收集和使用规范

第八条 电信业务经营者、互联网信息服务提供者应当制定用户个人信息收集、使用规则,并在其经营或者服务场所、网站等予以公布。

第九条 未经用户同意,电信业务经营者、互联网信息服务提供者不得收集、使用用户个人信息。

电信业务经营者、互联网信息服务提供者收集、使用用户个人信息的,应当明确告知用户收集、使用信息的目的、方式和范围,查询、更正信息的渠道以及拒绝提供信息的后果等事项。

电信业务经营者、互联网信息服务提供者不得收集其提供服务所必需以外的用户个人信息或者将信息用于提供服务之外的目的,不得以欺骗、误导或者强迫等方式或者违反法律、行政法规以及双方的约定收集、使用信息。

电信业务经营者、互联网信息服务提供者在用户终止使用电信服务或者互联网信息服务后,应当停止对用户个人信息的收集和使用,并为用户提供注销号码或者账号的服务。

法律、行政法规对本条第一款至第四款规定的情形另有规定的,从其规定。

第十条 电信业务经营者、互联网信息服务提供者及其工作人员对在提供服务过程中收集、使用的用户个人信息应当严格保密,不得泄露、篡改或者毁损,不得出售或者非法向他人提供。

第十一条 电信业务经营者、互联网信息服务提供者委托他人代理市场销售和技术服务等直接面向用户的服务性工作,涉及收集、使用用户个人信息的,应当对代理人的用户个人信息保护工作进行监督和管理,不得委托不符合本规定有关用户个人信息保护要求的代理人代办相关服务。

第十二条 电信业务经营者、互联网信息服务提供者应当建立用户投诉处理机制，公布有效的联系方式，接受与用户个人信息保护有关的投诉，并自接到投诉之日起十五日内答复投诉人。

第三章 安全保障措施

第十三条 电信业务经营者、互联网信息服务提供者应当采取以下措施防止用户个人信息泄露、毁损、篡改或者丢失：

（一）确定各部门、岗位和分支机构的用户个人信息安全管理责任；

（二）建立用户个人信息收集、使用及其相关活动的工作流程和安全管理制度；

（三）对工作人员及代理人实行权限管理，对批量导出、复制、销毁信息实行审查，并采取防泄密措施；

（四）妥善保管记录用户个人信息的纸介质、光介质、电磁介质等载体，并采取相应的安全储存措施；

（五）对储存用户个人信息的信息系统实行接入审查，并采取防入侵、防病毒等措施；

（六）记录对用户个人信息进行操作的人员、时间、地点、事项等信息；

（七）按照电信管理机构的规定开展通信网络安全防护工作；

（八）电信管理机构规定的其他必要措施。

第十四条 电信业务经营者、互联网信息服务提供者保管的用户个人信息发生或者可能发生泄露、毁损、丢失的，应当立即采取补救措施；造成或者可能造成严重后果的，应当立即向准予其许可或者备案的电信管理机构报告，配合相关部门进行的调查处理。

电信管理机构应当对报告或者发现的可能违反本规定的行为的影响进行评估；影响特别重大的，相关省、自治区、直辖市通信管理局应当向工业和信息化部报告。电信管理机构在依据本规定作出处理决定前，可以要求电信业务经营者和互联网信息服务提供者暂停有关行为，电信业务经营者和互联网信息服务提供者应当执行。

第十五条 电信业务经营者、互联网信息服务提供者应当对其工作人员进行用户个人信息保护相关知识、技能和安全责任培训。

第十六条 电信业务经营者、互联网信息服务提供者应当对用户个人信息保护情况每年至少进行一次自查，记录自查情况，及时消除自查中发现的安全隐患。

第四章 监督检查

第十七条 电信管理机构应当对电信业务经营者、互联网信息服务提供者保护用户个人信息的情况实施监督检查。

电信管理机构实施监督检查时，可以要求电信业务经营者、互联网信息服务提供者提供相关材料，进入其生产经营场所调查情况，电信业务经营者、互联网信息服务提供者应当予以配合。

电信管理机构实施监督检查，应当记录监督检查的情况，不得妨碍电信业务经营者、互联网信息服务提供者正常的经营或者服务活动，不得收取任何费用。

第十八条　电信管理机构及其工作人员对在履行职责中知悉的用户个人信息应当予以保密，不得泄露、篡改或者毁损，不得出售或者非法向他人提供。

第十九条　电信管理机构实施电信业务经营许可及经营许可证年检时，应当对用户个人信息保护情况进行审查。

第二十条　电信管理机构应当将电信业务经营者、互联网信息服务提供者违反本规定的行为记入其社会信用档案并予以公布。

第二十一条　鼓励电信和互联网行业协会依法制定有关用户个人信息保护的自律性管理制度，引导会员加强自律管理，提高用户个人信息保护水平。

第五章　法律责任

第二十二条　电信业务经营者、互联网信息服务提供者违反本规定第八条、第十二条规定的，由电信管理机构依据职权责令限期改正，予以警告，可以并处一万元以下的罚款。

第二十三条　电信业务经营者、互联网信息服务提供者违反本规定第九条至第十一条、第十三条至第十六条、第十七条第二款规定的，由电信管理机构依据职权责令限期改正，予以警告，可以并处一万元以上三万元以下的罚款，向社会公告；构成犯罪的，依法追究刑事责任。

第二十四条　电信管理机构工作人员在对用户个人信息保护工作实施监督管理的过程中玩忽职守、滥用职权、徇私舞弊的，依法给予处理；构成犯罪的，依法追究刑事责任。

第六章　附　　则

第二十五条　本规定自2013年9月1日起施行。

四、部门规范性文件

国家测绘局关于加强互联网地图管理工作的通知

（2009年12月28日国家测绘局发布）

各省、自治区、直辖市、计划单列市测绘行政主管部门，新疆生产建设兵团测绘主管部门，局属有关单位：

互联网地图作为信息时代国家版图的主要表现形式之一，体现了国家在主权方面的意志和在国际社会中的政治、外交立场，具有严密的科学性、严肃的政治性和严格的法定性，并事关国家安全。为加强互联网地图管理，规范互联网地图编制和服务，根据《中华人民共和国测绘法》等法律、法规和规定，现就有关事项通知如下：

一、互联网地图服务单位应当依法取得相应的互联网地图服务测绘资质，并在资质许可的范围内提供互联网地图服务。

二、互联网地图服务单位提供增值服务（包括浏览、搜索、导航、定位、标注、复制、链接、发送、转发、引用、嵌入、下载等）必须使用经测绘行政主管部门审核批准的互联网地图。

三、互联网地图的编制（包括编辑加工、格式转换、质量测评）、更新等活动，必须由取得相应电子地图编制或者导航电子地图制作专业范围测绘资质的单位承担。

编制、更新互联网地图，必须遵守公开地图内容表示等有关地图管理规定。

四、互联网地图服务单位引进的境外地图必须按相关进口地图的规定管理。

五、提供互联网地图服务的数据库服务器不得设在境外（含港澳台地区）。

六、互联网地图必须由相应互联网地图编制单位按照地图审核有关管理规定送审。未经依法审核批准的互联网地图，一律不得公开登载、传输。

互联网地图审图号有效期为 2 年。审图号有效期内地图表示内容发生变化或审图号到期前，应重新送审，取得新的审图号。

七、任何单位或个人不得在互联网上登载危害国家主权和民族尊严的地图，不得在互联网上传输、标注可能危害国家主权、安全的地理信息。

八、互联网地图服务单位的地图安全审校人员应不断增强国家版图意识和地理信息安全保密意识，认真对用户上传标注的兴趣点和其他新增兴趣点进行审查，确保所有信息符合国家公开地图内容表示等有关规定。

不得公开的兴趣点，任何单位或个人不得以任何形式进行存储、记录、传播。

地图安全审校人员须经省级以上测绘行政主管部门培训考核合格，持证上岗。

九、互联网地图服务单位应采取有效措施规范用户上传标注行为，及时发布相关警示信息。互联网地图服务中出现的泄密等安全问题，互联网地图服务单位应当承担相应的法律责任。

十、互联网地图服务单位每 6 个月应将新增兴趣点送交审核批准互联网地图的测绘行政主管部门备案。

十一、在互联网上登载、复制、发送、转发、引用、嵌入互联网地图，必须在相应页面显著位置标明地图审图号和著作权信息，并应经互联网地图著作权人的同意。

任何单位或个人不得复制、链接、发送、转发、引用、嵌入未经依法审核批准的互联网地图。

十二、各省级测绘行政主管部门要按属地化（互联网信息服务许可证号或备案号）管理原则，强化对互联网地图及其运行系统（平台）的日常监管和跟踪检查，建立跟踪监管系统，加强对互联网地图服务从业人员培训，及时依法查处各种违法违规行为。

附件：

互联网地图审查要求

一、互联网地图是指登载在互联网上或者通过互联网发送的基于服务器地理信息数据库形成的具有实时生成、交互控制、数据搜索、属性标注等特性的电子地图。包括二维地图以及影像地图、三维虚拟现实地图、实景(街景)地图等。

二、互联网地图采用离线和在线审查相结合的形式进行。互联网地图送审单位应构建好相应互联网地图服务运行系统(平台),并提供基于互联网的内部网址和登录账号用于在线审查。

三、送审互联网地图,应提交下列材料:

(一)地图审核申请表;

(二)地图数据来源、生产方式、数据范围、数据尺度、数据格式、服务方式等情况的书面说明材料;

(三)导航电子地图制作或电子地图编制的测绘资质证书复印件;

(四)互联网地图服务单位的互联网地图服务资质证书复印件;

(五)互联网地图数据及浏览软件;

(六)常用格式的兴趣点电子文档和待确认的涉密兴趣点。兴趣点电子文档应当包括位置信息、名称、类别、说明注记等内容;

(七)在线审查的内部网址和登录账号;

(八)利用涉及国家秘密的测绘成果编制的互联网地图,应提交国家测绘局批准进行保密技术处理的文件、指定机构进行保密技术处理的证明文件复印件。

中国人民银行关于银行业金融机构做好个人金融信息保护工作的通知

(2011 年 1 月 21 日中国人民银行发布)

人民银行上海总部,各分行、营业管理部,各省会(首府)城市中心支行,国有商业银行,股份制商业银行,中国邮政储蓄银行:

个人金融信息是金融机构日常业务工作中积累的一项重要基础数据,也是金融机构客户个人隐私的重要内容。如何收集、使用、对外提供个人金融信息,既涉及到银行业金融机构业务的正常开展,也涉及客户信息、个人隐私的保护。如果出现与个人金融信息有关的不当行为,不但会直接侵害客户的合法权益,也会增加银行业金融机构的诉讼风险,加大运营成本。近年来,个人金融信息侵权行为时有发生,并引起社会的广泛关注。因此,强化个人金融信息保护和银行业金融机构法制意识,依法收集、使用和对外提供个人金融信息,十分必要。对个人金融信息的保护是银行业金融机构的一项法定义务。为了规范银行业金融机构收集、使用和对外提供个人金融信息行为,保护金融消费者合法权益,维护金融稳定,根据《中华人民共和国中国人民银行法》、《中华人民共和国商业银行法》、《中华人民共和国反洗钱法》、《个人存款账户实名制规定》等法律、法规的规定,现就个人金融信息保护的有关事项通知如下:

一、本通知所称个人金融信息,是指银行业金融机构在开展业务时,或通过接入中国人民银行征信系统、支付系统以及其他系统获取、加工和保存的以下个人信息：

（一）个人身份信息，包括个人姓名、性别、国籍、民族、身份证件种类号码及有效期限、职业、联系方式、婚姻状况、家庭状况、住所或工作单位地址及照片等；

（二）个人财产信息，包括个人收入状况、拥有的不动产状况、拥有的车辆状况、纳税额、公积金缴存金额等；

（三）个人账户信息，包括账号、账户开立时间、开户行、账户余额、账户交易情况等；

（四）个人信用信息，包括信用卡还款情况、贷款偿还情况以及个人在经济活动中形成的，能够反映其信用状况的其他信息；

（五）个人金融交易信息，包括银行业金融机构在支付结算、理财、保险箱等中间业务过程中获取、保存、留存的个人信息和客户在通过银行业金融机构与保险公司、证券公司、基金公司、期货公司等第三方机构发生业务关系时产生的个人信息等；

（六）衍生信息，包括个人消费习惯、投资意愿等对原始信息进行处理、分析所形成的反映特定个人某些情况的信息；

（七）在与个人建立业务关系过程中获取、保存的其他个人信息。

二、银行业金融机构在收集、保存、使用、对外提供个人金融信息时，应当严格遵守法律规定，采取有效措施加强对个人金融信息保护，确保信息安全，防止信息泄露和滥用。特别是在收集个人金融信息时，应当遵循合法、合理原则，不得收集与业务无关的信息或采取不正当方式收集信息。

三、银行业金融机构应当建立健全内部控制制度，对易发生个人金融信息泄露的环节进行充分排查，明确规定各部门、岗位和人员的管理责任，加强个人金融信息管理的权限设置，形成相互监督、相互制约的管理机制，切实防止信息泄露或滥用事件的发生。

银行业金融机构要完善信息安全技术防范措施，确保个人金融信息在收集、传输、加工、保存、使用等环节中不被泄露。

银行业金融机构要加强对从业人员的培训，强化从业人员个人金融信息安全意识，防止从业人员非法使用、泄露、出售个人金融信息。接触个人金融信息岗位的从业人员在上岗前，应当书面做出保密承诺。

四、银行业金融机构不得篡改、违法使用个人金融信息。使用个人金融信息时，应当符合收集该信息的目的，并不得进行以下行为：

（一）出售个人金融信息；

（二）向本金融机构以外的其他机构和个人提供个人金融信息，但为个人办理相关业务所必需并经个人书面授权或同意的，以及法律法规和中国人民银行另有规定的除外；

（三）在个人提出反对的情况下，将个人金融信息用于产生该信息以外的本金融机构其他营销活动。

银行业金融机构通过格式条款取得客户书面授权或同意的，应当在协议中明确该授权或同意所适用的向他人提供个人金融信息的范围和具体情形。同时,还应当在协议的醒目位置使用通俗易懂的语言明确提示该授权或同意的可能后果,并在客户签署协议时提醒其注意上述提示。

五、银行业金融机构不得将客户授权或同意其将个人信息用于营销、对外提供等作为与客户建立业务关系的先决条件,但该业务关系的性质决定需要预先做出相关授权或同意的除外。

六、在中国境内收集的个人金融信息的储存、处理和分析应当在中国境内进行。除法律法规及中国人民银行另有规定外,银行业金融机构不得向境外提供境内个人金融信息。

七、银行业金融机构通过外包开展业务的,应当充分审查、评估外包服务供应商保护个人金融信息的能力,并将其作为选择外包服务供应商的重要指标。

银行业金融机构与外包服务供应商签订服务协议时,应当明确其保护个人金融信息的职责和保密义务,并采取必要措施保证外包服务供应商履行上述职责和义务,确保个人金融信息安全。银行业金融机构应要求外包服务供应商在外包业务终止后,及时销毁因外包业务而获得的个人金融信息。

八、银行业金融机构通过接入中国人民银行征信系统、支付系统以及其他系统获取的个人金融信息,应当严格按照系统规定的用途使用,不得违反规定查询和滥用。

九、银行业金融机构发生个人金融信息泄露事件的,或银行业金融机构的上级机构发现下级机构有违反规定对外提供个人金融信息及其他违反本通知行为的,应当在事件发生之日或发现下级机构违规行为之日起 7 个工作日内将相关情况及初步处理意见报告中国人民银行当地分支机构。

中国人民银行分支机构在收到银行业金融机构报告后,应视情况予以处理,并及时向中国人民银行报告。

十、中国人民银行及其地市中心支行以上分支机构受理投诉或发现银行业金融机构可能未履行个人金融信息保护义务的,可依法进行核实,认定银行业金融机构存在违反本通知规定,或存在其他未履行个人金融信息保护义务情形的,可采取以下处理措施:

(一)约见其高管人员谈话,要求说明情况;

(二)责令银行业金融机构限期整改;

(三)在金融系统内予以通报;

(四)建议银行业金融机构对直接负责的高级管理人员和其他直接责任人员依法给予处分;

(五)涉嫌犯罪的,依法移交司法机关处理。

十一、银行业金融机构违反规定通过中国人民银行征信系统、支付系统以及其他系统查询或滥用个人金融信息的,中国人民银行及其地市中心支行以上分支机构可按照本通知第十条及其他相关规定予以处理。

银行业金融机构违法情节严重或拒不改正的,中国人民银行可决定暂停其使用，或禁止其新设分支机构接入上述系统。

十二、银行业金融机构及其工作人员违反规定使用和对外提供个人金融信息，给客户造成损害的，应当依法承担相应的法律责任。

本通知自2011年5月1日起执行。请中国人民银行上海总部，各分行、营业管理部、省会（首府）城市中心支行将本通知转发至辖区内各银行业金融机构。本通知执行过程中发现的新情况、新问题，请及时向中国人民银行报告。

国家健康医疗大数据标准、安全和服务管理办法（试行）

（2018年7月12日国家卫生健康委员会发布）

第一章 总 则

第一条 为加强健康医疗大数据服务管理，促进“互联网+医疗健康”发展，充分发挥健康医疗大数据作为国家重要基础性战略资源的作用，根据《中华人民共和国网络安全法》等法律法规和《国务院促进大数据发展行动纲要》《国务院办公厅关于促进和规范健康医疗大数据应用发展的指导意见》《国务院办公厅关于促进“互联网+医疗健康”发展的意见》等文件精神，就健康医疗大数据标准、安全和服务管理，制定本办法。

第二条 我国公民在中华人民共和国境内所产生的健康和医疗数据，国家在保障公民知情权、使用权和个人隐私的基础上，根据国家战略安全和人民群众生命安全需要，加以规范管理和开发利用。

第三条 坚持以人为本、创新驱动，规范有序、安全可控，开放融合、共建共享的原则，加强健康医疗大数据的标准管理、安全管理和服务管理，推动健康医疗大数据惠民应用，促进健康医疗大数据产业发展。

第四条 本办法所称健康医疗大数据，是指在人们疾病防治、健康管理等过程中产生的与健康医疗相关的数据。

第五条 本办法适用于县级以上卫生健康行政部门（含中医药主管部门，下同）、各级各类医疗卫生机构、相关单位及个人所涉及的健康医疗大数据的管理。

第六条 国家卫生健康委员会（含国家中医药管理局，下同）会同相关部门负责统筹规划、指导、评估、监督全国健康医疗大数据的标准管理、安全管理和服务管理工作。县级以上卫生健康行政部门会同相关部门负责本行政区域内健康医疗大数据管理工作，是本行政区域内健康医疗大数据安全和应用管理的监管单位。

各级各类医疗卫生机构和相关企事业单位是健康医疗大数据安全和应用管理的责任单位。

第二章 标准管理

第七条 健康医疗大数据标准管理工作遵循政策引领、强化监督、分类指导、分级管理的原则。

第八条　国家卫生健康委员会负责统筹规划、组织制定全国健康医疗大数据标准,监督指导评估标准的应用工作,在已有的基础性通用性大数据标准基础上组织制定健康医疗大数据标准体系规划,负责制定、组织实施年度健康医疗大数据标准工作计划。省级卫生健康行政部门(含省级中医药主管部门)负责监督指导评估本地区健康医疗大数据标准的应用工作,依据国家健康医疗大数据标准体系规划,结合本地实际,负责指导和监督健康医疗大数据标准体系在本省域内落地执行。

第九条　国家卫生健康委员会鼓励医疗卫生机构、科研教育单位、相关企业或行业协会、社会团体等参与健康医疗大数据标准制定工作。公民、法人或者其他组织可提出制修订健康医疗大数据标准的立项建议,并提交相应标准项目建议书。

第十条　国家卫生健康委员会负责统一组织实施,择优确定健康医疗大数据标准起草单位和负责人,提倡多方参与协作机制,由各相关单位组成协作组参与标准起草工作。

第十一条　健康医疗大数据标准起草、审查及发布的程序和要求,按照国家和行业有关规定执行。

第十二条　卫生健康行政部门应当对健康医疗大数据标准的实施加强引导和监督,充分发挥各级各类医疗卫生机构、相关企业等市场主体在标准应用实施中的积极性和主动性,建立激励和促进标准应用实施的长效管理机制。

第十三条　卫生健康行政部门应当建立相应的健康医疗大数据标准化产品生产和采购的激励约束机制,卫生健康行政部门要积极推进健康医疗大数据标准规范和测评工作,并将测评结果与医疗卫生机构评审评价挂钩。

第十四条　国家卫生健康委员会加强健康医疗大数据技术产品和服务模式的标准体系及制度建设,组织对健康医疗大数据标准应用效果评估工作,并根据评估情况,对相关标准进行组织修订或废止等。

第十五条　国家卫生健康委员会基于卫生标准管理平台,动态管理健康医疗大数据标准的开发与应用,对各级各类医疗卫生机构和企事业单位的标准应用情况进行动态监测。

第三章　安全管理

第十六条　健康医疗大数据安全管理是指在数据采集、存储、挖掘、应用、运营、传输等多个环节中的安全和管理,包括国家战略安全、群众生命安全、个人信息安全的权责管理工作。

第十七条　责任单位应当建立健全相关安全管理制度、操作规程和技术规范,落实"一把手"责任制,加强安全保障体系建设,强化统筹管理和协调监督,保障健康医疗大数据安全。

涉及国家秘密的健康医疗大数据的安全、管理和使用等,按照国家有关保密规定执行。责任单位应当建立健全涉及国家秘密的健康医疗大数据管理与使用制度，对制作、审核、登记、拷贝、传输、销毁等环节进行严格管理。

第十八条 责任单位应当采取数据分类、重要数据备份、加密认证等措施保障健康医疗大数据安全。责任单位应当建立可靠的数据容灾备份工作机制，定期进行备份和恢复检测，确保数据能够及时、完整、准确恢复，实现长期保存和历史数据的归档管理。

第十九条 责任单位应当按照国家网络安全等级保护制度要求，构建可信的网络安全环境，加强健康医疗大数据相关系统安全保障体系建设，提升关键信息基础设施和重要信息系统的安全防护能力，确保健康医疗大数据关键信息基础设施和核心系统安全可控。健康医疗大数据中心、相关信息系统等均应开展定级、备案、测评等工作。

第二十条 健康医疗大数据相关系统的产品和服务提供者应当遵守国家有关网络安全审查制度，不得中断或者变相中断合理的技术支持与服务，并应当为健康医疗大数据在不同系统间的交互、共享和运营提供安全与便利条件。

第二十一条 责任单位应当依法依规使用健康医疗大数据有关信息，提供安全的信息查询和复制渠道，确保公民隐私保护和数据安全。

第二十二条 责任单位应当按照《中华人民共和国网络安全法》的要求，严格规范不同等级用户的数据接入和使用权限，并确保数据在授权范围内使用。任何单位和个人不得擅自利用和发布未经授权或超出授权范围的健康医疗大数据，不得使用非法手段获取数据。

第二十三条 责任单位应当建立严格的电子实名认证和数据访问控制，规范数据接入、使用和销毁过程的痕迹管理，确保健康医疗大数据访问行为可管、可控及服务管理全程留痕，可查询、可追溯，对任何数据泄密泄露事故及风险可追溯到相关责任单位和责任人。

第二十四条 建立健全健康医疗大数据安全管理人才培养机制，确保相关从业人员具备健康医疗大数据安全管理所要求的知识和技能。

第二十五条 责任单位应当建立健康医疗大数据安全监测和预警系统，建立网络安全通报和应急处置联动机制，开展数据安全规范和技术规范的研究工作，不断丰富网络安全相关的标准规范体系，重点防范数据资源的集聚性风险和新技术应用的潜在性风险。发生网络安全重大事件，应当按照相关法律法规和有关要求进行报告并处置。

第四章 服务管理

第二十六条 国家卫生健康委员会负责制定健康医疗大数据应用领域相关规范、标准，建立健康医疗大数据应用诚信机制和退出机制，制定健康医疗大数据挖掘、应用的安全和管理规范。

第二十七条 责任单位实施健康医疗大数据管理和服务，应当按照法律法规和相关文件规定，遵循医学伦理原则，保护个人隐私。

第二十八条　责任单位应当根据本单位健康医疗大数据管理的需求，明确相应的管理部门和岗位，按照国家授权，实行"统一分级授权、分类应用管理、权责一致"的管理制度，并建设相应的健康医疗大数据信息系统作为技术和管理支撑。

第二十九条　责任单位采集健康医疗大数据，应当严格执行国家和行业相关标准和程序，符合业务应用技术标准和管理规范，做到标准统一、术语规范、内容准确，保证服务和管理对象在本单位信息系统中身份标识唯一、基本数据项一致，所采集的信息应当严格实行信息复核终审程序，做好数据质量管理。

第三十条　责任单位应当具备符合国家有关规定要求的数据存储、容灾备份和安全管理条件，加强对健康医疗大数据的存储管理。健康医疗大数据应当存储在境内安全可信的服务器上，因业务需要确需向境外提供的，应当按照相关法律法规及有关要求进行安全评估审核。

第三十一条　责任单位选择健康医疗大数据服务提供商时，应当确保其符合国家和行业规定及要求，具备履行相关法规制度、落实相关标准、确保数据安全的能力，建立数据安全管理、个人隐私保护、应急响应管理等方面管理制度。

第三十二条　责任单位委托有关机构存储、运营健康医疗大数据，委托单位与受托单位共同承担健康医疗大数据的管理和安全责任。受托单位应当严格按照相关法律法规和委托协议做好健康医疗大数据的存储、管理与运营工作。

第三十三条　责任单位应当结合服务和管理工作需要，及时更新、甄别、优化和维护健康医疗大数据，确保信息处于最新、连续、有效、优质和安全状态。

第三十四条　责任单位发生变更时，应当将所管理的健康医疗大数据完整、安全地移交给承接延续其职能的机构或本行政区域内的卫生健康行政部门，不得造成健康医疗大数据的损毁、丢失和泄露。

第三十五条　责任单位向社会公开健康医疗大数据时，应当遵循国家有关规定，不得泄露国家秘密、商业秘密和个人隐私，不得侵害国家利益、社会公共利益和公民、法人及其他组织的合法权益。

第三十六条　责任单位应当加强健康医疗大数据的使用和服务，创造条件规范使用健康医疗大数据，推动部分健康医疗大数据在线查询。

第三十七条　国家卫生健康委员会负责按照国家信息资源开放共享有关规定，建立健康医疗大数据开放共享的工作机制，加强健康医疗大数据的共享和交换，统筹建设健康医疗大数据上报系统平台、信息资源目录体系和共享交换体系。

第五章　管理监督

第三十八条　卫生健康行政部门应当加强监督管理，对本行政区域内各责任单位健康医疗大数据安全管理工作开展日常检查，指导监督本行政区域内各责任单位数据综合利用工作，提高数据服务质量和确保安全。各级各类医疗卫生机构应当接入相应区域全民健康信息平台，传输和备份医疗健康服务产生的数据，并向卫生健康行政部门开放监管端口。

第三十九条 卫生健康行政部门应当加强监测评估，定期开展健康医疗大数据平台和服务商的稳定和安全测评及健康医疗大数据应用的安全监测评估，建立网络安全防护、系统互联共享、公民隐私保护等软件评价和安全审查保密制度。

第四十条 卫生健康行政部门会同相关部门建立健康医疗大数据安全管理工作责任追究制度。对于违反本办法规定的单位和个人，由主管部门视情节轻重予以约谈、督导整改、诫勉、通报批评、处分或提出给予处分的建议；构成违法的，移送司法部门依法追究法律责任。

第六章 附 则

第四十一条 本办法自印发之日起施行。

科学数据管理办法（节录）

（2018年3月17日国务院办公厅发布）

第五条 任何单位和个人从事科学数据采集生产、使用、管理活动应当遵守国家有关法律法规及部门规章，不得利用科学数据从事危害国家安全、社会公共利益和他人合法权益的活动。

第十六条 法人单位应建立科学数据保存制度，配备数据存储、管理、服务和安全等必要设施，保障科学数据完整性和安全性。

第二十五条 涉及国家秘密、国家安全、社会公共利益、商业秘密和个人隐私的科学数据，不得对外开放共享；确需对外开放的，要对利用目的、用户资质、保密条件等进行审查，并严格控制知悉范围。

第二十六条 涉及国家秘密的科学数据的采集生产、加工整理、管理和使用，按照国家有关保密规定执行。主管部门和法人单位应建立健全涉及国家秘密的科学数据管理与使用制度，对制作、审核、登记、拷贝、传输、销毁等环节进行严格管理。

对外交往与合作中需要提供涉及国家秘密的科学数据的，法人单位应明确提出利用数据的类别、范围及用途，按照保密管理规定程序报主管部门批准。经主管部门批准后，法人单位按规定办理相关手续并与用户签订保密协议。

第二十七条 主管部门和法人单位应加强科学数据全生命周期安全管理，制定科学数据安全保护措施；加强数据下载的认证、授权等防护管理，防止数据被恶意使用。

对于需对外公布的科学数据开放目录或需对外提供的科学数据，主管部门和法人单位应建立相应的安全保密审查制度。

第二十八条 法人单位和科学数据中心应按照国家网络安全管理规定，建立网络安全保障体系，采用安全可靠的产品和服务，完善数据管控、属性管理、身份识别、行为追溯、黑名单等管理措施，健全防篡改、防泄露、防攻击、防病毒等安全防护体系。

五、司法解释

最高人民法院关于审理利用信息网络侵害人身权益民事纠纷案件适用法律若干问题的规定

（2014 年 6 月 23 日最高人民法院审判委员会第 1621 次会议通过　法释〔2014〕11 号）

为正确审理利用信息网络侵害人身权益民事纠纷案件，根据《中华人民共和国民法通则》《中华人民共和国侵权责任法》《全国人民代表大会常务委员会关于加强网络信息保护的决定》《中华人民共和国民事诉讼法》等法律的规定，结合审判实践，制定本规定。

第一条　本规定所称的利用信息网络侵害人身权益民事纠纷案件，是指利用信息网络侵害他人姓名权、名称权、名誉权、荣誉权、肖像权、隐私权等人身权益引起的纠纷案件。

第二条　利用信息网络侵害人身权益提起的诉讼，由侵权行为地或者被告住所地人民法院管辖。

侵权行为实施地包括实施被诉侵权行为的计算机等终端设备所在地，侵权结果发生地包括被侵权人住所地。

第三条　原告依据侵权责任法第三十六条第二款、第三款的规定起诉网络用户或者网络服务提供者的，人民法院应予受理。

原告仅起诉网络用户，网络用户请求追加涉嫌侵权的网络服务提供者为共同被告或者第三人的，人民法院应予准许。

原告仅起诉网络服务提供者，网络服务提供者请求追加可以确定的网络用户为共同被告或者第三人的，人民法院应予准许。

第四条　原告起诉网络服务提供者，网络服务提供者以涉嫌侵权的信息系网络用户发布为由抗辩的，人民法院可以根据原告的请求及案件的具体情况，责令网络服务提供者向人民法院提供能够确定涉嫌侵权的网络用户的姓名（名称）、联系方式、网络地址等信息。

网络服务提供者无正当理由拒不提供的，人民法院可以依据民事诉讼法第一百一十四条的规定对网络服务提供者采取处罚等措施。

原告根据网络服务提供者提供的信息请求追加网络用户为被告的，人民法院应予准许。

第五条　依据侵权责任法第三十六条第二款的规定，被侵权人以书面形式或者网络服务提供者公示的方式向网络服务提供者发出的通知，包含下列内容的，人民法院应当认定有效：

（一）通知人的姓名（名称）和联系方式；

（二）要求采取必要措施的网络地址或者足以准确定位侵权内容的相关信息；

（三）通知人要求删除相关信息的理由。

被侵权人发送的通知未满足上述条件，网络服务提供者主张免除责任的，人民法院应予支持。

第六条 人民法院适用侵权责任法第三十六条第二款的规定，认定网络服务提供者采取的删除、屏蔽、断开链接等必要措施是否及时，应当根据网络服务的性质、有效通知的形式和准确程度，网络信息侵害权益的类型和程度等因素综合判断。

第七条 其发布的信息被采取删除、屏蔽、断开链接等措施的网络用户，主张网络服务提供者承担违约责任或者侵权责任，网络服务提供者以收到通知为由抗辩的，人民法院应予支持。

被采取删除、屏蔽、断开链接等措施的网络用户，请求网络服务提供者提供通知内容的，人民法院应予支持。

第八条 因通知人的通知导致网络服务提供者错误采取删除、屏蔽、断开链接等措施，被采取措施的网络用户请求通知人承担侵权责任的，人民法院应予支持。

被错误采取措施的网络用户请求网络服务提供者采取相应恢复措施的，人民法院应予支持，但受技术条件限制无法恢复的除外。

第九条 人民法院依据侵权责任法第三十六条第三款认定网络服务提供者是否“知道”，应当综合考虑下列因素：

（一）网络服务提供者是否以人工或者自动方式对侵权网络信息以推荐、排名、选择、编辑、整理、修改等方式作出处理；

（二）网络服务提供者应当具备的管理信息的能力，以及所提供服务的性质、方式及其引发侵权的可能性大小；

（三）该网络信息侵害人身权益的类型及明显程度；

（四）该网络信息的社会影响程度或者一定时间内的浏览量；

（五）网络服务提供者采取预防侵权措施的技术可能性及其是否采取了相应的合理措施；

（六）网络服务提供者是否针对同一网络用户的重复侵权行为或者同一侵权信息采取了相应的合理措施；

（七）与本案相关的其他因素。

第十条 人民法院认定网络用户或者网络服务提供者转载网络信息行为的过错及其程度，应当综合以下因素：

（一）转载主体所承担的与其性质、影响范围相适应的注意义务；

（二）所转载信息侵害他人人身权益的明显程度；

（三）对所转载信息是否作出实质性修改，是否添加或者修改文章标题，导致其与内容严重不符以及误导公众的可能性。

第十一条 网络用户或者网络服务提供者采取诽谤、诋毁等手段，损害公众对经营主体的信赖，降低其产品或者服务的社会评价，经营主体请求网络用户或者网络服务提供者承担侵权责任的，人民法院应依法予以支持。

第十二条　网络用户或者网络服务提供者利用网络公开自然人基因信息、病历资料、健康检查资料、犯罪记录、家庭住址、私人活动等个人隐私和其他个人信息，造成他人损害，被侵权人请求其承担侵权责任的，人民法院应予支持。但下列情形除外：

（一）经自然人书面同意且在约定范围内公开；

（二）为促进社会公共利益且在必要范围内；

（三）学校、科研机构等基于公共利益为学术研究或者统计的目的，经自然人书面同意，且公开的方式不足以识别特定自然人；

（四）自然人自行在网络上公开的信息或者其他已合法公开的个人信息；

（五）以合法渠道获取的个人信息；

（六）法律或者行政法规另有规定。

网络用户或者网络服务提供者以违反社会公共利益、社会公德的方式公开前款第四项、第五项规定的个人信息，或者公开该信息侵害权利人值得保护的重大利益，权利人请求网络用户或者网络服务提供者承担侵权责任的，人民法院应予支持。

国家机关行使职权公开个人信息的，不适用本条规定。

第十三条　网络用户或者网络服务提供者，根据国家机关依职权制作的文书和公开实施的职权行为等信息来源所发布的信息，有下列情形之一，侵害他人人身权益，被侵权人请求侵权人承担侵权责任的，人民法院应予支持：

（一）网络用户或者网络服务提供者发布的信息与前述信息来源内容不符；

（二）网络用户或者网络服务提供者以添加侮辱性内容、诽谤性信息、不当标题或者通过增删信息、调整结构、改变顺序等方式致人误解；

（三）前述信息来源已被公开更正，但网络用户拒绝更正或者网络服务提供者不予更正；

（四）前述信息来源已被公开更正，网络用户或者网络服务提供者仍然发布更正之前的信息。

第十四条　被侵权人与构成侵权的网络用户或者网络服务提供者达成一方支付报酬，另一方提供删除、屏蔽、断开链接等服务的协议，人民法院应认定为无效。

擅自篡改、删除、屏蔽特定网络信息或者以断开链接的方式阻止他人获取网络信息，发布该信息的网络用户或者网络服务提供者请求侵权人承担侵权责任的，人民法院应予支持。接受他人委托实施该行为的，委托人与受托人承担连带责任。

第十五条　雇佣、组织、教唆或者帮助他人发布、转发网络信息侵害他人人身权益，被侵权人请求行为人承担连带责任的，人民法院应予支持。

第十六条　人民法院判决侵权人承担赔礼道歉、消除影响或者恢复名誉等责任形式的，应当与侵权的具体方式和所造成的影响范围相当。侵权人拒不履行的，人民法院可以采取在网络上发布公告或者公布裁判文书等合理的方式执行，由此产生的费用由侵权人承担。

第十七条 网络用户或者网络服务提供者侵害他人人身权益，造成财产损失或者严重精神损害，被侵权人依据侵权责任法第二十条和第二十二条的规定请求其承担赔偿责任的，人民法院应予支持。

第十八条 被侵权人为制止侵权行为所支付的合理开支，可以认定为侵权责任法第二十条规定的财产损失。合理开支包括被侵权人或者委托代理人对侵权行为进行调查、取证的合理费用。人民法院根据当事人的请求和具体案情，可以将符合国家有关部门规定的律师费用计算在赔偿范围内。

被侵权人因人身权益受侵害造成的财产损失或者侵权人因此获得的利益无法确定的，人民法院可以根据具体案情在50万元以下的范围内确定赔偿数额。

精神损害的赔偿数额，依据《最高人民法院关于确定民事侵权精神损害赔偿责任若干问题的解释》第十条的规定予以确定。

第十九条 本规定施行后人民法院正在审理的一审、二审案件适用本规定。

本规定施行前已经终审，本规定施行后当事人申请再审或者按照审判监督程序决定再审的案件，不适用本规定。

最高人民法院、最高人民检察院关于办理侵犯公民个人信息刑事案件适用法律若干问题的解释

(2017年3月20日最高人民法院审判委员会第1712次会议、2017年4月26日最高人民检察院第十二届检察委员会第63次会议通过 法释〔2017〕10号)

为依法惩治侵犯公民个人信息犯罪活动，保护公民个人信息安全和合法权益，根据《中华人民共和国刑法》《中华人民共和国刑事诉讼法》的有关规定，现就办理此类刑事案件适用法律的若干问题解释如下：

第一条 刑法第二百五十三条之一规定的“公民个人信息”，是指以电子或者其他方式记录的能够单独或者与其他信息结合识别特定自然人身份或者反映特定自然人活动情况的各种信息，包括姓名、身份证件号码、通信通讯联系方式、住址、账号密码、财产状况、行踪轨迹等。

第二条 违反法律、行政法规、部门规章有关公民个人信息保护的规定的，应当认定为刑法第二百五十三条之一规定的“违反国家有关规定”。

第三条 向特定人提供公民个人信息，以及通过信息网络或者其他途径发布公民个人信息的，应当认定为刑法第二百五十三条之一规定的“提供公民个人信息”。

未经被收集者同意，将合法收集的公民个人信息向他人提供的，属于刑法第二百五十三条之一规定的“提供公民个人信息”，但是经过处理无法识别特定个人且不能复原的除外。

第四条 违反国家有关规定，通过购买、收受、交换等方式获取公民个人信息，或者在履行职责、提供服务过程中收集公民个人信息的，属于刑法第二百五十三条

之一第三款规定的“以其他方法非法获取公民个人信息”。

第五条　非法获取、出售或者提供公民个人信息，具有下列情形之一的，应当认定为刑法第二百五十三条之一规定的“情节严重”：

（一）出售或者提供行踪轨迹信息，被他人用于犯罪的；

（二）知道或者应当知道他人利用公民个人信息实施犯罪，向其出售或者提供的；

（三）非法获取、出售或者提供行踪轨迹信息、通信内容、征信信息、财产信息五十条以上的；

（四）非法获取、出售或者提供住宿信息、通信记录、健康生理信息、交易信息等其他可能影响人身、财产安全的公民个人信息五百条以上的；

（五）非法获取、出售或者提供第三项、第四项规定以外的公民个人信息五千条以上的；

（六）数量未达到第三项至第五项规定标准，但是按相应比例合计达到有关数量标准的；

（七）违法所得五千元以上的；

（八）将在履行职责或者提供服务过程中获得的公民个人信息出售或者提供给他人，数量或者数额达到第三项至第七项规定标准一半以上的；

（九）曾因侵犯公民个人信息受过刑事处罚或者二年内受过行政处罚，又非法获取、出售或者提供公民个人信息的；

（十）其他情节严重的情形。

实施前款规定的行为，具有下列情形之一的，应当认定为刑法第二百五十三条之一第一款规定的“情节特别严重”：

（一）造成被害人死亡、重伤、精神失常或者被绑架等严重后果的；

（二）造成重大经济损失或者恶劣社会影响的；

（三）数量或者数额达到前款第三项至第八项规定标准十倍以上的；

（四）其他情节特别严重的情形。

第六条　为合法经营活动而非法购买、收受本解释第五条第一款第三项、第四项规定以外的公民个人信息，具有下列情形之一的，应当认定为刑法第二百五十三条之一规定的“情节严重”：

（一）利用非法购买、收受的公民个人信息获利五万元以上的；

（二）曾因侵犯公民个人信息受过刑事处罚或者二年内受过行政处罚，又非法购买、收受公民个人信息的；

（三）其他情节严重的情形。

实施前款规定的行为，将购买、收受的公民个人信息非法出售或者提供的，定罪量刑标准适用本解释第五条的规定。

第七条　单位犯刑法第二百五十三条之一规定之罪的，依照本解释规定的相应自然人犯罪的定罪量刑标准，对直接负责的主管人员和其他直接责任人员定罪处罚，并对单位判处罚金。

第八条 设立用于实施非法获取、出售或者提供公民个人信息违法犯罪活动的网站、通讯群组,情节严重的,应当依照刑法第二百八十七条之一的规定,以非法利用信息网络罪定罪处罚;同时构成侵犯公民个人信息罪的,依照侵犯公民个人信息罪定罪处罚。

第九条 网络服务提供者拒不履行法律、行政法规规定的信息网络安全管理义务,经监管部门责令采取改正措施而拒不改正,致使用户的公民个人信息泄露,造成严重后果的,应当依照刑法第二百八十六条之一的规定,以拒不履行信息网络安全管理义务罪定罪处罚。

第十条 实施侵犯公民个人信息犯罪,不属于"情节特别严重",行为人系初犯,全部退赃,并确有悔罪表现的,可以认定为情节轻微,不起诉或者免予刑事处罚;确有必要判处刑罚的,应当从宽处罚。

第十一条 非法获取公民个人信息后又出售或者提供的,公民个人信息的条数不重复计算。

向不同单位或者个人分别出售、提供同一公民个人信息的,公民个人信息的条数累计计算。

对批量公民个人信息的条数,根据查获的数量直接认定,但是有证据证明信息不真实或者重复的除外。

第十二条 对于侵犯公民个人信息犯罪,应当综合考虑犯罪的危害程度、犯罪的违法所得数额以及被告人的前科情况、认罪悔罪态度等,依法判处罚金。罚金数额一般在违法所得的一倍以上五倍以下。

第十三条 本解释自 2017 年 6 月 1 日起施行。

第四章
电子商务交易安全

一、法律

中华人民共和国电子商务法（节录）

（2018年8月31日第十三届全国人民代表大会常务委员会第五次会议通过）

第二十三条 电子商务经营者收集、使用其用户的个人信息，应当遵守法律、行政法规有关个人信息保护的规定。

第二十四条 电子商务经营者应当明示用户信息查询、更正、删除以及用户注销的方式、程序，不得对用户信息查询、更正、删除以及用户注销设置不合理条件。

电子商务经营者收到用户信息查询或者更正、删除的申请的，应当在核实身份后及时提供查询或者更正、删除用户信息。用户注销的，电子商务经营者应当立即删除该用户的信息；依照法律、行政法规的规定或者双方约定保存的，依照其规定。

第二十五条 有关主管部门依照法律、行政法规的规定要求电子商务经营者提供有关电子商务数据信息的，电子商务经营者应当提供。有关主管部门应当采取必要措施保护电子商务经营者提供的数据信息的安全，并对其中的个人信息、隐私和商业秘密严格保密，不得泄露、出售或者非法向他人提供。

第三十条 电子商务平台经营者应当采取技术措施和其他必要措施保证其网络安全、稳定运行，防范网络违法犯罪活动，有效应对网络安全事件，保障电子商务交易安全。

电子商务平台经营者应当制定网络安全事件应急预案，发生网络安全事件时，应当立即启动应急预案，采取相应的补救措施，并向有关主管部门报告。

第三十一条 电子商务平台经营者应当记录、保存平台上发布的商品和服务信息、交易信息，并确保信息的完整性、保密性、可用性。商品和服务信息、交易信息保存时间自交易完成之日起不少于三年；法律、行政法规另有规定的，依照其规定。

第三十二条 电子商务平台经营者应当遵循公开、公平、公正的原则，制定平台服务协议和交易规则，明确进入和退出平台、商品和服务质量保障、消费者权益保护、个人信息保护等方面的权利和义务。

第七十六条 电子商务经营者违反本法规定,有下列行为之一的,由市场监督管理部门责令限期改正,可以处一万元以下的罚款,对其中的电子商务平台经营者,依照本法第八十一条第一款的规定处罚:

(一)未在首页显著位置公示营业执照信息、行政许可信息、属于不需要办理市场主体登记情形等信息,或者上述信息的链接标识的;

(二)未在首页显著位置持续公示终止电子商务的有关信息的;

(三)未明示用户信息查询、更正、删除以及用户注销的方式、程序,或者对用户信息查询、更正、删除以及用户注销设置不合理条件的。

电子商务平台经营者对违反前款规定的平台内经营者未采取必要措施的,由市场监督管理部门责令限期改正,可以处二万元以上十万元以下的罚款。

第七十九条 电子商务经营者违反法律、行政法规有关个人信息保护的规定,或者不履行本法第三十条和有关法律、行政法规规定的网络安全保障义务的,依照《中华人民共和国网络安全法》等法律、行政法规的规定处罚。

第八十条 电子商务平台经营者有下列行为之一的,由有关主管部门责令限期改正;逾期不改正的,处二万元以上十万元以下的罚款;情节严重的,责令停业整顿,并处十万元以上五十万元以下的罚款:

(一)不履行本法第二十七条规定的核验、登记义务的;

(二)不按照本法第二十八条规定向市场监督管理部门、税务部门报送有关信息的;

(三)不按照本法第二十九条规定对违法情形采取必要的处置措施,或者未向有关主管部门报告的;

(四)不履行本法第三十一条规定的商品和服务信息、交易信息保存义务的。

法律、行政法规对前款规定的违法行为的处罚另有规定的,依照其规定。

二、部门规章

网络交易管理办法(节录)

(2014 年 1 月 26 日国家工商行政管理总局发布)

第十八条 网络商品经营者、有关服务经营者在经营活动中收集、使用消费者或者经营者信息,应当遵循合法、正当、必要的原则,明示收集、使用信息的目的、方式和范围,并经被收集者同意。网络商品经营者、有关服务经营者收集、使用消费者或者经营者信息,应当公开其收集、使用规则,不得违反法律、法规的规定和双方的约定收集、使用信息。

网络商品经营者、有关服务经营者及其工作人员对收集的消费者个人信息或者经营者商业秘密的数据信息必须严格保密,不得泄露、出售或者非法向他人提供。网络商品经营者、有关服务经营者应当采取技术措施和其他必要措施，确保信息安全，防止信息泄露、丢失。在发生或者可能发生信息泄露、丢失的情况时，应当立即采取补救措施。

网络商品经营者、有关服务经营者未经消费者同意或者请求，或者消费者明确表示拒绝的，不得向其发送商业性电子信息。

第二十条　网络商品经营者、有关服务经营者不得对竞争对手的网站或者网页进行非法技术攻击，造成竞争对手无法正常经营。

第二十五条　第三方交易平台经营者应当建立平台内交易规则、交易安全保障、消费者权益保护、不良信息处理等管理制度。各项管理制度应当在其网站显示，并从技术上保证用户能够便利、完整地阅览和保存。

第三方交易平台经营者应当采取必要的技术手段和管理措施保证平台的正常运行，提供必要、可靠的交易环境和交易服务，维护网络交易秩序。

第三十条　第三方交易平台经营者应当审查、记录、保存在其平台上发布的商品和服务信息内容及其发布时间。平台内经营者的营业执照或者个人真实身份信息记录保存时间从经营者在平台的登记注销之日起不少于两年，交易记录等其他信息记录备份保存时间从交易完成之日起不少于两年。

第三方交易平台经营者应当采取电子签名、数据备份、故障恢复等技术手段确保网络交易数据和资料的完整性和安全性，并应当保证原始数据的真实性。

第三十五条　为网络商品交易提供网络接入、服务器托管、虚拟空间租用、网站网页设计制作等服务的有关服务经营者，应当要求申请者提供经营资格证明和个人真实身份信息，签订服务合同，依法记录其上网信息。申请者营业执照或者个人真实身份信息等信息记录备份保存时间自服务合同终止或者履行完毕之日起不少于两年。

第三十六条　为网络商品交易提供信用评价服务的有关服务经营者，应当通过合法途径采集信用信息，坚持中立、公正、客观原则，不得任意调整用户的信用级别或者相关信息，不得将收集的信用信息用于任何非法用途。

第三十八条　为网络商品交易提供网络接入、支付结算、物流、快递等服务的有关服务经营者，应当积极协助工商行政管理部门查处网络商品交易相关违法行为，提供涉嫌违法经营的网络商品经营者的登记信息、联系方式、地址等相关数据资料，不得隐瞒真实情况。

第四十三条　县级以上工商行政管理部门对涉嫌违法的网络商品交易及有关服务行为进行查处时，可以行使下列职权：

（一）询问有关当事人，调查其涉嫌从事违法网络商品交易及有关服务行为的相关情况；

（二）查阅、复制当事人的交易数据、合同、票据、账簿以及其他相关数据资料；

（三）依照法律、法规的规定，查封、扣押用于从事违法网络商品交易及有关服务行为的商品、工具、设备等物品，查封用于从事违法网络商品交易及有关服务行为的经营场所；

（四）法律、法规规定可以采取的其他措施。

工商行政管理部门依法行使前款规定的职权时，当事人应当予以协助、配合，不得拒绝、阻挠。

第四十四条 工商行政管理部门对网络商品交易及有关服务活动的技术监测记录资料，可以作为对违法的网络商品经营者、有关服务经营者实施行政处罚或者采取行政措施的电子数据证据。

第四十五条 在网络商品交易及有关服务活动中违反工商行政管理法律法规规定，情节严重，需要采取措施制止违法网站继续从事违法活动的，工商行政管理部门可以依照有关规定，提请网站许可或者备案地通信管理部门依法责令暂时屏蔽或者停止该违法网站接入服务。

第四十六条 工商行政管理部门对网站违法行为作出行政处罚后，需要关闭该违法网站的，可以依照有关规定，提请网站许可或者备案地通信管理部门依法关闭该违法网站。

第五十条 违反本办法第七条第二款、第二十三条、第二十五条、第二十六条第二款、第二十九条、第三十条、第三十四条、第三十五条、第三十六条、第三十八条规定的，予以警告，责令改正，拒不改正的，处以一万元以上三万元以下的罚款。

第五十四条 违反本办法第二十条规定的，予以警告，责令改正，并处一万元以上三万元以下的罚款。

网络零售第三方平台交易规则制定程序规定（试行）（节录）

（2014 年 12 月 1 日商务部第 32 次部务会议审议通过）

第六条 网络零售第三方平台经营者制定、修改、实施的下列交易规则应按照本规定公示并备案：

（一）基本规则，指网络零售经营者和消费者在第三方平台注册的规则及关于交易成立、有效性和履行的基础性规则。

（二）责任及风险分担规则，指网络零售第三方平台经营者对网络零售经营者和消费者承担民事责任或者免除责任的规则及风险分担的规则。

（三）知识产权保护规则，指保护知识产权以及防止假冒伪劣商品的规则。

（四）信用评价规则，指网络零售第三方平台经营者为交易双方提供信用评价服务，以及收集、记录、披露交易双方信用情况的规则。

（五）消费者权益保护规则，指保护消费者知情权、合理退货权、获得赔偿权等合法权益，保护消费者个人信息及交易记录的规则。

（六）信息披露规则，指网络零售第三方平台经营者对网络零售经营者进行实名登记、审核其法定营业资格的规则。

（七）防范和制止违法信息规则，指网络零售第三方平台经营者防范和制止在其平台上发布违反国家法律法规规定的商品和服务信息、网络广告等规则。

（八）交易纠纷解决规则，指网络零售第三方平台经营者解决与网络零售经营者、消费者之间争议的机制及规则。

（九）交易规则适用的规定，指交易规则适用对象、范围和期限的规定。

（十）交易规则的修改规定，指交易规则变更、修改的程序和方式的规定。

（十一）其他必要的交易规则或与规则相关的措施。

网络商品和服务集中促销活动管理暂行规定（节录）

（2015年9月2日国家工商行政管理总局发布）

第六条 网络集中促销组织者应当对网络集中促销经营者的经营主体身份进行审查和登记。

网络集中促销组织者应当按照《网络交易管理办法》的规定，记录、保存促销活动期间在其平台上发布的商品和服务信息内容及其发布时间。

互联网广告管理暂行办法（节录）

（2016年7月4日国家工商行政管理总局发布）

第八条 利用互联网发布、发送广告，不得影响用户正常使用网络。在互联网页面以弹出等形式发布的广告，应当显著标明关闭标志，确保一键关闭。

不得以欺骗方式诱使用户点击广告内容。

未经允许，不得在用户发送的电子邮件中附加广告或者广告链接。

第十六条 互联网广告活动中不得有下列行为：

（一）提供或者利用应用程序、硬件等对他人正当经营的广告采取拦截、过滤、覆盖、快进等限制措施；

（二）利用网络通路、网络设备、应用程序等破坏正常广告数据传输，篡改或者遮挡他人正当经营的广告，擅自加载广告；

（三）利用虚假的统计数据、传播效果或者互联网媒介价值，诱导错误报价，谋取不正当利益或者损害他人利益。

第十九条 工商行政管理部门在查处违法广告时，可以行使下列职权：

（一）对涉嫌从事违法广告活动的场所实施现场检查；

（二）询问涉嫌违法的有关当事人，对有关单位或者个人进行调查；

（三）要求涉嫌违法当事人限期提供有关证明文件；

（四）查阅、复制与涉嫌违法广告有关的合同、票据、账簿、广告作品和互联网广告后台数据，采用截屏、页面另存、拍照等方法确认互联网广告内容；

（五）责令暂停发布可能造成严重后果的涉嫌违法广告。

工商行政管理部门依法行使前款规定的职权时，当事人应当协助、配合，不得拒绝、阻挠或者隐瞒真实情况。

第二十条 工商行政管理部门对互联网广告的技术监测记录资料，可以作为对违法的互联网广告实施行政处罚或者采取行政措施的电子数据证据。

第二十四条 违反本办法第八条第一款规定，利用互联网发布广告，未显著标明关闭标志并确保一键关闭的，依照广告法第六十三条第二款的规定进行处罚；违反第二款、第三款规定，以欺骗方式诱使用户点击广告内容的，或者未经允许，在用户发送的电子邮件中附加广告或者广告链接的，责令改正，处一万元以上三万元以下的罚款。

三、部门规范性文件

第三方电子商务交易平台服务规范（节录）

（2011年4月12日商务部发布　根据2016年8月18日《商务部关于废止和修改部分规章和规范性文件的决定》修正）

5.4　交易平台设施及运行环境维护

平台经营者应当保障交易平台内各类软硬件设施的正常运行，维护消防、卫生和安保等设施处于正常状态。

平台经营者应按照国家信息安全等级保护制度的有关规定和要求建设、运行、维护网上交易平台系统和辅助服务系统，落实互联网安全保护技术措施，依法实时监控交易系统运行状况，维护平台交易系统正常运行，及时处理网络安全事故。

日交易额1亿元人民币以上（含1亿元）的第三方电子商务交易平台应当设置异地灾难备份系统，建立灾难恢复体系和应急预案。

5.5　数据存储与查询

平台经营者应当妥善保存在平台上发布的交易及服务的全部信息，采取相应的技术手段保证上述资料的完整性、准确性和安全性。站内经营者和交易相对人的身份信息的保存时间自其最后一次登录之日起不少于两年；交易信息保存时间自发生之日起不少于两年。

站内经营者有权在保存期限内自助查询、下载或打印自己的交易信息。

鼓励第三方交易平台通过独立的数据服务机构对其信息进行异地备份及提供对外查询、下载或打印服务。

5.6　制订和实施平台交易管理制度

平台经营者应提供规范化的网上交易服务，建立和完善各项规章制度，包括但不限于下列制度：

(1)用户注册制度;

(2)平台交易规则;

(3)信息披露与审核制度;

(4)隐私权与商业秘密保护制度;

(5)消费者权益保护制度;

(6)广告发布审核制度;

(7)交易安全保障与数据备份制度;

(8)争议解决机制;

(9)不良信息及垃圾邮件举报处理机制;

(10)法律、法规规定的其他制度。

平台经营者应定期在本平台内组织检查网上交易管理制度的实施情况,并根据检查结果及时采取改善措施。

6.4　对交易信息的管理

平台经营者应对其平台上的交易信息进行合理谨慎的管理:

(1)在平台上从事经营活动的,应当公布所经营产品的名称、生产者等信息;涉及第三方许可的,还应公布许可证书、认证证书等信息。

(2)网页上显示的商品信息必须真实。对实物(有形)商品,应当从多角度多方位予以展现,不可对商品的颜色、大小、比例等做歪曲或错误的显示;对于存在瑕疵的商品应当给予充分的说明并通过图片显示。发现站内经营者发布违反法律、法规广告的,应及时采取措施制止,必要时可以停止对其提供网上交易平台服务。

(3)投诉人提供的证据能够证明站内经营者有侵权行为或发布违法信息的,平台经营者应对有关责任人予以警告,停止侵权行为,删除有害信息,并可依照投诉人的请求提供被投诉人注册的身份信息及联系方式。

(4)平台经营者应承担合理谨慎信息审查义务,对明显的侵权或违法信息,依法及时予以删除,并对站内经营者予以警告。

7. 平台经营者对消费者的合理保护

未经用户同意,平台经营者不得向任何第三方披露或转让用户名单、交易记录等数据,但法律法规另有规定的除外。

平台经营者应督促站内交易经营者出具购货凭证、服务单据及相关凭证。

消费者在网络交易平台购买商品或者接受服务,发生消费纠纷或者其合法权益受到损害的,平台经营者应当向消费者提供站内经营者的真实的网站登记信息,积极协助消费者维护自身合法权益。

第五章

网络著作权保护与管理

一、法律

中华人民共和国著作权法(节录)

(1990年9月7日第七届全国人民代表大会常务委员会第十五次会议通过　根据2001年10月27日第九届全国人民代表大会常务委员会第二十四次会议《关于修改〈中华人民共和国著作权法〉的决定》第一次修正　根据2010年2月26日第十一届全国人民代表大会常务委员会第十三次会议《关于修改〈中华人民共和国著作权法〉的决定》第二次修正)

第三条　本法所称的作品,包括以下列形式创作的文学、艺术和自然科学、社会科学、工程技术等作品:

(一)文字作品;

(二)口述作品;

(三)音乐、戏剧、曲艺、舞蹈、杂技艺术作品;

(四)美术、建筑作品;

(五)摄影作品;

(六)电影作品和以类似摄制电影的方法创作的作品;

(七)工程设计图、产品设计图、地图、示意图等图形作品和模型作品;

(八)计算机软件;

(九)法律、行政法规规定的其他作品。

第十条　著作权包括下列人身权和财产权:

(一)发表权,即决定作品是否公之于众的权利;

(二)署名权,即表明作者身份,在作品上署名的权利;

(三)修改权,即修改或者授权他人修改作品的权利;

(四)保护作品完整权,即保护作品不受歪曲、篡改的权利;

(五)复制权,即以印刷、复印、拓印、录音、录像、翻录、翻拍等方式将作品制作一份或者多份的权利;

（六）发行权，即以出售或者赠与方式向公众提供作品的原件或者复制件的权利；

（七）出租权，即有偿许可他人临时使用电影作品和以类似摄制电影的方法创作的作品、计算机软件的权利，计算机软件不是出租的主要标的的除外；

（八）展览权，即公开陈列美术作品、摄影作品的原件或者复制件的权利；

（九）表演权，即公开表演作品，以及用各种手段公开播送作品的表演的权利；

（十）放映权，即通过放映机、幻灯机等技术设备公开再现美术、摄影、电影和以类似摄制电影的方法创作的作品等的权利；

（十一）广播权，即以无线方式公开广播或者传播作品，以有线传播或者转播的方式向公众传播广播的作品，以及通过扩音器或者其他传送符号、声音、图像的类似工具向公众传播广播的作品的权利；

（十二）信息网络传播权，即以有线或者无线方式向公众提供作品，使公众可以在其个人选定的时间和地点获得作品的权利；

（十三）摄制权，即以摄制电影或者以类似摄制电影的方法将作品固定在载体上的权利；

（十四）改编权，即改变作品，创作出具有独创性的新作品的权利；

（十五）翻译权，即将作品从一种语言文字转换成另一种语言文字的权利；

（十六）汇编权，即将作品或者作品的片段通过选择或者编排，汇集成新作品的权利；

（十七）应当由著作权人享有的其他权利。

著作权人可以许可他人行使前款第（五）项至第（十七）项规定的权利，并依照约定或者本法有关规定获得报酬。

著作权人可以全部或者部分转让本条第一款第（五）项至第（十七）项规定的权利，并依照约定或者本法有关规定获得报酬。

第二十一条　公民的作品，其发表权、本法第十条第一款第（五）项至第（十七）项规定的权利的保护期为作者终生及其死亡后五十年，截止于作者死亡后第五十年的 12 月 31 日；如果是合作作品，截止于最后死亡的作者死亡后第五十年的 12 月 31 日。

法人或者其他组织的作品、著作权（署名权除外）由法人或者其他组织享有的职务作品，其发表权、本法第十条第一款第（五）项至第（十七）项规定的权利的保护期为五十年，截止于作品首次发表后第五十年的 12 月 31 日，但作品自创作完成后五十年内未发表的，本法不再保护。

电影作品和以类似摄制电影的方法创作的作品、摄影作品，其发表权、本法第十条第一款第（五）项至第（十七）项规定的权利的保护期为五十年，截止于作品首次发表后第五十年的 12 月 31 日，但作品自创作完成后五十年内未发表的，本法不再保护。

第三十八条　表演者对其表演享有下列权利：

（一）表明表演者身份；

（二）保护表演形象不受歪曲；

（三）许可他人从现场直播和公开传送其现场表演，并获得报酬；

（四）许可他人录音录像，并获得报酬；

（五）许可他人复制、发行录有其表演的录音录像制品，并获得报酬；

（六）许可他人通过信息网络向公众传播其表演，并获得报酬。

被许可人以前款第（三）项至第（六）项规定的方式使用作品，还应当取得著作权人许可，并支付报酬。

第四十二条 录音录像制作者对其制作的录音录像制品，享有许可他人复制、发行、出租、通过信息网络向公众传播并获得报酬的权利；权利的保护期为五十年，截止于该制品首次制作完成后第五十年的12月31日。

被许可人复制、发行、通过信息网络向公众传播录音录像制品，还应当取得著作权人、表演者许可，并支付报酬。

第四十八条 有下列侵权行为的，应当根据情况，承担停止侵害、消除影响、赔礼道歉、赔偿损失等民事责任；同时损害公共利益的，可以由著作权行政管理部门责令停止侵权行为，没收违法所得，没收、销毁侵权复制品，并可处以罚款；情节严重的，著作权行政管理部门还可以没收主要用于制作侵权复制品的材料、工具、设备等；构成犯罪的，依法追究刑事责任：

（一）未经著作权人许可，复制、发行、表演、放映、广播、汇编、通过信息网络向公众传播其作品的，本法另有规定的除外；

（二）出版他人享有专有出版权的图书的；

（三）未经表演者许可，复制、发行录有其表演的录音录像制品，或者通过信息网络向公众传播其表演的，本法另有规定的除外；

（四）未经录音录像制作者许可，复制、发行、通过信息网络向公众传播其制作的录音录像制品的，本法另有规定的除外；

（五）未经许可，播放或者复制广播、电视的，本法另有规定的除外；

（六）未经著作权人或者与著作权有关的权利人许可，故意避开或者破坏权利人为其作品、录音录像制品等采取的保护著作权或者与著作权有关的权利的技术措施的，法律、行政法规另有规定的除外；

（七）未经著作权人或者与著作权有关的权利人许可，故意删除或者改变作品、录音录像制品等的权利管理电子信息的，法律、行政法规另有规定的除外；

（八）制作、出售假冒他人署名的作品的。

第五十三条 复制品的出版者、制作者不能证明其出版、制作有合法授权的，复制品的发行者或者电影作品或者以类似摄制电影的方法创作的作品、计算机软件、录音录像制品的复制品的出租者不能证明其发行、出租的复制品有合法来源的，应当承担法律责任。

二、行政法规

中华人民共和国著作权法实施条例(节录)

(2002 年 8 月 2 日国务院令第 359 号公布　根据 2011 年 1 月 8 日《国务院关于废止和修改部分行政法规的决定》第一次修订　根据 2013 年 1 月 30 日《国务院关于修改〈中华人民共和国著作权法实施条例〉的决定》第二次修订)

第三十六条　有著作权法第四十八条所列侵权行为,同时损害社会公共利益,非法经营额 5 万元以上的,著作权行政管理部门可处非法经营额 1 倍以上 5 倍以下的罚款;没有非法经营额或者非法经营额 5 万元以下的,著作权行政管理部门根据情节轻重,可处 25 万元以下的罚款。

计算机软件保护条例(节录)

(2001 年 12 月 20 日国务院令第 339 号公布　根据 2011 年 1 月 8 日《国务院关于废止和修改部分行政法规的决定》第一次修订　根据 2013 年 1 月 30 日《国务院关于修改〈计算机软件保护条例〉的决定》第二次修订)

第八条　软件著作权人享有下列各项权利:

(一)发表权,即决定软件是否公之于众的权利;

(二)署名权,即表明开发者身份,在软件上署名的权利;

(三)修改权,即对软件进行增补、删节,或者改变指令、语句顺序的权利;

(四)复制权,即将软件制作一份或者多份的权利;

(五)发行权,即以出售或者赠与方式向公众提供软件的原件或者复制件的权利;

(六)出租权,即有偿许可他人临时使用软件的权利,但是软件不是出租的主要标的的除外;

(七)信息网络传播权,即以有线或者无线方式向公众提供软件,使公众可以在其个人选定的时间和地点获得软件的权利;

(八)翻译权,即将原软件从一种自然语言文字转换成另一种自然语言文字的权利;

(九)应当由软件著作权人享有的其他权利。

软件著作权人可以许可他人行使其软件著作权,并有权获得报酬。

软件著作权人可以全部或者部分转让其软件著作权,并有权获得报酬。

第二十四条　除《中华人民共和国著作权法》、本条例或者其他法律、行政法规另有规定外,未经软件著作权人许可,有下列侵权行为的,应当根据情况,承担停止侵害、消除影响、赔礼道歉、赔偿损失等民事责任;同时损害社会公共利益的,由著作权行政管理部门责令停止侵权行为,没收违法所得,没收、销毁侵权复制品,可以并处罚款;情节严重的,著作权行政管理部门并可以没收主要用于制作侵权复制品的材料、工具、设备等;触犯刑律的,依照刑法关于侵犯著作权罪、销售侵权复制品罪的规定,依法追究刑事责任:

(一)复制或者部分复制著作权人的软件的;

(二)向公众发行、出租、通过信息网络传播著作权人的软件的;

(三)故意避开或者破坏著作权人为保护其软件著作权而采取的技术措施的;

(四)故意删除或者改变软件权利管理电子信息的;

(五)转让或者许可他人行使著作权人的软件著作权的。

有前款第一项或者第二项行为的,可以并处每件100元或者货值金额1倍以上5倍以下的罚款;有前款第三项、第四项或者第五项行为的,可以并处20万元以下的罚款。

出版管理条例(节录)

(2001年12月25日国务院令第343号公布　根据2011年3月19日《国务院关于修改〈出版管理条例〉的决定》第一次修订　根据2013年7月18日《国务院关于废止和修改部分行政法规的决定》第二次修订　根据2014年7月29日《国务院关于修改部分行政法规的决定》第三次修订　根据2016年2月6日《国务院关于修改部分行政法规的决定》第四次修订)

第二十五条　任何出版物不得含有下列内容:

(一)反对宪法确定的基本原则的;

(二)危害国家统一、主权和领土完整的;

(三)泄露国家秘密、危害国家安全或者损害国家荣誉和利益的;

(四)煽动民族仇恨、民族歧视,破坏民族团结,或者侵害民族风俗、习惯的;

(五)宣扬邪教、迷信的;

(六)扰乱社会秩序,破坏社会稳定的;

(七)宣扬淫秽、赌博、暴力或者教唆犯罪的;

(八)侮辱或者诽谤他人,侵害他人合法权益的;

(九)危害社会公德或者民族优秀文化传统的;

(十)有法律、行政法规和国家规定禁止的其他内容的。

第二十六条　以未成年人为对象的出版物不得含有诱发未成年人模仿违反社会公德的行为和违法犯罪的行为的内容,不得含有恐怖、残酷等妨害未成年人身心健康的内容。

第二十七条　出版物的内容不真实或者不公正,致使公民、法人或者其他组织的合法权益受到侵害的,其出版单位应当公开更正,消除影响,并依法承担其他民事责任。

报纸、期刊发表的作品内容不真实或者不公正，致使公民、法人或者其他组织的合法权益受到侵害的，当事人有权要求有关出版单位更正或者答辩，有关出版单位应当在其近期出版的报纸、期刊上予以发表；拒绝发表的，当事人可以向人民法院提起诉讼。

第六十二条　有下列行为之一，触犯刑律的，依照刑法有关规定，依法追究刑事责任；尚不够刑事处罚的，由出版行政主管部门责令限期停业整顿，没收出版物、违法所得，违法经营额1万元以上的，并处违法经营额5倍以上10倍以下的罚款；违法经营额不足1万元的，可以处5万元以下的罚款；情节严重的，由原发证机关吊销许可证：

（一）出版、进口含有本条例第二十五条、第二十六条禁止内容的出版物的；

（二）明知或者应知出版物含有本条例第二十五条、第二十六条禁止内容而印刷或者复制、发行的；

（三）明知或者应知他人出版含有本条例第二十五条、第二十六条禁止内容的出版物而向其出售或者以其他形式转让本出版单位的名称、书号、刊号、版号、版面，或者出租本单位的名称、刊号的。

第六十九条　印刷或者复制、批发、零售、出租、散发含有本条例第二十五条、第二十六条禁止内容的出版物或者其他非法出版物的，当事人对非法出版物的来源作出说明、指认，经查证属实的，没收出版物、违法所得，可以减轻或者免除其他行政处罚。

信息网络传播权保护条例（节录）

（2006年5月18日国务院令第468号公布　根据2013年1月30日《国务院关于修改〈信息网络传播权保护条例〉的决定》修订）

第四条　为了保护信息网络传播权，权利人可以采取技术措施。

任何组织或者个人不得故意避开或者破坏技术措施，不得故意制造、进口或者向公众提供主要用于避开或者破坏技术措施的装置或者部件，不得故意为他人避开或者破坏技术措施提供技术服务。但是，法律、行政法规规定可以避开的除外。

第五条　未经权利人许可，任何组织或者个人不得进行下列行为：

（一）故意删除或者改变通过信息网络向公众提供的作品、表演、录音录像制品的权利管理电子信息，但由于技术上的原因无法避免删除或者改变的除外；

（二）通过信息网络向公众提供明知或者应知未经权利人许可被删除或者改变权利管理电子信息的作品、表演、录音录像制品。

第十二条　属于下列情形的，可以避开技术措施，但不得向他人提供避开技术措施的技术、装置或者部件，不得侵犯权利人依法享有的其他权利：

（一）为学校课堂教学或者科学研究，通过信息网络向少数教学、科研人员提供已经发表的作品、表演、录音录像制品，而该作品、表演、录音录像制品只能通过信息网络获取；

（二）不以营利为目的，通过信息网络以盲人能够感知的独特方式向盲人提供已经发表的文字作品，而该作品只能通过信息网络获取；

（三）国家机关依照行政、司法程序执行公务；

（四）在信息网络上对计算机及其系统或者网络的安全性能进行测试。

第十三条 著作权行政管理部门为了查处侵犯信息网络传播权的行为，可以要求网络服务提供者提供涉嫌侵权的服务对象的姓名（名称）、联系方式、网络地址等资料。

第十四条 对提供信息存储空间或者提供搜索、链接服务的网络服务提供者，权利人认为其服务所涉及的作品、表演、录音录像制品，侵犯自己的信息网络传播权或者被删除、改变了自己的权利管理电子信息的，可以向该网络服务提供者提交书面通知，要求网络服务提供者删除该作品、表演、录音录像制品，或者断开与该作品、表演、录音录像制品的链接。通知书应当包含下列内容：

（一）权利人的姓名（名称）、联系方式和地址；

（二）要求删除或者断开链接的侵权作品、表演、录音录像制品的名称和网络地址；

（三）构成侵权的初步证明材料。

权利人应当对通知书的真实性负责。

第十五条 网络服务提供者接到权利人的通知书后，应当立即删除涉嫌侵权的作品、表演、录音录像制品，或者断开与涉嫌侵权的作品、表演、录音录像制品的链接，并同时将通知书转送提供作品、表演、录音录像制品的服务对象；服务对象网络地址不明、无法转送的，应当将通知书的内容同时在信息网络上公告。

第十六条 服务对象接到网络服务提供者转送的通知书后，认为其提供的作品、表演、录音录像制品未侵犯他人权利的，可以向网络服务提供者提交书面说明，要求恢复被删除的作品、表演、录音录像制品，或者恢复与被断开的作品、表演、录音录像制品的链接。书面说明应当包含下列内容：

（一）服务对象的姓名（名称）、联系方式和地址；

（二）要求恢复的作品、表演、录音录像制品的名称和网络地址；

（三）不构成侵权的初步证明材料。

服务对象应当对书面说明的真实性负责。

第十七条 网络服务提供者接到服务对象的书面说明后，应当立即恢复被删除的作品、表演、录音录像制品，或者可以恢复与被断开的作品、表演、录音录像制品的链接，同时将服务对象的书面说明转送权利人。权利人不得再通知网络服务提供者删除该作品、表演、录音录像制品，或者断开与该作品、表演、录音录像制品的链接。

第十八条 违反本条例规定，有下列侵权行为之一的，根据情况承担停止侵害、消除影响、赔礼道歉、赔偿损失等民事责任；同时损害公共利益的，可以由著作权行政管理部门责令停止侵权行为，没收违法所得，非法经营额 5 万元以上的，可处非法经营额 1 倍以上 5 倍以下的罚款；没有非法经营额或者非法经营额 5 万元以下的，根据情节轻重，可处 25 万元以下的罚款；情节严重的，著作权行政管理部门可以没收主要用于提供网络服务的计算机等设备；构成犯罪的，依法追究刑事责任：

（一）通过信息网络擅自向公众提供他人的作品、表演、录音录像制品的；

（二）故意避开或者破坏技术措施的；

（三）故意删除或者改变通过信息网络向公众提供的作品、表演、录音录像制品的权利管理电子信息，或者通过信息网络向公众提供明知或者应知未经权利人许可而被删除或者改变权利管理电子信息的作品、表演、录音录像制品的；

（四）为扶助贫困通过信息网络向农村地区提供作品、表演、录音录像制品超过规定范围，或者未按照公告的标准支付报酬，或者在权利人不同意提供其作品、表演、录音录像制品后未立即删除的；

（五）通过信息网络提供他人的作品、表演、录音录像制品，未指明作品、表演、录音录像制品的名称或者作者、表演者、录音录像制作者的姓名（名称），或者未支付报酬，或者未依照本条例规定采取技术措施防止服务对象以外的其他人获得他人的作品、表演、录音录像制品，或者未防止服务对象的复制行为对权利人利益造成实质性损害的。

第十九条　违反本条例规定，有下列行为之一的，由著作权行政管理部门予以警告，没收违法所得，没收主要用于避开、破坏技术措施的装置或者部件；情节严重的，可以没收主要用于提供网络服务的计算机等设备；非法经营额 5 万元以上的，可处非法经营额 1 倍以上 5 倍以下的罚款；没有非法经营额或者非法经营额 5 万元以下的，根据情节轻重，可处 25 万元以下的罚款；构成犯罪的，依法追究刑事责任：

（一）故意制造、进口或者向他人提供主要用于避开、破坏技术措施的装置或者部件，或者故意为他人避开或者破坏技术措施提供技术服务的；

（二）通过信息网络提供他人的作品、表演、录音录像制品，获得经济利益的；

（三）为扶助贫困通过信息网络向农村地区提供作品、表演、录音录像制品，未在提供前公告作品、表演、录音录像制品的名称和作者、表演者、录音录像制作者的姓名（名称）以及报酬标准的。

三、部门规章

互联网著作权行政保护办法（节录）

（2005 年 4 月 29 日国家版权局、信息产业部发布）

第三条　各级著作权行政管理部门依照法律、行政法规和本办法对互联网信息服务活动中的信息网络传播权实施行政保护。国务院信息产业主管部门和各省、自治区、直辖市电信管理机构依法配合相关工作。

第五条　著作权人发现互联网传播的内容侵犯其著作权，向互联网信息服务提供者或者其委托的其他机构（以下统称“互联网信息服务提供者”）发出通知后，互联网信息服务提供者应当立即采取措施移除相关内容，并保留著作权人的通知

6个月。

第六条 互联网信息服务提供者收到著作权人的通知后，应当记录提供的信息内容及其发布的时间、互联网地址或者域名。互联网接入服务提供者应当记录互联网内容提供者的接入时间、用户帐号、互联网地址或者域名、主叫电话号码等信息。

前款所称记录应当保存60日，并在著作权行政管理部门查询时予以提供。

第十一条 互联网信息服务提供者明知互联网内容提供者通过互联网实施侵犯他人著作权的行为，或者虽不明知，但接到著作权人通知后未采取措施移除相关内容，同时损害社会公共利益的，著作权行政管理部门可以根据《中华人民共和国著作权法》第四十七条的规定责令停止侵权行为，并给予下列行政处罚：

（一）没收违法所得；

（二）处以非法经营额3倍以下的罚款；非法经营额难以计算的，可以处10万元以下的罚款。

第十五条 互联网信息服务提供者未履行本办法第六条规定的义务，由国务院信息产业主管部门或者省、自治区、直辖市电信管理机构予以警告，可以并处三万元以下罚款。

电子出版物出版管理规定（节录）

（2008年2月21日国家新闻出版总署发布　根据2015年8月28日《国家新闻出版广电总局关于修订部分规章和规范性文件的决定》修正）

第三条 电子出版物不得含有《出版管理条例》第二十六条、第二十七条禁止的内容。

第五十八条 从事电子出版物制作、出版业务，有下列行为之一的，按照《出版管理条例》第五十六条处罚：

（一）制作、出版含有《出版管理条例》第二十六条、第二十七条禁止内容的电子出版物的；

（二）明知或者应知他人出版含有《出版管理条例》第二十六条、第二十七条禁止内容的电子出版物而向其出售、出租或者以其他形式转让本出版单位的名称、电子出版物专用中国标准书号、国内统一连续出版物号、条码及电子出版物复制委托书的。

网络出版服务管理规定（节录）

（2015年8月20日国家新闻出版广电总局局务会议通过）

第八条 图书、音像、电子、报纸、期刊出版单位从事网络出版服务，应当具备以下条件：

（一）有确定的从事网络出版业务的网站域名、智能终端应用程序等出版平台；

（二）有确定的网络出版服务范围；

（三）有从事网络出版服务所需的必要的技术设备，相关服务器和存储设备必须存放在中华人民共和国境内。

第二十四条　网络出版物不得含有以下内容：

（一）反对宪法确定的基本原则的；

（二）危害国家统一、主权和领土完整的；

（三）泄露国家秘密、危害国家安全或者损害国家荣誉和利益的；

（四）煽动民族仇恨、民族歧视，破坏民族团结，或者侵害民族风俗、习惯的；

（五）宣扬邪教、迷信的；

（六）散布谣言，扰乱社会秩序，破坏社会稳定的；

（七）宣扬淫秽、色情、赌博、暴力或者教唆犯罪的；

（八）侮辱或者诽谤他人，侵害他人合法权益的；

（九）危害社会公德或者民族优秀文化传统的；

（十）有法律、行政法规和国家规定禁止的其他内容的。

第二十五条　为保护未成年人合法权益，网络出版物不得含有诱发未成年人模仿违反社会公德和违法犯罪行为的内容，不得含有恐怖、残酷等妨害未成年人身心健康的内容，不得含有披露未成年人个人隐私的内容。

第三十一条　网络出版服务单位应当按照国家有关规定或技术标准，配备应用必要的设备和系统，建立健全各项管理制度，保障信息安全、内容合法，并为出版行政主管部门依法履行监督管理职责提供技术支持。

第三十三条　网络出版服务单位发现其出版的网络出版物含有本规定第二十四条、第二十五条所列内容的，应当立即删除，保存有关记录，并向所在地县级以上出版行政主管部门报告。

第三十四条　网络出版服务单位应记录所出版作品的内容及其时间、网址或者域名，记录应当保存60日，并在国家有关部门依法查询时，予以提供。

第三十七条　出版行政主管部门应当加强监管队伍和机构建设，采取必要的技术手段对网络出版服务进行管理。出版行政主管部门依法履行监督检查等执法职责时，网络出版服务单位应当予以配合，不得拒绝、阻挠。

各省、自治区、直辖市出版行政主管部门应当定期将本行政区域内的网络出版服务监督管理情况向国家新闻出版广电总局提交书面报告。

第四十九条　对非法干扰、阻止和破坏网络出版物出版的行为，出版行政主管部门及其他有关部门，应当及时采取措施，予以制止。

第五十二条　出版、传播含有本规定第二十四条、第二十五条禁止内容的网络出版物的，根据《出版管理条例》第六十二条、《互联网信息服务管理办法》第二十条的规定，由出版行政主管部门责令删除相关内容并限期改正，没收违法所得，违法经营额1万元以上的，并处违法经营额5倍以上10倍以下罚款；违法经营额不足1万元的，可以处5万元以下罚款；情节严重的，责令限期停业整顿或者由国家新闻出版广电总局吊销《网络出版服务许可证》，由电信主管部门依据出版行政主管部门的通知吊销其电信业务经营许可或者责令关闭网站;构成犯罪的,依法追究刑事责任。

为从事本条第一款行为的网络出版服务单位提供人工干预搜索排名、广告、推广等相关服务的,由出版行政主管部门责令其停止提供相关服务。

第五十五条 违反本规定第三十四条的,根据《互联网信息服务管理办法》第二十一条的规定,由省级电信主管部门责令改正;情节严重的,责令停业整顿或者暂时关闭网站。

四、司法解释

最高人民法院关于审理非法出版物刑事案件具体应用法律若干问题的解释

(1998 年 12 月 11 日最高人民法院审判委员会第 1032 次会议通过 法释〔1998〕30 号)

为依法惩治非法出版物犯罪活动,根据刑法的有关规定,现对审理非法出版物刑事案件具体应用法律的若干问题解释如下:

第一条 明知出版物中载有煽动分裂国家、破坏国家统一或者煽动颠覆国家政权、推翻社会主义制度的内容,而予以出版、印刷、复制、发行、传播的,依照刑法第一百零三条第二款或者第一百零五条第二款的规定,以煽动分裂国家罪或者煽动颠覆国家政权罪定罪处罚。

第二条 以营利为目的,实施刑法第二百一十七条所列侵犯著作权行为之一,个人违法所得数额在五万元以上,单位违法所得数额在二十万元以上的,属于"违法所得数额较大";具有下列情形之一的,属于"有其他严重情节":

(一)因侵犯著作权曾经两次以上被追究行政责任或者民事责任,两年内又实施刑法第二百一十七条所列侵犯著作权行为之一的;

(二)个人非法经营数额在二十万元以上,单位非法经营数额在一百万元以上的;

(三)造成其他严重后果的。

以营利为目的,实施刑法第二百一十七条所列侵犯著作权行为之一,个人违法所得数额在二十万元以上,单位违法所得数额在一百万元以上的,属于"违法所得数额巨大";具有下列情形之一的,属于"有其他特别严重情节":

(一)个人非法经营数额在一百万元以上,单位非法经营数额在五百万元以上的;

(二)造成其他特别严重后果的。

第三条 刑法第二百一十七条第(一)项中规定的"复制发行",是指行为人以营利为目的,未经著作权人许可而实施的复制、发行或者既复制又发行其文字作品、音乐、电影、电视、录像作品、计算机软件及其他作品的行为。

第四条　以营利为目的,实施刑法第二百一十八条规定的行为,个人违法所得数额在十万元以上,单位违法所得数额在五十万元以上的,依照刑法第二百一十八条的规定,以销售侵权复制品罪定罪处罚。

第五条　实施刑法第二百一十七条规定的侵犯著作权行为,又销售该侵权复制品,违法所得数额巨大的,只定侵犯著作权罪,不实行数罪并罚。

实施刑法第二百一十七条规定的侵犯著作权的犯罪行为,又明知是他人的侵权复制品而予以销售,构成犯罪的,应当实行数罪并罚。

第六条　在出版物中公然侮辱他人或者捏造事实诽谤他人,情节严重的,依照刑法第二百四十六条的规定,分别以侮辱罪或者诽谤罪定罪处罚。

第七条　出版刊载歧视、侮辱少数民族内容的作品,情节恶劣,造成严重后果的,依照刑法第二百五十条的规定,以出版歧视、侮辱少数民族作品罪定罪处罚。

第八条　以牟利为目的,实施刑法第三百六十三条第一款规定的行为,具有下列情形之一的,以制作、复制、出版、贩卖、传播淫秽物品牟利罪定罪处罚:

(一)制作、复制、出版淫秽影碟、软件、录像带五十至一百张(盒)以上,淫秽音碟、录音带一百至二百张(盒)以上,淫秽扑克、书刊、画册一百至二百副(册)以上,淫秽照片、画片五百至一千张以上的;

(二)贩卖淫秽影碟、软件、录像带一百至二百张(盒)以上,淫秽音碟、录音带二百至四百张(盒)以上,淫秽扑克、书刊、画册二百至四百副(册)以上,淫秽照片、画片一千至二千张以上的;

(三)向他人传播淫秽物品达二百至五百人次以上,或者组织播放淫秽影、像达十至二十场次以上的;

(四)制作、复制、出版、贩卖、传播淫秽物品,获利五千至一万元以上的。

以牟利为目的,实施刑法第三百六十三条第一款规定的行为,具有下列情形之一的,应当认定为制作、复制、出版、贩卖、传播淫秽物品牟利罪"情节严重":

(一)制作、复制、出版淫秽影碟、软件、录像带二百五十至五百张(盒)以上,淫秽音碟、录音带五百至一千张(盒)以上,淫秽扑克、书刊、画册五百至一千副(册)以上,淫秽照片、画片二千五百至五千张以上的;

(二)贩卖淫秽影碟、软件、录像带五百至一千张(盒)以上,淫秽音碟、录音带一千至二千张(盒)以上,淫秽扑克、书刊、画册一千至二千副(册)以上,淫秽照片、画片五千至一万张以上的;

(三)向他人传播淫秽物品达一千至二千人次以上,或者组织播放淫秽影、像达五十至一百场次以上的;

(四)制作、复制、出版、贩卖、传播淫秽物品,获利三万至五万元以上的。

以牟利为目的,实施刑法第三百六十三条第一款规定的行为,其数量(数额)达到前款规定的数量(数额)五倍以上的,应当认定为制作、复制、出版、贩卖、传播淫秽物品牟利罪"情节特别严重"。

第九条　为他人提供书号、刊号,出版淫秽书刊的,依照刑法第三百六十三条第二款的规定，以为他人提供书号出版淫秽书刊罪定罪处罚。

为他人提供版号，出版淫秽音像制品的，依照前款规定定罪处罚。

明知他人用于出版淫秽书刊而提供书号、刊号的，依照刑法第三百六十三条第一款的规定，以出版淫秽物品牟利罪定罪处罚。

第十条 向他人传播淫秽的书刊、影片、音像、图片等出版物达三百至六百人次以上或者造成恶劣社会影响的，属于“情节严重”，依照刑法第三百六十四条第一款的规定，以传播淫秽物品罪定罪处罚。

组织播放淫秽的电影、录像等音像制品达十五至三十场次以上或者造成恶劣社会影响的，依照刑法第三百六十四条第二款的规定，以组织播放淫秽音像制品罪定罪处罚。

第十一条 违反国家规定，出版、印刷、复制、发行本解释第一条至第十条规定以外的其他严重危害社会秩序和扰乱市场秩序的非法出版物，情节严重的，依照刑法第二百二十五条第（三）项的规定，以非法经营罪定罪处罚。

第十二条 个人实施本解释第十一条规定的行为，具有下列情形之一的，属于非法经营行为“情节严重”：

（一）经营数额在五万元至十万元以上的；

（二）违法所得数额在二万元至三万元以上的；

（三）经营报纸五千份或者期刊五千本或者图书二千册或者音像制品、电子出版物五百张（盒）以上的。

具有下列情形之一的，属于非法经营行为“情节特别严重”：

（一）经营数额在十五万元至三十万元以上的；

（二）违法所得数额在五万元至十万元以上的；

（三）经营报纸一万五千份或者期刊一万五千本或者图书五千册或者音像制品、电子出版物一千五百张（盒）以上的。

第十三条 单位实施本解释第十一条规定的行为，具有下列情形之一的，属于非法经营行为“情节严重”：

（一）经营数额在十五万元至三十万元以上的；

（二）违法所得数额在五万元至十万元以上的；

（三）经营报纸一万五千份或者期刊一万五千本或者图书五千册或者音像制品、电子出版物一千五百张（盒）以上的。

具有下列情形之一的，属于非法经营行为“情节特别严重”：

（一）经营数额在五十万元至一百万元以上的；

（二）违法所得数额在十五万元至三十万元以上的；

（三）经营报纸五万份或者期刊五万本或者图书一万五千册或者音像制品、电子出版物五千张（盒）以上的。

第十四条 实施本解释第十一条规定的行为，经营数额、违法所得数额或者经营数量接近非法经营行为“情节严重”、“情节特别严重”的数额、数量起点标准，并具有下列情形之一的，可以认定为非法经营行为“情节严重”、“情节特别严重”：

（一）两年内因出版、印刷、复制、发行非法出版物受过行政处罚两次以上的；

（二）因出版、印刷、复制、发行非法出版物造成恶劣社会影响或者其他严重后果的。

第十五条　非法从事出版物的出版、印刷、复制、发行业务，严重扰乱市场秩序，情节特别严重，构成犯罪的，可以依照刑法第二百二十五条第（三）项的规定，以非法经营罪定罪处罚。

第十六条　出版单位与他人事前通谋，向其出售、出租或者以其他形式转让该出版单位的名称、书号、刊号、版号，他人实施本解释第二条、第四条、第八条、第九条、第十条、第十一条规定的行为，构成犯罪的，对该出版单位应当以共犯论处。

第十七条　本解释所称“经营数额”，是指以非法出版物的定价数额乘以行为人经营的非法出版物数量所得的数额。

本解释所称“违法所得数额”，是指获利数额。

非法出版物没有定价或者以境外货币定价的，其单价数额应当按照行为人实际出售的价格认定。

第十八条　各省、自治区、直辖市高级人民法院可以根据本地的情况和社会治安状况，在本解释第八条、第十条、第十二条、第十三条规定的有关数额、数量标准的幅度内，确定本地执行的具体标准，并报最高人民法院备案。

最高人民法院关于审理著作权民事纠纷案件适用法律若干问题的解释（节录）

（2002 年 10 月 12 日最高人民法院审判委员会第 1246 次会议通过　法释〔2002〕31 号）

第二十一条　计算机软件用户未经许可或者超过许可范围商业使用计算机软件的，依据著作权法第四十七条第（一）项、《计算机软件保护条例》第二十四条第（一）项的规定承担民事责任。

最高人民法院关于审理侵害信息网络传播权民事纠纷案件适用法律若干问题的规定（节录）

（2012 年 11 月 26 日最高人民法院审判委员会第 1561 次会议通过　法释〔2012〕20 号）

第十五条　侵害信息网络传播权民事纠纷案件由侵权行为地或者被告住所地人民法院管辖。侵权行为地包括实施被诉侵权行为的网络服务器、计算机终端等设备所在地。侵权行为地和被告住所地均难以确定或者在境外的，原告发现侵权内容的计算机终端等设备所在地可以视为侵权行为地。

第六章
特定领域安全保护

一、互联网金融

电子支付指引(第一号)(节录)

(2005年10月26日中国人民银行发布)

第八条 办理电子支付业务的银行应公开披露以下信息:

(一)银行名称、营业地址及联系方式;

(二)客户办理电子支付业务的条件;

(三)所提供的电子支付业务品种、操作程序和收费标准等;

(四)电子支付交易品种可能存在的全部风险,包括该品种的操作风险、未采取的安全措施、无法采取安全措施的安全漏洞等;

(五)客户使用电子支付交易品种可能产生的风险;

(六)提醒客户妥善保管、使用或授权他人使用电子支付交易存取工具(如卡、密码、密钥、电子签名制作数据等)的警示性信息;

(七)争议及差错处理方式。

第九条 银行应认真审核客户申请办理电子支付业务的基本资料,并以书面或电子方式与客户签订协议。

银行应按会计档案的管理要求妥善保存客户的申请资料,保存期限至该客户撤销电子支付业务后5年。

第十条 银行为客户办理电子支付业务,应根据客户性质、电子支付类型、支付金额等,与客户约定适当的认证方式,如密码、密钥、数字证书、电子签名等。

认证方式的约定和使用应遵循《中华人民共和国电子签名法》等法律法规的规定。

第十一条 银行要求客户提供有关资料信息时,应告知客户所提供信息的使用目的和范围、安全保护措施、以及客户未提供或未真实提供相关资料信息的后果。

第十七条 电子支付指令的发起行应建立必要的安全程序,对客户身份和电子支付指令进行确认,并形成日志文件等记录,保存至交易后5年。

第二十三条 银行开展电子支付业务采用的信息安全标准、技术标准、业务标准等应当符合有关规定。

第二十四条　银行应针对与电子支付业务活动相关的风险,建立有效的管理制度。

第二十六条　银行应确保电子支付业务处理系统的安全性,保证重要交易数据的不可抵赖性、数据存储的完整性、客户身份的真实性,并妥善管理在电子支付业务处理系统中使用的密码、密钥等认证数据。

第二十七条　银行使用客户资料、交易记录等,不得超出法律法规许可和客户授权的范围。

银行应依法对客户的资料信息、交易记录等保密。除国家法律、行政法规另有规定外,银行应当拒绝除客户本人以外的任何单位或个人的查询。

第二十九条　银行应采取必要措施保护电子支付交易数据的完整性和可靠性:

(一)制定相应的风险控制策略,防止电子支付业务处理系统发生有意或无意的危害数据完整性和可靠性的变化,并具备有效的业务容量、业务连续性计划和应急计划;

(二)保证电子支付交易与数据记录程序的设计发生擅自变更时能被有效侦测;

(三)有效防止电子支付交易数据在传送、处理、存储、使用和修改过程中被篡改,任何对电子支付交易数据的篡改能通过交易处理、监测和数据记录功能被侦测;

(四)按照会计档案管理的要求,对电子支付交易数据,以纸介质或磁性介质的方式进行妥善保存,保存期限为5年,并方便调阅。

第三十条　银行应采取必要措施为电子支付交易数据保密:

(一)对电子支付交易数据的访问须经合理授权和确认;

(二)电子支付交易数据须以安全方式保存,并防止其在公共、私人或内部网络上传输时被擅自查看或非法截取;

(三)第三方获取电子支付交易数据必须符合有关法律法规的规定以及银行关于数据使用和保护的标准与控制制度;

(四)对电子支付交易数据的访问均须登记,并确保该登记不被篡改。

第三十一条　银行应确保对电子支付业务处理系统的操作人员、管理人员以及系统服务商有合理的授权控制:

(一)确保进入电子支付业务账户或敏感系统所需的认证数据免遭篡改和破坏。对此类篡改都应是可侦测的,而且审计监督应能恰当地反映出这些篡改的企图。

(二)对认证数据进行的任何查询、添加、删除或更改都应得到必要授权,并具有不可篡改的日志记录。

第三十二条　银行应采取有效措施保证电子支付业务处理系统中的职责分离:

(一)对电子支付业务处理系统进行测试,确保职责分离;

(二)开发和管理经营电子支付业务处理系统的人员维持分离状态;

(三)交易程序和内控制度的设计确保任何单个的雇员和外部服务供应商都无法独立完成一项交易。

第三十四条 银行采用数字证书或电子签名方式进行客户身份认证和交易授权的,提倡由合法的第三方认证机构提供认证服务。如客户因依据该认证服务进行交易遭受损失,认证服务机构不能证明自己无过错,应依法承担相应责任。

第四十一条 由于银行保管、使用不当,导致客户资料信息被泄露或篡改的,银行应采取有效措施防止因此造成客户损失,并及时通知和协助客户补救。

电子银行业务管理办法(节录)

(2005年11月10日中国银行业监督管理委员会第40次主席会议通过)

第九条 金融机构开办电子银行业务,应当具备下列条件:

(一)金融机构的经营活动正常,建立了较为完善的风险管理体系和内部控制制度,在申请开办电子银行业务的前一年内,金融机构的主要信息管理系统和业务处理系统没有发生过重大事故;

(二)制定了电子银行业务的总体发展战略、发展规划和电子银行安全策略,建立了电子银行业务风险管理的组织体系和制度体系;

(三)按照电子银行业务发展规划和安全策略,建立了电子银行业务运营的基础设施和系统,并对相关设施和系统进行了必要的安全检测和业务测试;

(四)对电子银行业务风险管理情况和业务运营设施与系统等,进行了符合监管要求的安全评估;

(五)建立了明确的电子银行业务管理部门,配备了合格的管理人员和技术人员;

(六)中国银监会要求的其他条件。

第十条 金融机构开办以互联网为媒介的网上银行业务、手机银行业务等电子银行业务,除应具备第九条所列条件外,还应具备以下条件:

(一)电子银行基础设施设备能够保障电子银行的正常运行;

(二)电子银行系统具备必要的业务处理能力,能够满足客户适时业务处理的需要;

(三)建立了有效的外部攻击侦测机制;

(四)中资银行业金融机构的电子银行业务运营系统和业务处理服务器设置在中华人民共和国境内;

(五)外资金融机构的电子银行业务运营系统和业务处理服务器可以设置在中华人民共和国境内或境外。设置在境外时,应在中华人民共和国境内设置可以记录和保存业务交易数据的设施设备,能够满足金融监管部门现场检查的要求,在出现法律纠纷时,能够满足中国司法机构调查取证的要求。

第十一条 外资金融机构开办电子银行业务,除应具备第九条、第十条所列条件外,还应当按照法律、行政法规的有关规定,在中华人民共和国境内设有营业性机构,其所在国家(地区)监管当局具备对电子银行业务进行监管的法律框架和监管能力。

第十二条 金融机构申请开办电子银行业务,根据电子银行业务的不同类型,分别适用审批制和报告制。

（一）利用互联网等开放性网络或无线网络开办的电子银行业务，包括网上银行、手机银行和利用掌上电脑等个人数据辅助设备开办的电子银行业务，适用审批制；

（二）利用境内或地区性电信网络、有线网络等开办的电子银行业务，适用报告制；

（三）利用银行为特定自助服务设施或与客户建立的专用网络开办的电子银行业务，法律法规和行政规章另有规定的遵照其规定，没有规定的适用报告制。

金融机构开办电子银行业务后，与其特定客户建立直接网络连接提供相关服务，属于电子银行日常服务，不属于开办电子银行业务申请的类型。

第十五条 金融机构向中国银监会或其派出机构申请开办电子银行业务，应提交以下文件、资料（一式三份）：

（一）由金融机构法定代表人签署的开办电子银行业务的申请报告；

（二）拟申请的电子银行业务类型及拟开展的业务种类；

（三）电子银行业务发展规划；

（四）电子银行业务运营设施与技术系统介绍；

（五）电子银行业务系统测试报告；

（六）电子银行安全评估报告；

（七）电子银行业务运行应急计划和业务连续性计划；

（八）电子银行业务风险管理体系及相应的规章制度；

（九）电子银行业务的管理部门、管理职责，以及主要负责人介绍；

（十）申请单位联系人以及联系电话、传真、电子邮件信箱等联系方式；

（十一）中国银监会要求提供的其他文件和资料。

第二十二条 金融机构增加或者变更以下电子银行业务类型，适用审批制：

（一）有关法律法规和行政规章规定需要审批但金融机构尚未申请批准，并准备利用电子银行开办的；

（二）金融机构将已获批准的业务应用于电子银行时，需要与证券业、保险业相关机构进行直接实时数据交换才能实施的；

（三）金融机构之间通过互联电子银行平台联合开展的；

（四）提供跨境电子银行服务的。

第三十条 金融机构因电子银行系统升级、调试等原因，需要按计划暂时停止电子银行服务的，应选择适当的时间，尽可能减少对客户的影响，并至少提前 3 天在其网站上予以公告。

受突发事件或偶然因素影响非计划暂停电子银行服务，在正常工作时间内超过 4 个小时或者在正常工作时间外超过 8 个小时的，金融机构应在暂停服务后 24 小时内将有关情况报告中国银监会，并应在事故处理基本结束后 3 日内，将事故原因、影响、补救措施及处理情况等，报告中国银监会。

第三十六条 金融机构应当针对电子银行不同系统、风险设施、信息和其他资源的重要性及其对电子银行安全的影响进行评估分类，制定适当的安全策略，建立健全风险控制程序和安全操作规程，采取相应的安全管理措施。

对各类安全控制措施应定期检查、测试，并根据实际情况适时调整，保证安全措施的持续有效和及时更新。

第三十七条 金融机构应当保障电子银行运营设施设备，以及安全控制设施设备的安全，对电子银行的重要设施设备和数据，采取适当的保护措施。

（一）有形场所的物理安全控制，必须符合国家有关法律法规和安全标准的要求，对尚没有统一安全标准的有形场所的安全控制，金融机构应确保其制定的安全制度有效地覆盖可能面临的主要风险；

（二）以开放型网络为媒介的电子银行系统，应合理设置和使用防火墙、防病毒软件等安全产品与技术，确保电子银行有足够的反攻击能力、防病毒能力和入侵防护能力；

（三）对重要设施设备的接触、检查、维修和应急处理，应有明确的权限界定、责任划分和操作流程，并建立日志文件管理制度，如实记录并妥善保管相关记录；

（四）对重要技术参数，应严格控制接触权限，并建立相应的技术参数调整与变更机制，并保证在更换关键人员后，能够有效防止有关技术参数的泄漏；

（五）对电子银行管理的关键岗位和关键人员，应实行轮岗和强制性休假制度，建立严格的内部监督管理制度。

第三十八条 金融机构应采用适当的加密技术和措施，保证电子交易数据传输的安全性与保密性，以及所传输交易数据的完整性、真实性和不可否认性。

金融机构采用的数据加密技术应符合国家有关规定，并根据电子银行业务的安全性需要和科技信息技术的发展，定期检查和评估所使用的加密技术和算法的强度，对加密方式进行适时调整。

第三十九条 金融机构应当与客户签订电子银行服务协议或合同，明确双方的权利与义务。

在电子银行服务协议中，金融机构应向客户充分揭示利用电子银行进行交易可能面临的风险，金融机构已经采取的风险控制措施和客户应采取的风险控制措施，以及相关风险的责任承担。

第四十条 金融机构应采取适当的措施和采用适当的技术，识别与验证使用电子银行服务客户的真实、有效身份，并应依照与客户签订的有关协议对客户作业权限、资金转移或交易限额等实施有效管理。

第四十三条 金融机构应建立电子银行入侵侦测与入侵保护系统，实时监控电子银行的运行情况，定期对电子银行系统进行漏洞扫描，并建立对非法入侵的甄别、处理和报告机制。

第四十四条 金融机构开展电子银行业务，需要对客户信息和交易信息等使用电子签名或电子认证时，应遵照国家有关法律法规的规定。

金融机构使用第三方认证系统，应对第三方认证机构进行定期评估，保证有关认证安全可靠和具有公信力。

第四十七条 金融机构应制定电子银行应急计划和事故处理预案，并定期对这些计划和预案进行测试，以管理、控制和减少意外事件造成的危害。

第四十八条 金融机构应定期对电子银行关键设备和系统进行检测，并详细记录检测情况。

第四十九条 金融机构应明确电子银行管理、运营等各个环节的主要权限、职责和相互监督方式，有效隔离电子银行应用系统、验证系统、业务处理系统和数据库管理系统之间的风险。

第五十一条 金融机构应采取适当的方法和技术，记录并妥善保存电子银行业务数据，电子银行业务数据的保存期限应符合法律法规的有关要求。

第五十二条 金融机构应采取适当措施，保证电子银行业务符合相关法律法规对客户信息和隐私保护的规定。

第五十三条 金融机构应针对电子银行业务发展与管理的实际情况，制订多层次的培训计划，对电子银行管理人员和业务人员进行持续培训。

第五十八条 金融机构在确保电子银行业务数据安全并被恰当使用的情况下，可以向非金融机构转移部分电子银行业务数据。

（一）金融机构由于业务外包、系统测试（调试）、数据恢复与救援等为维护电子银行正常安全运营的需要而向非金融机构转移电子银行业务数据的，应当事先签订书面保密合同，并指派专人负责监督有关数据的使用、保管、传递和销毁；

（二）金融机构由于业务拓展、业务合作等需要向非金融机构转移电子银行业务数据的，除应签订书面保密合同和指定专人监督外，还应建立对数据接收方的定期检查制度，一旦发现数据接收方不当使用、保管或传递电子银行业务数据，应立即停止相关数据转移，并应采取必要的措施预防电子银行客户的合法权益受到损害，法律法规另有规定的除外；

（三）金融机构不得向无业务往来的非金融机构转移电子银行业务数据，不得出售电子银行业务数据，不得损害客户权益利用电子银行业务数据谋取利益。

第六十条 外资金融机构因业务或管理需要确需向境外总行（公司）转移有关电子银行业务数据的，应遵守有关法律法规的规定，采取必要的措施保护客户的合法权益，并遵守有关数据交换和转移的规定。

第八十条 金融机构应当建立电子银行业务重大安全事故和风险事件的报告制度，并保持与监管部门的经常性沟通。

对于电子银行系统被恶意攻破并已出现客户或银行损失，电子银行被病毒感染并导致机密资料外泄，以及可能会引发其他金融机构电子银行系统风险的事件，金融机构应在事件发生后 48 小时内向中国银监会报告。

第八十一条 中国银监会根据监管的需要，可以依法对金融机构的电子银行业务实施现场检查，也可以聘请外部专业机构对电子银行业务系统进行安全漏洞扫描、攻击测试等检查。

第八十二条 中国银监会对电子银行业务实施现场检查时，除应按照现场检查的有关规定组成检查组并进行相关业务培训外，还应邀请被检查机构的电子银行业务管理和技术人员介绍其电子银行系统架构、运营管理模式以及关键设备接触要求。

检查人员在实施现场检查过程中，应当遵守被检查机构电子银行安全管理的有关规定。

第八十九条 金融机构在提供电子银行服务时，因电子银行系统存在安全隐患、金融机构内部违规操作和其他非客户原因等造成损失的，金融机构应当承担相应责任。

因客户有意泄漏交易密码，或者未按照服务协议尽到应尽的安全防范与保密义务造成损失的，金融机构可以根据服务协议的约定免于承担相应责任，但法律法规另有规定的除外。

电子银行安全评估指引（节录）

（2006 年 1 月 26 日中国银行业监督管理委员会发布）

第二条 电子银行的安全评估，是指金融机构在开展电子银行业务过程中，对电子银行的安全策略、内控制度、风险管理、系统安全、客户保护等方面进行的安全测试和管控能力的考察与评价。

第十九条 评估机构有下列行为之一的，中国银监会将在一定期限或无限期不再受理评估机构的资质认定申请，金融机构不应再委托该评估机构进行安全评估：

（一）与委托机构合谋，共同隐瞒在安全评估过程中发现的安全漏洞，未按要求写入评估报告的；

（二）在评估过程中弄虚作假，编造安全评估报告的；

（三）泄漏被评估机构机密信息，或不当使用被评估机构机密资料的。

金融机构内部评估机构出现以上情况之一的，中国银监会将依法对相关机构和责任人进行处罚。

第二十条 中国银监会认可的电子银行安全评估机构，以及有关资质认定、撤销等信息，仅向开展电子银行业务的各金融机构通报，不向社会发布。

金融机构不得向第三方泄露中国银监会的有关通报信息，影响有关机构的其他业务活动，也不得将有关信息用于与电子银行安全评估活动无关的其他业务活动。

第二十二条 电子银行主要系统设置于境外并在境外实施电子银行安全评估的外资金融机构，以及需要按照所在地监管部门的要求在境外实施电子银行安全评估的中资金融机构境外分支机构，电子银行安全评估机构的选择应遵循所在国家或地区的法律要求。

所在国家或地区没有相关法律要求的，金融机构应参照本指引的有关规定开展安全评估活动。

第二十三条 金融机构应与聘用的电子银行安全评估机构签订书面服务协议，在服务协议中，必须含有明确的保密条款和保密责任。

金融机构选择内部部门作为评估机构时，应由电子银行管理部门与评估部门签订评估责任确定书。

第二十七条　电子银行安全评估至少应包括以下内容：

（一）安全策略；

（二）内控制度建设；

（三）风险管理状况；

（四）系统安全性；

（五）电子银行业务运行连续性计划；

（六）电子银行业务运行应急计划；

（七）电子银行风险预警体系；

（八）其他重要安全环节和机制的管理。

第二十八条　电子银行安全策略的评估，至少应包括以下内容：

（一）安全策略制定的流程与合理性；

（二）系统设计与开发的安全策略；

（三）系统测试与验收的安全策略；

（四）系统运行与维护的安全策略；

（五）系统备份与应急的安全策略；

（六）客户信息安全策略。

评估机构对金融机构安全策略的评估，不仅要评估安全策略、规章制度和程序是否存在，还要评估这些制度是否得到贯彻执行，是否及时更新，是否全面覆盖电子银行业务系统。

第三十条　电子银行风险管理状况的评估，应至少包括以下内容：

（一）电子银行风险管理架构的适应性和合理性；

（二）董事会和高级管理层对电子银行安全与风险管理的认知能力与相关政策、策略的制定执行情况；

（三）电子银行管理机构职责设置的合理性及对相关风险的管控能力；

（四）管理人员配备与培训情况；

（五）电子银行风险管理的规章制度与操作规定、程序等的执行情况；

（六）电子银行业务的主要风险及管理状况；

（七）业务外包管理制度建设与管理状况。

第三十一条　电子银行系统安全性的评估，应至少包括以下内容：

（一）物理安全；

（二）数据通讯安全；

（三）应用系统安全；

（四）密钥管理；

（五）客户信息认证与保密；

（六）入侵监测机制和报告反应机制。

评估机构应突出对数据通讯安全和应用系统安全的评估，客观评价金融机构是否采用了合适的加密技术、合理设计和配置了服务器和防火墙，银行内部运作系统和数据库是否安全等，以及金融机构是否制定了控制和管理修改电子银行系统的制度和控制程序，并能保证各种修改得到及时测试和审核。

第三十二条 电子银行业务运行连续性计划的评估，应至少包括以下内容：

（一）保障业务连续运营的设备和系统能力；

（二）保证业务连续运营的制度安排和执行情况。

第三十三条 电子银行业务运行应急计划的评估，应至少包括以下内容：

（一）电子银行应急制度建设与执行情况；

（二）电子银行应急设施设备配备情况；

（三）定期、持续性检测与演练情况；

（四）应对意外事故或外部攻击的能力。

第三十九条 金融机构开办电子银行业务后，有下列情形之一的，应立即组织安全评估：

（一）由于安全漏洞导致系统被攻击瘫痪，修复运行的；

（二）电子银行系统进行重大更新或升级后，出现系统意外停机12小时以上的；

（三）电子银行关键设备与设施更换后，出现重大事故修复后仍不能保持连续不间断运行的；

（四）基于电子银行安全管理需要立即评估的。

第四十八条 评估机构应本着客观、公正、真实和自主的原则，开展评估活动，并严格保守在评估过程中获悉的商业机密。

第四十九条 在评估过程中，委托机构和评估机构之间应建立信息保密工作机制：

（一）评估过程中，调阅相关资料、复制相关文件或数据等，都应建立登记、签字制度；

（二）调阅的文件资料应在指定的场所阅读，不得带出指定场所；

（三）复制的文件或数据一般也不应带出工作场所，如确需带出的，必须详细登记带出文件或数据名称、数量、带出原因、文件与数据的最终处理方式、责任人等，并由相关负责人签字确认；

（四）评估过程中废弃的文件、材料和不再使用的数据，应立即予以销毁或删除；

（五）评估工作结束后，双方应就有关机密数据、资料等的交接情况签署说明。

银行业金融机构安全评估办法（节录）

（2010年7月30日公安部、中国银行业监督管理委员会发布）

第二条 本办法所称的安全评估，是指公安机关和银行业监督管理部门（以下简称银监部门）依法对银行业金融机构内部的安全防范制度、措施、人员和设施等状况进行综合评估的活动。

开展安全评估工作应与对银行业金融机构的日常安全检查工作相结合。

第五条 安全评估的内容主要包括：

（一）营业场所安全；

（二）业务库安全；

（三）自助设备、自助银行安全；

（四）运钞安全；

（五）消防安全；

（六）计算机安全；

（七）枪支弹药安全；

（八）案件防范；

（九）安全保卫基础工作。

第六条 安全评估的方法主要有：

（一）询问被评估单位安全保卫工作负责人和其他工作人员，了解安全保卫工作情况；

（二）查阅、复制、调取与安全保卫工作有关的文件、资料；

（三）实地查看银行业金融机构安全保卫工作制度、措施的制定和落实情况；

（四）实地了解银行业金融机构安全保卫机构设置和人员配备情况；

（五）实地查看测试物防、技防等安全防范设施的设置和运行情况；

（六）突击检查和抽查；

（七）根据需要依法采取的其他安全评估方法。

第十条 安全评估人员在评估过程中发现治安隐患的，应当及时指出并记录。必要时，对发现的治安隐患可以拍照、录像，采集证人证言，作为证据保存备查。

第十七条 安全评估小组开展评估活动时，不得影响被评估单位的正常工作。对涉及的国家秘密、商业秘密，应当予以保密。

附件：1. 银行业金融机构安全评估标准（略）
2. 安全评估记分表（略）

支付管理信息系统管理办法（试行）

（2007年4月17日中国人民银行办公厅发布）

第一章 总 则

第一条 为规范支付管理信息系统的使用和运行管理，确保系统的安全、高效、稳定运行，依据《中华人民共和国中国人民银行法》、《中国现代化支付系统运行管理办法》、《全国支票影像交换系统运行管理办法》等有关法律规章，制定本办法。

第二条 本办法所指支付管理信息系统包括支付业务统计分析子系统、支付业务监控子系统、计费管理子系统。

支付业务统计分析子系统从大额支付系统、小额支付系统和全国支票影像交换系统中采集、存储业务数据并进行加工处理，向用户提供查询、统计、分析等服务。

支付业务监控子系统对运行中的支付风险情况、支付系统运行状态、支付业务量以及异常支付业务等数据进行实时监控，便于业务主管部门对系统运行及业务处理的监督管理。

计费管理子系统从大额支付系统、小额支付系统中获取业务数据，根据设定的计费标准进行计费处理，通过大额支付系统下发计费清单与费用返还清单，实现对业务计费的统计管理。

第三条 本办法适用于支付管理信息系统的运行、维护和管理的部门及支付管理信息系统的各级用户。

支付管理信息系统的运行、维护和管理部门包括中国人民银行清算总中心（以下简称清算总中心）、清算中心（含结算中心，下同）。

负责支付管理信息系统网络运行、维护和管理的部门适用本办法。

第四条 支付管理信息系统运行管理范围包括：

（一）支付系统国家处理中心（以下简称国家处理中心）；

（二）支付系统城市处理中心（以下简称城市处理中心）；

（三）支付管理信息系统网络；

（四）支付管理信息系统认证子系统。

第五条 清算总中心负责国家处理中心、国家处理中心与城市处理中心之间网络（以下简称主干网络）的运行、维护和管理；负责对清算中心系统运行、维护和管理的监督、检查和考核。

第六条 清算中心负责城市处理中心的运行、维护和管理。

第七条 清算中心和支付管理信息系统网络运行维护部门负责城市处理中心相关网络的运行、维护和管理，配合清算总中心维护主干网络。

第八条 支付管理信息系统的综合业务数据仅供各级用户内部管理使用，未经人民银行同意不得擅自对外披露。

第二章 用户管理

第九条 支付管理信息系统的用户管理实行“统一领导，分级管理”的原则。

第十条 计费管理子系统的用户由人民银行业务主管部门授权清算总中心担任。

支付业务监控子系统的用户为人民银行业务主管部门及其授权机构。

支付业务统计分析子系统的用户为人民银行总行，人民银行上海总部、各分行、营业管理部、省会（首府）城市中心支行、地市中心支行（以下简称分支行）和支付系统的直接参与者。

银行业金融机构直接参与者法人和支付系统特许参与者原则应为支付管理信息系统用户，银行业金融机构法人所属的支付系统直接参与者可以根据管理需要自愿申请成为支付管理信息系统用户。

第十一条 人民银行各级用户可查看管辖范围内的所有业务信息；各银行业

金融机构可查看与本行相关的业务信息，上级机构可查看下级机构的业务信息。

第十二条　支付系统参与者申请支付管理信息系统用户，需经人民银行授权。

跨省（自治区、直辖市）设置分支机构的银行业金融机构法人（以下简称全国性银行业金融机构）和支付系统特许参与者加入支付管理信息系统，应报经人民银行总行批准；仅在省（自治区、直辖市）内设置分支机构的银行业金融机构法人（以下简称地方性银行业金融机构）加入支付管理信息系统，由人民银行当地地市以上分支行（不包括地市中心支行，下同）批准。银行业金融机构法人所属的支付系统直接参与者加入支付管理信息系统，由人民银行当地地市以上分支行批准。

第十三条　申请支付管理信息系统用户的全国性银行业金融机构法人和支付系统特许参与者，应填写《支付管理信息系统用户申请表》（见附）提交至人民银行支付结算司，人民银行支付结算司审核同意后，为其编发用户代码。

申请支付管理信息系统用户的地方性银行业金融机构法人和银行业金融机构法人所属支付系统直接参与者，应填写《支付管理信息系统用户申请表》提交至人民银行当地地市以上分支行支付结算处，支付结算处审核同意后，为其编发用户代码。

第十四条　经授权成为支付管理信息系统用户的银行业金融机构，应按规定的接人条件做好网络和设备准备，并按照《中国人民银行支付管理信息系统数字证书管理办法》的规定申请数字证书。

第十五条　申请退出支付管理信息系统的机构，应向人民银行总行或人民银行当地地市以上分支行提出申请，说明退出原因等事项。人民银行受理退出申请后，应在1个工作日内办理用户退出手续，并注销数字证书。

第三章　岗位管理

第十六条　清算总中心、清算中心应当合理安排各岗位人员，确保支付管理信息系统安全稳定运行。

第十七条　国家处理中心应当设置的岗位有系统管理岗、业务主管岗、系统维护岗、注册中心（以下简称RA）管理岗、RA审核操作岗、业务操作岗（含RA经办操作岗）。

城市处理中心应当设置的岗位有系统维护岗、地方注册中心（以下简称LRA）管理岗、LRA审核操作岗、LRA经办操作岗。

系统管理岗、业务主管岗、系统维护岗和业务操作岗可由大额支付系统、小额支付系统以及全国支票影像交换系统相同岗位人员兼任；RA和LRA各管理、操作岗位可由全国支票影像交换系统相同岗位人员兼任。

第十八条　支付管理信息系统用户的岗位应参照各子系统用户权限设置。

第十九条　系统管理岗负责增加、删除用户及变更用户授权。

第二十条　业务主管岗负责新增、注销本级及下级用户；变更本级及下级用户授权。

第二十一条　系统维护岗负责安装维护计算机软件、硬件及网络设备；对各种设备、系统进行监测、检查和维护;解决系统运行中出现的技术问题;设置系统参数;负责信息安全主管工作;定期完成系统和数据备份;提供技术咨询、协调服务;为系统稳定运行提供技术保障等。

第二十二条 业务操作岗负责日常运行操作,监控系统运行状态,在业务主管的授权下设置、修改相关参数。

第二十三条 RA/LRA 管理岗负责支付管理信息系统中有关操作人员和证书的管理,包括对有关操作人员授权和颁发证书等。

第二十四条 RA/LRA 审核操作岗负责支付管理信息系统中相关机构证书的审核、制作、撤销等。

第二十五条 RA/LRA 经办操作岗负责相关机构证书的录入。

第二十六条 系统管理岗、系统维护岗不得兼任业务主管岗;RA 管理岗、RA 审核操作岗、业务操作岗(含 RA 经办操作岗)不得与本系统其他岗位人员兼任。

第二十七条 所有岗位应当严格权限管理,相关操作应当遵循"双签制"原则。

第二十八条 岗位人员变动应当办理岗位变动交接手续,并在系统中及时删除该用户。

第二十九条 各岗位人员上岗前须通过人民银行组织的业务技能、安全知识培训和考核。

第四章 操作管理

第三十条 清算总中心和清算中心应当严格执行支付管理信息系统运行操作规程。

第三十一条 清算总中心应根据人民银行业务主管部门的规定设置业务参数。

第三十二条 清算中心应当定期或按清算总中心要求,报告系统运行情况。

第三十三条 相关岗位人员在系统运行时间应当根据岗位要求监控系统运行状态,并填写系统运行日志。

各岗位人员发现异常情况,应当立即报告主管人员,并按有关规定进行处理。

第三十四条 操作人员在接到用户标识后,应当立即登录系统,修改用户口令,用户口令仅限本人使用,操作人员禁止使用未经修改的口令进行业务操作。

第三十五条 创建新用户时必需同时设置操作访问权限和数据访问权限。

第五章 维护管理

第三十六条 国家处理中心和城市处理中心应当制定支付管理信息系统维护管理制度和日常检查规程,按照规程完成日常检查和系统维护并记录维护日志,发现系统异常按规定处理。

第三十七条 清算总中心根据人民银行业务主管部门的授权,负责对支付管理信息系统应用软件版本进行统一管理。

第三十八条　清算总中心和清算中心应当定期对计算机系统、网络系统进行系统备份和数据备份,并填写备份记录。

第三十九条　清算总中心和清算中心需请外单位人员对系统进行检查维护时,经本单位分管领导批准后由系统维护人员陪同进行并作维护记录。

第四十条　清算总中心和清算中心应当分别制定支付管理信息系统应急预案并逐级报备,定期进行应急预案演练和备份系统测试,并记录备查。

第四十一条　清算总中心对清算中心应当定期进行运行维护情况的检查,并记录备查。

第六章　信息安全管理

第四十二条　支付管理信息系统的各种口令应严格管理,不得外泄;口令应当具有一定的复杂度,至少每季度更换一次,操作人员遗忘口令时,应当立即报告主管人员,经主管人员审批后由系统管理员重新设定,并记录备查。

第四十三条　一个用户标识只能分配给一个操作人员,一个操作人员只能拥有唯一的用户标识。

第四十四条　操作人员应当在规定权限内操作,禁止与业务无关的操作;操作人员离开操作岗位时,应退出登录。

第四十五条　支付管理信息系统的数字证书应由证书持有者妥善保管,不得转借他人,不得挪作他用。

第四十六条　支付管理信息系统管理客户端必须安装支付清算系统统一防病毒客户端软件。

第四十七条　禁止任何单位和个人泄漏支付管理信息系统的参数、配置信息。

第四十八条　RA/LRA 管理岗、RA/LRA 审核操作岗和 RA/LRA 经办操作岗岗位变更或离开,应以书面方式移交;RA/LRA 管理员证书(USB-KEY)应向清算总中心申请更换,RA/LRA 操作员证书应由 RA/LRA 管理员负责更换。

第四十九条　支付管理信息系统用户客户端应采取必要措施防止病毒侵入;支付管理信息系统用户应具备一定的安全风险意识和防范能力,将可移动存储媒体插入支付管理信息系统客户端时,应采取必要的安全措施,防止将病毒带入支付系统网络。

第五十条　支付系统管理客户端在维修、停用和报废前应采取有效措施防止有关涉密信息泄漏。

第五十一条　信息安全主管应按照信息安全管理的规定做好支付管理信息系统的信息安全管理工作。

第五十二条　清算中心应制定支付管理信息系统安全事件报告和应急处理程序,确定事件的报告流程,重大安全事件要报清算总中心。

第五十三条　本办法未尽的安全管理事项,按照人民银行支付清算系统运行维护的其他相关安全管理制度执行。

第七章　系统变更与故障处理

第五十四条　支付管理信息系统与大额支付系统、小额支付系统所共享的系统资源，在运行中应优先保证大额支付系统和小额支付系统使用，必要时可采取技术手段限制支付管理信息系统对这部分资源的使用，在紧急情况下经报请业务主管部门批准后可暂时停止支付管理信息系统的部分或全部功能的使用。

第五十五条　清算总中心对支付管理信息系统的主机、网络和存储等主要硬件设备的升级、更换和维修，对支付管理信息系统软件的版本升级、配置参数调整，应当经过分管领导书面授权。

清算中心主要设备和系统的变更，应当事先向清算总中心提出书面申请，经批准后方可实施，并记录变更过程。

第五十六条　支付管理信息系统发生故障时，应当遵循“优先保障支付系统运行”的原则，及时报告和处理，尽快恢复系统运行。

第五十七条　支付管理信息系统故障分为常规故障和非常规故障。常规故障由系统维护员按照现有故障处理规定和排除方法进行处理；非常规故障由系统维护员进行排除或请求外部技术支持。

第五十八条　支付管理信息系统发生故障时，应视故障影响情况及时通知各相关用户。

第五十九条　清算总中心应当组织、协调外部资源对城市处理中心提供远程或现场技术支持。

第六十条　支付管理信息系统通信中断时的信息传输，应当按照相关规定进行处理。

第六十一条　运行维护部门应对支付管理信息系统的故障现象、故障分析和处理结果进行记录，并于故障处理完成后次日向业务管理部门提交故障处理报告。

第八章　纪律与责任

第六十二条　支付管理信息系统运行维护部门应当遵守本办法以及其他相关规定，加强内部控制管理，建立健全应急处理机制，保证系统安全稳定运行和工作的正常处理。

第六十三条　支付管理信息系统运行维护部门未做好信息安全防范工作，给系统运行造成重大影响的，应当追究相关当事人责任。

第六十四条　支付管理信息系统运行维护部门工作人员玩忽职守，出现重大失误，造成严重后果的；伪造、篡改业务基础数据的，应当按规定追究其责任。

第六十五条　因不可抗力造成支付管理信息系统无法正常运行的，相关当事人均有及时采取补救措施的义务。

第六十六条　支付管理信息系统用户未按规定使用信息、擅自披露信息或行为危及系统安全运行时，人民银行将责令其退出支付管理信息系统，注销该用户，并按规定追究其责任。

第九章 附 则

第六十七条 支付管理信息系统的机房、设备和文档管理遵照《中国现代化支付系统运行管理办法(试行)》(银办发〔2005〕287号文印发)的有关规定。

第六十八条 本办法由人民银行负责解释。

第六十九条 本办法自支付管理信息系统运行之日起试行。

附:支付管理信息系统用户申请表(略)

金融机构客户身份识别和客户身份资料及交易记录保存管理办法(节录)

(2007年6月21日中国人民银行、中国银行业监督管理委员会、中国证券监督管理委员会、中国保险监督管理委员会发布)

第三条 金融机构应当勤勉尽责,建立健全和执行客户身份识别制度,遵循"了解你的客户"的原则,针对具有不同洗钱或者恐怖融资风险特征的客户、业务关系或者交易,采取相应的措施,了解客户及其交易目的和交易性质,了解实际控制客户的自然人和交易的实际受益人。

金融机构应当按照安全、准确、完整、保密的原则,妥善保存客户身份资料和交易记录,确保能足以重现每项交易,以提供识别客户身份、监测分析交易情况、调查可疑交易活动和查处洗钱案件所需的信息。

第四条 金融机构应当根据反洗钱和反恐怖融资方面的法律规定,建立和健全客户身份识别、客户身份资料和交易记录保存等方面的内部操作规程,指定专人负责反洗钱和反恐融资合规管理工作,合理设计业务流程和操作规范,并定期进行内部审计,评估内部操作规程是否健全、有效,及时修改和完善相关制度。

第五条 金融机构应当对其分支机构执行客户身份识别制度、客户身份资料和交易记录保存制度的情况进行监督管理。

金融机构总部、集团总部应对客户身份识别、客户身份资料和交易记录保存工作作出统一要求。

金融机构应要求其境外分支机构和附属机构在驻在国家(地区)法律规定允许的范围内,执行本办法的有关要求,驻在国家(地区)有更严格要求的,遵守其规定。如果本办法的要求比驻在国家(地区)的相关规定更为严格,但驻在国家(地区)法律禁止或者限制境外分支机构和附属机构实施本办法,金融机构应向中国人民银行报告。

第十六条 金融资产管理公司、财务公司、金融租赁公司、汽车金融公司、货币经纪公司、保险资产管理公司以及中国人民银行确定的其他金融机构在与客户签订金融业务合同时,应当核对客户的有效身份证件或者其他身份证明文件,登记客户身份基本信息,并留存有效身份证件或者其他身份证明文件的复印件或者影印件。

第十七条 金融机构利用电话、网络、自动柜员机以及其他方式为客户提供非柜台方式的服务时,应实行严格的身份认证措施,采取相应的技术保障手段,强化内部管理程序,识别客户身份。

第十九条 在与客户的业务关系存续期间,金融机构应当采取持续的客户身份识别措施,关注客户及其日常经营活动、金融交易情况,及时提示客户更新资料信息。

对于高风险客户或者高风险账户持有人,金融机构应当了解其资金来源、资金用途、经济状况或者经营状况等信息,加强对其金融交易活动的监测分析。客户为外国政要的,金融机构应采取合理措施了解其资金来源和用途。

客户先前提交的身份证件或者身份证明文件已过有效期的,客户没有在合理期限内更新且没有提出合理理由的,金融机构应中止为客户办理业务。

第二十二条 出现以下情况时,金融机构应当重新识别客户:

(一)客户要求变更姓名或者名称、身份证件或者身份证明文件种类、身份证件号码、注册资本、经营范围、法定代表人或者负责人的。

(二)客户行为或者交易情况出现异常的。

(三)客户姓名或者名称与国务院有关部门、机构和司法机关依法要求金融机构协查或者关注的犯罪嫌疑人、洗钱和恐怖融资分子的姓名或者名称相同的。

(四)客户有洗钱、恐怖融资活动嫌疑的。

(五)金融机构获得的客户信息与先前已经掌握的相关信息存在不一致或者相互矛盾的。

(六)先前获得的客户身份资料的真实性、有效性、完整性存在疑点的。

(七)金融机构认为应重新识别客户身份的其他情形。

第二十三条 金融机构除核对有效身份证件或者其他身份证明文件外,可以采取以下的一种或者几种措施,识别或者重新识别客户身份:

(一)要求客户补充其他身份资料或者身份证明文件。

(二)回访客户。

(三)实地查访。

(四)向公安、工商行政管理等部门核实。

(五)其他可依法采取的措施。

银行业金融机构履行客户身份识别义务时,按照法律、行政法规或部门规章的规定需核对相关自然人的居民身份证的,应通过中国人民银行建立的联网核查公民身份信息系统进行核查。其他金融机构核实自然人的公民身份信息时,可以通过中国人民银行建立的联网核查公民身份信息系统进行核查。

第二十四条 金融机构委托其他金融机构向客户销售金融产品时,应在委托协议中明确双方在识别客户身份方面的职责,相互间提供必要的协助,相应采取有效的客户身份识别措施。

符合下列条件时,金融机构可信赖销售金融产品的金融机构所提供的客户身

份识别结果,不再重复进行已完成的客户身份识别程序,但仍应承担未履行客户身份识别义务的责任:

(一)销售金融产品的金融机构采取的客户身份识别措施符合反洗钱法律、行政法规和本办法的要求。

(二)金融机构能够有效获得并保存客户身份资料信息。

第二十五条　金融机构委托金融机构以外的第三方识别客户身份的,应当符合下列要求:

(一)能够证明第三方按反洗钱法律、行政法规和本办法的要求,采取了客户身份识别和身份资料保存的必要措施。

(二)第三方为本金融机构提供客户信息,不存在法律制度、技术等方面的障碍。

(三)本金融机构在办理业务时,能立即获得第三方提供的客户信息,还可在必要时从第三方获得客户的有效身份证件、身份证明文件的原件、复印件或者影印件。

委托第三方代为履行识别客户身份的,金融机构应当承担未履行客户身份识别义务的责任。

第二十七条　金融机构应当保存的客户身份资料包括记载客户身份信息、资料以及反映金融机构开展客户身份识别工作情况的各种记录和资料。

金融机构应当保存的交易记录包括关于每笔交易的数据信息、业务凭证、账簿以及有关规定要求的反映交易真实情况的合同、业务凭证、单据、业务函件和其他资料。

第二十八条　金融机构应采取必要管理措施和技术措施,防止客户身份资料和交易记录的缺失、损毁,防止泄漏客户身份信息和交易信息。

金融机构应采取切实可行的措施保存客户身份资料和交易记录,便于反洗钱调查和监督管理。

第二十九条　金融机构应当按照下列期限保存客户身份资料和交易记录:

(一)客户身份资料,自业务关系结束当年或者一次性交易记账当年计起至少保存5年。

(二)交易记录,自交易记账当年计起至少保存5年。

如客户身份资料和交易记录涉及正在被反洗钱调查的可疑交易活动,且反洗钱调查工作在前款规定的最低保存期届满时仍未结束的,金融机构应将其保存至反洗钱调查工作结束。

同一介质上存有不同保存期限客户身份资料或者交易记录的,应当按最长期限保存。同一客户身份资料或者交易记录采用不同介质保存的,至少应当按照上述期限要求保存一种介质的客户身份资料或者交易记录。

法律、行政法规和其他规章对客户身份资料和交易记录有更长保存期限要求的,遵守其规定。

第三十一条　金融机构违反本办法的,由中国人民银行按照《中华人民共和国反洗钱法》第三十一条、第三十二条的规定予以处罚;区别不同情形,向中国银行业监督管理委员会、中国证券监督管理委员会或者中国保险监督管理委员会建议采取下列措施：

（一）责令金融机构停业整顿或者吊销其经营许可证。

（二）取消金融机构直接负责的董事、高级管理人员和其他直接责任人员的任职资格、禁止其从事有关金融行业的工作。

（三）责令金融机构对直接负责的董事、高级管理人员和其他直接责任人员给予纪律处分。

中国人民银行县（市）支行发现金融机构违反本办法的，应当报告上一级中国人民银行分支机构，由上一级分支机构按照前款规定进行处罚或者提出建议。

电子商业汇票业务管理办法（节录）

（2009年10月16日中国人民银行发布）

第十四条 票据当事人在电子商业汇票上的签章，为该当事人可靠的电子签名。

电子签名所需的认证服务应由合法的电子认证服务提供者提供。

可靠的电子签名必须符合《中华人民共和国电子签名法》第十三条第一款的规定。

第十五条 电子商业汇票业务活动中，票据当事人所使用的数据电文和电子签名应符合《中华人民共和国电子签名法》的有关规定。

第十七条 接入机构、电子商业汇票系统运营者指定的电子认证服务机构提供者，应对电子签名认证证书申请者的身份真实性负审核责任。

电子认证服务提供者依据《中华人民共和国电子签名法》承担相应责任。

第十八条 接入机构应对通过其办理电子商业汇票业务客户的电子签名真实性负审核责任。

电子商业汇票系统运营者应对接入机构的身份真实性和电子签名真实性负审核责任。

第八十条 电子商业汇票相关各方存在下列情形之一，影响电子商业汇票业务处理或造成其他票据当事人资金损失的，应承担相应赔偿责任。中国人民银行有权视情节轻重对其处以警告或3万元以下罚款：

（一）作为电子银行承兑汇票承兑人的财务公司、电子商业承兑汇票的承兑人违反《中华人民共和国票据法》、《票据管理实施办法》和本办法规定无理拒付或拖延支付的；

（二）接入机构为客户提供电子商业汇票业务服务，未对客户基本信息尽审核义务的；

（三）为电子商业汇票业务活动提供电子认证服务的电子认证服务提供者，未依据《中华人民共和国电子签名法》承担相应责任的；

（四）接入机构为客户提供电子商业汇票业务服务，未对客户电子签名真实性进行认真审核，造成资金损失的；

（五）电子商业汇票系统运营者未对接入机构身份真实性和电子签名真实性进行认真审核，造成资金损失的；

（六）接入机构因清算资金不足导致电子商业汇票资金清算失败，给票据当事人造成损失的；

（七）接入机构因人为或系统原因未及时转发电子商业汇票信息，给票据当事人造成损失的；

（八）接入机构内部系统存储的电子商业汇票信息与电子商业汇票系统相关信息严重不符，给票据当事人造成损失的；

（九）接入机构的内部系统出现故障，未及时排除，造成重大影响的；

（十）电子商业汇票系统运营者运营的电子商业汇票系统出现故障，未及时排除，造成重大影响的；

（十一）电子商业汇票债务解除前，接入机构违反本办法规定为承兑人撤销账户的；

（十二）其他违反《中华人民共和国票据法》、《票据管理实施办法》及本办法规定的行为。

商业银行信息科技风险管理指引（节录）

（2009 年 3 月 3 日中国银行业监督管理委员会发布）

第九条 商业银行应对信息科技部门内部管理职责进行明确的界定；各岗位的人员应具有相应的专业知识和技能，重要岗位应制定详细完整的工作手册并适时更新。对相关人员应采取下列风险防范措施：

（一）验证个人信息，包括核验有效身份证件、学历证明、工作经历和专业资格证书等信息。

（二）审核信息科技员工的道德品行，确保其具备相应的职业操守。

（三）确保员工了解、遵守信息科技策略、指导原则、信息保密、授权使用信息系统、信息科技管理制度和流程等要求，并同员工签订相关协议。

（四）评估关键岗位信息科技员工流失带来的风险，做好安排候补员工和岗位接替计划等防范措施；在员工岗位发生变化后及时变更相关信息。

第十五条 商业银行应制定全面的信息科技风险管理策略，包括但不限于下述领域：

（一）信息分级与保护。

（二）信息系统开发、测试和维护。

（三）信息科技运行和维护。

（四）访问控制。

（五）物理安全。

（六）人员安全。

（七）业务连续性计划与应急处置。

第十六条 商业银行应制定持续的风险识别和评估流程，确定信息科技中存在隐患的区域，评价风险对其业务的潜在影响，对风险进行排序，并确定风险防范措施及所需资源的优先级别（包括外包供应商、产品供应商和服务商）。

第十七条 商业银行应依据信息科技风险管理策略和风险评估结果，实施全面的风险防范措施。防范措施应包括：

（一）制定明确的信息科技风险管理制度、技术标准和操作规程等，定期进行更新和公示。

（二）确定潜在风险区域，并对这些区域进行详细和独立的监控，实现风险最小化。建立适当的控制框架，以便于检查和平衡风险；定义每个业务级别的控制内容，包括：

1. 最高权限用户的审查。

2. 控制对数据和系统的物理和逻辑访问。

3. 访问授权以“必需知道”和“最小授权”为原则。

4. 审批和授权。

5. 验证和调节。

第二十一条 商业银行信息科技部门应落实信息安全管理职能。该职能应包括建立信息安全计划和保持长效的管理机制，提高全体员工信息安全意识，就安全问题向其他部门提供建议，并定期向信息科技管理委员会提交本银行信息安全评估报告。信息安全管理机制应包括信息安全标准、策略、实施计划和持续维护计划。

信息安全策略应涉及以下领域：

（一）安全制度管理。

（二）信息安全组织管理。

（三）资产管理。

（四）人员安全管理。

（五）物理与环境安全管理。

（六）通信与运营管理。

（七）访问控制管理。

（八）系统开发与维护管理。

（九）信息安全事故管理。

（十）业务连续性管理。

（十一）合规性管理。

第二十二条 商业银行应建立有效管理用户认证和访问控制的流程。用户对数据和系统的访问必须选择与信息访问级别相匹配的认证机制，并且确保其在信息系统内的活动只限于相关业务能合法开展所要求的最低限度。用户调动到新的工作岗位或离开商业银行时，应在系统中及时检查、更新或注销用户身份。

第二十三条 商业银行应确保设立物理安全保护区域，包括计算机中心或数据中心、存储机密信息或放置网络设备等重要信息科技设备的区域，明确相应的职责，采取必要的预防、检测和恢复控制措施。

第二十四条　商业银行应根据信息安全级别，将网络划分为不同的逻辑安全域（以下简称为域）。应该对下列安全因素进行评估，并根据安全级别定义和评估结果实施有效的安全控制，如对每个域和整个网络进行物理或逻辑分区、实现网络内容过滤、逻辑访问控制、传输加密、网络监控、记录活动日志等。

（一）域内应用程序和用户组的重要程度。

（二）各种通讯渠道进入域的访问点。

（三）域内配置的网络设备和应用程序使用的网络协议和端口。

（四）性能要求或标准。

（五）域的性质，如生产域或测试域、内部域或外部域。

（六）不同域之间的连通性。

（七）域的可信程度。

第二十五条　商业银行应通过以下措施，确保所有计算机操作系统和系统软件的安全：

（一）制定每种类型操作系统的基本安全要求，确保所有系统满足基本安全要求。

（二）明确定义包括终端用户、系统开发人员、系统测试人员、计算机操作人员、系统管理员和用户管理员等不同用户组的访问权限。

（三）制定最高权限系统账户的审批、验证和监控流程，并确保最高权限用户的操作日志被记录和监察。

（四）要求技术人员定期检查可用的安全补丁，并报告补丁管理状态。

（五）在系统日志中记录不成功的登录、重要系统文件的访问、对用户账户的修改等有关重要事项，手动或自动监控系统出现的任何异常事件，定期汇报监控情况。

第二十六条　商业银行应通过以下措施，确保所有信息系统的安全：

（一）明确定义终端用户和信息科技技术人员在信息系统安全中的角色和职责。

（二）针对信息系统的重要性和敏感程度，采取有效的身份验证方法。

（三）加强职责划分，对关键或敏感岗位进行双重控制。

（四）在关键的接合点进行输入验证或输出核对。

（五）采取安全的方式处理保密信息的输入和输出，防止信息泄露或被盗取、篡改。

（六）确保系统按预先定义的方式处理例外情况，当系统被迫终止时向用户提供必要信息。

（七）以书面或电子格式保存审计痕迹。

（八）要求用户管理员监控和审查未成功的登录和用户账户的修改。

第二十七条　商业银行应制定相关策略和流程，管理所有生产系统的活动日志，以支持有效的审核、安全取证分析和预防欺诈。日志可以在软件的不同层次、不同的计算机和网络设备上完成，日志划分为两大类：

（一）交易日志。交易日志由应用软件和数据库管理系统产生，内容包括用户登录尝试、数据修改、错误信息等。交易日志应按照国家会计准则要求予以保存。

（二）系统日志。系统日志由操作系统、数据库管理系统、防火墙、入侵检测系统和路由器等生成，内容包括管理登录尝试、系统事件、网络事件、错误信息等。系统日志保存期限按系统的风险等级确定，但不能少于一年。

商业银行应保证交易日志和系统日志中包含足够的内容，以便完成有效的内部控制、解决系统故障和满足审计需要；应采取适当措施保证所有日志同步计时，并确保其完整性。在例外情况发生后应及时复查系统日志。交易日志或系统日志的复查频率和保存周期应由信息科技部门和有关业务部门共同决定，并报信息科技管理委员会批准。

第二十八条 商业银行应采取加密技术，防范涉密信息在传输、处理、存储过程中出现泄露或被篡改的风险，并建立密码设备管理制度，以确保：

（一）使用符合国家要求的加密技术和加密设备。

（二）管理、使用密码设备的员工经过专业培训和严格审查。

（三）加密强度满足信息机密性的要求。

（四）制定并落实有效的管理流程，尤其是密钥和证书生命周期管理。

第二十九条 商业银行应配备切实有效的系统，确保所有终端用户设备的安全，并定期对所有设备进行安全检查，包括台式个人计算机（PC）、便携式计算机、柜员终端、自动柜员机（ATM）、存折打印机、读卡器、销售终端（POS）和个人数字助理（PDA）等。

第三十条 商业银行应制定相关制度和流程，严格管理客户信息的采集、处理、存贮、传输、分发、备份、恢复、清理和销毁。

第三十六条 商业银行应制定并落实相关制度、标准和流程，确保信息系统开发、测试、维护过程中数据的完整性、保密性和可用性。

第三十九条 商业银行在选择数据中心的地理位置时，应充分考虑环境威胁（如是否接近自然灾害多发区、危险或有害设施、繁忙或主要公路），采取物理控制措施，监控对信息处理设备运行构成威胁的环境状况，并防止因意外断电或供电干扰影响数据中心的正常运行。

第四十条 商业银行应严格控制第三方人员（如服务供应商）进入安全区域，如确需进入应得到适当的批准，其活动也应受到监控；针对长期或临时聘用的技术人员和承包商，尤其是从事敏感性技术相关工作的人员，应制定严格的审查程序，包括身份验证和背景调查。

第四十一条 商业银行应将信息科技运行与系统开发和维护分离，确保信息科技部门内部的岗位制约；对数据中心的岗位和职责做出明确规定。

第四十二条 商业银行应按照有关法律法规要求保存交易记录，采取必要的程序和技术，确保存档数据的完整性，满足安全保存和可恢复要求。

第四十八条 商业银行应及时进行维护和适当的系统升级，以确保与技术相关服务的连续可用性，并完整保存记录（包括疑似和实际的故障、预防性和补救性维护记录），以确保有效维护设备和设施。

第五十一条　商业银行应评估因意外事件导致其业务运行中断的可能性及其影响,包括评估可能由下述原因导致的破坏：

（一）内外部资源的故障或缺失（如人员、系统或其他资产）。

（二）信息丢失或受损。

（三）外部事件（如战争、地震或台风等）。

第五十二条　商业银行应采取系统恢复和双机热备处理等措施降低业务中断的可能性,并通过应急安排和保险等方式降低影响。

第五十三条　商业银行应建立维持其运营连续性策略的文档,并制定对策略的充分性和有效性进行检查和沟通的计划。其中包括：

（一）规范的业务连续性计划,明确降低短期、中期和长期中断所造成影响的措施,包括但不限于：

1. 资源需求（如人员、系统和其他资产）以及获取资源的方式。

2. 运行恢复的优先顺序。

3. 与内部各部门及外部相关各方（尤其是监管机构、客户和媒体等）的沟通安排。

（二）更新实施业务连续性计划的流程及相关联系信息。

（三）验证受中断影响的信息完整性的步骤。

（四）当商业银行的业务或风险状况发生变化时,对本条（一）到（三）进行审核并升级。

第五十八条　商业银行在与外包服务商合同谈判过程中,应考虑的因素包括但不限于：

（一）对外包服务商的报告要求和谈判必要条件。

（二）银行业监管机构和内部审计、外部审计能执行足够的监督。

（三）通过界定信息所有权、签署保密协议和采取技术防护措施保护客户信息和其他信息。

（四）担保和损失赔偿是否充足。

（五）外包服务商遵守商业银行有关信息科技风险制度和流程的意愿及相关措施。

（六）外包服务商提供的业务连续性保障水平,以及提供相关专属资源的承诺。

（七）第三方供应商出现问题时,保证软件持续可用的相关措施。

（八）变更外包协议的流程,以及商业银行或外包服务商选择变更或终止外包协议的条件,例如：

1. 商业银行或外包服务商的所有权或控制权发生变化。

2. 商业银行或外包服务商的业务经营发生重大变化。

3. 外包服务商提供的服务不充分,造成商业银行不能履行监督义务。

第六十条　商业银行应加强信息科技相关外包管理工作,确保商业银行的客户资料等敏感信息的安全,包括但不限于采取以下措施：

（一）实现本银行客户资料与外包服务商其他客户资料的有效隔离。

（二）按照"必需知道"和"最小授权"原则对外包服务商相关人员授权。

（三）要求外包服务商保证其相关人员遵守保密规定。

（四）应将涉及本银行客户资料的外包作为重要外包，并告知相关客户。

（五）严格控制外包服务商再次对外转包，采取足够措施确保商业银行相关信息的安全。

（六）确保在中止外包协议时收回或销毁外包服务商保存的所有客户资料。

外国机构在中国境内提供金融信息服务管理规定（节录）

（2009年4月30日国务院新闻办公室、商务部、国家工商行政管理总局发布）

第五条 外国机构申请在中国境内提供金融信息服务，应当具备以下条件：

（一）在所在国家（地区）有相应的合法资质；

（二）在金融信息服务领域有良好信誉；

（三）有确定的金融信息服务业务；

（四）有良好的传播手段和技术服务；

（五）中国法律、法规规定的其他条件。

第十六条 外国机构应当严格按照批准的经营范围提供金融信息服务。国务院新闻办公室对外国机构提供金融信息服务进行监督检查，外国机构应当予以配合。

第十七条 外国机构在中国境内向用户提供的金融信息，不得含有下列内容：

（一）违反中华人民共和国宪法基本原则的；

（二）破坏中国国家统一、主权和领土完整的；

（三）危害中国国家安全和损害国家利益的；

（四）违反中国的民族、宗教政策，破坏民族团结，宣扬邪教的；

（五）散布虚假金融信息，扰乱经济秩序，破坏经济、金融、资本市场和社会稳定的；

（六）宣扬淫秽、色情、暴力、恐怖或者教唆犯罪的；

（七）侮辱或者诽谤他人，侵害他人合法权益的；

（八）中国法律、法规和规章禁止的其他内容。

第十八条 国务院新闻办公室对外国机构在中国境内提供的金融信息进行同步审视，发现含有本规定第十七条所列内容的，予以调查、处理。外国机构应当向国务院新闻办公室无偿提供同步审视其所提供金融信息的必要条件。

第二十二条 国内金融信息用户向社会传播外国机构提供的金融信息中含有本规定第十七条所列内容的，由国务院新闻办公室和有关部门依法处罚。

中国人民银行计算机系统信息安全管理规定

（2010年9月27日中国人民银行发布）

第一章 总 则

第一条 为强化人民银行计算机系统信息安全管理（以下简称信息安全管理），

防范计算机信息技术风险，保障人民银行计算机网络与信息系统安全和稳定运行，根据《中华人民共和国计算机信息系统安全保护条例》等规定，特制定本规定。

第二条　本规定所称信息安全管理，是指在人民银行计算机系统建设、运行、维护、使用及废止等过程中，保障计算机数据信息、计算机系统、网络与机房基础设施安全的一系列活动。

第三条　人民银行信息安全管理工作实行统一领导、分级管理。总行统一领导分支机构和直属企事业单位的信息安全管理，负责总行机关的信息安全管理。分支机构负责本单位和辖内的信息安全管理，各直属企事业单位负责本单位的信息安全管理。

第四条　人民银行信息安全管理实行分管领导负责制，按照“谁主管谁负责，谁运行谁负责，谁使用谁负责”的原则，逐级落实单位与个人信息安全责任制。人民银行每个员工都有履行信息安全的权利和义务。

第五条　本规定适用于人民银行总行机关、各分支机构和直属企事业单位（以下统称各单位）。所有使用人民银行网络或信息资源的其他外部机构和个人均应遵守本规定。

第二章　组织保障

第六条　各单位应设立由本单位领导和业务与技术相关部门主要负责人组成的计算机安全工作领导小组，负责协调本单位及辖内信息安全管理工作，决策本单位及辖内信息安全重大事宜。各单位计算机安全工作领导小组办公室设在本单位科技部门，负责开展本单位信息安全管理日常工作。

第七条　各单位科技部门应设立信息安全管理部门或岗位。各单位科技部门应配备专职信息安全管理人员，实行 A、B 岗制度；地（市）中心支行和县（市）支行设立信息安全管理岗位。

第八条　除科技部门外，各单位其他部门均应指定至少 1 名部门计算机安全员，具体负责本部门的信息安全管理工作，协同科技部门开展信息安全管理工作。

第三章　人员管理

第九条　各单位工作人员根据不同的岗位或工作范围，履行相应的信息安全保障职责。

第一节　信息安全管理人员

第十条　各单位应选派政治思想过硬、具有较高计算机水平的人员从事信息安全管理工作。凡是因违反国家法律法规和人民银行有关规定受到过处罚或处分的人员，不得从事此项工作。

第十一条　各单位每年至少对信息安全管理人员进行一次信息安全培训，适时对部门计算机安全员进行信息安全知识培训。地（市）中心支行和县（市）支行信息安全管理人员原则上由上海总部、各分行、营业管理部、省会（首府）城市中心支行组织培训。

第十二条 各单位信息安全管理人员履行职责:

(一)组织落实上级信息安全管理规定和本单位及辖内信息安全保障工作,制定信息安全管理制度,协调部门计算机安全员工作。

(二)审核信息化建设项目中的安全方案,组织实施信息安全项目建设,维护、管理信息安全专用设施。

(三)督促检查网络和信息系统的安全运行状况,组织检查运行操作、备份、机房环境与文档等安全管理情况,发现问题,及时通报和预警,并提出整改意见。统计分析和协调处置信息安全事件。

(四)定期组织信息安全宣传教育活动,开展信息安全检查、评估与培训工作。

第十三条 信息安全管理人员在履行职责时,确因工作需要查询相关涉密信息,应按人民银行相关保密规定执行。

第十四条 对信息安全管理人员应实行备案管理。信息安全管理人员的配备和变更情况,应及时报上一级科技部门备案。信息安全管理人员调离原岗位时,应办理交接手续,并履行其调离后的保密义务。

第二节 部门计算机安全员

第十五条 各部门应指派政治思想过硬、较熟悉计算机知识的人员担任部门计算机安全员,并报本单位科技部门备案,如有变更应及时通报。

第十六条 部门计算机安全员应积极配合信息安全管理人员工作,各部门应优先选派部门计算机安全员参加本单位科技部门组织的计算机技术培训。

第十七条 部门计算机安全员履行以下职责:

(一)负责配合本单位科技部门(岗)完成本部门计算机病毒防治、补丁升级、非法外联防范、移动存储介质管控等工作。

(二)负责提出本部门信息安全保障需求,及时与科技部门(岗)沟通本部门信息安全情况。

(三)负责本部门国际互联网使用和接入安全管理,组织开展本部门信息安全自查,协助科技部门完成对本部门的信息安全检查工作。

第三节 技术支持人员

第十八条 本规定所称技术支持人员,是指负责或参与人民银行机房环境、网络、计算机系统等建设、运行、维护的人员,包括内部技术支持人员和外部技术支持人员。

第十九条 人民银行内部技术支持人员在履行网络和信息系统建设和日常运行维护职责过程中,应承担以下安全义务:

(一)应严格遵守各项安全保密规定。

(二)严格权限访问,未经业务主管部门书面授权,不得擅自修改系统业务应用设置或修改系统生成的任何业务数据。

(三)检测和监控生产系统安全运行状况,定期进行风险评估、应急演练,发现安全隐患或故障及时报告本部门主管领导,并及时响应和处置。

第二十条　外部技术支持人员应严格履行服务外包合同(协议)中的各项安全承诺,在提供技术服务期间,应严格遵守人民银行相关安全规定与操作规程。

第四节　业务操作人员

第二十一条　本规定所称业务操作人员,是指直接使用计算机系统处理业务的业务部门工作人员。

第二十二条　业务操作人员履行以下职责:

(一)严格按规程操作,防止误操作。定期修改并妥善保管操作密码,按需、适时进行必要的数据备份。

(二)一旦发现计算机系统出现异常,应及时通报科技部门。

(三)不得在业务操作终端上安装与业务处理无关的计算机软件和硬件,不得擅自修改计算机系统及其运行环境参数。

第二十三条　计算机系统业务操作应按照"权限分散、相互制约"原则,合理划分操作角色,严格进行授权管理。技术支持人员不得兼任业务操作人员。

第五节　一般计算机用户

第二十四条　本规定所称一般计算机用户,是指使用计算机及外设的所有人员。

第二十五条　一般计算机用户履行以下职责:

(一)及时更新所用计算机的病毒防治软件并安装必要的补丁程序,按规定使用移动存储介质,自觉接受本部门计算机安全员的指导与管理。

(二)不得安装与工作无关的计算机软件和硬件,不得擅自修改计算机系统及其运行环境参数。

第二十六条　不得私自改变计算机用途,不得将一台计算机跨接不同网络。非人民银行配备的计算机不得接入人民银行内部网络。未经保密部门批准和科技部门检测,不得将便携式计算机接入内部网络。

第四章　机房环境和设备资产管理

第一节　机房安全管理

第二十七条　本规定所称机房,是指网络与计算机设备放置、运行的场所,包含供配电、通信、空调、消防、监控等配套环境设施。

第二十八条　各单位机房的规划、建设、改造、运行、维护,应遵守人民银行计算机机房管理相关规定。

第二十九条　各单位应建立集中的计算机机房,统一为各计算机系统提供运行环境。机房设施配备应符合国家计算机机房有关标准要求。

第三十条　各分支机构机房建设(改造)的方案应报上一级机构科技部门备案。必要时,由上一级机构科技部门会同有关部门组织审核。

第三十一条　各单位机房建设的设计与实施,应选择具备符合国家相关资质要求的企业。数据中心机房建设施工过程中,应引入监理机制。未经验收或验收不合格的机房,不得正式投入使用。

第三十二条 各单位应建立健全机房管理制度，并指派专人担任机房管理员，定期巡查机房运行状况。机房管理员应经过相关专业培训，掌握机房各类设备的操作要领。

第三十三条 各单位应定期对机房设施进行维修保养，加强对易损、易失效设备或部件的维护保养。夜间机房视频监控的值守，由科技部门与大楼保卫部门协商确定。

第二节 柜面和核心业务处理环境安全管理

第三十四条 对外提供柜面服务的场所与核心业务处理环境，应严格人员出入管理，并通过安装门禁、视频监控录像等系统，加强技术防范。

第三节 设备资产管理

第三十五条 各单位科技部门应做好计算机设备登记工作，严格设备资产管理，落实计算机设备使用者的安全保护责任。

第三十六条 各单位应根据计算机设备的重要程度，采取相应等级的安全保护措施，防止未授权使用设备或信息。有特殊安全保密要求的计算机设备，应放置在机房特殊功能区，并遵守相关安全保密规定。

第五章 网络安全管理

第一节 网络规划、建设中的安全管理

第三十七条 总行科技主管部门负责网络和网络安全的统一规划、建设部署、策略配置和网络资源（网络设备、通讯线路、IP 地址段和域名等）分配。涉密网络和涉密信息系统的规划、建设按照国家涉密信息系统分级保护相关标准和规定执行。

第三十八条 各单位科技部门应按照总行的统一规划和部署，组织实施网络建设、改造工程。网络建设与改造方案应报上一级科技部门审核，投产前应通过本单位组织的安全性测试。

第三十九条 各单位的网络建设和改造符合以下安全要求：

（一）符合人民银行网络架构规划和安全管理要求，保障网络传输与应用安全。

（二）具备必要的网络监控、审计等管理功能。

（三）针对不同的网络安全域，采取相应的网络边界控制措施。

第二节 网络运行安全管理

第四十条 各单位科技部门应建立健全网络安全运行制度，配备 A、B 岗专（兼）职网络管理员。网络管理员负责日常监测工作，检查网络安全运行状况，定期检查网络日志，管理网络资源及其配置信息，建立健全网络安全运行维护档案，及时发现和解决网络异常情况。网络日志应至少妥善保存 3 个月。

第四十一条 网络管理员应定期参加网络安全技术培训，具备一定的网络攻击防范技能，紧急情况下，经本部门主管领导授权后，可采取“先断网、后处理”的紧急应对措施。

第四十二条 各单位科技部门应严格网络接入管理。任何设备接入网络前，接入方案应经过科技部门的审核，审核批准后方可接入网络并分配相应的网络资源。

第四十三条　各单位科技部门应严格网络变更管理。网络管理员调整网络重要参数配置和服务端口前,应书面请示本部门主管领导,变更信息应做好记录。网络变更原则上应安排在非工作时间进行。实施有可能影响网络正常运行的重大网络变更,应提前通知所有使用部门,并安排在节假日进行,同时做好配置参数的备份和应急恢复准备。

第四十四条　各单位应严格远程访问控制。确因工作需要进行远程访问的,应由访问发起单位科技部门核准,提请被访问单位科技部门(岗)开启远程访问服务,并采取单列账户、最小权限分配、及时关闭远程访问服务等安全防护措施。

第四十五条　信息安全管理人员经本部门主管领导批准后,有权对本单位或辖内网络进行安全检测、扫描。检测、扫描结果属敏感信息,未经授权不得对外公开。未经总行科技主管部门授权,任何外部单位与人员不得检测或扫描人民银行内部网络。

第四十六条　各单位以不影响正常网络传输为原则,合理控制多媒体网络应用规模和范围。未经总行科技主管部门批准,不得在人民银行内部网络上提供跨辖区视频点播等严重占用网络资源的多媒体网络应用。

第三节　网间互联安全管理

第四十七条　本规定所称网间互联,是指为满足人民银行与其他外部机构信息交换或信息共享需求实施的机构间网络互联。

第四十八条　网间互联由总行科技主管部门统一规划,按照相关标准组织实施。未经总行科技主管部门核准,任何单位不得自行与外部机构实施网间互联。

第四节　接入国际互联网管理

第四十九条　人民银行内部网络与国际互联网实行安全隔离。所有接入人民银行内部网络或存储有敏感工作信息的计算机,不得接入国际互联网。

第五十条　计算机接入国际互联网应通过本单位保密工作委员会办公室批准,并确保安装有人民银行选定的防病毒软件和最新补丁程序。科技部门凭相关批准证明实施联网,并做好备案。

第五十一条　曾接入人民银行内部网络的计算机需改接入国际互联网前,应重新办理以上审批手续,并由科技部门配合清除计算机上工作信息后,方可实施接入。曾接入国际互联网的计算机,须经科技部门进行严格的病毒清查、打补丁后,方可改接入人民银行内部网络。

第五十二条　从国际互联网下载的任何信息,未经病毒检测不得在人民银行内部网络上使用。

第五十三条　使用国际互联网的所有用户应遵守国家有关法律法规和人民银行相关管理规定,不得从事任何违法违规活动。

第六章　计算机系统安全管理

第五十四条　本规定所称计算机系统,是指人民银行业务处理系统、管理信息系统和日常办公自动化系统等，包括数据库、软件和硬件支撑环境等。

第一节 计算机系统规划与立项

第五十五条 计算机系统建设项目应在规划与立项阶段同步考虑安全问题，设计方案应满足人民银行信息系统建设安全的相关要求。

第五十六条 业务需求提出部门应提出数据安全需求，科技部门应进行安全性需求分析。项目技术方案未通过科技部门组织的安全性审查，项目不得予以立项。

第五十七条 使用上一级机构计算机系统资源或对其他机构计算机系统资源与配置造成影响的区域性建设项目，项目建设方案应分别通过上一级机构业务与科技部门的审核、批准。

第二节 计算机系统开发与集成

第五十八条 计算机系统开发应符合人民银行信息化架构规划，依据安全需求进行安全设计，保证安全功能的完整实现。

第五十九条 计算机系统开发单位应在完成开发任务后将程序源代码及其相关技术文档全部移交人民银行科技部门。外部开发单位还应与人民银行承担单位（部门）签署相关知识产权保护协议和保密协议，不得将计算机系统采用的关键安全技术措施和核心安全功能设计对外公开。

第六十条 计算机系统的开发人员不能兼任系统管理员或业务操作人员，不得在程序中设置后门或恶意代码程序。

第六十一条 计算机系统开发、测试不得在生产环境中进行。测试环境与生产环境应安全隔离，防范安全威胁经由测试环境影响生产环境。

第六十二条 涉密计算机系统集成应选择具有国家相关部门颁发的涉密系统集成资质证书的单位，并签订严格的保密协议。

第三节 计算机系统运行

第六十三条 各单位计算机系统上线运行实行安全审查制度，未通过安全审查的任何新建或改造计算机系统不得投产运行。具体要求如下：

（一）项目承担单位（部门）应组织制定安全测试方案，进行系统上线前的自测试，测试报告报科技部门审查。

（二）计算机系统应用部门应在计算机系统投产前，同步制定相关安全操作规程，报科技部门备案。

（三）科技部门应提出明确的测试方案和测试报告审查意见。必要时，可组织专家评审或实施计算机系统漏洞扫描检测。

（四）各单位自主开发的应用程序，未经上一级科技部门批准，不得运行在上一级机构数据中心资源环境中。

第六十四条 各单位科技部门应明确各计算机系统的系统管理员，具体负责计算机系统的日常运行管理，定期检查系统日志，并建立重要计算机系统运行维护档案，详细记录系统变更及操作过程。重要计算机系统的系统设置要求至少双人在场。

第六十五条 系统管理员不得兼任业务操作人员。系统管理员不得对业务数据进行任何增加、删除、修改、查询等操作。系统管理员确需对计算机系统数据库进行技术维护性操作的，应征得业务部门书面同意，在业务操作人员在场的情况下进行，并详细记录维护内容、人员、时间等信息。

第六十六条　未经业务主管部门领导书面批准，任何人不得擅自使用业务操作人员用机，不得擅自设置、分配、使用、修改和删除业务操作人员身份、口令和业务数据等信息，不得擅自改变用户权限。

第四节　业务操作

第六十七条　业务部门负责计算机系统用户和权限设定，必要时，提请科技部门进行设定操作。

第六十八条　业务操作人员应严格按照安全操作规程进行业务操作、数据备份，并配合科技部门保障信息安全。

第六十九条　业务操作人员设置本人口令密码后要妥善保管，并按照相关规定要求定期更换。

第七十条　根据业务制约要求，业务数据的录入、复核分岗设立，特别重要的业务数据录入，应增设审查岗。以上岗位不得由一人兼任。

第七十一条　业务操作人员离开操作用机时，应注销或锁屏。

第五节　计算机系统废止

第七十二条　实行计算机系统废止申报、备案制度。使用计算机系统的业务部门根据需要，向科技部门提出废止申请，由科技部门组织进行安全检查后予以废止，同时备案。

第七十三条　需要废止的计算机系统内的数据信息，应由科技部门使用专用工具进行消除处理。如废止计算机设备不再使用或调配到人民银行以外的单位，应由科技部门对其数据信息存储设备进行消磁或物理粉碎等不可恢复性销毁处理。

第七章　客户端安全管理

第七十四条　本规定所称客户端，是指人民银行计算机用户、网络与信息系统所使用的终端设备，包括各类有线或无线、桌面或便携设备。

第七十五条　客户端应安装和使用正版软件，不得安装和使用与工作无关的软件。

第七十六条　客户端应统一安装病毒防治软件，设置用户密码和屏幕保护口令等安全防护措施，确保及时更新病毒特征码并安装必要的补丁程序。

第七十七条　确因工作需要经授权可远程接入内部网络的用户，应妥善保管其身份认证介质及口令密码，不得转借他人使用。

第八章　信息安全产品、服务管理

第一节　资质审查与选型购置

第七十八条　本规定所称信息安全产品，是指人民银行安装使用的信息安全软件、硬件产品。本规定所称信息安全服务，是指人民银行向社会购买的专业化信息安全服务。

第七十九条 总行科技主管部门负责信息安全服务提供商的资质审查和信息安全产品的选型，由各单位集中采购部门按照集中采购程序选购。

第八十条 各单位购置扫描、检测类信息安全产品应报总行科技主管部门批准、备案。

第二节 使用管理

第八十一条 各单位科技部门应建立信息安全产品资产登记机制，建立信息安全类固定资产登记簿并由专人负责管理。扫描、检测类信息安全产品仅限于本单位信息安全管理人员使用。

第八十二条 各单位科技部门应随时检查各类信息安全产品使用情况，认真查看相关日志和报表信息并定期汇总分析。若发现重大问题，立即采取控制措施并按规定程序报告。

第八十三条 各类信息安全产品在使用中产生的日志和报表信息属于重要技术资料，应备份存档至少3个月。

第八十四条 各单位科技部门应及时升级维护信息安全产品，凡超过使用期限的或不能继续使用的信息安全产品，要按照固定资产报废审批程序处理。

第八十五条 防火墙、入侵检测等信息安全产品原则上应在本地配置。如需要进行远程配置，科技部门或经科技部门授权的人员可在采取了必要的安全控制措施的可信网络内进行相关操作。

第九章 文档、数据与密码应用安全管理

第一节 技术文档

第八十六条 本规定所称技术文档，是指人民银行网络、计算机系统和机房环境等建设与运行维护过程中形成的各种技术资料，包括纸质文档、电子文档、视频和音频文件等。

第八十七条 各单位科技部门负责将技术文档统一归档，实行借阅登记制度。未经科技部门领导批准，任何人不得将技术文档转借、复制或对外公开。

第二节 存储介质

第八十八条 各单位应做好磁带、移动存储介质（含光盘、磁盘、半导体存储介质）、缩微胶片等存储介质管理工作。所有存储介质应保存在安全的物理环境中，并有明晰的标识。应建立重要数据多重备份机制，其中至少1份备份介质应存放于科技部门指定的同城或异地安全区域。

第八十九条 各单位应做好存储介质在物理传输过程中的安全控制，应选择安全可靠的传递、交接方式，做好防信息泄露控制措施。重要信息的存取需要授权和登记。

第九十条 所有部门和个人应加强对移动存储介质和笔记本电脑的管理。

第九十一条　各单位要严格管理移动存储介质,定期核查所配发移动存储介质的在位使用情况,严禁违规使用移动存储介质。

第九十二条　各单位应建立和加强存储介质销毁工作制度。对载有敏感信息存储介质的销毁,应报保密部门备案,由科技部门使用专用工具进行信息消除、消磁或物理粉碎等销毁处理,并做好相应的销毁记录。信息消除处理仅限于存储介质仍将在人民银行内部使用的情况,否则应进行信息的不可恢复性销毁。

第三节　数据安全

第九十三条　本规定中所称的数据,是指以电子形式存储的人民银行业务数据、办公信息、系统运行日志、故障维护日志以及其他内部资料。

第九十四条　各单位业务部门负责提出数据在输入、处理、输出等不同状态下的安全需求,科技部门负责审核安全需求并提供一定的技术实现手段。

第九十五条　各单位业务部门应严格管理业务数据的增加、删除、修改等变更操作,按照既定备份策略执行数据备份操作,并在科技部门的配合下,定期测试备份数据的有效性。

第九十六条　各单位应定期导出重要计算机系统业务日志文件,并加以明确标识。日志文件应至少妥善保存3个月。

第九十七条　各单位业务部门应明确规定备份数据的保存期限,做好备份数据的销毁审查和登记工作。

第九十八条　所有数据备份介质应防磁、防潮、防尘、防高温、防挤压存放。恢复及使用备份数据时需要提供相关口令密码的,应把口令密码密封后与数据备份介质一并妥善保管。

第四节　口令密码

第九十九条　各单位系统管理员、数据库管理员、网络管理员、业务操作人员均须设置口令密码,至少每3个月更换一次。口令密码的强度应满足不同安全性要求。

第一百条　敏感计算机系统和设备的口令密码设置应在安全的环境下进行,必要时应将口令密码纸质密封交相关部门保管。未经科技部门主管领导许可,任何人不得擅自拆阅密封的口令密码。拆阅后的口令密码使用后应立即更改并再次密封存放。

第一百零一条　各单位应根据实际情况在一定时限内妥善保管重要计算机系统升级改造前的口令密码。

第五节　密码技术应用管理

第一百零二条　人民银行涉密网络和计算机系统应严格按照国家密码政策规定,采用相应的加密措施。非涉密网络和信息系统应依据人民银行实际需求和统一安全策略,合理选择加密措施。

第一百零三条　各单位选用的密码产品和加密算法应符合国家相关密码管理政策规定,密码产品自身的物理和逻辑安全性应符合人民银行的相关安全要求。

第一百零四条　各单位应建立严格的密钥管理体制,密码管理人员必须是本单位在编的正式员工，并逐级进行备案，规范管理密钥产生、存储、分发、使用、废除、归档、销毁等过程。

第一百零五条 各单位应在安全环境中进行关键密钥的备份工作，并设置遇紧急情况下密钥自动销毁功能。

第一百零六条 各类密钥应定期更换，对已泄露或怀疑泄露的密钥应及时废除，过期密钥应安全归档或定期销毁。

第十章 第三方访问和服务外包安全管理

第一节 第三方访问控制

第一百零七条 本规定所称第三方访问，是指人民银行之外的单位和个人物理访问人民银行计算机机房或者通过网络连接逻辑访问人民银行数据库和计算机系统等活动。

第一百零八条 各单位科技部门负责非涉密计算机系统和网络相关的第三方访问授权审批。未经人民银行授权的任何第三方访问均视为非法入侵行为。

第一百零九条 允许被第三方访问的人民银行计算机系统和网络资源应建立存取控制机制、认证机制，列明所有用户名单及其权限，严格监督第三方访问活动。

第一百一十条 获得第三方访问授权的所有单位和个人应与人民银行签订安全保密协议，不得进行未授权的增加、删除、修改、查询数据操作，不得复制和泄露人民银行的任何信息。

第二节 服务外包管理

第一百一十一条 本规定所称服务外包，是指外部厂商为人民银行网络和计算机系统提供技术支持、咨询等服务。服务外包应签订正式的服务外包协议，明确约定双方的权利和义务。

第一百一十二条 服务外包人员进行现场技术支持服务时，应事先提交计划操作内容。人民银行人员应在现场陪同服务外包人员，核对操作内容并准确记录实际操作内容。涉及敏感操作（如输入用户口令等）应由人民银行人员进行操作。服务外包人员不得查看、复制或带离任何敏感信息。

第一百一十三条 计算机设备确需送外单位维修时，各单位科技部门应彻底清除所存的工作相关信息，必要时应与设备维修厂商签订保密协议。与密码设配套使用的计算机设备送修前必须请生产设备的科研单位拆除与密码有关的硬件，并彻底清除与密码有关的软件和信息。

第十一章 信息通报、灾难备份与应急管理

第一节 信息通报

第一百一十四条 各单位应按照人民银行信息安全报告制度进行信息通报，一般信息安全事件应逐级通报，发生因人为、自然原因等造成的信息系统瘫痪以及利用计算机实施犯罪等影响和损失较大的信息安全事件（以下简称重大信息安全

事件）应直接报总行突发事件应急处置指挥部，同时抄报科技主管部门。

第一百一十五条　重大信息安全事件发生后，各单位相关人员应注意保护事件现场，采取必要的控制措施，调查事件原因，并及时报告本单位主管领导。

第一百一十六条　各单位应在重大信息安全事件发生后，按照人民银行信息安全报告制度报上一级科技部门，并按照相关规定由上级科技部门或本单位决定是否发布预警信息或启动应急预案。

第二节　灾难备份管理

第一百一十七条　本规定所称灾难，是指由于人为或自然的原因，造成信息系统严重故障、瘫痪或其数据严重受损，使信息系统支持的业务功能停顿或服务水平达到不可接受的程度，并持续特定时间的突发性事件。本规定所称灾难备份，是指为了将信息系统从灾难造成的业务不可运行状态或服务不可接受状态恢复到可业务正常运行状态，而对数据、数据处理系统、网络系统、基础设施、业务和技术等相关人员进行备份的措施。

第一百一十八条　总行科技部门将按照“统筹安排、资源共享、平战结合”的原则，负责人民银行重要信息系统灾难备份的统一规划、实施和管理。

第一百一十九条　总行业务司局负责提出计算机系统灾难备份需求，明确可接受的业务中断时间和数据丢失量。总行科技部门据此确定灾难备份等级和备份方案。

第一百二十条　各单位应建立健全灾难恢复计划，定期开展灾难恢复培训。在条件许可的情况下，由总行相关部门统一部署，重要信息系统至少每年进行一次灾难恢复演练，包括异地备份站点切换演练和本地系统灾难恢复演练。

第一百二十一条　在规划建设计算机系统时，应同步考虑灾难备份系统建设的可行性。

第三节　应急管理

第一百二十二条　应急预案是针对可能发生的意外事件并可能导致业务差错和停顿，甚至系统混乱、崩溃等灾难而采取的应对策略、措施的有机集合。

第一百二十三条　各单位应根据安全评估结果，定期修改机房环境、网络和计算机系统等应急预案。业务处理系统应急预案的编制工作应由相关业务部门和科技部门共同完成。

第一百二十四条　应急预案应至少包括应急组织机构、应急响应流程和应急资源保障等内容。

第一百二十五条　各单位定期组织应急预案的演练，并指定专人管理和维护应急预案，根据人员、信息资源等变动情况以及演练情况适时予以更新和完善，确保应急预案的有效性和灾难发生时的可获取性。

第一百二十六条　各单位突发事件应急处置领导小组统一领导计算机系统的应急管理工作，指挥、决策重大应急处置事宜，并协调应急资源。

第一百二十七条　总行办公厅负责统一向社会发布应急事件公告，其他任何单位或个人不得向社会发布应急事件公告。

第十二章　安全监测、检查、评估与审计

第一节　安全监测

第一百二十八条　各单位科技部门应整合和利用现有网络管理系统、计算机资源监控系统、专用安全监控系统以及相关设备与系统的运日志等监控资源,加强对机房环境、网络和重要计算机系统的安全运行监测。

第一百二十九条　各单位科技部门应建立计算机系统运行监测周报、月报或季报制度,统计分析运行状况。

第一百三十条　各单位要及时预警、响应和处置运行监测中发现的问题,发现重大隐患和运行事故应及时协调解决,并报上一级单位相关部门。

第二节　安全检查

第一百三十一条　各单位科技部门应严格落实信息安全检查相关规定,按要求定期开展检查工作。

第一百三十二条　安全检查完成后应及时形成检查报告,经本单位主管领导批准后将检查整改报告尽快送达被检查单位。要求限期整改的,需要对相关整改情况进行后续跟踪。

第一百三十三条　各单位应将每次安全检查报告和整改落实情况整理汇总后,报上一级机构科技部门备案。

第三节　安全评估

第一百三十四条　地(市)中心支行以上单位科技部门可采用自评估、检查评估和委托评估等方式,每年至少组织一次对本单位或辖内信息系统的安全评估。

第一百三十五条　安全评估应在不影响信息系统正常运行的情况下进行。评估开始前,应制定评估方案并进行必要的培训。评估结束后,形成评估报告,提出整改意见,并报本单位科技部门主管领导。

第一百三十六条　各单位如聘请第三方机构进行安全评估,应报总行科技主管部门批准,并与第三方机构签订安全保密协议。本单位信息安全管理人员全程参与评估过程并实施监督。

第一百三十七条　各单位应妥善保管信息安全评估相关信息,未经本单位计算机安全工作领导小组同意,不得对外公开。

第四节　安全审计

第一百三十八条　各单位科技部门在支持与配合内审部门开展信息系统审计的同时,应适时开展本单位和辖内的信息系统日常运行管理和信息安全事件全过程的技术审计,发现问题及时上报。

第一百三十九条　计算机系统开发单位应基于策略,开启操作系统审计功能,并按照总行科技主管部门相关要求,开启相应系统数据库审计功能。计算机系统运行单位应定期查看审计日志信息,并进行相应处置。

第十三章　考核与奖惩

第一百四十条　各单位计算机系统信息安全管理情况纳入考核。各单位每年对本单位和辖内计算机系统信息安全管理工作中业绩突出的单位和个人给予一定形式的表彰。

第一百四十一条　对于违反本规定，造成重大信息安全事件的单位及个人，要给予通报批评；触犯法律法规的，依据相关法律法规追究相关责任人的责任；构成犯罪的，依法追究刑事责任。

第十四章　附　　则

第一百四十二条　人民银行之前发布的其他信息安全管理制度有关规定条款与本规定不一致的，按本规定执行。原《中国人民银行信息安全管理规定》（银发〔2005〕211号文印发）废止。

第一百四十三条　各单位应依据本规定，制定相应的实施细则。

第一百四十四条　本规定由总行负责解释和修订。

第一百四十五条　本规定自发布之日起执行。

非金融机构支付服务管理办法（节录）

（2010年5月19日中国人民银行第7次行长办公会议通过）

第十五条　支付机构申请终止支付业务的，应当向所在地中国人民银行分支机构提交下列文件、资料：

（一）公司法定代表人签署的书面申请，载明公司名称、支付业务开展情况、拟终止支付业务及终止原因等；

（二）公司营业执照（副本）复印件；

（三）《支付业务许可证》复印件；

（四）客户合法权益保障方案；

（五）支付业务信息处理方案。

准予终止的，支付机构应当按照中国人民银行的批复完成终止工作，交回《支付业务许可证》。

第十八条　支付机构应当按照审慎经营的要求，制订支付业务办法及客户权益保障措施，建立健全风险管理和内部控制制度，并报所在地中国人民银行分支机构备案。

第三十一条　支付机构应当按规定核对客户的有效身份证件或其他有效身份证明文件，并登记客户身份基本信息。

支付机构明知或应知客户利用其支付业务实施违法犯罪活动的，应当停止为其办理支付业务。

第三十二条　支付机构应当具备必要的技术手段，确保支付指令的完整性、一致性和不可抵赖性,支付业务处理的及时性、准确性和支付业务的安全性;具备灾难恢复处理能力和应急处理能力,确保支付业务的连续性。

第三十三条 支付机构应当依法保守客户的商业秘密,不得对外泄露。法律法规另有规定的除外。

第三十四条 支付机构应当按规定妥善保管客户身份基本信息、支付业务信息、会计档案等资料。

第三十五条 支付机构应当接受中国人民银行及其分支机构定期或不定期的现场检查和非现场检查,如实提供有关资料,不得拒绝、阻挠、逃避检查,不得谎报、隐匿、销毁相关证据材料。

第四十条 中国人民银行及其分支机构的工作人员有下列情形之一的,依法给予行政处分;构成犯罪的,依法追究刑事责任:

(一)违反规定审查批准《支付业务许可证》的申请、变更、终止等事项的;

(二)违反规定对支付机构进行检查的;

(三)泄露知悉的国家秘密或商业秘密的;

(四)滥用职权、玩忽职守的其他行为。

第四十二条 支付机构有下列情形之一的,中国人民银行分支机构责令其限期改正,并给予警告或处1万元以上3万元以下罚款:

(一)未按规定建立有关制度办法或风险管理措施的;

(二)未按规定办理相关备案手续的;

(三)未按规定公开披露相关事项的;

(四)未按规定报送或保管相关资料的;

(五)未按规定办理相关变更事项的;

(六)未按规定向客户开具发票的;

(七)未按规定保守客户商业秘密的。

非金融机构支付服务管理办法实施细则(节录)

(2010年12月1日中国人民银行公布)

第二十八条 《办法》第十五条第(四)项所称客户合法权益保障方案,应当包括下列内容:

(一)对客户知情权的保护措施,明确告知客户终止支付业务的原因、停止受理客户委托支付业务的时间、拟终止支付业务的后续安排;

(二)对客户隐私权的保护措施,明确客户身份信息的接收机构及其移交安排、销毁方式及其监督安排;

(三)对客户选择权的保护措施,明确可供客户选择的、两个以上客户备付金退还方案。

客户合法权益保障方案涉及其他支付机构的,还应当提交与所涉支付机构签订的客户身份信息移交协议、客户备付金退还安排相关证明文件。

第三十六条　《办法》第三十二条所称灾难恢复处理能力，是指支付机构应当在支付业务中断后24小时之内恢复支付业务，并至少符合以下要求：

（一）具有应急处理和灾难恢复的制度规定；

（二）具有稳妥的应急处理预案及演练计划；

（三）具有必要的灾难恢复处理人员和应急营业场所；

（四）具有同机房数据备份设施和同城应用级备份设施。

第三十八条　支付机构应当采取必要的管理措施和技术措施，防止客户身份信息和支付业务信息等资料灭失、损毁、泄露。

支付机构不得以任何形式对外提供客户身份信息和支付业务信息等资料。法律法规另有规定的除外。

第三十九条　支付机构对客户身份信息和支付业务信息的保管期限自业务关系结束当年起至少保存5年。

司法部门正在调查的可疑交易或违法犯罪活动涉及客户身份信息和支付业务信息，且相关调查工作在前款规定的最低保存期届满时仍未结束的，支付机构应当将其保存至相关调查工作结束。

证券期货业信息安全保障管理办法（节录）

（2012年8月23日中国证券监督管理委员会第22次主席办公会议审议通过）

第四条　证券期货业信息安全保障的责任主体应当执行国家信息安全相关法律、行政法规和行业相关技术管理规定、技术规则、技术指引和技术标准，开展信息安全工作，保护投资者交易安全和数据安全，并对本机构信息系统安全运行承担责任。

前款所称责任主体，包括承担证券期货市场公共职能的机构、承担证券期货行业信息技术公共基础设施运营的机构等证券期货市场核心机构及其下属机构（以下简称核心机构），证券公司、期货公司、基金管理公司、证券期货服务机构等证券期货经营机构（以下简称经营机构）。

第六条　为证券期货业提供软硬件产品或者技术服务的供应商（以下简称供应商），应当保证所提供的软硬件产品或者技术服务符合国家及证券期货业信息安全相关的技术管理规定、技术规则、技术指引和技术标准。

第七条　中国证监会支持、协助国家信息安全管理部门组织实施信息安全相关法律、行政法规，依法对证券期货业信息安全保障工作实施监督管理。

中国证监会派出机构按照授权履行监督管理职责。

第八条　中国证监会及其派出机构与国家信息安全管理部门、相关行业管理部门建立信息安全协调机制，与国家有关专业安全机构和标准化组织建立信息安全合作机制。

第十一条　核心机构和经营机构应当具有合格的基础设施。机房、电力、空调、消防、通信等基础设施的建设符合行业信息安全管理的有关规定。

第十二条 核心机构和经营机构应当设置合理的网络结构，划分安全区域，各安全区域之间应当进行有效隔离，并具有防范、监控和阻断来自内外部网络攻击破坏的能力。

第十三条 核心机构和经营机构应当建立符合业务要求的信息系统。信息系统应当具有合理的架构，足够的性能、容量、可靠性、扩展性和安全性，能够支持业务的运行和发展。

第十四条 核心机构应当对交易、行情、开户、结算、风控、通信等重要信息系统具有自主开发能力，拥有执行程序和源代码并安全可靠存放，在重要信息系统上线前对执行程序和源代码进行严格的审查和测试。

第十五条 核心机构和经营机构应当具有防范木马、病毒等恶意代码的能力，防止恶意代码对信息系统造成破坏，防止信息泄露或者被篡改。

第十六条 核心机构和经营机构应当建立完善的信息技术治理架构，明确信息技术决策、管理、执行和内部监督的权责机制。

第十七条 核心机构和经营机构应当建立完善的信息技术管理制度和操作规程，并严格执行。

第十八条 核心机构应当制定本机构与市场相关主体信息系统安全互联的技术规则，并报中国证监会备案。

核心机构依法督促市场相关主体执行技术规则。

第十九条 核心机构应当提供多种互为备份的远程接入方式，保证市场相关主体安全接入，并对市场相关主体的远程接入进行监控与管理。

第二十条 核心机构和经营机构应当保障充足、稳定的信息技术经费投入，配备足够的信息技术人员。

第二十一条 核心机构和经营机构应当根据行业规划和本机构发展战略，制定信息化与信息安全发展规划，满足业务发展和信息安全管理的需要。

第二十二条 核心机构和经营机构开展信息系统新建、升级、变更、换代等建设项目，应当进行充分论证和测试。

第二十三条 核心机构交易、行情、开户、结算、通信等重要信息系统上线或者进行重大升级变更时，应当组织市场相关主体进行联网测试，并按规定进行报告。

第二十四条 核心机构和经营机构应当规范开展信息技术基础设施和重要信息系统的运行维护，保障系统安全稳定运行。

第二十五条 核心机构应当指导市场相关主体正确运行维护与本机构互联的系统和通信设施。

第二十六条 核心机构和经营机构应当建立数据备份设施，并按照规定在同城和异地保存备份数据。

第二十七条 核心机构和经营机构应当建立重要信息系统的故障备份设施和灾难备份设施，保证业务活动连续。

第二十八条　核心机构和经营机构应当按照规定向中国证监会指定的证券期货业数据中心报送数据。报送的数据必须真实、完整、准确、及时。

证券期货业数据中心应当按照中国证监会的有关规定开展行业数据的集中保存工作，确保数据的安全、完整、可靠。

第二十九条　核心机构负责建设和运营行业信息技术公共基础设施。

第三十条　核心机构和经营机构应当加强信息安全保密管理，保障投资者信息安全。

第三十一条　核心机构和经营机构应当建立网络与信息安全风险检测、监测、评估和预警机制，发现风险隐患应当及时处置，并按照规定进行报告。

第三十二条　核心机构和经营机构应当建立信息安全应急处置机制，及时处置突发信息安全事件，尽快恢复信息系统的正常运行，并按照规定进行报告，不得迟报、漏报、瞒报。

核心机构和经营机构应当对信息安全事件进行内部调查、责任追究和采取整改措施，并配合中国证监会及其派出机构对事件进行调查处理。

与核心机构和经营机构发生信息安全事件相关的软硬件产品或者技术服务供应商，应当配合相关调查工作。

第三十三条　核心机构应当每年组织市场相关主体进行一次信息安全应急演练，并于实施前15个工作日向中国证监会报告。

第三十四条　核心机构和经营机构应当对信息技术人员进行培训，确保其具有履行岗位职责的能力。

第三十五条　核心机构和经营机构应当建立信息安全内部审计制度，定期开展内部审计，对发现的问题进行整改。

第三十七条　核心机构和经营机构在采购软硬件产品或者技术服务时，应当与供应商签订合同和保密协议，并在合同和保密协议中明确约定信息安全和保密的权利和义务。

涉及证券期货交易、行情、开户、结算等软件产品或者技术服务的采购合同，应当约定供应商须接受中国证监会及其派出机构的信息安全延伸检查。

第三十八条　核心机构和经营机构采购的软硬件产品或者技术服务应当满足审慎经营和风险管理的要求。软硬件产品或者技术服务不符合要求，影响核心机构和经营机构持续经营的，中国证监会有权要求核心机构和经营机构予以改进或者更换。

第四十五条　中国证监会及其派出机构依照职责范围，对核心机构和经营机构进行信息安全检查或者委托国家、行业有关专业安全机构进行安全检查。核心机构和经营机构应当配合检查。

核心机构和经营机构的信息安全管理不能达到规定要求的，中国证监会及其派出机构责令其限期改正，改正前可以暂停或者限制其部分或者全部证券期货经营业务活动。

第四十六条　中国证监会及其派出机构可以要求核心机构和经营机构提供信

息安全相关资料。

核心机构和经营机构应当及时、准确、完整地提供相关资料。

第四十九条 中国证监会对发现的系统漏洞、安全隐患、产品缺陷进行全行业通报。

第五十条 核心机构和经营机构违反本办法规定,中国证监会可以视情节,依法对其采取责令改正、监管谈话、出具警示函、公开谴责、责令定期报告、责令处分有关人员、撤销任职资格、暂停或者限制证券期货经营业务活动等措施;情节严重的,给予警告、罚款。

非银行支付机构网络支付业务管理办法(节录)

(2015年12月28日中国人民银行发布)

第六条 支付机构应当遵循"了解你的客户"原则,建立健全客户身份识别机制。支付机构为客户开立支付账户的,应当对客户实行实名制管理,登记并采取有效措施验证客户身份基本信息,按规定核对有效身份证件并留存有效身份证件复印件或者影印件,建立客户唯一识别编码,并在与客户业务关系存续期间采取持续的身份识别措施,确保有效核实客户身份及其真实意愿,不得开立匿名、假名支付账户。

第十四条 支付机构应当确保交易信息的真实性、完整性、可追溯性以及在支付全流程中的一致性,不得篡改或者隐匿交易信息。交易信息包括但不限于下列内容:

(一)交易渠道、交易终端或接口类型、交易类型、交易金额、交易时间,以及直接向客户提供商品或者服务的特约商户名称、编码和按照国家与金融行业标准设置的商户类别码;

(二)收付款客户名称,收付款支付账户账号或者银行账户的开户银行名称及账号;

(三)付款客户的身份验证和交易授权信息;

(四)有效追溯交易的标识;

(五)单位客户单笔超过5万元的转账业务的付款用途和事由。

第十六条 对于客户的网络支付业务操作行为,支付机构应当在确认客户身份及真实意愿后及时办理,并在操作生效之日起至少五年内,真实、完整保存操作记录。

客户操作行为包括但不限于登录和注销登录、身份识别和交易验证、变更身份信息和联系方式、调整业务功能、调整交易限额、变更资金收付方式,以及变更或挂失密码、数字证书、电子签名等。

第十七条 支付机构应当综合客户类型、身份核实方式、交易行为特征、资信状况等因素,建立客户风险评级管理制度和机制,并动态调整客户风险评级及相关风险控制措施。

支付机构应当根据客户风险评级、交易验证方式、交易渠道、交易终端或接口类型、交易类型、交易金额、交易时间、商户类别等因素,建立交易风险管理制度和交易监测系统，对疑似欺诈、套现、洗钱、非法融资、恐怖融资等交易，及时采取调查核实、延迟结算、终止服务等措施。

第十八条　支付机构应当向客户充分提示网络支付业务的潜在风险，及时揭示不法分子新型作案手段，对客户进行必要的安全教育，并对高风险业务在操作前、操作中进行风险警示。

支付机构为客户购买合作机构的金融类产品提供网络支付服务的，应当确保合作机构为取得相应经营资质并依法开展业务的机构，并在首次购买时向客户展示合作机构信息和产品信息，充分提示相关责任、权利、义务及潜在风险，协助客户与合作机构完成协议签订。

第二十条　支付机构应当依照中国人民银行有关客户信息保护的规定，制定有效的客户信息保护措施和风险控制机制，履行客户信息保护责任。

支付机构不得存储客户银行卡的磁道信息或芯片信息、验证码、密码等敏感信息，原则上不得存储银行卡有效期。因特殊业务需要，支付机构确需存储客户银行卡有效期的，应当取得客户和开户银行的授权，以加密形式存储。

支付机构应当以“最小化”原则采集、使用、存储和传输客户信息，并告知客户相关信息的使用目的和范围。支付机构不得向其他机构或个人提供客户信息，法律法规另有规定，以及经客户本人逐项确认并授权的除外。

第二十一条　支付机构应当通过协议约定禁止特约商户存储客户银行卡的磁道信息或芯片信息、验证码、有效期、密码等敏感信息，并采取定期检查、技术监测等必要监督措施。

特约商户违反协议约定存储上述敏感信息的，支付机构应当立即暂停或者终止为其提供网络支付服务，采取有效措施删除敏感信息、防止信息泄露，并依法承担因相关信息泄露造成的损失和责任。

第二十二条　支付机构可以组合选用下列三类要素，对客户使用支付账户余额付款的交易进行验证：

（一）仅客户本人知悉的要素，如静态密码等；

（二）仅客户本人持有并特有的，不可复制或者不可重复利用的要素，如经过安全认证的数字证书、电子签名，以及通过安全渠道生成和传输的一次性密码等；

（三）客户本人生理特征要素，如指纹等。

支付机构应当确保采用的要素相互独立，部分要素的损坏或者泄露不应导致其他要素损坏或者泄露。

第二十三条　支付机构采用数字证书、电子签名作为验证要素的，数字证书及生成电子签名的过程应符合《中华人民共和国电子签名法》、《金融电子认证规范》（JR/T 0118—2015）等有关规定，确保数字证书的唯一性、完整性及交易的不可抵赖性。

支付机构采用一次性密码作为验证要素的，应当切实防范一次性密码获取端与支付指令发起端为相同物理设备而带来的风险，并将一次性密码有效期严格限制在最短的必要时间内。

支付机构采用客户本人生理特征作为验证要素的，应当符合国家、金融行业标准和相关信息安全管理要求，防止被非法存储、复制或重放。

第二十四条 支付机构应根据交易验证方式的安全级别，按照下列要求对个人客户使用支付账户余额付款的交易进行限额管理：

（一）支付机构采用包括数字证书或电子签名在内的两类（含）以上有效要素进行验证的交易，单日累计限额由支付机构与客户通过协议自主约定；

（二）支付机构采用不包括数字证书、电子签名在内的两类（含）以上有效要素进行验证的交易，单个客户所有支付账户单日累计金额应不超过5000元（不包括支付账户向客户本人同名银行账户转账）；

（三）支付机构采用不足两类有效要素进行验证的交易，单个客户所有支付账户单日累计金额应不超过1000元（不包括支付账户向客户本人同名银行账户转账），且支付机构应当承诺无条件全额承担此类交易的风险损失赔付责任。

第二十五条 支付机构网络支付业务相关系统设施和技术，应当持续符合国家、金融行业标准和相关信息安全管理要求。如未符合相关标准和要求，或者尚未形成国家、金融行业标准，支付机构应当无条件全额承担客户直接风险损失的先行赔付责任。

第二十六条 支付机构应当在境内拥有安全、规范的网络支付业务处理系统及其备份系统，制定突发事件应急预案，保障系统安全性和业务连续性。

支付机构为境内交易提供服务的，应当通过境内业务处理系统完成交易处理，并在境内完成资金结算。

第二十七条 支付机构应当采取有效措施，确保客户在执行支付指令前可对收付款客户名称和账号、交易金额等交易信息进行确认，并在支付指令完成后及时将结果通知客户。

因交易超时、无响应或者系统故障导致支付指令无法正常处理的，支付机构应当及时提示客户；因客户原因造成支付指令未执行、未适当执行、延迟执行的，支付机构应当主动通知客户更改或者协助客户采取补救措施。

第四十一条 支付机构从事网络支付业务有下列情形之一的，中国人民银行及其分支机构依据《非金融机构支付服务管理办法》第四十二条的规定进行处理：

（一）未按规定建立客户实名制管理、支付账户开立与使用、差错争议和纠纷投诉处理、风险准备金和交易赔付、应急预案等管理制度的；

（二）未按规定建立客户风险评级管理、支付账户功能与限额管理、客户支付指令验证管理、交易和信息安全管理、交易监测系统等风险控制机制的，未按规定对支付业务采取有效风险控制措施的；

（三）未按规定进行风险提示、公开披露相关信息的；

（四）未按规定履行报告义务的。

第四十二条 支付机构从事网络支付业务有下列情形之一的，中国人民银行及其分支机构依据《非金融机构支付服务管理办法》第四十三条的规定进行处理；情节严重的，中国人民银行及其分支机构依据《中华人民共和国中国人民银行法》

第四十六条的规定进行处理：

（一）不符合支付机构支付业务系统设施有关要求的；

（二）不符合国家、金融行业标准和相关信息安全管理要求的，采用数字证书、电子签名不符合《中华人民共和国电子签名法》、《金融电子认证规范》等规定的；

（三）为非法交易、虚假交易提供支付服务，发现客户疑似或者涉嫌违法违规行为未按规定采取有效措施的；

（四）未按规定采取客户支付指令验证措施的；

（五）未真实、完整、准确反映网络支付交易信息，篡改或者隐匿交易信息的；

（六）未按规定处理客户信息，或者未履行客户信息保密义务，造成信息泄露隐患或者导致信息泄露的；

（七）妨碍客户自主选择支付服务提供主体或资金收付方式的；

（八）公开披露虚假信息的；

（九）违规开立支付账户，或擅自经营金融业务活动的。

网络借贷信息中介机构业务活动管理暂行办法（节录）

（2016年8月17日中国银行业监督管理委员会、工业和信息化部、公安部、国家互联网信息办公室发布）

第四条　按照《关于促进互联网金融健康发展的指导意见》中“鼓励创新、防范风险、趋利避害、健康发展”的总体要求和“依法监管、适度监管、分类监管、协同监管、创新监管”的监管原则，落实各方管理责任。国务院银行业监督管理机构及其派出机构负责制定网络借贷信息中介机构业务活动监督管理制度，并实施行为监管。各省级人民政府负责本辖区网络借贷信息中介机构的机构监管。工业和信息化部负责对网络借贷信息中介机构业务活动涉及的电信业务进行监管。公安部牵头负责对网络借贷信息中介机构的互联网服务进行安全监管，依法查处违反网络安全监管的违法违规活动，打击网络借贷涉及的金融犯罪及相关犯罪。国家互联网信息办公室负责对金融信息服务、互联网信息内容等业务进行监管。

第九条　网络借贷信息中介机构应当履行下列义务：

（一）依据法律法规及合同约定为出借人与借款人提供直接借贷信息的采集整理、甄别筛选、网上发布，以及资信评估、借贷撮合、融资咨询、在线争议解决等相关服务；

（二）对出借人与借款人的资格条件、信息的真实性、融资项目的真实性、合法性进行必要审核；

（三）采取措施防范欺诈行为，发现欺诈行为或其他损害出借人利益的情形，及时公告并终止相关网络借贷活动；

（四）持续开展网络借贷知识普及和风险教育活动，加强信息披露工作，引导出借人以小额分散的方式参与网络借贷，确保出借人充分知悉借贷风险；

（五）按照法律法规和网络借贷有关监管规定要求报送相关信息，其中网络借贷有关债权债务信息要及时向有关数据统计部门报送并登记；

（六）妥善保管出借人与借款人的资料和交易信息，不得删除、篡改，不得非法买卖、泄露出借人与借款人的基本信息和交易信息；

（七）依法履行客户身份识别、可疑交易报告、客户身份资料和交易记录保存等反洗钱和反恐怖融资义务；

（八）配合相关部门做好防范查处金融违法犯罪相关工作；

（九）按照相关要求做好互联网信息内容管理、网络与信息安全相关工作；

（十）国务院银行业监督管理机构、工商登记注册地省级人民政府规定的其他义务。

第十一条 参与网络借贷的出借人与借款人应当为网络借贷信息中介机构核实的实名注册用户。

第十八条 网络借贷信息中介机构应当按照国家网络安全相关规定和国家信息安全等级保护制度的要求，开展信息系统定级备案和等级测试，具有完善的防火墙、入侵检测、数据加密以及灾难恢复等网络安全设施和管理制度，建立信息科技管理、科技风险管理和科技审计有关制度，配置充足的资源，采取完善的管理控制措施和技术手段保障信息系统安全稳健运行，保护出借人与借款人的信息安全。

网络借贷信息中介机构应当记录并留存借贷双方上网日志信息，信息交互内容等数据，留存期限为自借贷合同到期起5年；每两年至少开展一次全面的安全评估，接受国家或行业主管部门的信息安全检查和审计。

网络借贷信息中介机构成立两年以内，应当建立或使用与其业务规模相匹配的应用级灾备系统设施。

第二十二条 各方参与网络借贷信息中介机构业务活动，需要对出借人与借款人的基本信息和交易信息等使用电子签名、电子认证时，应当遵守法律法规的规定，保障数据的真实性、完整性及电子签名、电子认证的法律效力。

网络借贷信息中介机构使用第三方数字认证系统，应当对第三方数字认证机构进行定期评估，保证有关认证安全可靠并具有独立性。

第二十三条 网络借贷信息中介机构应当采取适当的方法和技术，记录并妥善保存网络借贷业务活动数据和资料，做好数据备份。保存期限应当符合法律法规及网络借贷有关监管规定的要求。借贷合同到期后应当至少保存5年。

第二十七条 网络借贷信息中介机构应当加强出借人与借款人信息管理，确保出借人与借款人信息采集、处理及使用的合法性和安全性。

网络借贷信息中介机构及其资金存管机构、其他各类外包服务机构等应当为业务开展过程中收集的出借人与借款人信息保密，未经出借人与借款人同意，不得将出借人与借款人提供的信息用于所提供服务之外的目的。

在中国境内收集的出借人与借款人信息的储存、处理和分析应当在中国境内进行。除法律法规另有规定外，网络借贷信息中介机构不得向境外提供境内出借人和借款人信息。

第四十条　网络借贷信息中介机构违反法律法规和网络借贷有关监管规定，有关法律法规有处罚规定的，依照其规定给予处罚；有关法律法规未作处罚规定的，工商登记注册地地方金融监管部门可以采取监管谈话、出具警示函、责令改正、通报批评、将其违法违规和不履行公开承诺等情况记入诚信档案并公布等监管措施，以及给予警告、人民币3万元以下罚款和依法可以采取的其他处罚措施；构成犯罪的，依法追究刑事责任。

网络借贷信息中介机构违反法律规定从事非法集资活动或欺诈的，按照相关法律法规和工作机制处理；构成犯罪的，依法追究刑事责任。

金融信息服务管理规定（节录）

（2018年12月26日国家互联网信息办公室发布）

第三条　国家互联网信息办公室负责全国金融信息服务的监督管理执法工作，地方互联网信息办公室依据职责负责本行政区域内的金融信息服务的监督管理执法工作。

第五条　金融信息服务提供者应当履行主体责任，配备与服务规模相适应的管理人员，建立信息内容审核、信息数据保存、信息安全保障、个人信息保护、知识产权保护等服务规范。

第八条　金融信息服务提供者不得制作、复制、发布、传播含有下列内容的信息：

（一）散布虚假金融信息，危害国家金融安全以及社会稳定的；

（二）歪曲国家财政货币政策、金融管理政策，扰乱经济秩序、损害国家利益的；

（三）教唆他人商业欺诈或经济犯罪，造成社会影响的；

（四）虚构证券、基金、期货、外汇等金融市场事件或新闻的；

（五）宣传有关主管部门禁止的金融产品与服务的；

（六）法律、法规和规章禁止的其他内容。

第十一条　金融信息服务提供者发现含有本规定第八条所列信息内容的，应当立即终止传输、禁止使用和停止传播该信息内容，及时采取处置措施，消除相关信息内容，保存完整记录并向国家或地方互联网信息办公室报告。

第十二条　国家和地方互联网信息办公室应当建立日常检查和定期检查相结合的监督管理制度，依法对金融信息服务活动实施监督检查，有关单位、个人应当予以配合。

第十三条　金融信息服务使用者向社会传播金融信息服务提供者提供的金融信息中含有本规定第八条所列内容的，由国家或地方互联网信息办公室以及有关主管部门依法处罚。

第十四条　金融信息服务提供者违反本规定第五条、第六条、第七条、第八条、第九条规定的，由国家或地方互联网信息办公室依据职责进行约谈、公开谴责、责令改正、列入失信名单;依法应当予以行政处罚的,由国家或地方互联网信息办公室等有关主管部门给予行政处罚;构成犯罪的,依法追究刑事责任。

银行业金融机构数据治理指引(节录)

(2018 年 5 月 21 日中国银行保险监督管理委员会发布)

第十八条 银行业金融机构应当制定全面科学有效的数据管理制度,包括但不限于组织管理、部门职责、协调机制、安全管控、系统保障、监督检查和数据质量控制等方面。

银行业金融机构应当根据监管要求和实际需要,持续评价更新数据管理制度。

第二十条 银行业金融机构应当建立覆盖全部数据的标准化规划,遵循统一的业务规范和技术标准。数据标准应当符合国家标准化政策及监管规定,并确保被有效执行。

第二十一条 银行业金融机构应当持续完善信息系统,覆盖各项业务和管理数据。信息系统应当有完备的数据字典和维护流程,并具有可拓展性。

第二十二条 银行业金融机构应当建立适应监管数据报送工作需要的信息系统,实现流程控制的程序化,提高监管数据加工的自动化程度。

第二十三条 银行业金融机构应当加强数据采集的统一管理,明确系统间数据交换流程和标准,实现各类数据有效共享。

第二十四条 银行业金融机构应当建立数据安全策略与标准,依法合规采集、应用数据,依法保护客户隐私,划分数据安全等级,明确访问和拷贝等权限,监控访问和拷贝等行为,完善数据安全技术,定期审计数据安全。

银行业金融机构采集、应用数据涉及到个人信息的,应遵循国家个人信息保护法律法规要求,符合与个人信息安全相关的国家标准。

第二十五条 银行业金融机构应当加强数据资料统一管理,建立全面严密的管理流程、归档制度,明确存档交接、口径梳理等要求,保证数据可比性。

第二十六条 银行业金融机构应当建立数据应急预案,根据业务影响分析,组织开展应急演练,完善处置流程,保证在系统服务异常以及危机等情景下数据的完整、准确和连续。

第二十七条 银行业金融机构应当建立数据治理自我评估机制,明确评估周期、流程、结果应用、组织保障等要素的相关要求。

评估内容应覆盖数据治理架构、数据管理、数据安全、数据质量和数据价值实现等方面,并按年度向银行业监督管理机构报送。

第二十八条 银行业金融机构应当建立问责机制,定期排查数据管理、数据质量控制、数据价值实现等方面问题,依据有关规定对高级管理层和相关部门及责任人进行问责。

银行业金融机构应结合实际情况,建立激励机制,保障数据治理工作有效推进。

第二十九条　银行业金融机构应当确立数据质量管理目标，建立控制机制，确保数据的真实性、准确性、连续性、完整性和及时性。

第三十一条　银行业金融机构应当加强数据源头管理，确保将业务信息全面准确及时录入信息系统。信息系统应当能自动提示异常变动及错误情况。

第三十二条　银行业金融机构应当建立数据质量监控体系，覆盖数据全生命周期，对数据质量持续监测、分析、反馈和纠正。

第三十六条　银行业金融机构应当按照监管要求报送法人和集团的相关数据，保证同一监管指标在监管报送与对外披露之间的一致性。如有重大差异，应当及时向银行业监督管理机构解释说明。

第三十七条　银行业金融机构应当建立监管数据质量管控制度，包括但不限于：关键监管指标数据质量承诺、数据异常变动分析和报告、重大差错通报以及问责等。

第三十九条　银行业金融机构应当充分运用数据分析，合理制定风险管理策略、风险偏好、风险限额以及风险管理政策和程序，监控执行情况并适时优化调整，提升风险管理体系的有效性。

全球系统重要性银行应遵循更高的标准，对照有效风险数据加总与风险报告评估要点的相关要求，强化风险管理。

第四十条　银行业金融机构应当加强数据应用，持续改善风险管理方法，有效识别、计量、评估、监测、报告和控制各类风险。

二、网络游戏

网络游戏管理暂行办法（节录）

（2010 年 3 月 17 日文化部部务会议审议通过　根据 2017 年 12 月 15 日发布的《文化部关于废止和修改部分部门规章的决定》修订）

第九条　网络游戏不得含有以下内容：

（一）违反宪法确定的基本原则的；

（二）危害国家统一、主权和领土完整的；

（三）泄露国家秘密、危害国家安全或者损害国家荣誉和利益的；

（四）煽动民族仇恨、民族歧视，破坏民族团结，或者侵害民族风俗、习惯的；

（五）宣扬邪教、迷信的；

（六）散布谣言，扰乱社会秩序，破坏社会稳定的；

（七）宣扬淫秽、色情、赌博、暴力，或者教唆犯罪的；

（八）侮辱、诽谤他人，侵害他人合法权益的；

（九）违背社会公德的；

（十）有法律、行政法规和国家规定禁止的其他内容的。

第十条 国务院文化行政部门负责网络游戏内容审查，并聘请有关专家承担网络游戏内容审查、备案与鉴定的有关咨询和事务性工作。

经有关部门前置审批的网络游戏出版物，国务院文化行政部门不再进行重复审查，允许其运营。

第十一条 国务院文化行政部门依法对进口网络游戏进行内容审查。进口网络游戏应当在获得国务院文化行政部门内容审查批准后，方可运营。申请进行内容审查需提交下列材料：

（一）进口网络游戏产品内容说明书（中外文）、产品操作说明书（中外文）、描述性文字、对白、旁白、歌词文本（中外文）；

（二）原始著作权证明书（中外文）、原产地分级证明（中外文）、运营协议或者授权书（中外文）原件的扫描件；

（三）申请单位对进口网络游戏的内容自审报告；

（四）申请单位的企业对用户协议书；

（五）内容审查所需的其他文件。

第十四条 进口网络游戏运营后需要进行内容实质性变动的，网络游戏运营企业应当将拟变更的内容报国务院文化行政部门进行内容审查。

第十五条 网络游戏经营单位应当建立自审制度，明确专门部门，配备专业人员负责网络游戏内容和经营行为的自查与管理，保障网络游戏内容和经营行为的合法性。

第十六条 网络游戏经营单位应当根据网络游戏的内容、功能和适用人群，制定网络游戏用户指引和警示说明，并在网站和网络游戏的显著位置予以标明。

以未成年人为对象的网络游戏不得含有诱发未成年人模仿违反社会公德的行为和违法犯罪的行为的内容，以及恐怖、残酷等妨害未成年人身心健康的内容。

网络游戏经营单位应当按照国家规定，采取技术措施，禁止未成年人接触不适宜的游戏或者游戏功能，限制未成年人的游戏时间，预防未成年人沉迷网络。

第十八条 网络游戏经营单位应当遵守以下规定：

（一）不得在网络游戏中设置未经网络游戏用户同意的强制对战；

（二）网络游戏的推广和宣传不得含有本办法第九条禁止内容；

（三）不得以随机抽取等偶然方式，诱导网络游戏用户采取投入法定货币或者网络游戏虚拟货币方式获取网络游戏产品和服务。

第十九条 网络游戏运营企业发行网络游戏虚拟货币的，应当遵守以下规定：

（一）网络游戏虚拟货币的使用范围仅限于兑换自身提供的网络游戏产品和服务，不得用于支付、购买实物或者兑换其它单位的产品和服务；

（二）发行网络游戏虚拟货币不得以恶意占用用户预付资金为目的；

（三）保存网络游戏用户的购买记录。保存期限自用户最后一次接受服务之日起，不得少于180日；

（四）将网络游戏虚拟货币发行种类、价格、总量等情况按规定报送注册地省级文化行政部门备案。

第二十条　网络游戏虚拟货币交易服务企业应当遵守以下规定：

（一）不得为未成年人提供交易服务；

（二）不得为未经审查或者备案的网络游戏提供交易服务；

（三）提供服务时，应保证用户使用有效身份证件进行注册，并绑定与该用户注册信息相一致的银行账户；

（四）接到利害关系人、政府部门、司法机关通知后，应当协助核实交易行为的合法性。经核实属于违法交易的，应当立即采取措施终止交易服务并保存有关纪录；

（五）保存用户间的交易记录和账务记录等信息不得少于180日。

第二十一条　网络游戏运营企业应当要求网络游戏用户使用有效身份证件进行实名注册，并保存用户注册信息。

第二十二条　网络游戏运营企业终止运营网络游戏，或者网络游戏运营权发生转移的，应当提前60日予以公告。网络游戏用户尚未使用的网络游戏虚拟货币及尚未失效的游戏服务，应当按用户购买时的比例，以法定货币退还用户或者用户接受的其他方式进行退换。

网络游戏因停止服务接入、技术故障等网络游戏运营企业自身原因连续中断服务超过30日的，视为终止。

第二十五条　网络游戏经营单位发现网络游戏用户发布违法信息的，应当依照法律规定或者服务协议立即停止为其提供服务，保存有关记录并向有关部门报告。

第二十六条　网络游戏经营单位在网络游戏用户合法权益受到侵害或者与网络游戏用户发生纠纷时，可以要求网络游戏用户出示与所注册的身份信息相一致的个人有效身份证件。审核真实的，应当协助网络游戏用户进行取证。对经审核真实的实名注册用户，网络游戏经营单位负有向其依法举证的责任。

双方出现争议经协商未能解决的，可依法申请仲裁或者向人民法院提起诉讼。

第二十八条　网络游戏运营企业应当按照国家规定采取技术和管理措施保证网络信息安全，包括防范计算机病毒入侵和攻击破坏，备份重要数据库，保存用户注册信息、运营信息、维护日志等信息，依法保护国家秘密、商业秘密和用户个人信息。

第三十条　网络游戏经营单位有下列情形之一的，由县级以上文化行政部门或者文化市场综合执法机构责令改正，没收违法所得，并处10000元以上30000元以下罚款；情节严重的，责令停业整顿直至吊销《网络文化经营许可证》；构成犯罪的，依法追究刑事责任：

（一）提供含有本办法第九条禁止内容的网络游戏产品和服务的；

（二）违反本办法第八条第一款、第二款规定的；

（三）违反本办法第十一条的规定，运营未获得文化部内容审查批准的进口网络游戏的；

（四）违反本办法第十二条第二款的规定，进口网络游戏变更运营企业未按照要求重新申报的；

（五）违反本办法第十四条的规定，对进口网络游戏进行内容实质性变动未报送审查的。

第三十一条 网络游戏经营单位违反本办法第十六条、第十七条、第十八条规定的，由县级以上文化行政部门或者文化市场综合执法机构责令改正，没收违法所得，并处10000元以上30000元以下罚款。

第三十二条 网络游戏运营企业发行网络游戏虚拟货币违反本办法第十九条第一、二项规定的，由县级以上文化行政部门或者文化市场综合执法机构责令改正，并可根据情节轻重处30000元以下罚款；违反本办法第十九条第三、四项规定的，由县级以上文化行政部门或者文化市场综合执法机构责令改正，并可根据情节轻重处20000元以下罚款。

第三十三条 网络游戏虚拟货币交易服务企业违反本办法第二十条第一项规定的，由县级以上文化行政部门或者文化市场综合执法机构责令改正，并处30000元以下罚款；违反本办法第二十条第二、三项规定的，由县级以上文化行政部门或者文化市场综合执法机构责令改正，并可根据情节轻重处30000元以下罚款；违反本办法第二十条第四、五项规定的，由县级以上文化行政部门或者文化市场综合执法机构责令改正，并可根据情节轻重处20000元以下罚款。

第三十四条 网络游戏运营企业违反本办法第十三条第一款、第十五条、第二十一条、第二十二条、第二十三条第二款规定的，由县级以上文化行政部门或者文化市场综合执法机构责令改正，并可根据情节轻重处20000元以下罚款。

第三十五条 网络游戏经营单位违反本办法第八条第三款、第十二条第三款、第十三条第二款、第二十三条第一款、第二十五条规定的，由县级以上文化行政部门或者文化市场综合执法机构责令改正，并可根据情节轻重处10000元以下罚款。

第三十七条 文化行政部门或者文化市场综合执法机构查处违法经营活动，依照实施违法经营行为的企业注册地或者企业实际经营地进行管辖；企业注册地和实际经营地无法确定的，由从事违法经营活动网站的信息服务许可地或者备案地进行管辖；没有许可或者备案的，由该网站服务器所在地管辖；网站服务器设置在境外的，由违法行为发生地进行管辖。

三、应用商店及应用程序

工业和信息化部关于加强移动智能终端进网管理的通知

（2013年4月11日工业和信息化部发布）

各相关单位：

为维护用户个人信息安全和合法权益，保障网络与信息安全，促进行业健康发展，根据《全国人民代表大会常务委员会关于加强网络信息保护的决定》、《中华人

民共和国电信条例》,依据《电信设备进网管理办法》有关规定,现将加强移动智能终端进网管理有关要求进一步明确如下:

一、本通知所称移动智能终端是指接入公众移动通信网络、具有操作系统、可由用户自行安装应用软件的移动通信终端产品。

二、申请进网许可的移动智能终端应当符合通信行业标准有关移动智能终端安全的基本要求,检测机构在进网检测时应当依据相关标准进行检测。

三、生产企业申请移动智能终端进网许可时,应当在申请材料中提供操作系统版本、预置应用软件基本配置信息。

四、生产企业不得在移动智能终端中预置具有以下性质的应用软件:

(一)未向用户明示并经用户同意,擅自收集、修改用户个人信息的;

(二)未向用户明示并经用户同意,擅自调用终端通信功能,造成流量消耗、费用损失、信息泄露等不良后果的;

(三)影响移动智能终端正常功能或通信网络安全运行的;

(四)含有《中华人民共和国电信条例》禁止发布、传播的信息内容的;

(五)其他侵害用户个人信息安全和合法权益以及危害网络与信息安全的。

五、获得进网许可的移动智能终端新增预置应用软件,或者操作系统升级发生的变化涉及进网检测中终端基本安全要求项目的,生产企业应当向工业和信息化部报备。

六、生产企业应当在其获得进网许可的产品或其包装显著位置标注工业和信息化部规定的进网许可标志查验网址。

七、本通知自2013年11月1日起执行。

移动互联网应用程序信息服务管理规定(节录)

(2016年6月28日国家互联网信息办公室发布)

第三条　国家互联网信息办公室负责全国移动互联网应用程序信息内容的监督管理执法工作。地方互联网信息办公室依据职责负责本行政区域内的移动互联网应用程序信息内容的监督管理执法工作。

第六条　移动互联网应用程序提供者和互联网应用商店服务提供者不得利用移动互联网应用程序从事危害国家安全、扰乱社会秩序、侵犯他人合法权益等法律法规禁止的活动,不得利用移动互联网应用程序制作、复制、发布、传播法律法规禁止的信息内容。

第七条　移动互联网应用程序提供者应当严格落实信息安全管理责任,依法履行以下义务:

(一)按照"后台实名、前台自愿"的原则,对注册用户进行基于移动电话号码等真实身份信息认证。

(二)建立健全用户信息安全保护机制,收集、使用用户个人信息应当遵循合法、正当、必要的原则，明示收集使用信息的目的、方式和范围，并经用户同意。

（三）建立健全信息内容审核管理机制，对发布违法违规信息内容的，视情采取警示、限制功能、暂停更新、关闭账号等处置措施，保存记录并向有关主管部门报告。

（四）依法保障用户在安装或使用过程中的知情权和选择权，未向用户明示并经用户同意，不得开启收集地理位置、读取通讯录、使用摄像头、启用录音等功能，不得开启与服务无关的功能，不得捆绑安装无关应用程序。

（五）尊重和保护知识产权，不得制作、发布侵犯他人知识产权的应用程序。

（六）记录用户日志信息，并保存六十日。

第八条 互联网应用商店服务提供者应当对应用程序提供者履行以下管理责任：

（一）对应用程序提供者进行真实性、安全性、合法性等审核，建立信用管理制度，并向所在地省、自治区、直辖市互联网信息办公室分类备案。

（二）督促应用程序提供者保护用户信息，完整提供应用程序获取和使用用户信息的说明，并向用户呈现。

（三）督促应用程序提供者发布合法信息内容，建立健全安全审核机制，配备与服务规模相适应的专业人员。

（四）督促应用程序提供者发布合法应用程序，尊重和保护应用程序提供者的知识产权。

对违反前款规定的应用程序提供者，视情采取警示、暂停发布、下架应用程序等措施，保存记录并向有关主管部门报告。

四、其他

互联网销售彩票管理暂行办法（节录）

（2010 年 9 月 26 日财政部发布）

第三条 互联网销售彩票是指使用浏览器或客户端等软件，通过互联网等计算机信息网络系统销售彩票。

第四条 未经财政部批准，任何单位不得开展互联网销售彩票业务。

第十五条 彩票购买者利用互联网购买彩票，应当通过彩票发行机构的互联网销售彩票管理系统注册开设投注账户。投注账户仅限彩票购买者本人使用，账户信息包括彩票购买者姓名、有效身份证件号码、联系电话、交易记录、资金收付记录等。

第十九条 彩票发行机构、经授权的彩票销售机构、合作单位或者互联网代销者应当妥善保管彩票购买者投注账户信息，并对彩票购买者个人信息进行保密。

第二十一条 彩票发行机构、经授权的彩票销售机构应当保存彩票销售原始数据，保存期限不得少于60个月。

第二十九条 彩票发行机构应当制定互联网销售彩票的设备和技术服务标

准,建立资金风险管理体系和制度,保障互联网销售彩票的资金安全。

第三十条　彩票发行机构应当建立互联网销售彩票管理系统。管理系统应当包括销售监控系统、后台管理系统和前端服务平台,具有投注账户的开设和管理、投注受理和确认、资金划转结算、奖金支付管理、统计报表、投注服务指南、信息查询、销售实时监控等功能。

第三十一条　互联网销售彩票管理系统应当具备完善的数据备份、数据恢复、防病毒、防入侵等安全措施,确保系统安全可靠运行。

第三十二条　互联网销售彩票的数据应当以彩票发行机构互联网销售彩票管理系统的记录为准。

第三十三条　互联网销售彩票管理系统应当预留信息采集接口。

互联网保险业务监管暂行办法(节录)

(2015 年 7 月 22 日中国保监会发布　根据 2018 年 9 月 30 日《中国银保监会关于继续加强互联网保险监管有关事项的通知》继续施行)

第一条　本办法所称互联网保险业务,是指保险机构依托互联网和移动通信等技术,通过自营网络平台、第三方网络平台等订立保险合同、提供保险服务的业务。

本办法所称保险机构,是指经保险监督管理机构批准设立,并依法登记注册的保险公司和保险专业中介机构。保险专业中介机构是指经营区域不限于注册地所在省、自治区、直辖市的保险专业代理公司、保险经纪公司和保险公估机构。

本办法所称自营网络平台,是指保险机构依法设立的网络平台。

本办法所称第三方网络平台,是指除自营网络平台外,在互联网保险业务活动中,为保险消费者和保险机构提供网络技术支持辅助服务的网络平台。

第四条　互联网保险业务应由保险机构总公司建立统一集中的业务平台和处理流程,实行集中运营、统一管理。

除本办法第一条规定的保险公司和保险专业中介机构外,其他机构或个人不得经营互联网保险业务。保险机构的从业人员不得以个人名义开展互联网保险业务。

第五条　保险机构开展互联网保险业务的自营网络平台,应具备下列条件:

(一)具有支持互联网保险业务运营的信息管理系统,实现与保险机构核心业务系统的无缝实时对接,并确保与保险机构内部其他应用系统的有效隔离,避免信息安全风险在保险机构内外部传递与蔓延。

(二)具有完善的防火墙、入侵检测、数据加密以及灾难恢复等互联网信息安全管理体系;

(三)具有互联网行业主管部门颁发的许可证或者在互联网行业主管部门完成网站备案,且网站接入地在中华人民共和国境内;

(四)具有专门的互联网保险业务管理部门,并配备相应的专业人员;

(五)具有健全的互联网保险业务管理制度和操作规程;

（六）互联网保险业务销售人员应符合保监会有关规定；

（七）中国保监会规定的其他条件。

第六条 保险机构通过第三方网络平台开展互联网保险业务的，第三方网络平台应具备下列条件：

（一）具有互联网行业主管部门颁发的许可证或者在互联网行业主管部门完成网站备案，且网站接入地在中华人民共和国境内；

（二）具有安全可靠的互联网运营系统和信息安全管理体系，实现与保险机构应用系统的有效隔离，避免信息安全风险在保险机构内外部传递与蔓延；

（三）能够完整、准确、及时向保险机构提供开展保险业务所需的投保人、被保险人、受益人的个人身份信息、联系信息、账户信息以及投保操作轨迹等信息；

（四）最近两年未受到互联网行业主管部门、工商行政管理部门等政府部门的重大行政处罚，未被中国保监会列入保险行业禁止合作清单；

（五）中国保监会规定的其他条件。

第三方网络平台不符合上述条件的，保险机构不得与其合作开展互联网保险业务。

第八条 保险机构开展互联网保险业务，不得进行不实陈述、片面或夸大宣传过往业绩、违规承诺收益或者承担损失等误导性描述。

保险机构应在开展互联网保险业务的相关网络平台的显著位置，以清晰易懂的语言列明保险产品及服务等信息，需列明的信息包括下列内容：

（一）保险产品的承保公司、销售主体及承保公司设有分公司的省、自治区、直辖市清单；

（二）保险合同订立的形式，采用电子保险单的，应予以明确说明；

（三）保险费的支付方式，以及保险单证、保险费发票等凭证的配送方式、收费标准；

（四）投保咨询方式、保单查询方式及客户投诉渠道；

（五）投保、承保、理赔、保全、退保的办理流程及保险赔款、退保金、保险金的支付方式；

（六）针对投保人（被保险人或者受益人）的个人信息、投保交易信息和交易安全的保障措施；

（七）中国保监会规定的其他内容。

其中，互联网保险产品的销售页面上应包含下列内容：

（一）保险产品名称（条款名称和宣传名称）及批复文号、备案编号或报备文件编号；

（二）保险条款、费率（或保险条款、费率的链接），其中应突出提示和说明免除保险公司责任的条款，并以适当的方式突出提示理赔要求、保险合同中的犹豫期、费用扣除、退保损失、保险单现金价值等重点内容；

（三）销售人身保险新型产品的，应按照《人身保险新型产品信息披露管理办法》的有关要求进行信息披露和利益演示，严禁片面使用“预期收益率”等描述产品利益的宣传语句；

（四）保险产品为分红险、投连险、万能险等新型产品的，须以不小于产品名称字号的黑体字标注收益不确定性；

（五）投保人的如实告知义务，以及违反义务的后果；

（六）保险产品销售区域范围；

（七）其他直接影响消费者利益和购买决策的事项。

网络平台上公布的保险产品相关信息，应由保险公司统一制作和授权发布，并确保信息内容合法、真实、准确、完整。

第十一条　第三方网络平台应在醒目位置披露合作保险机构信息及第三方网络平台备案信息，并提示保险业务由保险机构提供。

第三方网络平台应于收到投保申请后24小时内向保险机构完整、准确地提供承保所需的资料信息，包括投保人（被保险人、受益人）的姓名、证件类型、证件号码、联系方式、账户等资料。除法律法规规定的情形外，保险机构及第三方网络平台不得将相关信息泄露给任何机构和个人。

第三方网络平台为保险机构提供宣传服务的，宣传内容应经保险公司审核，以确保宣传内容符合有关监管规定。保险公司对宣传内容的真实性、准确性和合规性承担相应责任。

第十二条　保险公司应加强对互联网保险产品的管理，选择适合互联网特性的保险产品开展经营，并应用互联网技术、数据分析技术等开发适应互联网经济需求的新产品，不得违反社会公德、保险基本原理及相关监管规定。

第十五条　保险机构应完整记录和保存互联网保险业务的交易信息，确保能够完整、准确地还原相关交易流程和细节。交易信息应至少包括：产品宣传和销售文本、销售和服务日志、投保人操作轨迹等。第三方网络平台应协助和支持保险机构依法取得上述信息。

第十七条　保险机构应加强业务数据的安全管理，采取防火墙隔离、数据备份、故障恢复等技术手段，确保与互联网保险业务有关交易数据和信息的安全、真实、准确、完整。

保险机构应防范假冒网站、APP应用等针对互联网保险的违法犯罪活动，检查网页上对外链接的可靠性，开辟专门渠道接受公众举报，发现问题后应立即采取防范措施，并及时向保监会报告。

第十八条　保险机构应加强客户信息管理，确保客户资料信息真实有效，保证信息采集、处理及使用的安全性和合法性。

对开展互联网保险业务过程中收集的客户信息，保险机构应严格保密，不得泄露，未经客户同意，不得将客户信息用于所提供服务之外的目的。

第十九条　保险公司应制定应急处置预案，妥善应对因突发事件、不可抗力等原因导致的互联网保险业务经营中断。

保险机构互联网保险业务经营中断的，应在自营网络平台或第三方网络平台的主页显著位置进行及时公布，并说明原因及后续处理方式。

第二十二条 中国保监会及其派出机构依据法律法规及相关监管规定，对保险机构和第三方网络平台的互联网保险经营行为进行日常监管和现场检查，保险机构和第三方网络平台应予配合。

第二十四条 开展互联网保险业务的保险机构具有以下情形之一的，中国保监会可以责令整改；情节严重的，依法予以行政处罚：

（一）擅自授权分支机构开办互联网保险业务的；

（二）与不符合本办法规定的第三方网络平台合作的；

（三）发生交易数据丢失或客户信息泄露，造成不良后果的；

（四）未按照本办法规定披露信息或做出提示，进行误导宣传的；

（五）违反本办法关于经营区域、费用支付等有关规定的；

（六）不具备本办法规定的开展互联网保险业务条件的；

（七）违反中国保监会规定的其他行为。

网络预约出租汽车经营服务管理暂行办法（节录）

（2016年7月27日交通运输部、工业和信息化部、公安部、商务部、工商总局、质检总局、国家网信办发布）

第五条 申请从事网约车经营的，应当具备线上线下服务能力，符合下列条件：

（一）具有企业法人资格；

（二）具备开展网约车经营的互联网平台和与拟开展业务相适应的信息数据交互及处理能力，具备供交通、通信、公安、税务、网信等相关监管部门依法调取查询相关网络数据信息的条件，网络服务平台数据库接入出租汽车行政主管部门监管平台，服务器设置在中国内地，有符合规定的网络安全管理制度和安全保护技术措施；

（三）使用电子支付的，应当与银行、非银行支付机构签订提供支付结算服务的协议；

（四）有健全的经营管理制度、安全生产管理制度和服务质量保障制度；

（五）在服务所在地有相应服务机构及服务能力；

（六）法律法规规定的其他条件。

外商投资网约车经营的，除符合上述条件外，还应当符合外商投资相关法律法规的规定。

第六条 申请从事网约车经营的，应当根据经营区域向相应的出租汽车行政主管部门提出申请，并提交以下材料：

（一）网络预约出租汽车经营申请表（见附件）；

（二）投资人、负责人身份、资信证明及其复印件，经办人的身份证明及其复印件和委托书；

（三）企业法人营业执照，属于分支机构的还应当提交营业执照，外商投资企业还应当提供外商投资企业批准证书；

（四）服务所在地办公场所、负责人员和管理人员等信息；

（五）具备互联网平台和信息数据交互及处理能力的证明材料，具备供交通、通信、公安、税务、网信等相关监管部门依法调取查询相关网络数据信息条件的证明材料，数据库接入情况说明，服务器设置在中国内地的情况说明，依法建立并落实网络安全管理制度和安全保护技术措施的证明材料；

（六）使用电子支付的，应当提供与银行、非银行支付机构签订的支付结算服务协议；

（七）经营管理制度、安全生产管理制度和服务质量保障制度文本；

（八）法律法规要求提供的其他材料。

首次从事网约车经营的，应当向企业注册地相应出租汽车行政主管部门提出申请，前款第（五）、第（六）项有关线上服务能力材料由网约车平台公司注册地省级交通运输主管部门商同级通信、公安、税务、网信、人民银行等部门审核认定，并提供相应认定结果，认定结果全国有效。网约车平台公司在注册地以外申请从事网约车经营的，应当提交前款第（五）、第（六）项有关线上服务能力认定结果。

其他线下服务能力材料，由受理申请的出租汽车行政主管部门进行审核。

第十八条　网约车平台公司应当保证提供服务的驾驶员具有合法从业资格，按照有关法律法规规定，根据工作时长、服务频次等特点，与驾驶员签订多种形式的劳动合同或者协议，明确双方的权利和义务。网约车平台公司应当维护和保障驾驶员合法权益，开展有关法律法规、职业道德、服务规范、安全运营等方面的岗前培训和日常教育，保证线上提供服务的驾驶员与线下实际提供服务的驾驶员一致，并将驾驶员相关信息向服务所在地出租汽车行政主管部门报备。

网约车平台公司应当记录驾驶员、约车人在其服务平台发布的信息内容、用户注册信息、身份认证信息、订单日志、上网日志、网上交易日志、行驶轨迹日志等数据并备份。

第二十四条　网约车平台公司应当加强安全管理，落实运营、网络等安全防范措施，严格数据安全保护和管理，提高安全防范和抗风险能力，支持配合有关部门开展相关工作。

第二十六条　网约车平台公司应当通过其服务平台以显著方式将驾驶员、约车人和乘客等个人信息的采集和使用的目的、方式和范围进行告知。未经信息主体明示同意，网约车平台公司不得使用前述个人信息用于开展其他业务。

网约车平台公司采集驾驶员、约车人和乘客的个人信息，不得超越提供网约车业务所必需的范围。

除配合国家机关依法行使监督检查权或者刑事侦查权外，网约车平台公司不得向任何第三方提供驾驶员、约车人和乘客的姓名、联系方式、家庭住址、银行账户或者支付账户、地理位置、出行线路等个人信息，不得泄露地理坐标、地理标志物等涉及国家安全的敏感信息。发生信息泄露后，网约车平台公司应当及时向相关主管部门报告，并采取及时有效的补救措施。

第二十七条 网约车平台公司应当遵守国家网络和信息安全有关规定,所采集的个人信息和生成的业务数据,应当在中国内地存储和使用,保存期限不少于2年,除法律法规另有规定外,上述信息和数据不得外流。

网约车平台公司不得利用其服务平台发布法律法规禁止传播的信息,不得为企业、个人及其他团体、组织发布有害信息提供便利,并采取有效措施过滤阻断有害信息传播。发现他人利用其网络服务平台传播有害信息的,应当立即停止传输,保存有关记录,并向国家有关机关报告。

网约车平台公司应当依照法律规定,为公安机关依法开展国家安全工作,防范、调查违法犯罪活动提供必要的技术支持与协助。

第二十九条 出租汽车行政主管部门应当建设和完善政府监管平台,实现与网约车平台信息共享。共享信息应当包括车辆和驾驶员基本信息、服务质量以及乘客评价信息等。

出租汽车行政主管部门应当加强对网约车市场监管,加强对网约车平台公司、车辆和驾驶员的资质审查与证件核发管理。

出租汽车行政主管部门应当定期组织开展网约车服务质量测评,并及时向社会公布本地区网约车平台公司基本信息、服务质量测评结果、乘客投诉处理情况等信息。

出租汽车行政主管、公安等部门有权根据管理需要依法调取查阅管辖范围内网约车平台公司的登记、运营和交易等相关数据信息。

第三十条 通信主管部门和公安、网信部门应当按照各自职责,对网约车平台公司非法收集、存储、处理和利用有关个人信息、违反互联网信息服务有关规定、危害网络和信息安全、应用网约车服务平台发布有害信息或者为企业、个人及其他团体组织发布有害信息提供便利的行为,依法进行查处,并配合出租汽车行政主管部门对认定存在违法违规行为的网约车平台公司进行依法处置。

公安机关、网信部门应当按照各自职责监督检查网络安全管理制度和安全保护技术措施的落实情况,防范、查处有关违法犯罪活动。

第三十一条 发展改革、价格、通信、公安、人力资源社会保障、商务、人民银行、税务、工商、质检、网信等部门按照各自职责,对网约车经营行为实施相关监督检查,并对违法行为依法处理。

第三十五条 网约车平台公司违反本规定,有下列行为之一的,由县级以上出租汽车行政主管部门和价格主管部门按照职责责令改正,对每次违法行为处以5000元以上10000元以下罚款;情节严重的,处以10000元以上30000元以下罚款:

(一)提供服务车辆未取得《网络预约出租汽车运输证》,或者线上提供服务车辆与线下实际提供服务车辆不一致的;

(二)提供服务驾驶员未取得《网络预约出租汽车驾驶员证》,或者线上提供服务驾驶员与线下实际提供服务驾驶员不一致的;

(三)未按照规定保证车辆技术状况良好的;

(四)起讫点均不在许可的经营区域从事网约车经营活动的;

（五）未按照规定将提供服务的车辆、驾驶员相关信息向服务所在地出租汽车行政主管部门报备的；

（六）未按照规定制定服务质量标准、建立并落实投诉举报制度的；

（七）未按照规定提供共享信息，或者不配合出租汽车行政主管部门调取查阅相关数据信息的；

（八）未履行管理责任，出现甩客、故意绕道、违规收费等严重违反国家相关运营服务标准行为的。

网约车平台公司不再具备线上线下服务能力或者有严重违法行为的，由县级以上出租汽车行政主管部门依据相关法律法规的有关规定责令停业整顿、吊销相关许可证件。

第三十七条　网约车平台公司违反本规定第十、十八、二十六、二十七条有关规定的，由网信部门、公安机关和通信主管部门按各自职责依照相关法律法规规定给予处罚；给信息主体造成损失的，依法承担民事责任；涉嫌犯罪的，依法追究刑事责任。

网约车平台公司及网约车驾驶员违法使用或者泄露约车人、乘客个人信息的，由公安、网信等部门依照各自职责处以 2000 元以上 10000 元以下罚款；给信息主体造成损失的，依法承担民事责任；涉嫌犯罪的，依法追究刑事责任。

网约车平台公司拒不履行或者拒不按要求为公安机关依法开展国家安全工作，防范、调查违法犯罪活动提供技术支持与协助的，由公安机关依法予以处罚；构成犯罪的，依法追究刑事责任。

公开募捐平台服务管理办法（节录）

（2016 年 8 月 30 日民政部、工业和信息化部、国家新闻出版广电总局、国家互联网信息办公室发布）

第二条　本办法所称公开募捐平台服务，是指广播、电视、报刊及网络服务提供者、电信运营商为慈善组织开展公开募捐活动或者发布公开募捐信息提供的平台服务。

提供公开募捐平台服务的广播、电视、报刊、电信运营商应当符合《广播电视管理条例》《出版管理条例》《中华人民共和国电信条例》等规定的条件。通过互联网提供公开募捐平台服务的网络服务提供者应当依法由民政部指定，并符合《互联网信息服务管理办法》等规定的条件。

第六条　广播、电视、报刊以及网络服务提供者、电信运营商应当记录和保存慈善组织的登记证书复印件、公开募捐资格证书复印件。网络服务提供者还应当记录、保存慈善组织在其平台上发布的有关信息。其中，登记证书、公开募捐资格证书相关信息的保存期限为自该慈善组织通过其平台最后一次开展公开募捐之日起不少于两年；募捐记录等其他信息的保存期限为自公开募捐完成之日起不少于两年。

第七条　民政部门发现慈善组织在使用公开募捐平台服务中有违法违规行

为，需要要求广播、电视、报刊以及网络服务提供者、电信运营商协助调查的，广播、电视、报刊以及网络服务提供者、电信运营商应当予以配合。

第十二条 国务院及地方各级广播、电视、报刊及互联网信息内容管理部门、电信主管部门，在各自职责范围内，依法对广播、电视、报刊以及网络服务提供者、电信运营商为慈善组织开展公开募捐提供的平台服务实施监督管理，对违法违规行为进行查处。

第十三条 民政部门应当建立健全与广播、电视、报刊及互联网信息内容管理部门、电信主管部门的信息沟通共享机制、信用信息披露机制和违法违规行为协查机制，强化协同监管。

一流网络安全学院建设示范项目管理办法(节录)

(2017 年 8 月 8 日中央网信办秘书局、教育部办公厅发布)

第五条 申报一流网络安全学院建设示范项目应符合以下条件：

(一)已经出台或即将出台支持网络安全学院建设的特殊政策措施，包括经费、场地、招生指标和条件、教师和学生评价机制等。

(二)网络安全教师队伍、教学实验条件等比较完善，本科、研究生招生具有一定规模。

(三)成立了独立运行的网络安全学院。

网络预约出租汽车监管信息交互平台运行管理办法(节录)

(2018 年 2 月 13 日交通运输部办公厅发布)

第二条 本办法所称网约车监管信息交互平台，包括交通运输部网约车监管信息交互平台(简称部级平台)，省、自治区交通运输主管部门网约车监管信息交互平台(简称省级平台)，直辖市、设区的市级交通运输主管部门网约车监管平台(简称城市监管平台)。

第六条 网约车平台公司在取得相应《网络预约出租汽车经营许可证》后，应自次日零时起向部级平台传输相关基础静态信息以及订单信息、经营信息、定位信息、服务质量信息等运营数据。

第七条 网约车平台公司应加强对数据信息的规范化管理，所传输的网约车运营服务相关数据，应直接接入网约车监管信息交互平台，不得通过第三方平台或系统直接传输。

第九条 网约车监管信息交互平台所接收的运营信息数据，在线保存期限不少于 6 个月。

第十一条 网约车平台公司因系统改造、服务器迁移等可预见原因，需要暂停网约车平台运行的，应提前 72 小时告知相关网约车监管信息交互平台运行维护单位。

第十二条 因自然灾害、安全生产事故等不可预见的突发事件造成系统故障，无法正常传输数据的，网约车平台公司应及时告知相关网约车监管信息交互平台运行维护单位，并采取有效处置措施，尽快恢复系统正常运行。系统故障排除后，网约车平台公司应当及时将漏传数据补传，并提交处理情况书面报告。

第十三条　网约车平台公司在技术接入和数据传输过程中，存在可能危害部级平台系统安全的，部级平台运行维护单位有权暂停技术接入和数据传输；造成损失的，依法追究相关责任。

第十四条　网约车平台公司应保证传输数据的完整性、规范性、及时性、真实性等，确保数据传输质量。

第十五条　传输数据质量满足以下方面要求：

（一）数据完整性：网约车平台公司传输的数据应符合《网络预约出租汽车监管信息交互平台总体技术要求（暂行）》相关要求，确保其基础静态信息、订单信息、经营信息、定位信息、服务质量信息等相关数据字段内容齐全完整，不遗漏信息及字段。

（二）数据规范性：网约车平台公司传输的数据字段内容在元素名称、字段名称、数据类型、字段长度、取值范围、数据精度、编码规则等应符合《网络预约出租汽车监管信息交互平台总体技术要求（暂行）》相关要求。

（三）数据及时性：网约车平台公司基础静态信息变更的，应于变更后 24 小时内将信息传输至部级平台；订单信息、经营信息、服务质量信息等应实时传输，延迟不得超过 300 秒；定位信息实时传输延迟不得超过 60 秒。

（四）数据真实性：网约车平台公司传输的数据内容应真实有效，基础静态信息、订单信息、经营信息、定位信息、服务质量信息间应当相互关联，相互关联数据之间的逻辑关系应正确、真实和完整。

第十六条　部级平台对网约车平台公司数据传输质量情况定期开展测评，测评内容包括但不限于数据完整性、规范性、及时性、真实性等方面。网络预约出租汽车监管信息交互平台数据传输质量测评指标及计算方式见附件，具体测评指标和计算方法将根据行业发展情况予以更新。

第二十条　各地交通运输主管部门应当加强系统网络安全管理，根据有关法律法规及标准实施网络安全等级保护，定期开展安全排查，对于发现的安全风险和漏洞，要及时整改，防止信息数据发生泄漏、毁损或者丢失。

智能网联汽车道路测试管理规范（试行）（节录）

（2018 年 4 月 3 日工业和信息化部、公安部、交通运输部发布）

第二十八条　本规范所称智能网联汽车是指搭载先进的车载传感器、控制器、执行器等装置，并融合现代通信与网络技术，实现车与 X（人、车、路、云端等）智能信息交换、共享，具备复杂环境感知、智能决策、协同控制等功能，可实现安全、高效、舒适、节能行驶，并最终可实现替代人来操作的新一代汽车。智能网联汽车通常也被称为智能汽车、自动驾驶汽车等。

……